曹雪芹的家族印记

黄一农 著

四川人民出版社

图书在版编目（CIP）数据

曹雪芹的家族印记 / 黄一农著. -- 成都：四川人民出版社，2024.8

ISBN 978-7-220-13666-5

Ⅰ.①曹… Ⅱ.①黄… Ⅲ.①曹雪芹（1715—1763）—家族—研究 Ⅳ.①K820.9

中国国家版本馆CIP数据核字（2024）第081311号

CAO XUEQIN DE JIAZU YINJI

曹雪芹的家族印记

黄一农 著

出 版 人	黄立新
策划组稿	邹　近
责任编辑	邹　近　唐　虎　任学敏
封面设计	叶　茂
内文设计	张迪茗
特约校对	王一林
责任印制	周　奇
出版发行	四川人民出版社（成都市锦江区三色路238号）
网　　址	http://www.scpph.com
E-mail	scrmcbs@sina.com
新浪微博	@四川人民出版社
微信公众号	四川人民出版社
发行部业务电话	（028）86361653　86361656
防盗版举报电话	（028）86361661
照　　排	四川胜翔数码印务设计有限公司
印　　刷	成都东江印务有限公司
成品尺寸	160mm×230mm
印　　张	39
字　　数	576千
版　　次	2024年8月第1版
印　　次	2024年8月第1次印刷
书　　号	ISBN 978-7-220-13666-5
定　　价	128.00元

■版权所有·侵权必究

本书若出现印装质量问题，请与我社发行部联系调换

电话：（028）86361653

谨以此书献给
家父母和岳父母

感谢他们
让我与内人分享了后大半个共同的人生

并以之纪念胡适先生
揭举"新红学"的百周年（1921—2021）

自　序

> 传统与数字的会通，
> 将是文史学界在e时代无法逃避的挑战。

胡适揭举"新红学"的重要目标，原本是发掘出作者曹雪芹所亲历或闻知的史事，以深刻体会他在何种环境或背景下创作《红楼梦》。然因红圈常年未断的纷扰纠葛，加上研究规范一直无法建立，令主流学术圈中无论是文学界，遑论史学界，都较少有学者愿意戮力投身此领域，以致许多重要议题往往无法获得共识，这种状态几已成为该圈的宿命，甚至连曹雪芹的著作权都屡遭无根的质疑！

曹氏家族作为辽人（此一名词专指定居关外的汉人）的一分子，在降顺金国后，很快学习并掌握了满汉两种语言与文化。随着清朝入主中原，辽人开始充斥于省级以下的政治舞台，并协助奠立新帝国的统治基石。先前因文献不足，有关辽人的具体研究较少。但很幸运的，由于一个世纪以来大家对曹雪芹所写小说《红楼梦》的浓烈兴趣，许多与曹家相关的史料被陆续发掘出来，这让我们现已拥有一些基本条件，可用曹家作为一典范式个案，对辽人在大清肇建过程中所扮演的角色，进行较扎实的探讨，以深化对清史的认识。[1]亦即，有关曹雪芹家族史的研究不仅具有文学史的意义，更有机会成为历史学的重要课题。

因此，笔者的目标是在先前百年红学界所积累的基础之上，[2]辅以逾百亿字的大数据新研究环境，重新梳理并深掘各个重要议题的论据与材料，希望能完成一本学术谨严的《曹雪芹大传》。由于期盼做到"载述有据，论理精详"，为所有认真的红迷提供较正确的史实，故在内容上有时就无法太兼

---

[1] 黄一农，《e-考据时代的新曹学研究：以曹振彦生平为例》。
[2] 此亦包含拙著《二重奏：红学与清史的对话》（2014），该书为笔者改行进入红学范畴的第一本书，虽订补了许多前人的认知，然因初入此领域，故仍有不少有欠周全或深入之处。

i

顾可读性，但此书应至少可大幅拉高未来以一般读者为对象之普及性曹雪芹传记的基准。倒是撰写过程中才发现所展开的篇幅远超乎预期，只好决定将其分割为前传《曹雪芹的家族印记》与后传《曹雪芹的生命足迹》二书，以雍正六年其家遭抄没而归旗北京一事作为两者的分际。

《曹雪芹的家族印记》首章先爬梳曹氏的迁徙足迹，并厘整争论多年的曹雪芹祖籍问题。次章则聚焦肇兴百年家史的曹振彦（雪芹高祖），探索他如何拔出奴籍变成属于正身旗人的包衣，又因其管主阿济格在权力斗争中遭削爵、籍没，而于顺治八年改隶为皇属的内务府正白旗，十二年更携家从山西进入江南为官。

第三章研究开启半世纪"秦淮风月"的曹玺，他应是在旗人养成教育下栽培出来的第一代汉姓包衣。作为首位内务府外放之"专差久任"的江宁织造，他先透过曾为"圣祖保母"的继妻孙氏，让曹家与内廷之间维系良好的公私互动，接着与八旗势族铁岭李氏以及江南名士顾景星的族妹结为姻娅，更与江南各织造的主要家族建立起"连络有亲，一损皆损，一荣皆荣"的关系。其后辈也因身处江南而深化了汉文化的涵养，从而积淀出跨越满汉两大族群的多元文化底蕴。

第四、五章以全书最多的篇幅讨论康熙皇帝的多年宠臣曹寅，看他如何透过奉敕主持《御定全唐诗》《御定佩文韵府》纂修刊刻等文化活动，扩大其在汉人士绅间的关系网络，且借重"官场联宗"的关系，在新朝中与不少同姓之人认宗叙谱，以求相互攀缘发展。他在长达约二十年的江宁织造任内，由于深受层峰信赖，先后承接内务府的买铜、卖盐、售参以及修造工程等肥差，令其家族发展出"呼吸会能通帝座"以及"烈火烹油、鲜花着锦"之盛。康熙帝更先后将曹寅的两女指婚给平郡王纳尔苏与青海亲王之独子罗卜藏丹津（后袭爵），此等荣宠在汉姓包衣，甚至八旗望族中皆属罕见。曹寅外孙福秀娶纳兰永寿（其祖为明珠）的长女一事，更让曹家从所谓的"包衣下贱"，变得能与原主子阿济格（虽遭抄没，但其第五女嫁明珠）的后代略可平起平坐，这些姻娅关系且令曹家得以跻身上层社会。

在撰写这部分内容时，最意外的收获就是揭开曹寅"二女皆为王妃"的世纪之谜。笔者透过"e考据"之法,[3] 以趋近竭泽而渔的态度披沙拣金,自一百多位曾封王的宗室与外藩中,成功筛出罗卜藏丹津就是曹寅次婿的最佳候选人。此结果绝非"先射箭再画靶",又因罗卜藏丹津是国际关系史领域常会触及的重要人物,笔者遂仔细梳理此一杂糅大历史、家史与小说,且从大观园跨越到蒙古大草原的精彩故事,发现曹家及其亲友们,竟曾深深地介入中国西疆奠定以及康熙诸子夺嫡的历史舞台!

第六章聚焦在曹玺之妾生长子曹寅和嫡出次子曹荃两房间的互动。曹寅因获康熙帝器重而成为一家之长,并被栽培承当江宁织造要职。惟其向来艰于子嗣,故曾先后自二房入继顺、颙、𫖯、颀四侄,其中后三人皆在曹荃卒后始依家族或皇帝的决定出继长房。亦即,无论曹雪芹的生父是红圈中长期争辩的曹颙或曹𫖯,我们皆应可确定曹荃为其本生祖。此章即努力爬梳曹寅和曹荃间的兄弟之情,并从家族史的角度详加梳理两支之间过继、兼祧与归宗的复杂关系,而曹家此类生命经验,亦曾反映在《红楼梦》的故事情节中。

第七章论及曹家最后两任江宁织造曹颙和曹𫖯的事迹。曹颙于康熙四十七年自二房出继长房成为承继子,因曹玺孙辈在二十五至二十八年之间每年恰新添一人,分别是顺(荃生)、颀(荃生)、颜(寅生)以及颙(荃生),故他原用"连生"之名,迄五十二年袭职时始奉旨改用学名"曹颙"。康熙帝对他的评价甚佳,称"朕所使用之包衣子嗣中,尚无一人如他者,看起来生长的也魁梧,拿起笔来也能写作,是个文武全才之人",惜于五十四年正月得病暴卒于京。紧接着奉旨自二房出继的曹𫖯,则不幸随着康熙帝的崩逝,在遭逢政治(曹家及其亲友在康熙末年的夺嫡之争中多选错边)与经济(被控骚扰驿站、转移家财、亏空帑项等罪名)的双重打击下,将曹家带至"箕

---

3 此研究方法需先有清晰的问题意识,并构思可行性较高之解决问题的逻辑论辩过程,也就是提出一可操作的经营模式(Business Model),接着才透过自己的知识地图(包含对各种数字资料之结构与特质的掌握),会通传统方式与数字工具,尝试从海量的资料中爬梳可用以进行论证的材料。类似研究如见黄一农,《从e考据看避讳学的新机遇:以己卯本石头记为例》;黄一农,《"e考据"卮言:从曹雪芹叔祖曹荃的生辰谈起》;Huang, Yi-Long(黄一农)& Zheng, Bingyu(郑冰瑜),"New Frontiers of Electronic Textual Research in the Humanities"。

裘颓堕""家事消亡"的抄没命运。此章有关曹家最大仇雠塞楞额（曹频被其控告以致遭革职抄家）其人其事的新研究，应属红学的重要发现。

第八章讨论曹家于雍正六年归旗回京（五年底遭革职）后的落脚处：崇文门外蒜市口地方十七间半房的宅院。除梳理清代如何以"间"或"半间"作为建筑的计量单位，笔者并参考乾隆十五年绘制的《清内务府京城全图》、北京市档案馆所藏民初编整街道的档案以及1928年京师警察厅制作的《京师内外城详细地图》，尝试从街道区划的角度追索"蒜市口地方"的合理范围，进而对曹家旧居的地址提出一些新看法。但令人慨叹的是，不论我们如何努力去爬梳史料并进行论证，原蒜市口一带的老房子近年已全被拆除，踪迹杳然。

鉴于近年来网络或媒体屡屡出现"《红楼梦》的真正作者为○○○"之类的无根妄说，笔者在最末章将做点不一样的努力。先积极找出小说中某些较独出的情节，再论述它们与发生在曹家或其亲友身上的史事有着密切对应，希望能以这些由创作者所置入，且带有特殊生命经验之DNA的水印，来维护曹雪芹对《红楼梦》的著作权。

此类印记如见第十六回赵嬷嬷所称江南甄家"独他家接驾四次"（该史事在清代前半叶仅发生于曹寅和李煦身上）；第十七、十八回中的元妃省亲（此应即发生在顺懿密太妃身上的故事，其长孙弘庆为雪芹二表哥福秀之连襟）；第六十三回众人取笑在夜宴中掣得杏花花签的探春："我们家已有了个王妃，难道你也是王妃不成。"（此与《永宪录》所称曹寅"二女皆为王妃"的记载相呼应）；第三十七回至第四十二回在描写起诗社等事件时，蓄意将欢乐至极的赏菊、煮蟹诗会隐讳地定于雍正帝忌日的隔天；第六十三回以在老太妃国丧期间剃头之芳官和服丹药暴卒之贾敬，讥刺曹家最大的仇雠塞楞额和胤禛。前述这些"水印"的明确交集正就是曹雪芹家族，该努力应可令笔者正在撰写中的《曹雪芹的生命足迹》一书，具备更厚实的学术意义。

值此又将"灾及枣梨"之际，虽然拙著很可能仍仅聊供覆瓿，但衷心感谢杭州浙江大学的薛龙春教授、北京中国人民大学的张瑞龙老师、台北故宫博物院的林天人教授、北京社科院的邓亦兵老师、新竹清华大学的吴国圣老师、北京中国社科院的张建博士、成都农业科技职业学院的张志教授、新竹阳明交通大学的卢正恒老师，以及红友高树伟、任晓辉、詹健、兰良永诸先生在成书过程中所提供的热情协助。尤其，北京中国艺术研究院的刘梦溪先生，以忘年之交对我多方鼓励，更是铭感至深。此外，孙韵洁女史在文字编辑方面、高淑悦女史在修图排版方面，均花费了大量心力，成书过程且受新竹清华大学"人文社会研究中心"及"科技考古与文物鉴定研究中心"鼎力支持，特此一并致谢。又，本书乃人文行远专书写作计划"曹雪芹的历史世界（NSC 106-2420-H-007-018-MY4）"的成果之一。

拙著在接近完稿时，突闻余英时先生于8月1日离世的消息，原本正要将才刚设计完书封的稿本寄去美国央请先生写序，且兴奋地想要告诉他，我可能破解了曹寅"二女皆为王妃"的悬案，不料，现却仅能在此缅怀余先生：一位不愿介入红圈笔墨官司，只想做个红学忠实读者的史学巨擘。

2021年8月撰于苗栗二寄轩

为能与大陆广大的《红楼梦》爱好者对话，原本要在繁体字版出书后，就立即推出简体字版，不料受疫情等大环境的影响，一直蹉跎至今，连原本治红学的心境也已有了颇大转折。趁此简体字版出书的机会，笔者对先前的一些小误进行了勘误，并将文字进一步理顺。

2023年10月

苗栗南庄二寄轩

  2021年5月底台湾的新冠疫情正炽烈，我与内人文仙避居南庄山上。午后在改写完第五章的书稿后，因竟然解开曹寅次婿即青海亲王罗卜藏丹津的世纪大谜，心情畅快之至。走出书房后，遂决定在猴群还没来得及代我采收院子里的红肉李前，先下手为强（前两周猕猴已来肆虐，还弄倒我们种的几棵芭蕉和木瓜）。该李树是四年前才栽植的，如今首度结实，虽形貌不算突出，但甜酸之间唤醒不少埋藏在心口与味蕾深处的少时回忆。图左上为书房一角的昭君出塞木雕、老枣木墩子以及满酿梅酒的陶瓮，分别是邻居友人慨赠，恰皆可与自序中的一些文字相呼应。

目　录

凡　例

第一章　曹雪芹先祖的迁徙足迹 ... 001
　一、曹雪芹祖籍问题的厘整 ... 002
　二、难以溯源的武阳曹与丰润曹 ... 018
　三、《五庆堂重修曹氏宗谱》中的曹家 ... 023
　四、从清代朱卷履历看曹氏间的通谱 ... 045
　五、小结 ... 051

第二章　开启百年盛世的曹振彦 ... 055
　一、曹振彦的父亲曹世选 ... 055
　二、入关前担任教官、致政与旗鼓的曹振彦 ... 059
　三、从龙入关重启仕途的曹振彦 ... 093
　四、曹家的旗主与管主 ... 101
　五、曹家入关后在宝坻的圈地 ... 106
　六、小结 ... 123

第三章　奠立半世纪"秦淮风月"的曹玺 ... 127
　一、初任江宁织造的曹玺 ... 127
　二、曹玺继妻孙氏的一生 ... 139
　三、曹玺所纳的汉人小妾顾氏 ... 153
　四、曹玺的儿女亲家 ... 166
　五、小结 ... 196

第四章　康熙皇帝长年的宠臣曹寅 ... 201
　一、以庶长子出掌家业的曹寅 ... 201
　二、曹寅深厚的汉文化积淀 ... 228

三、曹寅承接的内务府买铜等差使 255
　　四、曹寅对联宗的经营 272
　　五、小结 292
第五章　曹寅妻妾及其家姻亲 293
　　一、曹寅的妻妾、妹婿与长婿 293
　　二、曹寅次婿即罗卜藏丹津考辨 305
　　三、大历史、家史与小说的对话 330
　　四、小结 348
第六章　嫡出二房曹荃与庶出长房曹寅的互动 357
　　一、"卯君"曹荃的诞辰 358
　　二、曹家捐监咨文内容的可信度 372
　　三、曹寅支的过继与兼祧 382
　　四、曹荃的生命足迹 415
　　五、小结 431
第七章　曹家最后两任的江宁织造 435
　　一、"文武全才"但短命的曹颙 435
　　二、"原不是一个东西"的曹頫 451
　　三、曹頫遭抄家的政经缘由 469
　　四、小结 501
第八章　曹家归旗北京后的落脚处 507
　　一、曹家抄没后归旗北京初期的居所 507
　　二、曹家蒜市口旧居所在地新探 512
　　三、"树倒猢狲散"的曹家 533
　　四、小结 539
第九章　曹雪芹家族史研究的学术意义 543
后　　记 563
参考文献 567
　　一、常用数据库 567
　　二、传统文献 567
　　三、近人论著 584

附录目次：

1.1	曹天祐最可能是曹宜之子	025
1.2	封号"中大夫"改名"中议大夫"时间小考	030
1.3	《五庆堂重修曹氏宗谱》内容的可信度	038
2.1	曹振彦曾任"教官"抑或"教官"？	064
2.2	天聪朝"教官"的可能品级	077
2.3	李煦之父应名"士桢"而非"士桢"	090
2.4	康熙三十五年曹铨扈从征噶尔丹小考	115
3.1	曹雪芹如何以灯谜暗寓祖宗之名？	129
3.2	曹玺"及壮"之年补侍卫的可能岁数	131
3.3	曹寅继嫡母孙氏过世时间小考	141
3.4	曹玺与孙氏的婚姻均为梅开二度	149
3.5	"老妹丈"称谓释义	185
4.1	论曹寅应不曾任康熙皇帝之伴读	208
4.2	清代宗法制度下的兼祧	224
4.3	曹寅的戏曲作品《虎口余生》及《续琵琶》	250
4.4	曹雪芹过世前清代接驾最多次的官员	260
4.5	曹振彦家在宝坻的亲友	276
5.1	平郡王福彭长子庆宁指婚张介随女事	303
5.2	《永宪录》的作者及其叙事下限	310
5.3	曹寅次婿与《钦定外藩蒙古回部王公表传》的封王者	314
5.4	曹寅次婿与《清实录》中的封王者	319
5.5	康雍之际的抚远大将军	337
5.6	清朝的献俘礼	342
6.1	曹荃注释并刊刻的著作《四言史征》	359
6.2	"卯君"用典考释	365
6.3	曹寅"闻珍儿殇"小考	385

6.4	内务府旗鼓佐领的跨旗与汉名情形 396
7.1	张云章为曹寅得孙所赋之诗 444
7.2	义救陈鹏年出冤狱的"曹公子"小考 456
7.3	雍正朝遭追赔与枷号的曹𬘡 487
8.1	中国古建筑的基本单位"间" 513
8.2	清代北京地图的精疏程度小探 523

图表目次：

1.1	曹雪芹家族世系图	004
1.2	记载曹雪芹家族籍贯的文献	007
1.3	辽阳王尔烈写于乾隆朝的《同游千山诗录》	008
1.4	《江宁府志》与《上元县志》中的《曹玺传》	009
1.5	曹锟于1932年壬申岁所题之武惠王曹彬遗像	010
1.6	《八旗满洲氏族通谱》中曹锡远家族的满汉名	013
1.7	《五庆堂重修曹氏宗谱》与《曹氏谱系全图》的书影	014
1.8	记载曹寅以"柳山"为自号的文献	015
1.9	张云章涉及曹寅和李煦的诗文	017
1.10	康熙《南昌武阳曹氏宗谱》中的始祖曹孝庆	019
1.11	曹孝庆祖墓所在的湖口县走马岭西真寺	021
1.12	曹雪芹家族取名字时所可能借用经典上之关合	028
1.13	清前期部分恩诏中涉及颁赐诰命的封典条文	034
1.14	北京大学图书馆藏曹家之诰命	035
1.15	康熙十四年曹玺祖父母及父母获赐之诰命	036
1.16	薛福保于同治间所撰的《曹氏族谱序》	044
1.17	曹氏荣庆的朱卷履历	047
1.18	曹尔素裔孙贵林及保昌的朱卷履历	048

1.19	与曹雪芹家族祖籍相关的重要文献	050
2.1	清代文献中所载的曹雪芹高高祖曹世选	057
2.2	清初满汉文献中的曹振彦	061
2.3	天聪四年四月的《大金喇嘛法师宝记》	062
2.4	天聪四年九月的《重建玉皇庙碑记》	063
2.5	《大金喇嘛法师宝记》碑各拓片上的"教"或"敎"字	065
2.6	文献中甚易混淆的"教官"与"敎官"	067
2.7	《天聪朝稿簿奏疏》中涉及教书秀才的材料	071
2.8	皇太极在位期间关涉科举考试的史事	073
2.9	顺治朝出身教官的省级辽人官员	076
2.10	五庆堂辽东曹氏三房的相关文献	084
2.11	满文资料中的李煦祖父李有功	087
2.12	文献中对李煦父亲李士桢的记述	091
2.13	大同市博物馆藏顺治十三年的《重修大同镇城碑记》	095
2.14	临汾五龙宫藏顺治十二年的捐赀题名碑	098
2.15	曹雪芹家族的旗籍记事	102
2.16	曹雪芹家族的旗籍隶属	103
2.17	中国第一历史档案馆藏《小玉牒》中的阿济格子女资料	105
2.18	曹寅撰于康熙四十年五月的《东皋草堂记》	108
2.19	涉及曹殷六的清代诗文	109
2.20	位于武清与宝坻之间崔口的东皋草堂	110
2.21	曹鋡夫妇合葬墓碑	112
2.22	曹鋡诗作辑佚	113
2.23	曹鋡与曹荃从军的材料	114
2.24	题为康熙三十二年蒋弘道所撰的曹鼎望墓志铭	118
2.25	曹鋡与曹寅为表兄弟的可能性	121
2.26	丰润曹氏的世系图	122
2.27	曹振彦相关记事编年	125

3.1	清人诗文集中有关曹玺的记述	128
3.2	顺、康间缙绅录中的銮仪卫官员	133
3.3	顺、康间缙绅录中的曹家亲友	135
3.4	康熙朝江宁织造支过俸饷文册	136
3.5	曹玺家的敬慎堂	138
3.6	康熙四十三至四十五年间有关曹寅的奏折	144
3.7	曹寅致东山先生汪绎函	145
3.8	曹玺妻孙氏与其家的萱瑞堂	147
3.9	《辉发萨克达氏家谱》中有关顺治帝乳母朴氏的记载	151
3.10	康熙朝所开博学鸿词科的各种异称	155
3.11	顾景星《白茅堂集》中与曹寅相关的内容	159
3.12	曹寅《楝亭集》中与顾景星父子相关的内容	160
3.13	《镶蓝旗汉军世管佐领原由家谱清册》中的金氏谱系	171
3.14	铁岭《李氏谱系》中与杭州织造金家等的联姻	172
3.15	李月桂的墓志铭及家传	173
3.16	李月桂祖父李世胜遭免官的材料	175
3.17	李月桂相关记事编年	178
3.18	清代文献中的李月桂	180
3.19	李煦《虚白斋尺牍》中对曹寅的称谓	182
3.20	李煦祖父李有功的相关材料	184
3.21	李有功家族的世系图	190
3.22	苏州西园寺藏善继禅师血书《华严经》的部分题跋	191
3.23	铁岭《李氏谱系》中继娶曹氏的李显祖	193
3.24	曹玺相关记事编年	197
3.25	曹尔正相关记事编年	198
4.1	王朝璩为《楝亭词钞》所写的序跋	204
4.2	郎世宁等绘《哨鹿图》中跟随乾隆帝秋狝的队伍	206
4.3	成德在《楝亭图》所书的《曹司空手植楝树记》	209

4.4	《雪屐寻碑录》中所记丁应元任伴读的事迹 214
4.5	袁启旭《中江纪年诗集》为曹寅、曹荃所赋的诗 216
4.6	家谱中的兼祧与出继例 225
4.7	扬州瘦西湖大虹桥修缮时新发现的曹寅题残碑 230
4.8	曹寅篆额的《金山江天寺铁舟海和尚塔铭》 232
4.9	南京博物院藏《香林寺庙产碑》上的曹寅 233
4.10	曹寅所撰的《尊胜院碑记》 235
4.11	明孝陵的《驾幸江宁纪恩碑记》及《治隆唐宋碑》拓片 236
4.12	曹寅平生最称意的诗句 239
4.13	曹寅刊刻的《御定全唐诗》及《御定佩文韵府》等书 240
4.14	康熙帝于二十三年在苏州虎丘看剧并击鼓的情节 243
4.15	曹寅杂剧《北红拂记》的书影 247
4.16	曹寅杂剧《太平乐事》的书影 248
4.17	文献中所记与曹寅演剧相关的材料 249
4.18	曹寅传奇《全本虎口余生》的书影 252
4.19	曹寅传奇《续琵琶》的书影 255
4.20	沈汉宗《惠爱录》的书影 257
4.21	庚辰本《石头记》第十六回中的接驾事 259
4.22	康熙朝六次南巡中接驾之织造与两淮巡盐御史 261
4.23	江宁汉府织局图 262
4.24	曹寅奏折上的朱批 264
4.25	曹家在江宁织造任内所承担的重要差使 265
4.26	曹寅等争取铜差的奏折 267
4.27	康熙四十八年二月曹寅在铜差期满时所上的奏折 269
4.28	王纲明所承接的各种差使 271
4.29	曹寅透过联宗所产生的亲戚称谓 273
4.30	与曹寅家"官场联宗"或"攀亲结姻"的人物 274
4.31	曹寅周遭的联宗或姻亲关系 275

4.32	曹寅称作"安侯姊丈"之刘殿邦的世系图	281
4.33	清初丰润与宝坻的旗下邑绅	282
4.34	吴正治为刘兆麒父刘世则所撰的墓志铭	283
4.35	与曹邦相关的史料	285
4.36	己巳之变中引荐曹邦投顺金军的曹士蛟	286
4.37	曹鼎望、曹钤与曹寅所制的墨	288
4.38	丰润张氏的世系图	289
4.39	曹铨和曹寅为张纯修所作题跋上的称谓	291
5.1	与曹寅妹婿傅鼐相关的材料	295
5.2	嫁纳兰成德第三子傅参的李杰次女	297
5.3	与曹寅长婿纳尔苏相关的档案	300
5.4	曹寅染疟时康熙帝驰赐金鸡挐霜的朱批	301
5.5	《爱新觉罗宗谱》中的纳尔苏及其子孙	302
5.6	云南总督张允随女被指婚给平郡王福彭长子庆宁事	304
5.7	台北故宫博物院所藏与曹寅次婿相关的奏折	306
5.8	《永宪录》作者萧奭的相关史料	309
5.9	吴庆坻《蕉廊脞录》所收录的《永宪录》序	311
5.10	《钦定外藩蒙古回部王公表传》中袭爵表的书影	316
5.11	康熙五十五年罗卜藏丹津袭封亲王的满、蒙文敕谕	319
5.12	梵蒂冈藏青海古地图上有关罗卜藏丹津生年的记载	322
5.13	汉、满、藏文献中有关罗卜藏丹津妻室的记载	328
5.14	曹寅与西疆有关的诗文	333
5.15	与曹寅家相关的人脉网络	336
5.16	弘旺《皇清通志纲要》中关涉胤祯等人的史料	339
5.17	雍正帝所撰的《御制平定青海告成太学碑》	341
5.18	郎世宁等绘的《平定回部献俘》图	342
5.19	庚辰本《石头记》中涉及探春命运的内容	347
5.20	指实曹寅次婿为罗卜藏丹津的论证流程	354

5.21	曹颀于罗卜藏丹津兵败逃往准噶尔后所上的奏折	355
6.1	《四言史征》的书影及其讳字	360
6.2	"中国方志库"中康熙刻本里的"胤"字	362
6.3	文献中有关曹荃生辰的记载	364
6.4	清代在引见时使用的红、绿头牌	376
6.5	乾隆朝台湾潘士兴捐监的证照	379
6.6	文献中对曹玺孙辈之本生父所出现前后不一的记事	384
6.7	曹寅为"闻珍儿殇"所赋之诗	387
6.8	清代汉字官方文献中的曹顾异名	394
6.9	曹顾相关记事编年	394
6.10	《内务府奏销档》中曹顾身故后补放佐领的资料	402
6.11	《内务府奏销档》中的桑额陷害吴老汉案	405
6.12	雍正十一年四月允禄等详审太监梁九功案	410
6.13	曹寅为亡弟曹荃所写的《思仲轩诗》及相关和诗	411
6.14	曹寅赋赠其弟曹荃的诗作（一）	416
6.15	曹寅赋赠其弟曹荃的诗作（二）	417
6.16	曹寅诗文在出版时遭删汰的记事	420
6.17	曹寅友朋诗文中关涉其弟曹荃的内容	421
6.18	王翚等绘并由曹荃担任监画的《康熙南巡图》第六卷	423
6.19	赵执信《题顾黄公景星先生不上船图》行书诗翰手卷	426
6.20	赵执信诗文集中提及的部分亲友	428
6.21	曹荃相关记事编年	433
7.1	连生奏谢父故恩赐矜全并命李煦代管盐差等事的奏折	438
7.2	曹颙奏谢恩命继承父职及改用学名的奏折	439
7.3	曹颙奏为恭进盐差任内余银恩请赏收的奏折	441
7.4	甫接江宁织造之曹颙代母所上恭谢天恩的奏折	446
7.5	曹颙在曹颙妻马氏生产前后所上奏折	448
7.6	曹颙相关记事编年	449

7.7	清代缙绅录中的曹頫	452
7.8	康熙帝给曹頫的敕命	455
7.9	康熙四十四年救陈鹏年出冤狱的"织造幼子"曹頫	457
7.10	吴贯勉与曹寅兄弟共同的人脉网络	460
7.11	宋和为陈鹏年所撰的《恪勤列传》	462
7.12	噶尔泰奏报江宁织造曹頫等人的官守	466
7.13	康熙五十八曹頫请将铜差赐其专办的奏折	467
7.14	康熙帝在曹頫请安折上指斥其家烧制珐琅彩瓷的情事	468
7.15	《江南通志》中负责巡盐、织造与钞关的旗官	470
7.16	曹頫被控"骚扰驿递"的结案题本（一）	473
7.17	曹頫被控"骚扰驿递"的结案题本（二）	474
7.18	清代与"勘合"相关的文物	475
7.19	雍正六年六月审理三织造督运龙衣进京骚扰驿途案	477
7.20	雍正《大清律集解附例》中有关骚扰驿递的处分	483
7.21	雍正朝曹頫遭定罪的过程	484
7.22	乾隆《直隶相距程限册》中所记从北京至江宁的驿站	485
7.23	雍正七年七月奉追曹寅赃款的《刑部移会》	486
7.24	绥赫德奏报曹頫家产什物折	490
7.25	曹宜相关记事编年	494
7.26	雍正十一年十月审讯绥赫德以财钻营平郡王案（一）	497
7.27	雍正十一年十月审讯绥赫德以财钻营平郡王案（二）	498
7.28	曹頫相关记事编年	499
7.29	《红楼梦》程甲本与程乙本中的抄家清单	505
7.30	雍正四年宫内所藏的黑狐皮清单	506
8.1	北京崇文门外蒜市口街与蒜市口地方的可能范围	509
8.2	乾隆《宸垣识略》中的北京外城及其东半部详图	510
8.3	圆明园旁一宅院的平面图	515
8.4	数据库中所描述各种建物每一"间"的规格	518

8.5	清代宅院平面图中的"半间"小考	520
8.6	圆明园中勤政殿及万方安和殿的建筑烫样	521
8.7	《京师城内首善全图》及《京城各国暂分界址全图》	524
8.8	北京古地图中从广渠门至三里河桥沿线的地名	525
8.9	民初北京城邻近蒜市口地方的部分街道	529
8.10	曹寅与《石头记》中的俗语"树倒猢狲散"	535
8.11	施闰章诗文集中与曹寅认宗叙谱的友人	536
8.12	曹寅及其友人提到西堂之诗作	537
8.13	庚辰本《石头记》第二十八回有关西堂的脂批	538
9.1	庚辰本《石头记》中有关结海棠社一事	548
9.2	庚辰本《石头记》中有关老太妃国丧一事	556
9.3	曹家重要记事编年	557

凡　例

1. 本书所引之《红楼梦》（或《石头记》），如未特别标明，即以庚辰本为主，其文若出现俗体或简体亦尽量照样引用，后四十回则用程乙本。

2. 正文中共有32个置于方框内的附录，旨在理出相关历史背景或研究细节，以提供给想深入探究的读者参考，同时也为避免影响行文流畅。

3. 为能与读者有最大互动，本书精心制作了198张图表，其中关键的书画题跋、碑文、抄件或写刻本等资料，均尽可能加以辨识（用楷体字表之）并标点，以方便读者对照判读。为节省空间并较清楚呈现文字，部分文献的版式有时亦会在不改变内容的情形下略加剪辑压缩。又，制图时为配合古书的表述习惯，图中键入之汉字均尽量从右至左排列。

4. 文中对当代之人大多径呼其名，而未加称谓或头衔，敬请担待。

5. 在引文中不用"自注""原注"等字样，而以（　）表示原注，以［　］表笔者的加注说明，以【　】呈现勘误。

6. 中历之年月日用中文字，公历之年月日则用阿拉伯数字。

7. 本书中之年龄乃用中国传统算法，出生即算一岁；在将中历转成公历时，中历之十一或十二月有可能跨到公历下一年的年初。

8. 有关满文之转写，均参照穆麟德（Paul Georg von Möllendorff）音译法，并用斜体字表示，以与汉语拼音区隔。

9. 各章中的注释采用简式，详细之参考文献则整理在书末。惟网络上各贴文之网址，如无特别必要，就不再胪列书末。又由于各研究型图书馆的书目检索系统现多已详细上网，故许多收入大型丛书的重印文献，其所在册数或出版年份就不赘记。

10. 为便于读者查对，文中之古文献除特别重要的版本外，均尽量引用常见于各研究型图书馆的大型丛书（如四库系列等），页码亦多记原刊本之卷页，以便回查。

11. 因受篇幅限制，书末未能附上索引。但为发挥e时代的特色，笔者特商请合作方设计了一套系统（http://thup.site.nthu.edu.tw），让读者可在网上对全书内容进行任意字句之检索，相信应可在研究时提供更大帮助。

第一章　曹雪芹先祖的迁徙足迹*

> 曹雪芹的高高祖曹世选早在万历朝宦居沈阳之前就已着籍辽阳，其家自认是汉曹参、魏曹操、唐曹霸、北宋曹彬和曹玮、南宋曹孝庆等名人之后，并透过"联宗"交结了不少同姓之人。本章借由对大量相关史料以及古代社会运作方式的深入掌握，尝试厘清曹雪芹家族的祖籍（着籍辽阳，至曹世选始宦居沈阳，但仍以辽阳为故里），希望能因此更丰富对其先祖们生命足迹的认识。

曹雪芹（约1716—1763）及其同时代的人，[1] 可能均想象不到这位在世时籍籍无名的落魄八旗文士，会在后世以一部《红楼梦》就进入中国文学史的最高殿堂。[2] 然而，我们对这位年少时过着"烈火烹油、鲜花着锦"般生活（小说第十三回对贾家的描述），稍后陡然遭抄家籍没，终致潦倒一生的作家，却长期因文献不足而欠缺较清晰的认识。

自胡适的《红楼梦考证》一文于1921年问世后，其所揭举的新红学形成一新典范（paradigm），不少当代学者相信《红楼梦》就是曹雪芹的自叙体，故致力于考证曹雪芹的家世与生平，认为"《红楼梦》是以曹家史实及雪芹个人经验为骨干和蓝本，然后加以穿插、拆合"，期盼能因此理解《红楼

---

* 本章部分内容曾发表于拙著《曹孝庆家族在江西迁徙过程新考》（2011）、《重探曹学视野中的丰润曹氏》（2011）、《传曹雪芹家族现存六轴诰命辨伪》（2015）、《曹雪芹祖籍新探：生命足迹与自我认同》（2016）。
1　曹雪芹的生卒年请参见黄一农，《红楼梦外：曹雪芹〈画册〉与〈废艺斋集稿〉新证》，页18—23；黄一农，《曹雪芹卒于"壬午除夕"新考》。
2　曹雪芹虽还有《废艺斋集稿》及《种芹人曹霑画册》等作品，但迄今仍少受人关注。参见黄一农，《红楼梦外：曹雪芹〈画册〉与〈废艺斋集稿〉新证》。

梦》的要旨与情节。³ 此趋势令原本属文学领域的"红学"延伸进史学范畴的"曹学"研究，⁴ 但随着我们对曹家史事的掌握愈多，就愈发现这部小说远非只是单纯的雪芹自叙。

拜一个世纪以来红友们铺天盖地搜寻相关资料之赐，加上大数据时代资料丰富的研究环境，我们现在或已爬梳出存世文献中直接关涉曹雪芹的多数记载，但这些显然仅能呈现其生命历程里的零星足迹，本书因此将透过历史研究中对清代社会运作方式的掌握，尝试经由合乎情理的推论，把原本间接或点状的材料连成线段。此外，本书亦将"详人所略、略人所详"，⁵ 努力带入最严谨的学术要求，以重新还原曹家最接近真实的历史。从胡适揭举新红学迄今已过百周年（1921—2023），笔者谨以此书表达个人对上一辈学者的诚挚敬意，即使他们的部分学术观点已稍嫌过时，但始终激发着后世研究者的热情与思考。

本章即站在一整代红学前辈的肩膀上，从笔者已出版之《二重奏：红学与清史的对话》再出发，尝试有系统地梳理曹雪芹的祖籍问题以及相关文献，希望可导正部分人云亦云的错误，进而对曹氏先辈的生命故事有一较深刻且正确的了解。

一、曹雪芹祖籍问题的厘整

曹玺（雪芹曾祖）于康熙元年被工部织染局派驻江宁担任"公织造"官

---

3 余英时，《红楼梦的两个世界》，页1—8、41—42、77。
4 "曹学"一词首出顾献梁（1914—1979）师，他于台湾新竹清华大学开设"艺术欣赏"通识课程时，笔者甫考入物理系，一心肖想在爱因斯坦（Albert Einstein, 1879—1955）极感兴趣却又无法突破的"统一场论"（Unified Field Theory）上有所发挥，不仅修课期间从不知顾师的红学研究，当时且尚不曾完读过《红楼梦》，因而失去向先生亲炙并一窥堂奥的机会！参见顾献梁，《"曹学"创建初议：研究曹霑和石头记的学问》。
5 先前之研究如见李广柏，《曹雪芹评传》（1998）；刘上生，《曹寅与曹雪芹》（2001）；周汝昌，《曹雪芹新传》（2007）；周汝昌，《红楼梦新证》（2016）；冯其庸，《曹雪芹家世新考》（2014）；张书才，《曹雪芹家世生平探源》（2009）；吴新雷、黄进德，《曹雪芹江南家世丛考》（2009）；樊志斌，《曹雪芹传》（2021）。

员，三年因该局归并内务府而成为首位"专差久任"的江宁织造。[6] 除他在康熙二十三年过世后的八年期间，曹家的玺、寅、颙、頫等三代四人共先后担任该织造近一甲子，直至曹頫一家于雍正六年因抄没而被迫归旗北京（图表1.1）。其时十三岁左右的曹雪芹，自此在京度过三十多年的岁月。

曹家作为八旗的一分子，理应只问旗属不问籍贯，然因曹氏流着汉人血液，且于曹振彦（玺父）从龙入关后相继出仕，因与被统治的汉人互动日增而深受汉文化的熏陶，此在工诗词、戏曲的曹寅（玺子）身上表现尤其明显。先祖的认同与谱系的溯源，或因此成为曹家在铺陈家族底蕴时必须补上的功课，也成为今人研究曹雪芹生平时不能跳过的一环。

家族籍贯往往是时间长轴上一连串动态迁徙过程所留下的生命足迹，曹雪芹虽生长在江南并老死于北京，然其家在关外以及此前其他长期居停过的地点，就成为许多地方文史工作者铆足全力希冀能证真的目标。先前红学界对明清以来曹雪芹祖籍的认知，主要分成"丰润说"（以周汝昌为代表）、"辽阳说"（以冯其庸为代表）、"沈阳说"与"铁岭说"，但大家对曹家何支、何代、于何时迁至辽东，又落脚何地，中间有无定居过河北丰润，再往前可否追溯至江西南昌等问题，虽已有十几本专书论此，却始终各说各话，众说纷纭。[7]

---

[6] 先前多误以其于康熙二年任江宁织造，此据胡铁岩，《曹玺首次赴江宁与任职江宁织造时间及旗籍考辨》。惟胡文有关旗籍的讨论颇待商榷。
[7] 如见周汝昌，《红楼梦新证》（2016）；冯其庸，《曹雪芹家世新考》（2014）；刘继堂、王长胜主编，《曹雪芹祖籍在丰润》（1994）；王畅，《曹雪芹祖籍考论》（1996）；冯其庸、杨立宪主编，《曹雪芹祖籍在辽阳》（1997）；李奉佐，《曹雪芹祖籍铁岭考》（1997）；刘世德，《曹雪芹祖籍辨证》（1998）；辰戈，《曹雪芹祖籍问题论争概观》；张庆善，《曹雪芹祖籍论争述评》。

图表1.1　曹雪芹家族世系图。订正自拙著《二重奏：红学与清史的对话》

曹参 ? 曹操 ? 曹霸 ? 曹彬 曹玮 ? 曹孝庆 ? 曹世选
曹世选
又名宝，亦作锡远，辽阳人。明末曾官沈阳中卫，天启元年城陷时或降后金国，顺治中后期卒，康熙十四年以孙玺贵赠光禄大夫。妻张氏，康熙六年以孙玺贵赠夫人，康熙十四年以孙玺贵赠一品夫人。因曹寅有子章与松斋（为字号）两从兄，疑世选或不只振彦一子，或振彦不只二子，或尔正不只一子（此因《八旗满洲氏族通谱》仅胪列有官衔或科名者）
振彦
天聪八年（1634）因功以多尔衮属下旗鼓牛录章京身份加半个前程，后或缘事革退。顺治七年以八旗贡士获授山西吉州知州；八年二月因多尔衮被追论削爵而改隶正白旗；九年升阳和府知府；十二年升两浙都转运盐使司运使；十四年六月之前去职（不知是否卒于任）。康熙十四年以子玺贵赠光禄大夫。嫡妻欧阳氏，康熙十四年以子玺贵赠一品太夫人。继妻袁氏，顺治八年以夫贵封宜人；康熙十四年以子玺贵赠一品夫人
玺
?—1684。其生年的上下限乃介于万历三十八至四十六年间（1610—1618）。原或名尔玉，字完璧。卅岁左右补侍卫，顺治五或六年随大军征山西建功，拔为二等侍卫管銮仪事，再升内工部。康熙三年以内工部郎中衔担任江宁织造，卒赠工部尚书。生母欧阳氏，由继母袁氏抚养长大。正妻不详。继妻孙氏（1633—1706）为康熙帝保母，四十五年三月左右卒。妾顾氏，康熙十八年之前卒
尔正
又名鼎，正白旗第五参领第三旗鼓佐领，康熙三十六年之前应已去职
宜
约生于康熙十九年后不久。雍正七年任护军校，十三年任正白旗第四参领第二旗鼓佐领兼护军参领，至乾隆朝仍在世
天祐
乾隆九年前不久仍任州同。因《诗经》有『宜民宜人，受禄于天。保右命之』句，而根据曹家取名字常与经典关合之传统，疑天佑为宜子
寅
1658—1712。字子清，号楝亭、荔轩、柳山居士，历官正白旗第五参领第三旗鼓佐领、江宁织造、通政使兼巡视两淮盐课监察御史。康熙五十一年七月廿三日卒。顾氏生。嫡妻李氏（因五十四年时『近六旬』，知生年与曹寅颇近）卒于雍、乾之际。康熙十九年有妾过世
曹氏女 寅妹，康熙十八年前卒
荃
1662—1708。本名宣，字子猷，号筠石、芷园，历官侍卫、南巡图监画、内务府司库。孙氏生
曹氏女 寅姊，嫁李显祖（1633—1675，满名塞白理，历官至浙江提督）为继室，顺治八年之前卒
?
曹氏女 寅妹，嫁傅鼐(1677—1738)
?
顺
1678—1711。荃子，满名赫达色，小名珍儿。至迟康熙廿五年入嗣为寅子，兼祧两房。廿九年捐纳监生。四十至四十八年间曾助曹寅及曹荃承办龙江等五关铜觔。四十七年或与寅妻不合而归宗
颀
1687—1733。荃子，满名桑额。康熙五十四、五年间入嗣长房，康、雍之际归宗
颜
1688—?。康熙二十九年捐纳监生，约卒于四十二、四年间
颙
1689—1715。荃子，又名连生，字孚若，以内务府郎中管江宁织造。妻马氏。康熙四十七年入嗣长房，五十四年正月初八日卒。五十年所生子早夭
頫
1696—?。字昂友。荃子，康熙五十四年正月入嗣长房，并管理江宁织造。雍正五年因罪免职，旋抄家。疑頫即曹雪芹生父
曹氏女 长女，康熙四十五年十一月二十六日嫁平郡王纳尔苏(1690—1740)为嫡福晋，生福彭、福秀、福靖、福端，乾隆十四年仍在世
曹氏女 次女，康熙四十八、九年之交嫁某侍卫（或即袭青海亲王的罗卜藏丹津），后封为王妃
顺
1678—1711。满名赫达色，小名珍儿，至迟康熙廿五年出继曹寅，四十七年归宗，五十年春卒
曹氏女 曹寅于康熙廿五年所赋『笑看儿女竞新妆』诗句中的女儿即为此女，她应生于此前
頔
1686—?。小名骥儿，康熙二十九年捐纳监生，卒于四十五年春至五十年三月间
颀
1687—1733。五十年授茶上人，五十五年升茶房总领，五十八年降为茶上人，雍正三年五月前复授为茶房总领兼二等侍卫衔，历官镶黄旗第四参领第二旗鼓佐领，五年仍在任。康熙五十四、五年间出继长房，康、雍之际因与曹頫有矛盾而归宗
颙
1689—1715。康熙廿九年捐纳为监生，后出继曹寅
頫
1696—?。康熙五十四年正月奉旨出继长房

此事无法获得共识的主因，在于先前研究者往往只选择对己说有利的材料，并加以发挥，而未能探究各个材料的本质及其表述的视角，以致将曹家的远祖（多属无实证的主观攀附）、入辽后的足迹（根据其他辽东曹氏的朦胧说法）、入关后与其他曹氏的族属称谓（多因联宗所产生的亲谊），均从实看待，无法析辨其为客观事实抑或主观认定，遂始终未能提出一可全面理解各文本记述的统合看法。

谱牒类文献虽然通常会追溯先祖及其迁徙过程，但在无法获得血缘证据且各谱又往往不完全一致的情形下，我们或许该先尝试析探其可信度。此外，在讨论籍贯时，我们对内容出自曹雪芹家族中人或其亲友的文本，应给予较大权重。只有掌握了这些自我形塑或认同的内容，才较可能具体理解红学研究中某些透过"官场联宗"或"攀亲结姻"所形成的人际网络。

翻查曹雪芹祖父曹寅的著述《楝亭诗钞》《楝亭诗别集》《楝亭词钞》《楝亭词钞别集》《楝亭文钞》等，共有十五处自署"千山曹寅子清"，曹寅《楝亭书目》也有"千山曹氏家藏"字样。此外，《国朝诗的》亦称曹寅是"千山"或"辽左"人（图表1.2）。[8] 千山应指辽阳城南的千顶山，乾隆四十二年辽阳王尔烈的《咏千山诗》即有"千华千顶孰雕镂"句（图表1.3），注称"千华山、千顶山皆见，香岩寺明代碑记曰'千山'者，盖俗简其字"，又谓"按张玉书《游千山记》：'辽阳城南五十里为千顶山……山多奇峰，巉岏槲叠，不可指屈，故名千顶。'"[9] 知千山乃千顶山（又名千华山）的简称。王氏并称"千山发脉于长白""吾地有千山之盛"，且引康熙帝《望千山诗》"华岳泰岱应齐峻"句，称许辽阳千山的秀拔可与华山、泰山擅胜生辉。[10]

8　陶煊选，张璨辑，《国朝诗的》，书首；卷2，页6。
9　此为其撰于康熙二十一年的《游辽东千顶山记》。参见张玉书，《张文贞公集》，卷6，页29。
10　周汝昌误认辽阳城南有千顶山一事"与曹寅署千山的真意义无关"。参见王尔烈，《瑶峰集》，卷上，页1—2；周汝昌，《红楼梦新证》（2016），页83。

再者，台北故宫博物院所藏《宋赵伯驹汉宫图》上钤有"千山耿信公书画之章"，耿昭忠，字信公，平南王耿仲明之孙。由于仲明墓位于辽阳东南梅家花园村南，耿家的宗祠怀王寺亦在城内，[11] 知千山（今归鞍山市）因是地理名胜，时人（包含曹寅）确有以之代指辽阳的情形。

此外，康熙朝之《江宁府志》与《上元县志》皆可见雪芹曾祖曹玺的小传，分别记称"曹玺，字完璧，宋枢密武惠王裔也。及王父宝宦沈阳，遂家焉""曹玺，字完璧【璧】，其先出自宋枢密武惠王彬，后着籍襄平。大父世选令沈阳有声"（图表1.4及1.5）。[12] 襄平乃古代辽阳的别名，[13] 辽阳知州何梦瑶于雍正十年登城西南的首山（系千山之首），并赋有《襄平杂咏》组诗；[14] 王尔烈亦于乾隆五十八年为去职的奉天府辽阳州学正元振采撰《元大司铎去思碑》，文末称"偕辽阳州绅士公立"，并谓"幸襄平有贤师矣"；辽阳白塔顶上所发现的隆庆五年《重修辽阳城西广佑寺宝塔记》铜碑，亦谓"吾襄平为全辽都会"；现藏辽阳民俗博物馆的天聪四年《重建玉皇庙碑记》也称"昔襄平西关西门外不越数趾，有玉皇庙焉……"。这些均坐实清人常以襄平为辽阳的代称。

---

11 张成良主编，《辽阳乡土文化论集》，页71。
12 于成龙纂修，《江宁府志》，卷17，页27；唐开陶纂修，《上元县志》，卷16，页9—10；武念祖修，陈栻纂，《上元县志》，卷6，页12—13。
13 邱华东，《再论辽阳即古襄平："曹雪芹祖籍铁岭说"商榷》。
14 翟文选等修，王树枏等纂，《奉天通志》，卷251，页16—17。

图表1.2　记载曹雪芹家族籍贯的文献

◆ 雍正《扬州府志》，卷18，页23	◆ 民国《奉天通志》卷101，页8	◆ 乾隆《大同府志》，卷11，页17
◆ 曹 寅 满洲人四十三年任四十五年再任四十九年再任	◆ 曹頫彦澄阳人	◆ 曹頫彦颜治九年任
◆ 乾隆《江南通志》，卷105，页13	◆ 曹玺汉军世居潘阳	◆ 康熙《栋亭诗钞·别集·词钞·文钞》，卷首
◆ 曹 玺 满洲人康熙二年任 曹 顒 满洲人康熙五十二年任 曹 寅 满洲人康熙三十一年任 曹 頫 满洲人康熙五十四年任	◆ 曹寅世居潘阳	◆ 寅字子清号楝亭奉天辽东人
◆ 光绪《重修安徽通志》，卷125，页2	◆ 清诗的曹寅字子清号千山人	◆ 千山曹 寅子清
◆ 曹 寅 满洲人淮盐课监蔡御史	◆ 清诗别裁集十二 曹寅奉天人	◆ 康熙《诗乘初集》，卷12，页10
◆ 民国《吴县志》，卷6，页18	◆ 康熙《名家诗选》，卷1，页19	◆ 曹 寅字子清号楝亭奉天辽人
◆ 曹寅字楝亭满洲人	◆ 曹 寅字子清号楝亭奉天辽阳人	◆ 康熙《昭代诗存》，卷7，页98
◆ 乾隆《江都县志》，卷14，页14	◆ 康熙《四言史征》，各卷卷首	◆ 曹 寅字子清辽东人
◆ 曹寅字楝亭满洲人	◆ 长白曹 荃芷园甫注释	◆ 顺治《云中郡志》，卷15
◆ 乾隆《箧衍集》，卷2，页25	◆ 雍正《皇清诗选》	◆ 曹 寅子子清辽东阳人
◆ 曹 寅子清满洲人工部荔范轩集	◆ 长白曹 寅子清	◆ 康熙《诗观》二集，卷13，页30
◆ 康熙《平阳府志》，卷19，页112	◆ 康熙《施愚山先生学余文集》，总目	◆ 曹 寅子清雪樵奉天辽阳人
◆ 曹振彦奉天人贡七年任	◆ 荔轩词长白曹 寅子清 校阅姓氏	◆ 乾隆《国朝诗选》，卷5，页42
◆ 曹 寅《楝亭大雅》二集 铁岭曹 寅楝亭著	◆ 曹 寅子清雪樵 长白 野鹤堂草 卷首	◆ 曹 寅子清雪樵奉天辽阳人
◆ 乾隆《国朝诗别裁集》，卷20，页12	◆ 曹 寅子清奉天 书首	◆ 雍正《浙江通志》，卷122，页1
◆ 铁岭曹 寅铁亭著 较阅姓氏	◆ 曹 寅子清雪樵长白	◆ 曹 寅子清雪樵奉天辽阳人顺
◆ 光绪《吉州全志》，卷3，页4	◆ 康熙《瑶华集》，卷5，页20	◆ 康熙《杭州府治》，卷10，页3
◆ 曹振彦奉天辽的，较阅姓氏	◆ 曹 寅子清奉天	◆ 曹振彦治十二年任
◆ 康熙《国朝诗》，较阅姓氏	◆ 康熙《有怀堂文稿》，书首	◆ 康熙《国朝诗品》，卷10，页3
◆ 曹振彦奉天辽东人	◆ 三韩曹使君子清	◆ 曹振彦逊阳人顺三年任
◆ 曹 寅子清左 曹 寅子清千山人	◆ 康熙《林惠堂全集》，参订姓氏	◆ 康熙《上元县志》，卷16，页9
	◆ 三韩曹 寅子青	◆ 曹玺字完璧著务袁平

图表1.3　辽阳王尔烈写于乾隆朝的《同游千山诗录》

瑶峰集卷上

辽阳王尔烈瑶峰撰　　邑後学金铣献辑录

同游千山诗录

游山约

文章跌宕昔人探五岳之奇秀色峻嶒吾地有千山之胜春深游展与花鸟而偕来暇日诗情为奇啭林泉以勾爰课凤好共协衷怀幸藉名区一新耳目敬启诸公约于孟夏之初秉此清和之候同循绪陌先觉龙泉旧日所曾游当更识匪庐真面良辰不可负何独课老成领袖幽傺行乐贵及时山亦且有道是行也择老成为领袖百爵至及时山亦且有道是行也择老成为领袖以免纷歧依真率为规条不分宾主盘飧惟资果腹何事珍羞壶触尤可畅怀宁拘次第而历诸寺乐则不疲从容以尽所长奇则不厌期自甲而至癸观亦可以止矣人由少以及多乐不若与菜为者启

同游诗小序

四月四日蓬莱王君润溥济南李君龙文同郡杨君君实赵君文源石君瑞昌金君灿章吾家杏邨叔穉兄皆如约而集惟敬哉浼刘君己有成约而以家事不果来戴君罄东以有疾守亦未预余乃偕诸君及翰锺二子从长共十二人出城南骑逦迤由隆阜岭至七岭午餐於旅舍日夕至龙泉寺择西阁为楼止之所自龙泉次及祖越寺普安观南泉庵凡游四日初九日由西岭策僕者久居阜座亦思石上谈经暂别鸳鸯且免松间喝道记无心以出岫倘有意於学山九百九十九峰本不满千峰之数
书后廿州岷奇崛照天空峭壁立共九曰仍近名千山三百六旬六日何妨偷旬日之闲下筌常惜万钱且作买山之费十人游并勸揽胜之资愿附骥尾以相从聊假霜毫以共白丁酉三月瑶峰尔烈

咏千山诗

千山发脉於长白长白高远不可即然观千山之鹫将遂至大安不果十二日由双峰以归凡得诗若干首同游者亦各有作并游之以志一时之兴将归时龙泉借以纸索书众以为施门联以纪游乃遂联句并旁字附记於後

杖徙步过石桥至香岩寺车从皆辅自七岭道双峰亦至写留三日

结鵕橑备极化工之巧而长白可知矣恭读圣祖仁皇帝御製入千山诗三章叡赏切至皇上御製望千山诗一章有华岳泰华之冠斯篇之冠尔烈谨记
时前此荒废未甚开蔽盖生聚甫殷尘心深浇修念恐有勞费也迨皇上六龙驻憩聚心深澆修念忍有勞日久盆易新敞故往往补缀之失宜亦未遑奏请兩朝墨製建勒标之秀拔而惜其补缀之失宜亦未遑奏请兩朝墨製建意矣录之以为诸篇之冠尔烈谨记

穹碑为山林增色固以寺中庫狭不敢裘也然名山铸圭人而颜又幸地託意镌山灵應不无厚望焉恭赋二诗以明其意

高山天作帝王州长白峰高望莫由一石一泉皆化育千华千顶皆人工
玉勒朱旗清晏时茅堂一径一委蛇
睟镜句孝思自迴豐岐嶽賞長留典誥詞華佶仰聞穚偉俊滄溟
應待暁風奇
翠华游
按張玉書遊千山記遼陽城南五十里為千頂山山多奇峰巘屼
稱疊不可指屈故名千頂

图表1.4 《江宁府志》与《上元县志》中的《曹玺传》

❖ 于成龙纂修，《江宁府志》（约康熙二十四年成书）

世祖章皇帝宾天 補不食民户而又朝夕列侍左右循谨不肆帮贴额料取出馆之累巧莫可名者为繁剧懑视苏杭特价蠹倪公大为蠲释于故户则取出馆之累于公诸公大为蠲释贯礼持下有体恤政公承其家学读书徹古今贯礼持下有体恤武惠王裔也父振彦从浙江盐法道惠曹玺字完璧武功伯司寇籍沈阳

《江宁府志》卷七十宦蹟

必贯礼补侍卫随王师征山右建绩内廷二等侍卫管銮仪事陞内工部特简督理江宁织造江宁局务重大輔康熙二年

天子面访江南吏治備詳
卒于署譴詔仲子寅仍協理江宁织造事以續公緒寅敦敏有长才人謂盛德昌後自公益驗云
天子東巡抵江宁特祭以諭博工詩古文词
賜御书「敬慎」扁額手卷

壺御宴蟒服加一品更奮天府之供不拋而辦歲此巖公捐俸
蓝应袭修，《上元县志》（乾隆十六年刊本）

曹玺字完璧其先出自宋樞密武惠王彬後籍襄平大父世選令瀋陽有声世選生振彥初屬從入關累

闕累遷浙江盐法佥议使遂生璽璽少好学沉深有大志及壯補侍衛随
王師征山右有功康熙二年卷15，頁15

❖ 唐开陶纂修，《上元县志》（康熙六十年刊本）

曹璽字完璧其先出自宋樞密武惠王彬後籍襄平大父世選令瀋陽有声世選生振彥初屬從入關累
遷浙江盐法佥议使遂生璽璽少好㠯沉深有大志
及壯補侍衛随
王師征山右有功康熙二年

特簡督理江宁织造織至積弊一清幹畧甚著
陛見陳江南吏治備極詳剽
轸𬭚敬慎區額加一品
軒七歲能辨四聲俏弟子獻講性命之學先工於
詩伯仲相濟美璽在職
卒於署祀名宦寅字子清號荔
金百萬有不能價者請密免商立祠以祀奉
詔勅加通政使持簡兼巡視兩淮塩政期年疏貸內府
持衛理江宁织造織甲子卒於署祀名宦寅字于清號荔
上曰遣太醫診治尋卒
上歎惜不置因命仲保頻復織造使颜字昂友好
嗜学绍阐宸德識者以為曹氏世有其人云
詔纂輯全唐诗佩文韵府著楝亭诗文集行世孫霑字
命蔡辑全唐诗佩文韵府著楝亭诗文集行世
卷16，頁9-10

❖ 武念祖等修，《上元县志》（道光四年刊本）

詩伯仲相濟美璽在職江宁
卷6，頁12-13

图表1.5 曹锟于1932年壬申岁所题之武惠王曹彬遗像。[15]曾贵为民国总统的曹锟亦与曹雪芹家同以曹彬为显祖

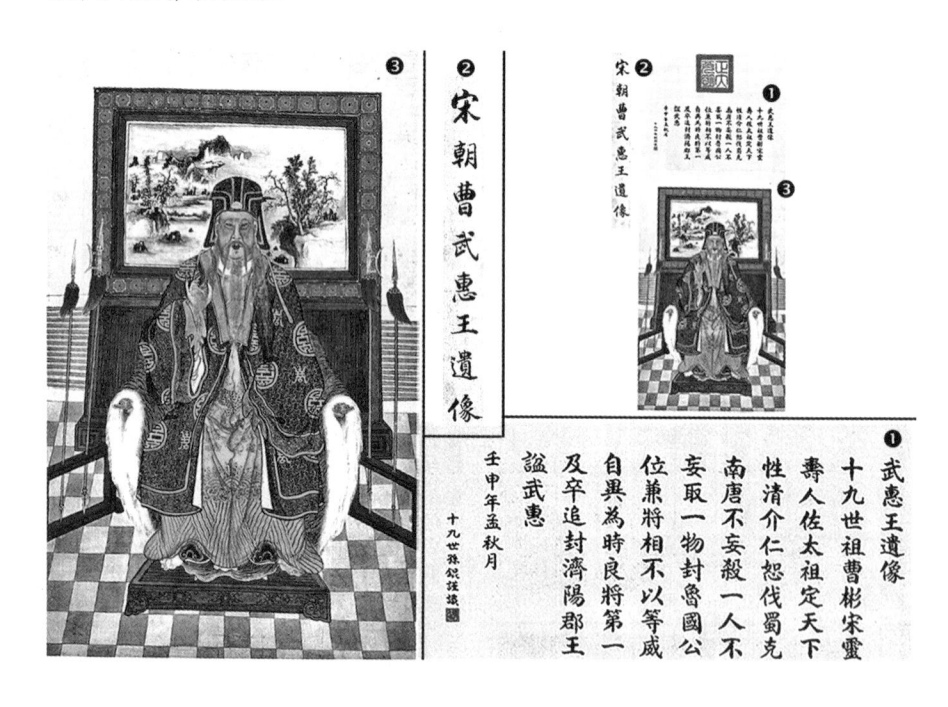

由于上元县与江宁县乃同城而治，均属江宁府，而曹家的玺、寅、颙和頫三代四人在次第担任江宁织造期间，又恰与修志过程相重叠，知半个世纪以来作为宦居当地最显赫的八旗望族，前述曹玺小传之内容不应与曹家的自我认知有差，且情理上亦应曾咨询过曹家。亦即，如考虑出版时间的先后，《上元县志》所叙述的"后着籍襄平。大父世选令沈阳有声"，应是对较早成书之《江宁府志》"及王父宝宦沈阳，遂家焉"的具体补充，强调其家原本"着籍襄平"。再者，曾于《楝亭图》上为曹寅、曹荃两兄弟跋诗的邓汉仪，[16]在其康熙十七年成书之《诗观》二集中，收录三首曹寅的诗，并记其

---

15 中国嘉德2018年春季拍卖会《笔墨文章：信札写本专场》第2008号。
16 落款为"荔轩、筠石两年先生题画正，旧山邓汉仪拜书"。参见高树伟，《中国国家图书馆藏四卷〈楝亭图〉初探》。

简历曰："子清，雪樵，奉天辽阳人，《野雀堂草》。"而此诗集的编选体例是根据作家自行提供的内容，知该三诗应摘自曹寅的《野雀堂草》（今佚），且曹寅着籍辽阳的叙述也很可能直接出自作者。[17]

至于曹寅在其助印且校阅的施闰章《学余全集》中署名"长白曹寅子清"，友人韩菼（音"毯"）于《织造曹使君寿序》中称他为"三韩曹使君子清"，吴绮文集的参订姓氏中亦记"三韩曹寅子青"，[18] 寅弟荃在序《四言史征》时自署"长白曹荃"（图表1.2），应均是用"三韩"与"长白"来泛指辽东（指辽河以东的地区），此为明清文士圈常见不直用地名的儒雅做法，类似情形亦可见于三湘、岭南和八闽等例。

"三韩"原指朝鲜半岛南部的马韩、辰韩和弁韩三个小国，由于辽圣宗开泰五年（1016）耶律世良大破高丽军时，除斩首数万级，还将大量来自三韩的俘虏迁置辽东，故当沈阳、辽阳等地在明末被金国攻陷后，辽人遂将遭遇相近的辽东以"三韩"称之（"长白"的用法亦然）。[19] 康熙《辽阳州志》的跋文即明指"辽阳昔为三韩总会之区"，康熙《宁远州志》亦因此称宁远是"关东一要会也……雄丽甲三韩，为辽、沈门户"。[20]

更有甚者，大量与曹家人历宦过程相涉的清代方志类官书中，有谓振彦是"辽阳人""奉天人""辽东人""奉天辽东人""奉天辽阳人"或"辽东辽阳人"，曹玺是"辽东汉军人""汉军，世居沈阳"，或指曹寅是"奉天人""千山人""世居沈阳""世居沈阳地方"（图表1.2）。由于顺治十四

17　黄一农，《重探曹学视野中的丰润曹氏》。
18　"子青"因与"子清"同音，故亦被曹寅用为别字（古人不乏此例），如钱澄之即撰有《与曹子青》，张云章也曾赋《赠曹荔使子青》。参见韩菼，《有怀堂文稿》，卷6，页8及卷8，页8；吴绮，《林蕙堂全集》，卷首；钱澄之，《田间尺牍》，卷3，页5；张云章，《朴村诗集》，卷8，页7。
19　清initially刘廷玑批评时人不该用"三韩"称辽东；顾炎武尝曰："开泰中，圣宗伐高丽，俘三国之遗人置县。据此，乃俘三国之人置县于内地，而取三韩之名尔……今人乃谓辽东为三韩……原其故，本于天启初失辽阳以后，章奏之文遂有谓辽人为三韩者……今辽人乃以之自称。"王棠亦称"今人乃谓辽东为三韩"；《重修大同镇城碑记》（图表2.13）可见"三韩马公讳之先"和"三韩彭公讳有德"，爬梳数据库知"初籍金州卫"的马之先尝被称作奉天或辽东人，"金州卫生员"彭有德为奉天或辽东人。亦即，奉天、辽东或三韩均可用以指代较广的地理范畴。参见顾炎武，《日知录》，卷29，页846—847；刘廷玑，《在园杂志》，卷1，页48—49；王棠，《燕在阁知新录》，卷30，页15。
20　杨镳纂修，《辽阳州志》，末跋；冯昌奕等修，《宁远州志》，卷8，页5。

年始在盛京沈阳城内置奉天府，下辖辽阳、抚顺、铁岭、开原等地，并一直沿用至民国北洋政府时期，知这些记载多与前述之辽阳说若合符契，[21] 前人往往纠结于辽东、奉天、三韩、长白、千山、襄平、辽阳等地名的不同，而不知它们彼此间并无矛盾，只是涵盖范围有别，[22] 至于沈阳与辽阳两地名则是宦居与祖籍间的差异！

综前所论，曹雪芹的先辈一直"着籍辽阳"（此说与目前包含方志在内的几乎所有一手文献的叙述皆若合符契），直至其高高祖世选因在沈阳中卫任官始迁住沈阳。[23] 天启元年三月沈阳城陷时（八日后辽阳亦陷），世选举家被俘或降，《八旗满洲氏族通谱》（略称《通谱》）因此称曹世选"世居沈阳地方"（图表1.6），但曹家仍以辽阳为祖籍。[24] 在冯其庸原藏的同治《曹氏谱系全图》（与《五庆堂重修曹氏宗谱》最后增补材料的时间大致相同，然此图似已佚）上，[25] 四房的振彦、寅、玺、鼎名下，有"向闻分住辽阳，谱失莫记"等字（此句应描述的是振彦及其祖籍；图表1.7）！[26]

另，曹寅亦透过别号"柳山"显露他对远祖的认同。曹寅幕友张云章尝称其"柳山先生"，并注称"公以柳山自号"。[27] 查士标《梅花册》上有

---

21 在图表1.2所整理出的约四十个记事当中，与此说不合者仅见刘然辑《诗乘初集》（约收200人）、彭廷梅辑《国朝诗选》（约收1550人）、汪观辑《清诗大雅》（凡117卷），称曹寅为"奉天宁远人"或"奉天铁岭人"。由于三书的编者均未出现在曹寅现存的诗文集中，疑其与曹寅并无私交，或是编者在收录大量诗作时未能一一核实作者资料所致。
22 王洪胜，《曹雪芹家世祖籍研究的重大发现》。
23 先前学界多理解成曹世选归金后因任官而移住沈阳，但《通谱》中清楚记载作为第一代包衣的世选并未出仕。
24 从《八旗满洲氏族通谱》另见94个尼堪家族"世居辽阳地方"一事，判断曹家虽着籍辽阳，但明代后期已长住在政经中心的沈阳，故被称作"世居沈阳地方"。
25 此图之上应以十七世惠庆的事迹最晚，其传记称："湖南岳州府通判，历署巴陵县知县，平江县知县，赏加同知衔，以直隶州知州尽先补用。题陞武冈州知州，遵旨奏调山东帮办营务，以历次克复城寨打仗，奉旨免补直隶州，以知府留东补用，赏戴花翎。"查惠庆在同治元年至二年出任平江县知县后，虽题陞武冈州知州，但遵旨襄赞山东营务，遂以军功候补知府。同治七年九月他获丁宝桢保奏并送部引见，十年十二月惠庆卒于山东曹州府知府任内。参见冯其庸，《曹雪芹家世新考》，页27；张培仁修，李元度纂，《平江县志》，卷34，页8；《清穆宗实录》，卷242，页355及卷326，页307。
26 冯其庸，《曹雪芹家世新考》，页15—33。
27 有以张云章《奉陪曹公月夜坐柳下赋呈》诗中有"柳山先生性爱柳，山坳一树百年久"句，故认为此即曹寅以柳山为别号之故，然此号应还有另一层更深的意涵。参见周汝昌，《红楼梦新证》（2016），页137。

六幅画的题诗署名"柳山",且钤用"曹寅之印""荔轩""楝亭""楝下客"。[28] 博尔都（字问亭）命曹寅在石涛所绘《临众爵齐鸣图》写赋时,寅自署"柳山弟",图上曹寅手书的"云汉高寻"引首,亦署"柳山寅题",并钤"楝亭"等印。[29] 石涛为博尔都临摹的《蓬莱仙境长卷》上,也有"柳山寅题并识"之跋。[30] 此外,曹寅自序《太平乐事》杂剧时,末署"柳

图表1.6　《八旗满洲氏族通谱》中曹锡远家族的满汉名

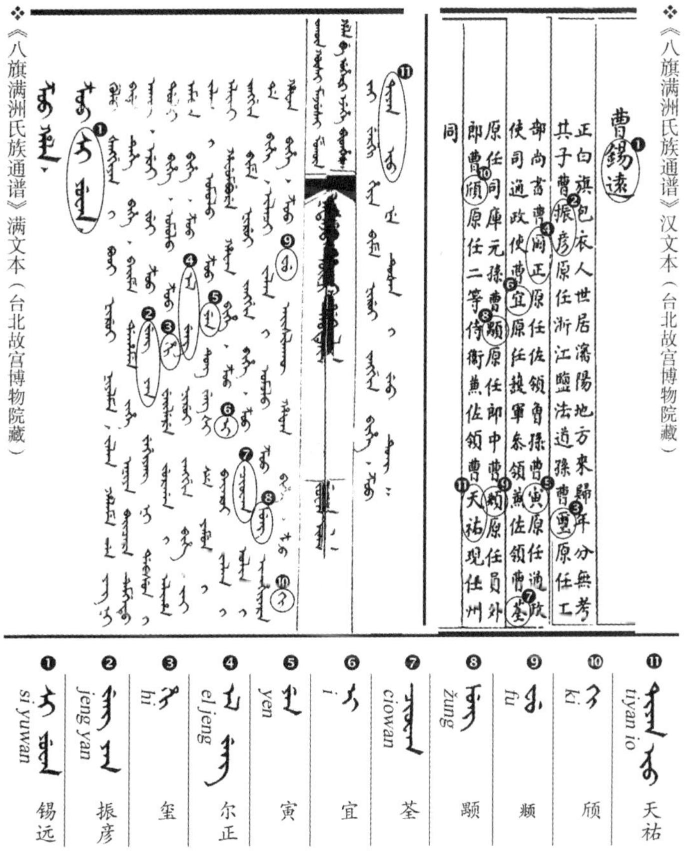

❶	❷	❸	❹	❺	❻	❼	❽	❾	❿	⓫
si yuwan	jeng yan	hi	el jeng	yen	i	ciowan	žung	fu	ki	tiyan io
锡远	振彦	玺	尔正	寅	宜	荃	颙	頫	颀	天祐

28　顾斌,《曹学文献探考》,页371—381。
29　黄斌,《清宗室博尔都〈问亭诗集〉校注与研究》,页367—368。
30　陈国平,《石涛》,上册,页512—513。但书中误将"柳山寅"系为康熙十二年进士曾寅（江西清江人）,并在无论证的情形下,径指曾寅号柳山。

013

图表1.7 《五庆堂重修曹氏宗谱》与《曹氏谱系全图》的书影

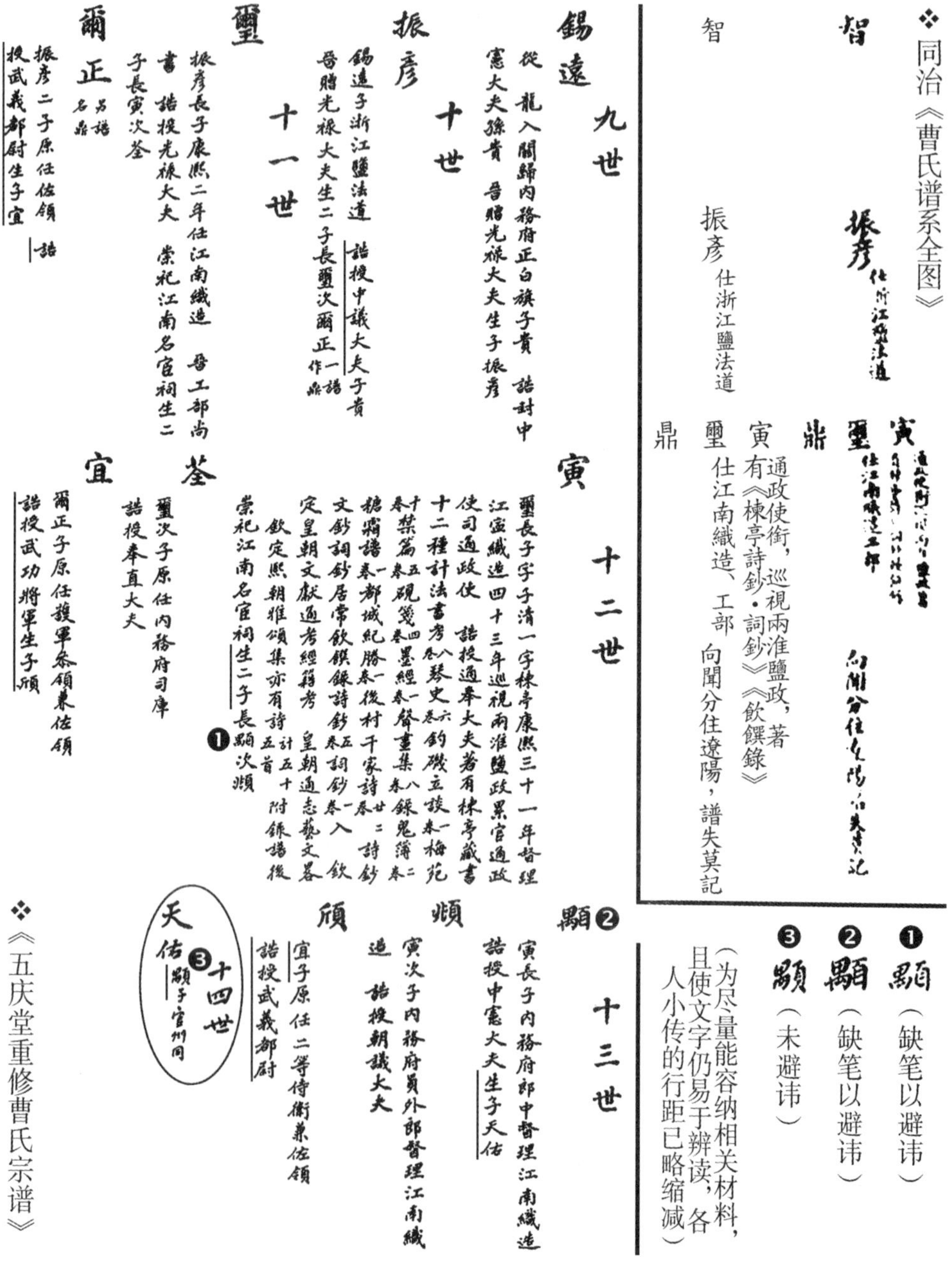

❖ 同治《曹氏谱系全图》

智

振彦 仕浙江盐法道

鼎

玺 仕江南织造，工部

寅 通政使衔，巡视两淮盐政，著有《楝亭诗钞·词钞》《饮馔录》

玺 仕江南织造、工部

❶ 顒
❷ 頫（缺笔以避讳）
❸ 顯（未避讳）

（为尽量能容纳相关材料，且使文字仍易于辨读，各人小传的行距已略缩减）

❖ 《五庆堂重修曹氏宗谱》

九世
锡远 从龙入关归内务府正白旗子贵 诰封中宪大夫孙贵 母赠光禄大夫生子振彦

十世
振彦 锡远子浙江盐法道 诰授中议大夫子贵 母赠光禄大夫生二子长玺次尔正

十一世
玺 振彦长子康熙二年仕江南织造 诰授光禄大夫 崇祀江南名宦祠生二子长寅次荃

尔正 玺弟 名諳 投武义都尉生子宜

十二世
寅 玺长子字子清一字楝亭康熙三十一年督理江宁织造四十三年巡视两淮盐政累官通政使司通政使 诰授通政大夫著有楝亭藏书十二种计法书八琴史六钓矶立谈朱梅花禁篇五砚笺八墨经一署画集千家诗钞一楝亭诗钞八词钞一诗钞别集四文钞一居常饮馔录一后村长短句五集一龙城录一都城纪胜一艺文备考赋钞残稿一辑录钦定皇朝通志献通考亦有诗文钞朝文献钞居常饮馔钞五首 皇朝通志艺文十二种 计法书八录钞诗后 诰封朝议大夫

荃 玺次子原仕内务府司库 诰授奉直大夫

宜 尔正子原仕护军叅領兼佐領 诰授武功将军生子頔

十三世
顯❷ 寅长子内务府郎中管理江南织造 诰授中宪大夫生子天佑

頫 寅次子内务府员外郎督理江南织造 诰授朝议大夫

頔 宜子原仕二等侍卫兼佐領 诰授武义都尉

十四世
天佑❸ 顯子官州同

图表1.8 记载曹寅以"柳山"为自号的文献

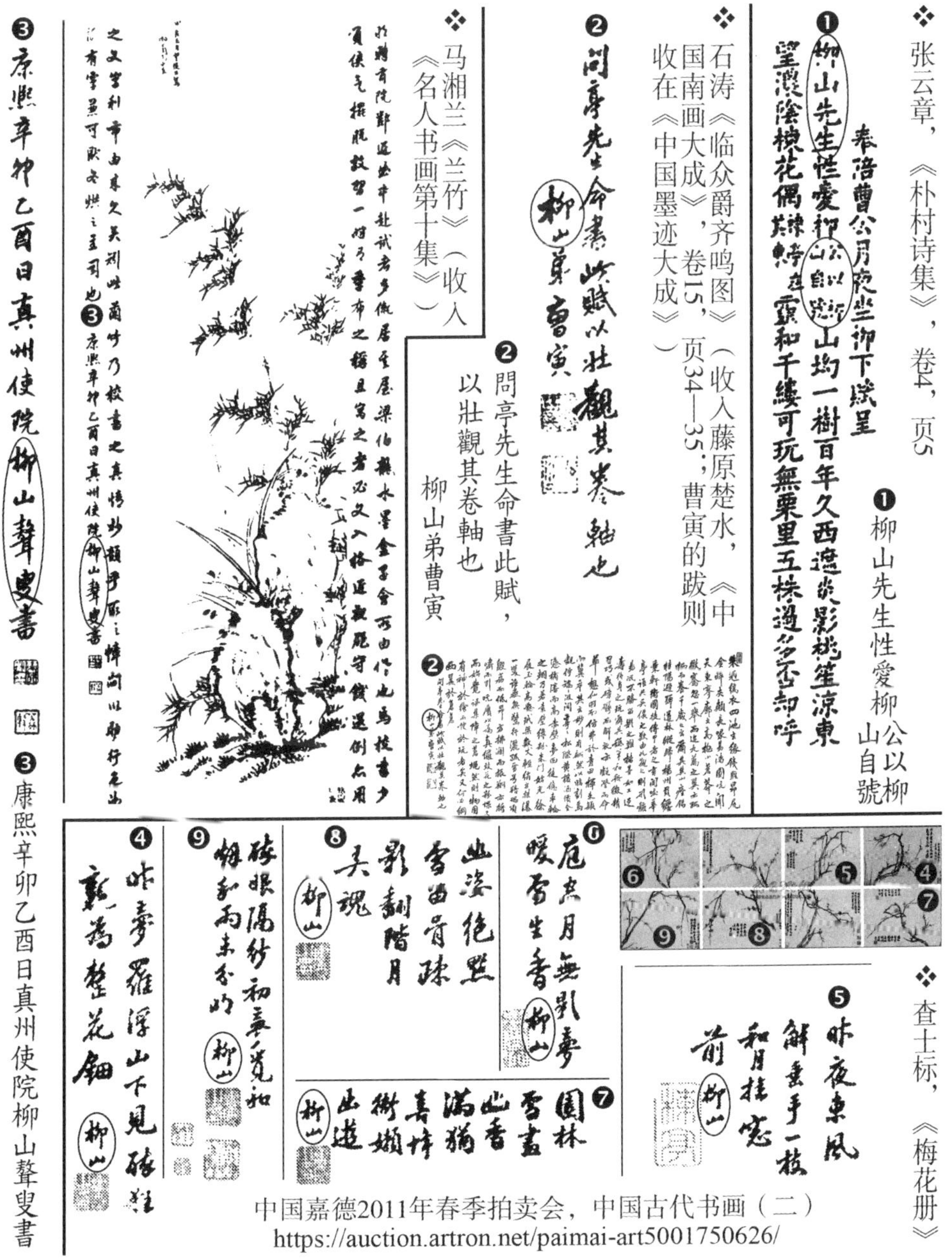

❖ 张云章,《朴村诗集》, 卷4, 页5

❶ 柳山先生性爱柳公以柳山自号

春深曹公月夜坐邮下赋呈
柳山先生性爱柳公以柳山自号懋山均一树百年久西遗炎影桃笙凉东
望灌陵棣花偶䟽婷在霜和千缕可玩无栗里五株遇名不却呼

❖ 石涛《临众爵齐鸣图》(收入藤原楚水,《中国南画大成》, 卷15, 页34—35; 曹寅的跋则收在《中国墨迹大成》)

❷ 问亭先生命素此赋以壮观其卷轴也
柳山弟曹寅

❷ 问亭先生命书此赋,
以壮观其卷轴也
柳山弟曹寅

❖ 马湘兰《兰竹》(收入《名人书画第十集》)

❸ 康熙辛卯仲乙酉日真州使院柳山聋叟书

❸ 康熙辛卯乙酉日真州使院柳山聋叟书

❖ 查士标,《梅花册》

❺ 昨夜东风
解冻手一枝
和月挂窗
前 柳山

❹ 咋梦罗浮山下见破鞋
新为楚花钿 柳山

❾ 帕辰隔纱和玉觅知
彩雨来彩竹 柳山

❽ 砖眼隔纱和玉觅知
彩雨来彩竹 柳山

❽ 头魂
雪翻阶月 柳山

❼ 幽姿绝艳
雪曲满
肯珠
阶月
柳山

❻ 庭空月无乳雾
暖香生香 柳山

❼ 园林
雪画
必香
韵娴
出游
柳山

中国嘉德2011年春季拍卖会,中国古代书画(二)
https://auction.artron.net/paimai-art5001750626/

山居士";³¹ 在题明・马守真（号湘兰）所画之《兰竹》时，署名"柳山聱［音'敖'］叟"（因其曾患"耳闭"之疾）；且于《北红拂记》末题"柳山自识"，程麟德跋此书时亦盛赞"柳山先生材大如天"（此段参见图表1.8）。³²

柳山亦为名岳，³³ 在江西隆兴府（明清改称南昌府）武宁县西南三十里，山名乃从曾隐居此地的唐・柳浑之姓。³⁴ 由于不少曹谱以南宋曾知隆兴府的曹孝庆为南昌始迁祖，并称该支后有迁丰润者，故曹寅之所以别号"柳山"，不仅因其"性爱柳"，应也是借此表明自己为曹孝庆后人。³⁵

曹寅诗文中另可见不少与其远祖相关的叙述：如他在赋赠曹鋡时有"吾宗自古占骚坛""吾宗诗渊源，大率归清腴"句，就以曹操父子（"三曹"以诗歌名世）为远宗；袁瑝题《楝亭图》时，亦谓"惠、穆流徽，朝野重，芳名循誉"，誉他上承曹彬（谥号"武惠"；图表1.5）与曹玮（谥号"武穆"）父子的家声；曹寅和李煦的幕友张云章也透过"俶［音'触'］装继相萧为侣，取印提戈彬作伦""俶装终拟继萧何"句（图表1.9），盛赞曹寅功业堪与汉初继萧何为相的曹参比拟，并期许其新得的孙儿可以允文允武的曹彬做榜样（附录7.1）；纳兰成德则用"籍甚平阳，羡奕叶，流传芳誉"句，揄扬知交曹寅出身累世（即所谓的"奕叶"）流芳的平阳侯曹参世家；杜岕（音"介"）寄诗甫任苏州织造的曹寅时，其"倘遇盖公辈，苍生可以安"句，亦用曹参以盖公之言治齐因而大治的故事相勉。³⁶ 此外，敦诚作诗寄怀挚友雪芹时，亦有"少陵昔赠曹将军，曾曰魏武之子孙。君又无乃将军后，于今环堵蓬蒿屯"句，³⁷ 指其为

31　顾平旦，《曹寅〈太平乐事〉杂剧初探》。
32　上海图书馆藏《北红拂记》的尤侗序出现三处"柳山"，但该文在收入《艮斋倦稿》后则都改成"荔轩"。参见周兴陆，《试论曹寅的〈北红拂记〉》。
33　柳山乃以南宋・白玉蟾的《涌翠亭记》闻世，亭在山麓，白玉蟾本姓葛，名长庚，后出继白氏，为道流名人，如《文渊阁四库全书》中即有120部书提及其人其事，《御定佩文韵府》也出现"白玉蟾"38次、"葛长庚"186次。
34　许应鑅等修，曾作舟等纂，《南昌府志》，卷2，页22。
35　曹文安等，《南昌武阳曹氏宗谱》；李雪菲，《曹雪芹祖籍问题新说》。
36　刘上生，《曹寅与曹雪芹》，页150—151。
37　此用少陵野老杜甫《丹青引，赠将军霸》之典，唐・曹霸以善画马闻名，官至右武卫将军，传为魏少帝曹髦（操之曾孙）后裔。因杜甫诗中称其"将军魏武之子孙，于今为庶为清门。英雄割据虽已矣，文采风流今尚存"，敦诚以雪芹是曹霸之后（"君又无乃将军后"句亦有作"嗟君或亦将军后"），遂在诗中称其与"为庶为清门"的先祖境遇相似，过着"环堵蓬蒿屯"的生活。

图表1.9 张云章涉及曹寅和李煦的诗文

❖ 张云章，《朴村文集》

- 上大理李公　　卷4，页9–11
- 御書修竹清風圖記　　卷11，页11–13
- 祭李勤軒通政文　　卷18，页9–10

❖ 张云章，《朴村诗集》

- 題大理李公出獵圖　　卷3，页3
- 桃花泉次和曹荔軒使韻　　卷3，页6
- 又一首呈李公　　卷3，页6
- 舞劍圖歌　并引　　卷3，页7
  大理李公命吳郡吳生繪圖一美人拔劍舞於庭一美人舞罷插劍侍在右公坐觀之戲語余為言以弁其首
- 曹銀臺西堂張畫竹三幅余為作歌　　卷4，页5
- 奉陪曹公月夜坐柳下賦星　　卷4，页5
  柳山先生性愛柳公自號柳山坳百年無栗里五株過於否却呼望濃陰棟花偶其東薰和千縷可玩
- 贈曹荔使子清　　卷8，页7
  帝眷東南簡使臣珀憧紅粉飾江津公以此職煥控制河淮國賦均風月懷亭無俗客諸子皆為賦詩繁華玉蕊領芳即今天下才多少詩思著子建觀清淨曾傳畫一歌做裴終擬繼蕭何均輸漢代需材久管延賓從江敦蘭過試叩書倉還積石可容賦海續紫公餘多暇
  岫淮岑共一哦

- 贈織造曹公二首　　卷8，页8
  中天列宿正森芒茂苑疊曈紫戲光五彩影時龍作會七襄報處錦為裳助成恭巳垂衣象剩讀蒸民補袞章指乘驂淮老肅法星晉秋更煌煌　　行宮瑞霧毛一權雍座留使節三開間從知仙李蟠根大都堂　　皇上寵遇香素神仙吏身捧紅雲玉座尊五祚長楊爭獻賦獨甘漁釣老無聞閬作天門南巡　　朝典李勉
- 題竹村圖　　卷9，页8–9
- 題儀真蔡院樓星帳使曹李二公　　卷9，页1
  萬家煙井氣絪縕旌旂交移兩荷輔代　　朝命曹李二公御　　山海關仍餘國貯權點利不渴財源可知法自曹參守益信　　朝由李勉
  （中略）
  啊呼咦曾能通　帝座笠惟御月朦朧軒（下略）
- 送劉君八歲長兄時在雍使署中　　卷9，页4
  為大理李公　　朝名未集
- 題曹銀臺荔軒集後　　卷10，页8
- 上下堂鈞笙磬音朱弦玉指發瑤琴宮中重振雲門奏定向西軒　　卷10，页8
- 獲賞帖　朝名未詳　　卷10，页9
- 開曹荔軒銀臺蜜得孫卻寄葉送入都　　卷10，页9
  天上鶯鳴傳降石麟驤丁令在涼時先生詞　　帝戒兹辰傲褒繼相時馮餘齋招我題祖侍香人座領
- 周確齋屬題畫扇用曹銀臺韻　　卷10，页11
  晝為士子翰作宋堅維王石谷楊友定朱繪
  王仙素周
  若顏若周
- 大理李公六十初度祝詞　　卷11，页9
  大理李公六十初度祝詞　主身獻十公麥禋禋秋霜末上贊毛新卷阿何事歌
- 純嘏一德君臣歷萬春　　十載勤勞報

魏武帝曹操以及唐代将军曹霸的裔孙。

可知曹雪芹家族应自认是汉曹参、魏曹操、唐曹霸、北宋曹彬和曹玮、南宋曹孝庆诸名人之后，故其亲友才有前述赞词。无怪乎曹寅在他创作的传奇《续琵琶》（《红楼梦》第五十四回贾母曾提及此作品；附录4.3）中，替其远祖曹操"故为遮饰"，以重塑一较正面的形象。[38] 当然，这些曹氏名人间的世系连结，在欠缺史料的情形下，多已无法从血缘上具体印证，而较可能属于自高世系的追攀行为。下节即借由现存的族谱材料，探索可否将曹雪芹家族的先祖回溯至辽东以前。[39]

二、难以溯源的武阳曹与丰润曹

因曹寅家自认是曹参、操、霸、彬、玮、孝庆诸名人的裔孙，故年代最近的曹孝庆就成为大家关心的焦点。孝庆登南宋淳祐元年（1241）进士，咸淳元年（1265）知江西隆兴府，历官至权礼部尚书、端明殿学士。浙江图书馆藏康熙《南昌武阳曹氏宗谱》钞本，称孝庆长子善翁（名浩）因卜居隆兴府城南四十里的武阳渡（在府治南昌县的长定乡），遂称作武阳曹氏，并以孝庆为始祖（图表1.10）。

而据康熙《南昌武阳曹氏宗谱》及光绪《浭阳曹氏族谱》（现藏唐山市丰润区文物管理所，丰润古名浭阳），丰润始迁祖曹端明（字伯亮）乃于明永乐年间"由南昌武阳迁丰润"，其弟端广则"由武阳迁居辽左之铁岭卫""卜居辽东""占籍辽东，后人失载""迁辽左"。[40] 该自武阳→丰润→铁岭的迁徙说法，就成为红圈追索曹家先祖移居辽东之前籍贯的关注焦点。

---

38 樊志斌，《曹雪芹家世文化研究》，页87—100。
39 均请参见黄一农，《曹孝庆家族在江西迁徙过程新考》。
40 赵东海，《曹端广：一个任人打扮的小姑娘——铁岭说驳难》。

图表1.10：康熙《南昌武阳曹氏宗谱》中的始祖曹孝庆[41]

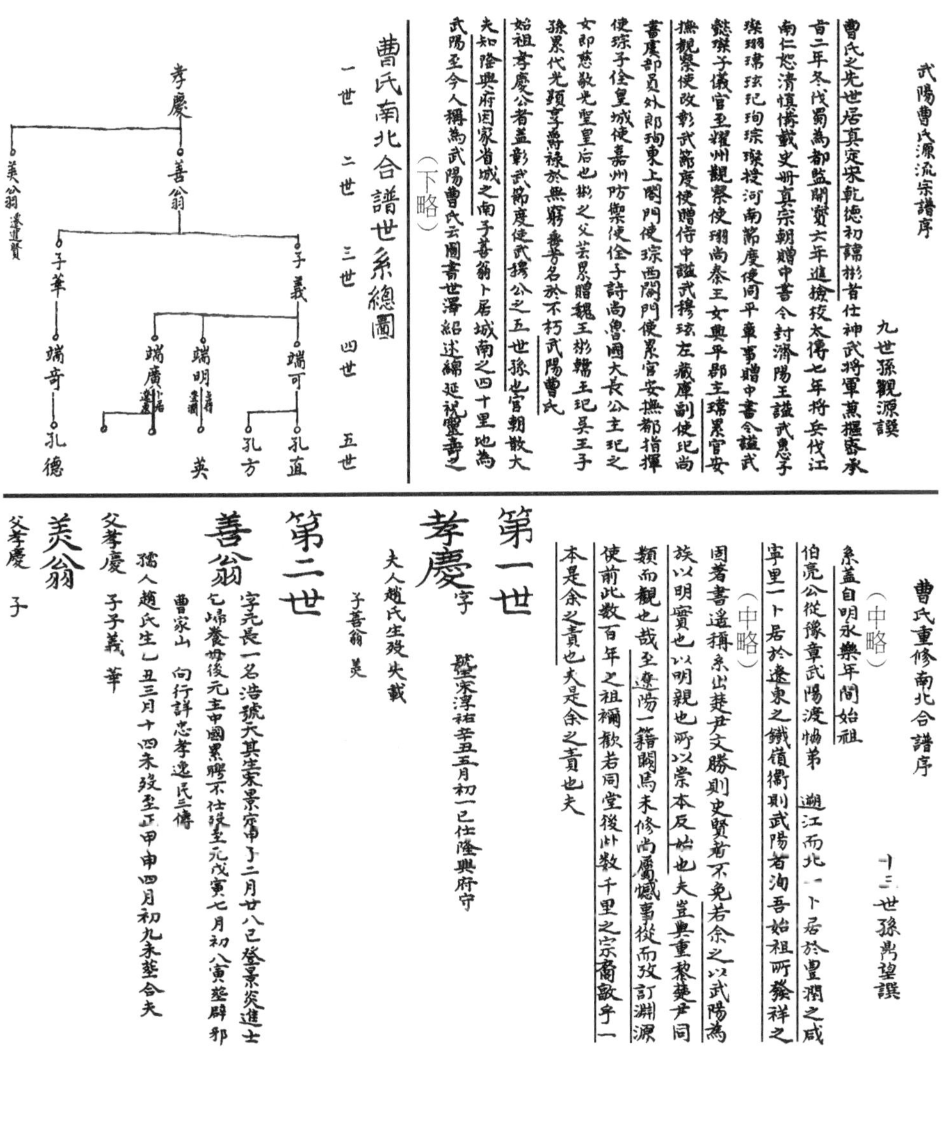

武阳曹氏源流宗谱序

九世孙观源譔

曹之先世居真定宋乾德初鏽彬首仕神武将军熊握寄承吉二年冬伐蜀为都监开宝六年追拨校太傅七年将兵伐江南仁恕清慎博戴史册真宗朝赠中书令封济阳王谥武惠子璨珊玹纪珣琮琰授河南節度使同平章事同中书令赠武懿子儀官玉耀州節度武勝军左藏库副使祀尚女即慈聖光宪后曩曩世树王玢峰马大长公主琰之父芑贈魏王祀吴王子孙琮代光顥亨爵累官妄撫都指挥摅观察使改官至彰武节度使嘉州防禦使贈子诗尚书通大长公主茘世坎累官至彰武节度使嘉州防禦使贈太子少保累官名於不朽武阳曹氏始祖孝慶公者盖武懿九世孙也官朝散大夫知隆興府因家焉省城之南子善翁卜居城南之四十里地為武阳至今人称为武阳曹氏云图书世澤绍述绵延祝灵再之

（下略）

曹氏南北合谱世系總圖

一世 二世 三世 四世 五世

孝慶—善翁—子義—端可—孔直
　　　　　　　　端明孺—孔方
　　　　　　　　端廣剌—英
　　　　　—子華—端奇—孔德
　　　—羨翁（達道賢）

曹氏重修南北合谱序

十三世孙鼎望譔

象盖自明永樂年間始祖伯亮公從豫章武阳渡怵弟潮江而北一卜居於豊潤之咸里一卜居於遼東之鐵領蜀武阳者洵吾始祖所發祥之

（中略）

固著書追搜西山楚氏文勝則史贤若不免若之以武阳為埃以明覧也丘夫當奠黎藝手同顏而觀也哉至遙阳親也两以禄氏本反州心丈賢敦若同堂後此数千里之宗萄飲于一使前此数百年之祖禰一籍闕而未修尚屬慘事從而孜訂渊源本是余之責也夫是余之責也夫

第一世

孝慶 字　　壁宗淳祖辛五月初一巳任隆興府守

夫人趙氏生殁失載

子善翁 羨

第二世

善翁 字元良一名浩號天其家景定丙子二月廿八巳鉴景癸進士曹家山向行詳忠孝逸氏傳乙邜慶戊後元主中國累聘不仕殁至元戊寅七月初八寅塋辟邜

孺人趙氏生[] 丑三月十四未殁至正甲申四月初九未塋合夫

父孝慶 子子義 華

羨翁

父孝慶 子

---

[41] 此谱虽称曹端广卜居辽东铁岭卫，然目前并无任何证据指出端广支与"着籍襄平"的曹世选支有直接关系。

笔者自2010年春起曾多次赴进贤、南昌、湖口、都昌、上海、南京、北京、丰润等地，尽可能综览相关的谱牒和碑刻。然因各谱中的世系常记载不一，故我们应有必要将宗族历史的文本放到大历史的脉络中加以对照，以辨定各谱涉及远祖之记述是否可信。[42] 在《中国家谱总目》著录的曹氏谱牒凡275部，[43] 学界有从其中的几部判定孝庆是宋灵寿（今河北石家庄市灵寿县）曹彬（931—999）玄孙曹实（原名"晟"，靖康元年遭金人北掳，因避金太宗完颜晟而改名"寔"，通"实"或"是"）之子，亦有指其是唐豫章（今南昌市进贤县）曹端礼十三世孙应龙之侄孙，惟此两支曹氏似无直接关系。

考虑曹彬、曹实、曹应龙与曹孝庆均为史书中可考之人物，笔者遂透过几个大型文史数据库，尝试梳理其生平事迹，并在2011年新竹清华大学图书馆装置"中国方志库"的测试中，第一次检索就成功于乾隆《湖口县志》的进士名录发现曹孝庆，令学界首度得知孝庆为江西湖口人。接着，笔者又爬梳了约二十种曹谱以及大量志书和宋元著作，且赴当地觅得孝庆葬于湖口文桥走马岭的"西真寺祖墓"（图表1.11），更缕析出曹孝庆家族于唐宋时期的移居路径：从安徽宣州南陵县→江西江州彭泽县→饶州都昌县龟山→江州湖口县，知其入赣后大致不出鄱阳湖周遭地区。无怪乎《南宋馆阁续录》中曾以孝庆"贯南康"，此或因都昌县在当时乃隶南康军。[44] 此外，笔者还自南宋绍兴四年（1134）成书的《古今姓氏书辩证》中，发掘出灵寿曹氏自彬以下五代百余人的世系，以及曹实（谱牒中有称其是孝庆之父）、曹浩（又名善翁，有称是孝庆之子）的事迹。[45]

---

42 下文中的相关讨论均请参见黄一农，《曹孝庆家族在江西迁徙过程新考》。
43 其中始祖为曹彬者约23部、曹参8部、曹良臣2部。参见王鹤鸣主编，《中国家谱总目》，册5，页2808—2835。
44 陈骙，《南宋馆阁续录》，卷8，页18。
45 邓名世，《古今姓氏书辩证》，卷11，页10—13。

图表1.11 曹孝庆祖墓所在的湖口县走马岭西真寺。[46]遗址在今文桥镇的曹寺新村，尚存康熙二十二年重建之功德碑[47]

西贞寺祖墓图

西真寺遗址

曹寺新村

清朝重建西真寺功德碑

新修曹氏祠堂

---

46 西真寺现仅存遗址，该寺原本为曹家的功德寺，招僧人以守护其旁的祖先坟茔，此故，寺旁之村原名"曹寺湾"。查宋代类似曹孝庆位阶之大臣，常在迁居地区指占或新建寺院作为其家族的功德寺，至于获朝廷赐额者，更可享有寺产免除科敷的优待，知孝庆家族至少到他这一代应已落籍湖口。参见魏峰，《宋代迁徙官僚家族研究》，页118—125。

47 笔者于2010年田野调查时，在村外一处废弃农舍发现此碑，并花费几小时逐页拍摄村中老人自阁楼拿出的一套以锦袱包裹的线装曹谱，离开时因天色已晚，屋外无路灯，乍然见到曾经很熟悉且伴我年轻时逐梦的满天星斗，不禁想起多年前当职业天文学家时，在美国马萨诸塞州的夸滨(Quabbin)水源保护区，独自一人操作直径14米之FCRAO射电天文望远镜（2011年拆除）探索银河系奥秘时的过往……

由于《中国家谱总目》所收录的两百多部曹谱，仅《南昌武阳曹氏宗谱》以孝庆为南昌的始祖，尤有甚者，曹孝庆的进士科名未见于湖口县以外他地志书的选举志，且他在出任隆兴知府之翌年即转知浙江婺州军事，疑曹孝庆本人并不曾迁籍隆兴。又，经考虑年龄的差距以及取名的规矩（曹彬后代依序以带玉、人、言、日、水字根的字表示行辈字派），我们也可推断孝庆绝不可能是相差一百多岁的驸马都尉曹实之子，且亦非应龙侄孙（因孝庆较应龙早三年中进士），而曹浩也不会是孝庆之子（有谱称浩于咸淳八年除大理寺卿，然与孝庆同榜的黄应龙在五年前才授此职）。疑修谱者为攀援名人，遂硬将孝庆插入曹彬后裔曹实与曹浩两父子当中。

综前所论，南宋末年知隆兴府的湖口曹孝庆为曹彬或曹端礼裔孙的说法，应均属附会，且曹孝庆亦非像康熙《南昌武阳曹氏宗谱》所称是南昌的始祖。在江西地区的一些曹谱中，有关孝庆父子三代的记述或因此常出现全不搭嘎的情形：如进贤曹氏所编的《赣鄂湘合修曹氏宗谱》（2009），称恒省生一子孝庆，孝庆娶万氏，有一子浩；而在龟山曹氏所编的《曹氏大成宗谱》（1988），则记忠甫生子三，长名孝庆，娶柳、帅、王、夏氏，有思、愚、应三子！

经详加比对史实之后，我们可发现武阳、进贤或丰润曹谱所记孝庆以下四代裔孙的仕宦经历多属虚构，而丰润曹氏较可靠的记载应起自端明。至于丰润曹再迁辽东的历程，亦同样无从核实。在武阳曹的主导以及丰润曹鼎望与曹首望的监修之下，康熙三十二年重修的《南昌武阳曹氏宗谱》应为已知存世最早的南北合谱。该谱指称孝庆之曾孙端明于明成祖永乐年间携弟端广从江西往北发展，结果端明占籍直隶丰润，端广则出关并卜居辽东铁岭卫。然目前并无任何文献证据指出曹端广支与"着籍襄平"的曹世选支有直接关系，而铁岭与辽阳分别在沈阳的东北与西南方各约六十公里处。亦即，我们欠缺坚实的历史材料，可将曹雪芹先辈们的迁徙途径回溯至河北丰润和江西武阳，此故，续编自顺治《辽东曹氏宗谱》的同治《五庆堂重修曹氏宗谱》（下文简称《五庆堂曹谱》）中，就从未言及武阳曹或丰润曹，而是将辽东五庆堂诸曹（包含雪芹祖先在内）之鼻祖，附会成元末安徽寿州安丰人的曹良臣（详见后）。

曹鼎望在其监修的康熙《南昌武阳曹氏宗谱》中，不仅将武阳曹与丰润曹合谱，并期望未来能考订渊源，补足"辽阳一籍，阙焉未修"的情形（图表1.10）。曹寅亦认同武阳曹（标举曹孝庆为其始祖），并以丰润曹与辽东曹乃同支，遂与鼎望三子钊、玢、铨骨肉相称，且用位于隆兴府的柳山为号（间接指称其家源出曾知隆兴府的曹孝庆）。事实上，学界对曹雪芹家族在宋元之前和辽东之外先祖（曹参、曹操、曹霸、曹彬、曹玮或曹孝庆等）所进行的追索，恐已很难得到合乎史实或基于血缘的客观关系。然曹家对显祖的自我定位，不仅重塑了家族的历史感与文化层次，更透过联宗通谱成功开展了一连串的社会网络。

三、《五庆堂重修曹氏宗谱》中的曹家

疏理曹雪芹家的祖籍问题时，肯定不能避开同治朝编辑的《五庆堂重修曹氏宗谱》（递编自清初所编但目前已佚的《辽东曹氏宗谱》），因其是目前所见唯一收录有雪芹祖先（但无雪芹及其后辈；图表1.7）的清代谱牒。[48] 此书乃1962年北京市文化局在调查雪芹家世时发现，翌年首度公开。兹尝试析探此谱内容的可信度，及其与曹家祖籍辽阳说可否呼应。

据曹士琦撰于顺治十八年的《〈辽东曹氏宗谱〉叙言》，此谱乃其季弟士璘遵父致中之志初编，序中自认其家之鼻祖乃元末的曹良臣（？—1372），并称良臣籍隶扬州仪真，因追随明太祖立功而封安国公，谥忠壮，其长子曹泰袭宣宁侯；次子曹义（1390—1460）封丰润伯；三子曹俊袭指挥使，后调沈阳中卫，[49] 遂定居该处。该序并称：

---

48 马希桂，《记〈辽东曹氏宗谱〉和〈浭阳曹氏族谱〉的发现》；王畅，《曹雪芹祖籍考论》，页269—415。
49 沈阳中卫建于洪武二十年（1387），领所五，设指挥使三十二员。嘉靖《全辽志》记该卫约有户一千八百、口五千人，马、步军六千二百人。随着人口日增，万历《四镇三关志》记该卫已"领所七"。参见杨宾，《柳边纪略》，卷2，页3；李辅等修，《全辽志》，卷2，页4—5、11、59及卷3，页31；刘效祖，《四镇三关志》，卷8，页145—146。

> 历代承袭以边功进爵为职者又三四人，子孙蕃盛，在沈阳者千有余人，号为巨族，而金州、海州、盖州、辽阳、广宁、宁远俱有分住者……后因辽、沈失陷，阖族播迁，家谱因而失遗兵火中，从前世系、宗支茫然莫记。

知曹士琦以明初的曹俊为入辽始祖，谱中并依俊所生的升、仁、礼、智、信析分成五房。明末时其族人已散处辽东，居沈阳者达千余人，[50] 乃当地大姓，且有三四位世袭卫所武职，惟其家谱于金国攻陷沈、辽时亡佚。

此谱共收录三百多人的资料，详略各异，以三房第十五世之清保最晚，清保所生惠庆、溥庆、荣庆、积庆、裕庆（五兄弟均不用汉姓曹[51]）就是"五庆堂"的命名由来，今所见钞本出自溥庆之三传孙曹仪简家，内容应是从顺治年间至同治八年不断递编而成。[52] 其体例迥异于平常以世系为析分准则的表格形式，或因材料受战乱亡佚，故收录的小传较详于编纂者所属的三房以及明末以后的部分长房，其他内容则多为揣度或转录自相关文献，以致小传中不仅常无生卒时间，甚至屡屡可见"前/后失考"的叙述。

五庆堂谱中所记的四房第九至十四世，仅列曹锡远（世选）支共十一人，其内容或主要抄自《八旗满洲氏族通谱》（图表1.6及1.7），甚至还把《熙朝雅颂集》卷九的曹寅小传及其五十五首诗全都照录于谱末。因《通谱》仅胪列有官衔或科名者，曹谱编者遂在未能增补的情形下，阙载白身的曹顺、曹颀、曹颜，并将曹颀错归于曹宜（形近"宣"字）名下，且把《通谱》中所记与曹颙、曹頫同辈的曹天祐，误为曹颙子（附录1.1）。

---

50 张书才，《明代辽东宁远卫曹氏的关内原籍》。
51 如《清实录》中尝称"山东候补知府惠庆"及"署曹州府知府积庆"。参见《清穆宗实录》，卷242，页355；《清德宗实录》，卷58，页805。
52 冯其庸，《曹雪芹家世新考》，页5。

附录1.1

曹天祐最可能是曹宜之子

乾隆九年完成的《八旗满洲氏族通谱》，乃清代涉及八旗历史的重要官书，始修于雍正十三年，资料随时订补，如书中正文即有二十一条出现乾隆系年之事，最晚者记正黄旗常明于乾隆七年七月初五日病卒。[53] 查《通谱》在编纂时，奉旨监理的弘昼以及担任总裁的鄂尔泰，亦同时负责编修《八旗通志初集》，这两部官书不仅勾勒出清朝崛起的大历史，更记载众多八旗家族的发迹过程或袭职资料，因关涉这些人物的历史定位以及权益，故其内容通常相当严谨。

《通谱》尝记曹锡远（即曹世选）以下有职衔的三代裔孙曰：

其子：曹振彦原任浙江盐法道。孙：曹玺原任工部尚书，曹尔正原任佐领。曾孙：曹寅原任通政使司通政使，曹宜原任护军参领兼佐领，曹荃原仕司库。元［"玄"字之讳改］孙：曹颙原任郎中，曹頫原任员外郎，曹颀原任二等侍卫兼佐领，曹天祐现任州同。[54]

根据此书体例，乃将"凡初来归依、有名位可考"者，依其辈分高低胪列，故常未能表示父子关系。"现任州同"的曹天祐（有版本作"佑""祜"，满文音为"io"）显然与曹颙、曹頫、曹颀同辈。[55]

爬梳《通谱》，只有另一位"现任州同"者：镶白旗包衣管领下人赵世纶。我们从"中国方志库"可查出他在雍正十二、十三年前后曾担任昆

---

53 弘昼等，《八旗满洲氏族通谱》，卷72，页1—2。
54 弘昼等，《八旗满洲氏族通谱》，卷74，页10—11。
55 有学者不顾官方文献的记载，将实任州同的曹天祐硬说成是晚一辈的曹雪芹，若然，雪芹就不应在《红楼梦》中把鼓吹仕途经济的人骂为"国贼禄蠹"，并称自己"一事无成，半生潦倒"。参见欧阳健，《红楼诠辨》，页10。

阳州之州同。[56] 鉴于《通谱》中另有一名"现系候补州同"、三名"现系候选州同"、三名"原任州同"、四名"原系候补州同"，"候选"指具有做官资格但还未授官，"候补"则谓未能补授实缺但已分发到某处听候委用，用词相当谨严，知曹天祐当时应实授州同。

惟因现存方志数字化的情形尚不完善，故曹天祐究竟在何时何地担任州同，仍有待进一步查找。尤有甚者，曹天祐之汉名亦可能改用满名之音译，或略去原汉姓，如《养吉斋丛录》记八旗姓氏曰：

> 凡公私文牍称名不举姓，人则以其名之第一字称之，若姓然。其命名或用满语或用汉文，用汉文准用二字，不准用三字，以其与满语混也（嘉庆间有旨禁止，如谕改和申保为和保，清永泰为永泰之类）。<u>汉军或系姓或不系姓，祖孙父子无一定</u>。[57]

此一情形将令州同曹天祐的生平资料更难掌握。

鉴于《通谱》成书之乾隆初年，曹玺孙仅剩已革职的曹𫖯，故天祐颇有可能是曹宜之子，当然我们也不能排除他是曹宜兄弟所生，或源出振彦之兄弟支，或出自玺和尔正的其他兄弟（图表1.1）。[58] 又，屈复于乾隆八年作诗缅怀曹寅时，曾慨叹其家"何处飘零有子孙"，[59] 亦印证当时尚出任州同的曹天祐应非曹寅已四处流离的直系后代。

先前有学者因《易经》可见"自天佑之，吉无不利"句，且孔子释称

---

56 现有之数据库颇不完备，如"中国方志库"预计分五集输入约万种方志，惟迄今仅完成三集，"初集"即因此未能查得赵世纶的任官材料。参见鄂尔泰等监修，靖道谟等编纂，《云南通志》，卷7，页45。
57 吴振棫，《养吉斋丛录》，卷1，页3。
58 曹寅有《与从兄子章饮燕市中》及《虎丘雪霁追和芷园看菊韵，寄松斋大兄、筠石二弟》二诗，由于曹尔正较兄曹玺年轻许多，故年纪较长的子章应与曹寅同曾祖。亦即，曹世选可能不只曹振彦一子，但他子因不曾出仕，故未列名《通谱》。至于"松斋大兄"，也可能是联宗的关系。参见曹寅著，胡绍棠笺注，《楝亭集笺注》，页72、409—410。
59 屈复，《弱水集》，卷14，页42。

"佑者助也。天之所助者，顺也；人之所助者，信也"，而主张曹顺（满名赫达色）可能又名曹天祐，然因内务府在康熙二十九、四十及四十八年的满文文件中，分别称其为曹顺、赫达色及曹顺（图表6.6），故他在三十多岁后又改名曹天祐的机会应不大。[60] 倒是笔者新发现《诗经·大雅·生民之什·假乐》有"假乐君子，显显令德。宜民宜人，受禄于天。保右命之，自天申之"句，其中"右"通"祐"字（《礼记·中庸》引《诗经》此句则作"佑"），而根据曹家取名字常与经典关合之传统（图表1.12），天祐有可能就是曹宜之子。若曹天祐亦有以"页"字为偏旁之单名，则或名"曹顥"，当然，此仍属臆测。

此外，由于文献中记载曹玺孙辈明确汉名的，仅有顺、硕、顒、頫，皆同以"页"字为偏旁之单名，疑《通谱》中复名的曹天祐应非曹玺孙，[61] 或属曹尔正支。更因尔正子曹宜小曹寅二十几岁，[62] 故曹宜子确较有可能在《通谱》编成时"现任州同"。曹宜于雍正十三年仍在正白旗包衣第四参领第二旗鼓佐领兼护军参领（从三品）任上，并负责"巡察圈禁允䄉地方"等事，知其颇受雍正帝信任，乾隆初应仍在世，是曹世选家族在雍、乾之际官阶最高者（图表7.25）。

---

60 《关于江宁织造曹家档案史料》，页125；崔川荣，《曹雪芹名和字异说》。
61 吴世昌著，吴令华编，《吴世昌全集》，册7，页135。
62 曹宜年纪较寅或荃均要小一截，约生在康熙十九年之后不久，此因其于雍正七年已当差三十三年，通常旗员子弟至十八岁就应当差。参见允裪等，《钦定大清会典则例》，卷32，页8—9；《关于江宁织造曹家档案史料》，页190。

图表1.12　曹雪芹家族取名字时所可能借用经典上之关合

名或字号	经典上之关合
世选（原名宝，又名锡远）	《尚书·盘庚》有"世选尔劳""无总于货宝"句，疑宝和世选是名与字的关系，后并以字行。
尔玉（后名玺）	"世选尔劳，予不掩尔善"显示世选与"尔"字辈关系。
尔正（又名鼎）	同上。
寅（字子清，号荔轩、楝亭）	《尚书·虞书》有"夙夜惟寅，直哉惟清"句。"寅清"原为官吏箴戒之辞，谓言行敬谨，持心清正。
宣（后改名"荃"，字子猷，号芷园）	"芷园"或取自《楚辞·离骚》："兰芷变而不芳兮，荃蕙化而为茅。"又，《诗经·大雅》有"秉心宣犹［通'猷'］，考慎其相……维此圣人，瞻言百里"，《宋史·乐志》有"亚圣宣猷"句，"宣猷"本谓施展谋划，康熙四十五年冬赵执信曾题赠"圣宣曹二兄"，或指曹宣。
宜	《诗经·国风》有"宜尔子孙"句。此与乃父之行字"尔"有所关合，指"曹宜乃尔正之子孙"。
顺（小名珍儿）	《诗经·大雅》有"既庶既繁，既顺乃宣，而无永叹"句，与其父曹宣之名相连，并冀望能子孙繁盛，而"既庶既繁"之"庶"字不知是否点出顺乃庶出？
頔（小名骥儿）	宋·胡瑗《周易口义·复卦》有"希骥之马亦骥之乘，希颜之人亦颜之徒"句。骥乃良马，颜即颜回，此谓见贤思齐亦可若是。南朝梁·顾野王《玉篇》以及宋·陈彭年《广韵》均释"頔"为"好"，此与"骥儿"之取名有所关合。再者，颜较頔晚生两年，亦暗合先骥后颜之排序。
頎（满名桑额）	《诗经·国风》有"硕人其［或作'颀'］颀，衣锦褧衣""猗嗟昌兮！颀而长兮"句。
颜	《诗经·国风》有"子之清扬，扬且之颜也"句。显示寅（字子清）生颜，冀其能扬清抑浊，为长房增光。
頫（字孚若，原名"连生"）	《易经·观卦》有"大观在上，顺而巽……有孚顒若，下观而化也"句，隐指頫在顺后。
頯（字昂友）	《诗经·大雅》有"颙颙卬卬，如圭如璋"句。"卬"（通"仰"）与"頯"（通"俯"）对应，隐指颙、頯为亲兄弟，頯取字"昂友"或期许能与兄颙相友爱。
天祐	《诗经·大雅》有"显显令德。宜民宜人，受禄于天。保右命之"句。"右"通"祐"，疑天祐为宜子。
霑（字雪芹、闰周）	《诗经·小雅》有"雨雪雰雰……既霑既足"句。《疏》言"霑润"，而"闰"通"润"字。

《五庆堂曹谱》在辽东四房第十二世记"寅……生二子，长颙，次頫"，第十三世记"颙……生子天佑"，其中两见的"颙"字，皆避嘉庆帝颙琰之名讳而缺末二笔（图表1.7）。[63] 此房最末有"十四世：天佑，颙子，官州同"句，但笔迹明显与其他各世不同，且"颙"字未避讳。知此一主要内容为同治朝递编完成的曹谱，乃依清代规定避嘉庆讳，而谱中曹颙小传以天佑为其子之说，或误解了《通谱》（《五庆堂曹谱》三房十世的纯中小传就曾提及此书）上的记事，将曹锡远条最末所记玄孙颙、頫、顾、天佑四个名字当中未使用相同部首的天佑，误作颙子（否则，依《通谱》体例应会在天佑之前标明为"四世孙"，该书乃以此用语指称玄孙之下一辈），先前部分红圈中人亦有此错误认知。至于很可能在民国以后才补上的十四世（未避清讳），同样因袭前误，只是从《通谱》中增录了天佑的官衔。亦即，天佑为颙子之说并不可信，应误推自《通谱》。

　　《五庆堂重修曹氏宗谱》在记曹家的诰赠封号（未见于《通谱》）时，亦因自行揣摩而有多处失实。如谱中以曹振彦诰授中议大夫，然此封号应是乾隆三十六年之后始自"中大夫"改名（附录1.2）。编者且因不知八旗武职的品官封号初用文衔，[64] 径自依乾隆五十一年的新规定，画蛇添足地将曹尔正、曹宜、曹顺分别系以武义都尉、武功将军、武义都尉等武衔封号。[65] 下文即从制度变迁与具体实例两角度切入，尝试掌握前述论证所必需的历史事实，而这些多是先前学界较陌生的知识。

63　爬梳"中国方志库"中嘉庆以后的清代刊本，缺末二笔的情形似乎较缺末一笔者还常见，此乃因遵官方讳例所致。
64　允裪等，《钦定大清会典则例》，卷110，页1—4。
65　北京大学现藏一轴雍正十三年曹宜祖父母（曹振彦夫妇）之诰命，另，吴恩裕原藏一轴雍正十三年曹宜父母（曹尔正夫妇）之诰命，两者因用字屡见舛误且与体例不合，故均已被论证为假文物。参见黄一农，《二重奏：红学与清史的对话》，页173—178。

附录1.2

封号"中大夫"改名"中议大夫"时间小考

　　清初规定"官员遇有覃恩及三年考满,例给封赠:一品至五品,皆授以诰命;六品至九品,皆授以敕命",顺治五年且定封赠职级:一品封赠三代,二、三品封赠二代,四至七品封赠一代,其曾祖父、祖父、父俱如子、孙官,八、九品封本身而止。正六品以下的封阶均称"郎",而在从五品至正一品的封号当中,除从三品官员为三个字的"中大夫"(此在宋代为从四品散阶,明代则为从三品),余皆为四个字的"〇〇大夫"。[66] "中大夫"之名一直行用至乾隆初期,如储麟趾之父即于乾隆十六年诰赠中大夫。[67] 惟在乾隆五十二年成书的《皇朝文献通考》,此阶已被改作"中议大夫",[68] 然史籍或二手研究中迄未见其改名的具体时间。[69] 下文即透过大数据爬梳相关记载与案例以深入析探。

　　首先我们得掌握乾隆朝曾给予封典之各次恩诏的时间,经以"封赠"二字爬梳《清高宗实录》后,可发现有十次:雍正十三年九月初三日即皇帝位、雍正十三年十二月十三日上崇庆皇太后尊号、乾隆二年十二月初四日册立皇后、十六年十一月二十日上崇庆皇太后徽号、二十六年十一月二十日上崇庆皇太后徽号、三十六年十一月二十日上崇庆皇太后徽号、四十二年三月十六日上孝圣宪皇后尊谥、四十五年元旦七旬圣寿、五十年元旦五十周年国庆、五十五年元旦八旬万寿。

66　惟八旗贡士胡文烨在顺治九年四月序《云中郡志》时,自署"中议大夫知阳和府事,今升分巡河东兼管盐法水利兵备副使",他是顺治三年八月(或其后不久)自高登庸手中接任昌平知州,七年知阳和府,由于顺治五年(月日不详,疑为年底)才定从三品的封号为"中大夫",故疑清朝此前的诰敕乃采用明制"中议大夫"之衔名。胡氏应是顺治五年十一月十一日颁诏追尊列祖恩诏时,以加级封中议大夫。参见吴辅宏修,王飞藻纂,《大同府志》,卷11,页17及18,页27;吴都梁修,潘问奇纂,《昌平州志》,卷9,页16;伊桑阿等,《大清会典》,卷13,页8—9;《清世祖实录》,卷27,页233。

67　储寿平等,《丰义储氏分支谱》,卷7之2,页6—7。

68　张廷玉等,《皇朝文献通考》,卷90,页1。

69　马镛,《清代封赠制度探析》。

查乾隆《诸城县志》在《诰敕表》中记称王㮮"乾隆二十六年任广东盐运使，授中大夫"，因他于二十五年始获授盐运使，[70] 知此应是以二十六年十一月二十日的覃恩而诰授中大夫。又，陶泂在序《恩平县志》时自署"乾隆三十一年丙戌岁初秋，诰授中大夫、广东分巡肇罗道兼管水利、督理太平关税务，加二级又随带加一级"，[71] 而之前最近一次涉及封典的覃恩亦在二十六年十一月二十日。此外，卒于乾隆三十八年之达明（三十六年九月已为福建盐法道）的墓志铭，记其官衔为"皇清诰授中议大夫、福建盐法道、前福建粮驿道分巡福州福宁等处……"，[72] 该"中议大夫"应是依上一次覃恩（三十六年十一月二十日）所诰授。又，朱筠于乾隆二十六年敕授"承德郎、翰林院编修［正七品］加二级"，三十六年十一月遇覃恩时则诰授"中议大夫、提督安徽学政、日讲起居注官、翰林院侍读学士［从四品］加二级"。[73]

依据前述几个实例，我们或可判断在诰敕上改中大夫为中议大夫的时间，应始于乾隆三十六年十一月二十日所颁的上崇庆皇太后徽号恩诏。此故，清华大学所藏宝名堂《乾隆三十年春大清搢绅全书》及荣锦堂《乾隆三十年冬爵秩新本》书前的《官阶品级》，皆称从三品诰授中大夫，而该校收藏的世锦堂《乾隆四十二年秋大清搢绅全书》则记从三品诰授中议大夫。[74]

---

70 李文藻等纂，宫懋让修，《诸城县志》，卷24，页30；阮元修，陈昌齐等纂，《广东通志》，卷44，页5。
71 曾燮纂修，《恩平县志》，前序。
72 张琴编修，《莆田县志》，卷15，页32；盛昱，《雪屐寻碑录》，卷14，页15—16。
73 清初允许官员依加级（每品分正、从，每两级可升至上一品）后的官员授与诰命，至康熙四十九年正月始严定官员加级的上限，规定："内外文武七品、八品、九品官员加级者，俱不准过五品；五、六品官员加级者，不准过四品；三品、四品官员加级者，不准过二品；二品官员加级者，不准过一品。"参见姚名达，《朱筠年谱》，页27；张金杰，《朱筠传状的史源学梳证》；《清圣祖实录》，卷241，页397—398。
74 故在乾隆三十二年春季的《新刻袖珍爵秩全本》中，于凡例介绍官制时，即称从三品是诰授中大夫。至于乾隆五十二年秋季的《大清搢绅全书》，则改成中议大夫。

清初遇覃恩或考满时常给官员诰敕，覃恩乃谓皇帝在重要典礼时赐予官民的恩宥（但不一定涉及封赠），如在顺、康、雍三帝的九十二年间，只有二十次恩诏曾颁封典（图表1.13）;[75] 考满则指官员任职一定时间后考核其政绩，通常"内四品、外布政使以下各官，俸满三年才能考满"，顺治十一年始颁给考满（自八年正月十二日亲政起计俸）者诰敕，康熙二年罢此途。[76]

顺治初年恭遇恩诏时，定八旗武职的二品官封资政大夫，三品官封通议大夫，但绿营武职的从二品官则封骁骑将军，正三品官封昭勇将军。康熙三年题准"八旗武职封典，旧隶吏部，今改归兵部职掌，其品官封号仍用文衔"。乾隆二十年复位武职封阶，令八旗与绿营制度画一，称：

> 今一品武臣既封大夫，其二品至四品宜亦改称大夫，五品以下则皆改称为郎，但各冠以"武"字可耳。令军机大臣等拟定字样，候朕酌夺载入《会典》，以昭典制，其从前已领诰敕，亦不必追改。

将从二品绿旗官员原封的"骁骑将军"改成"武功大夫"，正三品原封的"昭勇将军"改成"武义大夫"。乾隆五十一年又规定：

> 武职正一品至从二品俱应封为将军，正三品至从九品应分别酌与都尉、骑尉、校尉等字样，递为差等，以示区别。

从二品原封的"武功大夫"因此改称"武功将军"，正三品的"武义大夫"

---

75 顺、康的恩诏条文均见《大清诏令》，至于康、雍的《实录》中，仅书"诏内恩款凡〇条"，无具体内容。另，《雪屐寻碑录》等文献散见许多诰命内文。

76 此段参见黄一农，《二重奏：红学与清史的对话》，页157—161；薛刚，《清初文官考满制度论析》。

则作"武义都尉"。[77]知分别生活在康熙至乾隆初年的曹尔正、曹宜、曹颀，不可能有《五庆堂重修曹氏宗谱》上的封号！

虽在《五庆堂重修曹氏宗谱》中，曹家人以武职所获封阶之名多出现问题，但因其家历来所获之诰命，迄近世仍尚存四轴（顺治八年曹振彦夫妇、康熙六年曹玺祖父母、康熙十四年曹玺祖父母及其父母；图表1.14及1.15），故我们应可合理怀疑在编纂四房有关曹世选支的内容时，部分相关材料或文物或仍有人过眼。兹先假定《五庆堂重修曹氏宗谱》中涉及曹世选（即锡远）等文官的封阶有所据，再依诰敕颁赐的规定，析探其中有无不合情理之处。

曹振彦因顺治八年八月二十一日的皇帝大婚恩诏，以从五品吉州知州授阶奉直大夫（图表1.14）。他且因十四年三月初十日的太祖太宗配祀上帝恩诏，以从三品盐法道授中大夫（乾隆中改称"中议大夫"）。康熙十四年十二月十四日再因册立皇太子恩诏，以担任江宁织造、三品郎中加四级之子曹玺贵，[78]晋赠光禄大夫（图表1.15），《五庆堂重修曹氏宗谱》因此记曹振彦"浙江盐法道，诰授中议大夫；子贵，晋赠光禄大夫"。其中"诰授"乃针对当事的官员；封赠官员的尊长或配偶时，"封"指生前，"赠"为死后。

---

77 此段参见托津等，《钦定大清会典事例》，卷462，页1—14。
78 顺治初以郎中为三品，十五年改正五品，十六年升正四品；康熙六年仍改三品，九年定正五品，遂成定制。参见《清世祖实录》，卷119，页924及卷125，页964；《清圣祖实录》，卷21，页294—295；赵尔巽等，《清史稿》，卷114，页3272。

图表1.13　清前期部分恩诏中涉及颁赐诰命的封典条文

《大清诏令》的封典（此书仅记顺、康两朝）

顺治元年十月初十日，定鼎建号诏
一在京文官一品至九品，在外方面各官及知府府佐州县正官俱给与应得诰敕凡京官署职试职俱准实授仍给与应得诰敕文官三品以上荫一子入监读书京官八品以下准给本身勅命颁移封赠者听
页447

顺治五年十一月十一日，太祖配祀南郊追尊列祖诏
一内外满汉官员一品二品三品封赠二代七品以上封赠一代八九品止封本身已载前诏俊陞补官员遇此诏者照现任官品亦如前诏封赠部作速举行
页468

顺治八年八月二十一日，大婚加上皇太后尊号诏
一内外满汉官员一品至九品已奉恩诏议给诰勅外其未逢恩诏各官一体遵行俱依见授职衔照例给与应得诰命京官三品以上仍各荫一子入监读书
页477

顺治十八年正月初九日，康熙帝即位恩诏
一内外满汉官员一品至九品已封赠三代二品以下封赠二代七品以上封赠一代
页503

康熙六年七月初七日，亲政诏
一内外大小各官除各以现在品级已得封赠外自顺治十八年恩诏后授职及陞级改任者著照顺治十八年恩诏封赠
页513

《清实录》的封典（康、雍朝无恩款之细目）

顺治元年十月初十日，定鼎建号诏
止樵牧。一在京文官一品至九品，在外方面各官及知府府佐州县正官俱给与应得诰敕凡京官署职试职俱准实授仍给与应得敕命文官三品以上荫一子入监读书京官八品以下准给本身敕命颁移封赠者听

康熙六年七月初七日，上康熙帝尊谥
祖宗爱育之心。布告天下咸使闻知。○诏内恩赦凡一十七条○分遣内秘书院学士刘芳

雍正元年二月十九日
天人之愿布告天下咸使闻知。○诏内恩款凡十一条○庚午谕理藩院据察哈尔总管

乾隆二十六年十一月二十日，上崇庆皇太后徽号
下公妻以上俱加恩赐。一在京满汉文武各官俱加一级。○内外大小各官除各以现在品级已得封赠外凡陞级及改任官员来京庆祝衔封赠。

乾隆三十六年十一月廿日，上崇庆皇太后徽号
在京满汉文武各官俱加一级。○内外大小各官除各以现在品级已得封赠外凡陞级及改任者照新衔封赠。凡试职各官俱准

图表1.14　北京大学图书馆藏曹家之诰命

❖ 顺治八年曹振彦夫妇诰敕

奉
天承運，
皇帝制曰：國家推恩而錫類，臣子懋德以圖功。懿典攸存，忱恂宜勖。爾山西平陽府吉州知州曹振彦，慎以持躬，敏以涖事。俾司州牧，奉職無愆。官常彰廉謹之聲，吏治著循良之譽。欣逢慶典，宜沛新綸，兹以覃恩特授爾階奉直大夫，錫之誥命，於戲！式弘車服之庸，用勵顯揚之志。尚欽榮命，益矢嘉猷。

初　任

今　職

制曰：靖共爾位，良臣既效其勤；黽勉同心，淑女宜從其貴。爾山西平陽府吉州知州曹振彦妻袁氏，克嫻内則，能貞順以宜家；載考國常，應褒嘉以錫寵。兹以覃恩封爾為宜人，於戲！敬為德聚，實加儆戒以相成，柔合女箴，愈著匡襄以永賚。

顺治捌年捌月貳拾壹日

（北京大学图书馆藏）

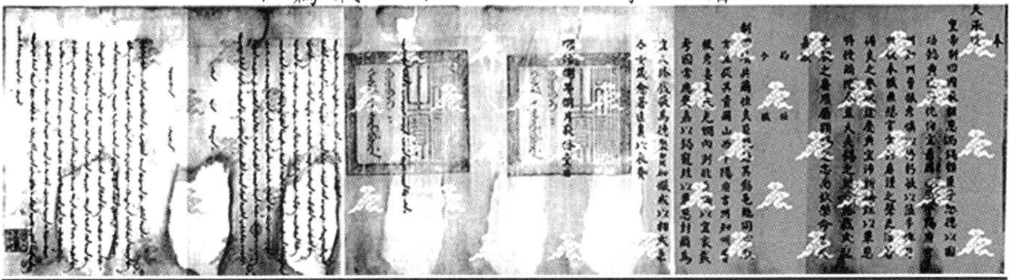

❖ 康熙六年曹玺祖父母诰敕

奉
天承運，
皇帝制曰：恩彰下逮，勉篤棐於群寮，家有貽謀，本恩勤於大父。用溯源流之自，爰推綸綍之榮。爾曹世選，乃駐劄江南織造郎中加一級曹璽之祖父。植德不替，佑啓後人。綿及乃孫，丕彰鴻緒。休貽大父，聿觀世澤。兹以覃恩贈爾為資政大夫駐劄江南織造郎中加一級，錫之誥命，於戲！垂裕孫謀，已沐優渥之典；崇褒祖德，用邀錫類之仁。貽厥奕祚，佩此新綸。

制曰：一代褒功，勸酬示後；再世承恩，崇獎及先。績既懋於公家，寵宜迫於王母。爾駐劄江南織造郎中加一級曹璽祖母張氏，爾有慈謀，裕及後昆。念兹稱職，端由壼教。爰錫褒儀之貴，用昭種德之勤。兹以覃恩贈爾為夫人，於戲！溯其家法，爰勞既殫先圖；貴乃國章，昌融益開來緒。永期丕贊，用席隆庥。

康熙六年十一月二十六日

（北京大学图书馆藏）

图表1.15　康熙十四年曹玺祖父母及父母获赐之诰命

❖ 曹玺（熙）父母之诰敕

奉
天承運,
皇帝制曰：父有令德,子職務在顯揚,著賢勞,國典必先推錫。爾曹振嚴,乃江寧織造三品郎中加四級曹熙之父,迪子成名。嘉予懋績之臣,持身有道,實傳家之嗣。爰傳義訓,率行式穀,澤流青史之光,褒大江寧織造三品郎中加四級,於戲！率行式穀,澤流青史之光,榮耀紫綸之色,永培厥後。

制曰：國之最重者,惟是忠藎之臣,家所由興者,以有勤勞之母。特頒恩命,用慰子情。爾江寧織造三品郎中加四級曹熙之母歐陽氏,慈能育子,教可傳家。茲本勤之訓,慈能育子,教可傳家。茲以覃恩贈爾為一品太夫人；於戲！頒爾以榮親,表嘉譽於來茲；教孝作忠,益庇昌隆。

制曰：育撫同勞,母誼不殊於始繼；典既酬勳,休禮宜均被。爾江寧織造三品郎中加四級曹熙繼母袁氏,嗣徽閨範,承國典於後人,撫因間僃異產為己出,休榮熙繼母袁氏,嗣徽閨範,茲以覃恩封爾為一品夫人,寵光無斁！似續於戲！念茲良臣,報爾培成之德；嘉令於子,褒及勤教之功。休命欽承,寵榮不替。

康熙十四年十二月十四日

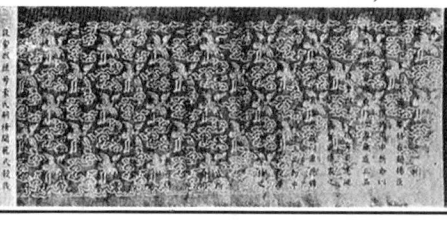

❖ 曹玺（熙）祖父母之诰敕

奉
天承運,
皇帝制曰：貽厥孫謀,忠藎識世傳之澤；繩其祖武,恩榮昭上逮之休。爾曹錫遠,忠厚之道攸存,激勸之典斯在。爾曹熙之祖父,乃江寧織造三品郎中加四級曹熙之祖父,傳至再世,克勤王家。褒寵之恩,宜及大父。茲以覃恩贈爾為光祿大夫江寧織造三品郎中加四級,於戲！貽之誥命,再世而昌,用昭寵錫之恩,無忘貽德之報,崇階特晉,奕代垂休,九原如在。

制曰：孝子之念王母,情無異於慈幃；興朝之獎勞臣,恩並隆於祖烈。爰沛貤封之命,用慰報本之懷。爾江寧織造三品郎中加四級曹熙祖母張氏,爾有貽謀,迨於再世。乃貤恩贈爾為一品夫人,淑儀,宜錫襃寵。茲以覃恩贈爾為一品夫人,於戲！章服式貴,沛介錫於大母；綸綍錫頒,保昌隆於百禩,以安幽靈。

康熙十四年十二月十四日

曹錫遠 ⇔ 曹世選
曹振嚴 ⇔ 曹振彥
曹　熙 ⇔ 曹　玺

曹玺祖父母的诰命乃1956年由吴恩裕购藏,曹玺父母的诰命则原归傅吾康(Wolfgang Franke, 1912-2007)

曹世选则因康熙六年十一月二十六日的世祖章皇帝配飨天地恩诏,以孙江宁织造郎中加一级曹玺贵,并因当时特赐"在京文武官员俱着各加一级",[79]而获赠正二品的资政大夫。[80]康熙十四年曹世选又因册立皇太子恩诏,以孙郎中加四级之曹玺贵,晋赠光禄大夫(图表1.15)。由于《五庆堂重修曹氏宗谱》记"锡远:从龙入关,归内务府正白旗;子贵,诰封中宪大夫;孙贵,晋赠光禄大夫",指其生前曾因子振彦的表现,而封正四品的中宪大夫,若此属实,则时任从四品知府的振彦,应是在顺治十一年以三年考满,又因加级而授正四品的中宪大夫,并推恩到父母。

曹颙于康熙五十一年十月补放江宁织造,五十四年正月卒,这期间恰逢五十二年三月十八日的六旬圣寿恩诏,故他应可透过加级诰授正四品中宪大夫。曹頫在其兄颙卒后,旋即奉旨入继长房,且补放江宁织造,至雍正五年十二月以"骚扰驿递"等罪名遭革职。他在遇逢康熙六十一年十一月二十日的新帝即位、雍正元年二月十九日的上康熙皇帝尊谥或雍正元年十二月二十三日的册立皇后三次恩诏时,皆有机会以从五品员外郎加级诰授为从四品朝议大夫。至于曹寅以正三品通政使诰授从二品通奉大夫、曹荃以正七品内务府司库诰授从五品奉直大夫,均有可能是加级所致。

综前所论,《五庆堂重修曹氏宗谱》中曹锡远(世选)支的资料,应均据乾隆九年成书的《八旗满洲氏族通谱》增补,惟因当事者不谙此官书之表述体例,遂误判了天佑(天祐)的辈分,他应是曹振彦之曾孙而非玄孙。至于小传中的一些封赠散阶,则是递编者于乾隆五十一年以后才在无具体材料的情形下径自新添的(此从"武功将军"及"武义都尉"的出现可推得),故频见错误。第十四世的天佑条因笔迹与其他各世均不同,且不讳"颙"字(图表1.7),应是更晚(甚至有可能入民国后)才附入。也就是说,<u>《五庆堂重修曹氏宗谱》所记曹寅家族的世系资料,并非出自独立的一手文献,故不可尽信</u>。

---

79 《大清诏令》,卷5,页26。
80 《雪屐寻碑录》中收有十七名同于康熙六年十一月二十六日以覃恩获得诰命的官员,其中四人为郎中,分别是户部掌印郎中加一级色黑、兵部郎中加二级卜书库、工部郎中加一级金泰、户部郎中加一级穆成格,他们全获授资政大夫。疑当时或将品秩屡遭大幅上下调整的郎中视为特例,只要加级(无论加一级或二级)就等同于正二品官封赠。参见盛昱,《雪屐寻碑录》,卷4,页5—14。

由于辽东曹谱在明清鼎革的乱世中多已亡于兵燹,故在递编《五庆堂重修曹氏宗谱》时,为丰富并拔高家族的历史位阶,因此出现攀附山东定陶曹邦辅、安徽寿州安丰曹良臣、扬州仪真曹义等名人的情形。有些科第记事也与史实不合,如谱内记六人拥有科名,却只有入旗的曹焜和曹炳可核实。又因顺治间初编家谱的曹士璘以及同治朝递编的惠庆等皆属第三房,故此谱内容明显以此房最多且最详。而第四房唯一收录的曹锡远支、第五房唯一收录的曹恭诚支以及"不知房分"的曹邦支,其内容或均摘录自《钦定八旗通志》《八旗满洲氏族通谱》等官方文献,但每一小传末所增记的诰赠封号(如曹尔正、曹宜、曹顺等八旗武职的封赠依例该用文衔,但编写者因不知此规矩,遂均误系成汉人武官之封号)与所揣摩的生子情形(如以天祐为颢子、颢为宜子),则屡有失实之处(附录1.3)。

附录1.3

《五庆堂重修曹氏宗谱》内容的可信度

先前有关《五庆堂重修曹氏宗谱》(简称《五庆堂曹谱》)的研究,应以冯其庸的《曹雪芹家世新考》用力最勤。下文即在此书的基础上,进一步与独立史料(尤其是具有官方性质者)中所记载的相关人、事相对照,希望能更深入了解《五庆堂曹谱》的可信度。

此谱内拥有科名者六:长房十一世的曹天锡为康熙丙午科举人、三房八世的曹行为举人、三房九世的曹养直为进士、三房九世的曹国用为举人、五房十三世的曹焜为康熙丁酉科武举、五房十三世的曹炳为雍正乙卯科举人。然吊诡的是,只有入旗的曹焜和曹炳可核实,[81]"中国方志库"以及乾隆四十四年的《钦定盛京通志》,均查无其他四人的科第资料。[82]

---

81 铁保等,《钦定八旗通志》,卷105,页41;卷109,页6。
82 阿桂、刘谨之等,《钦定盛京通志》。

经爬梳冯其庸公布的《曹氏谱系全图》（此应出自五庆堂同宗较早所编的"另谱"），[83] 亦未见曹天锡和曹行的科名，且记曹养直为岁贡而非进士。至于该图另见之科第则多可核实，如称十二世曹兴隆（与其父得位均入正蓝旗）为康熙二年举人，十三世正蓝旗曹云龙登乾隆四十八年武举、十三世镶蓝旗曹秉顺中乾隆元年举人。[84] 只有十世曹国用之武举以及十五世曹继祥之道光丙午科举人无考，而三世曹鼐虽确为宣德八年（1433）状元，但因其籍隶河北宁晋县，[85] 故很可能属攀附。

又如《五庆堂曹谱》长房所记诸人乃以第十世邦辅的宦迹最盛，其小传有云："崇政子，巡抚、左都御史、提督五军，晋封光禄大夫。"并称其祖伯珍、祖母张氏住"辽东沈阳城东鱼桥寨"。此虽与《明实录》所记邦辅于嘉靖三十四年（1555）升应天巡抚、隆庆四年（1570）以提督京营兼左都御史的身份专督五军营的经历相合，[86] 然据山东《定陶县志》，曹邦辅籍隶该县，墓在县东之柳林村，且从志中所收录之诰敕，其父应名良广、祖刚、祖母马氏，[87] 均明显异于五庆堂谱！此外，《五庆堂曹谱》中的仕宦事迹虽多可考，但亦有少数未见于史书，如辽东三房十世任"江西赣州府通判"的致中即不见方志记载。[88]

《明实录》称曹良臣于洪武三年（1370）授"开国辅运推诚宣力武臣、荣禄大夫、柱国、封宣宁侯、食禄九百石"，五年六月战殁后，赠光禄大夫，并追封安国公，谥忠壮，由子曹泰袭爵，然此官书另处却明指良臣为安徽寿州安丰人，[89] 而非《五庆堂曹谱》中所谓赐葬"仪真县西南隅五

---

83 此"另谱"所记三房曹礼以下一百五十五人的名字、世系，皆同于今本《五庆堂重修曹氏宗谱》（两者均出自曹仪简家），但"另谱"之上所附的一些简历以及它房的世系，则与《五庆堂重修曹氏宗谱》出现不少差异，后者亦增添了如曹邦等世系不明之人。参见冯其庸，《曹雪芹家世新考》，页15—33。
84 铁保等，《钦定八旗通志》，卷105，页10；卷106，页3；卷110，页29。
85 伊承熙等修，张震科等纂，《宁晋县志》，卷4，页40—42。
86 《明世宗实录》，卷422，页7329；《明穆宗实录》，卷45，页1128。
87 赵国琳修，张彦士纂，《定陶县志》，卷1，页13。
88 魏瀛等修，钟音鸿等纂，《赣州府志》，卷34。
89 《明太祖实录》，卷58，页1133；卷94，页1639；卷228，页3344。

坝头"的扬州仪真人。尤有甚者，寿州或安丰的方志均称良臣是安丰人，且归葬安丰，茔墓就在寿州城南的井亭铺前。[90] 此外，明清两朝五次纂修的《扬州府志》亦皆未收录曹良臣。前述种种与史料不合的情形，令人怀疑《五庆堂曹谱》的编纂者是在名人效应下攀附不同籍贯的曹良臣、曹邦辅，且浮夸了养直、天锡、行的科名。

查《国朝献征录》所收刘定之撰写的《丰润伯曹公义墓志铭》中有云：

> 公讳义，字敬方，先世居扬州仪真。曾祖花一；祖勇，燕山左卫副千户；父胜，指挥佥事；皆以公贵，赠奉天翊卫宣力武臣，特进荣禄大夫、丰润伯……居京师奉朝请，久之，以疾卒，时天顺庚辰正月二十二日也，享年七十有一……今当袭爵者振也，振卜葬公于宛平县玉河乡之原。[91]

清楚记载曹义上三代之名（亦见于《仪真县志》[92]），然其中并无曹良臣。倒是洪武十二年曾以指挥佥事新掌镇海卫的"曹胜"，才较可能是曹义之父。[93] 事实上，曹良臣殉国之时曹义都还未出生！又，曹义的墓志铭明确记载其祖籍为扬州仪真，且《明实录》在记载丰润伯曹义逝世一事时，也直指他是直隶扬州仪真县人，[94] 此皆与寿州安丰籍的曹良臣有差。

冯其庸在仔细对照相关史料后，亦推论五庆堂谱的真正始祖是曹俊，至于其父一世祖安国公曹良臣（安丰人）以及其兄纨绔子弟曹泰、丰润伯曹义（仪真人），都是"撰谱人强拉入谱或讹传窜入的"。[95] 检晋武帝时曾迁置江左流民于寻阳（隶属庐江郡），并侨立安丰郡，遥隶扬州府，至晋安帝时才降格为安丰县，唐属安徽凤阳府寿州，明初立安丰卫，旋废。五庆

---

90 栗永禄纂，《寿州志》，卷2，页24；柳瑛纂修，《中都志》，卷5，页57。
91 焦竑，《国朝献征录》，卷9，页51—52。
92 申嘉瑞修，李文、陈国光等纂，《仪真县志》，卷9，页9。
93 王鏊，《姑苏志》，卷25，页3。
94 《明英宗实录》，卷311，页6533。
95 此段参见冯其庸，《曹雪芹家世新考》，页1—33。

堂谱的编纂者遂利用历史上安丰此一复杂的隶属状况，将曹良臣的籍贯安徽寿州安丰卫附会成扬州仪真。其实，扬州仪真自明清以来从无任何行政建置出现"安丰"之名！[96] 也就是说，《五庆堂曹谱》中提及曹良臣时所谓"赐葬安丰卫仪真五坝隅""仪真安丰卫人"的描述，均属混淆视听，且曹良臣和曹义两名人应非父子关系。

由于曹义之父应为指挥佥事曹胜，且曹良臣亦无子名为义或俊，其独子曹泰在袭爵后被指控与欲谋反的蓝玉结党而遭明太祖处决，[97] 疑顺治年间曹士璘初编《辽东曹氏宗谱》时，为自高世系，遂将曹良臣、曹义皆攀缘为先祖，并乱点两人为父子。

再者，曹士琦序《辽东曹氏宗谱》时有云：

> 后因辽、沈失陷，阖族播迁，家谱因而失遗兵火中，从前世系宗支，茫然莫记。犹幸丰润伯处全谱尚存，不意未及缮录，又雁闯逆之变，叔丰润伯匡治及兄勋卫鼎盛俱尽忠殉难，而家乘益无征焉。[98]

知籍隶辽东的士琦自认与丰润伯同族，且知后者当时仍有族谱全稿。他更以叔、兄亲切称呼匡治及鼎盛父子，疑祖籍同是仪真的五庆堂曹氏与丰润伯曹义（与其曾孙曹恺均归葬宛平）或曾"联宗"，无怪乎《五庆堂曹谱》对历代丰润伯之世系以及袭替资料均颇有掌握，[99] 编者很可能见过涉及丰润

---

96 夏燮，《明通鉴》，前编，卷3，页30—31；李贤，《明一统志》，卷7，页14；万绳楠，《晋、宋时期安徽侨郡县考》。
97 谱中却将曹泰的除爵说成是因得罪蓝玉而遭其诬陷所致。又，文献中有称"子秦薨，无子，国除"或"子恭袭爵"，其中"秦""恭"应均为"泰"之形误。参见焦竑，《皇明人物考》，卷1，页23；查继佐，《罪惟录》，列传，卷12上，页31—32；赵冈，《曹氏宗谱与曹雪芹的上世》。
98 前人多将官衔"勋卫"误为人名。据明代典制，"凡勋卫、散骑舍人，旧制择公、侯、都督及指挥嫡长、次子为之，俸秩视八品侍卫，直宿外或令署各卫所事及听差遣"。《明实录》亦见"茂先，中山武宁王达之孙，勋卫添福之子"的记事。参见李东阳等撰，申时行等重修，《大明会典》，卷142，页7—8；《明太宗实录》，卷11，页188；曹革成，《曹雪芹关内祖籍的六点考证》。
99 曹义世系已略见于冯其庸的《曹雪芹家世新考》（页57—59），现再据《明实录》、刘定之《丰润伯曹公义墓志铭》、刘玉《丰润伯曹公墓志铭》补充。

伯曹家世系的一些原始材料。

又因顺治间初编的曹士璘及同治朝续编的惠庆五兄弟皆同属第三房，故《五庆堂曹谱》的内容明显以此房最多且详尽，如长房第四至六世、二房第四世之后、四房第四至八世、五房第四至九世均失载。至于长房末列的十几位"莫知世次者"，其中出仕的有二：万锡，顺治十六年任江南河道总督右营游击；光肇，顺治十八年任江南漕运总督右营游击。二人皆见于《江南通志》，惟曹万锡为京卫人、曹光肇为顺天人。[100]

同样地，五房仅列恭诚支共六世八人。其中明副将曹恭诚于天聪五年在大凌河降金，崇德元年授二等梅勒章京。[101]《钦定八旗通志》（三房十世的纯中小传就曾提及此书）记载恭诚→熙麟→秉桓→焕→焜→国培→廷钥→文蛟的承袭过程，[102] 此恰为《五庆堂曹谱》所收曹恭诚一支的袭爵者。由于恭诚家不太可能世代皆如此单传，却又人人袭爵，而《五庆堂曹谱》竟不曾收入任何未出仕者，因疑该谱乃自嘉庆四年（1799）出版的《钦定八旗通志》中收录曹恭诚支的材料。

至于《五庆堂曹谱》末列的曹邦一支共三世六人，虽称"仅记世次、官爵，不知房分，存俟考证"，然崇祯三年投顺金国并入旗的曹邦实为丰润曹氏，与五庆堂似无直接关系。据光绪《浭阳曹氏族谱》，曹邦有元、重（又名忠）、庶三子，惟在《五庆堂曹谱》中长子元被误为次子，次子重被误为长子，曹庶之子秉泰被误作曹元之子，曹元之子秉和被误作重子。这些内容应亦出自《八旗满洲氏族通谱》，惟因其中常只记辈分，故有前误，且因该书仅收录有官衔或科名者，故未记曹元之次子秉谦及曹重之独子秉钧。[103] 至于《通谱》中所见的曹邦曾孙阿尔苏及曹景岱，则被《五庆堂曹谱》遗漏。

---

100 赵弘恩等监修，黄之隽等编纂，《江南通志》，卷111，页15、19。
101 《清太宗实录》，卷10，页141；卷30，页382。
102 铁保等，《钦定八旗通志》，卷275，页54；卷304，页14。
103 此段参见黄一农，《丰润曹邦入旗考》。

事实上，从三房以外零星的谱牒内容，让人合理怀疑此或均是编者自行从各种文献中纂辑，甚至是窜入的。综观全书，笔者认为其他四房并不曾提供修谱者具体的世系资料，加上"因际播迁，谱失莫考""播迁谱失，名俱莫记"，书中遂常可见"名失莫记""名失考"或"以前失考""后失考""前后失考"等叙述。亦即，虽然此谱乃辽东曹氏（尤其是五庆堂三房）的自我认知，应绝无可能是近人造伪，[104] 但其中的部分内容则仍待核实。

清保的长子惠庆于同治八年任山东曹州知府时，[105] 曾请薛福保为其所拥有的辽东曹氏族谱作序（图表1.16），[106] 文曰：

盖明二百余年之间，辽东之曹千有余家，或袭职，或以仕起家，或散于野，要皆出怀远而祖仪征之曹，至德先兄弟而辽东之曹始大崇封。

强调辽东曹家多出怀远将军曹俊之后，[107] 并以其祖源自仪征（雍正元年为避雍正帝嫌名，改仪真为仪征）曹良臣。由于薛序并不见于今本《五庆堂重修曹氏宗谱》（出自清保次子溥庆家），疑当时五庆堂均以各自的钞本请名人作序，封面遂可见"恭呈叩求赐序"题签，而三房的钞本上也因此有同治十三年衍圣公孔祥珂（1848—1876）所题的《明宣宁侯、安国公、忠壮像赞》。

---

104 方晓伟，《〈曹氏荣庆朱卷〉刍议》。
105 孙葆田等，《山东通志》，卷55，页1890。
106 胡文彬，《曹寅、李煦家世生平史料八则》。
107 2012年5月在沈阳市大东区榆林堡出土了曹辅的墓葬，其碑书"赠怀远将军曹公墓志，明成化二十一年"。怀远将军为明代武官的散阶，从三品者初授怀远将军。曹辅之名亦见于沈阳长安寺院内成化二十三年（1487）所立的《重修沈阳长安禅寺碑》，碑文提及他于明天顺二年（1458）任沈阳中卫指挥，然曹辅是否为曹俊的裔孙，则仍待考。参见吴炎亮主编，《辽海记忆：辽宁考古六十年重要发现1954—2014》，页377—379；https://read01.com/QejEDR.html；https://kknews.cc/travel/59bx48.html。

图表1.16 薛福保于同治间所撰的《曹氏族谱序》[108]

曹氏族谱序 （中略）

氏无莽姬姓之曹氏其国而实非右之所谓姓此魏之
与述其世者谓出于汉功臣相国参知俊徙沛由是後
世之曹祖魏而推本於邳而姬姓之曹出於明宣宁侯良臣
东曹氏谱谨哉其言之此邈东之曹出于明宣宁侯良臣

青萍轩文录 卷一 十四

宣宁侯以上不可谱其卒也肠葬仪像三子蒙失侯义封
豊润伯明敏封绝俊怀远将军守滦阳家乔五子第三子

太宗
世祖朝封一等精奇尼哈番弟仁先始为汉军正黄旗人
亦以功封阿思哈尼哈番义先袭兄爵又自以军功

为昂邦章京行走卒与仁先皆葬房山塋明二百
余年之间遼东之曹千有余家或袭职或以仕起家或散

于野要皆出怀远而祖仪徵先至德先兄弟而遼东
酉始大崇封俊庸名績焯起略與宣宁侯父子比义先五

世至九江镇总长满保力战南昌以忠节著闻长子惠庆
官曹州府知府投予其谱者也谱述宣宁侯至其子述豊

润伯迄明亡尝谓肖义轩近周末一切逾湘不可纪独家之
详焉予尝谓肖义轩近周末一切逾湘不可纪独家之 （下略）

　　五庆堂曹氏三房第十世的曹致中共生士琦、士珣、士璘三子，入清后仅士琦一人出仕，相关方志均以士琦为"辽东沈阳人"或"奉天人"，[109] 但其家似未入旗。士琦在其顺治十八年所撰的《〈辽东曹氏宗谱〉叙言》中，称此谱乃士璘遵父志所编，并自江宁寄给时任云南布政使司参政的他索序。[110] 由于士珣曾住在江宁府所属的上元县，士璘第六子永芳一支在出继堂叔士璧后亦入籍上元，知编修《辽东曹氏宗谱》的曹士璘家族为民人，且与康熙三年起长期担任江宁织造的曹玺家族颇有地缘关系，两支曹氏稍后或因所认远祖相同而叙谱。

　　虽然《五庆堂曹谱》将入辽始祖曹俊的五子升、仁、礼、智、信析分成五房，但由于材料缺佚，故负责修谱的三房遂以该房的内容为主。又因

---

108 薛福保，《青萍轩文录》，卷1，页14—15。
109 李英纂修，《蔚州志》，卷上，页36；赵弘恩等监修，黄之隽等编纂，《江南通志》，卷109，页12。
110 《清世祖实录》，卷142，页1096。

长房从第七至十世的人数成等比级数增长，疑编纂者亦曾掌握该房的一些信息。但四房唯一收录的曹锡远支、五房唯一收录的曹恭诚支以及"不知房分"的曹邦支，或均只是编者摘录自《钦定八旗通志》《八旗满洲氏族通谱》等官方文献的结果。亦即，<u>谱中所记曹寅家族的资料应非独立且可信的</u>。

总而言之，或为攀鳞附翼，《五庆堂曹谱》一方面以明代封爵的曹良臣、曹义等同姓之名人为显祖，另一方面则与八旗新贵（如降顺入旗的正黄旗曹绍中、正白旗曹恭诚、镶蓝旗曹纯中、正白旗曹寅、正红旗［亦有作正蓝旗等］曹邦等家；详见第二章及图表4.35）的几支曹氏，陆续透过叙谱以求建立"同气连枝之谊"。虽然在无DNA验证技术的古代，往往无从确知彼此是否真为亲近之血亲，但此类行为主要建立在双方的主观认知，只要双方自认有共同的祖先，且有强烈的意愿联宗即可。

四、从清代朱卷履历看曹氏间的通谱

晚近发现的咸丰十一年辛酉科《曹氏荣庆顺天拔贡朱卷履历》（图表1.17），[111] 提供了从另一角度析探《五庆堂重修曹氏宗谱》所呈现中国传统社会的通谱现象。此类履历乃科举考试时由考生本人提供，除记载当事人的姓名、字号、行第、生年、籍贯、户籍、功名、师承，还会详列同胞以及从堂、嫡堂等数代以上族人的谱系。荣庆籍隶正黄旗汉军，在五兄弟中行三，前述朱卷履历记载其家从高高祖义先（绍中第三子）至胞侄共六代一百五十几位男性的名字与简历。内容除以五庆堂三房义先一支为主外，亦收录"长房"之天锡、"四房"之玺（雪芹曾祖）、鼎（应即尔正）、寅、荃、宜、颙、頫、顺（应为顺），"五房"之熙麟（恭诚子）、秉桓、炳、煐、焜、国培、

---

111 胡铁岩，《曹雪芹家世研究资料的又一新发现》；方晓伟，《〈曹氏荣庆朱卷〉刍议》。

廷钥，以及不知房分之丰润曹的元（邦子）、忠（即重）、秉和、秉政、秉泰（此五人皆入旗）、鼎望、首望。该咸丰十一年顺天拔贡履历所提及最晚的人与事，乃"山东候补知府、盐运使衔、赏戴花翎"的积庆（光绪三年署山东曹州府知府，九年实授），此很可能是鸦片战争后始开捐翎之例的结果。[112]

《曹氏荣庆顺天拔贡朱卷履历》胪列的族人当中，有少数不见于《五庆堂重修曹氏宗谱》，如荣庆的从堂高伯叔祖秉顺、嫡堂伯叔祖继柱、从堂伯叔景云以及嫡堂伯富兴、三音保、五保、定保，就仅见于《曹氏谱系全图》（附录1.3）。至于嫡堂伯叔祖的世丰、世显（称两人是乾隆二十四年己卯科"兄弟同榜"），则世系不明。知荣庆的朱卷履历并非单纯参考《五庆堂重修曹氏宗谱》而已，无怪乎，此履历在从堂高高伯叔祖曹玺之下，列了"鼎：原任佐领"，而非五庆堂谱所记"尔正：另谱名鼎，振彦二子，原任佐领"（图表1.7）！

又因荣庆的履历沿袭了五庆堂谱的错误，将曹尔正、曹宜、曹颀的封号记成武义都尉、武功将军、武义都尉，[113] 且又将"颀"误刻为形近的"顺"，知《五庆堂重修曹氏宗谱》中所记四房第九至十三世的内容，应编于咸丰十一年荣庆考取拔贡之前，而非近人造伪。

至于《曹氏荣庆顺天拔贡朱卷履历》中所载乾隆二十四年己卯科同榜的世丰和世显兄弟，颇引人关注。经爬梳《钦定八旗通志》后，发现曹世丰曾以印务章京管理正红旗汉军第四参领第一佐领，后缘事革退，但从未获得科名，而曹世显（隶正红旗臧士霖佐领）则确于乾隆二十四年中举。再查道光二十四年甲辰恩科的《曹氏贵林顺天乡试朱卷履历》，发现除曹世显外，另记曹世德于乾隆十七年中举（时隶正红旗臧应聘佐领，乾隆三十年隶臧士霖佐

---

112 孙葆田撰，《山东通志》，卷54，页1890；福格，《听雨丛谈》，卷1，页10。
113 由于年代久远、文献散佚，故古人在记先祖的封赠名衔时，往往自行加以揣测。如荣庆的朱卷履历记其高祖兴祖（与曹寅同辈）"诰授建威将军"，然正一品的八旗武职在康熙朝时原封建威大夫。此外，贵林的朱卷履历记希洙"镇守陕西西安府协领，诰授通议大夫"、愚"清河县学训导，敕授儒林郎"、世德"原任四川长宁县知县，敕授文林郎"，然其族任保昌的朱卷履历却记希洙"镇守陕西西安府协领，诰授武义都尉"、愚"清河县学训导，敕授文林郎"、世德"原任四川长宁县知县，诰授承德郎"（图表1.17及1.18），同一人获授的最高封号竟出现不同！至于前述康熙朝得到诰授的曹希洙，虽为武职但其封号应较可能是文衔的通议大夫，而非乾隆五十一年才新定的武义都尉。

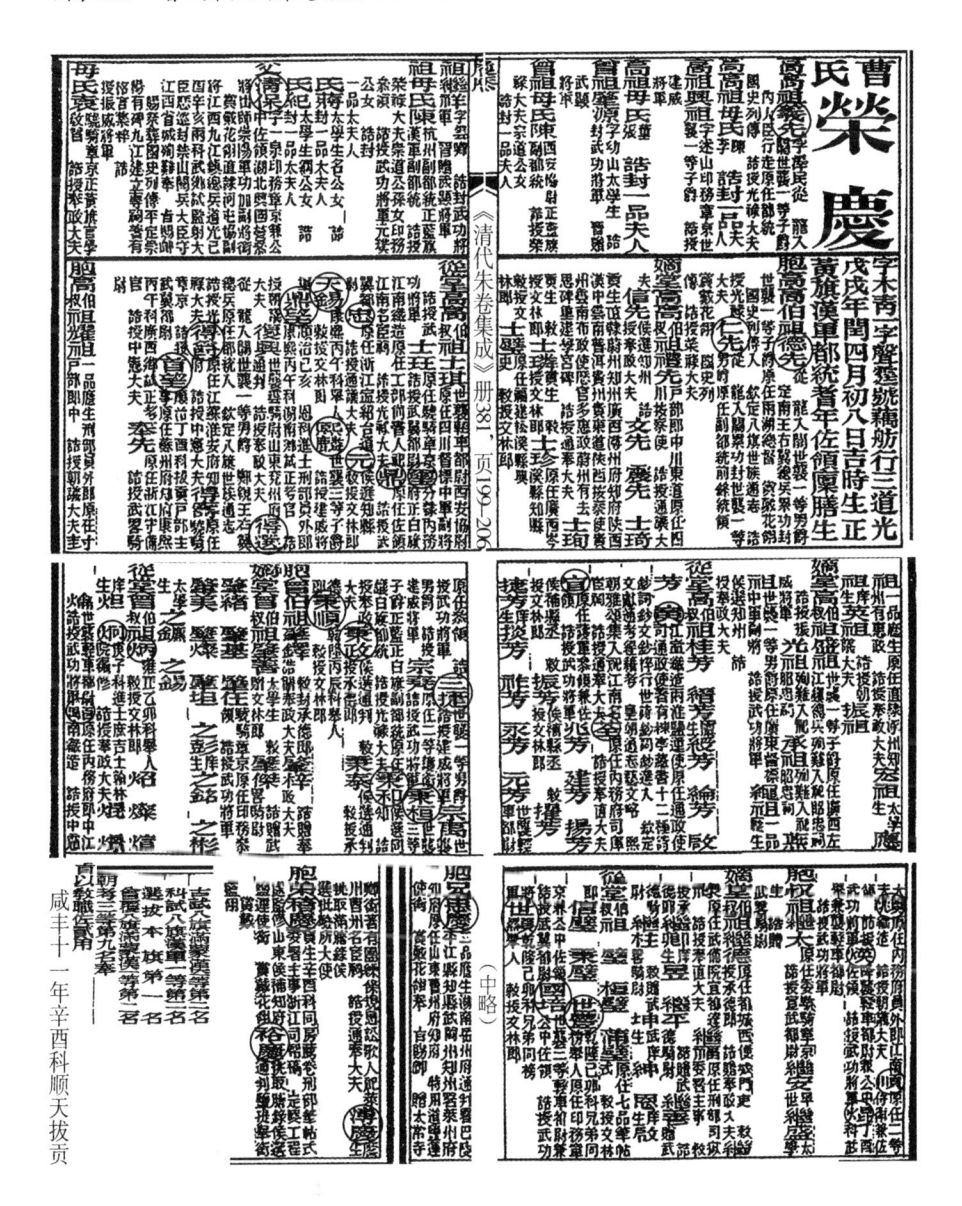

图表1.17 曹氏荣庆的朱卷履历（部分书影）

图表1.18 曹尔素裔孙贵林及保昌的朱卷履历（部分书影）

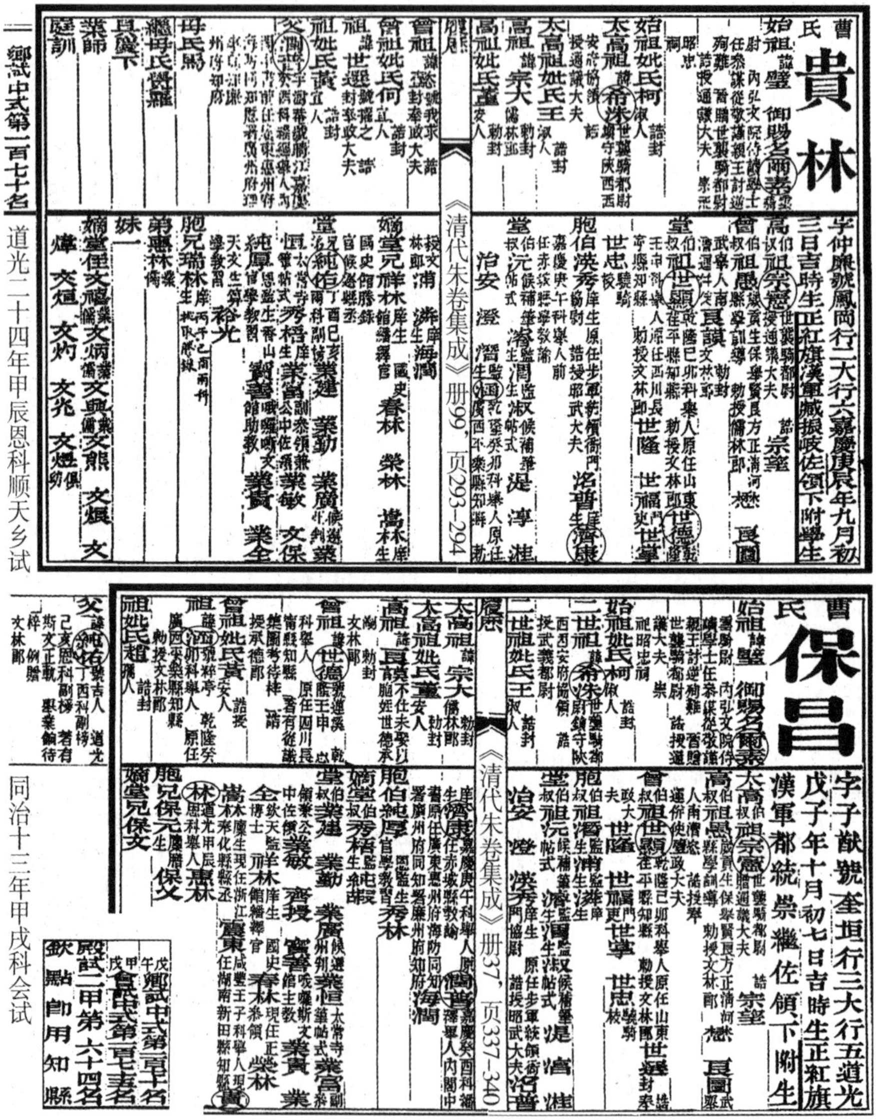

领），[114] 惟该履历并未见曹世丰（图表1.18）。亦即，《曹氏荣庆顺天拔贡朱卷履历》中所载世丰小传确有浮夸之嫌。

臧应聘和士霖父子曾相继管理正红旗汉军第四参领第三佐领，此原系天聪八年将位于义州城北白土厂之人丁整编而成，臧应聘曾祖臧国祚乃于天命七年（1622，天启二年）正月金国攻陷广宁时降顺，[115] 获赐世管佐领，[116] 知曹世显、曹世德、曹世选（与曹玺祖父同名）、贵林（正红旗臧振岐佐领下）、保昌（正红旗崇继佐领下，贵林族侄）或均隶此佐领。世德为保昌曾祖，贵林祖则为世选，并以世显、世德为堂伯叔祖；其始祖名璧，御赐名尔素（图表1.18），为河北宝坻县的旗下邑绅，顺治二年从员外郎衔笔帖式改内弘文院侍读，八年七月升本院侍读学士，十三年殉清，子孙世袭拜他喇布勒哈番。[117]

从贵林与保昌的科举履历，我们可发现二人均单纯地以曹尔素为始祖，而未与其他曹氏联宗。然咸丰十一年的《曹氏荣庆顺天拔贡朱卷履历》虽收录了乾隆二十四年举人曹世显，却未见其上几代仕宦较显的尔素、希洙（世袭骑都尉、镇守陕西西安府协领）、宗宪（世袭骑都尉），也未见下几代的涵（乾隆四十八年举人，平乐县知县）、济康（嘉庆十五年举人）、润普（嘉庆十八年举人，署廉州府知府）、保昌（咸丰八年举人）。此外，荣庆的履历亦收录道光二十年庚子科进士选庶吉士的曹炯（甘肃兰州皋兰县人；授编修，改内阁中书）。[118] 疑荣庆在填写履历时，为丰富世系，乃将己所知之同姓官员或科第名人纳入同族，此举或不曾得到对方的允许，惟当事人因受同姓之人看重，可能也不会太在意。

---

114 铁保等，《钦定八旗通志》，卷106，页13；秦国经主编，《中国第一历史档案馆藏清代官员履历档案全编》，册19，页111。
115 "天命"严格说来并非年号，此因原始文献或当代文物中从未见"天命〇年"的记法，而皆是在"天命"之后加干支，故疑努尔哈赤或因不愿奉明正朔，金国之人遂以干支配合尊号"天命汗（abkai fulingga han）"以纪年。由于学界已相因成习，本书因此仍从俗。参见卢正恒、黄一农，《先清时期国号新考》。
116 铁保等，《钦定八旗通志》，卷25，页17—18；卷106，页13及18。
117 《清世祖实录》，卷15，页134及卷58，页461；洪肇楙修，蔡寅斗纂，《宝坻县志》，卷11，页37—38。
118 张国常纂修，《重修皋兰县志》，卷23，页53。

图表1.19 与曹雪芹家族祖籍相关的重要文献

❖ 康熙《江宁府志》及康熙《上元县志》

两志的曹玺小传称其先人为曹彬裔孙，后"着籍襄平"，其祖世选（即锡远，原名宝）"宦沈阳，遂家焉"，"令沈阳有声"。此传内容应为久在当地任江宁织造的曹家所认同，甚或提供资料

❖ 乾隆九年《八旗满洲氏族通谱》

此谱记曹锡远世居沈阳地方

曹锡远

正白旗包衣人世居沈阳地方来归其子振彦原任浙江盐法道着惠政孙尚志原任佐领玺原任工部尚书子寅原任通政使兼管江宁织造颙原任郎中頫原任员外郎天祐现任州同曾孙䓁原任二等侍卫兼佐领䒮原任工部员外郎䔄原任州同天祐现任州同

武英殿本

❖ 汇辑《府志》

曹玺字完璧宋枢密武惠王裔也及王父宝宦潘阳遂家焉父振彦从入关仕至浙江盐法道着惠政公承其家学读书洞彻古今负经济才兼艺能射必贯札补侍卫随王师征山右建绩

曹玺字完璧其先出自宋枢密武惠王彬后著籍襄平大父世选令潘阳有声世选生振彦初扈从入关累

三元县志

智 仁
锡 伯
振彦 鼎
玺 九畹 文勤 文锦
寅
鼎
应俊 应文

同治《曹氏谱系全图》

原应是五庆堂谱中先前所编"另谱"（应源自顺治《辽东曹氏宗谱》）的一部分，在四房曹智支记振彦寅、玺、鼎，其下有"闻分住辽阳"，谱失莫记句，并记尔正之名为鼎，且将寅误成与其父玺同辈

五庆堂重修曹氏宗谱

❖ 同治《五庆堂重修曹氏宗谱》

递修自顺治《辽东曹氏宗谱》，因主编者曹世爵称"先（辽东曹氏第三房），所收之子孙大多可见于五庆堂谱中第三房十五世清保有惠庆、溥庆、裕庆五子，遂名之'五庆堂'。谱中第四房六世裔仅列九世锡远一支，内容或主要抄自顺治《辽东曹氏宗谱》和'八旗满洲氏族通谱'。所记'熙朝雅颂集'各人诰赠封号颇多不合规制。另谱名鼎亦因是揣测自《通谱》，以致不乏错误，父子关系

❖ 咸丰《曹氏荣庆顺天拔贡朱卷履历》

曹氏荣庆顺天拔贡朱卷履历

氏荣庆一族始自其高高祖曹义先（辽东曹氏第三房），而涉及曹玺家的记述亦无出五庆堂谱者。疑此履历沿袭了五庆堂谱的错误，因知后者应无可能为近人所

❖ 光绪《浭阳曹氏族谱》

据康熙九年曹鼎望序，始迁祖曹端明于明初由武阳迁丰润，其弟端广接着卜居辽东铁岭卫，然铁岭曹端广与辽阳曹世选的关系不明

浭阳曹氏族谱

曹荣庆

壬午本贯字聲歷戊戌年四月初八日醛生正白旗汉军都统金佐领膳生

从曾祖寅江宁织造通政使司通政使工部郎中江南通政使司郎中江宁织造曹寅家荣江南通政使司郎中通政使司通政使工部郎中江宁织造督理两淮盐课

从曾高祖宜

官内务府内旗营
江南通政使司工部郎中江宁织造曹寅
江南通政使司
缺名
缺名

从曾高祖
寅
江宁织造通政使司通政使工部郎中
江南通政使司
缺
缺

官内务府内旗营
江南通政使司工部郎中江宁织造曹寅
江南通政使司
缺名
缺名

武功将军
顶戴花翎
大兴县教谕
候选知县
江南省候补
诰赠光禄大夫
川陕侍郎兼佐

综前所论，《曹氏荣庆顺天拔贡朱卷履历》以及薛福保《曹氏族谱序》的发现，让我们得以确证以三房为主的《五庆堂重修曹氏宗谱》（自顺治朝递增至同治间）绝非是近人编造的，但其中涉及远祖以及他房的部分内容，则不乏负责修谱之三房的主观认知或攀缘比附，应不能径视为一手文献（图表1.19）。

五、小结

曹雪芹的籍贯之争在学界一直是难解的重大课题，"丰润说" "铁岭说"与"辽阳说"等派长期相互辩难，除了数百篇论文外，迄今更已有十几本专书析探此事，惟因大家不断往前追溯远祖，而谱牒中的相关记事又常出现攀附或阙漏，以致始终各说各话，无法得到共识。加上祖籍的追索，究竟对红学研究有何较积极的学术意义，也迭遭质疑，令此课题的热度在近十年间大幅消退。

鉴于古人无从获得科学性的血缘证据，且因动乱或迁徙等种种因素，也很难得到可信度较高之谱牒（唯一记有曹寅家族的《五庆堂重修曹氏宗谱》，虽非近人编造，然其世系资料却非一手文献）或户籍文件的支撑，故对远祖的认同常属自我形塑的结果，此应是类似课题所面临的共同宿命。

先前红圈中人对曹家祖籍的认识往往陷入一误区：将曹雪芹家族（或间接透过其亲友）视历代一些曹姓名人为先祖的看法，皆径当成了历史事实。而以乾隆之前地方志和诗文别集为主的十几种清代文献，在提及曹家中人的籍贯或故里时，虽分别记载为辽东、辽左、奉天、三韩、长白、千山、襄平、辽阳或沈阳（图表1.2），但这些地名多是因视角不同所致，且皆与本章所梳理出的结论相合：曹雪芹的先辈入辽后或一直着籍辽阳，至曹世选始因任官而宦居沈阳，但仍以辽阳为故里。

此外，科举考试的朱卷履历也提供一些曹氏后人对其先祖或彼此宗亲关系的认知。如籍隶正黄旗汉军的荣庆，在咸丰十一年辛酉科的《顺天拔贡朱卷履历》中，就指称其先祖为五庆堂三房的曹义先，并胪列长房之天锡，四房之玺等，五房之熙麟等，以及不知房分之丰润曹元等。此一相互通谱的情形与《五庆堂重修曹氏宗谱》相合，知五庆堂的各房应自认为同宗。

然荣庆的朱卷履历也包括不属于五庆堂的乾隆二十四年举人曹世显，后者之名虽亦可见于道光二十四年甲辰恩科的《曹氏贵林顺天乡试朱卷履历》以及同治十三年甲戌科的《曹氏保昌会试朱卷履历》，但贵林及其族侄保昌（先祖曹尔素为宝坻旗下邑绅）的履历中却不见五庆堂之人！疑清代文献中的联宗记载，除双方为求相互攀缘而有意为之，也有一些只是当事人单方面的自我认同，彼此并未叙亲或通谱。

再者，通谱者之间的亲缘关系常属主观认定，故往往只有少数当事人相互认知，稍后也有可能因交情不再热络或子孙不再深交，而让此一链结遭到解消脱钩。类似情形亦见于《红楼梦》的第二回，贾雨村在与友人冷子兴聊天时，提及都中同姓的荣国府贾家，笑道："寒族人丁却不少，自东汉贾复以来，枝派繁盛，各省皆有，谁逐细考查得来？若论荣国一枝，却是同谱。但他那等荣耀，我们不便去攀扯，至今故越发生疏难认了。"第六回所提及的刘姥姥女婿王狗儿，亦复如此，其祖上因曾当过小京官，故认了王夫人之父为伯父，但那时只有王夫人之大兄、凤姐之父以及在京的王夫人等少数几人知有此一门远族，"余者皆不认识"。

下章即尝试梳理曹家在以汉姓包衣的身份"从龙入关"后，如何透过联宗与谊亲的经营，进一步扩建其人脉网络。

【附记】

回想2010年3月当我决定进入陌生的红学领域时，选择的第一个切入点就是曹雪芹的祖籍问题，并曾先后远赴河北丰润，江西武阳、进贤、都昌、湖口等地进行田野调查。但在戮力多时后，因发现家谱中对远祖的记载常流于虚渺，且又感觉追索曹家入辽之前的祖籍一事，对了解《红楼梦》的成书背景帮助或不大，加上曹家于明代降顺金国以前的事迹几乎无考，旋即转移至其他议题。然在准备此章文稿时，又得再度思考治史过程该如何去面对印象与真相间的分际，发现虽因受限于材料，我们往往无法确切掌握事件的真实性，但自我认知或印象（不管是否有确凿证据）对其后的历史有时亦能或多或少产生影响。[119]

---

[119] 笔者曾研究的类似案例，如见《印象与真相：清朝中英两国觐礼之争新探》《正史与野史、史实与传说夹缝中的江阴之变（1645）》《史实与传说的分际：福康安与乾隆帝关系揭秘》等文。

第二章　开启百年盛世的曹振彦*

曹雪芹的高祖振彦或于天启元年沈阳城破时全家被俘或降，天聪三年因被考选为金国首批生员，得以拔出奴籍变成正身旗人的包衣。天聪四年九月前不久，长期任"教官"的曹振彦取得"致政"身份（此或为当时授予汉人的从政资格），稍后获管阿济格王府下的旗鼓牛录，但于清朝入主中原之前"缘事革退"。曹振彦在"扈从入关"后，考取八旗贡士，于顺治七年外放为吉州知州，并历官至从三品两浙盐运使（官署在杭州）。又因其管主阿济格遭削爵、籍没，曹家的旗籍也于顺治八年自镶白旗改成皇属的内务府正白旗，从而开启其家此后七十多年波澜起伏的小历史。

一、曹振彦的父亲曹世选

满洲少数民族于明末崛起，首当其冲者就是包含曹雪芹祖先在内的辽人族群，面对天崩地裂的大时代变动，他们被迫承担明军战败的苦果，并屈辱地学习如何在异语言与异文化的新政权底层存活。被爱新觉罗皇室烙印为汉姓包衣的曹家，乃从第二代曹振彦起努力往上爬升，并随着金国在辽东的得势以及清朝的入主中原，其名开始零星出现于官方的满、汉文史料当中，惟因满文有老、新之分，且满汉间的名字对译又不具备单一性，以致曹家人的姓名在不同时期的文献常令人混淆难辨。[1]

---

* 本章部分内容曾发表于拙著《e-考据时代的新曹学研究：以曹振彦生平为例》（2011）、《曹雪芹高祖曹振彦旗籍新考：从新发现的满文材料谈起》（2012）。
1 黄一农，《二重奏：红学与清史的对话》，页42—49。

满人初无文字，万历二十七年（1599）努尔哈赤下令参照表音的蒙古字母来拼写满语，此即所谓的老满文，惟因蒙古字母并不足以完整表达满语，且常未能准确音译汉字，以致老满文中的一个字母有时可代表多个满语的音，这就造成了拼读的困难。皇太极尝称："十二字头，原无圈点。上下字无别……书中寻常语言，视其文义，易于通晓。至于人名、地名，必至错误。"天聪六年（崇祯五年；1632）正月遂正式颁行有圈点的新满文，令书写满语时表达音义的方式较为完善。然原先汉人姓名在音译后所写出的新、老满文往往不同，而老满文姓名一时又无从全面改定，导致清前期满文文献中汉人姓名的写法不一，再加上满文无声调，故当后人将此过渡期间满文档案中的汉人姓名回译成汉字时，就屡因未能核实相关史料，而令同一人出现"音同（或音近）名异"的情形。

曹雪芹高高祖之名就因此尝被写成汉字相当不同的世选与锡远（图表2.1）。康熙六十年《上元县志》的《曹玺传》以玺祖为"世选"，然康熙二十四年左右编纂的《江宁府志》中之《曹玺传》则称玺祖名"宝"，知世选或原名宝，两方志上的表述应均获曹家认同。"宝"与"世选"皆可见于《尚书》，《盘庚上》有"世选尔劳，予不掩尔善"，孔颖达疏称"选"通"算"，计数之意；《盘庚下》有"无总于货宝，生生自庸。式敷民德，永肩一心"句，亦即，宝和世选是名与字的关系（取"劳""善"为"宝"的教诲与寄托之意），后并以字行。[2]

但在康熙十四年曹玺祖父母及父母之诰敕上（图表1.15），则记其家三代为锡远、振严、熙（《八旗满洲氏族通谱》作锡远、振彦、玺），此应为当时撰写者自行将满文名字音译的结果。"锡远"一名或源自将无声调之满文译成汉字的过程，由于"世""锡"两汉字在老满文中无法分辨（如曹士蛟之名即被今人回译成世教或希娇；图表4.36），且因撰写诰敕者欲避康熙帝玄烨嫌名，[3] 遂

---

[2] 此指不用本名而以其字行于世。参见刘上生，《曹锡远论略》。
[3] 清代自雍正元年始颁讳例，规定"玄"应改写成"元"，故乾隆初成书的《通谱》中，无任何姓名有与"玄"字同音者。倒是可见有名为"王士选"之汉姓包衣人，其他名中有"选"字还有高名选、董文选等十人。参见弘昼等，《八旗满洲氏族通谱》，卷75，页4；《清世宗实录》，卷13，页233—234。

第二章　开启百年盛世的曹振彦

主动将帝名首字取声音相似者代之，改原满文的"hiowan"为"yuwan"（此或依宋代改"玄"为"元"的传统），[4] 再汉译时遂误成"远"，乾隆九年成书之《八旗满洲氏族通谱》亦循此写为"曹锡远"。[5]

图表2.1　清代文献中所载的曹雪芹高高祖曹世选（亦作"曹锡远"）

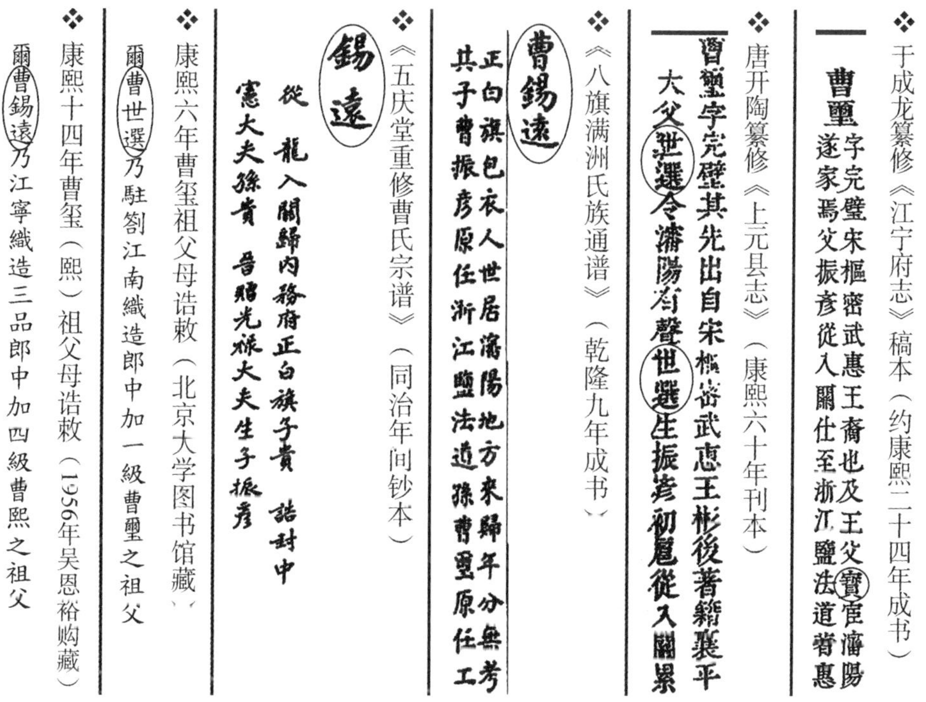

❖ 于成龙纂修《江宁府志》稿本（约康熙二十四年成书）
　曹璽字完璧宋樞密惠王彬後著籍襄平大父寶宦瀋陽遂家焉父振彥從入關仕至浙江鹽法道僉惠

❖ 唐开陶纂修《上元县志》（康熙六十年刊本）
　曹璽字完璧其先出自宋樞密武惠王彬後著籍襄平大父世選令瀋陽有聲世選生振彥初崑從入關累

❖《八旗满洲氏族通谱》（乾隆九年成书）
　曹錫遠正白旗包衣人世居瀋陽地方來歸年分無考其子曹振彥原任浙江鹽法道孫曹璽原任工

❖《五庆堂重修曹氏宗谱》（同治年间钞本）
　錫遠從　龍入關歸內務府正白旗子貴誥封中憲大夫孫貴晉贈光祿大夫生子振彥

❖ 康熙六年曹玺祖父母诰敕（北京大学图书馆藏）
　爾曹世選乃駐劄江南織造郎中加一級曹璽之祖父

❖ 康熙十四年曹玺（熙）祖父母诰敕（1956年吴恩裕购藏）
　爾曹錫遠乃江寧織造三品郎中加四級曹熙之祖父

---

[4] 当时不少满文官书虽避"hiowan"为"yuwan"，但此并非统一规定，因有时亦会改写成"siowan"（如见康熙十一年官译的《大学衍义》）。参见卢正恒，《清代满文避讳：兼论乾隆朝避讳运用实例》。

[5] 此段参见黄一农，《二重奏：红学与清史的对话》，页168—169。

《八旗满洲氏族通谱》记曹世选（曹锡远）家族有职衔或科名者曰：

> 曹锡远，正白旗包衣人，世居沈阳地方，来归年分无考。其子：曹振彦原任浙江盐法道。孙：曹玺原任工部尚书，曹尔正原任佐领。曾孙：曹寅原任通政使司通政使，曹宜原任护军参领兼佐领，曹荃原任司库。元孙：曹颙原任郎中，曹𬱟原任员外郎，曹颀原任二等侍卫兼佐领，曹天祐现任州同。[6]

依这部官书的体例，"凡初来归依、有名位可考者，通行载入"，即使是被革职抄家（如原任员外郎的曹𬱟）或仅为生员者皆收载，而对同辈则大多以官职大小而非长幼胪列（应是便于编辑）。曹家乃该书八百多个满洲旗分内尼堪包衣家族之一，[7] 而所谓"世居"沈阳地方，应间接反映曹世选被俘或投降是在天启元年沈阳城破时。至于"来归年分无考"，则是因努尔哈赤称汗时期制度未建或档案亡佚所致。若曹家确在沈阳城破时归金，则因振彦长子玺或已出生（第三章），知曹家的世选、振彦、玺祖孙三代，于战乱中同时或俘或降并入旗。

曹世选家的旗籍初应隶努尔哈赤亲领的正黄旗，后因其所属佐领拨给阿济格，且皇太极甫即位后又将两白、两黄互换旗纛，曹家的旗色遂转为镶白，此一情形直至顺治八年阿济格的牛录及财产俱因政争遭籍没后才发生改变（详见第四节）。[8] 今从中国第一历史档案馆藏《顺治朝现任官员履历册》中所记：

6　弘昼等，《八旗满洲氏族通谱》，卷74，页10—11。
7　包衣不见得是被俘，如据《陈汉军弓通张氏族谱》的光绪十四年序，张德耀本登州府莱阳之民，因赴关东采参致富，遂从山东带领二子景和、景发迁居盛京（今辽宁省沈阳市），后以军功入盛京内务府镶黄旗包衣。《八旗满洲氏族通谱》记曰："张德耀，镶黄旗包衣人，世居沈阳地方，来归年分无考。"（卷75，页16）。感谢张荣波提供该家谱。
8　此段参见黄一农，《曹振彦旗籍新考：从新发现的满文材料谈起》；黄一农，《二重奏：红学与清史的对话》，页53—60。

> 大同府见任知府曹振彦，正白旗下贡士。山西吉州知州，顺治九年四月升山西大同府知府。
>
> 阳和府升任知府曹振彦，正白旗下贡士。山西吉州知州，顺治九年四月升山西阳和府知府，十二年九月升两浙运使。[9]

知曹家改隶皇帝直属之内务府正白旗应在顺治八、九年间。

也就是说，曹家在顺治八年之前是"入于满洲旗分"的包衣汉姓旗人，长期归下五旗王公阿济格的门下（又称属下、管下，此乃清代对王公所领旗人的特定称谓，满语为harangga），[10] 之后则改隶皇帝，成为皇属上三旗之内务府正白旗旗鼓佐领下的包衣汉姓人，或称内务府包衣汉军人（此非汉军旗下的汉军旗人），既归内务府管理系统，又属正白满洲旗。[11] 曹家此一身份在清代的法律地位是良人，而非旗下家奴所属之贱民，更非社会上一般之奴仆。[12] 事实上，对内务府汉姓包衣而言，其奴仆身份仅相对于皇室和宗室王公，他们仍可拥有自己的财产和旗下家奴，在政治待遇（如选官）上有时比外八旗汉军旗人还要优越，有的甚至还历官至大学士。[13]

二、入关前担任教官、致政与旗鼓的曹振彦

据《八旗满洲氏族通谱》，曹世选所生"有名位可考"之子仅曹振彦一人。然曹振彦的满名在被今人回译成汉字时，因新、老满文混杂而变成音同或音近的曹谨言、曹金颜、邵振筵或邵祯言（图表2.2），令人无法与曹振彦联

---

9 张书才，《曹雪芹家世生平探源》，页11—12。
10 杜家骥，《雍正帝继位前的封旗及相关问题考析》；铃木真，《雍正帝と藩邸旧人》。
11 杜家骥，《清代内务府旗人复杂的旗籍及其多种身份：兼谈曹雪芹家族的旗籍及其身份》。
12 金国在战争中所掳获之人并非皆入奴籍，如天聪二年二月皇太极亲征察哈尔多罗特部时，共俘获蒙古及汉人一万一千二百人，其中一千四百人编为户口，余者为奴。参见罗振玉编，《天聪朝臣工奏议》，卷中，页24—25。
13 杜家骥，《曹雪芹祖上之隶旗与领主的多次变化》；杜家骥，《八旗与清朝政治论稿》，页446—448、461、475；祁美琴，《清代内务府》，页17。

想在一起。[14] 类似情形亦见于今人翻译之崇德七年六月盛京吏部满文纪录中的人名,该名单乃乌真超哈初分八旗时之高官,即译卢延祚作陆延佐、卢登科作陆登科、祖应元作祖迎远、柯汝极作郭如吉、柯永盛作郭永生、姜一魁作蒋义魁、刘曰科作列玉克、徐大贵作崔达贵、张思孟作张迟梦、吴士俊作吴迟军、胡弘先作胡鸿宪、高拱极作高功纪。[15]

曹振彦归金时可能年约二十岁或稍长,他应很快掌握了满族语言与文化,并挣得主子的认同。其汉名首见天聪四年四月的《大金喇嘛法师宝记》,[16] 他是碑阴题名的十八名"教官"之一（图表2.3）,该衔应指官学中的教职,惟红圈中亦有主张此为武职,指管理储粮且字形与"教官"相近的"敖官"（附录2.1）。[17] 在同年九月刻的《重建玉皇庙碑记》上,曹振彦则列名于二十七位"致政"之一（图表2.4;见后文）,稍后更担任阿济格王府的旗鼓牛录章京,此为当时汉姓包衣少数能获得的高阶职位。

---

14 黄一农,《二重奏:红学与清史的对话》,页42—48。
15 黄一农,《红夷大炮与皇太极创立的八旗汉军》。
16 李勤璞,《后金时代和清朝初期藏传佛教传播史研究》,页93—126、221—237。
17 在这十八人当中,冉启倧（宗）于天聪七年已为守备,曹振彦于天聪八年之前已升旗鼓牛录章京,王之哲（或音译作王世哲）于崇德元年任都察院理事官,蔡一品（蔡义品）后升副将,韩士奇（韩世琦）于顺治十一年由他赤哈哈番升吏部启心郎,康熙元年授顺天巡抚,历官至四川巡抚。又,对当时的旗员而言,文职系武衔的情形实属常见。参见高树伟,《〈大金喇嘛法师宝记〉碑"教官"辨伪》;雷炳炎,《清代八旗世家子弟的选官与家族任官问题初探》;丁宝桢纂修,《四川盐法志》,卷30,页20;《清世祖实录》,卷85,页669;宋如林等修,孙星衍等纂,《松江府志》,卷43,页7—8。

图表2.2　清初满汉文献中的曹振彦

崇德三年正月初八日条

❶《内国史院档》

邵振筵、邵祯言（音译）

❷ 河内良弘，《内国史院满文档案訳注：崇德二·三年分》
{ume} ○ gulu fulgiyan i u šo jin ini banjiha inenggi seme baturi jiyûn wang ni
　　　　正红旗　の　u šo jin は彼の誕生日だと言って　武英　郡王　の
booi eigen buhe hehesi be etiyebumbi, seme inenggi kamafi (gamafi) toburi
booi の有夫の　夫人等　を　遊奏させる　と言って、白昼　　　ひきつれ、夜
　　　　　　　　　　　　　　　(dobori) dedubuhe turgunde,, u šo jin de susai yan i weile gaiha,, efiyeme
　　　　　　　　　　　　　　　泊まらせた　咎で、u šo jin を　五十両　の罰にした。　遊んで
toburi deduhe,,kubuhe suwayan i ma guwang hoi de tuhere weile gaiha,,baturi
夜　寝た　　鑲　黄旗　の ma guwang hoi を 應得の罪に坐せしめた。武英
jiyûn wang ni baitai da'', li yoo gung, (soo jeň yan) be, suwe heolen, eigen
郡王　の baitai da、　li yoo gung、 soo jeň yan を、汝等は怠慢である。有
hisire hehe yabure be ainu baicarakû seme jakûnjute šusiha tantaha,,
夫の　婦女のおこないを　何故　調べなかったのかと、各　八十　鞭打　ちにした。

❸ 关孝廉等译，《清初内国史院满文档案译编》
正红旗吴守进为贺其生辰，以演戏为辞，将武英郡王
府下已嫁妇女白天接去，至晚留其宿。是以，吴守进
罚银五十两；镶黄旗马光辉以演戏留宿，坐以应得之
罪。武英郡王下管家李要功，(邵振筵)以其怠误，不察
有夫之妇行止，各鞭八十。

❹ 郭成康、刘景宪译注，《盛京刑部原档》
正红旗吴守进生日时，令巴图鲁郡王包衣之有夫之妇
耍戏，昼取而夜宿，故罚吴守进五十两银；耍戏且奸
宿之镶黄旗马光辉罚以规定之罪。巴图鲁郡王之摆塔
大李耀功、(邵祯言)尔等懈怠失职，对有夫之妇所行
失于觉察，各鞭八十。

天聪八年四月初九日条

❺《内国史院档》

soo jen yan

曹振彦（汉名）

❻《清初内国史院满文档案译编》
墨尔根戴青贝勒属下旗鼓牛录章京
(曹振彦)因有功，再加半个前程。

❼《清太宗实录》
墨尔根戴青贝勒多尔衮属下旗鼓牛
录章京(曹振彦)，因有功加半个前程

崇德元年六月二十四日条

❽《满文原档》

ts'oo jin yan　曹金颜
ts'oo jen yan　曹振彦

《满文老档》任世铎等译，
八年曹振彦诰命北京大学藏顺治

图表2.3　天聪四年四月的《大金喇嘛法师宝记》。辽阳民俗博物馆藏，图右为汉字的摹写，框出之字应为稍后另加刻的[18]

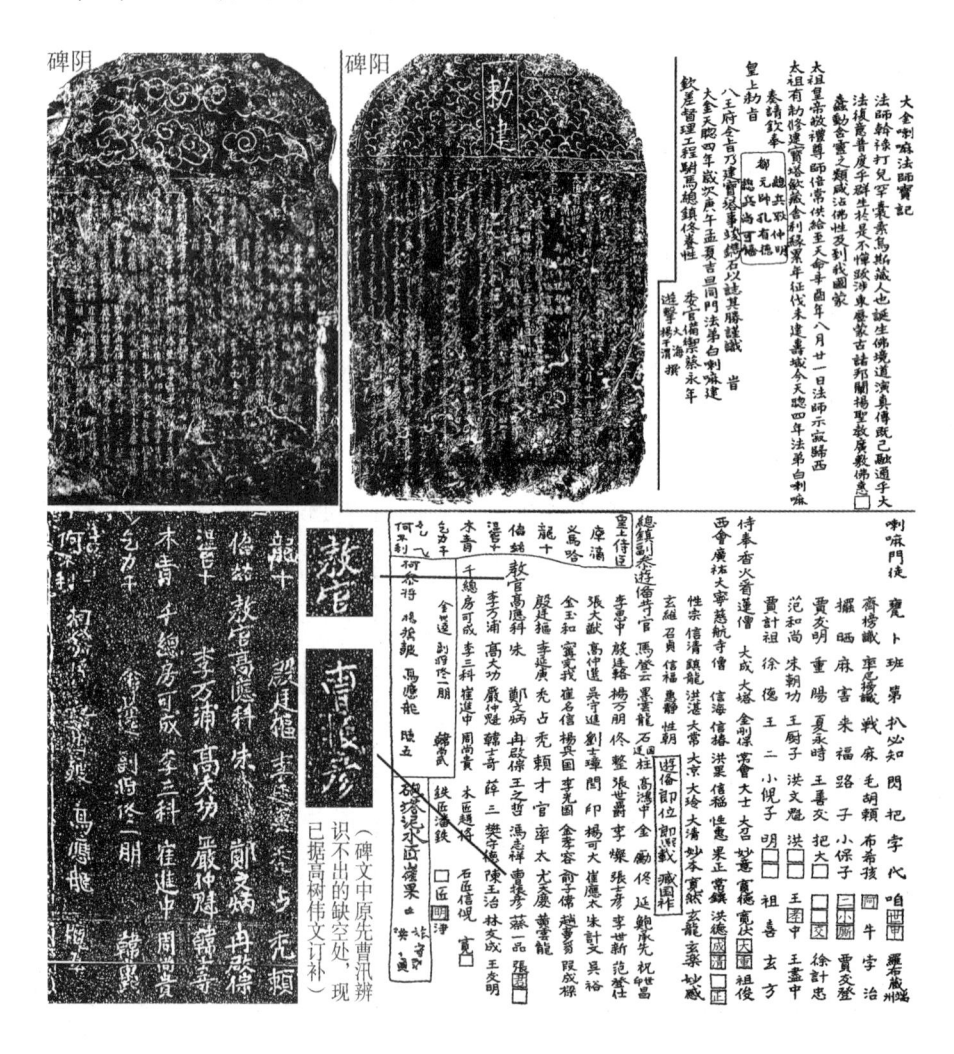

18　改绘自曹汛《有关曹雪芹家世的一件碑刻史料：记辽阳喇嘛园〈大金喇嘛法师宝记〉碑》及高树伟《〈大金喇嘛法师宝记〉碑"教官"辨伪》，惟摹写的部分细节已据笔者2010年所拍之照片微调，以求更接近原件。

图表2.4　天聪四年九月的《重建玉皇庙碑记》。[19] 辽阳民俗博物馆藏，此据辽宁省博物馆所藏拓片

重建玉皇廟碑記　　　（前略）

鳩　工　遊　擊　李　燦
儒學生員楊起鵬撰

天聰四年歲次庚午秋九月上浣之吉立

碑陰題名：

石廷柱、金玉和、殷廷輅、李思中、張人猷、禿賴、□□位、崔應太、俞子偉、□□□、趙夢豸。

麻雲龍、石國柱、金勛、殷廷樞、馬雲龍、劉士璋、禿占、高仲選、甯完我、叚成良、□□□、麻、佟延、李國翰、鮑承先、張世爵、朱計文、尤天慶、吳守進、崔名信、□□□。

黑雲龍、王□龍、孫得功、高鴻士、祝世印、張士彥、金孝安、楊萬朋、閆印、楊興國、率太、王□、佟整、丁□、祝世昌、李世新、李延庚、柯來鳳、楊可□（大）、李光國、黃雲龍、邱位、張良必。

　侍奉香火道士
夏天明、祁□□
　　致　政
李廷隆、李應隆、孫必科、孫篷□、高□、□□□、范一□、王棠舜、王□、曹振彥、汪道光、王文功、王國棟、□向禮、陳才□、奉□、薛應富、馮志祥、韓□、喇洪、孫計武、李顯、□□

　助工信士
石應科、李應舉、韓思敬、蕆應魁、金善□、王麻子
　畫　匠
張得儀、楊守德、姜艮
　□　匠
郭彥舉
　泥水匠
□□、□李
　木　匠
　鋸　匠
寬洪

侍奉香火道士　夏天明
致政　李廷隆　李應隆孫
　　　曹振彥　汪道光
　　　薛應富　馮志祥

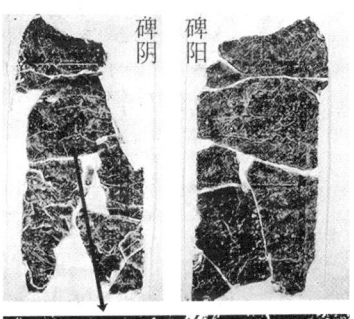

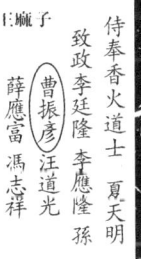

[19] 因此碑已殘破漫漶，故各家辨識的文字可見一些出入，左边人名乃轉引自冯其庸书。参见曹汛，《〈重建玉皇廟碑記〉曹振彥題名考述：曹雪芹家世碑刻史料考证之四》；冯其庸，《曹雪芹家世、红楼梦文物图录》，页165—166。

附录2.1

曹振彦曾任"教官"抑或"敖官"？

在辽阳民俗博物馆今藏的天聪四年《大金喇嘛法师宝记》碑上，记有包含曹振彦在内的十八名"教官"，其排序列于"千总"之上、"总镇、副、参、游、备等官"之下。曹振彦此衔在红学界迄今仍无共识，有学者（如冯其庸）虽认同"教官"说，但误以他们乃佟养性属下的红夷大炮教官，[20] 笔者则主张这是天聪年间官学中的教职。[21] 另有人（如周汝昌）主张"教官"应识成"敖官"，此为人名，而非官衔。由于周汝昌与冯其庸两红学界大佬介入此争议颇深，且看法各有坚持，以致圈内长期莫衷一是，更因双方皆无法提出新且强的证据，二老又先后谢世，终致近年来少有人对此议题再闻问。

惟北京大学的高树伟在2017年梳理各种旧拓后，惊讶地发现大概于二十世纪九十年代之后，碑上"教官"的首字似乎曾遭人动过手脚，被添加笔画以补成更趋近"教"的字形（图表2.5）。又由于雍正《石楼县志》的《石楼县营建记》中，记该县知县李光于明正德间修建"敖官住宅一所十间"，且努尔哈赤曾于万历四十三年（1615）命各牛录设仓官十六员、吏八员，执掌出入，海州、沈阳、辽东等地也于天命年间设仓积粮，故他主张"教官"应识成"敖官"，并认为此词乃沿袭自明代管粮之仓官，而非人名。[22]

---

20 金国最早拥有的一门西洋火炮，是天聪初年从辽东海边冲上岸的，赐名为"镇国龙尾大将军"。此后，至天聪五、六年间佟养性才督铸成红夷大炮七门，获赐为"天佑助威大将军"。亦即，天聪四年刻《大金喇嘛法师宝记》碑时，金国只有一门西洋火炮，不可能以曹振彦等多达十八人来担任此炮的教官。参见黄一农，《红夷大炮与皇太极创立的八旗汉军》。
21 黄一农，《二重奏：红学与清史的对话》，页28—30。
22 高树伟，《〈大金喇嘛法师宝记〉碑"教官"辨伪》。又，笔者在爬梳异体字"厰（廠）官"的用例时，发现此两字必须断开，如称"永丰仓……左右共十一厰、官厅三间"；参见李光昭修，周琰纂，《东安县志》，卷3，页48。

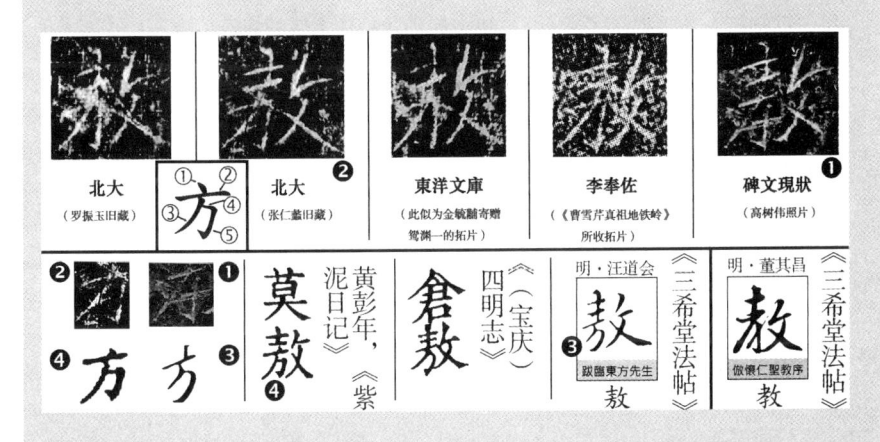

图表2.5 《大金喇嘛法师宝记》碑各拓片上的"敎"或"敖"字

北大	北大	東洋文庫	李奉佐	碑文現狀
（罗振玉旧藏）	（张仁蕴旧藏）	（此似为金毓黻寄赠鸳渊一的拓片）	（《曹雪芹真祖地铁岭》所收拓片）	（高树伟照片）

	《黄彭年，泥日记》《紫	《（宝庆）四明志》	明·汪道会《三希堂法帖》	明·董其昌《三希堂法帖》
方 方	莫敖	倉敖	敖 跋临东方先生 敖	敎 仿懒仁坚教序 教

　　的确，古人常将仓、敖并称，以表示储藏粮食的处所。《重修镇原县志》曾解释仓敖的起源曰：

　　仓储，即仓廒所存之谷也。仓者，藏谷处所也，圆曰囷，方曰仓，廒乃地名，初作敖，秦以敖地为仓所在，故尔后遂谓仓为敖，盖循习之误也。[23]

知秦代曾在郑州荥泽县西北的敖山置仓，后遂称仓储为"敖仓"。[24]

　　唐以后更有将"仓""敖"视为高低不同的层级，如唐宪宗元和九年（814）盐铁官李稼为解决军粮的运送问题，建议"今诚得十敖之仓，列于所便，以造出入，计无忧也"，遂于淮河流经的盱眙县东南建都梁山仓。[25]元顺帝至正年间亦有僧人在嘉兴城北的天宁光孝万寿禅寺内，"［筑］两仓二十敖，受各庄之岁入"。[26]此外，宋·秦九韶的《数书九章》亦有"积

---
[23] 焦国理等纂，贾秉机等编，《重修镇原县志》，卷7，页20。
[24] 景日昣，《说嵩》，卷12，页18。
[25] 王锡元修纂，《盱眙县志稿》，卷11，页5—6。
[26] 罗炌修，黄承昊纂，《嘉兴县志》，卷8，页1—3。

仓知数"一题，问有五十敖之仓，每敖阔一丈五尺、深三丈米、高一丈二尺，欲知该仓共可容米多少石。[27] 知"敖"乃每仓下属的建筑单位。

然遍查《大明会典》《大清会典》及各数据库，却罕见"敖官"（仅三处；图表2.6），倒是在明清文献中"仓官"就出现两千多则，"教官"更有上万则。如《获鹿县志》记明代由例贡出仕者，即有：

王敏，任仓官，升主簿……张拱，任仓官……赵麟，任仓官……石磬，任仓官，升巡检、主簿……贾信，任仓官，升巡检、主簿……刘进，任仓官，升巡检。[28]

其中巡检司巡检为从九品，县主簿为正九品。《大明会典》记仓官原属未入流的杂职，然若考满表现优异，亦可升从九品或正九品。[29] 而该县的县仓有房五十六间，收贮"本县官吏人等俸粮并本县军需粮"，预备仓有房四十间，收贮该县与邻县的"客兵粮及赈济谷"，获鹿县在景泰至成化年间即有六人先后担任仓官。[30]

"雕龙"数据库中的《三才考略》，在提及明代吏部考功司对官吏的考课时，记称"仓场库官一年考，巡检二年考，敖官及流外冗官九年考，始陟不得过一等，惟举人教官［此应指举人出身的教官］得引选试，升陟无等"，然在张岱《石匮书》或孙承泽《春明梦余录》所引的同一内容，则明确以"敖官"为"教官"，知"敖"字在此处应释读为"教"。至于秦桧之例，文献中的记载亦不一，如在李清的《诸史异汇》钞本中，记秦桧任"敖官"时曾有私生子，惟因秦桧乃科甲出身（《宋史》称其"登政和五

---

27 秦九韶，《数书九章》，卷12，页16。
28 赵惟勤纂修，《获鹿县志》，卷10，页5—6。
29 李东阳等撰，申时行等重修，《大明会典》，卷12，页28—29。
30 赵惟勤纂修，《获鹿县志》，卷3，页8。

图表2.6 文献中甚易混淆的"敫官"与"教官"。在数据库中将"敎"字误释成"敫"者，乃以星号"*"表示

❖ 李清，《诸史异汇》，卷20，页686

拜文林一飞乃秦擒作敎官時婢所生妻王氏下容與同官林家人養之後擒門客曹沬嘗獻計熟擒欲還一飛作于下果遂為莆田林

❖ 陈绛，《金罍子》，上篇，卷19，页27

飛齊東埜語志之朱子亦謂興化一傳聞云林二飛乃秦作敎官時婢所生夫人不容與同官林家人養之秦後欲取歸未遂而死其黨又欲為料理

❖ 刘仲达辑，《刘氏鸿书》，卷103，页7

妾有娠遂出諸莆林氏及長曰林一飛齊東埜語志之朱子亦謂興化一傳聞云林一飛乃秦作敎官時婢所生夫人不容與同官林家人養之秦後欲取歸未遂而

❖ 庄元臣辑，《三才考略》，卷33，页22

如京官倉場庫官一年考処核二年考敎官❹及流外冗官九年考始涉不得過一等惟舉人敎官得引選試

❖ 张岱，《石匮书》，卷28，页24

場庫官一年考処檢三年考敎官❺及流外冗官九年考畢其功過而黜陟之陟無過一等惟舉人敎官得

❖ 孙承泽，《春明梦余录》，卷34，页3

肖擬去留聴上王官考察如京官倉場庫官一年考巡檢二年考敎官❼及流外冗官九年陟無過一等惟舉人

❖ 秦燿纂，袁学谟修，《石楼县志》，卷4，页22

石樓縣儒學記

李侯名元本营之米階世家也刻石樓為邑辭侯山西无極治學後公署肇字自洪武年間創造幸倾圯發壞前令畢炎頗擾漫不介意正德甲戌歲侯來宰是邑治餘政暇獎勸民力縣治為發政施令之府敎官及之辭孳堂三間下❾而成建儀徂房三間商馬房六間儀門俠隘無1,壯觀拆傳冕新建蕪樓三間又與冕民心之觀瞻學校為育賢儲竹之地抑又次為修膠二十餘臨門樓一座碑亭二間創郡祠三間殿舍三間敎官住宅一凡十間櫃星門兩養士張虚施貯修建財帛不食

歳粤儒石樓址雜平陽敎接西河其獅先王先聖❿卷4，页24

❶	敎*
❷	教
❸	敎
❹	敎*
❺	敎
❻	敎
❼	敎
❽	厰
❾	敎*
❿	敎

丙辰進士王

年第，补密州教授［此属教官，每州州学置二员］"），[31] 应不至于担任低阶之仓官。无怪乎，在陈绛《金罍子》以及刘仲达《刘氏鸿书》等刊本中，均明白记其为"教官"。

又，前人或不曾通读《石楼县营建记》中"厫官"记事的前后文，遂产生误解。该文乃称颂知县李光于明正德年间整建县治的宦绩，指其在县学：

> 修号房二十余区、门楼一座、碑亭二间，创乡贤祠三间、厫仓三间、教官住宅一所十间、棂星门垣。义士张彪施财修建，财帛本食，侠多赞助，足以培士子之英气。[32]

该"厫仓"应就是收贮师生月粮的儒学仓（通常设一至三名"斗级"管理），且"三间"的规模亦不太可能专设仓官管理，还为其盖"一所十间"的住宅（每间房的正面或宽约一丈[33]）。此外，明代从未在该县设仓场或草场，故县属秩官当中并无仓官的编制。[34] 但其儒学则设教谕一员、训导一员，阴阳学有训术一员，医学设训科一员，[35] 虽不知各学是否同在一处，惟若儒学内建有一所包含十间房的宿舍，以供老师们居住，则属合理。笔者因疑《石楼县营建记》中作为孤例的"厫官"，乃"教官"之形误，而非"仓官"的别称。[36]

---

31 《宋史》，卷157，页3662；卷473，页13747。
32 《石楼县营建记》对知县的描述是"李侯名□，字营之，米脂世家也"，"中国方志库"从缺字下半部的残画，推判其名为"元"，然从《汾州府志》可发现其名应为"光"。参见袁学谟修，秦燮纂，《石楼县志》，卷4，页22；戴震纂，孙和相修，《汾州府志》，卷8，页22。
33 黄一农，《曹雪芹"蒜市口地方房十七间半"旧宅新探》。
34 仓官所管理的仓场或草场常冠有地名，如明末顺天府即在坝上、义河、北草场、黄土、郑家庄马房、湖渠马房、汤山草场、南石渠、金盏儿甸等十九处各设仓官一员。参见沈应文、张元芳修纂，《顺天府志》，卷4，页20—21。
35 袁学谟修，秦燮纂，《石楼县志》，卷3，页5—6。
36 《满文老档》在天命七年二月十四日条曾一见"仓官"（页329），但从未见"厫官"。

至于《大金喇嘛法师宝记》碑上的"教官",虽有遭人"修饰"的痕迹,但却不必然得将此词改释为"敖官",此因"敖"字左下半的部件为"方",然该碑旧藏拓片却显示其写法与"教"字的"子"较接近(图表2.5)。[37] 再者,若从文本内容、字形特征与排列位置(图表2.3中"教官"两字较前后其他各行之人名均高一阶,且与其下之人并无人名间通常有的空隙)等角度综合判断,"教官"应与相隔一行的"千总"同属职衔才对。

此外,由于《大金喇嘛法师宝记》碑上所冠的"教官"或"敖官",乃包含曹振彦在内的十八人,故此一职称理应常见于其他文献,然爬梳各种数据库后发现只有"教官"以高频率出现,"敖官"则渺无踪迹,说明"教官"之说更符合历史事实。此职应在皇太极时期的辽东就已存在,也无怪乎顺治元年八月即有"将辽东等处十五学改附永平府,设教官三员,分司教导"之命。[38]

《大金喇嘛法师宝记》碑上曹振彦所担任的"教官"究竟为何,另可从金国教育系统的肇建过程略窥端倪。天命六年七月努尔哈赤首度任命八名专职的满人师傅（称作巴克什［baksi］）,[39] 以教习各旗子弟,直接对各贝勒负责,每两旗设一学,各配置四名生员教习汉文,并聘有"在八旗教书的汉人外郎［nikan wailan］"。又,天聪五年闰十一月曾敕谕满汉官员均应将八至十五岁的子弟报名读书,否则其父兄不准披甲随征;六年正月礼部参政李伯

---

37 从图表2.5可清楚发现"敖"字左下部件"方"的第四笔,罕见有往左跨越第三笔的情形,第五笔也未见往上与第二笔相连者,第五笔的起笔亦不太以直竖的线条表示。又,有论此碑"教"字左下方"子"的写法称:"横钩下面一个竖钩,竖钩由细到粗,竖笔垂直,钩很长——这正是'子'的写法。碑上这个字必定是个'教'字。"此外,《宝记》碑上的"教"字写法颇似董其昌的《仿怀仁圣教序》,后者"教"字左下"子"的末笔,乃从左下往右上的挑划,此笔在北大所藏的早期《宝记》拓片中亦依稀可见。参见李广柏,《文史丛考:李广柏自选集》,页91。
38 《清世祖实录》,卷7,页77;李中跃,《清代曹寅家族军功史研究》。
39 沈一民,《清初"巴克什"考察:兼论清入关前的满族文人》。

龙疏请应"考校教书秀才";稍后,镶红旗相公胡贡明更建议"当于八家各立官学",让各旗子弟皆可于本旗就近入学,使"无退缩之辞"。知早先所设置的官学虽成效不彰,但皇太极仍积极发展文教。[40]

天聪三年(崇祯二年,1629)七月,皇太极命全国所有原明生员(包含在各王府之下者)俱于九月初一日赴试,各管主不得阻挠(图表2.7)。其时共有约三百名生员参加,经分别优劣后得二百人,并析分成一、二、三等,俱免两丁差徭,且出奴籍成为所谓的"开户人",[41] 这些应就是首批经金国官方认证的生员。如若曹家是在天命六年沈阳城陷时或降或俘,曹振彦应会很积极通过其文才,努力在此过程中脱离奴籍,成为阿济格底下一名正身旗人的包衣。这批金国生员中表现较好且适合任教者,有些很可能就在皇太极力倡文治的过程中被聘为官学里的教师。

笔者因此合理怀疑天聪四年列名《大金喇嘛法师宝记》碑上的十八名教官(包含曹振彦),应多是籍隶辽阳或当时在辽阳任教者(作为金国的重镇以及天命六至十年间的首都,辽阳很可能也与沈阳一样设有多间供旗人和民人就读的学校[42]),而教官一衔所指的"汉人教书生员",或是金国政权中最早的一批汉人文职人员,其待遇与品级应稍高于千总衔(详见后文)。

---

40 黄一农,《二重奏:红学与清史的对话》,页35—39;任世铎等译,《满文老档》,页218、286、1338—1346;杜家骥,《努尔哈赤时期满族文化与教育探略》。
41 刘小萌,《关于清代八旗中"开户人"的身份问题》。
42 嘉靖末辽阳即设有社学六所、儒学、正学书院、习武书院等。参见李大伟,《辽阳碑志续编》,页244—246、300—307;丛佩远主编,《中国东北史》,卷4,页1202—1230。

图表2.7　《天聪朝稿簿奏疏》中涉及教书秀才（或即“教官”）的材料

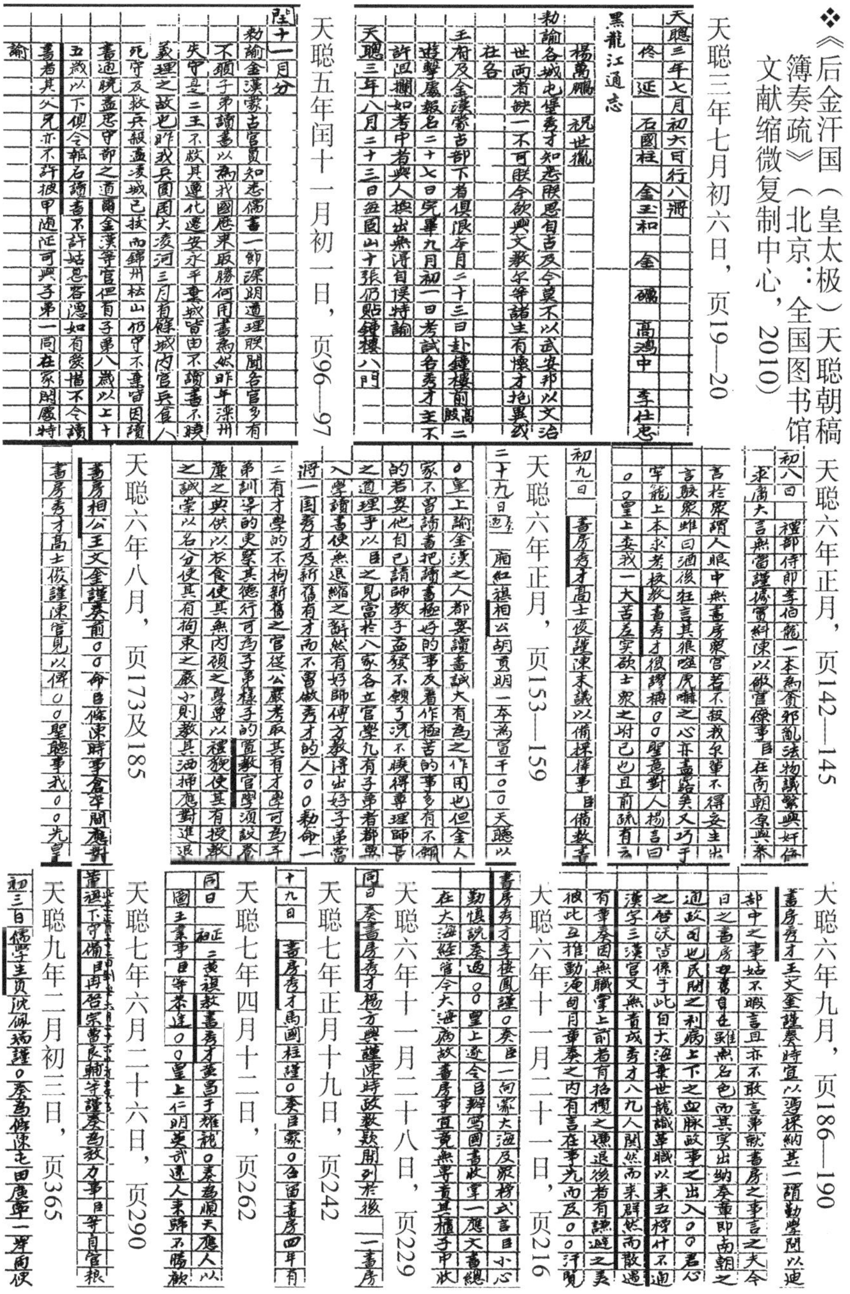

❖《后金汗国（皇太极）天聪朝稿簿奏疏》（北京：全国图书馆文献缩微复制中心，2010）

天聪三年七月初六日，页19—20

天聪五年闰十一月初一日，页96—97

天聪六年正月，页142—145

天聪六年正月，页153—159

天聪六年八月，页173及185

天聪六年九月，页186—190

天聪六年十一月二十一日，页216

天聪六年十一月二十八日，页229

天聪七年正月十九日，页242

天聪七年四月十二日，页262

天聪七年六月二十六日，页290

天聪九年二月初三日，页365

从天聪六年九月二十三日的《满文原档》中，我们可发现当时八旗已从四学析分成每旗一学，配汉人生员共十六名，为使其无后顾之忧，皆免二丁徭役。[43] 由于天聪三年考选原明生员时，曾将表现较佳的二百名俱免两丁，故此免徭之举应属对盛京沈阳所设八旗官学之汉人教书生员的额外恩遇，其免四丁的待遇已同于天聪八年首度考取举人者（图表2.8），也与无世职的牛录章京相当。[44] 十月二十一日，有刘泰和另一位邵（šoo）姓生员上诉，[45] 声称他们自天命六年起已教两黄旗子弟十二年，即使于天命十年乙丑岁努尔哈赤屠杀汉人生员时，亦仍"蒙汗眷顾，择而养之"，但现却因超额（每旗两名）而被改派成差役，皇太极遂恩免二人各二丁。[46]

据此，可知金国自天命六年即已有汉人教书生员在八旗官学任职。此外，由于天聪四年九月的《重建玉皇庙碑记》乃为"儒学生员杨起鹏"所撰，八年三月且自生童（应于学校就读）当中考取生员二百多人，[47] 九年二月还可见到"儒学生员沈佩瑞"所上的奏章（图表2.7），知天聪朝应仍循明制在辽东各地方设有儒学等教育机构，此应为汉人受教育的主要场所，并皆聘有教官，杨起鹏和沈佩瑞或均以生员的资格在辽阳的儒学任职。

43　任世铎等译，《满文老档》，页1338—1339。
44　崇德元年五月为庆祝皇太极的正大位礼，无官衔的牛录章京如未获罪，即可各免四丁。崇德三年定优免人丁例时，亦规定无世职的牛录章京准免四丁。参见任世铎等译，《满文老档》，页1469；《清太宗实录》，卷43，页575。
45　由于曹振彦的满文姓氏在被今人回译为汉字时，尝变成"邵"，故笔者初疑"邵生员"有可能姓曹，然因天聪六年九月二十三日的档案称正黄旗教习汉文的生员中有一人为舒芳（《满文原档》作šo fang），经仔细考虑后，判断此人很可能就是"邵生员"，而与曹振彦无关。感谢吴国圣老师的提示。
46　任世铎等译，《满文老档》，页1345—1346。
47　罗振玉录，《天聪朝臣工奏议》，卷中，页26—27。

图表2.8 皇太极在位期间关涉科举考试的史事

时间	相关记事
天聪三年九月	首度考校金国所有儒生（此应包含原明生员以及担任外郎的儒士），通过考试的200人中，析分一、二、三等，俱免两丁差徭，并出其奴籍
天聪三年十一月	金兵入关克遵化，率军亲征的皇太极曾从俘虏中考选俊秀之儒生，送盛京沈阳的文馆深造，以储备文臣之人才。世居遵化的明诸生蒋赫德，时年甫十五，即被拔置为第二，顺治朝历官至大学士
天聪八年三月	自生童当中考取汉人生员228人，并分为三等
天聪八年四月	正式开科取士，取中满、蒙、汉举人16名，各免四丁差徭
崇德三年八月	或因满洲既得利益者强烈反弹，不再准允奴仆应试，是科通过一、二、三等生员共61人，各授壮达（天聪八年之前称章长，顺治十七年之后称护军校）品级，已入部者免二丁差徭，未入部者免一丁；并取中举人11名，各授半个牛录章京品级、免四丁
崇德六年七月	取中满、蒙、汉举人7名、生员45人

又，《大金喇嘛法师宝记》碑上刻有一名为冉启倧（音"宗"）的教官，因《天聪朝稿簿奏疏》收录七年六月"黄旗下守备臣冉启宗、曹良辅等"的奏章（图表2.7），知冉启宗应即同音且形似的冉启倧。考虑他于天聪七年乃任守备（其位阶在千总之上），故支持"敖官说"者以此是武职，认为与文职的"教官"相抵牾。然金国当时的文职往往带武官衔（如称"备御衔巴克什""千总衔巴克什"），且与冉启宗一同上疏的守备曹良辅亦于顺治四年由八旗贡士知山东东明县，[48] 知前述论据有待商榷。

即使缺乏直接的文献证据，但综前所论，我们仍可合理推测曹振彦或在天聪三年成为金国第一批认证的生员（顺治初再考选为八旗贡士），更因此被拔出奴籍。惟因他至迟在天聪八年即已负责管理镶白旗的一个旗鼓牛录（见后文），查当时金国的牛录仅两百多个，旗鼓牛录更只有二十来个，[49] 且八年

---

48 储元升纂修，《东明县志》，卷4，页7。
49 鄂尔泰等修，《八旗通志初集》，卷3—10。

四月才首度开科取士，而当时所取中的十六名举人也不过授半个牛录章京品级，[50] 知曹振彦的升迁不可谓不快。至于曹振彦于天聪四年自"教官"转授"致政"的事迹，应也可帮助我们更进一步掌握这段宦历。

冯志祥是仅知与曹振彦同见于《大金喇嘛法师宝记》"教官"及《重建玉皇庙碑记》"致政"两名单者，惜其事迹不详。但"致政"中的王国栋与曹振彦的经历相近，他是辽东铁岭卫人，隶镶黄旗，贡士，顺治七至十三年任沁州知州，十四年改霸州判官，康熙元年知大宁县。[51] 由于王国栋与曹振彦同在顺治七年以八旗贡士外放至山西担任知州，两人理应互知。虽汉文中的动词"致政"常指官吏归还执政的权柄，然因曹振彦正值壮年，且其后还担任旗鼓牛录章京、知州、知府、运使等官职，王国栋亦仍在仕途，知《重建玉皇庙碑记》中的"致政"应非"退休"之意。

有学者推测"致"字在此乃指致力、努力、获得之意，类同《论语·子张》中"君子学以致其道"的用法。[52] 在《重建玉皇庙碑记》中作为名词使用的"致政"，或为天聪前期授予汉人的一种从政资格，其性质也许类似明代对新科进士所施行的"观政"制度，这些观政进士分发至九卿衙门，乃领有俸禄的非正式官员，他们已取得做官资格并享有奏议朝政的权利，但不签署文案，亦无决策权，实习期间为三个月。[53]

"致政"一衔可能也与天聪五年七月新定六部的官名相呼应，当时命一贝勒管一部事，下设承政、参政与启心郎。[54] 亦即，金国的"致政"或近于明朝的"观政"，均属试用官员，而"致政""参政""承政"三衔很可能出自同一系列的命名概念。以吏部为例，当时乃命"墨尔根戴青贝勒多尔衮

---

50 在金国最早考选的这批举人中，仅宜成格、齐国儒、朱灿然、罗绣锦、梁正大、雷兴、马国柱、金柱、王来用九位汉人，他们无一出现于《大金喇嘛法师宝记》碑上的"教官"名单。参见《清太宗实录》，卷43，页567。
51 叶士宽原修、姚学瑛续修，《沁州志》，卷6，页5；翟文选等修，王树枏等纂，《奉天通志》，卷183，页25；朱廷梅修、李道成等纂，《霸州志》，卷7，页13；杜棠修、郭屏纂，《大宁县志》，卷3，页6。
52 周策纵，《红楼梦案：周策纵论红楼梦》，页296。
53 章宏伟，《明代观政进士制度》；黄一农，《二重奏：红学与清史的对话》，页39。
54 李学智，《老满文原档论辑》，页161—163。

管吏部事；图尔格为承政，满朱习礼为蒙古承政，李延庚为汉承政；其下设参政八员，以索尼为启心郎"，⁵⁵ 但非正式官衔的"致政"则未记入档案，且此名词似仅行用一甚短时期。事实上，除了《重建玉皇庙碑记》外，清入关前后尚未见其他文献记载有以"致政"为头衔者。

倒是在爬梳数据库时，笔者发现顺治七年任山东右参政、八年升江南按察使、十二年授山东左布政使的谢道，在其职官简历被注明是"正蓝旗教官"。⁵⁶ 此种表述并不多见，如以《山东通志》所记顺治朝曾出任布政使、参政、参议、按察使的64人次（皆汉姓）为例，当中约23人次为民籍，以进士（15人）居多；另有41人次为旗籍，包含生员（5人）、一等生员（1人）、功贡、贡士（6人）、贡生（5人）、荫生、国学生、岁贡、恩贡、举人等出身，然教官仅谢道一人（图表2.9）。类似谢道的情形，笔者只另见于顺治三年任山西太原府知府的王昌龄、七年授分守荆西道右参议的刘奇遇、八年升福建驿传道副使的秦嘉兆。⁵⁷

谢道，字路然，满洲奉天生员，原籍山东济南府，顺治三年知山西临县，旋升淮安知府。⁵⁸ 王昌龄，辽阳前卫人，正白旗教官（或称生员）。⁵⁹ 刘奇遇，正蓝旗教官，原系明朝生员，为祖大寿参谋，天命七年金军攻广宁时率家人于三岔河归顺努尔哈赤，着籍沈阳；崇德元年六月经大学士范文程等考授为内弘文院副理事官，免其徭役三丁，顺治二年以从七品的国子监助教升授石楼知县（正七品）。⁶⁰ 秦嘉兆，正红旗教官，辽阳贡士，顺治二年正月以训导任赵城知县，甫一年即超升平阳知府。⁶¹ 我们虽未见直接证据指出谢道等人的教官出身是否在金国统治时期即已获得，然因刘奇遇于崇德元年已

---

55 《清太宗实录》，卷9，页124。
56 赵祥星修，钱江等纂，《山东通志》，卷25，页10、13；《司道职名册》，页9。
57 于成龙等修，杜果等纂，《江西通志》，卷14，页9；《司道职名册》，页11—12。
58 赵弘恩等监修，黄之隽等编纂，《江南通志》，卷108，页20；胡宗虞等修，吴命新等纂，《临县志》，卷4，页7。
59 费淳、沈树声纂修，《太原府志》，卷31，页14；边大绶等修纂，《太原府志》，卷3，页40。
60 戴震纂，孙和相修，《汾州府志》，卷11，页26；觉罗石麟修，《山西通志》，卷81，页52；《清太宗实录》，卷30，页383。
61 安锡祚重修，刘复鼎著，《赵城县志》，卷6，页31；杨延亮纂修，《赵城县志》，卷21，页1。

图表2.9　顺治朝出身教官的省级辽人官员。标有“❖”符号者或均入旗

康熙《山东通志》，卷25

左布政使
王標極　北直真定府南宮人由進士順治元年十一月十七日任
❖董宗聖　遼陽人由國學生員順治四年四月二十六日任
❖盧震陽　鑲黄旗下生員順治六年六月初三日任
❖耿焞　遼陽人由功貢順治六年十一月十九日任
❖陳極新　正藍旗遼東撫順人順治十年十一月二十二日任
❖謝道　正藍旗教官遼東人順治十二年八月十五日任
❖史記功　正白旗生員順治十四年十月初四日任
❖施天裔　滿洲人由貢士順治十七年到任

右布政使
王鼎　直隸大名府魏縣人由進士順治二年三月十七日到任
❖穆弘祖　遼東遼陽中衛人官籍由一等生員順治四年正月二十五日任
❖盧震陽　鑲黄旗下生員順治六年正月十一日任
胡章　河南汝寧府光州人順治十六年八月初七日任
張縉彥　河南衛輝府新鄉人由進士順治十年六月十七日任
于之士　黎儀衛官籍順天府大興人舉人順治十一年十二月初十日任
陳爌　孟津縣人由進士順治十三年二月十五日到任
❖袁一相　兖平縣人由正黄旗下順治十五年二月二十八日任
于朋舉　金壇人由進士順治十八年八月十一日任

左參政
❖負盡忠　遼東豐州衛人貢士順治十三年任督糧道
王孫蔚　陝西臨潼人進士順治十五年任督糧道
❖吳杜　遼東廣寧人廕生順治十六年任分守濟南道
張弘俊　順天大興人進士順治十七年任分守東兗道
王紀　山西沁水人進士順治十八年任分守濟南道

右參政
董宗聖　順治三年十月任分守東兗道
❖謝道　遼東人正藍旗教官順治七年任分守東兗道
❖田起龍　遼東人生員順治十一年任分守萊州道
❖周召南　遼東濟陽人國學生順治十一年任分守萊州道
❖徐化成　滿洲人貢生順治十三年分守萊州道
❖毛一麟　遼東廣寧人貢生順治十四年任分守萊州道
張永祺　順天大興人進士順治十五年任分守萊州道
❖楊奇烈　遼東蓋州衛人貢生順治十七年任分守萊州道

左參議
張昌尹　順治三年六月任分守濟南道
❖馬登科　滿洲人順治九年任分守東兗道
❖劉應錫　遼東開原人國學生順治十年任分守東兗道
王尹祚　順天文安人進士順治十一年任分守東兗道
❖范承祖　瀋陽衛人歲貢順治十三年任分守東兗道
❖潘超先　遼東人貢士順治十五年任分守東兗道
鍾性樸　順天大興人進士順治十六年任分守東兗道
楊陛　順天涿州人舉人順治十七年任分守濟南道
李世洽　直隸束鹿人進士順治十七年任督糧道

右參議
張祺　順治二年八月任分守萊州道
傅鶯祥　河南汝陽人官生順治五年二月任督糧道
❖劉可徵　滿洲籍遼陽人國學生順治五年任分守東兗道
❖徐大用　滿洲人國學生順治五年任分守萊州道
❖張尚　滿洲籍順治五年閏四月任分守濟南道

❖劉名標　遼陽人國學生順治八年任督糧道
何啓圖　陝西華州人廩生順治九年任分守濟南道
❖戴聖聰　遼東蓋州衛人貢生順治十年任分理濟東興屯道
❖白秉真　遼東杏山人恩貢順治十年任分理兗青興屯道
畢振姬　山西高平人進士順治十一年任分守濟南道
❖遲日豫　遼東廣寧人貢生順治十一年任知府管分理濟東興屯道事
❖牟廷選　遼東錦州人國學生順治十四年任分守濟南道

按察使
胡之彬　河南光州人由進士順治元年任
❖王任重　滿洲人由貢士任
❖武延䄅　滿洲人由貢士任
❖馬光先　滿洲人順治六年二月初十日任
❖佟延年　遼東撫順人由國學生順治八年二月十三日任
❖白本質　遼東鐵嶺人由國學生順治九年十月初十日任
❖陳培禎　遼東遼陽人由國學生順治十二年九月十七日任
❖胡文華　滿洲人由貢士順治十二年十二月初十日任
❖朱衣助　遼東瀋陽人由生員順治十四年二月二十七日任
❖王延賓　杏山人由國學生順治十五年六月二十七日任
徐坦　江南興化人由進士順治十六年七月二十四日任
❖于變龍　遼東鐵嶺衛人由舉人順治十七年九月十五日任
❖班璉　遼東廣寧人由貢士順治十八年閏七月十八日任

康熙《江西通志》，卷14，页9

右布政
秦嘉兆　滿洲人教官順治十二年任

（「秦嘉北」应为「秦嘉兆」之形误）←

道光《济南府志》卷29，页19

國朝　左布政使
順治
謝道　遼東人正藍旗教官十二年任

《司道职名册》，页9—12

按察使謝道正藍旗下教官順治捌年玖月陞授
驛傳道副使秦嘉北教官正紅旗下順治捌年玖月陞授
分守荆西道右参議劉奇遇貢職參政正藍旗教官順治柒年肆月陞授

获授正式文官的副理事官（待遇应高过"教官"），其位阶相当于半个牛录章京，[62] 知其应在此前即已取得教官身份。

综前，目前笔者仅在清代官员简历中发现四个以"教官"替代生员或监生科名的案例，[63] 他们全为辽人旗籍，且皆在顺治二、三年出任山西之知县（应大多是"从龙入关"），疑"教官"多指满洲政权于发展文治之初在官学教书的汉人生员，其位阶应接近半个牛录章京（附录2.2）。作为"教官"的曹振彦理应对满语愈来愈能掌握，也日益熟悉与满人的互动方式，遂于不久后凭借其劳绩或表现，被其管主阿济格拔擢为旗鼓牛录章京。

附录2.2

天聪朝"教官"的可能品级

经由天聪四年所刻《大金喇嘛法师宝记》碑上的排序，我们应可判断教官的品级乃介于备御和千总之间。检努尔哈赤统治初期，每牛录额真下设代子二人、章京四人；天命五年改牛录额真为备御，章京为千总；天聪八年改备御为牛录章京，代子为分得拨什库（顺治十七年改称骁骑校），千总为小拨什库。[64] 然千总的品级究竟为何，未见具体表述，我们或许只能根据史事试加揣摩：

1. 皇太极在天聪七年叙功时，对阵亡者皆加赠半备御，如"程国辅原系千总，征旅顺口时以炮攻故阵亡，赠为半备御"。[65]
2. 天聪九年六月升小拨什库噶尔珠为半个牛录章京，准再袭二次，此因其"随车尔格征阿里库部落有功；波木博自盛京逃走，复追杀

62　《清世祖实录》，卷2，页40—41；卷18，页162。
63　文献中亦有记谢道、刘奇遇为监生者。参见翟文选等修，王树枏等纂，《奉天通志》，卷196，页3；张琴修，杜光德纂，《钟祥县志》，卷7，页27。
64　傅克东、陈佳华，《清代前期的佐领》。
65　《清太宗实录》，卷15，页210。

之；又，明兵侵辉发时，进战有功；塔克都自盛京逃走，复追杀之；又随孟阿图征虎野部落有功；今又随吴巴海、荆古尔代征阿库里尼满部落有功"。[66]

3. 天聪九年五月因加隆阿、依拉尼两位分得拨什库从征黑龙江有功，授半个牛录章京，并加袭二次。[67]

4. 管屯千总李士英原以人丁增加授为半个牛录章京，然因稍后查明该功乃前任所为，遂于天聪十年三月将其革职，并鞭一百。[68]

知天聪时代子的品级低于半备御；千总亦然，得要力战阵亡，或屡次进战有功且追杀逃人，或增养甚多人丁，才可升授为半备御。[69]

又，《内国史院档》在记天聪八年十月叙征大同、宣府之功时，多授第三位登城者一分（相当于1/3）牛录章京，第二位授二分（相当于2/3）牛录章京，最先登者一个牛录章京，阵亡者则赠半个牛录章京，由其亲属袭职。[70] 当时的八旗世爵乃以一分牛录章京为底阶，[71] 并给与敕书，记准袭次数。通常一分牛录章京及半个牛录章京准袭二次，二分牛录章京及一个牛录章京准袭四次，赐号巴图鲁的牛录章京准袭六次。而一或二分牛录章京可再经由劳绩或军功升为半个或整个牛录章京，如二分牛录章京布丹于崇德五年授为牛录章京时的敕书即称其：

随多罗武英郡王征燕京，入边时破其关外守军，及攻边时本甲喇兵先登，又遇涿州明兵，同固山额真护军统领步战，败之。又，出边时明兵

---

66 《清太宗实录》，卷23，页311—312。
67 关嘉禄等，《天聪九年档》，页59。
68 《清太宗实录》，卷28，页356。
69 顺治四年以"授爵自拖沙喇哈番始，旧为半个前程，汉称'外所千总'，正五品"，知在稍后千总品级似变高。赵尔巽等，《清史稿》，卷117，页3362。
70 参见关孝廉等译，《清初内国史院满文档案译编》，上册，页113—114。
71 天聪八年十月，喀木库、阿雅克塔等四名白身皆以第三位登城等功授一分牛录章京，且袭两次。顺治四年三月，一分章京阿雅克塔又以军功升半个牛录章京。知一分或二分牛录章京应非先前学者所称"都属于半个牛录章京"。参见关孝廉等译，《清初内国史院满文档案译编》，上册，页113—114；《清世祖实录》，卷31，页256；雷炳炎，《清代八旗世爵世职研究》，页19—20。

于居庸关口阻我辎重,率先冲击,败之。又,往迎和硕睿亲王时,我军据守山冈,明兵来攻,塞古德怯避,同希尔艮击败之,约斩十人。又,随多罗额尔克楚虎尔贝勒往略锦州,克敌回时,救出石廷柱旗下一人。又,随和硕郑亲王往略锦州时,遇松山兵百人向锦州来,同希尔艮囊古济席哈败之。又,随和硕睿亲王率兵初围锦州时,于汛地击杏山后骑兵,败之。[72]

知欲加一分牛录章京仍需相当的努力。崇德二年七月叙平定朝鲜、皮岛功时,阵亡的二分牛录章京纳密达被赠为牛录章京兼半个前程(即加半个牛录章京),以其弟和托嗣职,[73] 此应合并了其他功绩。

天命六年三月因辽东既定,遂发帑银、布帛行赏,其中有云:

> 牛录额真、备御、白巴牙喇纛额真及备御衔巴克什一级,各赏银二十两、布二十匹、缎三匹。白侍卫、巴牙喇,代子备御、绵甲人一级,各赏银十五两、布十五匹、缎二匹整。白随侍巴牙喇、红巴牙喇首领、管牛录千总和千总衔巴克什一级,各赏银十两、布十匹、缎一匹……牛录额真代子、千总,各赏八匹。各路大臣、千总,各赏六匹。[74]

从"备御衔巴克什""千总衔巴克什"等名称,知当时文职往往带武衔,而同样是千总,但"管牛录千总"和"千总衔巴克什"的位阶,则高于牛录额真下的千总以及无职的闲散丁总。

综前所述,笔者怀疑天聪四年《大金喇嘛法师宝记》碑上的"教官"乃金国创制文官体系初期的新衔,其品级应较"千总衔巴克什"为高,可能为半个备御,曹振彦遂能于之后不久(不晚于天聪八年)凭借劳绩或表现晋升旗鼓牛录章京。类似情形亦见于天聪三年四月以笔帖式身份随巴克什

---

72 《清太宗实录》,卷53,页711—712。
73 《清太宗实录》,卷37,页488。
74 任世铎等译,《满文老档》,页184。

达海等人翻译汉字书籍的刚林，他于八年四月被考选为金国首批共十六名举人之一，获授相当于半个牛录章京的品级，且免四丁。[75]《满文老档》于崇德元年五月记刚林曰：

> 尔原系白身，命管典籍，五年考试生员，授为举人，命领国史院事。三载考绩，以不负委任，恪尽厥职，勤勉可嘉，授为牛录章京，阵亡准袭，病故不准承袭。[76]

指出他在天聪三年奉派掌管典籍，五年之后自生员考授为举人（半个牛录章京），再三年考满后，即以优异表现升授牛录章京。

鉴于皇太极统治时期科举制度尚未步入正轨，不仅无进士科名，举人仅举办三科取中34人，生员亦只考了四次，通过534人（图表2.8），这批人应是顺治朝"从龙入关"协助清廷统治中国社会的主要辽人群体。也或因清朝的科第在入关之初才制度化，有些八旗汉官为增壮声色，就在简历上填以其他经历，如顺治九年十月《司道职名册》的谢道、刘奇遇、秦嘉兆（皆教官）、张尚（户部启心郎）、杨茂魁（内三院副理事官）、张儒秀（笔帖式）、[77] 袁一相（副将；却历官数省布政使司参议、参政、布政使，按察使司副使、按察使等文职）即然。至于志书中何以对同一人的科名有不同记述，此虽有可能出自编纂者的

---

75 崇德三年八月第二次取中举人时，即明确称"各授半个牛录章京品级，免四丁"。参见《清太宗实录》，卷5，页70；卷18，页239；卷43，页567。
76 任世铎等译，《满文老档》，页1456。
77 吏部曾于顺治元年七月记张儒秀为"固山下启心郎升山西平定州知州"，但此职名册则称其出身为"笔帖式"。参见《明清史料丙编》，第3本，页219。

疏漏，但亦可能是认定的角度不同（如不以教官或贡士为科名）。[78]而从未见于各职官简历的"致政"，或只短暂用于金国文官体系新肇之际，以标举取得出仕资格的儒士，它不见得与官品有关。

曹振彦获授旗鼓牛录章京的时间下限在天聪八年，因该年四月初六日条的《清实录》记称："墨尔根戴青贝勒多尔衮属下旗鼓牛录章京曹振彦，因有功加半个前程。"[79]此资料罕见地只针对曹振彦一人（通常会一并处理某重大战事所有建功人员[80]），且未言明原因。由于这是《实录》中首度提及有旗鼓牛录章京（崇德元年五月改称长史）因功升官，而当时往往只以军功叙赏，[81]故疑曹振彦应是在不久前处理孔有德、耿仲明及尚可喜率众投降的过程中发挥了重大作用，遂得以加"半个前程［相当于半个牛录章京］"，而成为牛录章京加半个前程（再加半个前程即可升三等游击）。[82]由于此隐晦史事有可能是振彦在从龙入关之前最突出的功绩（此招抚之功虽非直接出自战场，然或亦可归为军功[83]），且与辽东曹氏彼此间的联宗有着密切关系，故下文将对此做进一步阐述。

78　以历官至浙江巡抚的正白旗奉天人史记功为例，在各方志的职官简历中记其出身为贡士、生员、贡生、监生、国学、国学教读或国学教读生员。其中顺治《汾阳县志》称："史记功，满州人，由国学教读生员除授满城知县……历升广东右布政"，由于史氏在顺治九至十一年出任山西布政使司参政，旋改江南按察使，十二至十四年则任广东右布政使，知此志出版时距其离任山西参政未久，故"国学教读生员"之描述不太可能不确，但有些修志者或不认同此为科名。参见吴世英纂修，《汾阳县志》，卷3，页5。
79　《清太宗实录》，卷18，页237。《内国史院档》系此于初九日（图表??）。
80　如天聪七年九月叙征旅顺口诸将功并录其从前劳绩时，即以两千多字详述约十七人的功勋。参见《清太宗实录》，卷15，页208。
81　如天聪九年六月叙征阿库里尼满部落功，加默默里和汤纠各半个前程。崇德二年七月叙平定朝鲜、皮岛等功，加赠阵亡的二分章京纳密达半个前程，以其弟和托袭职；牛录章京塞克什巴图鲁虽击败敌兵但战殁，亦加半个前程，以其子僧朱喇袭职；牛录章京硕詹以渡海取江华岛有功加半个前程。崇德三年七月叙征厄黑库伦等部落功，牛录章京朱马喇、塔哈布以奋勇深入并多获人口，各加半个前程。至于非军功叙赏的案例甚少，如崇德八年十二月小拨什库田永茂以及牛录章京赵猛才二人皆以恭建福陵有功，"虽无战功，仍入功臣之列"，前者授为牛录章京，仍准再袭二次，后者擢为三等甲喇章京，病故后以子袭职，仍准再袭三次。参见《清太宗实录》，卷23，页311；卷37，页488—491；卷42，页559。李燕光点校，《清太宗实录稿本》，页31。关孝廉等译，《清初内国史院满文档案译编》，上册，页524。
82　类似情形可见于硕詹，他于崇德二年七月以克江华岛有功，由牛录章京加半个前程。此外，哈尔松阿亦于崇德七年九月以由牛录章京加半个前程。参见《清太宗实录》，卷37，页491；卷62，页854。
83　李中跃，《清代曹寅家族军功史研究》。

查崇祯四年（天聪五年）闰十一月，明将孔有德和耿仲明在赴大凌河增援途中，兵变于河北吴桥，导致明军所倚恃的西洋大炮和操作技术为金国所有，是明清鼎革过程中双方战力消长的重要转折点之一。[84] 六年五月孔有德派副将曹绍忠等至金国洽谈投降事宜，皇太极则派济尔哈朗、阿济格、杜度三贝勒率兵至鸭绿江口往迎之。在孔有德开列的107员降将名册中，我们可清楚发现不少曹氏，如排名居首的"见任副将"曹得选以及"原任副将"的曹绍忠、曹得先等（图表2.10），[85] 这三名高阶将领应就是列于《五庆堂重修曹氏宗谱》的曹得选、曹绍中与曹德先。[86]

　　天聪七年六月多尔衮代表皇太极封投顺之孔有德为都元帅、耿仲明为总兵官，而八年二月广鹿岛副将尚可喜欲降时，也由多尔衮率兵往迎。故作为阿济格府中或多尔衮旗下少数具备满汉双语沟通能力的旗鼓牛录章京，[87] 曹振彦很有可能参与协助处理相关事宜。更有甚者，根据《五庆堂重修曹氏宗谱》以及《曹氏荣庆顺天拔贡朱卷履历》，三房曹绍中与四房曹振彦乃辽东五庆堂曹氏同辈分之族人，曹得选与曹德先则小其一辈（图表2.10）。曹振彦或因与曹绍中有所谓同宗之谊，且这两个先前同住沈阳的明朝武官家庭原本就可能相识（甚至叙谱），曹振彦遂得以在孔有德部的投诚过程中扮演双方均能信任的媒介角色。[88]

　　据中国第一历史档案馆所藏明代卫所职官袭替补选的《武职选簿》（图表2.10上），曹绍中家族至迟在其曾祖曹陆即已入辽担任军职。曹陆原充总旗，以军功历升至正三品指挥使，十一年以年老由子孙袭替。然因其子效周乃监生，不愿袭职，故由嫡孙养性（1561—?）承替，三十四年再由已故正四

84　黄一农，《吴桥兵变：明清鼎革的一条重要导火线》；黄一农，《红夷大炮与明清战争》。
85　黄一农，《二重奏：红学与清史的对话》，页32。
86　疑当时有些叛明者或担心亲友受牵连，故不愿以真名，遂在名册中以音近之字替代。如在孔有德部的降金名册中，即出现曹得选／曹德轩、吴进胜／吴进盛、施尚弼／史尚璧、连得成／连德成、刘成祖／刘承祖、许伯周／水柏舟、张成勋／张承勳等异名。类似情形可参见黄一农，《红夷大炮与皇太极创立的八旗汉军》。
87　当时阿济格王府下已知有两个旗鼓牛录，或由李有功和曹振彦分别管理，至于《八旗通志初集》所记正白旗（多尔衮为旗主）下于"国初编立"的旗鼓佐领，亦不过三个左右。参见黄一农，《二重奏：红学与清史的对话》，页44—45；鄂尔泰等修，《八旗通志初集》，卷5，页39—42。
88　此段参见黄一农，《二重奏：红学与清史的对话》，页31—34。

品指挥佥事曹养性的嫡长男绍中（1580—？）承袭。根据该原始官方档案，可知仲→银儿→陆→效周→养性→绍中，此世系与《五庆堂重修曹氏宗谱》所记的仲→守位→效周→养性→绍中大致相同，但后书无曹银儿、曹陆二人，其所列的养性之祖亦称是曹守位，且谱中小传也未记曹仲、守位、效周、养性曾任武职！令人对《五庆堂重修曹氏宗谱》所记明代事迹的正确性产生一些疑问（详见附录1.3）。但曹绍中家族的袭职档案中以其原籍扬州，则与曹俊（获赠散阶怀远将军）为五庆堂的入辽始祖、辽东诸曹氏"皆出怀远而祖仪征之曹"的看法一致（图表1.16）。

曹绍中后以随孔有德归顺之功封三等梅勒章京，并入汉军正黄旗。崇德五年四月绍中因年迈失明由其次子仁先袭替，仍准再袭七次。[89]顺治十四年八月仁先晋二等阿思哈尼哈番，十六年十二月由子燕祖袭，后因故停爵。[90]绍中的长子德先（《清实录》中混用"得先""得贤"与"德先"）以及同房同辈的得选（《清实录》中混用"德选""德轩"与"得选"）在降金后亦皆封爵授职。[91]曹振彦或透过联宗亲谊以及多尔衮旗下旗鼓牛录章京的身份，因缘际会地在清初三藩成形的过程中扮演了弥足轻重的角色。

已深度满化并取得统治者信任的曹振彦，在短短不到四年的时间，就从教官变成致政、旗鼓牛录章京，且加半个前程，他除负责阿济格王府的仪仗、护卫以及总务等工作外，还得协助处理各旗分配到的非战斗任务。阿济格家与曹家此一长期的主属关系，即使在顺治八年阿济格被抄没并黜宗籍后，应仍未完全弭灭，此故，曹雪芹后在与阿济格裔孙敦敏、敦诚兄弟交往时，似乎仍难以跨越彼此因身份高低所造成的无形障碍。[92]

编入旗鼓牛录的包衣原虽多为俘虏，但在清帝国肇建的过程中，其地位

---

89 关孝廉等译，《清初内国史院满文档案译编》，中册，页454。
90 张廷玉等，《皇朝文献通考》，卷254，页33；《清太宗实录》，卷51，页683。
91 《清太宗实录》，卷44，页576；卷56，页754。《清世祖实录》，卷42，页341；卷44，页350；卷57，页457；卷64，页504。
92 他们虽为知交，但彼此的交往应属"君子之交淡如水"，故敦敏《懋斋诗钞》记其于乾隆二十五年赋《芹圃曹君（霑）别来已一载余……》，二十六年冬赋《访曹雪芹不值》，二十八年二月束约曹雪芹为敦诚庆生，竟不知雪芹已于年前除夕逝世。

图表2.10　五庆堂辽东曹氏三房的相关文献

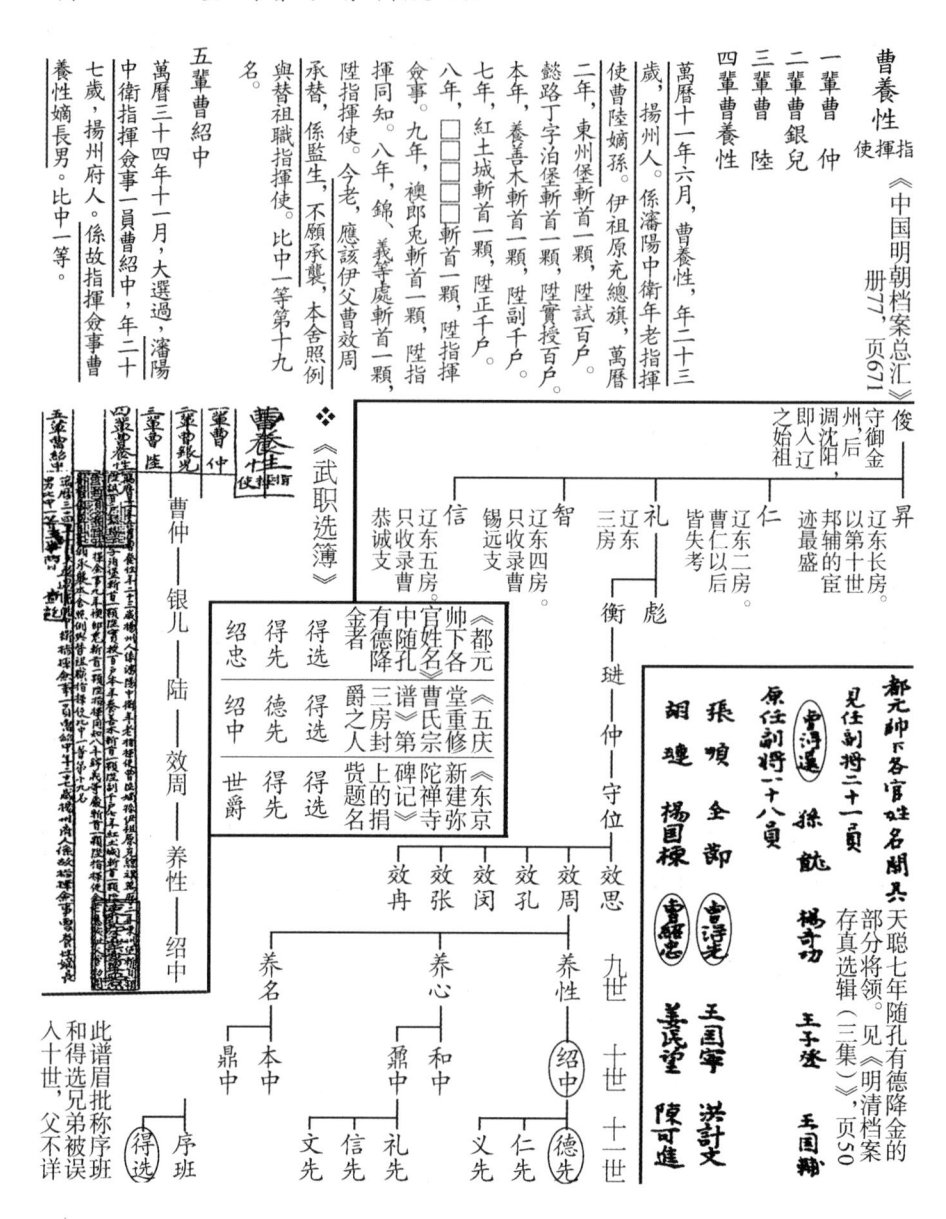

《中国明朝档案总汇》册77，页671

指挥使曹养性

一辈曹仲

二辈曹银儿

三辈曹陆，扬州人。係瀋陽中衛年老指揮使曹陸嫡孫。伊祖原充總旗，萬曆二年，東州堡丁字泊堡斬首一顆，陞試百戶，本年，養善木斬首一顆，陞實授百戶，慇路□□□斬首一顆，陞副千戶。七年，紅土城斬首一顆，陞正千戶。八年，□□□□斬首一顆，陞指揮僉事。九年，襖郎兔斬首一顆，陞指揮同知。八年，錦、義等處斬首一顆，陞指揮使。今老，應該承襲，不願承襲，本舍例承替，係監生，替祖職指揮使。比中一等第十九名。

四辈曹养性

萬曆十一年六月，曹養性，年二十三歲，揚州人。係瀋陽中衛旗，萬曆八年，襖郎兔斬首一顆，陞指揮僉事。令老，應該承襲，不願承襲，本舍照例承替，係監生，替祖職指揮使。比中一等第十九名。

五辈曹绍中

萬曆三十四年十一月，大選過，瀋陽中衛指揮僉事一員曹紹中，年二十七歲，揚州府人。係故指揮僉事曹養性嫡長男。比中一等。

《武职选簿》

曹养性指挥使
曹仲——银儿——陆——效周——养性——绍中

一辈曹仲
二辈银儿
三辈陆
四辈曹养性
五辈曹绍中

绍忠　得先　德先
绍中　得选　世爵

《五庆堂重修曹氏宗谱》第三房

俊——昇——辽东长房，以第十世邦辅的宦迹最盛

仁——辽东二房，曹仁以后，皆失考
彪——辽东三房
衡——珽——仲——守位
礼——辽东三房
智——辽东四房，只收录曹锡远支
信——辽东五房，只收录曹恭诚支

守御金州后，调沈阳，即入辽之始祖

《东京新建弥陀禅寺碑记》

都元帅下各官姓名开具，五庆堂《曹氏宗谱》三房封爵之人暨题名上捐有德降金者

都元帅下各官姓名开共

天聪七年随孔有德降金的部分将领。见《明清档案存真选辑（三集）》，页50

曹沔远　孙龙　杨奇功
曹绍忠　王子登　王国翔
张咦　全鄷
胡連　杨国栋
王国宁　洪计文
姜民望　陈可进

原任副将二十八员

见任副将二十一员

效思—养性—绍中—德先—义先—仁先　九世　十世　十一世
效孔—养心—和中—礼先—信先
效闽—养张—鼎中—文先
效冉—养名—本中—鼎中
效周

得选—序班

此谱眉批称序班和得选兄弟被误入十世，父不详

也偶因"效力年久"等因素而水涨船高，有些人得以成为拥有独立户籍且为非贱民的"正身旗人"，他们面对皇帝或主家时，虽仍自贬为"包衣下贱"或"家奴"，惟在法律上却非奴仆，与附于旗人户下之无独立户籍的家奴截然有别，在外既可任官，亦可拥有奴仆与财产，但与其主家仍维持主从关系，故或较接近"世仆""家人"，而不应被视同一般奴隶。[93] 康熙朝的巴泰（汉姓金）有可能就是最早历官至内秘书院大学士的包衣之一，他且被抬旗编入同旗汉军（图表3.13）。[94]

崇德元年六月，先前获授旗鼓牛录章京加半个前程的曹振彦因罪被鞭八十，当时刑部官郎位被控"贪财好色，不法不义"，遭革甲喇章京并追赃，且查出他在审理镶白旗下长史（此年五月之前称作"旗鼓牛录章京"）曹振彦的案件时，不仅索贿20两，后又以借债为名索银15两。[95] 由于振彦总共给了郎位35两，知其所犯之罪的预期罚款或远高于此，否则他应无必要冒行贿遭查获的危险。

虽然文献中阙载曹振彦被告的罪状，但我们或可从类似处分稍窥其可能被议罪之事。《清实录》曾记天聪九年甄别城工官员表现一案，称：

> 以镶红旗所筑五处不坚固，罚固山额真叶臣银五十两；镶蓝旗所筑八处不坚固，罚固山额真篇古阿格银八十两；正蓝旗所筑十六处不坚固，应议固山额真色勒阿格罪，因其二子一死一病，未与城工，乃坐代督之昂阿喇阿格、克宜福罪，罚银一百六十两；贝勒下二旗鼓、三旗下牛录章京等，俱坐应得之罪，罚赎。[96]

知参与修筑城垣的旗鼓牛录章京，亦可能与其固山额真或代理者同坐一罪。

93　杜家骥，《八旗与清朝政治论稿》，页435—489。
94　黄一农，《二重奏：红学与清史的对话》，页191—194。
95　李燕光点校，《清太宗实录稿本》，页53—54；任世铎等译，《满文老档》，页1515—1516。
96　《清太宗实录》，卷23，页308。

此外，天聪年间规定若编审壮丁有所隐匿，亦会将牛录额真及其下相关官员俱坐以"土黑勒威勒［tuhere weile；指规定之罪］"，此为清前期施行的一种特殊科罚单位，特点是每份的定例因人而异，世职世爵愈高，科罚愈重，如和硕亲王是每份200两，多罗贝勒150两，有世职的牛录章京为15两，无世职的牛录章京（曹振彦担任的旗鼓牛录章京属此）为10两。[97] 以崇德四年九月正白旗包衣牛录章京伊拉木一案为例，其所管庄头裘二隐匿一丁未上册，伊拉木因此被罚规定之罪15两及随丁银（依丁数计罚）5两。崇德四年十一月镶黄旗牛录章京俄木索科因隐丁十六人未纳官赋，又私带守城甲士至军中，故除因隐丁而被罚以80两的随丁银外，亦加倍坐以规定之罪（罚两个"土黑勒威勒"，即30两）。由于曹振彦欲透过贿赂以减轻罚款，而在"土黑勒威勒"的定例下，其所任旗鼓牛录章京每份的罚款仅为10两，远小于其贿款，知其罪很可能事涉不少随丁银。至于曹振彦被鞭八十下，则属相当严重，因清前期的鞭刑最高也不过百下，此或是他坚不承认行贿，故遭加重处罚所致。[98]

崇德三年正月曹振彦又以懈怠失职遭罪，此因一等甲喇章京吴守进以过生日演戏为由，将武英郡王阿济格王府下镶白旗包衣之已婚妇女（应不止一名）接去，至晚且留宿，吴守进因此被罚银50两，而奸宿已婚妇女之三等甲喇章京马光辉也坐以规定之罪。武英郡王下的长史曹振彦和李有功因不察其所属牛录下有夫之妇的行止，各鞭八十（图表2.11）。[99]

97　袁建琼，《〈盛京刑部原档〉所载清代早期法制中"规定之罪"略析》。
98　此段参见张晋藩、郭成康，《由崇德三、四年刑部满文原档看清初的刑法》；张晋藩、郭成康，《清入关前国家法律制度史》，页509—561。
99　此段参见关孝廉等译，《清初内国史院满文档案译编》，上册，页263；郭成康、刘景宪译注，《盛京刑部原档：清太宗崇德三年至崇德四年》，页4—5。

图表2.11 满文资料中的李煦祖父李有功

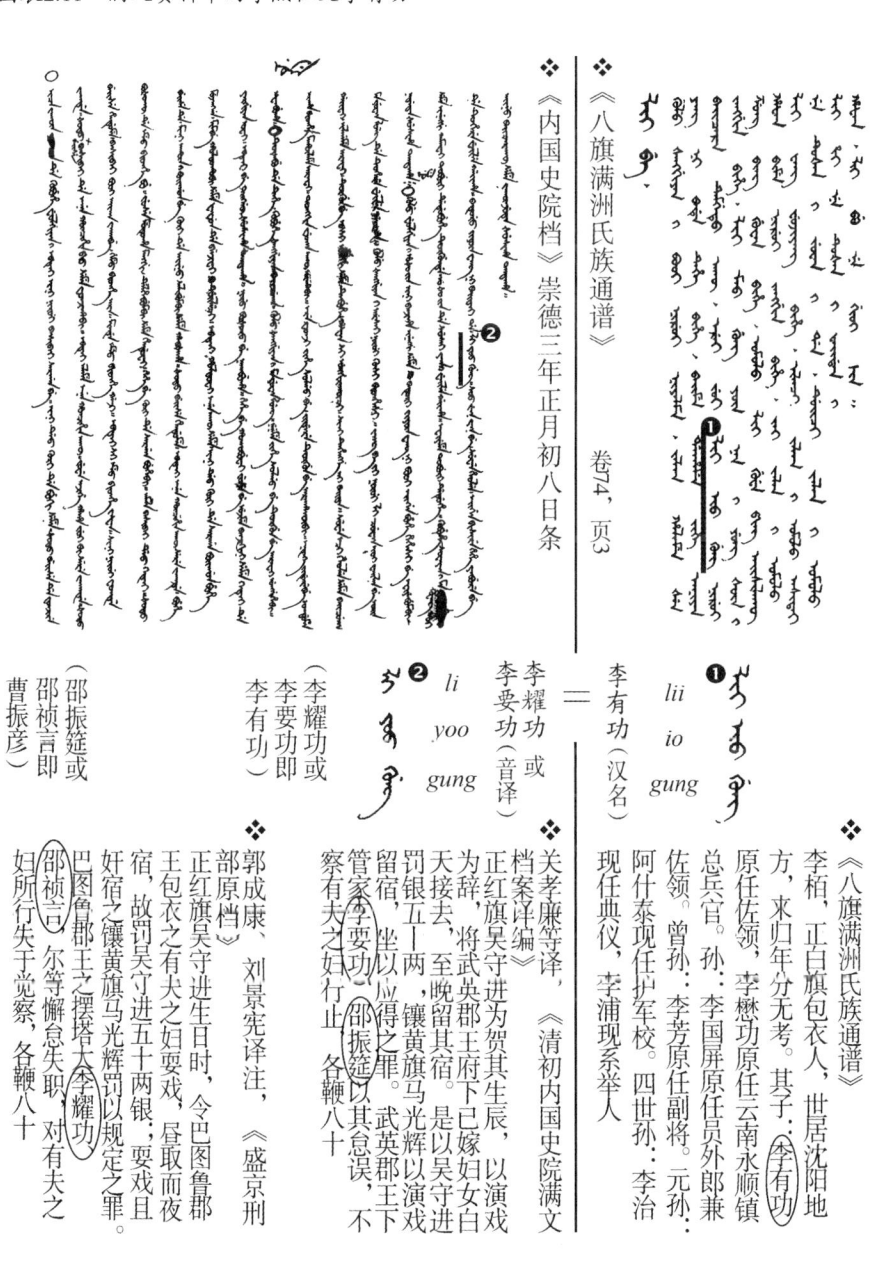

❖《八旗满洲氏族通谱》卷74,页3

❶ 李有功（汉名）

lii io gung

❖《八旗满洲氏族通谱》

李栢，正白旗包衣人，世居沈阳地方，来归年分无考。其子：李有功原任佐领，曾孙：李国屏原任员外郎兼佐领。孙：李懋功原任云南永顺镇总兵官。李芳原任副将。元孙：阿什泰现任护军校。四世孙：李治现任典仪，李浦现系举人

❖《内国史院档》崇德三年正月初八日条

❷ 李耀功 或 李要功 （音译）

li yoo gung

（李耀功 或 李要功 即 李有功）

（邵振筵 或 邵祯言 即 曹振彦）

❖关孝廉等译，《清初内国史院满文档案译编》

正红旗吴守进为贺其生辰，以演戏为辞，将武英郡王府下已嫁妇女白天接去，至晚留其宿。是以吴守进罚银五一两，镶黄旗马光辉以演戏留宿，坐以应得之罪，武英郡王下管家李要功、邵振筵不其怠误，不察有夫之妇行止，各鞭八十

❖郭成康、刘景宪译注，《盛京刑部原档》

正红旗吴守进生日时，令巴图鲁郡王包衣之有夫之妇要戏，故罚吴寸进五十两银，昼取而夜奸宿之镶黄旗马光辉罚以规定之罪。巴图鲁郡王之摆塔大李耀功、邵祯言 尔等懈怠失职，对有夫之妇所行失于觉察，各鞭八十

曹振彦此次遭鞭刑的主因，应是清入关前的法律视通奸为重罪。如崇德元年八月有镶黄旗的薛大湖与镶白旗孙得功所管金英子妇通奸，法司拟男女俱死，薛大湖遭革职，鞭一百，准折赎，降为民，通奸女子则鞭一百，贯耳鼻，还给其夫。又，崇德三年八月镶黄旗布尔萨海牛录下根都尔的包衣额拖齐和另一包衣女人色布得通奸被拿获，但根都尔却将这对男女释放，布尔萨海亦未对他们进行审问。经人检举后，布尔萨海遭鞭五十；根都尔鞭一百，贯耳鼻之罪准折赎；通奸男女则各鞭一百，贯耳鼻。牛录章京布尔萨海所受的处罚，或与长史曹振彦和李有功的前罪程度大致相仿。[100]

前述之李有功有时被音译作李要功/李耀功（*li yoo gung*；图表2.11），此因"有""要""耀"三字在老满文均同译作 *io*，在新满文行用后，"有"字仍作 *io*，"要"与"耀"则译作 *yoo*，但在此转型期许多老满文之 *io* 被径改作 *iyoo/yoo*，李有功行用多年的满名可能因此被改成 *li yoo gung*，遂被今人回译为李要功/李耀功。至于后出之乾隆官刻《通谱》，则将其名正确写成 *io gung*，惟该书因避乾隆帝弘历名中之"历"字，又将"李"字的满文 *li* 拼作形近但音同的 *lii*。[101]

综前所述，在清朝崛起关外的过程中，曹振彦以包衣第二代之身份透过天聪三年的考选正式成为金国第一批生员，接着担任教官，并获得"致政"之资格，更于天聪八年以前即出任阿济格王府的旗鼓牛录章京。由于曹振彦曾负责的旗鼓牛录，在顺治元年已改由高国元管理，[102] 而参照《八旗通志初集》中《旗分志》的叙事，各旗鼓的替换原因主要为过世、生病、年老、外放、抬旗或犯事，再衡诸曹振彦的状况，疑他最可能是在崇德后期"缘事革退"，但此前他已出仕约十年。

通过与曹振彦同为阿济格王府长史的李有功，让我们有机会觅得康熙朝

---

100 郭成康、刘景宪译注，《盛京刑部原档：清太宗崇德三年至崇德四年》，页62；张晋藩、郭成康，《清入关前国家法律制度史》，页519—520。
101 黄一农，《二重奏：红学与清史的对话》，页44—45。
102 此据《内务府正白旗佐领、管领档》。转引自张书才，《曹雪芹家世生平探源》，页17。

江宁织造曹寅（振彦孙）与苏州织造李煦两家成为世交的源头。[103] 此李有功（字号为西泉）就是李煦祖父，李煦之父本名姜士桢（文献中有将其名末字记成"桢"或"正"者；附录2.3[104]），在崇祯十五年（崇德七年）清军攻破其家乡山东昌邑时被掳出关，后过继给无子之李有功并改姓。鉴于旗人无嗣依例得先按亲等远近以同宗之侄承继，如无，才可过继有亲戚关系之异姓，[105] 故疑姜士桢原或出自李有功之岳家。换句话说，曹寅与李煦两家乃世交，曹振彦与李有功不仅同时担任阿济格王府的长史，且籍隶同一旗鼓佐领，曹振彦、曹尔正、曹寅即管理过该佐领。此外，曹寅的岳父李月桂也可能是李有功的远亲，或彼此联宗（参见第三章）。

李士桢和李煦父子虽分别历官广东巡抚及"苏州织造、户部右侍郎兼巡视两淮盐课监察御史"，但或因士桢乃以外姓出继李有功，故无法如血脉纯正的曹家诸人（振彦、尔正、寅、宜、颙）获授被视为清政权根本之牛录章京（顺治十七年后改名佐领）。查乾隆《八旗满洲氏族通谱》，原任佐领的李有功在过继士桢之后，其家只有他侄子国屏（康熙四十九至五十年间负责粤海关，五十年十月任"武英殿总监造、内务府会计司员外郎兼参领、佐领"；参见图表4.13）管过佐领，李国屏或是李有功兄弟李懋功（原任云南永顺镇总兵官）之子。亦即，李士桢及其后代并无人担任过佐领。

---

103 本节有关李士桢家族的讨论，可见黄一农，《二重奏：红学与清史的对话》，页44—48、180—190；王伟波，《李煦与曹雪芹祖母李氏兄妹关系再探》。
104 李士桢取字"毅可"或出自《论语》"士不可以不弘毅"句，因其名与字将士、可、毅三字相关联，且桢字的本义为"刚木"，亦可与《礼记·中庸》的"发强刚毅，足以有执"句产生关合。感谢北京大学高树伟提供的意见。
105 明亮等纂修，《钦定纂修中枢政考》，卷16，页30。

附录2.3

李煦之父应名"士桢"而非"士祯"

李煦之父本姓姜,其所参与创建的广州十三行在清代经济史上意义重大,[106] 然其名末字的写法却不明确,有记为士桢、士祯或士正者,甚至同一书内也不一致(图表2.12)![107] 由于雍正皇帝名胤禛,故在其即位后,文本中屡见有将"禛"字避改成"正"或"祯"的情形,且为避嫌名亦尝改"崇禎"为"崇正",改"仪真"为"仪征"。此外,文学大家王士禛卒于康熙五十年,入雍正朝亦因避帝讳而被追改成"王士正",然因其兄士禄、士禧、士祜(末字同为"示"部)皆有文名,故乾隆三十九年又奉谕:"士正名以避庙讳致改,字与原名不相近,流传日久,后世几不复知为何人,今改为士祯,庶与弟兄行派不致淆乱。"[108] 综前所述,令人对李煦父名究竟为何,产生了不确切的感觉。

欲厘清此一混淆情形,或许得爬梳出与李家关系较密切的记述。如杜臻的《经纬堂文集》就收录他于康熙三十八年或之前不久为李煦父所撰的墓志铭,内称"公讳士桢",此文想必经李家过眼并根据丧家所提供的行状撰写,且因杜臻"悉旧治,知公悉",故不应连名字都出错。[109] 至于李氏以广东巡抚的身份于康熙二十四年序《广东舆图》时,不仅署名"李士桢",末所钤盖的印文亦同,他为邓文蔚所写的进士匾额亦题"李士桢"。此外,康熙三十六年一修本和六十年二修本的《昌邑姜氏族谱》,均记其名为"李士桢",他还是前书的"纂述"之一。

---

106 彭泽益,《清代广东洋行制度的起源》。
107 如在《抚粤政略》各卷之首即分署为"都昌李士桢"或"都昌李士祯"所撰。据江西巡抚(康熙四十一年任)张志栋前序,知此书乃建昌知府高琦为其在广东的前长官李士桢所刻,时间在张志栋"按[按院为监察御史的别称]洪[南昌古名洪州]之明岁"。参见李士桢,《抚粤政略》,序,页1—4。
108 黄一农,《康熙朝汉人士大夫对"历狱"的态度及其所衍生的传说》。
109 杜臻为浙江嘉兴人,而李士桢曾任浙江布政使,故杜臻遂谦称己为其原先所辖地区的子民("旧治")。参见杜臻,《经纬堂文集》,卷10,页10—13。

图表2.12 文献中对李煦父亲李士桢的记述。其名末字偶被写成形近的"祯",后亦常因避帝胤禛之嫌名而改作"正"

- 《安庆府志》(康熙六十年刊本) 卷12,页43 李士桢 字毅可 祧继随
- 《廉州府志》(康熙六十年刊本) 卷30,页58 李士祯 人昌邑
- 《廉州府志》(康熙六十年刊本) 卷1,页48 巡抚李士祯
- 《广东巡抚李士祯》(康熙六十年刊本) 卷6,页42 广东巡抚李士祯
- 《扬州府志》(康熙间刊本) 卷27,页20 李士祯 山东昌邑 贡生九年
- 《南海县志》(康熙三十年刊本) 卷27,页35 抚院李士祯
- 《昌邑县志》(乾隆七年刊本) 卷2,页8 巡抚都院李士祯
- 《仁和县志》(康熙廿六年刊本) 卷5,页159 徐氏以孙李士祯贵
- 《昌邑县志》(乾隆七年刊本) 卷18,页24 刘氏以子李士祯贵
- 《河南通志》(康熙卅四年刊本) 卷27,页40 萧问李士祯等
- 李士祯满州籍昌邑人贡士康熙六年任卷2,页8

- 《广东通志》(康熙卅六年刊本) 卷4,页26 巡抚李士祯
- 《江西通志》(康熙廿二年刊本) 卷14 李士祯康熙二十年至
- 《河防刍议》(康熙间刊本) 卷6,页49 河南按察使李士祯
- 《浙江通志》(文渊阁四库本) 李士祯山东昌邑人贡士康熙十四年
- 《江西通志》(光绪七年刊本) 卷121,页22 李士正山东昌邑人贡士
- 《陕西通志》(文渊阁四库本) 卷128,页8 李士正 山东昌邑人顺治十三年任
- 《扬州府志》(雍正十一年刊本) 卷23,页25 李士正昌邑人九年生
- 《抚粤政略》(康熙间刊本) 李士正加九级李士祯父著
- 《广东舆图》(康熙廿四年刊本) 都察院右副都御史加九级李士祯 乙丑岁翁月之吉巡抚广东等处地方提督军务兼理粮饷盐法都察院右副都御史加一级李士祯题

- 《经纬室文集》(康熙间刊本) 广东巡抚都察院右副都御史李公墓志铭 公本姜姓世居东莱之都昌素治经业代有闻人生而颖...须赐清书纲目一部真...万历己未岁四月二十三日亥时卒於康熙己亥岁三月...六十七耀出龄牛车等将以康熙三十八年二月六日其时奉公葬通州城西之王瓜园以臻禹旧兆祯公葬代...
- 《昌邑姜氏族谱》(康熙三十六年刊本) 卷10,页10—13 士祯 燧迦 扬波 枝 订奥 士祯 焯 士模 熺
- 《李士祯、李煦父子年谱》(康熙六十年刊本) 巡抚广东等处地方提督军务兼理粮饷盐法都察院右副都御史加一级李士祯为 士祯 演次子字毅可壬午...
- 进士 康熙乙丑会试中式第六十八名邓文蔚立

再者，李士桢曾于康熙二十年五月升授江西巡抚，十二月调广东巡抚，二十六年十一月以年老休致。[110] 作为方面大员，康熙二三十年刊刻的相关方志不应屡见讹误才对。查康熙二十二年《江西通志》中有两次记其人，皆作"李士桢"，而此书共见11次"禛"、16次"桢"、435次"祯"，[111] 故"（李士）桢"字明显不是"禛"或"祯"的避改。尤其，李士桢甫从江西巡抚离任，修《江西通志》诸人不应对其名不熟悉，又，此书总裁于成龙（两江总督）晚李士桢四年出任福建布政使，他也不应不知道李士桢之名！

至于康熙三十六年《广东通志》提及曾任该省巡抚的李氏共7次，全都刻作"李士桢"，此书未见"禛"字，但有27个"桢"、1032个"祯"。[112] 此外，康熙三十年成书的广东《南海县志》中，提及巡抚"李士桢"之名27次，仅1次称"康熙二十五年抚都院李士祯"，由于此书出现2次"禛"、39次"桢"、165次"祯"，[113] 知孤例"（李士）祯"纯属形近的错字，而与避讳无关。

换句话说，李煦之父应名"士桢"而非"士祯"，此亦与其兄弟士樟、士槲、士楷、士模名中第二字偏旁皆从"木"之部首的情形相合。[114] 有些志书在纂修时或因距李士桢任官期间已远，且因李士桢并非当地主官，其名对编者而言常不显，故偶会误将字形相近的"桢"与"祯"相混，雍正朝以后则又常因避帝名胤禛之嫌名而改"士桢"作"士正"。清人类此而遭改名的情形颇常见，如都察院参政佟国胤（其名的正确写法乃根据顺治八年八月二十一日的佟氏夫妇诰封碑）即常被书作国印、国荫、国廕、国应或国允等异名。[115]

110　《清圣祖实录》，卷96，页1209；卷99，页1252；卷131，页416。
111　于成龙等修，杜果等纂，《江西通志》。
112　金光祖纂修，《广东通志》。
113　郭尔戺、胡云客修，冼国干等纂，《南海县志》。
114　黄一农、王伟波，《李煦幼子李以鼐小考》。
115　黄一农，《红夷大炮与皇太极创立的八旗汉军》。

三、从龙入关重启仕途的曹振彦

曹振彦在顺治初从龙入关,方志中多称其科名为贡士(图表1.2),中国第一历史档案馆所藏的《顺治朝现任官员履历册》亦称他是"正白旗下贡士"。[116] 贡士通常指会试中式但尚未经殿试授为进士者,然因清代乾隆以前旗人的文武科进士和举人名单均胪列于《钦定八旗通志》,当中却从未见曹振彦之名,且入关前亦无贡士之科名,知清初科举制度中之贡士应与一般的概念稍异。

查顺治元年起即曾多次考选具明代科名者(不论出仕与否),并授贡士出身,但"八旗人士不与"。[117] 旗人则是另行开科取士,此因政权新肇,急需充补各省之地方官缺,清廷遂数次考用从龙入关的辽人,顺治六年有旨:"八旗汉军通晓汉文者,无论俊秀、闲散人等,并赴廷试。文理优长者,准作贡士,以州县即用。"[118] 然八旗贡士的选拔应早自入关之初,此因顺治元年知山西交城县的高选(辽阳人)、屯留县的王昌龄(辽阳人)、河南内黄县的刘永盛(奉天人),即均为旗下贡士出身。[119] 直至顺治九年才首度策试八旗贡士,通过者赐予进士及第。[120]

检索《文渊阁四库全书》中的各省通志,发现有许多辽人于顺治朝以贡士身份派往各省任官,其中最多的山西,在从知县以迄布政使的383人次当中,八旗贡士就约占185人次(知州36人次、知县108人次),[121] 清廷显然是希望

116　张书才,《曹雪芹家世生平探源》,页11—12、372—379。
117　以顺治朝的河南驿粮道为例,民籍贡士先后到任之时间为:元年的李芳蕴(直隶永年人,泰昌元年恩贡)、二年的李呈祥(山西隰州人,崇祯三年举人)、卫之管(陕西韩城人,天启元年举人,崇祯十二年知临漳县)、五年的郑廷槐(广东澄海人,天启四年举人,崇祯七年任三水县教谕)、六年的李子和(直隶大兴人,崇祯十二年举人)、七年的张懋勋(直隶雄县人,崇祯六年举人)等。参见田文镜等修,孙灏等纂,《河南通志》,卷35,页16—17。
118　昆冈等修,刘启端等纂,《钦定大清会典事例》,卷1136,页1—2。
119　觉罗石麟修,《山西通志》,卷81,页18、56;田文镜等修,孙灏等纂,《河南通志》,卷37,页34。
120　此段参见《清世祖实录》,卷25,页211;卷31,页255;卷43,页347;卷63,页498。李周望,《国朝历科题名碑录初集》,页480—494。赵尔巽等,《清史稿》,卷108,页3160。
121　觉罗石麟修,《山西通志》,卷80—82。

通过他们融通满汉两种语言和文化的能力，协助落实对基层社会的统治。曹振彦应在顺治初年成为八旗贡士，惟确切年份不知，或由于他先前已有担任旗鼓牛录章京的从政经历，故在顺治七年被直接外放为官阶较高的山西平阳府吉州知州，[122] 任职期间他为与地方建立较好的互动，曾重修位于锦屏山之麓的城隍庙。[123]

顺治九年四月曹振彦升授山西省阳和府（在大同东北约50公里处）知府，十二年九月始调两浙都转运盐使司运使。先前学界常误其出任大同府知府，[124] 惟因清大同总兵官姜瓖于顺治五年十二月据城叛，[125] 宣大、山西总督耿焞奔逃阳和，六年八月，姜瓖死，清兵旋将收复的大同城垣拆除；[126] 十月将府治移至阳和，旋设阳和府，"大同废，不立官"；八年十月，总督佟养量、按院薛陈伟合疏请复大同府；[127] 至十二年十月，总督马之先始从阳和移镇大同，十一月左右阳和府裁。[128] 故严格说来，曹振彦从不曾出任过大同府知府。

据顺治十三年四月刻石的《重修大同镇城碑记》（图表2.13；此碑原嵌在大同钟楼的墙壁上，现藏大同市博物馆），知该次修城之议"始于前直指天中薛公讳陈伟〔'直指'乃谓御史，此因薛陈伟曾于顺治八年以监察御史巡按宣大，天中指河南开封的祥符县〕，再成于前总督襄平马公鸣佩"，当时因战争的摧破，大同城内到处是颓垣坏垒，碑文有云"戊子之变，谁非赤子，误陷汤火，哀此下民，肝脑涂地……睇此芜城，比于吴宫晋室，鞠为茂草，为狐鬼之场者，五阅春秋"，即描写自顺治五年戊子岁姜瓖叛清五年多（所谓"五阅春秋"）以来，战争的惨烈已令大同沦为"狐鬼之场"。此外，顺治八年任督粮户部主事之

122　此段参见刘世德，《曹雪芹祖籍辨证》，页67—77、81。
123　吴葵之修，裴国苞纂，《吉州全志》，卷1，页25。
124　如见周汝昌，《红楼梦新证》（2016），页207。惟曹振彦在顺治九年十二月初八日的奏本中即明确记载他是阳和府知府，此见张书才，《曹雪芹家世生平探源》，页8—9。
125　下文相关史事均请见张继莹，《清初姜瓖之变与山西社会秩序的重建》。
126　《清世祖实录》，卷41，页332；卷46，页365；卷63，页490及493。吴辅宏修，王飞藻纂，《大同府志》，卷1，页10；卷12，页2。
127　胡文烨纂修，《云中郡志》，卷3，页2；卷12，页13。
128　在顺治十二年十一月的实录中，大同府与阳和府两名仍同时见于文献。参见《清世祖实录》，卷94，页742；卷95，页748；铁保等，《钦定八旗通志》，卷208，页16。

图表2.13　大同市博物馆藏顺治十三年的《重修大同镇城碑记》

重修大同鎮城碑記

進士第戶部河南清吏司郎中郡人解元才撰文

大同古雲中郡也世為國家壯嚴疆巍然巨鎮保障一方於以車輻處雁朔之陰壁聯錯宣蔚之勢牒恆嶽帶桑乾其所由來□

□建燕都則沿邊而漸於西

神京右臂北門鎮鑰國家之藩垣門戶此為是也然茲土之眾賦性淳樸上少惠之以恩於見德蒞茲地者

朝廷親信忠藎大臣撫而用之庶乎無西顧憂奈何野獸跳梁弄兵演池戊子之變誰非赤子誤陷湯火衣此下民肝腦塗地□土

蓋以楚猿禍林城火殃魚此亦理與勢之所必至者睇此蕪城比於吳宮晉室鞠為茂草為狐鬼之場者五閱春秋哲人與黍離之悲

客歲乙未大司馬總督三韓馬公諱之先自秦來骨卽制此邦矚茲殘黎潛然泣下為百姓請命於

□一時

聖君賢相睹流繪之章愁焉如擣

特命城之大夫城以保民者也一時攻築之勤糗糧之費求其必不病民而心乃慰況且謂大役之興非才略素者恐不足以建功於是特進總

鎮三韓彭公諱有德公則認為審度營築亦主兵之一乃身先士卒露宿城巓設法修葺備極勞瘁惟見農安於野木不贏於車牛商營於市

不擾於錙銖士安於室不勞民如蘷臺之攻蘷鼓弗勝朱半載而蘷垣壞壘冒為紀紀盂城矣是大有造於此一城民也果何道

而致此豈調度之有方而經營之有術歟抑捐己俸而不悋貲群助而無恫瘝疲己舒民興社稷利國家雖□名大臣無以踰此立德立

是役也制府馬公總其戎元彭公董其成若夫復城之議則始於前直指天中辥公諱陳偉再成於前總憲襄平馬公諱鳴珮其商確

疏移駐則今直指會稽翁公諱祖望其力復城之議則有若備兵三韓劉公諱與漢興屯中州卭公諱以忠副總戎三韓劉

守襄平曹公諱振彥司理三楚沈公諱會霖別駕中州李公諱考祥參戎表公諱誠李公諱遇方縣令金臺高公諱擬實忠可無社而稷

平狩歟休哉茲何可以不為誌也敬為之誌用表來茲

大清順治十三年歲次丙申孟夏穀旦

（或因請人書寫的碑文較能獲得的刻碑石材稍長，故每行最末的六個字被迫得刻在左側行間的最下方）

刘国钦曾撰《再入云中（时镇署移阳和镇）》，云：

十室九空遗民老，飞鸟仍如鳞集时。
危楼影照斜阳里，剩有残阳影向谁？

亦可见该城于兵燹后的残破景象。[129]

有红友在未详探史料的情形下，误称"［六年二月］被尊为皇父摄政王的睿忠亲王多尔衮亲率大兵征剿，曹振彦作为其属下正白旗包衣旗鼓佐领，参加这次军事行动"，[130]另有网民抨击曹振彦在大同城破后的大屠杀中亦手染鲜血。由于姜瓖之变被许多红学界人士认为是曹家在从龙入关后力争上游的关键，该事件也与身为其旗主或管主的阿济格、多尔衮、多铎三亲兄弟间的矛盾息息相关，下文即尝试就此进行梳理。

查姜瓖为原明大同总兵，崇祯十七年三月投降大顺政权，同年六月又归顺清政权。顺治五年十一月英亲王阿济格受命统兵戍守大同，疑遭猜忌的姜瓖遂在十二月据城叛，清廷于是分遣大军携红衣大炮围大同。六年三月十二日阿济格的两福晋出痘亡，"皇父摄政王"多尔衮令阿济格先归，遭拒；十八日"辅政叔德豫亲王"多铎出痘薨；四月命固山贝子吴达海等率师往大同更替阿济格等兵马；六月阿济格遣人启多尔衮，质疑同母弟多铎生前的功绩，且强调"予乃太祖之子、皇上之叔，何不以予为叔王，而以郑亲王为叔王"。此举引发多尔衮的不满，遂与诸王、贝勒、大臣议削阿济格王爵，后虽免罪，但令其以后"勿预部务及交接汉官"；七月朔多尔衮率兵亲征大同，但十四日至阿鲁席巴尔台（今内蒙古卓资县）时，他就"罢大同之行，行猎而还"；八月二十五日再遣阿济格增援大同；二十八日伪总兵杨振威斩献姜瓖归顺，九月初二日多尔衮谕阿济格曰：

129　张继莹，《政治情境与地方史书写：以清代大同方志为例》。
130　王洪胜，《曹雪芹家世祖籍研究的重大发现》。

> 斩献姜瓖之杨振威等二十三员及家属,并所属兵六百名,俱着留养,仍带来京。其余从逆之官吏、兵民尽行诛之,将大同城垣自垛彻去五尺。

遂造成此次大同遭屠城并毁墙的惨案。[131]

然而,曹振彦曾否亲历平定姜瓖之乱,其实并无具体证据。曹家的旗籍在这段时间变化颇大(详细讨论可见下节),其管主阿济格自崇德八年起即已调入多铎新主之镶白旗,但在顺治六年三月多铎卒后,多尔衮旋兼领镶白旗,并一直担任旗主,直至他于七年十二月崩逝为止。曹振彦若确曾随军赴山西,应非是出自其旗主多铎或多尔衮的关系,此因多铎当时乃以"辅政叔德豫亲王"的职务在朝,而多尔衮则是以"皇父摄政王"而非镶白旗旗主的身份出征。若曹振彦乃跟随其管主阿济格当差,理由虽属充分,然因振彦或甫考取八旗贡士,正准备转任文职,且其年纪已五十来岁,加上家中已有长子曹玺"随王师征山右"(图表1.4),推判曹振彦应未预此役,倒是曹玺追随管主阿济格酿此浩劫的可能性颇高。

顺治七年曹振彦以贡士身份知山西吉州;九年知阳和府。十二年宣大总督马之先欲从阳和移镇已废的大同,遂用不到半年将大同改建成"屹屹金城",并于十一月裁阳和府。在《重修大同镇城碑记》列出的几位捐输官员中,即包括"□□□襄平曹公讳振彦",据先前所公布的碑记照片,知"襄平"两字之前乃"守"字,疑另缺之二字应为"前太",[132]此因曹振彦已于十二年九月自阳和知府(太守)改任两浙都转运盐使司运使,且碑文中屡以"前○○[此两字为官衔的简称,如直指、总督]"称呼参与此事的离任官员。

除《大金喇嘛法师宝记》碑及《重建玉皇庙碑记》,较新发现与曹振彦相关的文物,是山西五龙宫(在平阳府吉州乡宁县南九十里处)所藏的顺治十二

---

131 《清世祖实录》,卷41,页331—332;卷42,页337;卷43,页344—346;卷44,页356;卷45,页358—359;卷46,页365。
132 此据邹玉义,《〈重修大同镇城碑记〉考辨:曹雪芹祖籍辽阳的又一权威史证》;张书才,《曹雪芹家世生平探源》,页2、13。由于该碑之制作颇为粗糙,以致每行的最后六个字得要补刻在左侧行间空隙的下方,先前释文并未清楚呈现此一情形,现按原格式仔细清誊。

图表2.14 临汾五龙宫藏顺治十二年的捐赀题名碑。上刻有曹振彦名字

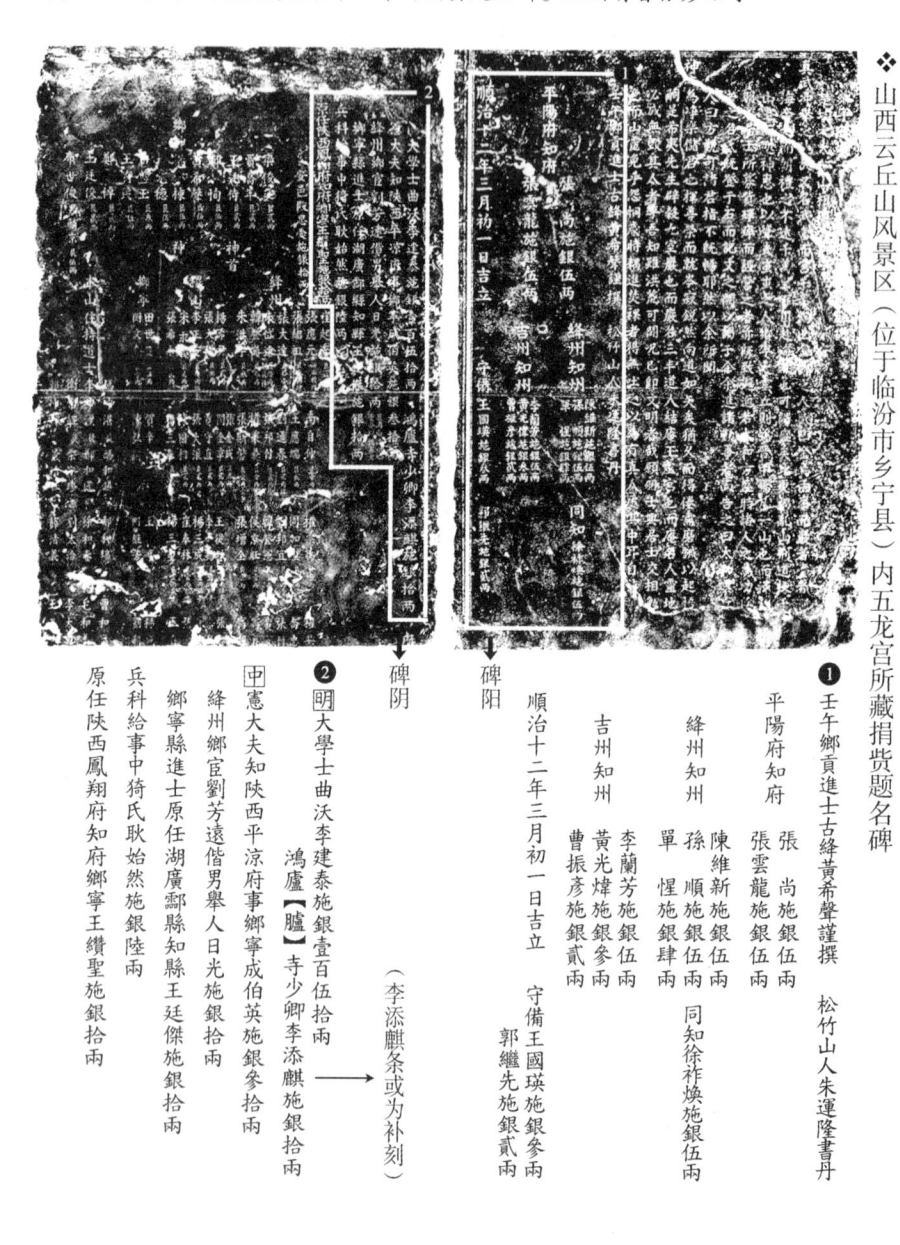

❖ 山西云丘山风景区（位于临汾市乡宁县）内五龙宫所藏捐赀题名碑

❶ 壬午乡贡进士古绛黄希声谨撰　　松竹山人朱莲隆书丹

平阳府知府　张　尚施银伍两
　　　　　　　张云龙施银伍两

绛州知府　　陈维新施银伍两
　　　　　　孙　顺施银伍两　同知徐祚焕施银伍两

吉州知州　　李兰芳施银伍两
　　　　　　黄光炜施银参两
　　　　　　单　惺施银肆两
　　　　　　曹振彦施银贰两

顺治十二年三月初一日吉立　守备王国瑛施银参两
　　　　　　　　　　　　　郭继先施银贰两

碑阳

❷ 明大学士曲沃李建泰施银壹百伍拾两
　　　　　　　　　　　　　　　鸿庐【胪】寺少卿李添麒施银拾两

甲 宪大夫知陕西平凉府事乡宁成伯英施银参拾两
　绛州乡宦刘芳远偕男举人日光施银拾两
　乡宁县进士原任湖广鄞县知县王廷杰施银陆两
　兵科给事中狩氏耿始然施银陆两
　原任陕西凤翔府知府乡宁王缵圣施银拾两

（李添麒条或为补刻）

碑阴

098

年捐赀题名碑(图表2.14)。¹³³ 五龙宫碑乃由崇祯十五年中举的黄希声撰文，捐款者以明清之际平阳府、绛州、吉州的地方官，及曲沃、绛州、乡宁、猗氏等地的乡宦领衔，乡绅和信众则以绛州、稷山、乡宁为主，前述诸地名多位在乡宁县方圆百余里内。至于捐款最多者，则是"大学士曲沃李建泰施银壹百伍拾两"，次为"中宪大夫、知陕西平凉府事、乡宁成伯英"的三十两，再为"鸿庐【胪】寺少卿李添麒""绛州乡宦刘芳远偕男举人日光""乡宁县进士原任湖广酆县知县王廷杰""原任陕西凤翔府知府乡宁王缵圣"的十两，曹振彦的二两银几乎是所有官员中最少者。

李建泰于崇祯十六年五月曾以吏部右侍郎兼东阁大学士，十七年正月他自请提兵攻打李自成，三月五日兵溃于真定，后在保定投降。李建泰被俘入京后，李自成特赦之，并拜相。然在闯军兵败后，他又于顺治二年三月降清，五月获授弘文院大学士，十二月以得贿革职；五年十二月，大同总兵官姜瓖叛；六年，建泰据太平应之，后被清军围困，势迫请降；七年二月，全家被杀。¹³⁴ 亦即，顺治十二年镌刻五龙宫捐赀题名碑时，李建泰已卒，他应是在姜瓖之变前即捐赀。

作为乡宁县周遭最高阶地方官员的平阳府知府，在碑上可见顺治二年到任的张尚以及八年的张云龙；吉州知州则有崇祯五年出任的黄光炜(误刻作"伟")、顺治二年的李兰芳、顺治七年的曹振彦；绛州知州有崇祯十四年到任的孙顺、顺治二年的陈维新、九年的单惺。施银十两的顺治三年丙戌科进士王廷杰，则是在五至七年初授湖广酆县知县。¹³⁵ 此外，登崇祯七年进士的耿始然历官明兵科给事中，他曾降大顺朝，随李自成归西安，后以"小忤"得罪李闯而死。¹³⁶

另，"绛州乡宦刘芳远偕男举人日光"施银十两，刘芳远是顺治七年的拔贡，十一至十四年任山西灵石县(清初属平阳府，乾隆间才隶属霍州)训导，康

---

133 拓片之照片转引自冯其庸，《曹雪芹家世、红楼梦文物图录》，页23—24。
134 黄一农，《两头蛇：明末清初的第一代天主教徒》，页247—252。
135 陈宏谋、范咸纂修，《湖南通志》，卷64，页18。
136 此段参见"中国方志库"以及《明史》，卷309，页7968。

熙元年升蒲县教谕，[137] 其子顺治八年举人刘日光于康熙十一至十二年初知任丘县。[138] 故头衔分别为乡宦和举人的刘芳远父子，施银应最可能在顺治十一年以后。而"原任陕西凤翔府知府"的王缵圣，乃于顺治九年至十六年间知凤翔府，随后归里，[139] 故从碑上称其为"原任"一词判断，此应为十六年以后始在原先稍微嫌短的留白处补刻，以致字距甚小。

综前所论，此碑上的官员涵盖"大明""大顺"及"大清"，他们应在不同时间捐建五龙宫，且许多人早已自所列的官衔离任（如刻碑时曹振彦已知阳和府，却被记为吉州知州，知他应是在知吉州时捐款）。又，庙方刻碑时乃撇开政治立场，将捐款者皆留名志谢，并大致依捐款多寡由右至左顺次排列。

顺治十二年九月，曹振彦升授官署在杭州的两浙都转运盐使司运使，任内"恤灶抚商，疏引裕课"，开启其家于江南的仕途；十四年去职（是年六月初七日由福建运同汤大临接任），惟不知是病免、致仕，抑或卒于官。[140] 由于《五庆堂重修曹氏宗谱》记曹雪芹先祖之事迹（图表1.7）曰：

> 九世：锡远，从龙入关，归内务府正白旗；子贵，诰封中宪大夫；孙贵，晋赠光禄大夫；生子振彦。十世：振彦，锡远子，浙江盐法道，诰授中议大夫；子贵，晋赠光禄大夫。

其中曹锡远诰封之中宪大夫位阶虽与史事若合符契，但曹振彦应诰授的中大夫，却依乾隆间始定之同阶新衔改作"中议大夫"。若此谱这部分言之有据，只是改用了编纂时的封号，由于"存者称封，死者称赠"，那么从"诰封中宪大夫"句，可推断曹锡远于顺治十一年因子振彦贵而获此衔时应仍在世，但至十四年三月振彦诰授中大夫时已卒。[141] 而曹锡远与曹振彦均应在康

137　方志中以刘芳远是山西忻州人。参见李培谦纂，崔允昭修，《直隶霍州志》，卷19，页41；巫慧修，王居正纂，《蒲县志》，卷6，页14；黄居中修，杨淳纂，《灵台志》，卷4，页12。
138　刘统修，刘炳纂，《任邱县志》，卷7，页28。
139　刘榮修，孔尚任等纂，《平阳府志》，卷23，页93。
140　张书才，《曹雪芹家世生平探源》，页7—12；《清世祖实录》，卷110，页860。
141　朱南铣《关于〈辽东曹氏宗谱〉》称曹世选在振彦任浙江盐法道时尚存。

熙十四年十二月十四日颁布恩诏时，以担任江宁织造、三品郎中加四级之曹玺贵而获赐诰命，晋赠最高阶之光禄大夫（图表1.15）。[142]

四、曹家的旗主与管主

曹振彦家的旗籍转折甚大（图表2.15及2.16），[143]但红学界先前一直未能掌握确切原因。曹家归顺金国之初，应以努尔哈赤为管主，自天命七、八年间努尔哈赤将其所领正黄旗的三十个牛录平分给阿济格、多尔衮兄弟，曹家就长期以阿济格为管主。天聪八年的《内国史院档》记"mergen daicing［墨尔根戴青；此为多尔衮因军功所获赐之号］beile［贝勒］i［的］cigu［旗鼓］soo jen yan［曹振彦］"，《清实录》称其是"多尔衮属下旗鼓牛录章京曹振彦"，皆指他当时所隶镶白旗的旗主为多尔衮（天聪二年三月取代因擅替幼弟多铎娶亲而被革的原旗主阿济格）；其中满文的名词属格 i 有"私属"之意，文献中亦屡见用此字来描述旗主（或三异姓王）与其所统率者之间的从属关系。

又因崇德元年六月二十四日的《满文老档》记曹振彦为"镶白旗下长史"，且崇德三年正月初八日的《盛京刑部原档》记曹振彦为"巴图鲁郡王之摆塔大［baitai da；王府长史之官衔］"，而文献中并未见天聪八年至崇德三年间多尔衮所属牛录曾罚给或转给阿济格（即巴图鲁郡王）的记事，知曹振彦在天聪八年时虽是旗主多尔衮旗下的官员，但其管主（又作"领主"，指包衣的主家）仍为同旗的阿济格。

---

142 北京大学藏有一轴雍正十三年曹振彦以孙曹宜贵而获赠资政大夫的诰命，然因振彦在康熙六年已赠资政大夫，十四年又赠光禄大夫，故不应于雍正十三年再诰赠低阶的资政大夫。此外，该轴亦出现不少明显之讹漏或衍字，知应为伪作。参见黄一农，《二重奏：红学与清史的对话》，页173—178。
143 此节均参见杜家骥，《八旗与清朝政治论稿》，页149—206；《清世祖实录》，卷10—63；黄一农，《二重奏：红学与清史的对话》，页53—60。

图表2.15　曹雪芹家族的旗籍记事

时间	旗籍记事	补充及出处
天聪八年四月初九日	满文《内国史院档》记"墨尔根戴青贝勒的旗鼓曹振彦……"，《清实录》记"多尔衮属下旗鼓牛录章京曹振彦……"（系于四月初六日）	多尔衮时任镶白旗旗主。楠木贤道等译注，《内国史院档·天聪八年》，页117；《清太宗实录》，卷18，页237
崇德元年六月二十四日	清人译《清太宗实录稿本》记"镶白旗长史曹谨言［即曹振彦］"、近人译《满文老档》记"镶白旗下长史曹金颜［应回译为曹振彦］"	李燕光点校，《清太宗实录稿本》，页53—54；任世铎等译，《满文老档》，页1515—1516
三年正月初八日	近人译满文《盛京刑部原档》记"巴图鲁郡王之摆塔大［baitai da；王府长史之官衔］李耀功［应回译为李有功］、邵祯言［应回译为曹振彦］……"	"巴图鲁"（baturu，意译为"武英"）郡王即阿济格。参见郭成康、刘景宪译注，《盛京刑部原档》，页4—5
顺治九年四月	中国第一历史档案馆藏《顺治朝现任官员履历册》称曹振彦是"正白旗下贡士。山西吉州知州，顺治九年四月升山西阳和府知府"	顺治八年正月阿济格遭幽禁，并籍其镶白旗原属的十三牛录
康熙二十九年	满文《内务府行文档》记曹振彦的子孙隶于"桑格佐领下［《八旗通志初集》记在曹尔正、曹寅之后，齐桑格亦曾管理正白旗包衣第五参领第三旗鼓佐领］"。此年四月内务府致户部的咨文中亦称曹家隶属"三格佐领"（图表6.3）	疑管理第三旗鼓佐领的桑格因与第四旗鼓佐领的桑格同名，遂改加汉姓"齐【祁】"以便与后者区别，此应即二十九年四月内务府致户部咨文中提及的"三格"
雍正七年	满文《内务府奏销档》记曹振彦的子孙隶于"尚志舜佐领下"	尚氏管理正白旗包衣下第五参领第三旗鼓佐领
	《八旗通志初集》以曹尔正、曹寅曾管理正白旗包衣第五参领第三旗鼓佐领，并记康熙六年守节请旌的赵氏为"镶白旗包衣曹尔正佐领下"魏库妻	赵氏旗籍或根据未更新之旧档。鄂尔泰等修，《八旗通志初集》，卷5，页41；卷241，页6
	《八旗满洲氏族通谱》记"曹锡远［即曹世选］，正白旗包衣人"	弘昼等，《八旗满洲氏族通谱》，卷74，页10
	《钦定八旗通志》以其家籍隶正白旗包衣第五参领第一旗鼓佐领，此因当时已将各参领所属之佐领重新编列顺序，而非如先前每旗是统一排序	铁保等纂修，《钦定八旗通志》，卷7，页33

图表2.16 曹雪芹家族的旗籍隶属

旗色	旗主	管主	籍隶期间与相关史事
正黄旗	努尔哈赤	努尔哈赤	起自曹家归顺金国之初
正黄旗	阿济格	阿济格	起自天命七年四月至八年二月间。努尔哈赤将其自领正黄旗的三十牛录均分给阿济格和多尔衮,并以阿济格为旗主。努尔哈赤且将自领的镶黄旗分出十五牛录给幼子多铎,父子同在此旗,皇太极登基后即以多铎为镶黄旗主
镶白旗	阿济格	阿济格	起自天命十一年八月。努尔哈赤卒于此月,继位的皇太极欲领有礼制上最尊贵的黄色旗,乃将两白(分由皇太极及其长子豪格为旗主)、两黄(分由阿济格及多铎为旗主)互换旗纛,但不改牛录
镶白旗	多尔衮	阿济格	起自天聪二年三月。阿济格因擅替幼弟多铎娶亲得罪皇太极,而于此月被革旗主,多尔衮继掌镶白旗
镶白旗	多铎	阿济格	起自崇德八年九月至十一月间。皇太极于崇德八年八月崩逝后,辅理国政的多尔衮为提升自己的旗序地位,命将多铎所掌的正白旗与己掌的镶白旗互换旗纛。八年十月多铎因谋夺大学士范文程妻,被罚十五牛录,其中七个拨隶阿济格,八个则拨给多尔衮,阿济格及其牛录并被调入多铎新掌的镶白旗
镶白旗	多尔衮	阿济格	起自顺治六年三月。多铎于此月病逝后,多尔衮旋兼领其所主之镶白旗,并调多铎第五子多尔博入正白旗(多尔衮为旗主)且将其过继
镶白旗	多尔博	阿济格	起自顺治八年正月。多尔博在多尔衮猝逝后袭其睿亲王爵并掌两白旗,而多铎长子多尼则自镶白旗调入正蓝旗掌旗
?	顺治帝	顺治帝	起自顺治八年正月初六日。阿济格遭幽禁,并籍其原属十三牛录归顺治帝
正白旗	顺治帝	顺治帝	顺治八年闰二月或之后不久。因阿济格父子之牛录均遭籍没,曹家自此成为皇属

曹振彦虽在崇德元年和三年两度因事被处以鞭刑，但档案中并未发现其遭免职或降级的记载，何况他还有天聪八年因功所加的半个前程，故他有可能在崇德朝仍持续担任一段时间的旗鼓牛录章京，后或"缘事革退"，至清入主中原才顺势重启仕途。

曹家在归顺金国之初的前三十年间，旗色从正黄→镶白→正白，其中以天命十一年八月至顺治八年正月所属的镶白旗最久，旗主亦经历努尔哈赤→阿济格→多尔衮→多铎→多尔衮→多尔博（多铎第五子、多尔衮承继子）→福临，当中阿济格、多尔衮、多铎三同母兄弟与曹家的主属关系尤其错综密切（图表2.16）。顺治七年十二月，多尔衮于出猎时猝逝，八年正月被追尊为"义皇帝"。阿济格虽企图取代多尔衮的权势，但在济尔哈朗等的策动下，阿济格遭削爵、幽禁、籍家，诸子且皆黜为庶人（图表2.17），八年十月阿济格被赐死；九年二月已故之多尔衮亦遭削爵、籍家，更被撤出庙享。[144] 由于阿济格遭籍没的十三个牛录，陆续又被分拨镶黄、正白、正蓝、镶白等旗，曹振彦家族最后或因此于顺治八、九年转隶皇属之内务府上三旗中的正白旗。

144　《清史稿》误阿济格第五子楼亲（亦作"劳亲"；顺治六年十月曾封亲王，七年八月改多罗郡王）与父同遭赐死，他应至十八年十月始被赐自尽。参见中国第一历史档案馆藏《小玉牒》。《清世祖实录》，卷46，页370；卷50，页397。赵尔巽等，《清史稿》，卷217，页9014—9019；卷218，页9021—9041。

第二章　开启百年盛世的曹振彦

图表2.17　中国第一历史档案馆藏《小玉牒》中的阿济格子女资料

阿济格十一子

| 第一子固山贝子和度 | 第二子奉恩镇国公傅勒赫 | 第三子乙伯之子柱亲王 | 第五子楼门之乙隆 | 第六子乾翼后墨尔瓜尔佳谋 | 第八子佟塞尔 | 第九子瑚拜达之 | 第十子已巳鄂拜 | 第十一子舒淑之 |

天命四年己未十一月十九日亥时嫡妻西林觉罗氏祐新之女，初封辅国公，顺治元年十月封镇国公，授镇国将军，立克图亲王吴克善之女，顺治三年戊戌十二月十六日戌时继妻钮祜禄氏博尔济吉特氏孔果洛之女，顺治十七年庚子四月初三追封为镇国公，另室妻科尔沁博尔济吉特氏彌汉桑噶尔寨乞吉之女，另室妻科尔沁博尔济吉特氏滕妾宋氏所出。

天聪八年甲戌十二月初三日亥时嫡妻博尔济吉特氏孔果洛之女，康熙二年二月初十卒无嗣，复妻博尔济吉特氏彌汉英郡王英俄尔岱之女，康熙十四年四月十九日子时滕妾所出。

顺治二年戊戌九月初九日戌时嫡妻钮祜禄氏科尔沁博尔济吉特氏达尔哈之女，庶妃四十五岁时滕妾李氏所出。因伊父阿济格十二月佩小而下狱，又放火烧狱，率四百人夹御杖而行，顺治八年辛丑十月初四日赐自尽，年二十八岁。

阿济格（第七女资料待补）七女资料

| 第一女郡主 | 第二女 | 第三女 | 第四女 | 第五女 | 第六女 |

天命九年甲子五月二十日卯时滕妾所出。

天聪五年辛未四月为国勤王博尔济吉特氏穆梭必隆郡王所继妻科尔沁博尔济吉特氏达尔汉亲王满珠习礼之女，顺治三年丙戌四月为继妻科尔沁博尔济吉特氏郡王为国勤王妻满珠习礼之女所出，康熙二十六年七月卒年五十七。

钮祜禄氏尼牙哈之女，选博尔济吉特氏元扎穆索台寅氏为继妻科尔沁，顺治十年庚寅正月二十卒。

崇德三年戊寅扎拉特郡王额驸博尔济吉特氏为继妻科尔沁。

崇德五年庚辰正月布尔尼崇德六年辛巳正月为岳端郡王博尔济吉特氏为继妻科尔沁所出。

顺治二年乙酉十二月选乌喇特恩博尔济吉特氏穆莫尔根博尔济吉特氏为继妻科尔沁，顺治十九年壬寅十一月卒。

选土默特郡王博尔济吉特氏为继妻科尔沁，顺治十四年丁酉八月所出。

成婚治纳德尔翁牛特部博尔济吉特氏氏为继妻科尔沁，康熙三十四年乙亥正月所出。康熙五十年辛卯六月顾禄为塔，本年七月卒年四十六岁。

五、曹家入关后在宝坻的圈地

清廷为解决大量"从龙入关"旗人的生计，于顺治元年十二月起在京畿及附近地区圈地，除占有明代的皇庄及无主土地外，更大量圈占民田。[145] 曹振彦家当时乃镶白旗英王阿济格属下的包衣，依"王以下各官所属壮丁，计口给地六晌"之原则，其家（除振彦、玺及尔正三人外，应还包含家下的奴仆壮丁）每口应可分得36亩（清代之1晌为6亩，1亩约合614平方米），而受田地点在宝坻县城之西（见后文）。查顺治初年宝坻民地之原额约有6890顷（1顷 = 100亩），但在施行圈地和投充之制后，[146] 仅存的竟然不到58顷！若再加上宫地、马房地、灶地、宫边府地等，该县共有约一万顷地拨给各旗，其中又以镶白旗和正黄旗所得最多，不少民人即因生计困难而投充成为阿济格的奴仆。[147] 武清县的情形亦类似，其圈地以正蓝旗为主，"武邑民地，旗圈已去八九，止存一二分为旗所弃之零瘠地亩"。[148]

曹寅在康熙四十年五月所撰的《东皋草堂记》（图表2.18）中有云：

> 东皋，在武清、宝坻之间，旧日"崔口"，势洼下，去海不百里……方兄之南走儋耳["儋"音"丹"，汉武帝在海南岛设儋耳郡，辖清代之昌化县、感恩县、崖州等地[149]]，北度瀚海[指戈壁沙漠]，舞椎跃马，奋扬英华，视功名易若唾手，脱亲于危亡之难，急义于死绝之域，何其伟也！而乃风尘蹭蹬，卒卒不遇，年未五十，须发已白……予家受田，亦在宝坻之西，与东皋鸡犬之声相闻……兄归，幸召佃奴，挞而教之，且以勖弟筠石。

---

145 刘家驹，《清朝初期的八旗圈地》。
146 宋秀元，《从档案史料看清初的圈地与投充》。
147 洪肇楙修，蔡寅斗纂，《宝坻县志》，卷5，页2—6；卷16，页23—25；铁保等，《钦定八旗通志》，卷69，页26—28。
148 吴翀修，曹涵纂，《武清县志》，卷10，页51；铁保等，《钦定八旗通志》，卷69，页24—26。
149 明谊修，张岳崧等纂，《琼州府志》，卷首。

该东皋草堂主人应就是曹寅的"殷六表兄"（与其同姓），殷六为其字号或家谱行序，[150] 此因曹寅的人脉网络内屡见与东皋草堂主人相唱和者（图表2.19），[151] 而曹寅在序《太平乐事》时亦提到"余表兄东皋"，惟该表兄之名先前一直未能考实。[152]

东皋草堂是曹殷六在潞河（即北运河）东岸所筑的养母别庄（王煐称其"幽居潞水东"，彭定求亦谓"平庄宛在潞河东"），地点位于武清、宝坻两县之间的"崔口"（图表2.20），即今天津市武清区的崔黄口镇。此镇古名"东皋"，距武清县城约30公里，镇之东门上有一供奉马王神的庙宇，匾额上题"界联武宝"四字，应取其位置恰在武清、宝坻两县交界之意。[153]

家住宝坻城南青口庄（今天津宝坻区北清沟村）的王煐，[154] 尝以"吾家住青口，阡陌接东皋"形容他与曹殷六的居所相毗邻。而曹寅家因圈地所分得的旗地，"亦在宝坻之西，与东皋鸡犬之声相闻"（图表2.18），故曹寅在前引文中除略记东皋草堂主人之生平，并请他指点弟曹荃如何经营位于宝坻西的受田。此因曹寅与继嫡母孙氏多住在江宁或扬州，其家在京的产业连同宝坻的圈地应均归曹荃负责管理。我们从吴贯勉的《芷园席上曹东皋索赠》，知曹荃（号芷园）确与东皋草堂主人曹殷六有往来（图表2.19）。

150　如萧山湘南韩氏的家谱记东宅宝一房牌轩村的行字为"宝正照显宗在堂贤怀舜道彰春夏殷鼎复兴"，其中"行殷六"的振国，乃谓他在行字为"殷"者（自贤三公宜佑所生两子怀二公宜佐、怀五公宜侃的裔孙起算，凡62人）的出生序为第六。由于曹鼎望（继祖长子）与曹鈖（在同祖之堂房兄弟中行四）父子分以冠五与殷六为别号（自登瀛、登均兄弟辈起算；图表2.26），曹寅别集中亦分以俊三、尊五为字号以称呼其友人乔国彦、吴贯勉，此不知是否均即类此之大排行？参见韩寰康等纂修，《浙江萧山湘南韩氏家谱》，卷13，页45。
151　曹寅称东皋草堂主人"风尘蹭蹬，卒卒不遇。年未五十，须发已白"，吴贯勉称曹殷六"只三十，过头霜染髭须……今做灌园夫"，且汪绎、卓尔堪、彭定求、释超格、杨中讷等亦皆提及殷六早生白发、宦途不顺或归隐农耕之事。
152　相关讨论可参见顾斌，《曹学文献探考》，页209—227；方弘毅，《"东皋草堂主人"曹殷六行迹考》。
153　何俊田等，《御河文化史料》，页76—79。
154　洪肇楙修，蔡寅斗纂，《宝坻县志》，卷17，页69。

图表2.18　曹寅撰于康熙四十年五月的《东皋草堂记》

❖曹寅，《楝亭文钞》，页4—5

東皋草堂記

東皋在武清寶坻之間舊曰崔口勢窪下去海不百里非有泉石之奇市廛之盛工藝之巧弋釣之足樂也其土瘠鹵積糞不能腴其俗鄙悍詩書不能化故世祿於此地者率多以為芻牧之地或棄之而請益於大司農即撥給之者亦每勤其恤而薄其徭自丙戌以來

國家奠畿輔之重鑒前明府衛之弊因盛京夫田之制得寓兵於農之法生息教養五十餘年戶滋益繁盛均田之令不克行世祿者復侈奢相競每每不能振其業遊俠之徒利於操縱多習為刀筆商賈之事有役者仰食於倉廩無役者遊手於閭里遂使兼并之家趣其緩急夤緣為奸闢地置邑得以震烜其聲光蒼頭廬兒之屬亦得乘勢援繫於衣冠之姓乘堅策肥交遊徧長安而仕宦於四方者[illegible][illegible]窮年白首挈子負孫無所歸嗟乎藏舟於壑有力者負之而趨晏子之居湫隘叔敖之請惡邑東皋之窪下而尚可餬口於今日其為幸也深且厚矣吾兄其亦有鑒於斯乎方兄之南走僊耳北度瀚海舞筆躍馬奮揚英華視功名易若唾手脫親於危亡之難急義於死絕之域何其偉也而乃風塵蹭蹬卒卒不遇年未五十鬚髮已白酒闌歌罷輒垂頭睡去豈今者鉏耰之具足以銷其猛氣而耗其雄心歟嗟乎仕宦古今之畏途也馳千里而不一躓者命也一職之繫兢兢惟恐或墜進不得前退不得後孰若偃仰箕踞於蘧篨襏襫之上之為安逸也紆青拖紫新人滿眼遙念親故動隔千里孰若墦間之祭掃雞漬酒傾倒於荒煙叢篠之中謔浪笑傲言無忌諱之為放適也吾兄勉乎哉予異日儻得投紱以歸徜徉步屧於東皋之上述今日之言仰天而笑斯乃為吾兩人之厚幸矣予家受田亦在寶坻之西與東皋雞犬之聲相聞僕僕道途溝塍多不治兄歸幸名佃奴捷而教之且以勗弟筠石至東皋牆垣籬落庖湢之處耕藝之事筠石愛弄柔翰尚能記之予以未及見故不書康熙四十年五月初三日記於萱瑞堂之西軒

楝亭文鈔　四

楝亭文鈔　五

图表2.19　涉及曹殷六的清代诗文

❖ 王豫辑，《江苏诗征》
姚潛字後陶原名景明字仲潛江都人著後陶集
飲孫子魚琴來闊同汪度若夸方明曹殷六柱吹萬作
受求羊徑柴扉晝不關秋空千里目雲冷一樓山把酒心
稻麰依人幾早班阮宜錢欲暨顏爾破愁顏
祀曹殷六
酌酒與君秋色新鯼崎風骨見清真貧因任俠恒爲客毋在
知兒未許人花月西蓮隔苑柳琴樽酒道秣陵春由來五十
彈冠近真是東皐卜隱淪
（卷39，頁3）

❖ 汪绎，《秋影樓詩集》
披書廣陵城同局七律滿十積遙連曉明几凡若有失今夕景
次韻和徐兆奇前輩玩月懷曹旸卒山人
萬被聯秋深祿勤酒不堪同客家見人家吉祥寺畫顆
景雨睛河庭夕毛髮髭人霄骨切成綺宿簟塞深清
流通空萬象我不敢唐不知王臺靈夕披拯柯披蘆薄葦影
獨坐忍心隔江共此長天色明日駕漁舟戴洒話
塵美人隔江共此長天色明日駕漁舟戴洒話
相憶
（卷4，頁3）

❖ 吴贯勉，《秋屏词钞》
芷閬席上曹東皐索贈
吾使莫怪揚州舊話紅橋十里花花集新家夜飲
邀月上水净治香鋪歎欸歸未久溪山清絕何處
常蓬居只三十通頭幾霜染鬓遷劃平原蘆固煙雨後
阿母白调兒
（卷二，頁6）

❖ 卓尔堪，《近青堂诗》
並曹殷六
少年好事與相同忽漫皆成白髮翁酒揚中
憐夜月射龍江上憶秋風千戌鐡風雙 升沉有
異才原通南雖遙信墓通君過揚州曾問訊
布帆早挂碧流中
（页30）

❖ 曹寅，《楝亭诗钞》
沖谷四兄詩索擁臂圖並嘉千學天地書
再柬朱集一尺書哦迎松下晚涼妝近目黯
孟秋悄靜夫子魚尊五殷六過雞鳴寺間
（下略）
（卷一，页19）

❖ 曹寅，《楝亭诗别集》
诗三首
（卷4，页21）

❖ 彭定求，《南畇诗稿》
乙酉集
题曹東皐樓擁畫軒使君
登真州贈擁軒使君
笙詩宛在洛河東稻龍蔬菲滿中樹得堂陸薄正身
不須秉撒似毛生
平生宋故土嶺南雜亂有來畫遠
輕雲淡日扇和風
（页5）

❖ 邢上恩，《雨山和尚语录》
释上思
曹殷六居士行樂
目無近人，駒無近事。混跡山樵，超然肆志。一味我行我道，寧問今世何世。如此偶儻不羁，方可稱為天下士。
（卷19）

❖ 杨中讷，《芜城校周集》
题《東皐草堂圖》
殷六養親別業
男兒生縣孤，經營在四方。功名豈不懷，
有母恒思將。先王勞使臣，所以念不遑。
自從南陔歸，此志久已荒。君看斑彩衣，
貌本秉至性，曹侯抱草堂。怡然童稚顏，
沙隴牧牛羊。粉堂草莊，幕畫豈草草
新田狎獼兔，甘旨必親嘗。内省熱中腸。
畫師亦好事，墨淡風楊。
披圖三歎息，
（卷上，无页码）

❖ 王煐，《写忧集》
寫要素曹東皐即用四字高韻
若翠田龜蓮遙豇水東行歌秋色裹芍辟想想
吾家住海口阡伯焕瑤屋門正高
仕宦每誤人一生恒草李悴與刀田兒真得令保
與君同作宦何日更霁堂丙舍南村在時憶故鄉
（此诗格式已经编辑）

❖ 释超格（梦庵禅师），《同事拟诗集》
题殷六曹公《東皐草堂圖》
慶清朝·梦庵禅師，《東皐草堂圖》
紅樹山人、黃蘆水碧、數峰茅屋東坡裡，横斜雁字行高。意拼將一曲秋江笛韻、白蘋洲畔煙霞影繁蓼然。脱卻名身外，何必如陶。大抵浮名身外，何必如陶。吟松蔓蔓，霜跡混淆。
鼠肝蟲臂任人嘲。詠菊，百年心事都消。回廊下，石坪響細，先者誰饒。
書以志愧
丁亥和風
元夕窗军軒使君招飲復送綠燈二盞欲卻不得
（页三）

❖ 席中辑，《昭代诗存》（曹寅诗）
冬日送殷六表兄還雒揚用高進夫韻
王戌秋仍居
繄有金陵陳大聲《太平樂事》一関……余
兄東皐愛其詞，以子駡相倆，勒家僮
今演之，簿曲多戲段，小令祗堪彈唱，因
補填大套七齣，以《開場》《太和音》《燈賦》《燈詞》
仕其尾，大壁……未幾，有
捉月之游。又一年，東皐添下世……己丑
九月十五日柳山居士書
（卷7，所99）

滾滾寒江東去疾片帆閒處正脚蹟
嶺南亂有來各堪懷肉同枝折漸覺鳳鹿雨齧冢
釋別前低价用忽復交邦在索居邢上榮萃非甄土

图表2.20　位于武清与宝坻之间崔口的东皋草堂[155]

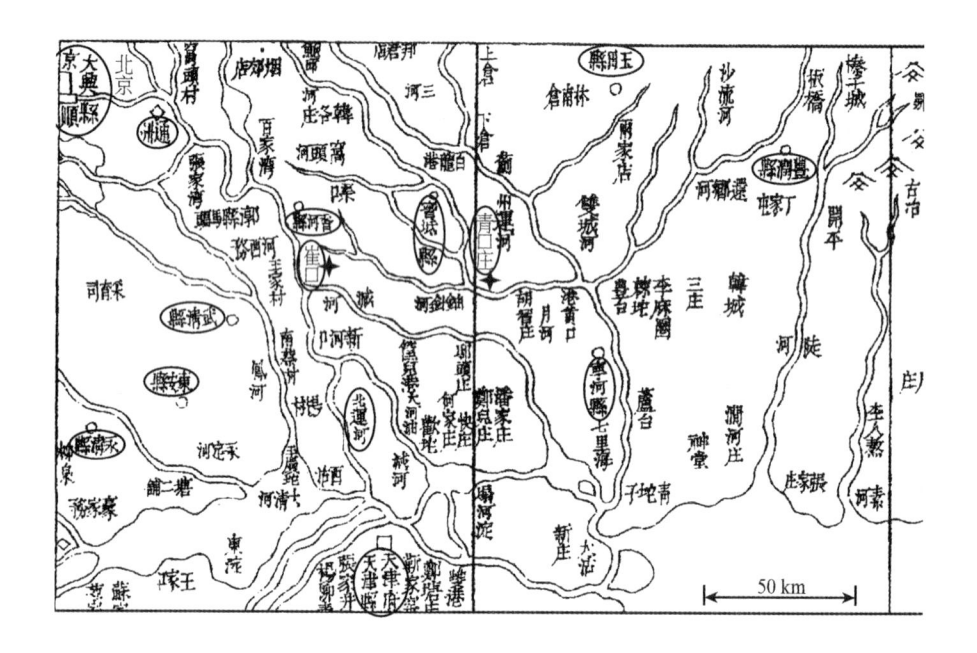

曹殷六在曹寅交游圈中算颇活跃，如曾为殷六赋诗的王焕、姚潜（1625—1709；字后陶）等人，即与曹寅、曹荃相熟；姚潜于康熙三十八年冬与曹氏兄弟同游苏州支硎山旁的名瀑"千尺雪"时，赋有《吴门同曹荔轩通政昆仲游千尺雪，限深字》一诗；王焕亦作《千尺雪和荔轩、芷园两使君》。此外，汪绎、吴贯勉（其以尊五为字，或与曹鋡号殷六的情形相近）、彭定求、释超格、杨中讷、王焕等人，皆曾在康熙四十三年前后为曹殷六的《东皋草堂图》题赠诗词（图表2.19）。

由于曹寅的《东皋草堂记》作于康熙四十年五月，文中称东皋主人"年未五十"，知其应生于顺治十年或稍后。又，曹寅在四十八年九月所撰的《太平乐事》前序（图表2.19、4.16）中有谓：

155　汪前进整理，《清廷三大实测地图集·乾隆十三排图》，九排东一。

> 旧有金陵陈大声《太平乐事》一阕……余表兄东皋酷爱其词，以子鹅相饷，勒家僮令演之。然曲多焰段，小令祇堪弹唱，因补填大套七出……武林稗畦生击赏此词……未几，有捉月之游。又一年，东皋亦下世。此词已入山阳之笛，急切付梓，盖存故人之余意焉尔。己丑九月十五日柳山居士书。

文中的"焰段"指金、元院本或杂剧在正剧之前所附加的一段小故事，"稗畦"即曹寅友人洪昇之号，他于康熙四十三年六月初一日在乌镇失足落水而死，故用李白醉后入水捉月而死之典，以其有"捉月之游"。又，"山阳之笛"乃用晋·向秀的故事，因其途经山阳时闻人吹笛，感音而怀念亡友嵇康、吕安，后以山阳笛表示伤悼、怀念旧友。

至于曹寅在《东皋草堂记》和《太平乐事》前序提及的东皋，经爬梳相关的人际网络与生平事迹后，发现别号东皋的曹殷六颇可能就是与曹寅交好的曹鋡（图表2.19）。[156] 曹鋡为鼎望的第三子，字冲谷，号寓庵，贡监，初任候选训导，历官至候选理藩院知事（正八品），[157] 据康熙《南昌武阳曹氏宗谱》，知其生于顺治十一年。[158] 此与前文所推东皋主人的生年（顺治十年或稍后）若合符契，令笔者开始探索"殷六"即曹鋡的可能性。

曹寅为曹鋡所赋的《松茨四兄远过西池……感今悲昔，成诗十首》，因此成为与《东皋草堂记》对照的重要文献。后者揄扬东皋主人"南走儋耳，北度瀚海，舞棰跃马，奋扬英华，视功名易若唾手，脱亲于危亡之难，急义于死绝之域"，恰与前引组诗第五首的"三驱度瀚海……旃裘拥戈寐"句若合符契，此或记曹鋡于三十五年春以理藩院候选官员身份随康熙帝征讨准噶尔部的噶尔丹一事（附录2.4）。至于曹寅请东皋主人点拨曹荃管理受田的情境，亦与第三首称曹鋡"寸田日夜耕"以及曹鋡尝赋"年来渐识为农好"诗

---

156 曹寅的诗文中对曹鋡还有"冲谷四兄"或"松茨四兄"等不同称谓。
157 曹鋡此衔或是捐官所致，但他应不曾实授理藩院知事（否则，他应有机会获得正八品修职郎之诰命，不致墓碑上仅书"待赠休【修】职佐郎"；参见图表2.21），有些文献则径自略去"候选"二字（图表2.22）。
158 黄一农，《重探曹学视野中的丰润曹氏》。

句所描述的能力相合（图表2.22及2.23）。第四首的"陶写［指陶冶性情、消愁解闷］托笙竽……声伎安能娱"以及第七首的"黄钟散为征，太音［指雅音］声久希"，则又与《太平乐事》序中所描述酷爱戏曲的曹寅表兄"东皋"相呼应（图表2.19）。

图表2.21　曹铃夫妇合葬墓碑。[159]图左之碑石照片乃2010年笔者摄于唐山市丰润区博物馆，其右之拓片则摄自丰润区文物管理所

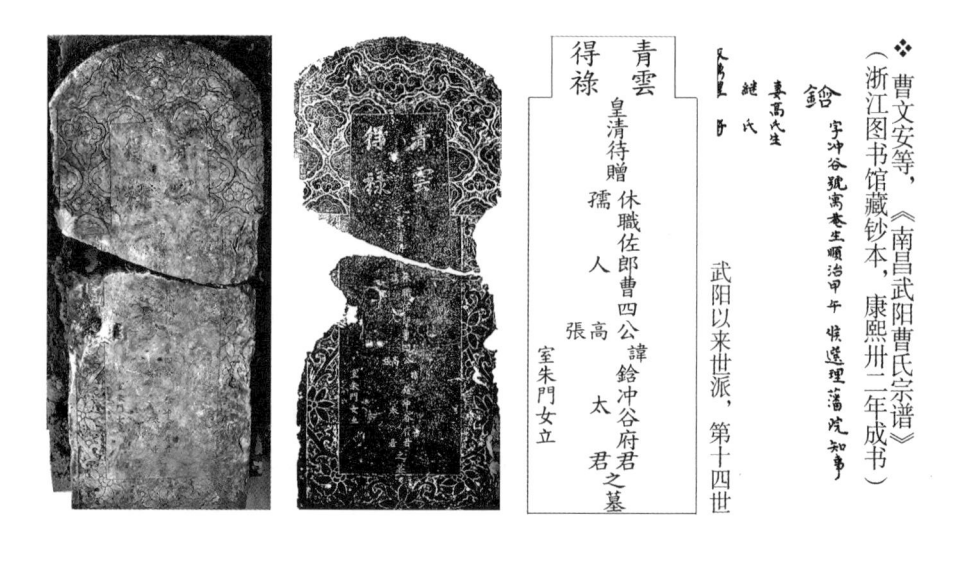

❖ 曹文安等，《南昌武阳曹氏宗谱》（浙江图书馆藏钞本，康熙卅二年成书）

铃　字冲谷號嵩卷生順治甲午揀選理藩院知事
妻高氏生
継氏
青雲
得祿
皇清待贈
休職佐郎曹四公諱銓冲谷府君之墓
孺人張高太君之墓
室朱門女立

武陽以來世派，第十四世

159　碑上所书"待赠休【修】职佐郎"及"待赠孺人"之衔，均应是亲友为虚夸其身份而私自所称。清初的封赠共分十七阶，"正八品，修职郎；从八品，修职佐郎"，命妇则视其夫或子之品封赠，正从七品之母妻各封赠孺人，以下不封。然因曹铃诸子均为白身，故曹铃夫妇应无法获得敕赠。清初叶梦珠即尝曰："有身后称待赠者，必其子孙列于士林，或已入仕籍而未蒙纶诰者，亲友从而颂祷之。后则概用，若为固然，今则子孙自称之矣，习焉不察，可发大笑。"参见伊桑阿等，《大清会典》，卷13，页8—10；叶梦珠撰，来新夏点校，《阅世编》，卷2，页39—40；黄一农，《重探曹学视野中的丰润曹氏》。

图表2.22 曹鋡诗作辑佚。其文采应亦是其与曹寅交好的重要因素

❖ 光绪《畿辅通志》卷136，页76

鸠龢集 圖朝曹釗撰
纖輔詩傳劍谷清遵周人
人望字諤生有詩船集
空字聲臣俱遷同
癋庵集 鋡撰曹鋡
鐵輔詩傳釬字裘弢從五世内轉任藩院知
創官百年候選藩院有聲鉅彦
弟官瘋語濁浴蒼白櫻忱集

❖ 光绪《遵化通志》卷34

曹人望 州同 曹鋡 理藩院知 曹燵訓導

乾隆《丰润县志》卷4，页29
曹鋡字譽臣侯選理藩院知事
曹鋡字允大候選訓導
兒孫春明更種南溪樹荷鋪人鯡帶月痕

卜築餘茅另一村編籬挿棘蓁門來漸識爲農
好老去深知養拙舉自撥新酷呼小婿閑鈔舊句課
過唐愷庵候選黛山莊

小朝川 曹鋡
卷8，页55
溪船前身可是王摩詰別墅人呼小朝川
苦蘸大猶恍自在眠堤柳似分嶺苑色野航延屹越
岸繞菰蒲水接天四圍桑柘一村鬪兒童不識征徭

萬事無如此閉關嶺雲漢月好投閒榮屛迎緋色
白雲嶺下山居 曹鋡
數秋滿隙近可拳岸脚榮屛分進黛苔合倚
青山孩家絕勝桃源住歲歲花開任往還
卷8，页61

❖ 陶梁辑《国朝畿辅诗传》卷二十三，七

曹鋡 字字聲臣侯官理藩院知事有雪窗詩集

雨中對漲復觀龍潭水漲
驟雨剝然成烟雾火長空干峯鵚蟚影飛瀑垂玲瓏深
漂忽焘沸漫是蛟鼍宫籌聳振林越磬琨生栗鳳驪足
心欲勁飛茵首搔雙聽下觸石骨砕上與銀河遒誰禽開
醫力吾將問斧漿

伏日同伯兄劉葦菘次消暑韻
何處離亭酒東皋蕗草半雨涉沙路細鳳歎梨苗香惹
燕非晴出山蜂底事忙老親憐弱稚難喜故例將
竹與鷺徑薄蘆捧挂烟霞石如迎送路偏樹溪向屢渡橋歙
收方兒日雲茱即成瀟瀟洒外青山認牧孥

入山曉行
山潜千尺嶮非尋一溪雨霽樹杪陰
林浚藻洛絕鬱亂雲蕓土生烟接拂低路
坐煙雲亭

登交殊院
古人祐藤路不分狍祥祿鹿自為擎翠千岩雨中風六月奧石
欹丹陛過松古學龍蠖繞目逗荒外方知天地寬
仙侶吹簫月下浮雨袖似雨水流籟石自成紋

黄山
嵯岈閱綠路枝展莫醉鳳爲千岩雨中風六月奧石
欹丹階過松古學龍蠖繞目逗荒外方知天地寬
仙侶吹簫月下浮雨袖似雨水流籟石自成紋
欲知笮笲歸何處須問孤峯頂上雲
卷23，页17—18

❖ 闵麟嗣《黄山志定本》卷七，页诗，107

白龍潭
已騎龍去雲端送雨來心鏡流水遠彷彿近天台
激徵壺千尋奔騰對若雷春涵群玉砕解石六花周偃

❖ 孙鉉辑评《皇清诗选》卷15，页5

曹鋡 字諤臣直隸
雨簷煙林觚蒼茫景幽似板橋對寺山月出當
樓精水搖里動歸雲入澗流仙源何處是留不見
漁舟 卷15，页5

押限闗同伯兄晚眺
可想從歸何處閒

❖ 宋荦《沧浪小志》

才人性命帶山水膝泓往往從逝濁遊篇積精神結鬼神護
孤亭如鷺立冠冕諸子美髯人戴角莬宛繡紅綠水竹意遐惠適
遊展嬝彩鏡今無車馬喧人醉家中度荷花人醉妍地陶心遠塵適

中丞懷思有理則祈二王正與白風開瓏心意禺陶心遠塵適
清曉明月當照孤仙修賒老樹紅倚帶赤閉鴛竹紛搖環
一攔栩栩飛仙侶相池館成梁田當年盟客難鴉酒煙
威儂容華等閒浩經古淬志已心何時散舊客林邊
纵香人爲牛夫子詢新飄豆太息君門散蒼軒中飲我酒
中心憙應慨偲新飄豆太息君門自有契乾雲天
滄浪亭閣於涼只然鷺尊泛宅志已心何時散舊客林邊
滄浪亭有許醉飲古來志士多歷軻感微一舸擅千年
顧公大名誦竹飛竛誰但以詩人傳
卷下，页21—22

图表2.23　曹铨与曹荃从军的材料

❖ 曹寅，《楝亭诗钞》

卷2，页17

松茨四兄遠過西池用少陵可惜歡娛地都非少壯時十字為韻感今悲昔成詩十首

西池歷二紀仍藜火薄短槃書與家累相對無一可連枝成漂萍叢篠冒高荂歸與空浩然南轅計

今夕良讌會今夕深可惜況從卯角遊弄茲蓮葉誠左

碧風堂說舊詩列客展前席大樂不再來為君舉一石

閒居咏停雲遠若戀微官行葦幸勿踐我駕良匪難寸田日夜耕狂瀾無時安恭承骨肉惠永奉筆墨歡

奇雅慕古人其次思與俱徛何謝太傅陶寫托笙竿榮名罰恒愛服食不須史瞋眩莫有廖聲伎安能娛

勾陳過招搖幽天風夜至單于六纛走羽林呼動地三驅度瀚海持冰暴犧橚念我同胞生旒裳攡戈麻

吾宗詩淵源大率歸清脾叔氏振頹風句不修廉

❖ 曹寅，《楝亭诗别集》

卷3，页7

聞二弟從軍却寄

隅選友得關中沉雄避時趨會應策騣裏歷塊過名都

黃鐘散為徵太音聲久希前賢專據各得具體微盲瞽不安命小儒多腹非有斐貴切磋且願誦

曩年拓強弓齾牙一何少腸肥膌復滿茫茫紅塵中末路炳緇衣

鵕軒起觸四隅周肮不可趨龜爐

伯氏值數奇散髮蕩仲氏獨賢勞萬事每用壯平生盛涕淚萬里幾悽愴易哉加餐飯門戶慎屏障

酒黨日以散婚宦方乘時交遊山水間喧羅松茨貧殖非所好欵段無不之汜汜大江流煙霞相與期

聞二弟從軍却寄

與子隨地同胚胎與子四十猶嬰孩囊垂禿筆不稱意棄薄文家談武備伏聞攘狄開邊隅閭子獨載推鋒車回憶趨庭傳射法平安早早寄雙魚

附录2.4

康熙三十五年曹鋡扈从征噶尔丹小考

曹寅有《松茨四兄远过西池，用少陵"可惜欢娱地，都非少壮时"十字为韵，感今悲昔，成诗十首》（图表2.23），依其内容所记，该组诗应全为曹鋡（1654—？；号松茨）所赋。首句的"西池历二纪[一纪十二年]"，乃追忆两人相识之始，此因康熙八年十月曹鋡父鼎望在知徽州时，曾为剿除婺源、祁门盗贼，至江宁谒总督麻勒吉，遂与曹玺联谱认宗。年少的曹鋡或至迟在此时与曹寅于江宁织造府中的西池初识，而有"况从卯[音'冠']角游，弄兹莲叶碧"的交情。至康熙三十五年曹鋡于从征后再过西池，相隔已二十六、七年，近乎"二纪"。

该组诗屡以"连枝成漂萍""况从卯角游""恭承骨肉惠""念我同胞生""叔氏[曹鼎望幼子鋡，因其在同祖之堂房兄弟中行四，故云'松茨四兄']振颓风"，描写从小与曹寅相知如兄弟的曹鋡（两家乃联宗）；至于第九首的"伯氏[鼎望长子钊]值数奇，形骸恒放荡。仲氏[鼎望次子鈖]独贤劳，万事每用壮[指勇武]"，也是为了铺陈曹鋡"平生盛涕泪，蒿里[古挽歌名]几凄怆"的坎坷命运（其兄钊与鈖皆先卒于康熙二十七年），曹寅因此期勉曹鋡"勖哉加餐饭，门户慎屏障"。

又，第六首称"吾宗诗渊源，大率归清腴。叔氏振颓风，句不修廉隅。选友得关中，沈雄避时趋……"，此因曹鋡曾于康熙二十三年随出知凤翔府的父亲至陕西，故"选友得关中"句乃用了净饭王遍访国中聪明婆罗门（所谓"选友"）来教导其子释迦牟尼的典故，由于释迦牟尼"凡技艺、典籍、天文、地理、算数、射御皆悉自然知之"，且其师曾叹曰："何欲令我教！"[160] 知该首诗亦同时赞许曹鋡才气纵横。

---

160 曹寅，《楝亭诗钞》，卷2，页18；释志盘，《佛祖统纪》，卷2，页9。

至于第五首所记，则与当时的战事有关，诗称：

勾陈逼招摇，幽天风夜至。单于六臝走，羽林呼动地。
三驱度瀚海，持冰裹糇糒。念我同胞生，旗裘拥戈寐。

康熙帝曾三度征讨噶尔丹，于三十五年春出师漠北、同年秋至鄂尔多斯、翌年春行兵宁夏，[161]"三驱"应谓首次亲征时所采用的三面驱赶战略（此与另两次兵分两路的做法颇异）。[162]《宋史》称天星勾陈"主天子护军"、招摇"主北兵"；臝（音"裸"）为赤身露体，裹（同"裹"）谓携带，"糇糒［音'备'］"即干粮，知此诗乃描写曹荃扈从康熙帝征噶尔丹事，"念我同胞生"则指被曹寅视为同胞的曹荃。[163]然"勾陈逼招摇"句或仅为寓意，"羽林呼动地"也不必然表示他任侍卫。

曹荃历官至候选理藩院知事（图表2.22），该院是清朝处理外藩（指蒙古、新疆与回部）事务的部门，顺治五年二月始增设正八品的汉知事一人，康熙三十八年七月裁。[164]三十六年二月的上谕有云："朕亲历行间，塞外……其地不毛，间或无水，至瀚海等砂碛地方，运粮尤苦……朕今亲临宁夏，凡有可用兵之地，必详察行道、水草，全备马驼、粮糇等物……"[165]此或即曹寅所赋"度瀚海"句的背景，因疑曹荃乃于三十五年春随帝西征。当时理藩院先后派遣署院事马齐、侍郎满丕、员外郎常禄、主事保住、诺尔布、巴雅思呼朗、副使署主事萨哈连，处理在御驾途中勘路设驿、运米解粮、奉差出使、解送降人、沿边安塘（"塘"乃泛指关卡）、降

161　先前对三次亲征的认知有误。参见杨珍，《康熙二十九年"亲往视师"再析》。
162　康熙三十五年秋亦是兵分两路。参见《清圣祖实录》，卷178，页914—915。
163　先前相关的讨论可详见高树伟，《曹荃扈从北征及持节南下考辨》；兰良永，《曹宣从军及其他》。高文首揭"三驱度瀚海"意指三面驱赶噶尔丹的战略，兰文则强调曹寅《松茨四兄远过西池》一诗与曹荃从军无关。
164　《清世祖实录》，卷36，页293；《清圣祖实录》，卷194，页1051。
165　《清圣祖实录》，卷180，页928—929。

敕赐币等事，[166] "曩年拓强弓"的曹鈙，应是其中派赴漠北的一名低阶官员。而赋于约四十一年的《闻二弟从军却寄》（图表2.23），显示曹荃从军应晚于曹鈙。

据曹鼎望的墓志铭（图表2.24），他于康熙初年知徽州期间，尝亲随总兵丘越征讨数千乱贼，前后计七个月；十七年五月他出知广信府时，亦"惟以讨贼安民为首务"，不仅随营督粮出谋，并募健丁二百人守御府城，终在十九年完全敉平乱事。[167] "曩年拓强弓"（见《松茨四兄远过西池……》组诗第八首）的曹鈙，在这些过程中，"往往负剑从之"，[168] 此或即曹寅在《东皋草堂记》中称颂曹殷六"脱亲于危亡之难"之举。

若曹殷六即曹鈙，那他有何特殊机缘可于康熙四十年之前游历海南岛的琼州府（领儋州、崖州等三州及昌化、感恩等十县）？经爬梳康熙三十几年的六、七十名地方官后，发现知昌化、崖州的陶元淳（1646—1698；二十七年进士）及知感恩的姜焯（曾选编同祖堂兄李煦的《虚白斋尺牍》），恰与曹鈙、王焕、赵执信（"信"读"伸"）、曹寅同属一泛交游圈（第六章）。由于清朝州县颇多，推判曹殷六"南走儋耳"与陶元淳或姜焯毫无关联的概率应很低。元淳于十八年与曹寅族舅顾景星等人同应鸿博之征，但未获选。[169] 三十三年五月他在赴昌化履新前，曾在广州与曹寅及人王焕（二十七至二十四年知惠州）相叙。又，赵执信登康熙十八年进士时即与陶氏在京互动密切（所谓"晨夕无间"），[170] 三十五年性好壮游的赵执信（二十八年因观演洪昇《长生殿》案被劾以"国恤张乐"罪革职）亦"游于南海"，并与尚未离粤的王焕会面，他且尝对

---

166 《清圣祖实录》，卷179，页920；卷180，页923—928；卷181，页936及942；卷183，页961。
167 孙世昌等纂修，《广信郡志》，卷1，页33—34。
168 尤侗著，杨旭辉点校，《尤侗集》，下册，页1350—1351。
169 李铭皖等修，冯桂芬等纂，《苏州府志》，卷63，页1；高士鸐等修，钱陆灿等纂，《常熟县志》，卷11，页100。
170 赵执信，《饴山诗集》，卷18，页2。

陶元淳亟称王煐之才乃“屈指畿内”。曹鋡因此很有可能为扩展视野并亲览苏轼迁贬儋耳的遗迹，而过访陶元淳或姜焯。[171]

图表2.24　题为康熙三十二年蒋弘道所撰的曹鼎望墓志铭[172]

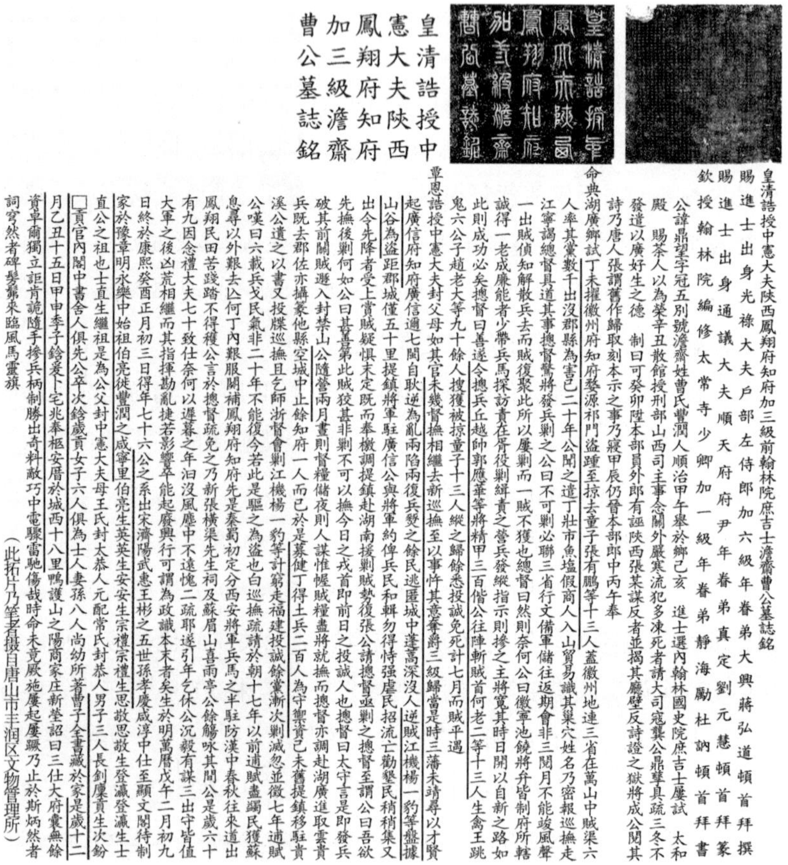
皇清誥授中憲大夫陝西鳳翔府知府加三級澹齋曹公墓誌銘

皇清誥授中憲大夫陝西鳳翔府知府加三級前翰林院庶吉士澹齋曹公墓誌銘
賜進士出身光祿大夫戶部左侍郎加六級年眷弟大興蔣弘道頓首拜撰
賜進士出身通議大夫順天府府尹年眷弟真定劉元慧頓首拜篆
欽授翰林院編修太常寺少卿加一級年眷弟靜海勵杜訥頓首拜書
公諱鼎望字冠五別號澹齋姓曹氏豐潤人順治甲午舉於鄉己亥　進士選內翰林國史院庶吉士屢試　太和
殿　賜茶人以為榮辛丑散館授刑部山西司主事念關外嚴寒流犯多凍死者請大司寇龔公鼎孳具疏三冬不
發遣以廣好生之德　制曰可癸卯陞本部員外郎有誣陝西張某謀反者並揭其廳壁反詩證之獄將成公閱其
詩乃唐人張謂舊作歸取刻本示之事乃寢甲辰仍晉本部郎中丙午奉
命典湖廣鄉試丁未擢徽州府知府婺源祁門盜踵至掠去童子張有鵬等十三人蓋徽州地連三省在萬山中賊渠六
人率其黨數千出沒郡縣為害已二十年公聞之遣丁壯市魚塩假商人入山貿易識其巢穴姓名乃密報巡撫走
江寧謁總督具道其事總督驚將發兵剿之公曰不可剿必聯三省行文備軍儲往返期會非三閱月不能竣風聲
一出賊偵知解散兵去而賊復聚此所以屢剿而一賊不獲也總督曰然則奈何公曰徽寧池饒將弁皆制府所轄
誠得一老成廉能者少帶兵馬探訪責在胥役剿緝責之營兵發縱指示則操之主將寬其時日開以自新之路如
此則成功必矣總督曰善遂令總兵丘越帥郭應華等將精甲三百偕公往陣斬賊首何老二等十三人生禽王跳
鬼六公子趙老大等九十餘人搜獲被掠童子十三人縱之歸餘悉投誠免死計七月而賊平遇
覃恩誥授中憲大夫封父母如其官未幾督撫相繼去新巡撫至以事忤其意奪爵三級歸當是時三藩未靖尋以才賢
起廣信府知府廣信適七閩自耿逆為亂兩陷兩復兵燹之餘民逃匿城中蓬蒿深沒人逆賊江機楊一豹等盤據
山谷為盜距郡城僅五十里提鎮將軍駐廣信公與將軍約俾兵民和輯勿得恃強虐民招流亡勸墾民稍稍集又
出令先降者受上賞賊疑懼未定既而奉檄調提鎮赴湖南援剿賊勢復張公請總督亟剿之總督至謂公曰吾欲
先撫後剿何如公曰甚善第此賊狡甚非剿不可以撫今日之戎首即前日之投誠人也總督曰太守言是即發兵
破其前關賊遁入封禁山公隨營兩月晝則督糧儲夜則人謀惟幄賊糧盡將就撫而總督亦調赴湖廣進取雲貴
兵既去郡佐亦攝篆他縣空城中止餘知府一人而已於是募健丁得土兵二百人為守禦資已未舊提鎮移駐貴
溪公遺之以書又投牒巡撫且乞師浙督會剿江機楊一豹等計窮走福建投誠餘黨漸次剿滅忽並徵七年逋賦
公嘆曰六載兵戈民氣非二十年不能復今若此是驅之為盜也白巡撫疏請於朝十七年以前逋賦盡蠲民獲蘇
息尋以外艱去亾何丁內艱服闋補鳳翔府知府先是秦蜀初定分西安將軍兵馬之半駐防漢中春秋往來道出
鳳翔民田苦踐踏不得穫公言於總督疏免之乃新張橫渠先生祠及蘇眉山喜雨亭公餘觴咏其間公是歲六十
有九因念禮大夫七十致仕奈何以遲暮之年汩沒風塵中不遠愧二疏耶遂引年乞休公沉毅有謀三出守皆值
大軍之後凶荒相繼而其指揮勘亂捷若影響卒能起廢興行可謂為政識本末者矣生於明萬曆戊午二月初九
日終於康熙癸酉正月初三日得年七十六公之系出宋濟陽武惠王彬之五世孫孝慶咸淳中仕至顯文閣待制
家於豫章明永樂中始祖伯亮徙豐潤之咸寧里伯亮生英英生安安生宗禮宗禮生思敬思敬生登瀛登瀛生士
直公之祖也士直生繼祖是為公父封中憲大夫母王氏封太恭人元配常氏封恭人男子三人長釗廩貢生次鈖
□貢官內閣中書舍人俱先公卒次鋡歲貢女子六人俱為士人妻孫八人尚幼所著曹子全書藏於家是歲十二
月乙丑十五日甲申季子鋡爰卜宅兆奉柩安厝於城西十八里鴨護山之陽商家庄新塋詔曰三仕大府囊無餘
資卓爾獨立詎肯詭隨手摻兵柄制勝出奇料敵巧中電驟雷馳傷哉時命未竟厥施屢起屢躓乃止於斯炳然者
詞穹然者碑髣髴來臨風馬靈旗

（此拓片乃笔者摄自唐山市丰润区文物管理所）

171　陶元淳于康熙三十三年知昌化，三十四至三十七年兼摄崖州，卒于任，他于三十七年在昌化重建治平寺，所撰碑记尝及苏轼至昌化事。姜焯于三十七至五十一年知感恩。此段参见王煐，《忆雪楼诗》，卷上，前序。明谊修，张岳崧等纂，《琼州府志》，卷11上，页37；卷24，页1—66；卷31，页9—11。

172　由于李澄中的文集亦收录此墓志铭，只不过少数文句有异，疑此文乃李澄中代蒋弘道所作。参见董宝莹、曹兆荣，《曹鼎望墓志铭和曹鋡墓碑》，收入刘继堂、王长胜主编《曹雪芹祖籍在丰润》，页74—84；李澄中，《白云村文集》，卷3，页16—18；http://blog.sina.com.cn/s/blog_4e5341fe0102vuvx.html。

此外，丰润县令罗景泐（音"勒"）的《秋日饮曹澹斋松茨……》有"徒倚东皋晚气封"诗句，其中松茨为曹鼎望（号澹斋）在丰润（位于宝坻之东）东郊的别墅，曹鋡后曾以松茨为号。又，曹鋡《夏日松茨园消暑，同伯兄眉庵〔鼎望长子曹钊别号〕》亦有"何处携樽酒，东皋旧草堂"句。[173] 曹寅《冲谷四兄寄诗索拥臂图，并嘉予学天竺书》内，有"再报东皋一尺书"句。知鼎望父子在丰润的居所，原位于县城东边陡河旁的高地，或以"东皋"为名，但此距曹殷六在武清县崔口为母所筑的东皋草堂颇远（图表2.20）。然若曹殷六即曹鋡，则他很可能因追求交通便利，而选择与母自丰润移住崔口附近的北运河东岸，[174] 但仍以原"东皋草堂"命名新宅，无怪乎，曹鋡会在《夏日松茨园消暑……》诗中称丰润的松茨园为"东皋旧草堂"。

至于彭定求何以于康熙四十四年（曹鼎望卒于三十二年）赋《题〈东皋草堂图〉二首》的诗题下有"为天津曹殷六养母别庄"之小注（图表2.19），亦可有合理解释：此因从丰润西南抵宝坻约一百七十里，宝坻南至天津卫一百六十里，西南至武清县九十里，[175] 而这些区域皆归天津道管理，[176] 故彭氏以"天津曹殷六"称呼"直隶丰润"曹鋡的做法，正如同曹振彦既被称作"奉天辽东人"，亦有谓其是"辽东辽阳人"的情形（图表1.2）。

惟若旗人曹寅确称民人曹鋡为表兄，通常应是两人当中有一人之姑嫁与另一人的父亲或叔伯辈，[177] 然曹寅与曹鋡自其曾祖以下三辈当中尚未见娶曹氏女的记载。[178] 考虑旗民间的通婚有特殊限制（民女可嫁到旗下，但旗女禁嫁民

---

173 曹振川等，《浭阳曹氏族谱》，卷2，页49—50、57。
174 乾隆方志中在其外围可见大曹家庄、东曹庄、曹家岗、西曹庄等以"曹"氏命名的地名。参见吴翀修，曹涵纂，《武清县志》，卷1，页25。
175 罗景泐修，曹鼎望纂，《丰润县志》，卷1，页7；牛一象等修，苑育蕃等纂，《宝坻县志》，卷1，页3。
176 如康熙三十四年三月天津道朱士杰即指派宝坻、丰润、武清、天津卫等九处挑浚新河。参见沈锐修，章过等纂，《蓟州志》，卷3，页31—32。
177 虽然清初律例规定"凡同姓为婚者，主婚与男女各杖六十，离异，妇女归宗，财礼入官"，但若爬梳"中国谱牒库"和《八旗通志》，即可发现不少同姓婚配者。如在康熙编的铁岭《李氏谱系》中，就见到七位娶李氏的情形，且刘廷玑亦娶刘兆麒的长女。参见伊桑阿等，《大清会典》，卷113，页26。铁保等，《钦定八旗通志》，卷263，页8及37；卷264，页11；卷265，页9—10。
178 仅曹尔正的婚姻不详。曹振川等，《浭阳曹氏族谱》，卷4；黄一农，《二重奏：红学与清史的对话》，页16—18；黄一农，《重探曹学视野中的丰润曹氏》。

人），¹⁷⁹图表2.25整理出几种可能性：曹鋡姑祖母之女（可不姓曹）嫁给曹玺的兄弟（如曹尔正）或堂兄弟、曹寅姑祖母之女（可不姓曹）配曹邦子侄、曹尔正或其堂兄弟娶曹鋡之姑，¹⁸⁰但目前尚无法证明是何种姻娅关系。但曹鋡若是曹寅的"殷六表兄"，那为何曹寅在诗文中却大多只称其为"松茨四兄"或"冲谷四兄"？¹⁸¹此或因中国向来有"一表三千里"之说，然曹寅却屡以"骨肉""同胞""连枝"等词形容其与丰润曹鼎望三子钊、鈖、鋡之间的亲密程度，知曹鼎望与曹玺两家的关系已远不止于通常泛泛的"官场联宗"或"同姓联宗"，再加上曹鋡与曹寅为同姓的表兄弟，遂将"表"字省略。

尤侗在序曹鋡的《松茨诗稿》时，即呈现两曹间的密近关系，称：

> 司农曹子荔轩与予为忘年友……今致乃兄冲谷薄游吴门，因得读其《松茨诗稿》……信乎兄弟擅场，皆邺中之后劲也。予既交冲谷，知为丰润人。丰润京畿壮县……予昔司李其地〔司李即推官的习称，尤侗曾于顺治间任永平府此职〕……得冠五〔鼎望字〕太史而奉教焉，然未识冲谷也……予既承命为序，而即以此送之，并寄语荔轩曰："君诗佳矣，盍亦避阿奴火攻乎？"¹⁸²

知尤侗本与曹鼎望相知，却不识曹鋡，而"今致〔招引之意〕乃兄冲谷薄游吴门"句，则指当时是由曹寅引介"乃兄冲谷"至苏州，尤侗此序即应曹寅之命所作。序中先颂扬鋡、寅的表现是"兄弟擅场"，且两人的才气直逼其家族共认的显祖曹丕、曹植（故谓"邺中之后劲"），并以《晋书》中周嵩醉举

---

179 定宜庄，《满族的妇女生活与婚姻制度研究》，页331—348。
180 如若曹世选有女嫁给在旗的俞氏，其所生之女又嫁曹邦长子寅元（《浭阳曹氏族谱》记曹寅元娶俞氏），则曹寅应可称同姓的曹鋡为表兄，类似情形出现在曹邦其余子侄亦可。此外，若曹寅之姑配曹邦子侄，曹寅应亦可称曹鋡为表兄，然因曹邦子侄并无人配曹氏，知此途径应无可能。
181 古人在不同时空或交游圈往往用不同字号，如曹寅虽常用松茨和冲谷称曹鋡，惟亦称其为东皋或殷六，曹鋡且还有一较少见的别号"石壶"（图表4.39）。
182 尤侗著，杨旭辉点校，《尤侗集》，下册，页1350—1351、1699。

烛火掷其兄周颉（音"倚"）之典，[183] 调侃曹寅既与曹鈖是才情不相上下的兄弟，亦可仿效"阿奴[兄对弟的昵称]火攻"的故事挑战曹鈖。

图表2.25 曹鈖与曹寅为表兄弟的可能性

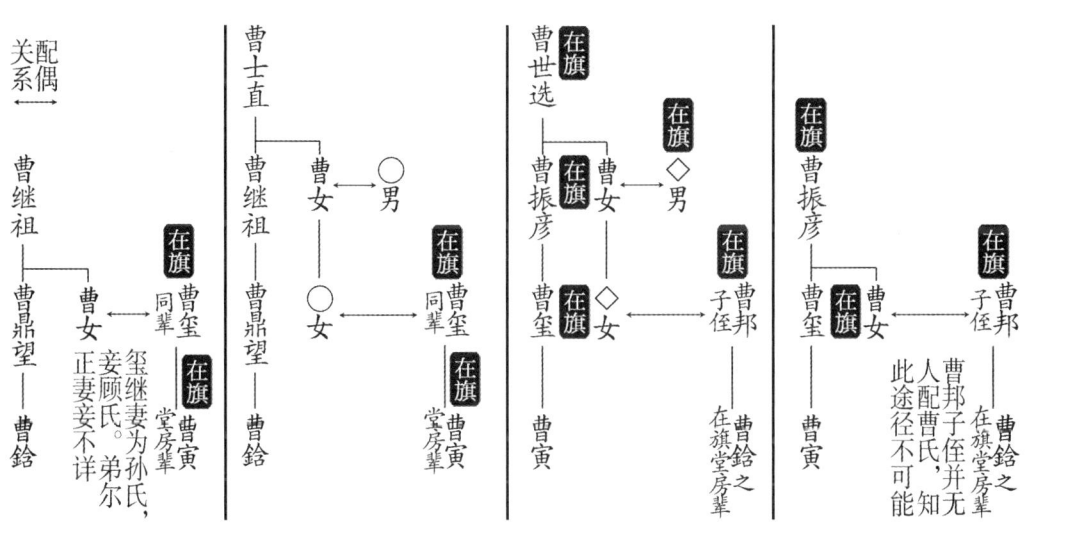

关系	配偶								
		曹士直		曹世选			曹振彦		
曹继祖		曹继祖		曹振彦			曹玺		曹振彦
｜		｜		｜			｜		｜
曹鼎望	曹女	曹鼎望	曹女—男	曹玺	曹女—男	曹邦	曹邦	曹女	曹邦
｜	正妻妾不详	｜	｜	｜	子侄	｜	子侄	｜	子侄
曹鈖	玺继妻为孙氏，妾顾氏，弟尔	曹玺（同辈）—曹鈖（在旗堂房辈）	曹女	曹寅（在旗）	在旗堂房辈	曹鈖之	曹鈖之 在旗堂房辈	曹寅	曹鈖之 此人配曹氏，并无人知，此途径不可能

---

183 晋人周嵩尝醉对兄周颉曰："君才不及弟，何乃横得重名！"并举蜡烛火掷之，颇具雅量的周颉笑曰："阿奴火攻，固出下策耳。"其中"阿奴"乃尊长对卑幼的称呼。又，雪芹好友敦诚在《别四弟汝猷》诗亦有"凤誉期吾弟，火攻笑阿奴"句。参见樊志斌，《曹雪芹家世文化研究》，页9。

图表2.26 丰润曹氏的世系图。内容主要参据光绪《浭阳曹氏族谱》

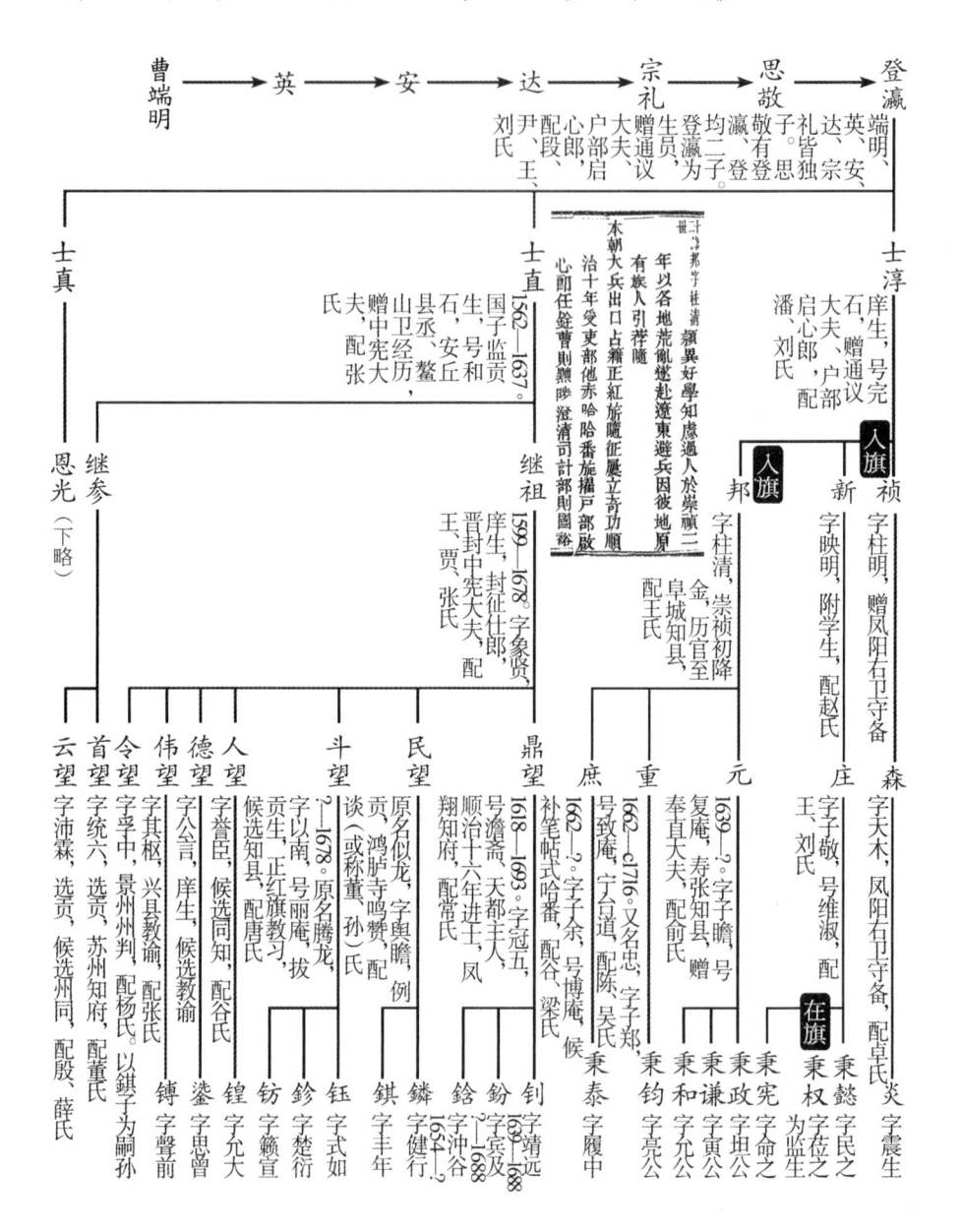

曹端明 → 英 → 安 → 达 → 宗礼 → 思敬 → 登瀛

宗礼：达、英、宗安、皆独子。
思敬：礼、均二子。
登瀛：敬子登瀛，生员，赠通议大夫、户部郎，启心郎，配段氏、王氏、尹氏、刘氏。

士淳：庠生，号完石，赠通议大夫、户部郎，启心郎，配潘氏、刘氏。

士真

士直：1562—1637。国子监贡生，号安丘和鳌，石承大夫，山东中宪经历，赠中宪大夫，配张氏。

【入旗】祯：字柱明，赠凤阳右卫守备。

新：字映明，附学生，配赵氏。

【入旗】邦：字柱清，崇祯初降金，历官至阜城知县，配王氏。

继祖：1599—1678。字象贤，庠生，封征仕郎，晋封中宪大夫，配王、贾、张氏。

（小字注：十一世郎中柱清颖异好学知虑过人於崇祯二年以各地荒乱携赴辽东避兵因彼地原有旗人引荐随本朝大兵出口占籍他赤哈纳正红旗顺治十年受吏部他赤哈纳番旋擢户部启心郎任铨曹则穆陞澄清司计部则图裕）

继参

恩光（下略）

森：字天木，凤阳右卫守备，配卓氏。

庄：字子敬，号维淑，配王、刘氏。

元：1639—?。字子瞻，复庵，寿张知县，奉直大夫，配俞氏。

重：1662—1716。又名忠，字子郑，号复庵，宁台道，赠号，配陈、吴氏。

庶：1662—?。字子余，号博庵，字子道，赠号，配俞、梁氏。

鼎望：1618—1693。字冠五，号澹斋，天都主人，顺治十六年进士，翔知府，配常氏。

民望：谈（或称董）氏。

斗望：原名似龙，字奥瞻，例贡，鸿胪寺鸣赞，配唐氏。

人望：字公言，庠生，候选同知，配谷氏。

德望：字誉臣，庠生，候选教谕。

伟望：字其枢，兴县教谕，配张氏。

令望：字孚中，景州州判，配杨氏，以铸子为嗣孙。

首望：字统六，选贡，苏州知府，配董氏。

云望：字沛霖，选贡，候选州同，配殷、薛氏。

秉炎：字震生。

秉权：为监生。

秉懿：字在之。

秉宪：字命之。

秉政：字坦之。

秉谦：字寅之。

秉钧：字亮公。

秉和：字午公。

秉泰：字履中。

钊：字靖远，配俞氏。【在旗】

鈐：1669—1688。字沖谷。

鑅：字健行。

鏶：字丰年。

鈺：字式如。

鈐：字楚衍。

钫：字允大。

鍠：字誉曾。

铸：字声前。

六、小结

曹雪芹的高高祖曹世选或于天启元年（天命六年；1621）沈阳城破时全家被俘或投降，初应在努尔哈赤亲领的正黄旗隶旗下家奴，至天命八年始因其所属牛录被拨给阿济格，而以阿济格为管主。天命十一年八月甫即位的皇太极将两白、两黄互换旗纛，曹家因此成为镶白旗，迄顺治八年（1651）阿济格遭籍没后，才转隶皇帝直主的内务府正白旗。在这服侍爱新觉罗家族的前二三十年间，曹家身份最重要的转折点应发生于天聪三年（1629），曹振彦因考选为金国首批的两百名生员之一，自此拔出奴籍变成正身旗人，且免两丁差徭。也就是说，其身份变成为阿济格所管旗鼓牛录下的一名包衣。

曹家这段从奴隶到包衣的经历，想必在其家族留下悲惨记忆。曹雪芹在撰写《红楼梦》时，性格饱满多样的奴才即是这本小说各种角色中最大的群体，从大总管、管家、司专职的管事，下到小厮杂役，以及各房的奶娘、执事大丫头、中小丫头、粗使仆妇，数目应以百计。该书在第十九回描写宝玉造访袭人家时，曾见到她两位标致的姨妹子，就慨叹曰："我因为见他寔在好的狠，怎么也得他在咱们家就好了。"袭人冷笑道："我一个人是奴才命罢了，难道连我的亲戚都是奴才命不成？定还要拣寔在好的丫头才往你家来？"让宝玉尴尬不已。

作者在第四十五回也曾通过赖嬷嬷之口对其甫捐县官的孙子赖尚荣曰：

> 哥哥儿，你别说你是官儿了，横行霸道的！你今年活了三十岁，虽然是人家的奴才，一落娘胎胞，主子的恩典，就放你出来，上托着主子的洪福，下托着你老子娘，也是公子哥儿似的读书认字，也是丫头、老婆、奶子捧凤凰似的，长了这么大，<u>你那里知道那"奴才"两字是怎么写的</u>！

尚荣之父是荣国府的大总管赖大（见第七和第五十二回）。曹雪芹在教训赖尚荣不要忘本之余，更以"你那里知道那'奴才'两字是怎么写的"一语，呐喊出自己对家族累世作为包衣老奴的痛苦心声。

此外，小说中也曾通过"从小儿跟着太爷们出过三四回兵，从死人堆里把太爷背了出来，得了命，自己挨着饿，却偷了东西来给主子吃。两日没得水，得了半碗水，给主子呵［犹喝、饮］，他自己喝马溺"的焦大（第七回），呈现许多汉人在作为旗下家奴日久之后，对主子的死忠。

曹振彦在天聪三年九月通过金国生员的考试后，很快就于几个月内考授学校里的"教官"，旋又于四年九月之前取得"致政"身份（可能指的是出仕资格），稍后并获派管理旗鼓牛录。曹振彦当时应已充分展现其融通满汉两种语言和文化的能力，天聪八年四月更以"有功"而加半个前程，疑他应是在这段时间随旗主多尔衮和管主阿济格处理孔有德、耿仲明、尚可喜投降事宜，并于其中发挥了重大作用。

崇德初年，获授牛录章京加半个前程（此非世职）的曹振彦两度因罪被鞭八十，并于清朝入主中原之前就已"缘事革退"。而与其同在崇德三年正月遭鞭刑的另一位阿济格王府下的长史李有功，正是李煦（称曹寅为"老妹丈"）的祖父。亦即，曹寅与李煦两家的渊源早在关外的金国时期即已酝酿。

顺治初，因政权新肇，急需充补各省之地方官缺，清廷遂数次考用通晓满汉文且拥有旗籍者为八旗贡士，旋即外放为州县正官。"扈从入关"的曹振彦应在顺治初年考选为八旗贡士，或由于他先前已有管理旗鼓牛录的从政经历，遂在顺治七年外放为山西平阳府吉州知州。九年四月，知阳和府，十二年九月再升授官署在杭州的两浙都转运盐使司运使；十四年六月去职，惟不知是病免、致仕，抑或卒于官。衡诸曹振彦生平所确切担任过的教官、致政、旗鼓牛录章京（长史）、知州、知府、运使，明显均非专责带兵之武职，知其应非如先前许多学者所称是以战场上的杀敌制胜或攻城略地起家。

综前所述，曹振彦作为最早一批在战乱中接受满人统治的汉姓包衣，很快就深度满化，在天聪年间即以其劳绩挣得旗鼓牛录章京的位阶，成为曹家首位在金国出仕之人。他后来虽遭"缘事革退"，但因骤然入主中原的清廷需才孔亟，所谓"国方新造，用满臣与民阂，用汉臣又与政地阂"，才给予谙习满汉语文、典制与民俗的曹振彦一个新的政治生命。他于顺治七年以八旗贡士的科名经由文官仕途至山西担任知州、知府，再历官至从三品两浙盐运使（官署在杭州），协助清朝治理省级以下的地方。曹家处此"天崩地解"的巨大转折，因身为八旗统治阶层的一分子，必须与大量的汉人互动，其家后辈遂又重拾汉文化的传统，并在汉人士绅间经营社会网络，开启其在江南长达七十多年的兴衰史（见第三章）。

图表2.27　曹振彦相关记事编年

时间	材料	出处
天聪四年四月	《大金喇嘛法师宝记》碑上，记有包含曹振彦在内的十八名"教官"	辽阳民俗博物馆藏
九月	《重建玉皇庙碑记》记曹振彦是"致政"项下二十七个人名之一	辽阳民俗博物馆藏
八年四月初九日	墨尔根戴青贝勒多尔衮属下旗鼓牛录章京曹振彦，因有功加半个前程。	中国第一历史档案馆藏《内国史院档》
崇德元年六月二十四日	刑部官郎位被控在审理镶白旗下长史曹振彦一案时，受银二十两，又致函以借愤为名索银十五两，但曹振彦却声言未行贿，是以拟鞭八十	《满文老档》
三年正月初八日	武英郡王阿济格之摆塔大曹振彦，因懈怠失职，对有夫之妇的行止失于觉察，遭鞭八十	《内国史院档》
顺治七年	曹振彦获授为山西平阳府吉州知州	《（光绪）吉州全志》
八年八月二十一日	山西平阳府吉州知州曹振彦夫妇获诰命	北京大学图书馆藏
九年	曹振彦升授山西省阳和府知府	《（乾隆）大同府志》

续表

时间	材料	出处
四月或稍后不久	记曹振彦是"正白旗下贡士,山西吉州知州,顺治九年四月升山西阳和府知府"	中国第一历史档案馆藏《顺治朝现任官员履历册》
十二月初八日	曹振彦的奏本明确记载他是阳和府知州	张书才,《曹雪芹家世生平探源》,页8—9
十二年三月初一日	山西临汾五龙宫藏的捐资题名碑上刻有"吉州知州曹振彦施银贰两"字样	山西临汾五龙宫藏
九月	曹振彦获授两浙都转运盐使司运使	《清世祖实录》
十三年四月	《重修大同镇城碑记》刻有"前太守襄平曹公讳振彦"字样	大同市博物馆藏
十四年六月	汤大临续任两浙都转运盐使司运使（浙江盐法道）,曹振彦最后历官至此	《清世祖实录》及《八旗满洲氏族通谱》
康熙十四年十二月十四日	曹振严【彦】夫妇以子江宁织造、三品郎中加四级曹熙【玺】贵获得诰命	原由傅吾康（Wolfgang Franke, 1912—2007）购藏

第三章　奠立半世纪"秦淮风月"的曹玺*

曹玺是受过旗人养成教育的第一代包衣，亦为内务府外放之首位专差久任的江宁织造。本章除爬梳曹玺的生平事迹，也尝试追索其继妻孙氏（康熙帝保母，曹荃生母）、小妾顾氏（江南名士顾景星族妹，曹寅生母）、亲家李月桂（沈阳李氏，历官江西督粮道，曹寅岳父）、女婿塞白理（原名李显祖，铁岭李氏，历官浙江提督，继娶曹玺女）等姻娅关系。

一、初任江宁织造的曹玺

曹振彦已知有曹玺（原或名尔玉，[1] 字完璧；图表1.4、3.1及附录3.1）与曹尔正二子，他们均是在旗人养成教育下被栽培出的第一代包衣，满文很自然成为其国语，汉文则是母语。在振彦劳绩的庇荫之下，二子同获重用：精于箭术且"射必贯札［指铠甲的叶片］"的曹玺，因"负经济才"，故于康熙三年督理江宁织造（图表1.4），[2] 后以长子曹寅于四十四年康熙南巡时捐银二万两而特恩追赠为工部尚书，时人遂有以"司空"或"大司空"称之者（图表3.1）；[3] 尔正则获授正白旗第五参领第三旗鼓佐领，至康熙三十六年正月或之前去职。[4]

---

* 本章的部分内容曾发表于拙著《曹寅乃顾景星之远房从甥考》（2012）、《江南三织造所梭织出的曹家姻亲网络》（2014）。
1 满人之间的"故老常谈"称曹玺原名尔玉，弟名尔正，后"玺以诏旨笔误更名"。参见奉宽，《兰墅文存与石头记》。
2 韩菼《棟亭记》称曹玺"董［主管］三服官［指织造，此或因汉代齐郡乃供应春夏冬三季天子之服而得名］来江宁"。参见陈熙中，《说"其先人董三服官江宁"》。
3 此段参见黄一农，《二重奏：红学与清史的对话》，页171—173。
4 《关于江宁织造曹家档案史料》，页7—8。

图表3.1　清人诗文集中有关曹玺的记述

❖ 李渔，《笠翁一家言全集》

赠督完璧司空
脂膏不欲念，何则完璧司空名始著。
天子恩完念有功久欲念君始，
大臣翁念念思无则始见公高。

赠督完璧司空（《笠翁文集》，卷4，页9）

❖ 叶燮，《已畦集》

栋亭记

故大司空曹公於康熙　年奉
天子命董治上方会膳之事开府於江宁
惟昔虞廷职为汝明之官以佐
天子垂裳黼黻之治位近清尊而昭
匪懈於斯以寓其先夏后乐之意今司农公荔轩
及弟筠石两先生之贤嗣也
二十餘年其初至也手植一栋树於庭
可荫发作亭其下因名之曰栋亭公以暇日报
名公卿至传观为盛事咸作诗歌以称述之盛景
绘栋亭以为图於先泽为大士大夫
後公即授司农公之官而移府治於苏州乃

（《已畦集》，卷5）

❖ 韩菼，《有怀堂文稿》

栋亭记（中略）
寅也荔轩曹使君性至孝曰其先公董三服官来江室
於署中手植栋树一株绝爱之为亭其间尝憩息于斯
後十餘年使君莅任别亭欲颇壤高
商其材加坚焉而亭复完否容如而树猶未婆娑

（下略）（卷8，页7—8）

❖ 熊赐履，《经义斋集》

曹公崇祀名宦序

国家设织造署於江浙以应　上供匪颁之用内
冬官选领之凡江南之京奇锦奇
已而天子恩念文思续锦之遗意而职任
加重焉康熙癸卯完璧曹公以宿望被　特简来

❖ 乐钧，《青芝山馆诗集》

题栋亭图四首并序
康熙中内府汉军曹君董三官江寧织造手植栋树於庭
已而其子荔轩继官於此因作亭而写眷
冰马韩慕庐先生
已记今藏黄阁华员外家荔轩日就栋亭後復入两淮盐
支茜园葵绥雪飞当年初点使已衣丝襁傅佳夢見
邸君帅武威
苑外花风信欲阑流葆宫奘散春寒可惜傅得韵宣馨畫入
东郡越庭事已陈一株长殿秋陵紫料得无生意送過
此似甘棠已百年洛阳忠孝至今傅千金自買蹉眉不贵
曹家兩代人
官家少府钱

政

江南观事金陵本佳丽之地易作巧以滋蕩靡而

异时奸弊之橐倚者且蝟相薄也至则殚力疵梳

一洗從前之陋又時問民所疾苦不憚馳請更複

以甦重困如是者二十餘年泊丁子夏以劳瘁卒於

官易簀之五月遇

天子巡幸至秣陵　亲赋其暑時問之

大臣以尚尊莫公若曰是朕恩臣能爲朕籲此一方

人者也而都人士金思公不能忘恕合請於有司張

鼓樂鸠公主侑食學官名宦祠復作爲詩歌以奠

（中略）

乎公之用心亦良苦矣以故没後循济荷　恩綸荣

梨以俊公主盛矣于閥而嘉公曰是膺懿谓孤

哀備至蚬山之頸洋洋於故淮锺阜之間而公長子

某且將宿衛周盧持橐簪筆作

天子近臣欠子某亦以行谊重於鄉国則天之所以

佑於公子某乎島得而涯際之电哉子嘗考於世匡

影長于類墓布滬無間於人童叟故於是編也梓也

筋言以識公懿行偉績云

❖ 方中发，《白鹿山房诗集》

栋亭诗（以应荔轩曹子清侍衛之命奉文召石上 ）

（下略）（卷6，页7）

❖ 谢重辉，《中江纪年诗集》

栋亭诗为曹子清侍衛赋（并）
栋亭者内务司空曹公奉　命江南時所
携也尝设其子侍衛衍恤来南举枝甤條
侧焉心痛諸同人伤之相率赋诗
其兒和鳴自天翔五色為毛衣鳳凰徘徊将
輝兒看花灼灼春見子離中有丹鳳族物咸光
栋花三月開綠葉何葳蕤隨首播芳风物咸光

（下略）（卷3，页20—21）

❖ 熊赐履，《此余集》

親曹完翁
天家工作重若垂木部念新絲感九重勞
補袞枙機二月念新絲問已應修文召石上詢
傅錦字詩配食餐宗堪不朽東南墮淚豐碑

（卷6，页8）

附录3.1

曹雪芹如何以灯谜暗寓祖宗之名？

《红楼梦》第二十二回中有贾政所出的一道灯谜，其谜题为"身自端方，体自坚硬。虽不能言，有言必应——打一用物"，贾母答说是"砚台"，此因"言""研"以及"必""笔"谐音，故"有研笔应"。小说庚辰本在此有小字双行批曰："好极！的是贾老之谜，<u>包藏贾府祖宗自身</u>。'必'字隐'笔'字，妙极！妙极！"蒙府本及戚序本亦略同（俄藏本、舒序本及梦稿本均无此批）。该谜底"砚台"应代指小说中的长房宁国公贾演（"砚"与"演"仅声调有差，满文相同），贾家基业即奠定在其多次出生入死、为国征战的功勋之上。[5]

名作家端木蕻良曾于1996年发表短文《一条谜语所得的内证》，[6] 以谜面的"必"字正好与雪芹曾祖<u>曹玺</u>字完璧中的"璧"谐音，认为谜底应是"玉玺"，并称只有了解曹雪芹家事底细的人才写得出前述批语。《红楼梦》中不乏与灯谜相关的内容，知作者颇好此道，更有称其"在谜艺这一专门技巧上，达到了中国谜语的高级水平"。[7] 前述谜题对一般人而言其正解只能是"砚台"，但对曹雪芹家族而言，另一恰当的谜底则可为"宝玺"，[8] 此因必→璧→玺，且玺的祖父曹世选原名宝。宝玺在古代社会的象征意义是无比尊贵，既端方，又坚硬，平常虽无表述能力（"不能言"），但纸上文字一旦钤用了它，就产生效力（"有言必应"）。亦即，脂批所谓的"包藏贾府祖宗自身"，也一语双关地直指作者曹雪芹家（该"祖宗"除曹玺外，还包含玺的祖父曹世选）。

---

5 感谢高树伟的提示。
6 端木蕻良，《端木蕻良文集》，卷6，页288—289。
7 钱南扬，《谜史》，页81；高国藩，《红楼梦中的谜语》。
8 该灯谜应非被前人视作谜病的"一谜多底"，因"宝玺"之解只有在曹家的氛围之下才可漂亮扣合，此情形令人不禁想起戚蓼生序《石头记》时曾誉此书有"一声也而两歌，一手也而两牍"之奇。

美国学者史景迁（Jonathan Spence, 1936—2021）因玺妻孙氏（1633—1706）生于崇祯五年十二月（见后文），故在其"丈夫大于妻子二岁"的假说下，暂推曹玺生年为崇祯三年（1630），因他相信"包衣鲜少早婚"，又进而认定振彦不应在二十足岁之前诞玺；亦即，他主张曹振彦的出生不可能晚于万历三十八年（1610）。[9] 惟这些推论均有待商榷，如汉姓包衣李士桢的第三子李炘及第五子李炆均于十九岁就已生子，且曹玺的次子曹荃更于十七岁生长子曹顺（图表1.1及第六章）。再者，丈夫与妻子的年龄有时可差好几岁（详见后），妻的年纪亦可能大于夫，何况孙氏不见得为嫡妻。

此外，红圈中也有尝试从其他间接方式追索曹玺生年者，如因曹寅《松茨四兄远过西池……》组诗中出现"叔氏振颓风"句，先前有误以该"叔氏"乃指代曹鼎望（万历四十六年二月生），[10] 遂据以推估曹玺生于万历四十六年二月之前。其实，该"叔氏"并非曹寅的叔辈，而是曹鼎望的幼子曹鋡（附录2.4），故无法因此推判曹玺的年龄大于曹鼎望。

不过《江宁府志》与《上元县志》中的《曹玺传》，提供了一估计其生年的机会（图表1.4），因两传称其"补侍卫之秩，随王师征山右建绩，世祖章皇帝拔入内廷二等侍卫管銮仪事"或"及壮补侍卫，随王师征山右有功"，由于"征山右"应指的是其在顺治五至六年间以侍卫身份追随阿济格（曹家之管主）至山西一事（于姜瓖之变前后，详见第二章），[11] 而"及壮"可用以概称接近壮年的二十几岁至已逾壮年的三十几岁（附录3.2），故我们或可从曹玺"及壮"补侍卫（应为正六品蓝翎侍卫或正五品三等侍卫）一事，回推其生年在万历三十八年（1610）至崇祯元年（1628）间。[12]

9　史景迁著，温洽溢译，《曹寅与康熙》，页25、281—282。
10　王畅，《"汉拜相、宋封王"与"皇猷黼黻"：曹雪芹祖籍问题考论之一》。
11　王仰东，《姜瓖与山西的反清复明运动》。
12　有以曹玺补侍卫是担任"王府侍卫"，然王府所设者乃名为"护卫"。

附录3.2

曹玺"及壮"之年补侍卫的可能岁数

曹玺在"及壮"时补侍卫，虽《礼记·曲礼上》以男子三十为"壮"，我们或应仍需通过大数据具体掌握其意。从爬梳出的上千"及壮"用例中，可发现其所对应的岁数多难理清，但初步可查明以下几例：

1. 赵昂（1421—1500）登明正统十年（1445）进士，弘治十三年（1500）卒。《徽州府志》称其"及壮登第"，[13] 时年二十五岁。
2. 邵长蘅为好友阎若璩（音"渠"）父修龄所写的七十寿序，称其生于万历四十五年，"年未及壮，遭离变故，绝意仕宦"，此指二十八岁的阎修龄于崇祯十七年甲申之变后隐居不仕。[14]
3. 黄芳泰曾于康熙朝奏称："今臣年三十有三，齿已及壮。当此海疆未靖，圣主宵旰不遑之时，正微臣竭力图报之日。"[15] 知"及壮"乃描述其年三十三岁。
4. 王俊在序沈起元的《敬亭文稿》时，称其"及壮成进士"，由于沈氏生于康熙二十四年，六十年成进士，知"及壮"在此为三十七岁。[16]
5. 刘先焕的小传中称他"年及壮即领辛酉乡荐⋯⋯至道光己亥，年已七十矣"，[17] 知其于嘉庆六年辛酉岁领乡荐时为三十二岁。

知"未及壮"或指年未二十，"及壮"则可概称从接近壮年的二十几岁至已逾壮年的三十几岁，暂取二十一至三十九岁为其宽松范围。亦即，古人描写年龄的"及壮""比冠""结发"等用语常只是一概约之数。

---

13 丁廷楗修，赵吉士纂，《徽州府志》，卷18，页44。
14 张穆，《阎潜丘先生年谱》，页7、60。
15 翁方纲，《复初斋集外文》，卷2，页16—18。
16 王昶纂修，《直隶太仓州志》，卷54，页1；李桓，《国朝耆献类征初编》，卷75，页19—25。
17 徐家瀛修，舒孔恂纂，《靖安县志》，卷10，页32。

至于曹玺小传中所谓的"内廷二等侍卫管銮仪事"，常被误认是管銮仪卫事。根据顺治四年十月所更订的銮仪卫官品，正四品二等侍卫的品级等同于云麾使，该机构官阶较此为高者还有銮仪使（正二品）、銮仪副使、冠军使、冠军副使等（图表3.2）。銮仪卫的职责是掌管帝后的仪仗车驾，此并非冷衙门，如《顺治十八年缙绅册》胪列的该卫官员即有49人，《康熙八年缙绅便览》更高达124人（其中有14人的品级高于云麾使），这让人很难理解曹玺如何能以二等侍卫的身份就可管銮仪卫事。

銮仪卫的补授规矩有云：

> 凡本卫官除授掌卫事内大臣员阙，由领侍卫府以领侍卫内大臣、内大臣列名疏请补授。满銮仪使员阙，于冠军使及一等侍卫内简选；冠军使于云麾使内简选；云麾使、治仪正于治仪正、整仪尉内以次简选，如选不得人，移领侍卫府简选；三旗三等侍卫拟补云麾使，蓝翎侍卫拟补治仪正；整仪尉于满洲、蒙古世爵及佐领内简选，均由卫引见补授。汉銮仪使员阙……[18]

知正二品銮仪使出缺可于正三品冠军使及一等侍卫内简选，而若正四品云麾使或正五品治仪正出缺但"选不得人"，则可于正五品三等侍卫或正六品蓝翎侍卫中拟补。亦即，曹玺以其在山西所建立之军功升"二等侍卫管銮仪事"，[19] 应指担任满缺的"掌銮仪司事云麾使"，其所管乃銮仪司事，而非銮仪卫事。銮仪卫下设仪左、仪右、仪中、仪前、仪后五所，每所各设两司，仪左所设銮仪司和驯马司，掌銮仪司事的云麾使即与二等侍卫同为正四品。

---

18 允祹等，《钦定大清会典》，卷93，页18。
19 《雍正二年冬文升阁缙绅全书》共胪列约120名銮仪卫官员，其中3名以侍卫兼銮仪卫官员（班剑司掌司印治仪正侍卫加一级高攀鳞、御前侍卫治仪正巴金泰及御前侍卫整仪尉蘓布什达），另有22名乃侍卫出身，17名兼任佐领。

图表3.2　顺、康间缙绅录中的銮仪卫官员

❖《顺治十八年缙绅册》（中国国家图书馆藏）

順治十八年縉紳冊

汀州伊桑題

銮仪卫冠军使仍带一级戴天佑　浙江籍順天大興人
经历张际龙　浙江遂昌縣人
仪左所掌印雲麾使張尚儒　順天大興人
仪中所掌印雲麾使王致　正白旗順天大興人
仪右所掌印雲麾使宋士英　五品順天大興人
銮仪衞冠軍使張世沭　初任順天府五品順天大興人
仪前所掌印雲麾使王仲寶　正四品順天大興人
仪后所掌印雲麾使周之德　陝西籍順天大興人
馴象所掌印雲麾使楊喜茂　大興人

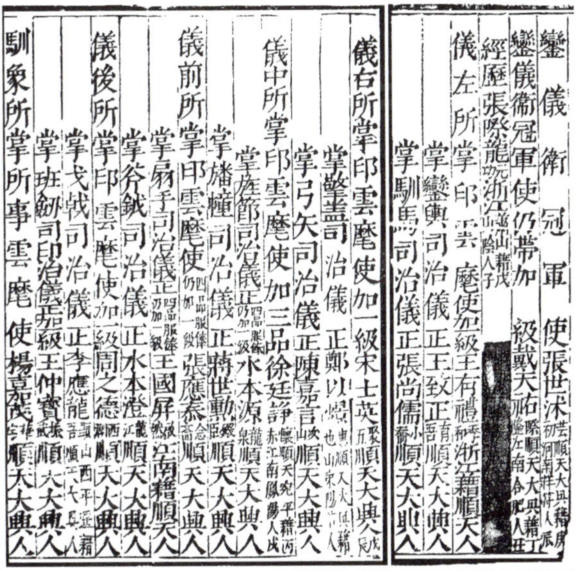

順治四年十月更定銮仪卫官员品级
銮仪使，正二品，
冠军使副使，从二品，
云麾使，正三品，
云麾副使，从三品，
冠军正，正四品，
治仪正，正五品，
整仪尉，正六品，
治仪副正，从五品，
整仪副尉，从六品，
《清世祖实录》，卷34，页280

管象整儀尉一級謝存仁　順天大興人
管驾儀管理雲麾使張宏化　比晉州異籍順天宛平人
駕儀管理雲麾使桂應斗　順天大興人
駕儀管理雲麾使張宏德　順天宛平人
駕儀管理雲麾使潘君芳　順天大興人
步輦管理治儀正崔廷燿　順天大興人
步輦管理治儀正唐毓盛　順天宛平人
步輦管理治儀正李世淮　順天宛平人
管旗鼓治儀正胡應募　順天宛平人
管旗鼓治儀正陳之祥　順天宛平人
宋清　陽明江南大興人
冉立　山東順天宛平人
丹印孔武　大鑲藍旗順天大興人
杜之秀　正白旗順天大興人
曹鑾張　順天宛平人
鄭以煽　順天大興人
章國樞　順天宛平人
吳交賢　順天大興人

顺治八年，伊桑阿等，《大清会典》，卷81，页2
一等侍卫，正三品，
二等侍卫，正四品，
三等侍卫，正五品，
蓝翎侍卫，正六品

❖《康熙八年缙绅便览》（中国国家图书馆藏）

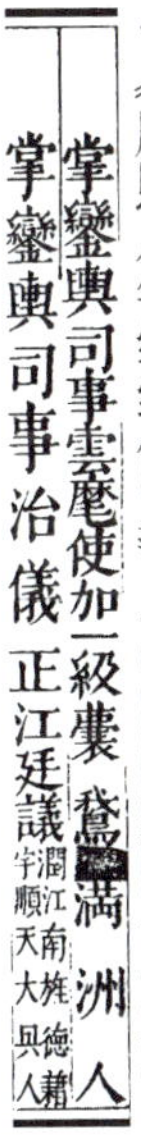

掌銮奥司事雲麾使便加一级襲鶯　満洲人
掌銮與司事治儀正江廷議　山西蒲順天姓不德異籍人
掌馴馬司事雲麾使奚里兔　満洲人
掌馴馬司事治儀正陸應星　順天大興人

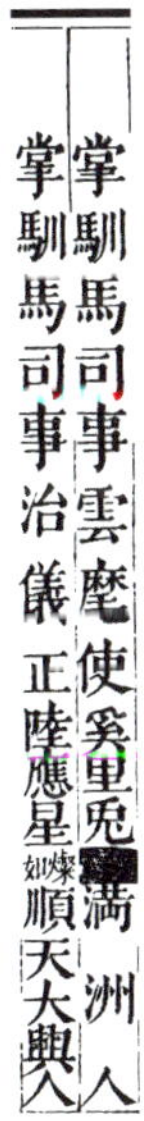

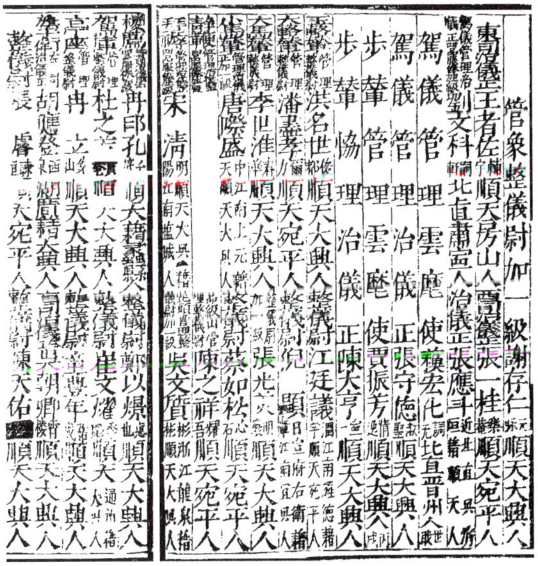

江南三织造在清初均是由户部或内十三衙门差人管理，往往每年一替或三年一换。康熙二年二月，"停差江宁、苏州、杭州织造，工部拣选内务府官各一员久任监造"。[20] 康熙元年被工部织染局派驻江宁担任"公织造"的曹玺，即因该局于三年归并内务府，而成为首位"专差久任"的江宁织造（图表3.3），[21] 直至二十三年卒于任。

织造乃内务府外放官员中的肥差，然正式待遇并不高。如顺治四年定：

> 织造官照品支俸薪外，岁支蔬菜烛炭银一百八两、心红纸张银一百八两、案衣家伙银六十两。

十三年又规定"在外文官岁给俸，心红纸张、操赏银仍照例支给外，其柴薪、蔬菜烛炭银俱令裁去"。蔬菜烛炭、心红纸张、案衣家伙等银皆属正禄的补贴，蔬菜烛炭银为生活费，"心红"乃红色印泥，"案衣"指铺在桌案上做装饰和保护用的布帛，"家伙"是器具，知心红纸张银和案衣家伙银本为支应办公的费用，后则变成个人所得。康熙七年议准"裁减各官心红纸张银，仍留给总督、巡抚一百两……织造、河差三十两……"。[22]

此待遇在三藩之乱时还因政府的财务吃紧而遭删减，[23] 如康熙十六年曹玺所支的俸饷银米数，即为"每年应支俸银壹百叁拾两，除奉捐银陆拾伍两不支外，实支俸银陆拾伍两。又，全年心红纸张银壹佰捌两，俱经议裁不支，理合登明。月支白米伍斗"（图表3.4）。

20　《清圣祖实录》，卷8，页135。
21　中国国家图书馆藏洪氏剞劂斋无封面的《康熙缙绅册》，记曹玺为"钦命内工部督理江宁织造府加一级"，今据同馆另藏剞劂斋之崇祯《新刊详注缙绅便览》重新命名为《康熙八年缙绅便览》，此因书中最晚记事为工部右侍郎查哈喇及工部左侍郎罗多（皆八年六月至十月在任）。参见《清圣祖实录》，卷30，页406；卷31，页422及427。
22　此段参见伊桑阿等，《大清会典》，卷36，页14—19。
23　陈锋，《中国财政经济史论》，页210—223。

图表3.3　顺、康间缙绅录中的曹家亲友

❖《顺治十八年缙绅册》（中国国家图书馆藏）

- 曹鼎望 醴順天豐潤人妃（庶吉士）
- 韩世琦 蘇松等處提督軍務兼理糧餉巡撫江寧等處地方都察院右副都御史加三級滿洲人
- （鸿胪寺鸣赞）
- 曹民望 內翰江西南昌府籍（順天豐潤人貢）
- 刘兆麒 鎮守寧夏等處地方總兵官都督同知滿洲精奇尼（宗人府启心郎）
- 分守關隴等道按察司副使李士楨滿洲正白旗人
- 分守閩海道按察司副使周世祿遼東錦州衛人
- 福建昌化府知府蔭生李月桂漢軍鑲黃旗人
- 分守朔西道駐劄臨江府參議施閏章峴江南宣城人邱
- 曹申卣督理江寧織造府加一級曹璽滿洲人（礼部）
- 钦命内工部督理江寧織造府加一級曹璽滿洲人
- 钦命內刑部督理杭州等處織造府加二級金遇知滿洲人
- 钦差镇守遼東等處地方總兵官都督僉事雷先聲而淮滿洲精奇尼
- 王簿曹民望 嶧江西南昌府籍順天豐潤人貢（鸿胪寺）
- 颍淮都轉鹽運使司加勒管河道遷路使李士楨奉天涿陽人
- 河南等道提刑按察使李士楨嶧臨時滿洲正白旗人
- 巡撫江西等處地方兼理軍務糧餉督察院右副都御史刘兆麒滿洲鑲黃旗人
- 陝安知府督理鳳翔府糧儲加副都御史甘文焜鄉遼東人垻

❖《康熙八年缙绅便览》（中国国家图书馆藏）

❖ 曹寅屡称曹鼎望的三子钊、鈖、鈴为『骨肉』『同胞』『连枝』，知两家乃联宗

❖ 韩世琦（十奇）与曹振彦同列名于天聪四年《大金喇嘛法师宝记》碑的『教官』

❖ 曹民望为鼎望堂弟

❖ 刘兆麒之侄殿邦继娶曹鼎望女

❖ 李士祯（桢）为李煦父，士桢所出继的李有功与曹寅的祖父曹振彦曾同时在阿济格的王府担任长史，而李煦与曹寅两家亦关系密切

❖ 李月桂为曹寅岳父，其先于明中叶迁沈阳中卫（与曹振彦家有地缘关系）, 祖李世珩投降金国并从龙入关

❖ 高天爵之侄佟娶纳兰明珠长子成德的岳父振管主阿济格的第五女）孙女

❖ 施润（闰）章为曹寅父执辈

❖ 卢兴祖为纳兰明珠长子成德的岳父

❖ 曹首望为鼎望堂弟

❖ 曹寅因与五庆堂第三房曹德先兄弟支联宗，遂会曹寅中女（与德先同房的族姊，长曹寅一辈）嫁给甘体垣，而敬称甘国基（甘体垣族弟甘文焜第三子）为『鸿舒表兄』和『秋原表兄』

❖ 曹得爵之名出现在《五庆堂重修曹氏宗谱》中的三房十一世，与曹寅家乃联宗

135

图表3.4　康熙朝江宁织造支过俸饷文册

二　巡抚安徽徐国相奏销江宁织造支过俸饷文册

康熙十七年七月十二日

巡抚安徽事池太庐凤滁和广等处地方、提督军务、都察院右副都御史、加玖级臣徐

窃照江宁织造等并役马匹支过俸饷银料，例係督臣按年造册奏销，续於奏销粮等事案内，准户部题覆，江南总督臣阿席熙疏称，通省地亍各项钱粮，自康熙拾柒年专责抚臣管理，其江宁、京口满汉官兵及织造衙门幷安插等类，歲支本折钱粮数目，俱专责抚臣拾柒年始，交与江宁、安徽贰巡抚奏销可也等因。奉旨，依议。移咨前来，随经转行遵照在案。

今奏销届期，催据安徽布政使魏佳育，幷江宁织造官曹玺等幷役将康熙拾柒年正月起，至拾贰月终止，支过俸饷银米、豆数目，分晰册报前来。该臣覆核无异，除照造清册移送部科外，臣謹恭繕黄册，進呈御覽，鉴照施行。為此開坐造册，

謹具
奏聞。

計開：

織造官曹員玺，每年應支俸銀壹百叁拾兩，除奉捐銀拾伍兩不支，理合登明。月支白米伍斗。

又，全年心紅紙張銀壹佰捌兩，供經議裁不支，理合登明。

物林达壹員，(註)每月支廉銀肆兩，白米伍斗。

筆帖式壹員，每月支廉銀肆兩，白米伍斗。

跟役，家口共計玖拾伍名口，每名口月各支倉米貳斗伍升。

柒品筆帖式壹員，每年應支廉銀肆拾伍兩，除奉裁銀玖兩不支外，實支俸銀叁拾陸兩。月支白米伍斗。

織造宣曹(曹)玺支康熙拾陸年分俸銀陸拾陸兩。

物林达襲安支康熙拾陸年分俸銀陸拾陸兩。

柒品筆帖式張帖貳支康熙拾陸年分俸銀陸拾陸兩。

以上共支銀貳佰捌拾捌兩，共支白米叁拾陸石，共支倉米貳佰捌拾伍石，共支草壹萬玖千肆百肆拾束。

右謹奏聞。

[註]'物林达'滿語，漢譯為司庫；'物林人'漢譯為庫使。

（內閣·黃冊）
頁3—5

九　巡抚安徽陈汝器奏销江宁织造支过俸饷文册

康熙三十七年五月二十二日

巡抚安徽事池太庐凤滁和广等处地方、提督军务、兵部右侍郎、兼都察院右副都御史臣陳汝器謹奏，謹册報支放江宁织造官員俸廉、糧料事。

茲據安徽布政使張鵬四敕將江寧織造衙門官役、家口、馬匹，自康熙叁拾陸年正月起，至拾貳月止，支過俸廉、銀米并本折支豆、草束數目，分晰備造清冊前來，經臣覆核無異，除照造清冊移送部科查核外，臣謹恭繕黃冊，進呈御覽，伏乞睿鑒施行。為此開坐造冊，謹具
奏聞。

（中略）

計開：

織造員曹寅，每年應支俸銀壹百伍拾兩外，全年心紅紙張銀壹佰捌兩，奉裁不支，理合登明。月支白米伍斗。

物林达壹員馬爾柱，每年應支俸銀陸拾兩，月支白米伍斗。

柒品筆帖式張間政，每年應支俸銀肆拾伍兩，月支白米伍斗。

新任物林达員戚式，無品級筆帖式壹員李巴七，每月月支廉銀肆兩，白米伍斗。前件淮江寧織造府移稱，新任物林人壹員桑格色，於本年閏叁月初拾日到任。

馬人桑格色，每月應支廉銀肆兩，月支白米伍斗。

物林达壹員馬爾柱，每年應支俸銀陸拾兩，月支白米伍斗。

柒品筆帖式張間政，每年應支俸銀肆拾伍兩，月支白米伍斗。

織造官曹寅，支康熙叁拾陸年分俸銀壹百伍拾兩。

陕品筆帖式張間政，支康熙叁拾陸年分俸銀肆拾伍兩。

柒品筆帖式張間政，支康熙叁拾陸年分俸銀肆拾伍兩。

以上共支銀叁百伍拾貳兩，共支本色白米叁拾叁石叁斗捌升貳合捌勺，共支本色倉米壹百玖拾肆石捌斗貳升肆合叁勺，共該銀壹百拾貳兩拾陸錢肆分，每石折銀柒錢，共支折色草壹萬捌千壹百貳拾貳升，每石折銀貳錢合捌勺，共支本色豆貳拾陸石叁斗捌升貳合，共支折色豆壹百貳拾陸兩捌拾錢肆分。

右謹奏聞。

（內閣·黃冊）

《关于江宁织造曹家档案史料》，页11—13

第三章 奠立半世纪"秦淮风月"的曹玺

三藩乱平之后，虽在江宁巡抚余国柱所进呈的《康熙二十一年分文武官员俸银数目册》中有"遵奉部文，于康熙二十一年为始，官俸照旧复给"之说，[24] 但三十七年的《江宁织造支过俸饷文册》仍记"织造壹员曹寅，每年应支俸银壹百伍两外，全年心红纸张银壹佰捌两，奉裁不支，理合登明。月支白米伍斗"（图表3.4），知江宁织造后来一直未恢复心红纸张银等补贴，仅俸银"照旧复给"。亦即，曹家在织造任内最主要的经济收益来自承办铜觔、管理盐课或代内务府售参等差使，而其经手金额往往高达几万两至数百万两（参见第四章）。

康熙《江宁府志》中的《曹玺传》（图表1.4）尝记其所受的荣宠曰：

> 丁巳、戊午［康熙十六、七年］两督运，陛见天子，面访江南吏治，乐其详剀，赐御宴、蟒服加正一品，更赐御书匾额、手卷。

蟒服是当时官员的礼服，因上绣蟒（与龙几乎无异，唯一差别在龙有五爪，蟒是四爪）形得名。惟因康熙三年题准，文官四品以上官员可用蟒服，[25] 而曹玺于康熙十四年获得诰命时，已是"江宁织造、三品郎中加四级"（图表1.15），原本就可用四爪蟒服，知其所获赐的蟒服应超越礼制的规定。此一情形颇似康熙十六年海澄公（民公原只可服四爪蟒）黄芳世以特恩被赏给五爪蟒缎朝服，二十五年起居注官陈元龙亦因善书赐五爪蟒缎。[26] 另从徐元文的《织造曹君示所赐御书敬赋》一诗，知曹玺获赏的"御书匾额、手卷"，乃上钤"清宁之宝"小玺的"敬慎"堂额，以及御笔绝句《怅望》一幅，其诗曰："郊原浮麦气，池沼漾青苹［有作'清萍'］……"（图表3.5）借用了唐·黎逢"郊原浮麦气，池沼发荷英"的部分诗句。

---

24 陈锋，《清代军费研究》，页317。
25 伊桑阿等，《大清会典》，卷48，页15。
26 依当时体制，贝勒（含）以下用四爪，亲王、郡王可用五爪。参见《清圣祖实录》，卷67，页859；翁方纲，《复初斋集外文》，卷2，页14；陈元龙，《爱日堂诗》，卷5，页15；张廷玉等，《皇朝文献通考》，卷141。

图表3.5　曹玺家的敬慎堂

❖ 徐元文，《含经堂集》，卷5，页12—13

织造曹君示所赐　御书敬赋

奎壁天奇藻河山地宝章典乘探瓷舆道
圣以多能作文将庶品言垂训诰瑶秘协葵墙
殿常趋恩侍枫庭屡拜凤挚橥惊卧虎飞白动仪瑯琅栢
光轩韻锡七襄金题歌玉墁细蝾带盟手启缃囊千斗芒
千丈紫河锦❶笃敬緼綸槃缕逢缟璧学虎飞白动仪凤鸾制
篆詠凉❷所赐敬慎二
氣觀涉❸
賜水良風毛騰九采龍千光遊慧空罰結眙烟應
彼菩洲其情浩留染翰餘暇垂紫管練能雖書評訝敢
崇文恭賛頌臣重慎珍藏

❶ 篆
卷用小璽
『清寧之寶』

❷ 堂
所賜敬慎二
大字為堂額

❸ 句
又賜唐人
絕句一幅

❖ 杨钟義，《雪桥诗话续集》，卷3，页56

曹荔轩為完翁司空國難子完翁嘗取御書敬慎二大
字為堂額又嘗蒙御書聖製絕句云郊原浮麥氣池沼
漾清萍夏日臨橋望薰風處處新棟亭者督織造於金
陵署旁搆一亭以為荔軒兄弟讀書之所手植棟樹以
為表識完翁棄世荔軒哀職南來見高樹之扶疏搜庭
楹之如昨繪棟亭圖遍詠並請倪闇公詩匹馬衝客
相忘康熙已卯南巡止蹕織造曹會庭中菱花開御畫
萱瑞堂三大字以賜其孫冊孫氏馬山公為之作記荔
（下略）

❹ 凉
御書絕句云郊原浮麥氣池沼漾清萍
夏日臨橋望薰風處處新乃
聖製也

❖ 张玉书等编，《圣祖仁皇帝御制文集》，卷
31，页4—5

橋望
郊原浮麥氣池沼漾青頻夏日臨橋望薰風處處新

清寧
之寶
（汪统原藏）

第三章　奠立半世纪"秦淮风月"的曹玺

前引《曹玺传》也尝记其逝世前后之事，称：

> 甲子六月又督运，濒行，以积劳感疾卒于署……是年冬天子东巡抵江宁，特遣致祭，又奉旨以长子寅仍协理江宁织造事务。

以曹玺病卒于二十三年甲子岁六月。由于此志在曹玺过世后不久成书，且曹玺为当地名宦，故其说应可信。时人熊赐履在《曹公崇祀名宦序》中云：

> 洎［音"记"，至也］甲子夏，以劳瘁卒于官。易簀之五月，遇天子巡幸至秣陵，亲临其署，抚慰诸孤。[27]

"易簀［音'责'］"指危殆将死，典出曾子，他在病重时以己躺之竹席是季孙所赠原本供大夫用的较高规格，故坚持换掉，旋过世。由于康熙帝此次南巡乃在二十三年十一月初驻跸江宁府城，[28] 恰发生于曹玺过世后五个月，熊氏遂称"易簀之五月［意指之后五个月[29]］，遇天子巡幸至秣陵［南京故称］"。

二、曹玺继妻孙氏的一生

曹玺过世后，其妻孙氏有长达二十多年皆是曹家人家长，身为曹寅与曹荃之母，且为曹顺、颀、颃、颜、颙、频的祖母，让人不禁联想起《红楼梦》中整个荣国府辈分最高且长期掌权的老祖宗——贾母史太君（有贾赦、贾

27　熊赐履，《经义斋集》，卷4，页18。
28　《清圣祖实录》，卷117，页225。
29　古人有不少类似用例，如《明故处士龚季弘先生葬志》指其"卒天启五年乙丑八月二十九日……以公卒之十日重九葬公"，卒后十日即九月初九之重九。又，何俊良《先府君讷轩先生行状》提及其父卒于嘉靖十四年九月二十日，奉柩安葬于"卒之三月，为十二月廿八日甲寅"，"卒之三月"意指逝世后三个月。知"易簀之五月"乃谓"易簀之后五月"。参见张大复，《梅花草堂集》，卷12，页28—31；何俊良，《何翰林集》，卷24，页8。

政两子，以及贾琏、贾琮、贾珠、贾宝玉、贾环等孙）。

尤侗《曹太夫人六十寿序》称孙氏于"今辛未［康熙三十年］腊月朔日，年登六袠［音'秩'］"，他撰于三十八年的《萱瑞堂记并赞》亦谓：

> 寅母孙氏、妻李氏皆得叩谒陛下，入请皇太后起居。上见之大喜，曰："此吾家老人也。"各赐袭挂一袭，优果数品。又问臣寅母年几何，答以六十九【八】岁，上益喜甚，遂手书"萱瑞堂"三大字以赐。[30]

毛际可《萱瑞堂记》则云：

> 曩者岁在乙亥皇上勘视河工……尝驻跸金陵尚衣署中，时内部郎中臣曹寅之母封一品太夫人孙氏叩颡墀下，兼得候皇太后起居，问其年已六十有八，宸衷益加欣悦，遂书"萱瑞堂"以赐之。

惟康熙三十四年乙亥岁前后几年皆无南巡之举，此应指康熙三十八年己卯岁的第三次南巡，回推孙氏或生于天聪六年（崇祯五年）十二月初一日（1633年1月10日）。又因四十五年八月曹寅疏称"臣母冬期营葬，须臣料理"，推判孙氏应卒于此前不久（附录3.3）。

30　尤侗著，杨旭辉点校，《尤侗集》，下册，页1186—1187、1799—1780。

附录3.3

曹寅继嫡母孙氏过世时间小考

曹寅于康熙四十五年所上的《……请假葬亲折》中有云：

> 八月初四日接邸抄，蒙恩复点曹寅巡视两淮盐课……今年正月太监梁九功传旨，着臣妻于八月上船奉女北上，命臣由陆路九月间接敕印，再行启奏……窃思王子婚礼，已蒙恩命尚之杰备办，无误筵宴之典，臣已坚辞。惟是臣母冬期营葬，须臣料理，伏乞圣恩准假，容臣办完水陆二运及各院司差务，捧接敕印，由陆路暂归，少尽下贱乌哺之私。[31]

知孙氏应卒于四十五年八月之前，但具体时间不详。

入清之后，旗、民服丧各有规定。查康熙十二年八月宗人府等衙门遵旨议覆旗下服制，称：

> 凡王以下至奉恩将军及满洲、蒙古、汉军文官以上，遇有父母丧事，不计闰，准守制二十七月……俱准其百日剃头，照旧进署办事，仍在家居丧二十七月，满日除服。未除服之前，凡穿朝服等处，停其朝会。凡有喜庆事处，不许行走。不许作乐，违者照定律议处。

得旨命旗下在京武官亦照文官例守制。[32] 内务府外放官员应视同在京旗员，故孙氏卒时，曹寅或只要持服百日即可入署办事，但仍得在家守丧三年（实为二十七个月）。[33] 换句话说，我们或可从曹寅所上奏折的连续性来判断他请假百日以守丧的时间。

31　《关于江宁织造曹家档案史料》，页42。
32　《清圣祖实录》，卷43，页572。
33　昆冈等修，刘启端等纂，《钦定大清会典事例》，卷138，页339。

图表3.6依日期整理出有关曹寅的奏折，[34] 我们可发现在康熙四十三年十二月中旬至四十四年闰四月底以及四十五年二月二十九日至六月底这两段期间，曹寅均有超过百日无折上奏。鉴于营葬时间通常不应距逝世太远，亦即，孙氏最可能卒于四十五年三月（因曹寅于七月初一日曾奏报《全唐诗》将刻完一折，而当时若未服满百日理不该上奏）。

曹荃很可能在孙氏过世之前即已赶到江南，看顾生母最后一程并守丧。八月，曹寅妻李氏奉长女至京筹办婚礼，[35] 曹寅疏称"臣母冬期营葬，须臣料理"，故至十月始抵京，十一月二十六日其女被平郡王纳尔苏迎娶过门，十二月初六日曹寅即南返（图表5.3）。由于曹荃至是年冬还未销假返京，[36] 疑其或在曹寅赴京期间代理织造印务，此与康熙三十八年第三次南巡时的情形近似。[37]

又，曹寅尝致函汪绎（1671—1706，号东山）曰：

细读大集，如嚼芝饮露，几忘身在尘坱［音"养"，指尘埃］间矣。拜服！拜服！署中正傯装［整理行装］，谨命使捧上东山先生。朞弟寅顿首。

查二人论交始于四十四年五月曹寅开扬州诗局前后，而汪绎卒于四十五年五月，故此信大概写于四十四年十月曹寅因盐差完事即将返京述职之际（图表3.7）。[38] 由于信尾自称"朞弟"，"朞"同"期"，指服丧一年，知曹寅当时应正为五服中之伯叔父母、兄弟、侄、嫡长子、众子、嫡孙，或

---

34 雍正帝登基后曾命将所有康熙帝朱批奏折皆呈缴，台北故宫博物院"宫中档"现存的曹寅奏折因此算是相当完整。参见庄吉发，《清代奏折制度》，绪论；《关于江宁织造曹家档案史料》；易管，《江宁织造曹家档案史料补遗》。
35 当时旗人服丧满三月即可成婚，如揆叙妻耿氏卒于康熙五十八年十一月初二日，其次子永福在明年二月初三日即与皇九子胤禟的第三女成婚，相隔恰刚满九十日。参见黄一农，《二重奏：红学与清史的对话》，页237。
36 赵执信曾于四十五年冬在江南为"圣宣曹二兄"题顾景星的《不上船图》，此长卷中之曹氏应即曹荃（详见第六章）。
37 沈汉宗，《圣驾阅历河工兼巡南浙惠爱录》，卷上，页16。
38 汪绎，《秋影楼诗集》，卷9，页2—3；方晓伟，《曹寅评传·曹寅年谱》，页420—433。

在室之姑、姊妹、侄女服丧（图表3.7下）。[39] 类似用语并不难见到，如鲍桂星于道光六年三月过世后，其三弟为其征求铭诔时即以"期服弟鲍珊"自称；[40] 光绪十年九月章邦元为病殁于家的弟弟邦恺经纪丧事，十一年正月他即以"余犹在期服中，忍言庆乎"为由，婉拒亲友为其办六十大寿的好意。[41]

笔者先前因未特别留意"朞弟"一词的意涵，遂在对照曹家人的卒年后（图表1.1），误此与孙氏之死相关。[42] 但作为庶长子的曹寅理应为继嫡母孙氏服"斩衰"（依汉字文化圈的传统丧服制度，得守制三年，实为二十七个月）而非"期年"才对，且该以"孤哀子"而非"朞弟"自称！无怪乎，在前引曹寅致汪绎函的文辞当中，未见甫丧母者应有的厚重哀戚之情。

翻查曹寅五服亲戚的可能卒年，曹寅于康熙四十四年十月左右自署"朞弟"之前不久所发生的家丧，最可能指其卒于四十三、四十四年间之子曹颜（详见后），无怪乎，曹寅在奏折中从未提及于四十四年已届十八岁当差之龄的曹颜，且四十五年八月寅妻李氏奉长女北上与平郡王纳尔苏成婚时，曹颜亦未同行照料，因疑曹颜或逝于四十三年冬到四十四年春之间。[43] 当然，我们亦不能完全排除曹寅叔尔正（文献中仅知他在康熙三十六年之前自佐领"缘事革退"）在此期间过世的可能性。

---

39 信札中的称谓屡见"期弟确谨白""期社弟陈确顿首""功弟士禛顿首"之类的自称，此皆为服丧期间所用。参见葛嗣浵，《爱日吟庐书画别录》，卷2。
40 鲍桂星，《觉生自订年谱》，页3、20。
41 章家祚，《章午峰先生年谱》，页3、19。
42 周汝昌亦误判此指曹寅弟曹荃之死，进而推其卒年在康熙四十四年，然因王焞《挽曹荔轩使君十二首》中有"令弟芷园于戊子岁先逝"之小注，确知曹荃应于四十七年过世。参见黄一农，《二重奏：红学与清史的对话》，页114—116；周汝昌，《红楼梦新证》（2016），页376；王焞，《芦中吟》，无页码。
43 依康熙朝《大清会典》的规定，八旗官员已娶妻之子亡故者，应居家持服两个月。无怪乎，四十三年十二月中旬至四十四年闰四月底未见曹寅上折。其中四十四年三月初六日至闰四月的部分，则或因康熙帝南巡至江南，曹寅已随侍在旁所致。参见伊桑阿等，《大清会典》，卷81，页26。

图表3.6 康熙四十三至四十五年间有关曹寅的奏折

日期（康熙朝）	奏折内容
四十三年二月十五日	曹寅奏谢赐金山扁额折
四十三年四月初一日	曹寅奏将遵旨采买米石折
四十三年五月二十日	曹寅奏报江南收成并请圣安折
四十三年七月二十九日	曹寅奏谢钦点巡盐并请陛见折
四十三年九月十六日	曹寅奏陈买讫米石请旨收贮折
四十三年十月十三日	曹寅奏谢钦点巡盐并到任日期折
四十三年十月十三日	曹寅奏报禁革浮费折
四十三年十一月二十日	曹寅奏陈盐课积欠情形折
四十三年十一月廿二日	曹寅奏查过盐商借帑情弊折
四十三年十一月廿二日	曹寅奏为禁革两淮盐课浮费折
四十三年十二月初二日	曹寅覆奏摹刻高旻寺碑文折
四十三年十二月初十日	曹寅奏以僧纪荫主持高旻寺折
四十三年十二月十二日	曹寅奏请应于何处伺候折
四十四年闰四月初五日	内务府等衙门奏曹寅、李煦因捐修行宫议给京堂兼衔折
四十四年五月初一日	曹寅奏刊刻全唐诗集折
四十四年五月初一日	曹寅奏谢圣恩巡视全河并蠲租折
四十四年七月初一日	曹寅奏陈清黄交涨河水甚大折
四十四年八月初（？）	曹寅恭请圣安折
四十四年八月十五日	曹寅谢赐书扇折
四十四年十月二十二日	曹寅奏进唐诗样本折
四十四年十二月二十八日	内务府奏曹寅等请将购铜银两就近向江苏藩库支领折
四十五年正月二十三日	内务府总管赫奕等奏曹寅呈请借银给韩楚安经营贸易折
四十五年二月二十八日	曹寅奏传谕李煦并报校修唐诗今年可竣事折
四十五年四月三十日	内务府奏请将宫中用车交三处织造承造折
四十五年五月	兼两淮盐课李煦奏盐课请展限奏销折
四十五年七月初一日	曹寅奏报全唐诗集本月内可以刻完折
四十五年七月	曹寅奏江南雨水收成情形折
四十五年七月	曹寅覆奏奉到口传谕旨折
四十五年八月初（？）	曹寅奏江宁上江雨水粮价折
四十五年八月初四日	曹寅奏谢复点巡盐、奉女北上、请假葬亲折

图表3.7　曹寅致东山先生汪绎函

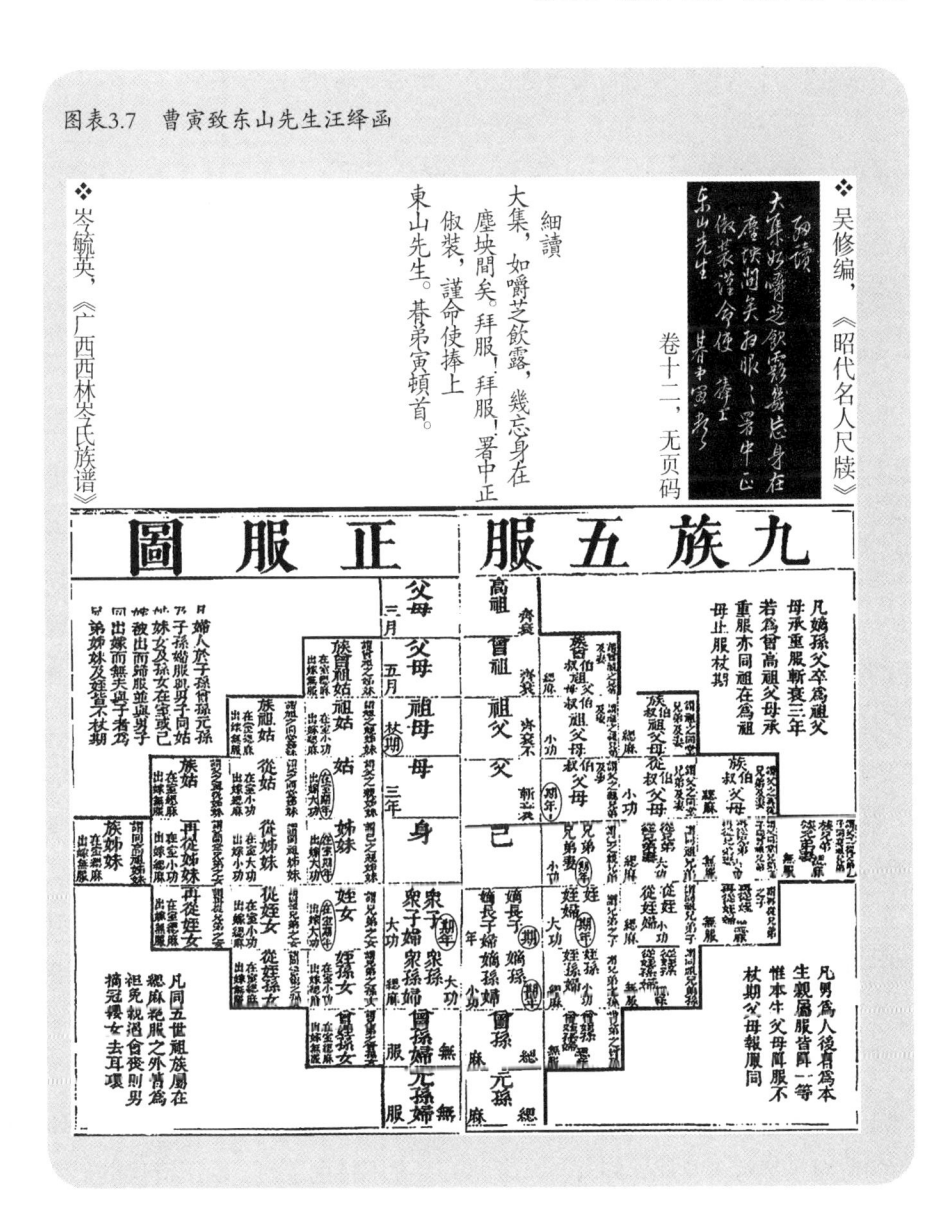

❖ 吴修编，《昭代名人尺牍》卷十二，无页码

东山先生：

细读大集，如嚼芝饮露，几忘身在尘块间矣。拜服，拜服，署中正做装，谨命使捧上东山先生。暮弟寅顿首。

❖ 岑毓英，《广西西林岑氏族谱》

[图：九族五服正服图]

康熙三十八年冯景曾应曹寅之邀撰《御书萱瑞堂记》，称：

> 康熙己卯夏四月，皇帝南巡回驭，止跸于江宁织造臣曹寅之府，寅绍父官，<u>实维亲臣、世臣</u>，故奉其寿母孙氏朝谒，上见之色喜，且劳之曰："此吾家老人也。"赏赉甚厚。会庭中谖花开，遂御书"萱瑞堂"三大字以赐。尝观史册，大臣母高年召见者，第给扶，称"老福"而已，亲赐宸翰，无有也。[44]

康熙帝此次出巡最南抵杭州，北返时尝驻跸江宁，曹寅因此奉继嫡母孙氏谒见（当年皇太后亦随行），因时值织造府中栽植的谖（通"萱"，为古代对母或其居室之代称）花盛开，帝遂御赐"萱瑞堂"三字（《惠爱录》记为"宣端"），并称其是"吾家老人"。此因曹家隶内府三旗，男女皆得替皇族当差，且孙氏曾为"圣祖保母"之故。[45] 又由于孙氏即将于是年十二月初一日过六十八岁（虚岁）生日，而古代亦有以"积闰"过整寿的传统，[46] 若用每三十年可积累十二个闰月略计，可推得孙氏当年刚好将过积闰七十整寿，曹寅或因此借机奉"寿母"朝谒以求恩赐，毛际可在《萱瑞堂记》中即以提前在初夏盛放（通常是秋季）的萱花为孙氏大寿将至之预兆（图表3.8）。

从冯景前文知康熙帝因曹家是"亲臣、世臣"，而特赐御书以笼络，但类似荣宠并非如其夸称的"尝观史册……亲赐宸翰，<u>无有也</u>"，因从《惠爱录》所记的康熙三十八年第三次南巡事，即可发现皇帝沿途亦多次御赐臣子大字。红圈中有将曹家此恩遇归功于曹寅母乃清帝之保母，然因康熙帝曾诰封顺治帝的乳母朴氏为奉圣夫人，并特赠己之乳母瓜尔佳氏为保圣夫人，孙氏的待遇显然远未及此，知其与皇帝的关系并不特别亲密。由于清代皇子例

---

44 冯景，《解春集文钞》，卷4，页1—2。
45 萧奭撰，朱南铣点校，《永宪录》，续编，页390。
46 如俞樾（红学家俞平伯之曾祖）在其《戊戌元旦试笔》诗中有"计闰年为八十岁"句，并自注曰："<u>三十年积闰月十二，作为一岁，六十年得两岁</u>，余今年七十八，计闰则八十矣！"俞樾生于道光元年，光绪戊戌元旦时虚岁七十八，但因每三十年约可积得闰月十二个，故也可称作八十岁。参见俞樾，《春在堂诗编》，卷17，页12。

图表3.8 曹玺妻孙氏与其家的萱瑞堂

御书萱瑞堂记（中略） ❖ 冯景，《解春集文钞》卷4，页1—2

也乃幸於今见之康熙己卯夏四月皇帝南巡回驭止驿于江宁织造臣曹寅之府寅绍父官寅推亲臣世臣故奉其寿母孙氏朝谒上见之色喜且劳之曰此吾家老人也赏赉甚厚会庭中诚花开遂（中略）得养亲官所既异於古者怀归来谂之情而今上以孝治天下推恩锡类合万国之欢心以事父之诗作四牡所以为王治之隆观史册大臣召见者第给扶稀老福而已亲赐宸翰无有也今世使臣盛德事也景虽无文不敢以辞

邵长蘅，《青门剩稿》，卷3，页2

御书萱瑞堂诗为工部臣曹寅恭赋
岧崄半夜天鸡晓玉井辘轳声官玉母龙桃紫煙
不种瑶芝种萱艸种得移根北堂下朱荣翠叶纷娇妍
小人有母驴母燧鹿麤麍名都雅大赋斯华伯
离伯儒美门厥须玉牓题萱瑞字商云垂天光烛地银钩
金茎琳琅琅綠棋炭叶龙蚴蚴
拜稽首扬王休皇帝陛下寿萬歳臣母期颐作人瑞
蘼芜晚请再任岂可以对小民依恋舆情之至虑暂撫代奏沈汉宗，《圣
上云十六日四京又赐微造府曹（康熙三十八年四月）驾阅历河工兼巡南浙惠
御书宣端二大字一匾併赐御前物件等色是夜在祖爱录》卷下，
圣恩晚请再任岂以对小民依恋舆情之至虑
行官演剧十五日文武各官上朝有报恩寺僧千餘献芹页廿六

萱瑞堂记（中略） ❖ 毛际可，《会侯先生文钞》

邁将母之忧始所谓承锡绵类者非耶燮者歳在乙亥
皇上勒亲河工兼之省方问俗恐皇太后定省久缺迷
侍奉驾幸金陵俨衣暑中時内部郎中
臣曹寅之母封一品太夫人孙氏叩頴嫜下兼得候皇太
后起居问其年已六十有八宸衷益加欣悦遂書萱瑞
堂以赐之盛方初夏庭下之萱皆先茂芳如
堂之将临而且为寿母之光偶然之敷欤夫詩三百篇（中略）
華之父司空曹玺尤弹心蓝刷为国家殷正供戒冗
費诎機户之艰辛营蓟戴竦以致信近臣规制尋番
而寅之父司空曹玺尤弹心蓝刷为国家殷正供戒冗
相向日以滋甚典朝定隶以覯信近臣规制尋番
末而臣襦有所感也益绩造一官明代用中官等之次修
一时贤士大夫竞作歌颂积成卷轴復属臣际可志之卷
而堂之适有所司造卷轴復属臣际可
而臣亦承命敬以致事见稀致天恩之罷迩
费倩亲承以思慕之赘于召伯之甘棠令俯仰二十
如此而且以楝名亭以萱名堂合後若合符契其非偶
然也異日采風之使列諸風雅輿三百篇並傳堂小臣一
人之私言也歲是為記

图（萱花）

一集、卷4，页16—17

用保母和乳母各多名，孙氏应只是众保母之一。⁴⁷

孙氏生于天聪六年十二月，可能比曹玺小十几岁，且在曹玺生前即以夫贵封一品夫人，康熙二十七年十月曹寅以内务府郎中获授诰命时，她应可以子贵而改封一品太夫人。⁴⁸ 考虑曹振彦的家庭环境，身为长子的曹玺不应太过晚婚，故孙氏很可能为继妻，⁴⁹ 但应非侧室（因妾只能以子孙贵获得诰敕），其元配或于婚后不久即卒，姓氏待考。玺之长子寅乃妾顾氏于顺治十五年九月初七日所生，⁵⁰ 她应为中年乏嗣的曹玺在北京任二等侍卫管銮仪司事时所纳（不迟于顺治十四年，因怀胎需十月），希冀能传宗接代。

又由于康熙元年二月三十一岁的孙氏亦为曹玺生一子宣（后改名"荃"，详见第六章），而孙氏曾在顺治十一年（时年二十三岁）玄烨诞育之初（是年三月生）被选入宫担任其保母，此事不太可能交给从无生养经验的黄花闺女，⁵¹ 知孙氏当时已婚且育有子女，因疑曹玺与孙氏的婚姻均为梅开二度。孙氏应至迟于顺治十八年正月初七日玄烨（时年八岁）登基后不久出宫，旋嫁与曹玺为继妻（附录3.4），并于康熙四十五年三月左右过世（附录3.3）。

47　此段参见黄一农，《二重奏：红学与清史的对话》，页114—116。
48　曹玺历官正二品内工部侍郎，当其在康熙十六、十七年两度陛见时，获赐加正一品（此应计入加级），孙氏遂得以夫贵封一品夫人。陈鹏年继妻谢氏亦于康熙六十一年封一品夫人，雍正十三年又以子户部侍郎陈树萱贵改封一品太夫人。参见吕正音修，欧阳正焕纂，《湘潭县志》，卷25，页22、28。
49　另参见朱淡文，《红楼梦研究》，页479、503—504。
50　胡适首先考出曹寅生日，然其单名"寅"似与生辰八字的干支无关。参见胡适，《红楼梦考证（改定稿）》。
51　保母是否必为已婚且育有子女，未见具体规定，然嘉靖朝大学士桂萼尝奏称："中宫者三事：一胎教之仪……一择诸母，诸母者，慈母、保母、乳母也，慈者知其嗜欲，保者安其居处，乳者以乳食子者也；一慎子师……"又，天启朝礼科给事中刘懋亦曰："皇上登极四年，育皇子女共四位，乃一岁之中相继而逝……保母不习调养，乳哺失其节，喜怒违其性，已失天和矣……保母关系最重也，必选老成醇善者……"知要照顾好皇子女的生活起居，应不太可能挑选从无生养经验的黄花闺女担任保母。参见《明世宗实录》，卷118，页2793—2794；《明熹宗实录（梁本）》，卷44，页2420—2422。

附录3.4

曹玺与孙氏的婚姻均为梅开二度

《清朝野史大观》在《皇室无骨肉情》条下记皇子的乳保曰：

> 皇子生，无论嫡庶，一堕地即有保母持之出，付乳媪手。一皇子例须用四十人，保母八，乳母八……至绝乳后，去乳母，添内监若干人为谙达，所以教之饮食，教之言语，教之行步，教之礼节。[52]

惟各文献所记乳保的数目不一，如同治帝已知有大嬷嬷吴氏、二嬷嬷潘氏、三嬷嬷王氏等乳母，以及杨氏、白氏等保母。[53] 孙氏应是玄烨幼时的几名保母之一，她或在顺治十一年（时年二十三岁）玄烨诞育之初被选入宫当差。

由于皇子的保母不太可能交由从无生养经验的黄花闺女担任，知孙氏当时应已婚且育有子女，[54] 而其首任丈夫并非曹玺，此因玺长子曹寅是妾顾氏于顺治十五年所生，也就是说，曹玺在顺治十一年孙氏入宫时尚无子。孙氏应至迟于诞曹荃（康熙元年二月十五日生，孙氏三十一岁）之前一年出宫。

乾隆《钦定大清会典则例》记载：

> 选乳母、保姥，顺治十八年议准总管内监等豫期传知，即交各佐领、内管领将应选之人送进，交总管内监等选用。入选之乳母则别买乳妇偿

---

52 小横香室主人，《清朝野史大观》，卷2，页10。
53 沈欣，《再论清代皇室之乳保》。
54 若依明朝的选奶母之制，应选者必须有夫，年在十五以上、二十以下，容貌端正，且生第三胎仅三个月。又，产皇子时的规矩是用乳女者，产皇女用乳男者。至于保母，则挑选来自内务府下各佐领或管领中擅长满语、习于满俗的妇女。参见刘小萌，《清朝皇帝与保母》。

之，以哺其子女，价以八十两为则。[55]

知选用乳母时得给银八十两以另请人哺育其子。乳母的年例为银二十四两、云缎一匹、衣素缎一匹、潞绸一匹、纱一匹、绫一匹、绵绸一匹、深蓝布四匹、夏布一匹、木棉三斤、米二十四斛，保母的年例则为银二十四两、米二十四斛。由于妃嫔中最低阶之答应的年例银亦不过三十两，知乳保的待遇应算丰厚，且每日还给猪肉一斤、老米七合五勺、应时鲜菜十二两、黑盐三钱，这些俱准折银支给。[56]

清初最有名的乳保为朴氏（又作布母布哩氏），她是福临的乳母，自盛京辉发地方挑选入宫，当时已至少为其夫巴萨哩生第五子哇岱，朴氏出宫后或因夫殁遂再嫁喀喇（图表3.9）。乳公喀喇生前获授二等阿达哈哈番，顺治十一年过世时不仅得谥并立碑。康熙二十年朴氏卒，特恩被追赠奉圣夫人，顶戴、服色均比照公夫人品级，其封阶与皇太后之母等同，其家更自正黄旗包衣第三旗鼓佐领下人被抬入正黄旗满洲都统第四参领第十六佐领，且全族可免选秀女。[57]

孙氏与曹玺的婚姻应也像朴氏一样是梅开二度，该安排或许出自内廷，将同属内务府包衣且失婚的曹玺和孙氏配成对，当然曹玺或也期盼通过此举可强化其与内廷的裙带关系。类此通过皇子乳保以与皇族建立某种纽带的做法，亦见于降金汉人刘兴祚身上，传努尔哈赤为笼络他，曾许配以次子代善的养女，而该女之母乃代善第三子萨哈廉的乳母。[58]

---

55 允祹等，《钦定大清会典则例》，卷160，页33—34。
56 于敏中等，《国朝宫史》，卷17，页42、46—47、67及卷19，页19。
57 刘小萌，《清朝皇帝与保母》。
58 刘兴祚（？—1630）家族在毛文龙被杀之后崛起，其七兄弟皆担任辽东沿海岛屿上的重要将领，他们徘徊周旋于明、金两大政权之间，甚至曾起意建立刘家自己的基业，但最后却因兄弟间的政治立场不一导致手足相残，存余之人更因丧失利用价值，而遭明、金两朝分别杀害，终使此一原本可作为明军重要前线的海上防线如同骨牌般崩塌，连带成为引燃明朝覆亡的重要导火线之一。参见黄一农，《刘兴治兄弟与明季东江海上防线的崩溃》。

图表3.9　《辉发萨克达氏家谱》中有关顺治帝乳母朴氏的记载

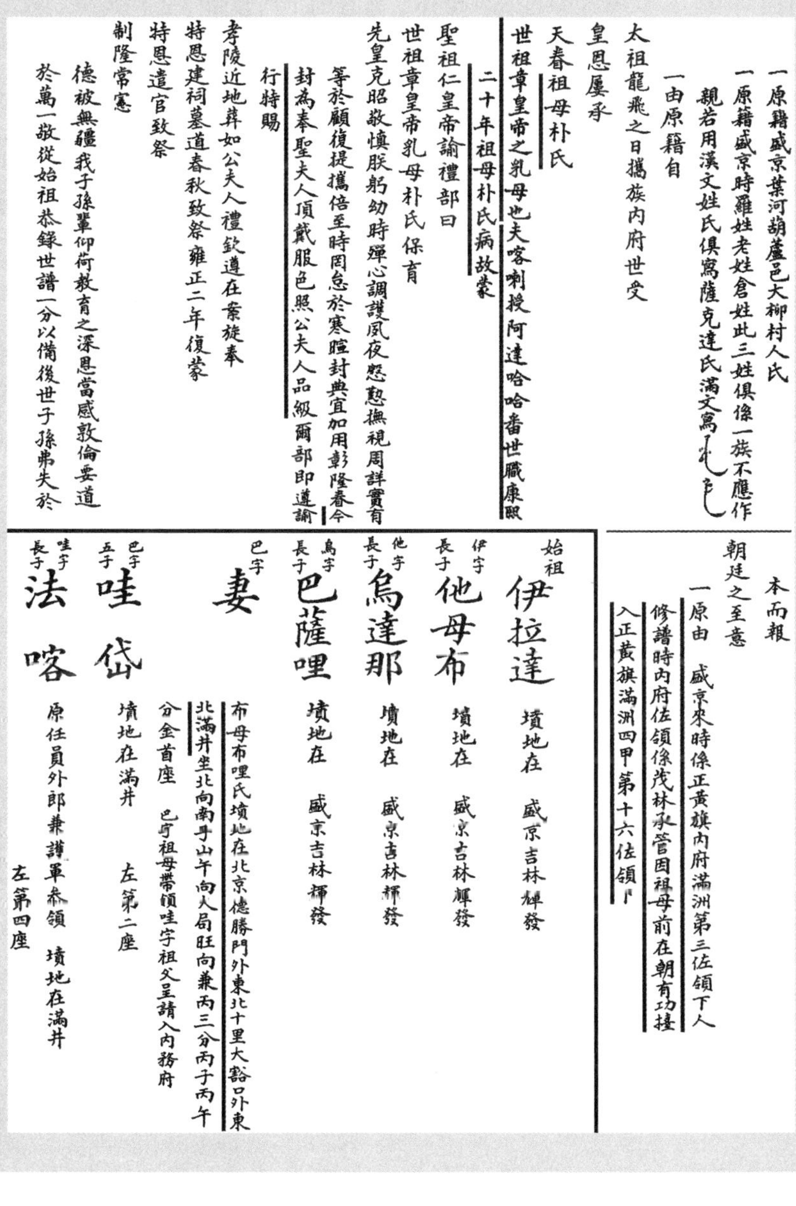

一原籍盛京葉河葫蘆邑大柳村人氏
一原籍盛京時羅姓老姓倉姓此三姓俱係一族不應作
親若用漢文姓氏俱寫薩克達氏滿文寫[illegible]
一由原籍自
太祖龍飛之日攜族内府世受
皇恩屢承
天眷祖母朴氏
世祖章皇帝之乳母也夫喀喇授阿達哈哈番世職康熙
二十年祖母朴氏病故蒙
聖祖仁皇帝諭禮部曰
世祖章皇帝乳母朴氏保育
先皇克昭敬慎朕躬幼時殚心調護夙夜慇懃撫視周詳實有
等於顧復提攜倍至時罔怠於寒暄封典宜加用彰隆眷今
封為奉聖夫人頂戴服色照公夫人品級爾部即遵諭
行特賜
孝陵近地葬如公夫人禮欽遵在案旋奉
特恩建祠墓道春秋致祭雍正二年復蒙
特恩遣官致祭
制隆常憲
德被無疆我子孫輩仰荷教育之深恩當感敦倫要道
於萬一敬從始祖恭録世譜一分以備後世子孫弗失於
本而報
朝廷之至意
一原由　盛京來時係正黄旗内府滿洲第三佐領下人
修譜時内府佐領係茂林承管因祖母前在朝有功擡
入正黄旗滿洲四甲第十六佐領下

始祖 伊拉達　墳地在　盛京吉林輝發
伊字長子 他母布　墳地在　盛京吉林輝發
他字長子 烏達那　墳地在　盛京吉林輝發
烏字長子 巴薩哩　墳地在　盛京吉林輝發
巴字妻　布母布哩氏墳地在北京德勝門外東北十里大豁口外東北滿井坐北向南子山午向入局旺向兼丙三分丙子丙午分金首座　巴字祖母帶領哇字祖父呈請入内務府
巴字五子 哇岱　墳地在滿井　左第二座
哇字長子 法喀　原任員外郎兼護軍参領　墳地在滿井　左第四座

曹家此一家史及其优渥的环境，或丰富了曹雪芹在《红楼梦》中的故事铺陈。小说中贾家地位最高的奴仆就是乳母，相关记述颇多。[59] 如第三回称贾府的姑娘们，"每人除自幼乳母外，另有四个老嬷嬷"，"嬷嬷"或"嬷嬷"均译自满语的"meme"，两者并不存在词义上的区别，[60] 均指保母，除照顾幼儿的生活起居外，还要担负教育和引导的责任。同一回在描述林黛玉初入贾府会见众人时，"只见三个奶嬷嬷并五六个丫鬟，簇拥着三个姊妹来了"，所谓"奶嬷嬷"就是乳母。这些乳母于孩子长大后，在家中仍拥有一定地位，如第十六回贾琏与凤姐就欲将来访的乳母赵嬷嬷让上炕一同吃酒，共馔时凤姐担心"妈妈狠嚼不动那个，到没的矼〔音'枪'，指被坚硬的东西碰伤〕了他的牙"，还要平儿热来一碗很烂的"火腿顿【炖】肘子"，并对其称"妈妈，你尝一尝你儿子代【带】来的惠泉酒"，且答应会照顾她生的两个奶哥哥。

又，第八回宝玉尝对大丫鬟茜雪怒斥要将乳母李嬷嬷撵走，称：

> 他是你那一门子的奶奶，你们这么孝敬他？不过是仗着我小时候吃过他几日奶罢了。如今逗的他比祖宗还大了。如今我又吃不着奶了，白白的养着祖宗作什么！撵了出去，大家干净！

第十九回李嬷嬷跑到宝玉住处时，亦曾径自拿起原要留给袭人的酥酪就吃，经人点明后，她又气又愧，便说：

> 我不信他这样坏了。别说我吃了一碗牛奶，就是再比这个值钱的，也是应该的。难道待袭人比我还重？难道他不想想怎么长大了？我的血变的奶，吃的长这么大，如今我吃他一碗牛奶，他就生气了？我偏吃了，看怎么样！

---

59 刘相雨，《论红楼梦中的乳母形象》。
60 刘小萌，《清朝皇帝的保母续考》。

一面说，还一面赌气将酥酪吃尽。至于迎春的乳母就更过分了，她不但聚众赌博，还偷了迎春的攒珠累丝金凤等物品去赌（第七十三回）。

此外，李嬷嬷在第二十回也曾痛骂袭人曰：

> 忘了本的小娼妇……一心只想妆狐媚子哄宝玉，哄的宝玉不理我，听你们的话。你不过是几两臭银子买来的毛丫头，这屋里你就作耗［意指作乱］，如何使得！

宝钗则劝宝玉："你别和你妈妈吵才是，他老糊涂了，到要让他一步为是。"李嬷嬷的儿子李贵则不仅负责陪伴贾宝玉读书（第九回），同时也是贾宝玉众男仆的头目。第四十五回且记贾政的乳母赖嬷嬷不仅家有花园，甚至敢否定凤姐的决定，其孙亦蒙主子协助捐官而当上县令。

三、曹玺所纳的汉人小妾顾氏

曹玺正妻的姓名及生平俱不详，其继妻孙氏是康熙帝的保母，并于出宫后再醮亦丧偶的曹玺，享寿七十五岁的孙氏因较其夫晚卒二十二年，遂长期成为曹家的主母。至于曹玺所纳的汉人小妾顾氏，[61] 虽在家庭中的身份较低，但因其子曹寅后成为家长，且知名明遗民顾景星（1621—1687）在诗文中屡以舅甥间的典故点出彼此关系，故颇值得我们仔细爬梳其身世，希望能因此对庶子曹寅的成长过程有较深刻的体会。[62]

顾景星，字赤方，号黄公，湖北蕲（音"祈"）州人，崇祯末廷试贡士

61　有疑曹寅的生母顾氏乃嫡妻，若然，则其年纪应与夫曹玺相近，亦即，她三四十岁才生子！此外，顾氏的族兄弟顾景星屡用古代舅甥之典记其与曹寅之谊，然诗文颇富的景星却从未提及久任织造的曹玺，若寅母是正妻，此一状况颇不合情理。尤其，孙氏在曹玺生前即以夫贵封一品夫人，康熙二十七年亦以子曹寅贵改封一品太夫人，故若顾氏确为嫡妻，则应早以夫贵封/赠一品夫人，那何以曹家及其亲友少有人在诗文中提及这位获最高诰命的曹寅生母（尤侗、毛际可、冯景均曾为孙氏撰文）？参见马美琴，《关于曹寅"嫡出"身份的考证》。
62　此节参见黄一农，《二重奏：红学与清史的对话》，页92—109。

第一，授福州府推官，以不附权贵归隐。⁶³ 红学家朱淡文曾推测曹寅乃景星异母妹的庶生子，⁶⁴ 李广柏等人则主张景星与曹寅之间只存在干舅甥间的结拜关系。⁶⁵ 由于这是关涉曹寅成长背景的重要关节，下文即先略述景星之生平，再详探此事。

崇祯十六年张献忠屠蕲州，景星之父天锡举家逃归昆山之祖居。顺治二年闰六月清兵攻下昆山，强命他随征，景星力辞养亲还里。当时降清的原明参将萧世忠许以独生女，至五年冬始完婚。顾家于顺、康之际的景况甚差，友人邵长蘅曾在诗中称其"乱定还家十年后，草堂萧瑟蕲江边。鹔裘典尽无酒钱，蹙额文君明镜前"，指他穷得无物可典当，景星亦自嘲是"贫苦流连，奔走乞食"，但从其《白茅堂集》四十六卷中所呈现的交游网络，知他与当时江南士绅间的往还颇多。

康熙十七年二月顾景星被疏荐应博学鸿儒之试（图表3.10），至十八年正月下旬始抵京；三月初一日皇帝于体仁阁亲试获荐举的一百多人并赐宴。三年后他在《怀曹子清》一诗中描述曹寅当时与己之互动是"周旋逢辇下，导引谒宸居"，并注明曹寅"尝为予引龙尾道"，龙尾道原为唐代含元殿前的甬道，借指宫中的辇路，当时担任三等侍卫的曹寅或尝引导应考者晋见。三月二十二日谕旨取中彭孙遹等五十位，俱以翰林任用，负责编修《明史》。在顾昌（1653—1707；字文饶，号培山，康熙三十二年举人，未仕卒）为其父景星所撰的行略中，称其"入觐保和殿，赐坐、赐茶、赐馔，再以病恳，既放还"，景星遂于四月初与友人燕别，并以布衣终老。

63　潘克溥纂修，《蕲州志》，卷15，页23。
64　朱淡文，《红楼梦研究》，页333—356。
65　李广柏，《曹雪芹评传》，页38；方晓伟，《曹寅评传·曹寅年谱》，页176。

第三章 奠立半世纪"秦淮风月"的曹玺

图表3.10 康熙朝所开博学鸿词科的各种异称[66]

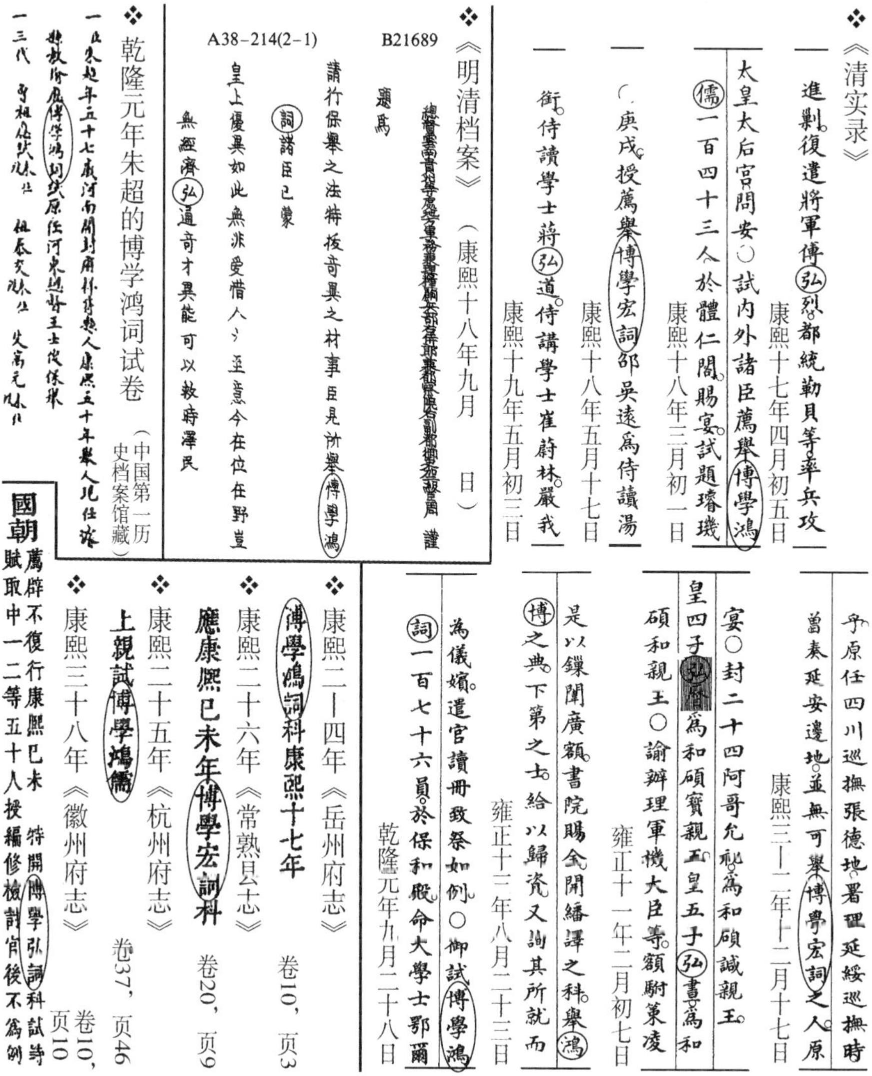

❖《清实录》
- 剿復遣將軍傅(弘)烈都統勒貝率兵攻 康熙十七年四月初五日
- 太皇太后宮問安○試內外諸臣薦舉博學鴻(儒)一百四十三人於體仁閣賜試題璿璣 康熙十八年三月初一日
- 奧戌授薦舉博學宏詞邵吳遠為侍讀湯(斌)衛侍讀學士蔣(弘)道侍講學士崔蔚林嚴我斯 康熙十八年五月十七日
- 宴○封二十四阿哥允祕為和碩誠親王皇四子(弘)曆為和碩寶親王皇五子(弘)晝為和碩和親王○諭辦理軍機大臣額駙策凌 雍正十一年二月初七日
- 曩秦延安邊地並無可舉博學宏詞之人原 康熙三十二年十二月十七日
- 宁原任四川巡撫張德地署理延綏巡撫時

❖《明清档案》（康熙十八年九月　日）
B21689
題為
博學宏詞諸臣已蒙
皇上優異如此無非受惜人之至意今在位任野豈
無經濟弘道奇才異能可以救時澤民
請行保舉之法特援奇異之材事臣見所舉博學鴻
詞諸臣已蒙
A38-214(2-1)
乾隆元年朱超的博學鴻詞試卷（中國第一歷史檔案館藏）
一正欠起年五十七歲河南開封府祥符縣人康熙三十年乙丑年八月十代係来
曾祖原任河東總督王士俊保舉
祖辰 交 伙仕 父高元 伙仕
一三代 曾祖處伏仕 祖處伏仕 父高元 伙仕

為儀嬪遣官讀冊致祭如例○御試博學鴻(詞)一百七十六員於保和殿命大學士鄂爾(泰)乾隆元年九月二十八日
是以鑣闈廣額書院賜金開縉繹之科舉鴻博之典下第之士給以歸裝又詢其所就而

❖ 康熙二十四年《岳州府志》卷10，頁3
康熙二十六年《常熟邑志》卷20，頁9
康熙二十五年《杭州府志》應康熙已未年博學宏詞科
康熙三十八年《徽州府志》博學鴻詞科康熙十七年上觀試博學鴻儒 卷37，頁10，頁46

國朝薦辟不復行康熙己未五十人授編修檢討官後不為例

---

66 康熙十七年為籠絡漢人士大夫，決定在翌年特別詔求"博學鴻儒"（又稱博學宏詞、鴻博）。有稱其原名為"博學宏詞"，至乾隆朝因避帝諱而改稱"博學鴻詞"或"博學鴻儒"。其實，康熙朝方志以及《清聖祖實錄》（因未避"弘"字，知成書并抄寫於乾隆即位之前）中，即已出現"博學宏詞""博學弘詞""博學鴻詞"等各種用法。

155

顾景星抵京时得病，曹寅曾探视，景星因此赋《曹子清馈药》一诗曰：

韶光闭户恼不彻，况复病痁多晏眠。
半红半白杏花色，乍暖乍寒三月天。
药盝绳床尝废日，他乡逆旅动经年。
世情交态寒温外，别有曹郎分俸钱。[67]

曹寅也以相同韵脚赋《春日过顾赤方先生寓居》唱和：

见因季子到阶前，堂上先生尚晏眠。
逆旅药香花覆地，长安日暖梦朝天。
开轩把臂当三月，脱帽论文快十年。
即此相逢犹宿昔，频来常带杖头钱。[68]

知曹寅曾以俸禄资助景星，并常给其"杖头钱"以出外买醉。[69] 曹寅造访景星的次数应不少（前诗所谓的"频来"），否则他不会知道该赠以何药。而诗中的"季子"即指随侍景星应鸿博之征的三子顾昌，他最受父亲钟爱，"登临、游历无不与"。

顾昌在《曹荔轩梓〈白茅堂集〉将竟感赋》一诗中，也曾回忆其父与曹寅当时交往的情形曰：

昔维先君子，旅卧越鸟呻。
公也独慨慕，意洽如饮醇。
走马出殿直，揽辔来城闉。

67　顾景星，《白茅堂集》，卷20，页11。又，有将"乍暖乍寒"过度理解成感染疟疾，此处其实只是形容三月之天气。
68　曹寅，《楝亭诗钞》，卷1，页1—2。
69　此用晋人阮修之典，因阮氏常以百钱挂杖头，步行至酒店后，便独酣畅。

> 晏语或达暮，夜怀难及晨。
> 岂唯骨肉爱，竟以胶漆论……

"越舃〔音'细'〕"乃用"庄舃越吟"之典，指战国越人庄舃虽仕楚，但病中思乡时仍吟越声，知顾景星抵京之初曾因病而颇怀乡。对他相当"慨慕"的曹寅，则每在公余骑马出宫造访或同游，往往在日暮禁中关闭宫门之前始急急赶回（所谓"晏语或达暮"），有时夜里思念起对方都等不及天明（"夜怀难及晨"），并以"骨肉""胶漆"来形容他俩的交往关系。

至于曹寅《春日过顾赤方先生寓居》诗中的"脱帽论文快十年"句，则描述曹、顾二人上一次相见时的情景。景星曾于康熙七年夏远行，先从芜湖搭小船至宣城，七月抵江宁，与"论交二十年"的好友周亮工（时任江安督粮道，驻江宁）欢聚，再途经苏州抵达松江；翌年经江宁返回蕲州。疑曹寅所谓的"脱帽论文"，乃对景星此行主要文化活动的描述，[70] 曹寅回忆当时两人才初次相见，而一晃已近十年。又，曹寅于康熙四十三年为顾昌所作的《夜饮和培山眼镜歌》，内有"与君半百皆称翁，花裆荻戟颇忆嬉庭中"句，提及己与顾昌年少时曾身穿花裆裤，以荻为戟一起戏耍，所指的时空或就在康熙七、八年的江宁曹家。

亦即，景星很可能是在旅途中以亲戚身份探望了顾氏（应尚存）及其子曹寅。虽顾景星的老友周亮工（号栎园）乃曹玺的通家之好，[71] 且景星的诗文集中小常可见到曹寅交游圈中的施闰章、梅庚、顾贞观等人，然其存世涉及此次壮游的共约百首诗作中，却不曾留下有关曹玺的片语只字，甚至在多达四十六卷且由曹寅捐赀刊刻的《白茅堂集》中，亦从未出现曹玺的蛛丝马迹，因疑曹玺与顾景星间的交往颇少。不知受汉文化熏陶似不深的曹玺，

---

70 如他停留在松江的两个月，几乎每日均与卢元昌、周茂源、沈麟、董含、董俞等五子一起煮酒论诗，彼此唱和的诗中即可见"董生意气横九秋，<u>脱帽半醉飞觥筹</u>""<u>脱帽露顶谈真诠</u>，亟呼庖人劈蟹螯""敏捷诗无敌，卢生果绝伦。<u>论文操月旦</u>，求友出天真"等诗句。
71 曹寅尝在《周栎园祠堂记》一文中称："余卯角侍先司空于江宁时，公方监察十府粮储，与先司空交最善，以余通家子，常抱置膝上，命背诵古文，为之指摘其句读。"参见曹寅，《楝亭文钞》，页12—13。

是否并不太看重身为民人布衣的景星？而景星在顺治五年所赋的《舟中闻鸟声，榜人〔指船夫〕云巧女儿〔为鸟名〕，感而作歌》中有云：

> 丝坊嘈嘈杂机杼，有似流泉下极浦。
> 此时巧女时一声，织妇闻之泪如雨。
> 东家少妇工织缣，近被官编作机户。
> 巧女巧女汝莫啼，古来才巧多苦饥。[72]

其《织妇词》亦有"谁家少妇弄机杼〔织布机〕，鸣声夜夜达五更"句，对织造所属机户或织妇的苦痛充满同情。

曹寅与顾景星的互动，应深受汉人小妾在旗人家庭中地位低下的影响。康熙十八年曹寅之父玺和继嫡母孙氏均健在，而其生母已过世（见后文），身为庶子的曹寅当时在家中或如履薄冰。然应鸿博之召入京的顾景星，相当欣赏"如临风玉树，谈若糵花……贝多、金碧、象数、艺术，无所不窥；弧骑、剑槊、弹棋、擘阮，悉造精诣"的曹寅，[73] 曹寅亦十分景仰硕学通儒的景星，两人遂结为忘年之交（彼此相差三十七岁），甚至还合刻《西轩倡和诗》（图表3.11及3.12）。但对八旗曹家的许多人而言，并不特别看重出身书香门第的顾景星，以致曹寅不敢造次。

72　顾景星，《白茅堂集》，卷4，页3；卷6，页27。
73　贝多乃梵语pattra的音译，为一种可供书写之树叶，略称贝叶，古印度常以之写经，故借指佛经；金碧为颜料中的泥金、石青和石绿，代指绘画。弧骑谓骑射，弧为弓；剑槊泛指兵器，槊是类似矛的重型骑兵武器；弹棋是古代的一种博戏；擘阮指演奏一种名为阮的拨弦乐器。

图表3.11 顾景星《白茅堂集》中与曹寅相关的内容

❖ 顾景星,《白茅堂集》

白茅堂文集序

金州喻成龍撰

予既於題先生小照中論先生之文矣令予復以其彙集將授梓傳世屬予尊序之所以篤乎予心於題小照者序之所以篤乎予心於題小照（中略）

其人以無本之學識之也其今子所稱授梓為鉅公曹荔軒是能文者是能知先生學之有本

顧赤方徵君詩文集序

蘄州碩孝廉文饒奉其尊人赤方先生像並詩文若干卷走金陵歷丸會叩中丞宋公為之論定而今直指使者巡鹺曹公為先生宅相謀以其集付之剞氏文饒返楚丐制府愉公為序而並問序於余因得盡窺先生白茅堂全集

（中略）

交相待而成者文饒其尊人赤方先生像並詩余忝藩楚省例得備員闌中屬有一日之長故不辭而為之序

三韓張士俊頓首拜撰

康熙十八年，卷20，頁11

曹子清饋藥

韶光閉戶惱不徹況復病疢多宴眠牛紅牛白杏花色

白茅堂集 卷二十己未（十一）

乍煖乍寒三月天藥甖繩綠曾日他鄉逆旅動經年世情交態寒溫外別有曹郎分俸錢

懷曹子清 曹子清贈

康熙二十一年，卷22，頁9

早入龍樓優遊觀中秘著鳳毛擬王謝簪紱徐與閩東曹冠官階先譽周䡄逢筆下導引詞虎居當金蜼貴偏當繡先雕鞍散道驕情親何緶綟綴別倍綺席遨春雪雕鞍散道驕情親何緶綟綴別蹐老我形駭穢多君珠玉衵浹慚愧軍贈近苦寒鴻疎散篋長篇在看雲短髮秭日邈人近造離思可能撼玻璃方鏡 曹子清贈

披香侍臣金玉麥贈我四寸方玻璃光如寶劍出堂試何當金狡破鷯鴿腹開啓火符二來湯青踢鉛墓指賍形比王印無刈劍坐黃鑼碧作什肆百是琉勒炎覬皮銅質徹賢不起真神奇漢宮四靈何足貴唐家白鈹徹爾為碧空秋水兩惡甚中有雲氣非瑕疵特來焙臍歎骨冷六月古雪照啗蛸入言此物出龍藏鱓不敢污汪誅空山佩人囊百怪蛟螭將攬此防

五嶽毛女跪換螢光芝寒煇恋妃共可炤此上凡須看

康熙二十二年，卷23，頁4

臬清揀授文林郎顧公培山府君行畧 行述府君路然

嗚呼不孝溝漣溺涕不文何能狀君

生徒欵賓館殺迼壬午中丞牧仲宋公招自都門建姑蘇宋公有意徵君不欲也公止徵君懷雅集與公時織造江南兼鹽漕祢蔡峙前與全案府君一手較正歷歲未甲申初勰告成徵君微君燕雲雅集與公時織造江南兼鹽漕祢蔡峙前與諸論在江南時與揀雲曹公有西輈倡和詩入經行世又有栗藏科詩交錦樹堂塡詞江山筆助集

图表3.12 曹寅《楝亭集》中与顾景星父子相关的内容

❖ 曹寅，《楝亭诗钞》

虎丘僧軒坐雨遲培山未至漫成 歸舟和培山見苔韻 東南溯歸舟丘壑厭名勝感茲風雨交得暢魚鳥 性軒蓋來無時盛事每難併躍躍手中藤牽我破 苔磴初疑俯鮫宮恍惚失庭逕碧陰蓋流潦蕭索 （下略） 卷4，頁16 卷4，頁16

苔顏培山見朝 黃塵堁塕馬蹄剿五月誰披白苧衫老去心情非 見獵逆風正喜未張飆 舟中望惠山舉酒調培山 卷1，頁1

春日過顧赤方先生寓居 見因季子到堦前堂上晏眠逆旅藥香花 覆地長安日暖夢朝天開軒把臂當三月脫帽論 文快十年即此相逢猶宿昔頻來常帶杖頭錢 卷1，頁1

荔軒草者侍中曹子清詩集也子清門第國勳長 江南佳麗地束髮即以詩詞經藝鶱翥動長者稱神 童既舞象入為近臣今始弱冠而其詩清深老成 鋒穎芒角篇必有法語必有源雖顛頷白齒搖拮鬚 苦吟不能逮其一二可不謂奇哉不佞徵車來長 安晤子清如臨風玉樹談若粲花甫曼倩待詔之 年腹嬛螺酉之秘貝多金碧象數藝術無所不 窺弧騎劍槊彈棊擘阮悉造精詣與之交溫潤沆 爽道氣迎人予益歎其才之絕出也蓋才之出于 目之以天人今于清何多遜也李白贈高五詩謂 其價重明月聲動天門即以贈吾子清海內月旦 必以子言為然己未四月朔黃公顧景星書于都 門旅次 （中略） 序，頁1

❖ 曹寅，《楝亭文钞》（下略）

舅氏顧赤方先生擁書圖記 後己未二十二年庚辰寅行年四十三文饒四十 有八舅黃公先生棄已十四年寅出使莅吳十 年文饒三上公車矣文饒下第自都門奉遺像及 海內名家詩贊共一巨卷投知中丞宋公抵蘇 州而還過金陵使院將買舟歸黃岡八月十七夜 晚聽畫諾畢振衣屢秉燭炬出像瞻拜頫頇宛然 聲欷如在第鬚鬢蒼白稍異前時問知為後來追 想補圖者中間人事不足述歎存歿悠悠忽忽 何以送至二十二年之久而燈影俳徊亦竟忘余 與文饒之年皆企於知非不惑之間也然自今以 往得覩此卷者尚有日雖壽至耋耄子孫滿前亦 終拳拳於二十二年之前也詩慕廬韓侍郎果 亭徐學士毘陵鄒騎子湘其中相識者其雲老 子湘亦二十二年前於舅氏坐中相識其雲老 輩蓋同就徵之山西傳青主關中李天生長洲汪 苕文宜興陳其年宣城施尚白采彪炳風流映 帶神光奕奕一時皆可想見者也寅謹記 卷3

第三章　奠立半世纪"秦淮风月"的曹玺

曹寅在景星于康熙十八年返乡后即较少与他往还，二十一年景星赋《怀曹子清》诗，提及自己的心情，称：

> 情亲何缱绻，饯别倍踟蹰。
> 老我形骸秽，多君珠玉如。
> 深惭路车赠，近苦塞鸿疏……

其中"老我形骸秽，多君珠玉如"句，乃用晋人王济以"珠玉在侧旁，觉我形秽"形容其与外甥卫玠在一起的感觉（此即成语"自惭形秽"的出处）。至于"路车赠"，则典出《诗经》之"我送舅氏，曰至渭阳；何以赠之？路车〔贵胄所乘的车〕乘黄〔四匹黄色的良驹〕"，指在母卒的情形下甥以程仪为舅送行。[74] 朱淡文因此推断曹寅生母卒于康熙十八年之前，否则此一用典即有诅咒之嫌，由于曹玺继妻孙氏当时仍在世，知寅乃侧室所生。[75]

景星前诗中的"塞鸿"指塞外的鸿雁，古人常以此表示对离乡亲人的怀念，而"近苦塞鸿疏"句，或让久无音信闻问的曹寅颇不好意思，遂于次年托人送十一块四寸见方的珍贵镜子，并赋《玻璃方镜》一诗。二十七年，曹寅又尝作《送程正路之黄陂丞兼怀赤方先生》，末有"举篙黄州近，全身问楚狂"句，拜托赴黄陂担任县丞的友人程义（字正路），抽空到邻近的蕲州（与黄陂同属黄州府）问候景星，但曹寅不知景星已卒于前一年的十月。

顾景星尝在文中间接影射己与曹寅有舅甥之谊，如他在康熙十八年四月离京前夕为曹寅《荔轩草》作序时，称：

> 子清门第国勋，长江南佳丽地。束发即以诗词、经艺惊动长者，称神童。既舞象，入为近臣。今始弱冠，而其诗清深老成，锋

---

[74] 春秋时晋献公将女儿穆姬嫁给秦穆公，以结"秦晋之好"，后穆姬弟重耳因政争逃往国外，几经流离，终在秦穆公的支持下夺得君位。当时穆姬已过世，其子即送母舅重耳一程到渭水，并赠以车马。
[75] 朱淡文，《红楼梦论源》，页49—50。

颖芒角……不佞征车来长安,晤子清,如临风玉树,谈若粲花……予益叹其才之绝出也……李白赠高五诗,谓其"价重明月,声动天门",即以赠吾子清,海内月旦,必以予言为然。己未四月朔,黄公顾景星书于都门旅次。

其中"价重明月,声动天门"句,引自李白《赠别从甥高五》诗中的"贤甥即明月,声价动天门",景星且借用李白与高五间的舅甥关系,亲昵称呼曹寅为"吾子清"。

由于曹寅在顾景星生前所作的诗文从未以舅氏称之,故红圈中有谓曹寅轻视其人而不愿承认景星是其母舅,此说应非。因在清廷的笼络政策下,曹寅及其挚友张纯修（号见阳）、纳兰成德（字容若）等少数汉化程度较高的旗人,[76]当时均充分利用诏求博学鸿儒之难得机会与来京应试的汉人名士论交。曹寅也初获文名,如与宋琬以"南施北宋"并称诗坛的施闰章,即十分称赏其"寒山见远人"句,曹寅与遗民士绅的交往也始终颇多。[77]

曹寅现存诗文至康熙三十九年才首见他三呼景星以舅氏,其所撰的《舅氏顾赤方先生拥书图记》一文有云:

后己未二十二年庚辰,寅行年四十三,文饶四十有八,舅黄公先生弃世已十四年。寅出使莅吴十年,文饶三上公交车矣。文饶下第,自都门奉遗像及海内名家诗赞共一巨卷,投知己中丞宋公,抵苏州而还,过金陵使院,将买舟归黄冈……感叹存殁,悠悠忽忽,何以遽至二十二年之久……然自今以往,得睹此卷者尚有日。虽寿至耄耋,子孙满前,亦终拳拳于二十二年之前也。作诗:慕庐韩侍郎、果亭徐学士、毗陵邵鬐子湘,其余皆有闻而不相识。子湘亦

---

76 曹寅《墨兰歌》的诗题注称"为见阳太守赋,见阳每画兰,必书容若词",诗中并以"交渝金石真能久,岁寒何必求三友"描述三人感情。参见曹寅,《楝亭诗钞》,卷4,页22;黄一农,《二重奏:红学与清史的对话》,页85—90。
77 刘上生,《曹寅与曹雪芹》,页134—162。

第三章 奠立半世纪"秦淮风月"的曹玺

> 二十二年前于舅氏坐中相识者,其云"老辈",盖同就征之山西傅青主、关中李天生、长洲汪苕文、宜兴陈其年、宣城施尚白,文采彪炳,风流映带,神光奕奕,一时皆可想见者也。寅谨记。[78]

曹寅称在此图卷上跋诗者,还有他相熟的韩菼、徐秉义、邵长蘅,其余则"有闻而不相识"。或因邵氏所跋《题顾赤方遗照因忆旧游成二截句》一诗中有"老辈即今看欲尽,廿年如梦话旗亭"句,让曹寅不禁又忆起曾应鸿博试的傅山、李因笃、汪琬、陈维崧、施闰章等"老辈"。他没想到岁月一悠忽,舅甥于康熙十八年的分离竟成永别,感慨自己将来如果重睹此卷,必然会"拳拳[形容恳切不忘]于二十二年之前"的那场盛事。

曹寅有可能在作《舅氏顾赤方先生拥书图记》之前即已公开称景星舅氏,此或因其通过康熙二十七年十月的恩诏已为继嫡母孙氏获封最高阶的一品太夫人,[79] 曹寅遂敢积极为获赠诰命的亡母争取较高的家庭与社会地位。[80] 情理上,得到命妇身份的侧室顾氏,其神主甚至可入祀家庙,并奉安于男主人曹玺龛旁。[81] 只不过景星却已于二十六年十月先卒,赶不及亲闻或亲见曹寅公开称其为舅。

---

78 曹寅,《楝亭文钞》,页3。
79 据"若嫡母已受封,生母先亡者,准追赠""凡封赠母,止封嫡母一人、生母一人,继嫡母不得概封""凡命妇因子孙封者,并加'太'字"之规定,顾氏应有机会可获赠诰命。由于康熙二十三年九月颁布恩诏时,曹寅仅暂时奉命协理江宁织造,并未获正式的官阶,故应不能获赠诰命,但遇二十七年十月的恩诏时,他应可为已因夫贵封一品夫人的继嫡母孙氏加"太"字(康熙三十年尤侗即撰有《曹太夫人六十寿序》),且为已故生母顾氏获赠诰命,惟品级不详,因曹寅当时的官品及加级均仍待考。三十六年七月再颁恩诏时,顾氏应又可晋赠。参见伊桑阿等,《大清会典》,卷13,页8—11。
80 《红楼梦》第十三回记尤氏犯疾不能料理事务,贾珍"惟恐有诰命来往,亏了礼数",第十四回提及"缮国公诰命亡故""镇国公诰命生了长男",第五十八回记老太妃薨时,"凡诰命等皆入朝随班按爵守制"。在此,"诰命"皆指获赐诰敕的命妇。又,第七十一回称贾母八十寿时,只有命妇可参加荣国府中的正式筵宴。第七十四回王善保家抨击大观园里的丫鬟们时,也曾对王夫人说:"这些女孩子们一个个像受了封诰是的,他们就成了千金小姐了。"
81 有记旗人生母神主入庙的仪注称:"生祖母暨余辈生母俱屡蒙诰封……乃奉生祖母神位于先祖龛内之西,奉余辈生母神位于先君龛内两傍……嗣后我族人之生母得受诰封者,公同议定俱依此仪节行,未得受诰封者,仍安主于别室,如仪供祀。"参见索宁安,《满洲四礼集》,满洲家祠祭祀仪注,页12—13。

康熙四十一年初，顾昌携带其父所著之《白茅堂集》书稿面晤曹寅，得其以千金助刻遗集，并安排他在江宁用两年多时间处理相关事宜。顾家亲友在此书中即两度点出顾、曹的舅甥关系，如张士俶的序文称"今直指使者巡鹾曹公为先生〔指顾景星〕宅相"，其中"直指使者巡鹾曹公"即巡盐御史曹寅，"宅相"乃外甥之代词。[82]至于顾湛露为父顾昌所撰的行状，亦谓景星与曹寅有"舅甥契谊"。[83]然我们在《武陵蕲阳顾氏家谱》以及《白茅堂集》书末的两卷《家传》中，却完全未见提到顾、曹两人为舅甥的姻属脉络。由于曹寅当时已承认彼此关系，且身为刊刻此书的主要赞助人，顾家实无理由因看不起曹寅生母（嫁给旗人为妾）而蓄意删略其资料，知寅母顾氏与景星并非近亲，其族属关系应是因远祖相同而联宗所致。[84]

　　惟曹寅似不曾将其与顾景星的甥舅关系延伸至下一代，如《楝亭诗钞》中共收录十八首为顾昌所赋之诗，但全都以别号培山名之，从未称呼其为表兄或外兄，只有在《送培山之鹿城》诗中的"愁思风旌外，亲情带水间"句，淡淡流露彼此的姻谊。同样，顾昌在《曹荔轩梓〈白茅堂集〉将竟感赋》一诗中，也未径称曹寅为表弟或外弟；至于顾湛露为其父所写的行略中，亦只称曹寅为"银台曹公"。如曹寅之母确是顾昌的亲姑姑，很难想象他俩在如此接触密切的情形下，却从不曾于现存的众多诗文中以表兄弟互称！亦即，曹寅与顾景星的甥舅称谓，应基本建立在景星是寅母族兄（两人或他们的亲长原本应相熟）的关系之上，其情谊更透过康熙十八年鸿博期间他们彼此吟诗论文的过程加以厚实。

　　曹寅生母顾氏作为曹玺小妾的家庭地位、顾景星与曹玺间的鲜少互动

82　《晋书》记魏舒少孤，为外家宁氏所养。宁氏起宅时，有相宅者（指勘察地理风水的术士）云："当出贵甥。"舒曰："当为外氏成此宅相。"
83　有称景星与曹寅间的"契"谊，乃类似之契兄（干哥）、契妹（干妹）之关系，然如二人纯因谈得来，径可结为契父子，实无必要再转个弯结拜为干舅甥。又，笔者爬梳大数据中的古代文献，尚未见契甥、契舅之称谓。"契"字在此或只是用来形容情意相投。如清宗室晋昌在赴盛京将军任时，因与奉天府丞李楸同好诗文，李氏即"以有韵之言与公结契"，然晋昌在与李氏往还的大量诗作中均仅以"沧云学使"称之，而不曾称兄道弟。参见晋昌，《戎旃遣兴草》，卷上，页5—20；卷下，页29—35。
84　顾景星既非寅母的异母兄（未见顾氏的家谱或家传），也非与曹寅为干舅甥。

（两人的生卒时间接近，且均多在江南地区活动），以及曹寅身为庶出长子的成长过程，这些有血有泪的生命史，想必也多少在曹雪芹所撰写的《红楼梦》中留下痕迹。如小说第八十回叙述薛蟠的小妾香菱在被嫡妻金桂强迫改名时，即低调地称："奶奶说那里话，此刻连一身人体俱属奶奶，何得换一名子的字反问我服不服！"薛家最后还想把她给卖掉。又，贾政之妾赵姨娘虽生有贾探春和贾环一女一子，但她在众人心目中的分量恐怕还不如袭人和鸳鸯几个有点脸面的丫鬟（第五十五回），且赵姨娘所领二两银子的月钱也只是正室王夫人的十分之一，甚至比伺候宝玉的丫鬟袭人都还少一吊钱（第三十六回）。王夫人更曾因贾环在争闹中以蜡油浇烫嫡子贾宝玉（被视作主子），而叫过赵姨娘来骂，道："养出这样黑心、不知道理下流种子〔指贾环〕来，也不管管！"（第二十五回），此负面形象虽因赵姨娘的平素作为所致，但王夫人用词之尖刻应也跟赵姨娘的身份有关。

再者，第五十五回当赵姨娘之兄弟赵国基死时，正值探春暂代凤姐理家，为了后事应给多少银两，赵姨娘还与亲生女探春翻脸大闹，指她连自己亲舅的事都不关照，并气问：

> 你不当家我也不来问你。你如今现说一是一，说二是二。如今你旧旧【舅舅】死了，你多给了二三十两银子，难道太太就不依你？分明太太是好太太，都是你们尖酸克薄。

探春则哭问道：

> 谁是我旧旧【舅舅】？我旧旧【舅舅】年下才升了九省检点，那里又跑出一个旧旧【舅舅】来？我素习按理尊敬，越发敬出这些亲戚来了。既这么说，环儿出去，为什么赵国基又跪起来，又跟他上学？为什么不拿出旧旧【舅舅】的款来？何苦来，谁不知道我是姨娘养的，必要过两三个月寻出由头来，彻底来番腾一阵，生怕人不知道，故意的表白、表白。

知探春一向只认嫡母王夫人的兄弟王子腾为舅,她对赵国基是连名带姓直呼,且亦羞愧自己是庶生。

事实上,赵氏与探春母女在小说中彼此竟是以"姨娘"与"姑娘"互称,而贾环虽被凤姐称为"主子"(第二十回),但其同母姐探春却指他只是太太王夫人的"奴才"(第五十五回)。至于赵姨娘的兄弟国基,在荣府中亦不过是名随侍贾环上学的下人,从不曾被当成贾政的妻舅。又,贾赦继室邢夫人的胞弟邢德全,虽只知吃酒赌钱、眠花宿柳,但到底还是跟王子腾同属"舅"爷的身份,即使也有人轻蔑唤他作"傻大舅"(第七十五回),仍被称为"舅太爷""老舅"。亦即,妾媵的兄弟在宁、荣二府并不拥有正常姻亲关系中舅舅的称谓或地位,男主人也不会以妻舅敬称或对待。

由于我们现未见曹玺存世的任何诗文或书画,且《江宁府志》与《上元县志》中的《曹玺传》亦仅称他"读书洞彻古今,负经济才兼艺能,射必贯札""少好学"(图表1.4),疑曹玺对汉文化并无太多造诣与兴趣。无怪乎,他并未通过侧室顾氏而与江南名士顾景星有深切互动。但曹寅则因生母顾氏为汉族民人,自幼即接受汉文化熏陶,更因有机会亲炙周亮工(常将曹寅抱置膝上,命背诵古文,且为之指点句读)及其好友顾景星等硕儒,不断深化他在这方面的素养,且成功跨越满汉两文化的鸿沟。

四、曹玺的儿女亲家

《红楼梦》中以贾、史、王、薛四大家族相互结姻,第四回有云:"这四家皆连络有亲,一损皆损,一荣皆荣,扶持遮饰,皆有照应的。"且因康熙帝在四十五年七月曾命杭州织造孙文成(甫接替汉名为金依仁的教福合担任此职)传谕曹寅曰:"三处织造,视同一体,须要和气,若有一人行事不端,两个人说他,改过便罢,若不悛改,就会参他,不可学敖福合妄为。"[85] 再

---

85 《关于江宁织造曹家档案史料》,页41。

者，曹寅的嫡母姓孙、[86] 曹寅之妻姓李，曹寅之子颙娶马氏，故红学界一直有人认为小说中的四大家族即对应江南织造曹寅、李煦和孙文成三家，另加接替曹玺出任江宁织造的桑格（汉姓马）家。[87] 这些姓氏虽与各织造家族有所重合，但较具体的证据往往付之阙如。

查江南三织造中的马家（马偏俄、桑格共担任十四年）、金家（金遇知、敖福合共三十七年）、曹家（曹玺、曹寅、曹颙、曹頫共五十五年），在康、雍两朝皆不止一人出任织造，而孙文成（凡二十二年）与李煦（凡二十九年）个别任职的时间亦极长。[88] 也就是说，在清朝入主中原的第一个百年间共有五个家族曾长期管理江宁、苏州和杭州织造。曹家或通过联姻以及联宗与三织造中的马、孙、李家皆建立关系，下分述之。

据李煦的《虚白斋尺牍》，他于康熙四十四年致桑漕院的信中，称其为"太亲翁"，此应指的是漕运总督桑额（又作桑格、三格，意为三哥）。[89] 桑额家之汉姓为马，《八旗满洲氏族通谱》记曰：

> 马偏额，正白旗包衣人，世居沈阳地方，来归年分无考，原任郎中兼佐领。其子：桑格原任吏部尚书，费雅达原任陕西潼关总兵官，马二格原任佐领。孙：马维品原任副将，萨齐库原任郎中兼佐领，马维翰原任佐领，马维范原任骁骑校……[90]

知桑额是原苏州织造马偏额（又作马偏俄）的第三子（所谓"三哥"），字麟

---

86 李煦于康熙四十五年一函中称"修河孙大人系不佞至戚"，此人或指是年特派至附近串场河开浚的都统孙查齐（又作孙渣济、孙渣齐），因他籍隶镶红旗满洲第五参领第六佐领，而曾为皇帝保母的孙氏则为内务府包衣，知其应非曹寅继嫡母孙氏的本家。参见张书才、樊志宾、殷鑫，《〈虚白斋尺牍〉笺注（一）》；穆彰阿、潘锡恩等纂修，《大清一统志》，卷93，页16；铁保等纂修，《钦定八旗通志》，卷13，页14；《清太宗实录》，卷224，页250—251。
87 如见周汝昌、严中，《红楼梦里史侯家》，页77—92。
88 嵇曾筠等监修，沈翼机等编纂，《浙江通志》，卷121，页12；赵弘恩等监修，黄之隽等编纂，《江南通志》，卷105，页13—14；曹允源、李根源纂，《吴县志》，卷6，页18；孙珮，《苏州织造局志》，卷2，页4—5。
89 张书才、樊志宾、殷鑫，《〈虚白斋尺牍〉笺注（一）》，页49—50。
90 弘昼等编，《八旗满洲氏族通谱》，卷74，页10。

征，三十一年九月自江宁织造升为湖广巡抚，十月调山东巡抚，三十四年八月授漕运总督，四十九年十一月升为吏部尚书。马家在入关后至少有费雅达、桑格、马二格、萨齐库、马维翰等五位，奉派管理正白旗满洲第五参领第四旗鼓佐领，显然颇获重用。[91] 桑额并非家中唯一获授织造者，其父马偏额先前即以理事官身份于顺治十三年初任苏州织造，十五至十八年再任，康熙二年三任，四年二月初八日卒。[92]

太亲翁的"太"字表示较当事人大一辈，故"太亲翁"通常用来称呼姊妹（或堂姊妹）丈夫之父、儿女（或其堂兄弟姊妹）亲家之父。[93] 在李煦的家族中，目前仅见其侄李以堉娶马氏（图表3.21），虽然迄今尚无资料可确定该马氏乃桑额孙女，但此应为李煦称桑额为太亲翁的最可能原因。至于曹颙妻马氏是否亦出自桑额家，仍待考。

又，《楝亭图》中有一跋诗，题曰："《楝亭歌》一章，呈荔翁老襟丈，并祈郢政。弟金依尧具稿。"末钤"文安氏"之印，[94] "老襟丈"乃连襟之间的互称。[95] 也就是说，金依尧应娶与曹寅妻李氏同族或联宗之同辈。金依尧，字文安，镶蓝旗人，雍正二年知衡州府时遭革职，[96] 他是杭州织造金遇知第五子（图表3.13）。曹寅于康熙五十年有诗题称："辛卯孟冬四日，金氏甥携许镇帅家伶见过……"[97] 若该"金氏甥"乃曹寅连襟金依尧之子，则曹寅是其姨丈，且恰可称其为甥。另，《楝亭文钞》的《松巅阁记》有

---

91 鄂尔泰等修，《八旗通志初集》，卷5，页41—42；冯其庸，《敝帚集》，页14—20。
92 赵弘恩等监修，黄之隽等编纂，《江南通志》，卷105，页13；韩世琦，《抚吴疏草》，卷52，页61—62。
93 如曾国藩在同治二年正月二十四日字谕其子纪泽时，即称呼曾纪泽三妹夫罗兆升之祖父罗嘉旦为"罗太亲翁"。又，朱光圆为三男聘汪氏女时，亦谓"荷蒙太亲翁允以令孙女贶室仆之三男"。参见曾国藩，《曾文正公家训》，卷下，页1；陈跃，《罗泽南诗歌纵谈》；陈枚辑，《留青新集》，卷9，页20。
94 周汝昌，《红楼梦新证》（2016），页312。
95 如在乾隆朝夏敬渠的《野叟曝言》第五十六回中，未洪儒对文素臣曰："弟在狱中，伏侍岳丈［指任信］，有失迎接。岳父特命小弟传说，老襟丈［指文素臣］到月底才可出官……"素臣亦尝对洪儒曰："亏得老襟丈［指未洪儒］临崖勒马……"小说中的文素臣与未洪儒分别娶任湘灵、任文素两姊妹。
96 《清代文字狱档》，页551；旷敏本纂，饶佺修，《衡州府志》，卷21，页17。
97 曹寅，《楝亭诗钞》，卷7，页18。

云："今［康熙四十五年］五月织部金公殂，拟赴吊……"[98]此"织部金公"应指杭州织造敖福合。

据铁岭《李氏谱系》（图表3.14；感谢高树伟提供档案），该家族之老二房与织造金家的婚配既多且密：如第九世李键的长女适"金璁，织造敖福哈公之子，广西全州知州"，[99]键子李智德娶"畅春苑总管金公依圣之女"；李铉娶"杭州织造金公遇知之女"，长婿为年希尧子年如；李铉长兄李锟的次子李灏德娶"杭州织造金公依仁之女"。由于金家仅金遇知于康熙八年起管杭州织造、敖福合于三十一至四十五年间袭职，知"织造敖福哈"应即敖福合（《八旗通志初集》作卓福合），其谱名或汉名为金依仁。[100]

参据《镶蓝旗汉军世管佐领原由家谱清册》以及铁岭《李氏谱系》，[101]金氏的开基祖金炳世（或译作金秉世、金丙士或金炳西）共有巴泰、沙尔护、巴喀、达尔护、开叙、巴黑、挥塞七子（图表3.13）；至于前述之杭州织造金遇知（今人有音译作金毓芝者），则与巴泰平辈，两人同以金和为曾祖。巴泰（？—1690）是金家历官最高者，原隶由其父金秉世、弟巴喀相继管理的正黄旗包衣第四参领第一旗鼓佐领，天聪二年获选御前承值；五年任二等侍卫；康熙三年升任内国史院大学士；九年获授中和殿大学士。身为清代第一位官至极品的"包衣下贱"，他在太宗和世祖两朝均为"亲近侍卫之臣"，康熙十九年因功被抬出包衣籍，以其家族编立一世管佐领，入正黄旗汉军，令巴喀管理，世袭罔替，凸显其家所获殊遇。[102]

巴喀升仕广东副都统时，[103]该佐领以其弟巴黑管理。康熙三十七年皇

98　曹寅，《楝亭文钞》，页10。
99　金璁为正红旗监生，康熙三十九至四十一年知全州。参见黄昆山等修，唐载生等纂，《全县志》，第4编，页30。
100　胡铁岩《曹玺首次赴江宁与任职江宁织造时间及旗籍考辨》一文误为金依尧。
101　如遇不合则暂以较具官方色彩的《镶蓝旗汉军世管佐领原由家谱清册》为主。
102　下文涉及金氏的论述均见拙著《二重奏：红学与清史的对话》（页190—195），并据《镶蓝旗汉军世管佐领原由家谱清册》加以订补。
103　广东巡抚李士桢（苏州织造李煦之父）曾于康熙二十一年与巴喀（杭州织造金遇知之族兄）等合词密题《请立花县疏》，知李、金两家或早有一些互动。参见任果等修，檀萃等纂，《番禺县志》，卷19，页84—87。

三子胤祉封诚郡王，巴黑所管佐领被拨归胤祉门下，[104] 编为镶蓝旗汉军第三参领第三佐领。至于巴喀原管的正黄旗包衣第四参领第一旗鼓佐领，在其家于康熙十九年改旗后，交多赖管理，多赖后亦分入诚郡王属下，该旗鼓佐领则以孙文成管理。前述背景应可让我们了解金遇知卒后其家原管的杭州织造何以于三十一年仍指派敖福合（时虽已被抬出包衣籍，仍直属皇帝的上三旗）袭父职；但当四十五年遴选接替敖福合的人选时，因金家已改隶镶蓝旗（不属内务府），遂又转由管正黄旗包衣第四参领第一旗鼓佐领的孙文成继任。曹寅曾在奏折中提及"孙文成系臣在库上时曾经保举，实知其人"，显见曹、孙二人应颇相熟，然而，孙文成的家世背景及其是否与曹家有姻娅关系，均仍待考。

曹家虽自曹玺起担任江宁织造，但要到深受康熙帝器重的曹寅奉旨继任父职之后，其家的声势才大起。[105] 曹寅不仅负有督理盐课、铜觔和织造等重责，亦多方交结并笼络江南的汉人士大夫，还通过密折扮演皇帝的耳目。[106] 此外，曹家也通过与李家、马家、金家、孙家等织造世家之间直接或间接的姻娅关系，有效扩展其在江南的影响力。

曹玺有寅、荃二子，寅娶李月桂（1628—1683）第三女，荃妻不详。至于玺生几女，[107] 文献无考。李月桂，字含馨，别字仙岩，顺治初年以贡生知忻州，迁两浙都转运使，累擢江西督粮道，卒于官。[108] 月桂的先世出自陇西，明中叶始迁沈阳中卫，据朱彝尊为其所撰的墓志铭（图表3.15），称他：

> 曾祖某，明中卫指挥使；祖某从世祖章皇帝入关，历官凤阳知府；考某，妣王氏；公三岁丧父。

---

104 康熙三十八年九月敏妃丧未满百日，胤祉因不请旨即剃头，论罪但从宽革去郡王，改授贝勒；四十八年十月晋封和硕诚亲王；雍正八年，允祉（胤祉改名）因吊怡亲王允祥丧时迟到早散、面无戚容，遭夺爵。
105 刘长荣，《玄烨和曹寅关系的探考》。
106 王春瑜，《论曹寅在江南的历史作用》。
107 康熙十八年成书的《昭代诗存》收录曹寅《送徐德公还昆山》，内"维予方抱戚"句注称"时予丧妹"。参见席居中辑，《昭代诗存》，卷7，页98—99。
108 黄一农，《二重奏：红学与清史的对话》，页180—188。

第三章　奠立半世紀"秦淮風月"的曹璽

并未記明上三代的名字。然因清代在康熙朝以前擔任鳳陽府知府的二十三名官員當中，只有李世琏（奉天人，生員）、李以易（山東人，舉人）、李陳常（秀水人，進士）三人姓李，旗人更只有李世琏一位，他是順治朝七名知府中的第四任，知李月桂的祖父應就是李世琏。[109]

圖表3.13　《鑲藍旗漢軍世管佐領原由家譜清冊》中的金氏譜系

109　馮煦修，魏家驊等纂，《鳳陽府志》，卷6下，頁2。

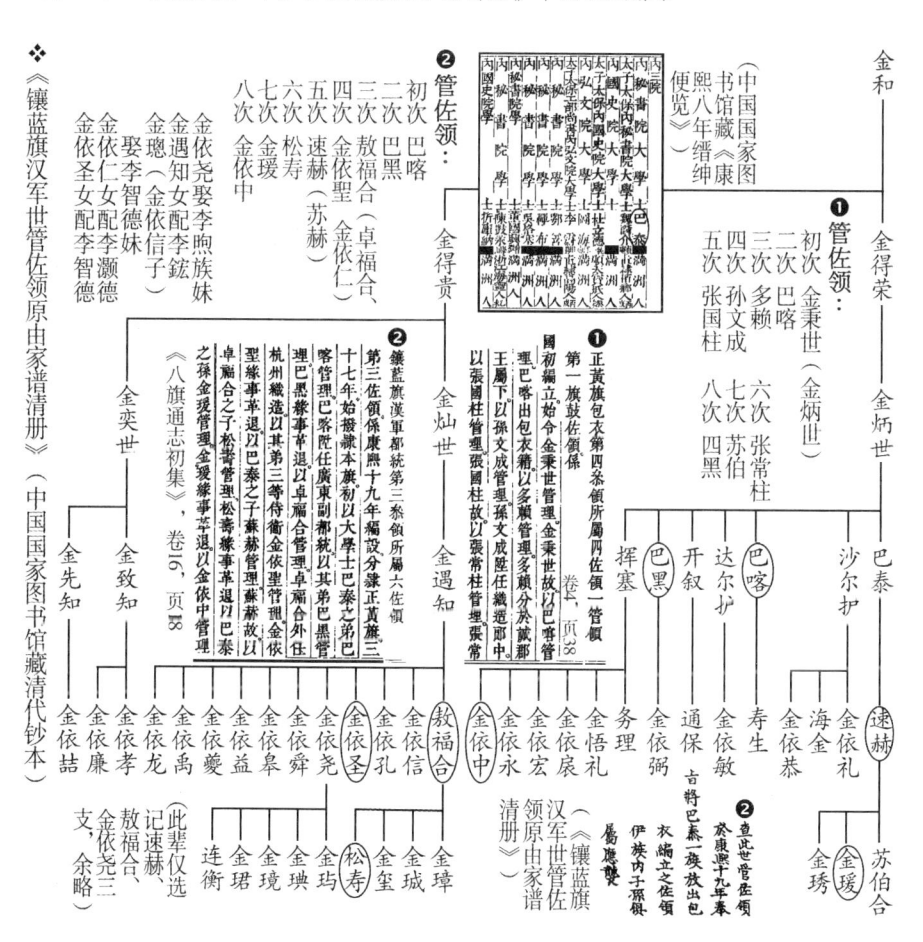

图表3.14　铁岭《李氏谱系》中与杭州织造金家等的联姻

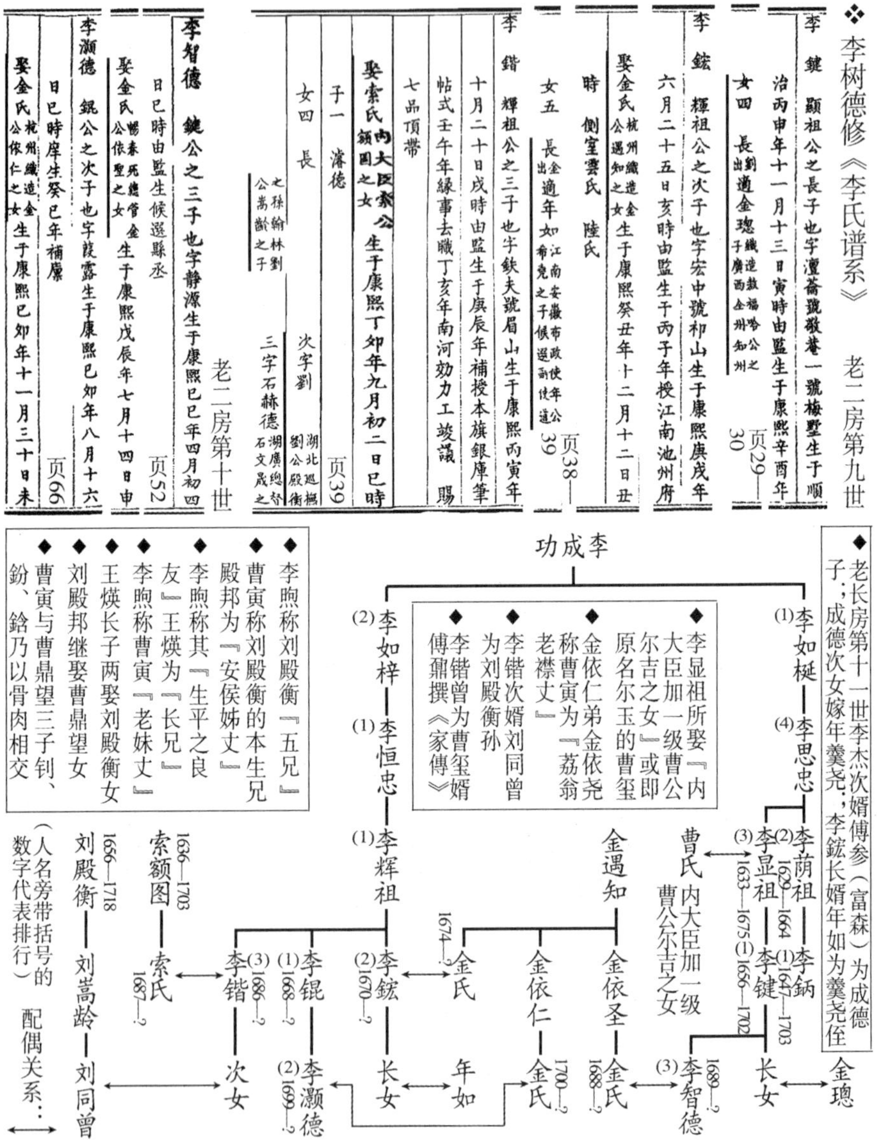

❖ 李树德修《李氏谱系》老二房第九世

李键　显祖公之长子也字潭蕃号镜巷一号梅墅生于顺治丙申年十一月十三日寅时由监生于康熙辛酉年
女四　长出适金玑生于广庙西金州知州　页29—30

李鋐　辉祖公之次子也字宏中号和山生于康熙庚戌年六月二十五日亥时由监生于丙子年授江南池州府
娶金氏　公遐知之女生于康熙癸丑年十二月十二日丑时　侧室云氏陆氏
女五　长金适年如希克之子侯选副使公

李错　辉祖公之三子也字铁夫號眉山生于康熙丙寅年十月二十日戌时由监夫职丁亥年南河劲工坡议帖式壬午年缘事去职丁亥年南河劲工坡议赐七品顶带
女一　漳德
于一　长
　　　　　七孙翰林刘公嵩龄之子
娶索氏领国之女生于康熙丁卯年九月初二日巳时
　　次字刘
　　三字石赫德石文晟　　页39

李智德　鋐公之三子也字静源生于康熙戊辰年七月十四日申
娶金氏公依堃之女
日巳时由监德骨金生于康熙巳卯年四月初四　页52

李灏德　锟公之次子也字陵露生于康熙巳卯年八月十六日巳时
娶金氏公依作之女癸巳年补廪杭州织造金生于康熙巳卯年十一月三十日未　页66

❖ 老长房第十一世李杰次婿傅参（富森）为成德子；成德次女嫁年羹尧，李鋐长婿年如为羹尧侄

(1) 李如梃
(4) 李思忠
　李荫祖
(3) 李显祖　1663—1675
　李鋐　1656—1703
(1) 李键
(3) 李智德　1689—
　长女
　金玑

曹氏内大臣加一级曹公尔吉之女　金遇知
金依圣　1700—
金依仁　1680—
金氏

❖
李显祖所娶大臣加一级曹尔吉之女原名尔玉
李錯次婿刘同曾为曹寅孙老襟曹寅为"荔翁"
金依仁弟金依堃为刘殿衡婿
傅鼎曾撰《家传》称李错为"内"

功成李

(2) 李如梓
(1) 李恒忠
(1) 李辉祖
　1674—
　金氏
　长女
(3) 李锟
(2) 李鋐
(2) 李灏德
　次女　1669—
　1668—
　1670—

索额图　索氏
刘殿衡　刘嵩龄——刘同曾
1636—1703
1656—1718
1681—

❖ 李煦称刘殿衡的本生兄
李煦称其"生平之良友"王熺"长兄"
李煦称曹寅"安侯姊丈"
曹寅称刘殿衡"五兄"
曹寅称刘殿衡的本生兄殿邦为"安侯姊丈"
王熺长子两娶曹鼎望女
刘殿邦继娶曹鼎望女
曹寅与曹鼎望三子钐、鈖、鋡乃以骨肉相交

（人名旁带括号的数字代表排行）——配偶关系…

第三章　奠立半世纪"秦淮风月"的曹玺

图表3.15　李月桂的墓志铭及家传

❖ 朱彝尊,《朱竹垞文稿》,无页码

光禄大夫江西布政使司参政李公墓志铭

江西布政使司参政李公之葬也其子文焕斲土于平谷县治东北伊家涧请余文志其墓公讳月桂字舍誓别字仙巖瀋陽中衛人曾祖其明中衛指揮使祖其從

世祖章皇帝入闗蓝旗官鳳陽知府考其妣王氏公三歲丧父戎童敦于学年二十以著生貢于禮部出知忻州事時襄初平條焱未盡官兵方事搜

（中略）

碑以頌公為攫知平陽府自兵後逋賦至七十餘萬公請于上官再三踈聞于朝報可民以得蘇而以法絢胥吏豪獪成為屏跡五年遷河東轉運使榷塩池周垣立廳事廨舍於前修治海光樓建野狐泉亭蓋以為游憩之所高民晉怳專以捿西布政司使以秦政分守關西旣至首革城門椎堞

（中略）

運事曰頒公改定短運法民得以無困升廣西按察司使迤以吏議譴調两淮都轉運使遷江西布政司使議錟級調两淮都轉運使遷江西布政使彈備公於摘槊彈心别董食運以無偏累之交糧儲公於摘槊彈心别董食運以無偏累之交

至一品以康熙二十一年十二月日終于官年五十有五娶劉氏繼娶閏氏俱封淑人子男二人文焕文炳俱諸生女五人一嫁堂中坦壹生一嫁張

詔免則公實偶之之也三督醒政两恭藩厔宦道

❖ 戴名世,《南山集》,卷8,頁26—29

李月桂家傳

李月桂字含譬瀋陽人也其先世出隴西至明之中葉遷瀋陽遂為瀋陽人月桂生三歲而孤其大父撫之以全於成人嘗口吾後當有興者其在斯兒乎年二十一貢於禮部起家知忻州為顺治某年也時山西兵起驟剽而不散忻肓報可守平陽五年遷河東運使洞北三凝艇政最先河東次兩淮次两浙皆能相商人之輕重緩急而炎笭庐之不為一切而巳既闗西參政光是

（中略）

廣西按察使尋以他事註誤在遷運使人有捐金多所贖收好义恢復俘其子女不可勝數猶仍恬發曾廩卹多所全活泰政職司漕運漕運之弊既已久軍民皆因粘接荐核躬親督率漕政被兵最久民死亡無算君以丁铗出疏移之文制府請悉彌遣制上疏所贖不乔久之奉單恩迺赋悉赊君當日下无不可咸之民無不可格之主願立身行已何如耳以故其政贖多可書今不具载载其大者

也乃設一短運之法力省所用寧秦人皆便之携惡閭幾勅奏之遂罷去江西自巳甲寅以還兩陸南督糧參政先是江内徧楚之問政之弊既已久滇南蚍亂江內介閻楚之問

李世垙于顺治五年知河北新河县，方志中记其"质性明敏，才猷练达，虽不事诗书，而雄才大略，料事多中"，邑人还为其撰有《邑侯李世垙生祠碑记》（或有吹捧之嫌）。[110] 八年正月户部侍郎马鸣佩题请查处时任凤阳府知府的李世垙，因其先前曾领过制钱以搭放兵饷、官饷以及工食，故本应抵还钱本银九万七千余两，却屡催不解，谕命户部"严察议奏"。[111] 又，江宁巡按御史上官鉝（音"立"）在九年八月为"纠劾惧漕坏法贪官"所上的题本记：

　　　　李世垙年陆拾岁，辽东沈阳中卫人，由正黄旗下生员原任江南凤阳府知府，于顺治伍年闰肆月初柒日到任。状招世垙"居官无术，任蠹作奸"，以致另案发配。

细读此一长达约五千字的文件（详见图表3.16），知李世垙应是八年八月因放纵所属衙役克扣驿银千余两等事而遭革职。

　　李世垙本人虽查无"入己之赃"，但他"膺师帅之任，鲜精明之职，养奸作祟，纵蠹贻殃"，依律应杖八十，照例可纳米赎罪。亦即，生于万历二十一年的李世垙，虽在知新河县数月之后骤升凤阳府知府，然因他"以庸劣之才，任繁剧之地，不能剔弊驭下，惟知纵役凭城"，遂于三四年后被革职拟杖（图表3.16）。

110　傅振伦等修纂，《新河县志》，册3，页57；册4，页80。
111　中国第一历史档案馆编，《清代档案史料丛编（第七辑）》，页171—172。

图表3.16　李月桂祖父李世琏遭免官的材料

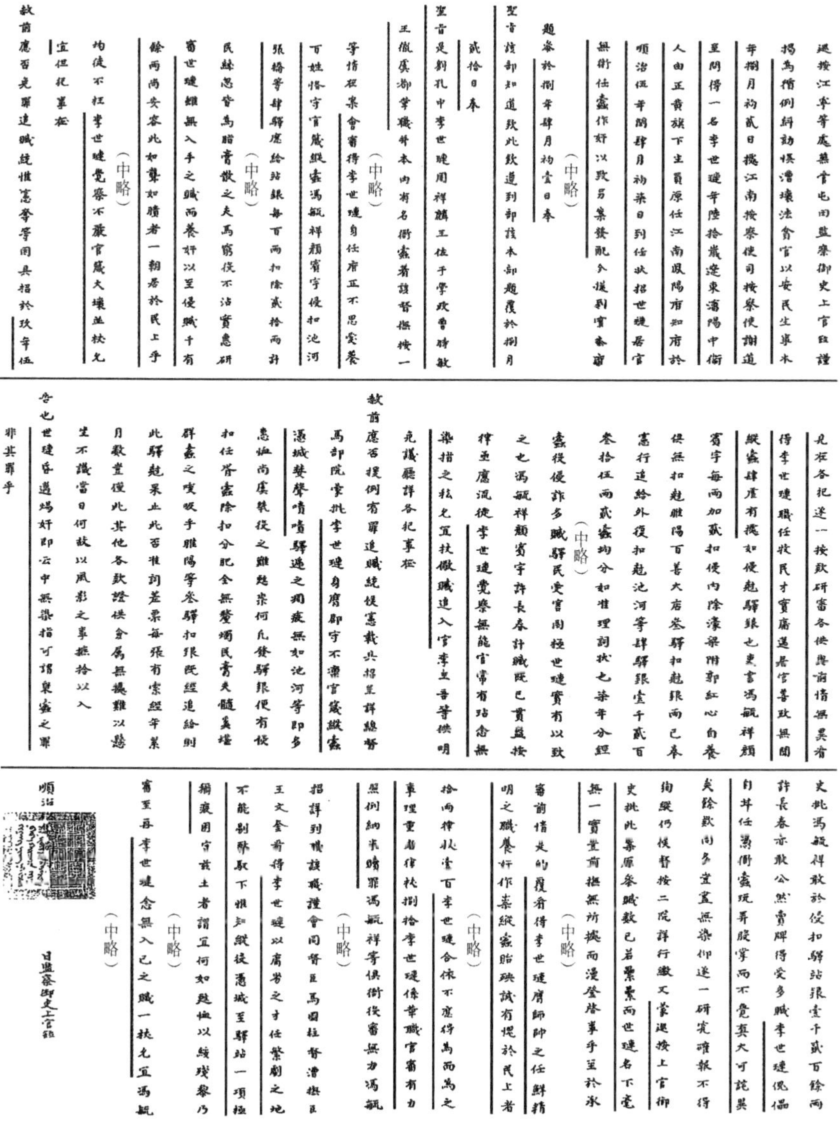
巡按江寧等處兼管屯田監察御史上官鉉謹
揭為循例糾劾慢漕壞法貪官以安民生事本
年捌月初貳日攬江南按察使司按察使謝道
呈問得一名李世璉年陸拾歲遼東瀋陽中衛
人由正黃旗下生員原任江南鳳陽府知府於
順治伍年閏肆月初柒日到任狀招世璉居官
無術任蠹作奸以致另案發配今援判實參審
題參於捌年肆月初壹日奉
（中略）
聖旨該部知道欽此欽遵到部該本部題覆於捌月
貳拾日奉
聖旨是劉孔中李世璉周祥麟王佐予掌政曹特敕
王徹虞御掌職並本內有名衙蠹着該督撫按一
（中略）
等情在案會審得李世璉身任府正不思愛養
百姓恪守官箴縱蠹馮毓祥顏賓宇侵扣池河
張橋等肆驛應給站銀每百兩扣除貳拾兩計
（中略）
民絲忽皆為脂膏散之夫馬窮役不沾實惠研
審世璉雖無入手之贓而養奸以至侵贓千有
餘兩尚安容此如聾如聵者一朝居於民上乎
（中略）
均徒不枉李世璉覺察不嚴官箴大壞並杖允
宜但犯事在
赦前應否免罪追贓統惟憲奪等因具招於玖年伍
月貳拾捌日詳解到司該本司謝按察使提取
見在各犯逐一按款研審各供與前情無異看
得李世璉職任牧民才實庸遢居官着致無聞
縱蠹肆虐有據如侵剋驛銀也吏書馮毓祥顏
賓宇每兩加貳扣侵內除濠梁附郭紅心自養
供無扣剋睢陽百善大店丞驛扣剋銀兩已奉
憲行追給外復扣剋池河等肆驛銀壹千貳百
叁拾伍兩貳錢均分如推理詞狀之柒年分經
（中略）
蠹役侵詐多贓驛民受害罔極世璉實有以致
之也馮毓祥顏賓宇許長春計贓既已貫盈按
律亟應流徒李世璉覺察無能官常有玷念無
染指之私允宜杖儆職追入官李生吾等撲明
允議應詳各犯事在
赦前應否援例有罪追贓統候憲裁具招呈詳總督
馬部院掌批李世璉身膺郡守不潔官箴縱蠹
憑城婪聲嘖嘖驛遞之凋瘵無如池河等即多
患恤尚虞執役之難堪柰何凡發驛銀便有侵
扣任胥蠹除扣分肥全無鑿竭民膏夫髓奚堪
群蠹之咬吸乎睢陽等叁驛扣銀既經追給則
此驛剋果止此否推詞差票每張有索經年累
月數豈僅此其他各款證供僉屬無據難以懸
坐不識當日何故以風影之事摭拾以入
告也世璉昏邁竭奸即公中無染指可謂梟蠹之罪
非其罪乎
（中略）
吏批馮毓祥款於侵扣驛站銀壹千貳百餘兩
許長春亦狀公然賣牌得受多贓李世璉偶偏
自非任蠹衛蠹玩弄股掌而不覺其大可詫異
矣餘款間多豈蠹無染仰遂一研究確報不得
徇縱仍候督按二院詳行繳文蒙巡按上官御
史批此案原參贓數已若纍纍而世璉名下毫
無一實豈前撫無所據而漫登詳牘乎至於承
（中略）
審前情是的覆看得李世璉膺郡帥之任鮮精
明之職養奸作慝縱蠹貽殃誠有愧於民上者
（中略）
拾兩律杖壹百李世璉合依不應得為而為之
事理重者律杖捌拾李世璉係革職官審有力
照例納米贖罪馮毓祥等俱衙役審無力馮毓
（中略）
招詳到職該職謹會同督臣馬國柱撫臣
王文奎看得李世璉以庸劣之才任繁劇之地
不能剔弊馭下惟知縱役憑城至驛站一項極
稱疲困守茲土者謂宜何如甦恤以綏殘黎乃
（中略）
審至再李世璉念無入己之贓一杖允宜馮毓
（中略）
順治
日監察御史上官鉉

❖ 张伟仁主编，《明清档案》，第15辑，A195–092

李世琏此一不堪的过往,在李月桂的墓志铭及家传中均未留下片语只字。事实上,检朱彝尊为李月桂所写的墓志铭,月桂之祖虽曾官至从四品的知府,却被以"祖某从世祖章皇帝入关,历官凤阳知府"的书写方式姑隐其名。而在戴名世所写的家传中,更只称"月桂生三岁而孤,其大父抚之",对世琏曾出仕一事亦未提及。这些肯定皆是李家为避免尴尬而蓄意主导,因朱、戴二人绝不可能无法得到此信息。[112]

李月桂三岁丧父,母王氏,天聪二年(崇祯元年)生,当时其家所在的沈阳已于天启元年被金国攻陷。顺治四年二十岁(或称顺治五年二十一岁)的月桂以诸生"贡于礼部",旋于六年知忻州,十年知平阳府,十六年任河东盐法道,十七年转陕西分守关西道,康熙四年任广西按察使,七年授两淮盐运使,十二年任两浙盐法道,十五年任江西督粮道,后摄布政司印务,二十一年十二月卒于官,享寿五十五岁,[113]其最后的官衔应是"督理江西通省税粮事务、布政使司参政、加至正一品又加五级"。[114]月桂有文焕及文炳二子,女五人,其中第三女嫁"官内户部,督理苏州等处织造府"之曹寅。

图表3.17整理出方志等官方性质的文献中有关李月桂的宦历,我们发现对其出身有"贡士"和"贡生"两种表述,甚至在四库本的《山西通志》中,列忻州知州以及河东盐法道职官时虽记其为贡士,但列平阳知府时却记成贡生!由于清朝在肇建之初急需充补各地方官缺,顺治间遂数次考用从龙入关之旗人,"文理优长者,准作贡士,以州县即用",此明显与民人贡士(专指会试中式但尚未殿试的举人)不同。疑清初旗籍官员只要曾被记为"贡士"者,多属八旗贡士出身,此即李月桂墓志铭中所谓的"以诸生贡于礼

---

112 通常墓志铭及家传是根据当事人亲友所写的行状来发挥,而行状不太会略记其担任过显宦的先祖名字,但因李世琏不太名誉的过往,或为避免给人负面评价,朱彝尊遂只好略记成"曾祖某,明中卫指挥使;祖某,从世祖章皇帝入关,历官凤阳知府;考某",将李月桂的曾祖、祖父与父亲皆隐名处理!不让人得知其家族中有人有不光荣的过往。
113 方戊昌修,方渊如纂,《忻州志》,卷21,页24;曾国荃、刘坤一等修,刘绎、赵之谦等纂,《江西通志》,卷15,页19—20。
114 杜林修,彭斗山纂,《安义县志》,卷首纶音。

部",但因其位阶通常被认为较民人的举人略逊一筹,故文献中偶亦记成了形近的"贡生"。

至于李月桂的旗籍,记载也不一(图表3.17):如在前引顺治九年八月上官鉝的题本中,即记其祖李世珪是正黄旗下生员;但月桂于顺治十七年至康熙四年任陕西分守关西道时,《陕西通志》记其为镶红旗人;当他于康熙七年担任两淮盐运使时,雍正和嘉庆《扬州府志》、乾隆《江南通志》以及光绪《重修安徽通志》则皆记成镶白旗人;他在康熙十二年升授浙江都转盐运使司盐法道时,雍正《浙江通志》与同治《重修两浙盐法志》却又记为正白旗人。然因李月桂的旗分随时间而不同,并无错杂的情形,故我们目前只能推判其旗籍在顺康之间的转变为正黄→镶红→镶白→正白,[115] 具体原因待考。

李月桂所受汉文化的熏陶应较抚养他的祖父为深,他于顺治十四年知山西平阳府时,曾重刊《针灸大成》并为之撰序,称医学为其家学(所谓"未学家剽一二浮辞,谓为有得"),且于康熙二十年又将此书再刊于江西。[116] 康熙元年李月桂刊刻张载的《张子全书》时,序中亦称"余弱冠时,披诵历代名籍,夙闻先生载籍……余今分藩关西,亲炙里居,得全集而置之案头。政事暇而讲求吟咏,紬绎领略,心旷神怡",[117] 知其乃文士出身。

---

115 曹雪芹家族在归顺金国之后以迄顺治中叶,其所隶的旗色也曾从正黄→镶白→正白(第二章)。
116 黄龙祥主编,《针灸名著集成》,页790。
117 张载著,章锡琛点校,《张载集》,页393—394。

图表3.17 李月桂相关记事编年

版本	材料	出处
乾隆刊本	辽东沈阳贡士，顺治六年知忻州	《忻州志》卷3
四库全书本	辽阳沈阳贡士，顺治六年知忻州	《山西通志》卷82
四库全书本	辽东沈阳贡生，顺治十年知平阳府	《山西通志》卷81
康熙刊本	奉天贡生，顺治十年知平阳府	《平阳府志》卷19
康熙刊本	辽东沈阳贡士，顺治十六年任运使	《河东盐政汇纂》卷4
四库全书本	辽东沈阳贡士，顺治十六年任河东盐法道	《山西通志》卷80
乾隆刊本	奉天贡生，顺治十六年任河东陕西都转盐运使司盐运使	《解州全志》卷5
乾隆刊本	奉天贡生，顺治十六年任运使	《河东盐法备览》卷3
四库全书本	镶红旗人，顺治十七年至康熙四年任分守关西道	《陕西通志》卷23
四库全书本	奉天人，康熙七年之前任广西按察使	《广西通志》卷57
康熙刊本	辽东□□贡生，康熙七年任两淮盐法运使加敕管盐法道	《扬州府志》卷10
雍正刊本	镶白旗人，康熙七年任两淮都转盐运使司运使	《扬州府志》卷18
四库全书本	镶白旗贡生，康熙七年任两淮都转盐运使	《江南通志》卷106
嘉庆刊本	汉军镶白旗贡生，康熙七年任两淮都转盐运使	《扬州府志》卷38
光绪刊本	镶白旗贡生，康熙七年任两淮都转盐运使	《重修安徽通志》卷123
康熙刊本	康熙十二年任两浙江南都转盐运使司运使	《杭州府志》卷19
同治刊本	奉天沈阳正白旗贡士，康熙十二年任两浙都转运盐使盐法道	《重修两浙盐法志》卷22
四库全书本	奉天正白旗贡士，康熙十二年任浙江都转盐运使司盐法道	《浙江通志》卷122
康熙刊本	奉天沈阳贡士，康熙十五年任江西粮储道	《江西通志》卷14
四库全书本	康熙十五年任江西督粮道	《江西通志》卷48
民国铅印本	关东贡生，知沂州，累擢江西督粮道	《奉天通志》卷185

日本京都大学尚藏有山西运城盐池庙之项锡胤《饮虞舜弹琴处》及李月桂《饮虞舜弹琴处，次项犀庵大参元韵》两诗碑拓片（图表3.18），前者或为项氏在顺治十五、十六年任山西按察使司副使、分巡河东兵备道时，巡历其辖区内的盐池神庙所题。因项氏于十六年升授贵州布政使司参政，十七年再调江南布政使司参政，故李月桂和其诗时遂称他为"大参"（参政之别称）。[118] 从此诗碑的内容与书法，知李月桂的汉文化造诣不差。康熙十三年秋李渔至杭州，浙江按察使郭之培即拜托盐运使李月桂帮其介绍认识。[119] 可见李月桂的交游圈中不乏汉人名士。

曹玺和李月桂结儿女亲家的因素或有多重，首先，两家先人同有居住在沈阳的地缘关系，并皆于金国军兴之初入旗，只不过曹家为满洲包衣，李家为汉军旗。[120] 再者，曹振彦和李月桂均曾于"扈从入关"后考取八旗贡士，并先后外放山西，一为吉州知州（顺治七年），一为忻州知州（顺治六年）。接着，曹振彦于九年升授山西阳和府，李月桂亦于十年知同省的平阳府。顺治十二至十四年曹振彦转任官署在杭州的两浙盐运使，李月桂则于顺治十六年升任在解州的河东陕西盐运使，并于历官陕西分守关西道以及广西按察使后，在康熙七年出任官署在扬州的两淮盐运使，十二至十五年在杭州任两浙都转运盐使司盐法道。康熙三至二十三年任江宁织造的曹玺，很可能于公私两方面均与李月桂有许多交往的机会，遂替长子曹寅与门当户对的李月桂第三女议婚。

118　《清世祖实录》，卷121，页941；卷127，页991。
119　李渔，《笠翁一家言全集》，诗集，卷6，页68。
120　李月桂家即因此未如曹玺家被收入《八旗满洲氏族通谱》。

图表3.18 清代文献中的李月桂[121]

❖ 日本京都大学藏山西运城盐池庙之李月桂诗碑拓片

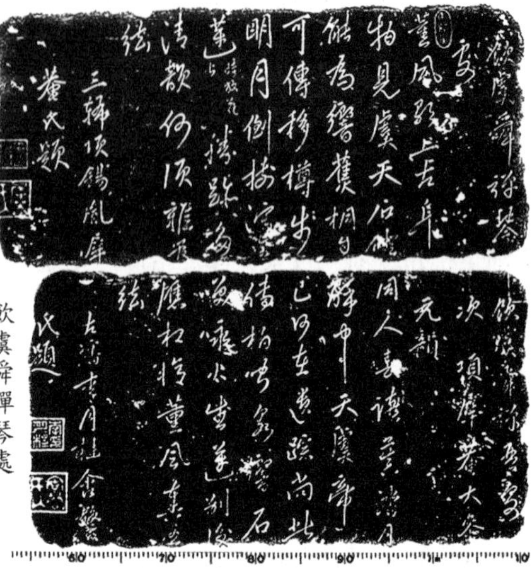

饮虞舜弹琴处

薰风歌上古，石阜物见虞天。蕉桐自可传为响，移樽倒树，踏月步何须杂管弦韵。明月七时，放花勝跡多。

清莲三韩项锡胤

笮氏题

饮虞舜弹琴处次项犀笮大参元韵

同人春讌苦，踏月醉中天。虞帝遗踪尚此在，拍聞泉响石别後，笑咏火生莲。薰风奏五絃應相憶，

左潘氏题 李月桂含馨

【李月桂印】【含馨氏】

❖ 蔡受，《鸥迹集》，卷14，页2

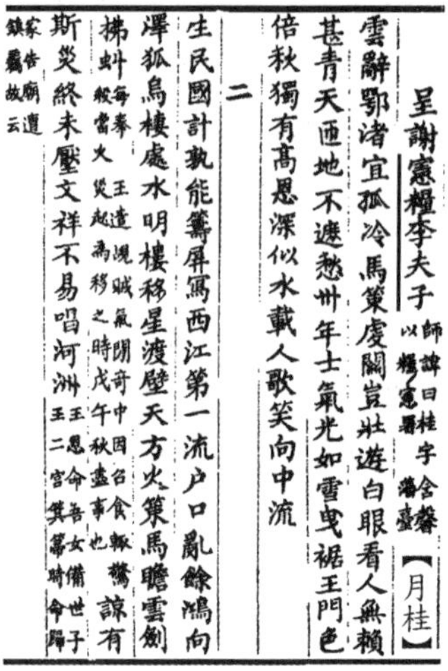

呈谢宪楣李夫子【月桂】

師諱曰桂字含馨以楷冠關壹

雲騈鄂渚宜孤冷馬策虔閹壯遊白眼看人無賴
甚青天匝地不遜惠州年士氣光如雪曳裾王門色
倍秋獨有高恩深似水戴人歌笑向中流
斯災終未壓文祥不易唱河洲玉

二

生民國計執能籌馬西江第一流戶口亂餘鴻向
澤狐烏樓處水明樓秘星渡壁天方火策馬聽雲劍
拂虬苗明賊青現馳奇時國中岡食欲驚諫有
乃先任按台諸醫藥莫妙而得都針名集針灸三針

❖ 杨继洲，《针灸大成》（顺治十四年李月桂刊本）

慨自青囊秘絕，而醫失其傳，謂為有得，跋涉長途，余承之平水，遂積為痰火之症，幾至不起。延訪名醫，而三晉寥寥之士……多方調劑，百日始痊，郡中向有《針灸大成》一書，乃先任按台趙公遺刻，諸醫藥莫妙而得都針名集針灸，一名針杨继洲汇采其集而着样之板残缺漫淹，旧伤采茸而广样之，未必无补而世云尔。習而妙施焉，時順治丁酉秋月吉日，知平陽府事關東李月桂撰

❖ 张载，《张子全书》（清初刊本）

粤考雍州之域，土厚風樸，籍，鳳聞先生載籍……余弱冠時，披涌歷代名親炙里居，紬繹領略，政事暇而講求吟咏，時康熙壬寅仲秋心旴神怡……謹漫為序……得全集而置之案头。

差分守關西道兼管糧餉驛傳陝西布政司右參政后學李月桂謹撰

[121] 感谢薛龙春和吴国圣协助辨识图上的诗碑拓片。"时放花七"指当时开花七朵。

第三章 奠立半世纪"秦淮风月"的曹玺

曹寅虽娶李月桂女,但与其情谊匪浅的李煦,[122] 却常称曹寅为"老妹丈"或"妹丈",并指两人是"至亲骨肉""至戚之谊"或"寮友之情"(图表3.19)。曹寅过世后,李煦亦于五十四年三月初十日奏称:

> <u>臣妹</u>曹寅之妻李氏,感激万岁命曹頫承继袭职隆恩,特起身进京叩谢。臣一闻此信,随同曹頫各差家人飞骑止住,所以<u>臣妹</u>已至滁州仍回江宁矣。臣煦于三月初二日到江宁织造署内,即向<u>臣妹</u>宣示恩旨……<u>臣妹</u>李氏跪听之下,感激涕泣。

其中用了四次"臣妹"来称呼曹寅妻李氏。此外,曹頫在同年八月奏请圣安并求赐稻种折中,称:"奴才向<u>母舅</u>李煦分得稻种一斗……"在十二月的请安折中,亦称:"今接奴才<u>母舅</u>李煦来字,传示批旨……"此外,五十四年正月李煦在致两淮巡盐御史李陈常的函中,也称曹頫为"曹舍甥",至于他给曹頫的回信,亦以"复曹甥"为题。[123] 前述的"臣妹"及"母舅"称谓,因屡屡出现在写给皇帝的文书中,故曹、李两家理应有一些较客观的姻娅关系。

---

122 李煦与曹寅在康熙三十一至五十一年间分别任苏州与江宁织造,他俩也于四十三年起奉旨轮流以御史衔巡视两淮盐课,李煦且在曹寅和其子曹颙先后过世时,协助其家处理后事以度过财务难关。
123 李煦撰,张书才、樊志斌笺注,《虚白斋尺牍笺注》,页394、510。

图表3.19　李煦《虚白斋尺牍》中对曹寅的称谓

❖ 李煦,《虚白斋尺牍》

致曹銀臺　康熙四十四年十月

旗丁張李友刻衆橫行一榮前接來教知⸨妹丈⸩欲據實題叅深爲佩服頃聞移咨各院尚未拜疏在⸨令妹丈⸩果毅之姿心無

（中略）

臺無間隙誠不必有所深慮而卻顧者也弟非以摟任伊週故爲喋喋益轉盼而綢⸨老妹丈⸩隨身任其貢如目前不爲振撼將來鮮何底止吾⸨妹丈⸩必力挽頽波日内已繕疏具題而弟固不勝仰望之殷也伏惟賜示爲禱

復曹銀臺　康熙四十五年四月

頃來翰教領悉陶兄事弟實以措處艱難不能應命武俗院噢囋重簡來賣神弟已揕上五數餘尚該覓何乞示知當即照帳找弩也弟⸨與老妹丈至戚骨肉⸩又同寮好友百凡自當仰照指敎但亦當有體量斟酌者未可一概信口任意而言使弟撫心屈不知凡幾也弟⸨與妹丈同受⸩聖恩深重非前人擦合視之之比焉可不顧鹽法只圖一已之私

（中略）

其榮⸨老妹丈⸩安受其貴逸達其利以咸而反以爲罪卿弟何嘗不用盡苦心寬嚴並濟但⸨吾妹丈⸩不知禮察耳寧國之放浦耗亦如八縣之故浦耗此阻私鹽之一要法也衆商皆歡樂從其收成妹丈去年又别後人姊丈又愆令敝商致字雌揚徒浪商大爲聚議及至别後人姊丈又愆令敝商致字雌揚徒浪貴今年去年一樣貽誤人中略則挺散甚當面言明並無更改向有人中略則不浮知也前朝時⸨姊丈⸩谆説惟有心傷不忍爲大體含忍曲盡天而已頃所定織造

與李運司

久不晤語珠切馳思制軍過後即柱駕來候以慰飢渴弟興會幾軒葭莩之戚已三十餘年而織造共事又復十有餘載逆前本相好無間雖其性情行事每多孩氣在弟無不曲爲原亮止期永君思而至親骨肉亦且永以好目今之饒舌在⸨妹丈⸩以爲弟聽自錦之言以致有此影之疑然而弟不諒⸨妹丈⸩爲此之證愚不行則昔時之管鮑重爲美作前即冒妹之罪客日請伏惟盡亮

與李運司　康熙四十五年五月

共答

苦心皇天后土實式諒之堂欹織民以自遺搪弟之業私巡緯不過奉一年之羞以盡一年之事初非懸、推醒佈圍接任以作永遠之模乃相知如來⸨妹丈⸩似未家見親羣之諷刺後之揚言之譸則乃相知如來⸨妹丈⸩似未家見親羣之諷刺後之揚言而其迹則有可疑以弟之所爲⸨妹丈⸩愛我有素固當無他志而其迹則有可疑以弟之所爲⸨妹丈⸩愛我有素固當無他志之懷也剖下樣來要⸨妹丈⸩肺腑既陳素明示則烟消霧釋卻懷尚何所芥蒂即以弟今來⸨妹丈⸩近今諸事吾兩人非同泛泛自該以往一遍一年彼此翰流旣細陳要之吾兩人非同泛泛自該以往一遍一年彼此翰流旣君思而至親骨肉亦且永以好目今之饒舌在⸨妹丈⸩以爲弟聽自錦之言以致有此影之疑然而弟不諒⸨妹丈⸩爲此之證愚不行則昔時之管鮑重爲美作前即冒妹之罪客日請伏惟盡亮

又

弟與⸨老妹丈之至戚之誼加之以察友之情寄陳膠漆其素相式好已非朝夕矣本吾兩人蒙

（中略）

總自今後⸨妹丈⸩何不靜以聽之還祈俯諒愚衷之坦率無欺勿咸作二人不經之浮謗則不特十載同舟歡然共濟而且於視情友誼始終永好勿渝矣通來敎欷布腹心事怒懇直末髮所言尚容面悉

查李煦之父李士桢（本姓姜，山东昌邑人）乃于崇祯十五年被南略的清军掳出关，旋出继正白旗佐领李有功，有功父李栢为"正白旗包衣人，世居沈阳地方"，其家收在《八旗满洲氏族通谱》（图表3.20），然李月桂家未被收入，[124] 那李煦称曹寅为"老妹丈"或"妹丈"，究竟指的是何种关系？

虽然李煦为表达彼此的密切关系，尝在致书曹寅时称其为"至亲骨肉"，或称有"至戚之谊"，但当李煦于康熙四十五年五月因与曹寅对盐课之事有所龃龉，而去函两淮盐运使李斯佺时，则谓：

> 弟与曹荔轩葭莩之戚已三十余年，而织造共事又复十有余载。从前本相好无间，虽其性情行事每多孩气，在弟无不曲为原亮，止期永以为好而已。年来吾两人又荷朝廷宠命，一递一年，轮视淮鹾。私心逆料，以为同舟雅谊，彼此益相亲厚，而孰知荔轩则有大不然者。弟去冬抵任未几，即喷有烦言，然各行各事，弟亦听其哓哓，固不与之校也。[125]

改以较接近实情的"葭莩之戚"来形容两人的亲谊。"葭莩"原指芦苇中极其轻薄的膜，用以比喻关系疏远的亲戚；此词亦可用作新戚的代称，如《醒世恒言》卷二十一记张淑儿对杨延和称"若不弃微贱，永结葭莩"。[126] 因疑李月桂与李煦或为远亲，或彼此不过是联宗。又因李煦与曹寅间的此一关系，应肇始于曹寅成婚之际，故从"弟与曹荔轩葭莩之戚已三十余年"句，知曹寅与李氏应不晚于康熙十五年结婚，当时李月桂在杭州任两浙盐法道，而曹玺在南京任江宁织造。

---

124 嘉庆《扬州府志》称李月桂为汉军旗，故不属《八旗满洲氏族通谱》收录对象。
125 李煦撰，张书才、樊志斌笺注，《虚白斋尺牍笺注》，页39—42。
126 冯梦龙，《醒世恒言》，卷21，页13。

图表3.20 李煦祖父李有功的相关材料

❖ 关孝廉等译，《清初内国史院满文档案译编》

天聪八年四月初九日条
墨尔根戴青贝勒属下旗鼓牛录章京曹振彦因有功，再加半个前程。

崇德三年正月初八日条
正红旗吴守进为贺其生辰，以演戏为辞，将武英郡王府下已嫁妇女白天接去，至晚留其宿。是以吴守进罚银五十两，镶黄旗马光辉以演戏留宿，坐以应得之罪。武英郡王下管家李要功（应译为李有功），邵振筳（应为曹振彦）以其怠误，不察有夫之妇行止，各鞭八十。

崇德八年十二月十一日
李有功以尔克尽阙职，不忭旨意，特准管事，并授为半个牛录章京。

顺治二年九月初七日
多罗武英郡王执事官李有功，因年迈多病被辞退后，由高阳生任半个牛录章京并任执事官。

❖ 弘昼等，《八旗满洲氏族通谱》，卷74，页3

钦定四库全书
李栢
正白旗已衣人世居海阳地方来归年分未考
其子李有功原任佐领李煦功原任云南永顺
镇总兵官孙李圆屏原任员外郎萧佐领曾孙
李芳任副护元孙阿什泰现任镶军校四世
孙李治现任典仪
李浦现任举人
八旗满洲氏族通谱 卷七十四 三

❖ 杜臻，《经纬堂文集》，卷10，页10—13

广东迤抚察院右副都御史李公墓志铭
公本姜姓世居东莱之都昌素治经业代有闻人生而异

龙边左继正白旗佐领西泉李公即以李为氏丁亥八旗编
才以第十六名中选授长芦运判京东挨崞山左彼時漕
池陆梁
王师南下沧民惊恐公力为调护赖以安全更疏引益课至
（中略）
颁赐清书纲目一部真一時異数云譯士慎號穀可生於
二十二日申時享年七十有七元配王氏系出山左望族
今封夫人子六人长煦文氏出前内阁中书舍人随征补广东
韶州知府会計司員外郎煐候送知縣俱王夫人出次幼
次燿陈氏出原任贵州贵阳府修文縣知縣次炘現任内
務府會計司員外郎煉候送知縣俱陳氏出次烊皆从族女
氏出分理畅春园事次燿陈氏出侯选州同娶皆从族女
一王夫人出适同承诏佐领国学生孙男十五人以壎国学生燿
出以堉以壖以埕俱煦出以墇以垭以坤俱燿出以垍以堉
效出以㘩女长适管造司掌印郎中䘵领孽管佐领事官
某煐出孙女长适管造司掌印郎中䘵领孽管佐领事官
公保子阿廉煦出次适原任营造司郎中䘵领岳公阳子
六十七燿出餘未字煦出未字将以康熙三十八年二月六日
其時奉公葬通州城西之王瓜园以康熙三十八年二月六日
属铭誌不敢辞谨据状次第行實而系以銘曰

184

又因江西巡抚李士桢在康熙二十年十一月所上《荒缺丁田缓征疏》中，称："据江西布政使司会同按察使司柯永昇、督粮道参政李月桂、驿盐道佥事迟煊、都使司俞承都会看得江右荒缺一项……"知李月桂时为李士桢的部属。依康熙十年题准的回避原则，可判断两人间的亲等应在五服之外，否则，李月桂理应回避调职，此亦可说明李士桢与李月桂两家的亲缘关系不是很近。惟据清律中的规定，旗人无嗣应先按亲等远近以同宗之侄承继，如无，才可过继异姓，但此异姓通常仍为亲戚，故笔者先前曾怀疑李煦与曹寅之戚谊，有可能因李月桂之母王氏与李士桢（原姓姜）的正妻王氏乃姑侄。依此假说，李月桂原应称士桢为"表姊丈"，士桢之子煦因此得称月桂婿曹寅为"表妹丈"，但因李煦与寅妻同姓，遂简称曹寅为"妹丈"。[127]

惟"表妹丈"究竟可否亦称作"老妹丈"或"妹丈"，很难从一般工具书中查得答案。然经努力梳理大数据中其他使用"老妹丈"的用例以及当事人彼此间的亲谊关系后，现已可确认"老妹丈"与"妹丈"在清代乃对亲妹、堂妹、族妹或表妹配偶的称谓，而"老"字为敬词（附录3.5）。

附录3.5

"老妹丈"称谓释义

目前通行的文史工具书中，罕见"老妹丈"一词的释义。经搜寻各种大型文史数据库，虽可发现诗文别集中不乏此一称谓，然当事人彼此的亲缘关系却往往不易梳理，倒是在清代的章回小说中有较多机会理清。现即胪列析探的结果如下：

1. 康熙时人曹煜称呼其堂妹之夫李天相为"舍妹丈""老妹丈""贤妹丈"或"妹丈"。[128]

127　此段参见黄一农，《二重奏：红学与清史的对话》，页185—187。
128　曹煜，《绣虎轩尺牍》，卷1，页6；二集卷2，页24；三集卷2，页6；三集卷3，页3。

2. 在清初小说《梼杌闲评》中,魏进忠称呼其表妹客印月(两人之母为陈氏姊妹)之夫侯二官为"老妹丈"或"妹丈"。[129]

3. 在康熙成书的《桃花扇传奇》中,安排表字龙友的罢职县令杨文骢为凤阳督抚马士英的妹夫,书中的马士英因此称杨文骢为"老妹丈",杨文骢则谓马士英是"舅翁"。[130]

4. 扬州八怪之一的高凤翰(1683—1749)在《寄玉兼王姊丈》中,两称王氏为"老姊丈",一称其"姊丈",[131] 惟凤翰的亲姊妹和堂姊妹中似无嫁王氏者。[132]

5. 雍正初年的章回小说《姑妄言》记被老婆毒打之童自大的故事,他欲请担任刑房书办的姻亲魏如豹为其写状子申告,童妻铁氏是魏氏的远房表妹,魏如豹兄如虎因此称呼童自大为"妹丈""老妹丈"。[133]

6. 乾隆朝小说《儒林外史》中有王德和王仁两兄弟,其妹嫁与严致和为妻,王氏兄弟即称严氏为"老妹丈"或"妹丈"。[134]

7. 乾隆朝小说《孝义真迹珍珠塔》中的毕云显因其妹秀金许配给方子文,遂称方氏为"老妹丈"。[135] 咸、同间苏州弹词艺人马如飞创作的《绘图孝义真迹珠塔缘》,亦描写落魄文人方卿娶湖广提督军门毕云显之妹毕绣金(无姊妹)的故事,毕云显在书中称方卿为"老妹丈"。[136]

8. 韩锡胙在乾隆四十年所撰的《祝杜必照姊丈暨大姊韩安人七旬双寿

---

129 《梼杌闲评》,卷12—14。
130 孔尚任,《桃花扇传奇》,卷上,页20、80。
131 高凤翰,《南阜山人敩文存稿》,尺牍,卷14,页244。
132 宋和修,《高凤翰年谱》,页3—10。
133 曹去晶,《姑妄言》,第3回,页315—317。
134 吴敬梓,《儒林外史》,第5回,页11。
135 周殊士,《孝义真迹珍珠塔》,第8—9回。
136 马如飞,《绘图孝义真迹珠塔缘》,卷2,页12。

序》中，称杜必照为"老姊丈"，九称其"姊丈"，[137] 而杜氏是其大姊的夫婿。

9. 在嘉庆朝出版的小说《粉妆楼》中，柏文连独女柏玉霜称李全为"母舅"，李全称文连为"老妹丈""妹丈"，而文连则呼李全为"老舅兄"。[138]

10. 道光朝历官至大学士的阮元，尝称焦循（字里堂）为"里堂老姊丈"或"焦里堂循姊丈"。[139] 查阮元是阮氏迁扬州的第九世，其族姊（第八世承勋之季女）嫁焦循，两人乃共第四世祖的秉谦。[140]

11. 历官至定海镇总兵的葛云飞（1789—1841），道光时曾有一函致"老妹丈"，信尾自署为"制内弟"。[141] 由于接信者通常应称呼葛氏为"老舅兄"，然因葛氏的妹夫可能比其年纪要大，故守制中的葛氏遂自谦为"内弟"。

12. 光绪朝小说《官场现形记》中的查三蛋称妹夫唐二乱子为"老妹丈"，甄阁学的内兄于氏亦称甄阁学为"老妹丈"。又，徐大军机的儿子们称呼姊夫尹子崇为"老姊丈"。[142]

知"老妹丈"与"妹丈"（或"老姊丈"与"姊丈"）常通用，"老妹丈"且是"老舅兄"的对应称谓，疑"老"字乃敬词，并不必然表示年岁，此即郑玄在注《周礼·地官·司徒》的"乡老，二乡则公一人"句时所称："老，尊称也。"[143] 我们在李煦的《虚白斋尺牍》中，亦屡可见其以"老长兄"称呼两淮都转盐运使李灿、湖广巡抚刘殿衡、江苏淮安府知

---

137 韩锡胙，《滑疑集》，卷4，页20—22。
138 《粉妆楼》，卷5，第36回，页23；卷9，第65回，页2。
139 阮元，《揅经室四集》，诗，卷2，页1；焦循，《易章句》，书前手札，页2。
140 王章涛，《阮元年谱》，书首之迁扬州阮氏家族世系表。
141 陈志放主编，《萧山文史资料选辑》，第6辑，页48。
142 李宝嘉，《官场现形记》，卷52，页8及16；卷59，页3—4。
143 红友任晓辉告知东北人今以"老"称呼"小"，并无"尊"意，如某家有兄妹三人，小妹即被称作"老妹"，其夫作"老妹夫"，最小的舅舅被称为"老舅"。然清代的情形或与此不同，如前引乾隆朝的韩锡胙即称其大姊夫杜必照为"老姊丈"，而杜氏所娶却非韩锡胙最小的姊姊；此外，《粉妆楼》中的柏文连与李全亦以"老妹丈""老舅兄"互称。

> 府张建烈、原任大名道陈世安、广东布政使高必宏、江苏布政使宜思恭、浙江粮储道程銮、江苏淮阳道王英谋、广东琼州府知府张琳等人,这些应皆为尊称。综前所论,"老妹丈"即是对亲妹、堂妹、族妹或表妹配偶的敬词。
>
> 前引案例中之高凤翰应是王玉兼妻的族弟,遂称王氏为"老姊丈"。而阮元与焦循的关系可能最类似曹寅与李煦,阮元因其族姊嫁焦循,故称焦循为"老姊丈",又因阮元的嗣子常生原本是焦循妻之叔叔承熙(后过继给其叔画堂)的孙子,且阮元与焦循二人"少同游,长同学",故关系显得较密。[144]

亦即,若李月桂母王氏与士桢妻王氏是姑侄,则士桢子李煦确可称李月桂婿曹寅为"老妹丈"。惟因王姓恰为中国第一大姓,故前述两王姓女子是否确有亲缘关系,在资料不足的情形下难有足够说服力。尤其,李月桂的先祖于明中叶即从陇西迁沈阳,故月桂之母王氏通常最可能是辽东人士,而士桢所娶的王氏则或出自其家乡山东昌邑附近(士桢二十四岁在昌邑被掳出关,当时应已娶妻并生至少一女[145]),此两王氏谊属姑侄的机会或不大。

另,因李士桢之祖李柏世居沈阳地方,李月桂家亦于明中叶自陇西迁沈阳,而唐《姓氏谱》载"李氏凡十三望,以陇西为第一",南宋郑樵的《通志》亦称"言李者称陇西",知李柏很可能也源出陇西。由于李士桢和李月桂不仅尝分任河东转运副使与正使,也在两淮分任运同与盐运使,两家又同在沈阳入旗;故即使李士桢与李月桂的血缘并不十分亲近,但若两人联宗,则李煦应亦可称李月桂婿曹寅为"老妹丈",此应是目前最合理的解释。而

---

144 王章涛,《阮元年谱》,书首,迁扬州阮氏家族世系总表。
145 金台生员李锦章子枝仙娶士桢女姜氏为妻,由于此女并非姓李,疑其似未在崇祯十五年随父被掳并改姓。参见周来邰纂修,《昌邑县志》,卷6,页191。

曹振彦、李士桢和李月桂（依年龄长幼排比）三人之间宦历过程的前后任或主从关系，以及出身背景的相似性（李士桢父李有功与曹玺父曹振彦曾同为管主阿济格的王府长史），应也是促成下一辈（如曹寅与李煦）密切互动的重要因素。

经再仔细爬梳李家之世系图（图表3.21），[146] 笔者发现李煦之弟李炘（嫡长子）娶曹氏，李炘之同母弟李灿之子李以圻亦娶曹氏，若该二曹氏有出自曹寅家者，则因亲上加亲，可更能理解李煦与曹家中人的密近称谓：如李煦在《虚白斋尺牍》中屡称曹寅为"妹丈""老妹丈"（图表3.19），并在致函李陈常和甘国璧时皆称曹颙为"舍甥"，且于奏折中指寅妻为"臣妹"，而曹頫亦在折中称李煦为"母舅"。

苏州西园寺珍藏元代僧人善继血书的八十一卷《大方广佛华严经》，卷后留有四百余位名家之题跋，其中可见"康熙戊寅〔三十七年〕十二月十一日，曹寅同表兄文瑚、友吴烛、郑、张、程三棋师敬观"句，下钤"楝亭"长方朱印（图表3.22），此一"表兄文瑚"应是李煦生母文氏之侄子，知曹寅不仅与李煦本人有"至戚之谊"，且与李煦母家亦颇有往来，遂依李煦的称谓同称文瑚为表兄。同样，因曹寅称曹鼎望婿刘殿邦为"安侯姊丈"，李煦亦因此称殿邦弟殿衡为"五兄"（详见第四章）。

---

146 改绘自黄一农，《二重奏：红学与清史的对话》，页188。另参见清代六次修纂之《昌邑姜氏族谱》；王伟波，《苏州织造李煦的昌邑亲族》。

图表3.21 李有功家族的世系图

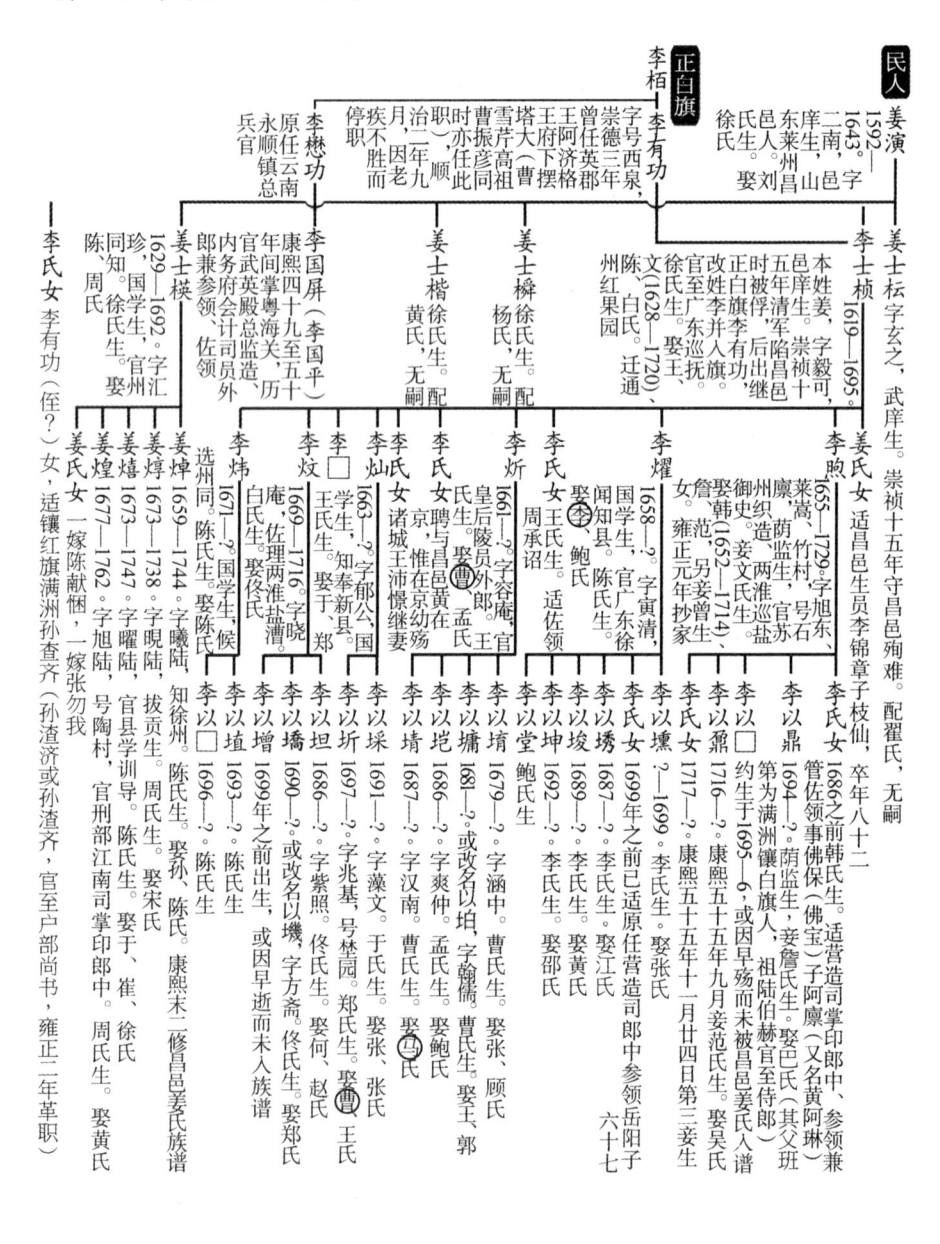

第三章　奠立半世纪"秦淮风月"的曹玺

图表3.22　苏州西园寺藏善继禅师血书《华严经》的部分题跋[147]

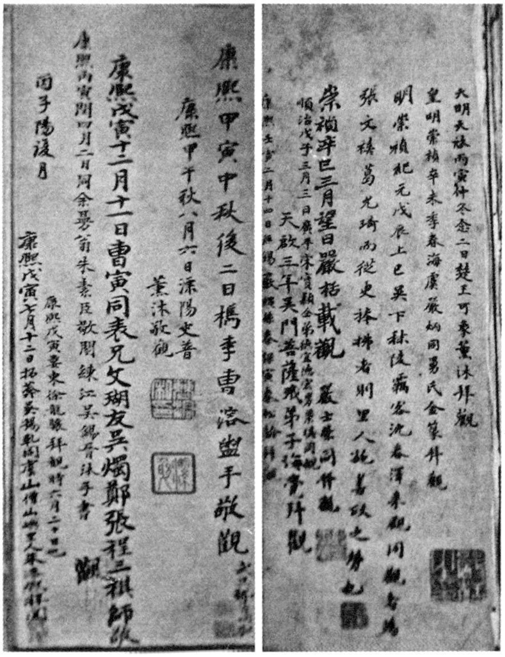

苏州西园寺藏元·善继禅师血书之《华严经》

大明天启丙寅仲冬念二日楚王可象薰沐拜观
皇明崇祯辛未季春海虞严炳同舅氏金篆拜观
崇祯纪元戊辰上巳吴下秣陵严羁客沈春泽来观，同观者则里人施善政之劳也
张文禧葛允琦，而更捧拂者为
顺治戊子三月望日严栻载观
天启三年广平宋实颖全弟德宜，男□琪同观
康熙壬寅二月十四日无锡严绳孙、秦门菩萨戒弟子海觉拜观，秦保寅、秦松龄拜观

康熙甲寅中秋后二日樵李曹溶盥手敬观

康熙甲寅秋八月六日溧阳史普薰沐敬观

康熙丙寅闰四月二日同余曼翁、朱素臣敬阅

康熙戊寅十二月十一日，曹寅同表兄文瑚、友吴烛、郑、张、程三棋师敬观

丙子阳复月

康熙戊寅七月十二日拓荟东徐龙骧、练江吴锡晋沐手书观

康熙戊寅七月十二日拓荟吴锡乾同虞山僧山□，甲人朱□拜阅

---

[147] 依血书上其他题跋之例，每位观览之人（除僧人外）均书姓氏，且多连名带姓，不会仅写字号，此因诸跋乃敬谨为之的拜观纪录，而非私人间的往还文字。亦即，曹寅所谓的"表兄文瑚"应不可能指字号为文瑚的表兄，而是指其姓文、名瑚。又，吴烛，字调玉，上元籍吴县人，曹寅曾于康熙十几年为其赋《调玉以"秋夜宿江栖草庐"诗见示，余读而爱之，因次原韵》，中有"淡泊忘年友，殷勤静夜言"句。参见席居中辑，《昭代诗存》，卷7，页98；雍薇，《西园寺"血经"述略》；潘承玉，《续〈有关红学的新材料〉》。

此外，曹寅有《西轩赋送南村还京，兼怀安侯姊丈、冲谷四兄，时安侯同选》诗，先前红圈罕知安侯其人其事，笔者查出此应是正红旗人刘殿邦的字，但先前因无进一步的材料，故只能照字面以其是曹寅亲姊所适。[148] 近在深入爬梳曹家的联宗关系后，始发现刘殿邦继娶曹鼎望女，而曹寅与鼎望诸子以"骨肉""同胞""连枝"相称，遂有"安侯姊丈"之谓（第四章）。

再者，李奉佐与周汝昌于康熙铁岭《李氏谱系》发现浙江提督李显祖（1633—1675；顺治帝赐名塞白理[149]）的小传（图表3.23），称其：

> 娶穆氏（内大臣一等伯穆公和伦之女），诰赠一品夫人。
> 继娶曹氏（内大臣加一级曹公尔吉之女），诰封安人……

由于满人的"故老常谈"有称曹玺原名尔玉，故他俩主张"曹尔吉"即曹玺的讹写，且认为曹尔吉的职衔与曹玺的"内务府尚书正一品加一级"（此衔并无文献支持）正吻合。[150]

然最近红圈有人发现在曹玺、曹尔正兄弟之外，八旗中亦可见名为"曹尔〇"者，如康熙九年任正六品府通判的曹尔斌（顺天人，由刑部笔帖式出身）、康熙十六年任正六品满洲司业的镶黄旗人曹尔和、历升至从四品侍读学士的曹尔素（后在讨姜瓌诸逆时遇害，诰赠拜他喇布勒哈番，世袭），故主张铁岭《李氏谱系》中的曹尔吉不是曹玺名字的讹写，而是另有其人。[151] 但该说并未详考当时有无姓名相近的八旗显宦，下文即尝试加以深入论证。

148　曹寅著，胡绍棠笺注，《楝亭集笺注》，页170—171；黄一农，《二重奏：红学与清史的对话》，页111、178。
149　亦有文献称其"李塞白理"。参见吴士进修，胡书源等纂，《严州府志》，卷8，页2；铁保等，《钦定八旗通志》，卷194，页1—4。
150　周汝昌，《胭脂米传奇》，页116—117；李奉佐，《曹雪芹祖籍铁岭考》，页106—107、197；李树德修，《李氏谱系》，老二房，页16—17。
151　胡铁岩，《曹家八旗或有同宗：曹尔斌、曹尔和、曹尔素资料简识》。

图表3.23　铁岭《李氏谱系》中继娶曹氏的李显祖

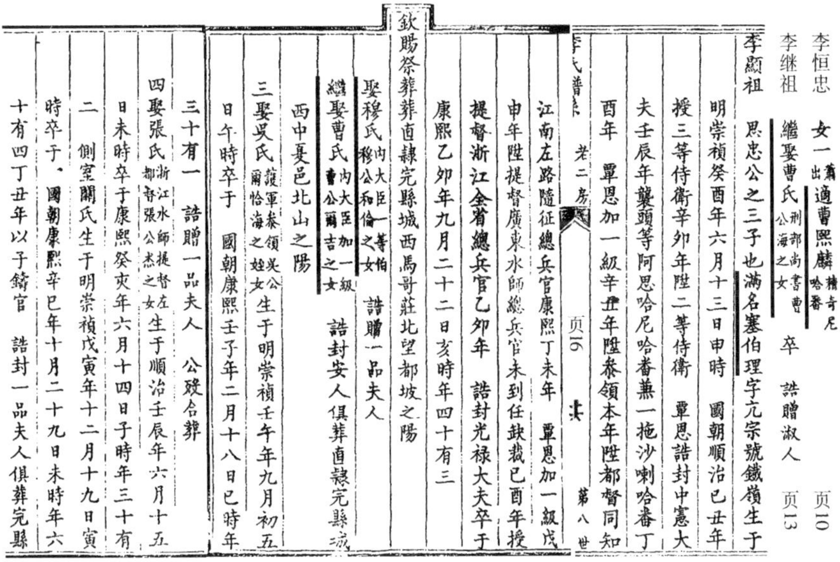
❖ 李树德修，《李氏谱系》
李恒忠　女一出適曹熙麟精奇尼哈番　页10
李继祖　繼娶曹氏刑部尚書曹公海之女　卒　誥贈淑人　页13
李顯祖　思忠公之三子也滿名塞伯理字亢宗號鐵嶺生于
明崇禎癸酉年六月十三日申時　國朝順治己丑年
授三等侍衛辛卯年陞二等侍衛　覃恩誥封中憲大
夫壬辰年襲頭等阿思哈尼哈番兼一拖沙喇哈番丁
酉年　覃恩加一級辛丑年陞叅領本年陞都督同知
江南左路隨征總兵官康熙丁未年　覃恩加一級戊
李氏譜系　老二房　页16　第八世
申年陞提督廣東水師總兵官未到任缺裁己酉年授
提督浙江全省總兵官乙卯年　誥封光祿大夫卒于
康熙乙卯年九月二十二日亥時年四十有三
欽賜祭葬葬直隸完縣城西馬哥莊北望都坡之陽
娶穆氏內大臣一等伯穆公和倫之女　誥贈一品夫人
繼娶曹氏內大臣加一級曹公爾吉之女　誥封安人俱葬直隸完縣城
西中夏邑北山之陽
三娶吳氏護軍叅領吳公爾恰海之姪女生于明崇禎壬午年九月初五
日午時卒于　國朝康熙壬子年二月十八日巳時年
三十有一　誥贈一品夫人　公歿合葬
四娶張氏浙江水師提督左都督張公杰之女生于順治壬辰年六月十五
日未時卒于康熙癸亥年六月十四日子時年三十有
二　側室關氏生于明崇禎戊寅年十二月十九日寅
時卒于　國朝康熙辛巳年十月二十九日未時年六
十有四丁丑年以子鑄官　誥封一品夫人俱葬完縣

经查《李氏谱系》中的李显祖小传，发现其记事与史实略有不合。如谱中称李显祖前两任妻子的父亲穆和伦和曹尔吉皆贵为正一品的内大臣，[152] 但《钦定八旗通志》的《穆和伦传》却指他于康熙五十五年授户部尚书，五十七年四月因收平余银（此为地方政府上缴正项钱粮时额外给予户部的陋规）未奏，遭降五级调用，十月卒；不仅未记他曾任内大臣，亦未提及他被封为一等伯；穆和伦应为康熙三年过世的内大臣一等伯穆和琳之误。[153]

至于“内大臣加一级曹公尔吉”，其人其事不仅未见于《八旗满洲氏族通谱》《八旗通志初集》《钦定八旗通志》《康熙起居注》以及《清初内国史院满文档案译编》，亦消失在各种大型文史数据库。此外，进一步爬梳

152　据康熙及雍正《大清会典》，上三旗设正一品的领侍卫内大臣，每旗二员，下另有协助相关职事的内大臣（亦为正一品），无定员。参见伊桑阿等，《大清会典》，卷81，页8—9；允禄等，《大清会典》，卷111，页2。

153　李显祖于康熙十四年乙卯岁过世，享年四十三岁，然穆和伦于康熙五十五年才授户部尚书，知两人不太可能为翁婿。参见铁保等，《钦定八旗通志》，卷180，页28—31；《清圣祖实录》，卷13，页197。

《清世祖实录》和《清圣祖实录》，在这几十年的史事中，共出现几十位内大臣的人名，亦无一形音近似曹尔吉。倒是李显祖三娶的"护军参领吴公尔恰海之侄女"，该"吴尔恰海"即顺治十四年三月初十日以覃恩特授资政大夫的吴尔齐海；[154] 四娶张氏的父亲张杰，确为"浙江水师提督、左都督"。[155]

故推判李显祖的婚配对象应均是所谓"门当户对"者，亦即，其继妻曹氏之父曹尔吉，即使官衔不见得是"内大臣加一级"，但应为高官，故不太可能自目前存世的大量文献完全匿踪。笔者于是遍查《八旗满洲氏族通谱》及《八旗通志》等官书，发现姓名出现"曹尔"二字者的正四品以上官员，只有原任从三品头等护卫的曹尔（出身蒙古正蓝旗的塞勒穆札普之孙）以及正四品佐领的曹尔正（曹玺弟）。[156] 再者，清初或今人对译满汉人名时，常将"曹"译成"邵"或"索"，[157] 故笔者也尝试搜寻"索尔""邵尔"或"尔吉"等词，但均未能找到较可能的人选。知《李氏谱系》在书写"曹尔吉"之名时显然有误，换句话说，周汝昌等人所提此名即曹玺之讹写一说确属相当可能。

曹玺虽于康熙四十四年获特恩追赠为从一品的工部尚书（因其子曹寅在第五次南巡时捐银二万两），但他不论是生前或死后皆不曾获赐内大臣衔。事实

---

154 天聪九年十二月吴沙兰（即管理正黄旗满洲第二参领第一佐领的武沙兰）病故，以其子吴尔齐海袭牛录章京，仍准再袭二次。吴尔齐海于顺治十四年以覃恩特授资政大夫时的职衔为"管牛录、摆牙喇甲喇章京［汉名'护军参领'］加一级"。参见关孝廉等译，《清初内国史院满文档案译编》，上册，页220；铁保等，《钦定八旗通志》，卷4，页12；盛昱，《雪屐寻碑录》，页2879。
155 嵇曾筠等监修，沈翼机等编纂，《浙江通志》，卷149，页2。
156 弘昼等，《八旗满洲氏族通谱》，卷71，页2；卷74，页10—11。
157 如曹玺之父曹振彦尝被今人译作曹谨言、曹金颜、邵振筵或邵祯言。又，《清实录》记崇德七年七月"承政索海"因在敏惠恭和元妃（孝庄皇后姊）丧期擅招俳优吹弹歌舞，下部议应论死，奉旨免死、革职、解梅勒章京任，但《东华录》则以其名为"承政曹海"。至于今人所译的"内国史院满文档"中，在崇德三年二月和四年十一月亦分别出现"刑部承政索海"及"镶黄旗索海"，而康熙二年二月所立的汉字《襄敏宜公碑文》中，则提及"镶黄旗梅勒章京曹海"参与了崇德二年十月的围锦州之役。知《李氏谱系》所记李继祖继娶的曹氏，其父"刑部尚书曹公海"与同时期文献中出现的"承政索海"及"承政曹海"均应是同人异名。参见《清太宗实录》，卷61，页840；王先谦，《东华录》，崇德七，页11；关孝廉等译，《清初内国史院满文档案译编》，上册，页284、441；盛昱，《雪屐寻碑录》，页2897；赵尔巽等，《清史稿》，卷114，页3274；黄一农，《二重奏：红学与清史的对话》，页42—49。

上，共记载乾隆以前两万多名八旗人物的《八旗满洲氏族通谱》中，就从未见有汉姓包衣曾出任内大臣者。故若曹尔吉为形近之曹尔玉（曹玺本名）的讹写，则康熙末年编写《李氏谱系》时，不仅将李显祖第一任妻子之父"内大臣一等伯穆和琳"误书为曾任户部尚书的穆和伦，也将其第二任妻子之父内务府大臣曹玺（曾于康熙十六、十七年获赐蟒服加正一品；图表1.4）虚夸且讹成"内大臣加一级曹尔吉"。

综前所论，曹玺确可能有一女嫁李显祖为继妻。据《李氏谱系》，李显祖于天聪七年生，顺治六年十七岁时授三等侍卫，八年升正四品的二等侍卫，覃恩诰封正四品中宪大夫，九年袭头等阿思哈尼哈番。康熙八年授浙江提督，十四年诰封为正一品的光禄大夫，是年九月卒，[158] 子李鋡于十五年六月袭爵，鋡弟李铸于二十三年十一月袭。由于曹玺较李显祖大一二十岁，曾于顺治五、六年以二等侍卫管銮仪司事，故应是显祖在初授三等侍卫时的长官，此或即曹玺以李显祖为婿的重要背景因素。[159]

鉴于李显祖继妻曹氏所诰封的安人，乃六品命妇的封号，知他很可能在顺治六年获授正五品的三等侍卫之前曾担任正六品的蓝翎侍卫，[160] 而此前清朝可颁赐诰命的恩诏，只有顺治元年十月初十日的定鼎建号诏（显祖才十二岁，应不太可能已当差并成婚）以及五年十一月十一日的太祖武皇帝配祀南郊追尊列祖诏，[161] 故李显祖或于顺治五年十六岁时初授蓝翎侍卫，其继妻曹氏则以当年十一月的恩诏诰封安人。

检八旗女子的婚龄通常为十六至十九岁，但若以资料较完整的宗室作为

---

158 康熙十四年仅十二月十四日曾颁恩诏，知李显祖应是透过武官的考满途径获光禄大夫诰命。参见黄一农，《二重奏：红学与清史的对话》，页157—160。
159 李显祖（塞白理）任浙江提督时，曾与浙江总督刘兆麒的在职期间有五年重叠（康熙八至十三年），由于兆麒之侄殿邦为曹鼎望婿，曹鼎望三子又与曹寅以骨肉兄弟相称，曹寅还称兆麒长婿刘廷玑的妹夫曹秉桢为"峙乃二弟"，这些同僚、联宗与姻娅关系（详见第四章）应是互为影响，且发酵形成其人际网络中的重要黏着剂。参见《清圣祖实录》，卷28，页392；卷31，页420；卷50，页651；卷62，页802。
160 李显祖小传中称"顺治朝简八旗英俊充侍卫，显祖与上选，左右君主者十有二年"。参见彭作桢等纂修，《完县新志》，教育第三，页21。
161 黄一农，《二重奏：红学与清史的对话》，页160。

样本，发现仍有约20%是在十五岁以前成婚，[162] 知显祖的正妻穆氏应于婚后不久即卒。若李显祖（生于崇祯六年；1633）与其继妻曹氏同龄，且曹玺在十六岁之后生此女，则曹玺诞于1618年（万历四十六年或天命三年）之前。再参考前文有关"［曹玺］及壮补侍卫，随王师征山右有功"之叙述，与清人有关"及壮"的用例后（附录3.2），我们可进一步判断曹玺生在万历三十八至四十六年间。亦即，他于沈阳被金国攻占之前很可能就已出生。

康熙朝《大清会典》记顺治初年起规定：

> 凡应封妻者，止封正妻一人；如正妻未封已殁、继室当封者，正妻亦准追赠，其继室止封一人。[163]

故正妻穆氏应是随其夫李显祖于康熙十四年诰封光禄大夫时，获赠为一品夫人。而继妻曹氏则应于顺治八年之前已去世，遂无法在是年正月十二日李显祖以亲政诏封正四品中宪大夫时，获赐四品恭人诰命。

五、小结

曹玺妻妾与子女所延展出的社会关系明显扩大了其家的人脉网络：如继妻孙氏曾获选为康熙帝年幼时的保母，其一女嫁袭爵且历官浙江提督的李显祖（其长孙女适杭州织造敖福合之子金璁；图表3.14），另一女（丧父时才七岁左右）则嫁与历官至刑部尚书兼理兵部的傅鼐（讷音富察氏；第四章），长子曹寅娶时任两浙都转运盐使司盐法道李月桂的第三女，其妾顾氏的族兄顾景星（曾被疏荐应博学鸿儒的江南名士）与子曹寅结"舅甥契谊"。此外，曹玺在江宁织造长达二十多年的经历，令其家族得以透过承办御用事物等内务府之职掌，开始

---

162 冯国华，《十八世纪以降清代宗室婚姻研究：以玉牒为中心》，页260—261。
163 伊桑阿等，《大清会典》，卷13，页10。

厚植经济实力。这些安排与过程不仅让曹家与内廷之间维系着良好的公私互动,亦与八旗势族铁岭李氏、沈阳李氏建立起姻娅关系。

值得注意的是,曹玺虽无诗文传世(曹振彦亦然),但其生活中仍不乏与遗民文人或汉人官僚互动,他聘请了"十年晤对"的知己马銮(南明权臣马士英子,入清后绝意仕途)等人担任曹寅和曹荃两子的蒙师。[164] 曹家后辈因此深化了汉文化的涵养,从而积淀出曹雪芹创作《红楼梦》所需之跨越满汉两大族群的多元文化底蕴。

图表3.24 曹玺相关记事编年

时间	材料	出处
顺治五、六年前后	及壮补侍卫,随王师征山右有功,后顺治帝拔其入内廷任二等侍卫管銮仪事	见图表1.4
十五年九月初七日	其妾顾氏生长子曹寅。顾氏应为中年且乏嗣的曹玺在北京任官时所纳(不迟于顺治十四年)	见本章
康熙元年二月十五日	曹玺继妻孙氏(玄烨保母)生次子曹宣(后改名"荃")。孙氏最可能于顺治十八年正月初七日玄烨(时年八岁)登基后不久出宫,并再醮曹玺	见本章
二年	特简督理江宁织造(实应为康熙三年,参见前文)	《(乾隆)上元县志》,卷15,页15
六年十一月二十六日	江南织造郎中加一级曹玺之祖父母获得诰命	北京大学图书馆
七年	其职衔为"钦命内工部督理江宁织造府加一级"	中国国家图书馆藏《康熙七年搢绅录》
八年	其职衔为"钦命内工部督理江宁织造府加一级"	中国国家图书馆藏《康熙八年缙绅便览》

---

164 刘上生,《"石上犹传锦字诗":以曹玺与马銮关系考索为窗口》。

续表

时间	材料	出处
十四年十二月十四日	江宁织造、三品郎中加四级曹熙【玺】之父母获得诰命	傅吾康（Wolfgang Franke, 1912—2007）原藏
十二月十四日	江宁织造、三品郎中加四级曹熙【玺】之祖父母获得诰命	原由吴恩裕于1956年购藏
十六年十月二十日	管理江宁织造郎中曹玺呈进缎样织造折	《关于江宁织造曹家档案史料》，页1
十六、十七两年	陛见，陈江南吏治，备极详剀，赐蟒服加正一品，御书"敬慎"匾额	《（乾隆）上元县志》，卷15，页15
二十三年六月	曹玺卒于署	《（乾隆）上元县志》，卷15，页15
四十四年五月初一日	曹寅因在康熙第五次南巡时捐银二万两，故"蒙圣恩荣加祖、父"（曹玺因此特恩追封为工部尚书衔）	易管，《江宁织造曹家档案史料补遗（上）》
年月不详（康熙八至十七年间）	江宁织造理事官加四级臣曹玺恭进轿一乘、铁梨案一张等物件	《关于江宁织造曹家档案史料》，页5

图表3.25　曹尔正相关记事编年

时间	材料	出处
康熙六年闰四月初三日	米思罕等为狗腿折断事所上之题本记"曹尔珍【正】佐领下李茂功……"[165]	王多闻、关嘉禄等选译，《清代内阁大库散佚满文档案选编》，页19
十三年	三藩乱起，曹玺因此"侨寄广陵，驱子若弟，补伍编行"，知曹玺当年曾偕同弟曹尔正以及长子曹寅在军中	曹寅，《楝亭文钞》

---

[165] "曹尔珍"应为"曹尔正"之误，因《八旗通志初集》中并未记当时有其他名字相近之人曾管佐领。曹尔正所管理的正白旗包衣第五参领第三旗鼓佐领，是接替过世的高国元，而"包牛录章京加一级高国元"曾于顺治十四年三月初十日以覃恩获授通议大夫，高氏或卒于顺、康之际。参见鄂尔泰等，《八旗通志初集》，卷5，页41；盛昱，《雪屐寻碑录》，卷2，页1—2。

续表

时间	材料	出处
三十六年正月二十六日	内务府总管奏请派定"原任佐领曹尔正"等共二十人为"巴延人"之头班，随同皇帝出行，轮班掌管马匹	《内务府满文奏销档》，转引自《关于江宁织造曹家档案史料》
正月或之前	原任正白旗包衣第五参领第三旗鼓佐领的曹尔正已去职	《内务府满文奏销档》；鄂尔泰等，《八旗通志初集》
雍正七年十月初五日	允禄等奏称："尚志舜佐领下护军校曹宜，当差共三十三年，原任佐领曹尔正之子，汉人。"	《内务府满文奏销档》，转引自《关于江宁织造曹家档案史料》
	正白旗包衣第五参领第三旗鼓佐领的设立过程为："国初编立，始以高国元管理；高国元故，以曹尔正管理；曹尔正缘事革退，以张士鉴管理。"	鄂尔泰等，《八旗通志初集》；张书才，《曹雪芹家世生平探源》，页17
	《八旗满洲氏族通谱》称"曹尔正原任佐领"，知其历官至佐领，卒年不详	乾隆九年成书的《八旗满洲氏族通谱》
	曹氏荣庆的朱卷履历称曹鼎诰授武翼都尉（同治《曹氏谱系全图》仅记曹鼎之名，同治《五庆堂重修曹氏宗谱》称曹尔正诰授武义都尉）	咸丰《曹氏荣庆顺天拔贡朱卷履历》

第四章　康熙皇帝长年的宠臣曹寅*

本章对曹寅的宦历做了较完整的梳理，他不仅深入会通满汉两种文化，并透过奉敕出版《御定全唐诗》《御定佩文韵府》等活动，扩大其在汉人士绅中的关系网络。他也借重"官场联宗"的关系，在新朝中与不少同姓之人认宗叙谱，以求相互攀缘发展。曹寅在长达约二十年担任江宁织造期间，由于深受康熙帝的信赖，遂得以先后承接内务府的买铜、卖盐、售参及修造工程等利润丰厚的差使，令其家族发展出"烈火烹油、鲜花着锦之盛"。亦即，曹寅在父亲曹玺所奠定的基业上，将其家的发展推向巅峰。

一、以庶长子出掌家业的曹寅

曹玺长子曹寅（字子清）于顺治十五年在北京出生，康熙元年随被工部织染局派驻江宁担任"公织造"的父亲赴任，自此寓居江南。[1] 江安督粮道周亮工（康熙五至八年任）常在织造署内将他抱置膝上教读古文，寅母的族兄顾景星在为其序《荔轩草》时，亦称"子清门第国勋，长江南佳丽地"，知曹寅应长于江南。[2]

由于顺治十七年江宁满城才在钟山之南整建完成，初期是否设有官学校

---

* 本章内容乃增补改编自拙著《丰润曹邦入旗考》（2011）、《重探曹学视野中的丰润曹氏》（2011）、《曹寅乃顾景星之远房从甥考》（2012）。
1 织染局旧隶工部，康熙三年归内务府管理，其管局大臣及兼摄局务之司官，均奏派，无定员。参见周家楣等修，张之洞等纂，《顺天府志》，卷7，页19；胡铁岩，《曹玺首次赴江宁与任职江宁织造时间及旗籍考辨》。
2 李广柏，《曹寅"伴读"之说不可信》；孟晗，《周亮工年谱》，页123—133。

并不详，但城中学舍的条件似不佳，即使至乾隆三十四年时亦不过"八旗佐领下各一所，自盖房二、三间不等"，³故疑曹寅所受的满汉教育或得自家庭教师，或是其家的学塾（类同于《红楼梦》第七回中贾家的情形）。纳兰成德《曹司空手植楝树记》中称"〔曹玺〕携子清兄弟以从，方佩觿佩韘之年，温经课业，靡间寒暑"，即指曹寅与曹荃兄弟年少时乃跟随父亲在江宁织造任所读书。⁴因曹玺初掌江宁织造时，尝于署内筑亭，旁植楝树数株，曹寅遂以楝亭为号。⁵

曹寅身为内务府旗人的一分子，自幼应熟稔满文，稍长更得兼习骑射。依例，旗籍官员子弟在十八岁时得回京归旗当差，目标是披甲、出仕或担任吏职，通常三年后，始量能授秩。⁶但曹寅很可能跟一些亲近皇室的八旗子弟一样，获准提早当差。⁷然其究竟何时开始当差？曾否侍候康熙帝或其世子读书？担任銮卫或侍卫的时间又为何？红学圈一直无法获得共识。⁸下文将尽力爬梳涉及曹寅早年经历的诗文，并参照当时官场的运作常例，尝试合理还原

---

3 铁保等，《钦定八旗通志》，卷117，页31—33。
4 曹寅《戏送钱穆孙》一诗中有"石桥执经年最少，十年同社夜台多"句，先前学界多以后句乃回忆他在江南所受的十年启蒙教育，然据刘上生的新解，以"夜台"为坟墓（《聊斋志异》卷三有"夜台朽骨，不比生人"句，因其不见光明，故为坟墓之代称），知此句应指"十年来，同社（同里或同学，古以二十五家为一社）之人很多都已去世"。参见方晓伟，《曹寅评传·曹寅年谱》，页171—173、283、316；刘上生，《曹寅的入侍年岁和童奴生涯：对"康熙八年入侍说"的再论证》。
5 曹玺过世后，曹寅以父亲手植的楝树名亭，并广邀士大夫对其描绘或歌咏，留下一本深具纪念性质的《楝亭图咏》（现藏中国国家图书馆）。参见薛龙春，《〈楝亭图咏〉卷的作者、诗画与书法》。
6 清律规定："向来旗员子弟自幼随任在外至十八岁者，例应来京。若有欲留任所协办家务者，准督抚代为题请，听候部议。"参见允裪等，《钦定大清会典则例》，卷32，页8—9；萧奭撰，朱南铣点校，《永宪录》，续编，页393。
7 如和硕额驸康果礼第四子赍塔、内大臣武拜之子郎坦及袭云骑尉世职的福康安，均于十四岁即任三等侍卫。纳兰明珠系由侍卫授正五品銮仪卫治仪正，年十七升任正四品云麾使，知其应年纪相当轻就担任正六品的蓝翎侍卫。顺治帝乳母朴氏之后裔诚恩，于十六岁补入清漪园拜唐阿。此外，雍正三年更下令拣选勋旧世臣之子孙（"自二十岁以下、十四岁以上，或十二三岁而身躯长成者"），带领引见，以"量酌其宜加教训成就之处"。参见铁保等，《钦定八旗通志》，卷158，页1；卷159，页2。《清世宗实录》，卷33，页501—502。《辉发萨克达氏家谱》，无页码。陈桂英，《北京图书馆藏抄本〈明珠墓志铭〉考述》。黄一农，《史实与传说的分际：福康安与乾隆帝关系揭秘》。
8 朱淡文，《红楼梦研究》，页333—356；朱淡文，《红楼梦论源》，页19—20；李广柏，《曹寅"伴读"之说不可信》；刘上生，《佩笔侍从：曹寅"为康熙伴读"说辨正》；胡铁岩，《曹寅未曾当康熙伴读：〈恭志追赐御前奏对始末〉简读》；朱淡文，《胡铁岩先生"曹寅未曾当康熙伴读"读后》；胡铁岩，《向朱淡文先生求教"伴读说"的三项举证》；朱淡文，《答胡铁岩先生有关"曹寅伴读说"的三项置疑》；刘上生，《关于曹寅早期生平研究两个问题的讨论和思考》。

其外放江南担任织造以前的事迹。

王朝璨［音"环"］在康熙四十八年己丑岁跋《楝亭词钞》时（图表4.1），[9]言及曹寅当差初期的状况，曰：

> 楝亭先生昔官侍从时，与辇下诸公为长短句，唱酬甚伙，辄为好事者持去。廿年后，秉节东南，不复为倚声之作，今存者仅百之一……己丑秋九月后学王朝璨谨识。

若依古人计年时常头尾皆算之惯例，从康熙二十九年曹寅外放苏州织造（所谓"秉节东南"）回推二十年，他应自约康熙十年起入宫当差（"昔官侍从"）。此外，曹寅作于十九年的《宿卢沟题壁》中有"十年马上儿，门户生光辉"句，康熙帝当时为欢迎击败郑经凯旋的康亲王杰书，在十月十七日驻跸卢沟桥并行拜天礼，此"十年马上儿"或起算自作者当差之初，同样亦可回推至约康熙十年。[10]曹寅时仅十四岁，此亦合乎他自称"从幼豢养""自黄口［指幼时］充任犬马""自幼蒙豢养，得备下走［指供奔走役使］之任""于稚岁备犬马之任"等说法。[11]

9　顾斌，《曹学文献探考》，页259—266。
10　高树伟，《曹寅赴京当差时间再议：与兰良永先生商榷》；《清圣祖实录》，卷92，页1167。
11　《关于江宁织造曹家档案史料》，页22—23、78、81—82；易管，《江宁织造曹家档案史料补遗（上）》。

图表4.1　王朝瓛为《楝亭词钞》所写的序跋

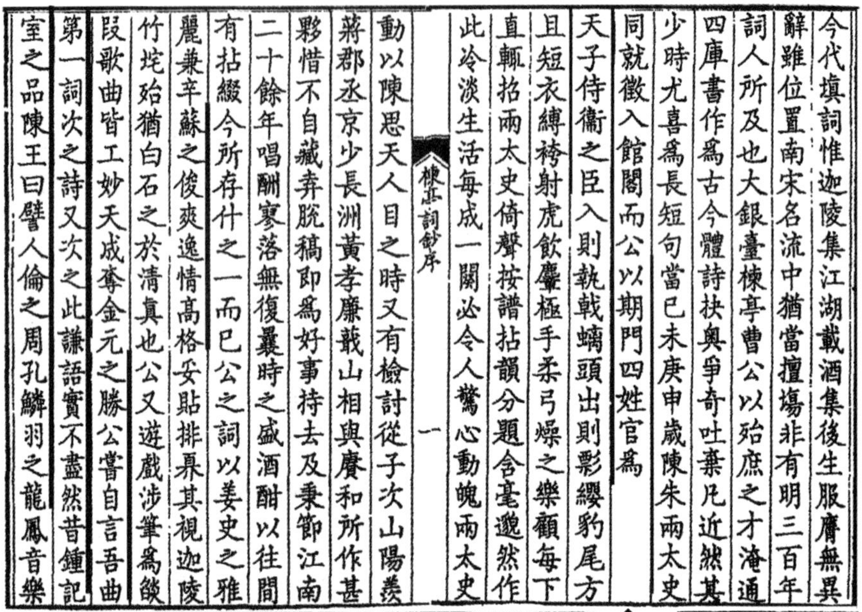
今代塡詞惟迦陵集江湖載酒集後生服膺無異
辭雖位置南宋名流中猶當擅場非有明三百年
詞人所及也大銀臺楝亭曹公以殆庶之才淹通
四庫書作爲古今體詩扶輿爭奇吐棄凡近然其
少時尤喜爲長短句當已未庚申歲陳朱兩太史
同就徵入館閣而公以期門四姓官爲
天子侍衛之臣入則執戟螭頭出則影纓豹尾方
且短衣縛袴射虎飲麞極手柔弓燥之樂顧每下
直輒招兩太史倚聲按譜拈韻分題含毫邈然作
此冷淡生活每成一闋必令人驚心動魄兩太史
楝亭詞鈔序　一
動以陳思天人目之時又有檢討從子次山陽羨
蔣郡丞京少長洲黃孝廉蕺山相與賡和所作甚
夥惜不自藏弃脫稿即爲好事持去及秉節江南
二十餘年唱酬寥落無復曩時之盛酒酣以往間
有拈綴今所存什之一而已公之詞以姜史之雅
麗兼辛蘇之俊爽逸情高格妥貼排奡其視迦陵
竹垞殆猶白石之於淸眞也公又遊戲涉筆爲傚
叚歌曲皆工妙天成奪金元之勝公嘗自言吾曲
第一詞次之詩又次之此謙語實不盡然昔鍾記
室之品陳王曰譬人倫之周孔鱗羽之龍鳳音樂

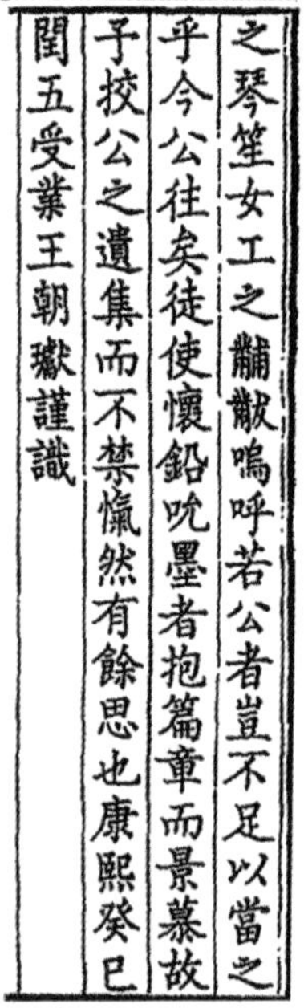
之琴笙女工之黼黻嗚呼若公者豈不足以當之
乎今公往矣徒使懷鉛吮墨者抱篇章而景慕故
予校公之遺集而不禁愾然有餘思也康熙癸巳
閏五受業王朝瓛謹識

上海图书馆藏《楝亭词钞》书首

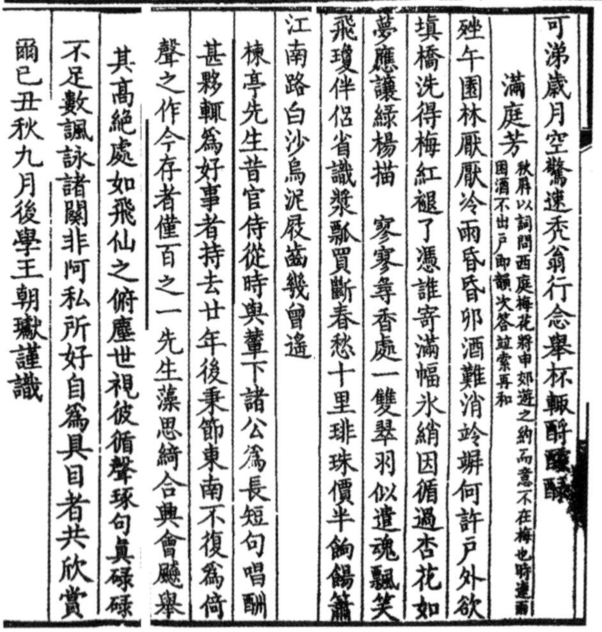
可涕歲月空驚遷禿翁行念舉杯輒酹醽醁
滿庭芳　秋屏以詞問西庭梅花將申郊遊之約而意不在梅也時連雨困酒不出戶即韻次答並索再和
殢午園林厭厭冷雨昏昏卯酒難消吟屏何許戶外欲
塡橋洗得梅紅褪了憑誰寄滿幅冰綃因循過杏花如
夢應讓綠楊描　寥寥尋香處一雙翠羽似遣魂飄笑
飛瓊伴侶省識瓢買斷春愁十里琲珠價半餉錫簫
江南路白沙烏泥屐齒幾曾遙
楝亭先生昔官侍從時與輦下諸公爲長短句唱酬
甚夥輒爲好事者持去廿年後秉節東南不復爲倚
聲之作今存者僅百之一先生藻思綺合興會飈舉
其高絕處如飛仙之俯塵世視彼循聲琢句貞碌碌
不足數諷詠諸闋非阿私所好自爲具目者共欣賞
圅巳丑秋九月後學王朝瓛謹識

复旦大学图书馆藏《楝亭词钞》书末

（王朝瓛此康熙己丑跋未见上海图书馆本）

曹寅初应分发至内务府的养狗处当差任拜唐阿，此因他尝赋"束发〔指男子十五岁〕旧曾充狗监"之诗句，[12] 并在《题楝亭夜话图》以"忆昔宿卫明光宫，僾伽山人〔成德之号〕貌佼好。马曹狗监共嘲难，而今触绪伤怀抱"句悼念好友成德。[13] 曹寅及成德分别当差的养狗处和上驷院（成德或任上驷院侍卫），[14] 因职事攸关清初统治阶层所崇尚的射猎活动（图表4.2），故较易与皇族建立私人关系。

又，顾景星尝赋诗称曹寅"早入龙楼僄，还观中秘书"，[15] 曹寅的《明月逐人来》一词，[16] 亦有"长念龙楼待漏，一丸冷雪"句。其中的"僄〔音'报'〕"即"僄直"，指连日待漏值宿。[17] 至于"龙楼"，先前学者多依成语"凤阁龙楼"而径释作"帝王的宫殿、楼阁"，然前引二诗词应是用典。《汉书》记成帝为太子时，"初居桂宫，上尝急召，太子出龙楼门，不敢绝驰道"，该门楼因上饰铜龙故名"龙楼"。[18] 我们在流传广远的《六臣注文选》中亦可见到"龙楼"一词共出现于三文，注释皆引汉太子的典故，其中南朝·沈约的《齐故安陆昭王碑文》有"博望之苑载晖，龙楼之门以峻。献替帷扆，实掌喉唇。奉待漏之书，衍如丝之旨"句，更与曹寅"长念龙楼待漏"诗句相呼应。[19] 此外，赋有"宫学峨峨龙楼之阿"的元·宋濂《皇太子入学颂》，以及唐·归登（在顺宗为太子时任侍读，顺宗即位后复受命为东宫以及诸

---

12 旗人出身拜唐阿（指作公事的无品级小役人）是颇常见的，以钮祜禄氏的家谱为例，即可见有三十几人于年少时被选为各种拜唐阿，其中博色、都朗、德禄、同顺、偲宁、冤绳峨六人就是养狗拜唐阿。参见《钮祜禄氏弘毅公家谱》，八房，页8—11；十六房，页67—68；堂兄房，页10。曹寅，《楝亭诗钞》，卷8，页3。
13 成德于二十一年六月亦赋"马曹此日承恩数，也逐清班许钓鱼"诗句。参见纳兰性德，《通志堂集》，卷5，页4。
14 铁保等，《钦定八旗通志》，卷45，页24—25；奕赓，《侍卫琐言》，补，页1。
15 顾景星，《白茅堂集》，卷22，页9。
16 曹寅，《楝亭词钞》，页3。
17 道光朝侍卫奕赓于当差五年之间，"值门宿，左门四十四次，右门二十八次，乾清门二十七次"。参见奕赓，《侍卫琐言》，页7。
18 班固，《汉书》，卷10，页301。
19 博望苑乃汉武帝时所建的处所，以供太子交接宾客之用，后亦泛指太子之宫。参见萧统等编，李善等注，《六臣注文选》，卷46，页22；卷59，页28。

图表4.2　郎世宁等绘《哨鹿图》中跟随乾隆帝秋狝（音"显"）的队伍。其中备箭、备弓、养狗、养鹰等事均有专门的拜唐阿负责，北京故宫博物院藏

王之侍读）为训勉东宫曾献《龙楼箴》的故事，[20] 也可能多是古代士人（包含曹寅）所习知的。

知"龙楼"二字乃代称太子，而"早入龙楼僚，还观中秘［谓宫廷珍藏图书文物处］书"以及"长念龙楼待漏"二句，均点出曹寅当差时极可能侍候过康熙十三年出生的皇次子胤礽（满文读音为"成"；十四年立为皇太子）。[21] 亦即，顾景星和曹寅的前引诗乃描述曹寅早年尝于太子读书或居住处值宿当差，而非如先前学者所以为的是服侍年少之皇帝。[22]

此外，顾景星在康熙十八年所撰的《荔轩草序》中，亦称许曹寅曰：

20　宋濂，《宋景濂未刻集》，卷上，页3—5。欧阳修等，《新唐书》，卷164，页5038—5039。张玉书、陈廷敬等，《御定佩文韵府》，卷20之3，页8；卷25之4，页2；卷27之2，页4。
21　胤礽开始读书的年纪很可能与其父玄烨相近（五岁；图表4.4）。参见黄一农，《二重奏：红学与清史的对话》，页80—83。
22　先前有将"早入龙楼僚，还观中秘书"误作"早晨到'龙楼'当差，晚上还家后看'中秘书'"。参见宋泽广，《向胡铁岩先生请教"早入龙楼僚，还观中秘书"之释解》。

> 束发［指十五岁］即以诗词经艺惊动长者，称神童。既舞象［《礼记·内则》的郑玄注以此为十五岁以上］，入为近臣。今始弱冠［二十岁左右］而其诗清深老成，锋颖芒角，篇必有法，语必有源……甫曼倩待诏之年，腹嫏嬛、二酉之秘。[23]

其中"曼倩待诏之年"是用西汉·东方朔（字曼倩）于二十二岁待诏公车的故事，[24] 至于嫏嬛福地与大小酉山皆为传说中藏书丰富的洞宫。[25] 亦即，顾景星在此序中首先赞誉曹寅于十五岁左右就被目为神童，稍后更成为天子近臣，且点出此序撰写时曹寅刚好与待诏公车的东方朔同为二十二岁，并皆因饱读宫中藏书而学问淹博。

熊赐履也尝具体指称曹寅"持囊［前人多误为'橐'］簪笔，作天子近臣"，该词语应典出汉代的张安世（字子孺），他尝以近臣的身份事孝武帝数十年，"持囊"乃称其负责携带盛书用之袋子，"簪笔"则谓插笔于冠或笏，以备随时记事，"持囊簪笔"即指近臣"从备顾问，有所记也"，[26] 表明曹寅后曾在康熙帝身边侍候笔墨。前人有疑曹寅乃担任康熙帝的伴读师傅，遂因得到皇帝青睐而平步青云，然此说应是误读史料的结果，以曹寅当时的学识与年纪，均无可能胜任此职，倒是他或曾侍候皇太子胤礽读书（但并非具师傅性质的伴读），并在太子有过失时，代其受罚，扮演希望能令其有所感悟的角色（所谓"抗世子法"；附录4.1）。

---

23 曹寅，《楝亭诗钞》，顾景星序。
24 东方朔在汉武帝征贤良之士时，上书自荐曰："臣朔年二十二，长九尺三寸，目若悬珠，齿若编贝，勇若孟贲，捷若庆忌，廉若鲍叔，信若尾生。若此，可以为天子大臣矣。臣朔昧死再拜以闻。"帝于是命其待诏公车。参见班固，《汉书》，卷65，页2841。
25 伊世珍辑，《琅嬛记》，卷上，页1；盛弘之，《荆州记》，页3。
26 魏徵等，《隋书》，卷11，页236；熊赐履，《经义斋集》，卷4，页17—19。

附录4.1

论曹寅应不曾任康熙皇帝之伴读

周汝昌首倡曹寅曾任康熙帝伴读一说，并以此作为曹家屡蒙恩宠的缘由。他在1953年初版的《红楼梦新证》中，记邓之诚先生曾告知在某书见曹寅自幼侍读事，该书乃其于1939年替燕大图书馆（今北京大学图书馆）购自琉璃厂文芸阁，价二三十元间，八册一函，约为康熙间刊本，四字书名，甚怪异，亦无著者名（页215）。然包括周氏在内的众多学者多年来皆查无此书，因而引发一些讥评。[27]

由于朱淡文又提出另一条独立的证据链，故伴读说在红学界仍拥有相当的支持者。此因纳兰成德为《楝亭图》所写的《曹司空手植楝树记》中，有"伯禽抗世子法"句（图表4.3），而《礼记·文王世子》称："成王幼，不能莅阼，周公相，践阼而治，抗世子法于伯禽，欲令成王之知父子、君臣、长幼之道也。成王有过，则挞伯禽，所以示成王世子之道也。"周公旦应是考虑成王姬诵丧父时尚年幼，"乃践阼，代成王摄行政当国"（《史记·鲁周公世家》），又因姬诵尚不熟习世子（指太子或帝王和诸侯的嫡长子）之礼，周公遂命己长子伯禽以伴读的身份与姬诵同居，并抗（举也）"世子法"以教二人，亦即，如姬诵有过失，伯禽将代受罚，希望能令其间接有所感悟。[28] 朱氏因此主张成德所谓之"伯禽抗世子法"，即描述曹寅曾伴读康熙帝的经历，惟该解一直涌现反对意见（如李广柏、刘上生、胡铁岩等），且双方在相互辩难的情形下始终无共识（见后文）。

27　胥惠民，《周汝昌研究红楼梦的主观唯心论及其走红的原因》。
28　皮锡瑞，《今文尚书考证》，卷17，页7；杨宽，《西周史》，上册，页147—151。

图表4.3　成德在《楝亭图》所书的《曹司空手植楝树记》

> 曹司空手植楝树记
>
> 诗三百篇，凡贤人君子之寄托，以及野夫游女之讴吟，往往流连景物，遇一草一木之细，辄低回太息而不忍置，非尽若召伯之棠、人之所手植，则睹言遗泽、攀枝执条，法然流涕，叩其渊源，盖淳之所以传之者，当何如切至也乎。余友曹子清，风流儒雅，彬彬乎兼文学政事之长，其所图以爱之而传之者，『美斯爱，爱斯传』也。又况一草一木倚为先庭训者居多。子清为余言其先人，公当日奉命督江宁织造，清慎惠政，久著东南。尚方资黼黻之华，间阎鲜杼轴之叹，衙斋萧寂，携子清兄弟以从，方佩觿佩韘之年，温经课读，靡间寒暑。其书室外，司空亲栽楝树一株，今尚在也。当夫春昼未扬，秋实不落，冠剑廷立，俨如式凭。嗟乎，曾几何时，而昔日之树已非拱把之人矣。子清愀然念其先人，谓予：『此即司空公之甘棠也。』惟周之初，召伯与元公、尚父并称，其后伯禽抗世子法，齐侯伋任虎贲、直宿卫，惟燕嗣不甚著。今我国家重世臣，异日者子清奉简书，乘传而出，安知不建牙南服、踵武司空？则此一树也，先人之泽。
>
> 又于是乎启矣，安可无片语以志之？」因为赋长短句一阕，同赋者锡山顾君梁汾……
>
> 楞伽山人成德拜手书

成德在《曹司空手植楝树记》一文中，称己尝对曹寅曰：

> 此即司空<u>公</u>之甘棠也！[29] 惟周之初，召伯与元公、尚父并称，其后伯禽抗世子法，齐侯伋任虎贲、直宿卫，惟燕嗣不甚著；<u>今我国家</u>，重世臣，异日者子清奉简书，乘传而出，安知不建牙南服，踵武司空？则此一树也，先人之泽。

文中以"甘棠遗爱"的成语故事（典出《诗经·召南》）将司空曹玺所种的楝树比作甘棠树，称每见楝亭所植之树就不禁联想起曹玺，就好像看见召伯曾居停和休憩的甘棠，就会让人睹物思贤一样。

接着，成德又指出召伯、元公（周公）与尚父（吕尚，又名姜子牙）并称于世，三人之子姬克（所谓"燕嗣"，因召伯受封于燕地）、伯禽与吕伋分任燕、鲁、齐三国之主，皆成为辅佐周室的栋梁。但在分封之前，伯

29　高树伟在《楝亭旧事：张伯驹、启功、周汝昌与〈楝亭图〉》一文中指出周汝昌《红楼梦新证》脱"公"字（https://kknews.cc/zh-tw/culture/egokm3z.html）。

禽即以周公长子的身份侍候年幼之成王读书，并透过"抗世子法"的方式参与成王的教育；吕尚之子吕伋曾于成王驾崩时以"二千戈、虎贲百人"迎立康王，且透过"掌宿卫"之举以维护初立的政权（《尚书·周书·顾命》）；只有召伯之子姬克年轻时其名不显。成德遂以"惟周之初……；今我国家……"之对比句法，预卜曹寅（被视同姬克，其父曹玺则被视同召伯）在"重世臣"的清朝必能"奉简书，乘传而出"，且"安知不建牙[指武臣出镇]南服[称南方]"，与在江南担任方面大员的曹玺一样有突出表现。

朱淡文认为成德"连用三次模拟，语婉意深，不露痕迹，十分巧妙"，并指称："[成德]先用'伯禽抗世子法'比曹寅少年时任康熙伴读，再用'齐侯伋任虎贲，直宿卫'比曹寅青年时期任康熙侍卫，三用燕嗣之享国绵长比曹氏之世代延泽。"胡铁岩则主张成德不过是将三公之子所受的重用进行对比，而非指曹寅拥有这全部的经历。[30] 我们现虽已很难判断成德此段叙述引喻的程度，但若能从其他文献印证曹寅的生平包含"抗世子法""任虎贲""直宿卫"三项事迹，则朱淡文之说就可成立。由于学界对曹寅曾任侍卫并值宿一事似无争议（见后），故下文将针对他在宫中担任伴读与否详作讨论。

皇子之伴读在清初常被视同为师傅，丁皂保于《恭志追赐御书奏对始末》中就提及顺治十五年玄烨年方五岁时，丁应元（正黄旗包衣，举人[31]）、明珠（时年二十五岁，无科名）、伊桑阿（约二十二岁，进士）与马尔汉（二十六岁，举人）曾受命伴他读书（图表4.4）。这些伴读在康熙朝都备受恩宠，其家族甚至多与宗室联姻：明珠历官武英殿大学士，娶英王阿济格

---

30 胡铁岩，《曹寅未曾当康熙伴读：〈恭志追赐御书奏对始末〉简读》。
31 康熙帝尝称丁应元"十四岁即中举人"，然皇太极时仅于天聪八年、崇德三及六年取中三十四名举人，并未见丁氏，疑此说有误。参见盛昱，《雪屐寻碑录》，卷10，页10—12；黄一农，《二重奏：红学与清史的对话》，页36—37。

第五女，子揆方娶康亲王杰书第八女，一女嫁温郡王延寿，孙永福娶皇九子胤禟第三女；马尔汉官至吏部尚书，一女嫁怡亲王允祥；伊桑阿历官文华殿大学士，子伊都立娶马尔汉女，孙福增格是允祥二女婿。[32] 只有丁应元因康熙五年早卒，故仅官至内务府郎中，但其子皂保则出任内务府总管，后以年老乞休，仍食一品俸，至乾隆十二年卒，享寿九十七岁。[33]

此外，何焯于康熙四十二年（四十三岁）左右奉旨"侍读皇八子府"，他在告知兄长时，称已获授"藩邸伴读"，并曾自署名衔为"赐进士出身、内廷供奉、皇子伴读……"[34] 又，雍正元年庶吉士蔡世远（时年四十二岁）蒙恩特召入京"侍读皇子"，七年冬二十二岁的平郡王福彭亦奉旨随皇子读书，[35] 乾隆初庶吉士雷鋐（四十来岁）也尝奉诏"侍读皇子"。[36] 嘉庆十年闰六月的《实录》，提及"向来大学士、尚书等简派上书房总师傅，及翰林官员派充阿哥师傅"，并称这些师傅为"督课书房伴读"。[37] 综前所述，知侍读与伴读两词在当时乃相通，多用来称呼侍候皇子读书的名衔或职事。

由于丁应元等被顺治帝选为皇子玄烨伴读时，曹寅于当年九月才刚出生，且康熙初年就遵从体制改由日讲官提供帝王教育（丁应元任伴读止于玄烨御极之时；见图表4.4），"每岁自二月经筵后始，夏至日止；八月经筵后始，冬至日止。每日于部院官奏事后进讲"，日讲官以翰林院为主，"除满汉掌院学士兼摄外，其余以本院官与詹事府、坊局各官充补"，[38] 知无

---

32 黄一农，《二重奏：红学与清史的对话》，页213、421。
33 裴焕星等修，白永贞等纂，《辽阳县志》，卷8，页9—10。
34 皇八子胤禩时年二十三岁。参见清国史馆原编，《清史列传》，卷71，页27。何焯，《义门先生集》，卷1，页12；卷4，页8。
35 当时只有同为十九岁的皇四子弘历和皇五子弘昼在世，弘历于雍正五年完婚，但仍住在紫禁城内的乾西二所。参见蔡世远，《二希堂文集》，卷5，页20。
36 朱仕琇，《梅崖居士文集》，卷7，页1—2。
37 《清仁宗实录》，卷146，页999—1000。
38 实际情形与此规定常有出入，如以康熙十一年为例，全年共由日讲官进讲了三十二次，分别发生在自四月十五日至五月二十二日、闰七月二十五日至八月十八日、十月十六日至二十八日这三段期间。参见允裪等，《钦定大清会典则例》，卷153，页4；徐尚定标点，《康熙起居注》，册1，页13—63。

科名之曹寅的学识与年纪均不可能胜任伴读师傅。事实上，已知担任过康熙帝伴读之人，均较曹寅高一辈，如明珠即曹寅好友成德之父！康熙四十年皇帝也曾亲口对丁皂保称"昔年尔父〔此指丁应元〕同书事者，今惟存明珠、伊桑阿、马尔汉三人而已"（图表4.4），清楚说明曹寅不在伴读之列，否则，康熙帝不太可能独独将其遗忘，尤其，曹寅直至康熙五十一年病卒时仍"圣眷颇隆"。

再者，曹寅"长念龙楼待漏"、成德"抗世子法"以及顾景星"早入龙楼傧"，不仅皆未指曹寅当过伴读师傅，更一再点出曹寅侍候的是"龙楼"所指代之"世子"，而康熙朝唯一被立为东宫的只有胤礽！[39] 何况，玄烨于八岁登基时，曹寅还不到四岁，此前玄烨不太可能由一个乳臭未干且本身还需人照顾的小小孩来陪读，并在犯过时用他来顶替受责！康熙八年（曹寅此时尚未入京当差），十六岁的玄烨以大不敬之罪逮捕鳌拜后，开始亲政，自此乾纲独断，更无人敢责罚他。

综前所论，曹寅应不曾担任康熙帝的伴读师傅。考虑曹寅的资历与声望，他也不可能为胤礽的伴读师傅，曹寅或只是在皇太子身旁值宿当差，成德则将这段经历美言成"抗世子法"。有意思的是，小说《红楼梦》中似有一些情节与胤礽相近：如第十六回记夏太监奉旨宣贾政入朝，贾政得知元春晋封为贤德妃后，又赶往东宫，并通知老太太速领太太们去谢恩；第二十五回记赵姨娘请马道婆作法，在宝玉和凤姐的床褥下置小纸人魇害二人的事件。考清代仅胤礽曾于康熙十四年正位东宫，他在担任储君的三十多年间，享有极高地位，故贾政如有女于康熙朝升为主位，是有可能赴皇太子所居之"东宫"毓庆宫谢恩的；[40] 又，四十八年曾揭发大阿哥胤禔

---

39 胡铁岩虽提及"早入龙楼傧"应指曾在太子宫当差，但他未将"抗世子法"与此相关联。参见胡铁岩，《向朱淡文先生求教"伴读说"的三项举证》。
40 当时皇太子的服饰、仪仗、器用，多与皇帝的规格相差无几。且每年万寿节、冬至、元旦及皇太子千秋节，诸王、贝勒、文武大臣除向皇帝行三跪九叩大礼外，还要再赴东宫向皇太子行二跪六叩礼。参见白新良等，《康熙传》，页319。

利用巫术镇魇胤礽之阴谋。这些皆属清史中相当独特且发生在胤礽身边的小插曲。[41]

至于曹寅所拥有"持囊簪笔，作天子近臣"的经历，虽可释作"曾侍读〔动词〕皇帝"，但笔者认为其事应发生在曹寅二十岁成年前后。此说与周汝昌先生《红楼梦新证》各版所描述的"侍帝读……曹寅幼年曾侍读皇帝的事……"（1953年第一版）或"寅自幼侍皇帝读……寅自幼侍读事……"（1976年及2016年本），均略有出入。[42] 周先生此说的论据有二：一称曹寅曾在康熙五十年的奏折中有"臣自黄口充任犬马"，一称郭振基在序曹寅《楝亭诗别集》时有"自结发侍内直"句。然前者并未点出侍候皇帝读书，而"结发"乃指男子二十岁成年，周氏似与代指十五岁成童的"束发"相混淆了。[43]

不知《红楼梦新证》前引文中的"幼年"二字是否为周汝昌或邓之诚先生据己意所推衍？该待觅之书的原文有无可能乃记"曹寅曾侍读〔对象为皇帝〕"？当然，前述疑问在寻回邓先生曾过览但已佚之书前，将永远无解。惟从前文的讨论，我们可以发现在大家不断发掘史料且对文本之意涵愈辩愈明的情形下，该书的再现与否，对理清曹寅这段早年的经历，其重要性或已不大。

---

41 黄一农，《二重奏：红学与清史的对话》，页263。
42 周汝昌，《红楼梦新证》，1953年本，页214—216；1976年本，页279；2016年本，页229。
43 周汝昌，《红楼梦新证》（2016），页276。

图表4.4 《雪屐寻碑录》中所记丁应元任伴读的事迹

❖ 盛昱，《雪屐寻碑录》

遼海叢書

雪屐尋碑錄

恭誌追賜御書奏對始末先臣□姓諱應元遼陽前衛人年十四奉
孝廉太宗文皇帝選學讀書□世祖章皇帝特簡□書房翻
譯章□進呈御覽皆稱旨蒙寵眷日隆時上年五歲終於家上聞震悼遺御
即命先□忤讜以至御極於康熙二年疾終於家上聞震悼遺御
前侍衛□關太□異數更推恩□非命御前侍
衛□林督造墓備□保累□特授內務府前侍
刑司主事廣□司員外郎□佐領□領又總管滿內宮□隨

皇上三次親征加級至光祿大夫得誥贈先臣如其官沐皇上之寵
恩皆先臣之道蔭也臣自康熙甲子冬隨皇上駕幸關里奉命御
書聖廟碑監修周公孟子二廟各立御書碑次造上命皇長
子代祭西嶽皇三子告祭闕里蒙命臣隨行督理康熙已
卯春聖駕忽南巡命臣同兵部侍郎席爾達御前一等侍衛馬武督理
舟檝夫役四月十四日至蘇州府蒙御書二幅賜臣前臣之光榮更加倍矣三日俟勝回鑾
皇上御書賜汝父臣諸叩頭謝恩訖至康熙四十年四月初一日侍皇上
當書賜汝父臣告當胖五歲時即作胖讀書已足
早膳即上諭吾□胖之父爲人勤慎堪以委托且爲人勤慎堪以所深
五歲即□胖前其平日最孝且爲人勤愼何幸□
知者臣即頭奏日臣之微至賤何幸□撩縷便得日侍天顏蒙皇上
眷養成人歷叨拔擢受恩已四十三年得逢聖明之□叩蒙聖恩上
深內廷諸臣□無有在□之前者但臣雖早□殊恩不敢以此告

人問以告人必□臣非□□妄今蒙聖諭及此臣方敢在皇上前自
言五歲受恩以至今日也□又諭曰爾父十四歲即中舉人侍朕時
朕未嘗見其輕於言笑人品端方學問淵博未有及爾父者此時
雖□五歲然行動氣象便與今□無異臣朕曰奕上又問日爾父精於六壬爾
知之乎臣朕曰皇上聖眷天成臣此時胖父上日臣曾於奉
□五歲然仰視皇已曰如今日矣上又問日爾父精於六壬爾
知之乎臣朕曰皇上聖明也臣曰天縱故臣聖精微之學皆敬陳於皇上之
前臣並未知臣父有此學問今奉聖諭臣始知之然臣平時爲念臣
吾家生逢聖世得蒙皇上寵眷之深有不能向汝言之者將來吾身
父既終遺言真神仙也上曰所謂也臣朕曰爾父疾卒時諸□母日
後必蒙聖心乃念吾子吾觀臣三子中能承吾主之恩者其在□
保爾汝其紀朕十年後吾臣方驗今臣之兄弟果皆早世而獨臣得
受聖主深恩今日備叨榮寵家計充裕當年臣父皆先知之上又問
臣因叩頭□日臣於去年爲臣父求御書得蒙□爾能臣□夜仰

臣□命咱叨切承皇上即允賜發臣父冥漠之中亦不勝惟怍之至矣
上日爾父之歿已經三十餘年朕時□念之欲求如爾父之至契
許賜爻□當朕賜爻同書事者今惟存明珠伊桑阿馬爾漢三人而已所
賜爻□賜爻五月初十日召□赴暢□上以黃絨書素
心松桂四大字鈐以御寶追賜先臣且諭曰爾許爾父之字今特賜
汝爾父墓宜先臣叩頭謝拜□捧歸告於家廟謹以名臣二
子長松次日桂承以爲不朽爾父同書爾墓可爲榮之所賜
樹於墓道永□不朽爾父□桂爰敢清河臣□篤建坊三□恭懸御書又勒之貞珉
待□即年恭懸御書又勒之貞珉
贖典復於十月初六日以為嶽工竣給圈進呈皇上嘉悅誠人
臣未有之奇過也顏謝劣如臣疊受異數難勉竭犬馬亦何足以上
答高深之萬一耶謹識其始末勒之墓門易我子孫仰瞻奎章勉思
祖德以圖報國恩於生生世世焉康熙四十年歲在辛已秋八月望
日立

卷10，頁10-12

第四章 康熙皇帝长年的宠臣曹寅

又，顾景星在康熙十八年序曹寅的《荔轩草》时，称该书是"侍中曹子清诗集也"，先前红学界径以侍中即侍卫的别称。虽"侍中"一词确可用来描述侍卫，[44] 然清代并无此官职，东汉·应劭集解《汉书》时尝谓"入侍天子，故曰侍中"，指此是服侍君王者之通称，虽应包含侍卫，但有的侍中甚至得负责执唾壶和便器等贱事。[45]

那曹寅曾否担任过皇帝身旁的侍卫？从汪士鋐《楝亭诗为侍卫曹荔轩、筠石赋》的诗题，[46] 以及袁启旭《楝亭诗为曹子清侍卫赋》小引中所称的"公殁，其子侍卫衔恤来南……"（图表4.5），知曹玺于康熙二十三年六月病逝后，赶赴江宁奔丧的曹寅当时已任侍卫。[47] 熊赐履亦在为已故曹玺所写的《曹公崇祀名宦序》中，[48] 称曹寅"且将〔且是〕宿卫周庐，持囊簪笔，作天子近臣"，明指寅当时已是侍卫，并曾在皇帝身边担任"持囊簪笔"的近臣。此外，方仲舒在题诗《楝亭图》时也有"公子如公〔指曹玺〕官白门，起家侍卫皇恩繁"句。[49] 惟曹寅究竟在何时出任侍卫，其前后还曾获授哪些职务，则尚无共识。鉴于与曹寅直接相关的材料明显不足，下文的讨论将辅以同时代相近背景者的升迁状况作为参照。

---

44 如法式善曾赋《通志堂诗钞》，其诗题小注称作者为"容若侍卫性德"，首句则谓"侍中擅文墨"。参见法式善，《存素堂诗初集录存》，卷14，页2—3。
45 汉武帝时的孔安国曾担任侍中，因是儒者，故"特听掌御唾壶"。又，《西京杂记》有云："汉朝以玉为虎子，以为便器，使侍中执之，行幸以从。"指汉代皇帝乃用玉制的虎子作为便器，并由侍中携带。参见简朝亮，《尚书集注述疏》，卷24，页3、10；郝懿行，《证俗文》，卷3，页59—60。
46 邓汉仪，《诗观》，三集，卷3，页4。
47 从袁启旭同一年先后所题《楝亭诗为曹子清侍卫赋》《题曹子猷洗桐图》的称谓，或可判断曹荃当时尚无任何职衔。又，曹荃的《洗桐图》乃成于康熙二十一年壬戌岁或之前，此因翁方纲《铁香得旧题曹筠石洗桐图诗一卷，而其图失去……》有"此卷楝亭题于康熙壬戌……"之小注。参见翁方纲，《复初斋诗集》，卷46，页3。
48 康熙《上元县志·曹玺传》称其于康熙二十三年卒后即从祀名宦（图表1.4）。
49 周汝昌，《红楼梦新证》（2016），页309—310。

图表4.5　袁启旭《中江纪年诗集》为曹寅、曹荃所赋的诗

楝亭詩爲曹子清侍衛賦引有　卷3，页20—21
楝亭者內務司空曹公奉　命江南時所
搆也公歿其子侍衛衔恤來南攀枝執條
惻焉心痛諸同人傷之相率賦詩
楝花三月開綠葉何葳蕤朧首播芳風庶物咸光
輝朝看花灼灼暮見子離離中有丹鳳凰徘徊將
其兒和鳴自天翔五色爲毛衣德音表休應瑞圖
協明時崇柯焕華彩彤庭佇光儀儵焉朝露晞雛
鳴清且悲攀條不忍綴涕泗滿纓緌遺形企華表
餘蔭清莊馗何以慰溫恭敝芾有餘思何以著堅
貞盤錯無委虵栖棲既以遠仁孝心不攜載賡楝
亭篇欲廢蓼莪詩　康熙二十三年九、十月

題曹子猷洗桐圖　二十三年冬　卷3，页24
千尺高梧濤絕俗秋風吹嫩晴煙綠誰將老幹繫
銅鉼日汲寒泉洗青玉獨坐空山一卷書棕鞋白
袷自于徐他年若引長離至彈徹冰絃好待予

曹子清督蘇州織造投贈二十韻
家世中朝貴簪裾寵命頻一門榮黼黻兩代藉經
綸篋篚金陵舊樞機吳會新垂衣煩聖主補衮屬
親臣內府仙班出南都繹節陳風流誠絕俗倜儻
必殊倫萬里咨籌畫三江協縉紳御香龍冉冉天
語鳳諄諄詢美多才藝能言復雅馴雕虫心作繪
繡虎筆如神妙譽黃初並交期白屋真兩年傷契
濶五字失陶鈞工謝天孫巧家慚織女貧同袍那
有客分火孰爲隣夜月悲絲軸寒煙卷釣緡市交
成貝錦薄俗笑懸鶉敢傍金貂重聊將蘭蕙紉公
猷端練達余步且逡巡寄勿台衡借閶闔疾苦伸
還期沛雨露作使桑麻春　二十九年冬　卷4，页43

张伯行的《祭织造曹荔轩文》对曹寅的宦迹提供了不少讯息，称其：

> 比冠，而书法精工，骑射娴习，擢仪尉，迁仪正，翼翼乎豹尾螭头之恪谨，而轩轩然貂冠羽箭之高骞。至于佐领本旗，既简阅训练之有术；晋秩郎署，且勾稽出纳之益虔。于是，特简织使，节钺翩翩。初莅姑苏……继调江宁……又其大者，两淮盐课……[50]

指曹寅先在康熙十六年二十岁（“比冠”）左右升授銮仪卫整仪尉，稍后迁治仪正，还管理过佐领，再升授会计司郎中，接着外放为苏州织造，继转江宁织造，并兼两淮巡盐御史。

检清代自顺治二年起设銮仪卫，以内大臣掌卫事，下设銮仪使、冠军使、云麾使、治仪正、整仪尉等官，负责处理皇室车驾仪仗等礼仪方面的事务，其中治仪正有二十四人、整仪尉二十九人。康熙二十二年还规定若车驾巡幸途中出现“冲突仪仗叩阍者”，值班的冠军使、云麾使、治仪正、整仪

50　张伯行，《正谊堂文集》，卷23，页16—17。转引自周汝昌，《红楼梦新证》（2016），页433—434。

尉各罚俸六月。[51]至于随侍帝王的侍从，除了銮仪卫外，也包括负责皇帝安全且侍候左右的内廷侍卫（见后文），依例卤簿前引有乘马之侍卫二人；御辇前后有执镫侍卫四人，辇前执提炉侍卫二人，皆步从；辇后之豹尾班有执枪侍卫十人、佩仪刀侍卫十人、佩矢弓侍卫二十人。[52]

清初侍卫有御前侍卫、乾清门侍卫和大门侍卫三种，各依品秩分成一、二、三等及蓝翎侍卫等职衔。御前侍卫"御殿则在帝左右，从扈则给事起居"，乾清门侍卫"侍从立于檐溜，扈跸则弧矢前驱，均出入承明，以示亲近"，皆与皇帝较亲近，这两种通称内廷侍卫，归御前大臣统辖。大门侍卫则"宿卫禁闼，执戟明光"，由负责领侍卫府之领侍卫内大臣统辖，又依其职事有上驷院司鞍、司辔侍卫，另有以侍卫之秩别充尚茶、尚膳、上虞、鹰鹯房、鹘房、十五善射、[53]善骑射、善射鹄等，均无专额。[54]

前引张伯行的"翼翼乎豹尾螭头之恪谨，而轩轩然貂冠羽箭之高骞"，应是形容曹寅任銮卫和侍卫时的工作，此因汉代仪仗会在皇帝车队的最后一辆垂放豹尾，而将其前的地方视同禁中；[55]又，螭头乃刻于殿前的石阶，"貂冠羽箭"则描述侍卫的服饰与配备。此外，王朝璩在为《楝亭词钞》所撰之序中，亦称曹寅于康熙十八、十九年任"天子侍卫之臣"。[56]

当时的銮仪卫官员常与侍卫相互迁转，《钦定大清会典则例》中即可见相关规定，曰：

> 满云麾使、治仪正员阙，于满治仪正、整仪尉内以次简选。如选不得人，行文领侍卫府，简选三旗三等侍卫拟补云麾使，蓝翎侍

---

51 赵尔巽等，《清史稿》，卷117，页3367；伊桑阿等，《大清会典》，卷82，页23。
52 铁保等，《钦定八旗通志》，卷33，页6。
53 清代选王公大臣以及满洲武官中之善射者十五人，充禁庭射者，赏戴花翎，名"十五善射"。参见昭梿撰，何英芳点校，《啸亭杂录》，续录，页373。
54 福格著，汪北平点校，《听雨丛谈》，卷1，页25—26。
55 班固，《汉书》，卷87上，页3535。
56 其文有云："当己未、庚申岁……公以期门四姓官〔原指东汉明帝樊、郭、阴、马四姓外戚的子弟，后引申为功臣子孙的代称〕为天子侍卫之臣，入则执戟螭头，出则影缨豹尾，方且短衣缚袴，射虎饮獐，极手柔弓燥之乐。"参见高树伟，《曹寅赴京当差时间再议》。

卫拟补治仪正，满整仪尉员阙于满洲、蒙古世爵及佐领内简选，均由卫引见补授……汉治仪正员阙于汉整仪尉内简选，汉整仪尉员阙于汉军世爵及佐领内简选。[57]

知蓝翎侍卫（正六品）可补治仪正（正五品），而三等侍卫（正五品）亦可补较治仪正位阶为高的云麾使（正四品）。

此从镶黄旗满洲钮祜禄氏族人的历官过程可获得具体印证，如特清额于乾隆二十九年由官学生选为上虞备用处拜唐阿（baitangga，又作"栢唐阿"，意指作公事的无品级或低品级的役人[58]），三十三年选蓝翎侍卫，四十年升治仪正；倭星额于乾隆二十三年选上虞备用处拜唐阿，二十五年恩授蓝翎侍卫，二十八年升治仪正；兴长于乾隆四十一年选整仪尉（正六品），四十三年升治仪正，四十八年选乾清门三等侍卫。[59] 桂轮于嘉庆十五年补授整仪尉（二十三岁），翌年升治仪正，十八年因"射中布靶五矢"而挑乾清门侍卫，道光元年升二等侍卫（正四品），四年升头等侍卫（正三品）授尚茶正。[60] 知担任蓝翎侍卫者可升治仪正，但出任过整仪尉或治仪正者，并不见得一定会挑侍卫。[61]

经对照曹寅早年的仕宦经历以及八旗官场的常例，我们或可合理还原其外放江南以前的事迹如下：曹寅于十四岁（康熙十年）左右开始当差（所谓"昔官侍从……廿年后，秉节东南"），[62] 应先分发在内务府的养狗处任拜唐阿（遂有所谓"束发旧曾充狗监""马曹狗监共嘲难""旧日倀童[指童子]半服官""于稚岁

---

57 允裪等，《钦定大清会典则例》，卷169，页10。
58 如养狗处的编制有"内务府拜唐阿十人，内九品职衔委署笔帖式五人；外养狗处拜唐阿二十一人；内养狗处拜唐阿八人……"，知养狗拜唐阿有九品者，亦有无品级者。参见铁保等，《钦定八旗通志》，卷45，页24—25。
59 《钮祜禄氏弘毅公家谱》，十六房，页46、58、77—78。
60 长龄，《懋亭自定年谱》，卷1，页72；卷2，页11、24、57；卷3，页17。
61 如毓宁、达福、双祥、申泰与博多欢等人即然。参见《钮祜禄氏弘毅公家谱》，三房，页47；八房，页10；十一房，页13；十三房，页38；十六房，页74—75。
62 刘上生曾对曹寅诗中的"十年游子怀"（不迟于康熙十六年年底作）、"索居近一纪"（十九年作）或"西池历二纪"（刘氏主张三十三年作，笔者于附录2.4推论是三十五年）等句，回推曹寅开始当差的时间与他所主张的"康熙八年入侍说"大致无矛盾。但若考虑古人有头尾皆算的计年传统，且因诗句中的岁月常用成数表达，则前述之记事也合于笔者的"康熙十年入侍说"。参见刘上生，《曹寅的入侍年岁和童奴生涯：对"康熙八年入侍说"的再论证》。

备犬马之任""自幼蒙豢养,得备下走之任""自黄口充任犬马""既舞象,入为近臣"等描述)。[63] 此故,他在《射雉词》诗中有"少年十五十六时,关弓盘马百事隳,不解将身事明主,惟爱射雉南山陲"句,[64] 形容自己在年少时酷爱骑射,但当时还朦胧不知此为出仕、佐君的重要技能,只知以射猎为乐。

康熙十三年三藩乱起,曹玺因此"侨寄广陵(扬州古名),驱子若弟,补伍编行"。[65] 曹寅在《句容馆驿》一诗自注:"余十七岁侍先公宿此,今来往三十年矣。"[66] 知曹玺当年曾偕同弟曹尔正以及长子曹寅(所谓"驱子若弟"),在扬州准备迎战耿精忠等叛军,途中曾歇宿在句容县(位于扬州西南约50公里处)的馆驿。十三年四月上谕议政王、大臣等曰:

> 江宁满兵既分千人援浙,恐江宁兵单,可出包衣佐领兵千人、八旗每佐领骁骑二人往守江宁,以驻怀庆内大臣阿密达为总统,在京副都统拉哈、吉勒塔布为两翼领之。[67]

知清廷当时因三藩之变而震动,并曾自北京的包衣佐领调遣千名兵士以及八旗各佐领的数百名骁骑至江宁协防,曹寅身为当差的正白旗包衣,且家人皆在江宁,很可能奉派南进或自动请缨。[68]

康熙十八年成书的《昭代诗存》收有曹寅《冬日送殷六表兄返维扬》一诗,即大概作于此时,曰:

---

63 前人因不熟悉八旗选官的规矩,遂误称"至晚十五岁时,曹寅即已入京为康熙皇帝侍卫,初为养狗处统领或头领"。事实上,旗人通常要三四十岁且经历较完整后,才有可能出任养狗处等内务府机构的头领。如以钮祜禄氏为例,端多于年少时选三等侍卫,历升头等侍卫,擢侍卫班领后始兼养狗处拜唐阿头领;保庆生于乾隆二年,少选养狗处拜唐阿,三十八年始升补拜唐阿头领;阿尔泰生于康熙五十六年,乾隆三年由监生选养鹰鹞处拜唐阿,九年升授三等侍卫,十年才升授拜唐阿头领。参见《钮祜禄氏弘毅公家谱》,十三房,页5及23;堂兄房,页13。樊志斌,《曹雪芹家世文化研究》,页52—59。刘上生,《曹寅的入侍年岁和童奴生涯:对"康熙八年入侍说"的再论证》。
64 曹寅,《楝亭诗钞》,卷1,页3。
65 曹寅,《楝亭文钞》,页25。
66 曹寅,《楝亭诗钞》,卷4,页14—15。
67 勒德洪等纂,《平定三逆方略》,卷5,页10。
68 刘上生,《曹寅入侍康熙年代考》。

> 樽前话别怅何如，况复交亲在索居。
> 邗上繁华非故土，岭南离乱有来书。
> 堪怜骨肉同枝折，渐觉风尘两鬓疏。
> 滚滚寒江东去疾，片帆开处正踟蹰。[69]

"岭南离乱"乃指耿精忠的叛清之变，至于"骨肉同枝折"，则或谓曹寅的丧妹之痛。[70]

待战事渐趋和缓，曹寅或于康熙十五年前后返京，并在甫被立为皇太子的胤礽（十三年五月生）身旁值宿当差（所谓"早入龙楼偪，还观中秘书""长念龙楼待漏""抗世子法"），其身份很可能就是所谓的"哈哈珠子"，[71] 或为太子的侍从。[72] 二十出头时，则改在皇帝身旁侍候笔墨（"自结发[指男子年二十]侍内直""持囊簪笔，作天子近臣"），[73] 并被选为正六品的銮仪卫整仪尉（"比冠，而书法精工，骑射娴习，擢仪尉"）；[74] 稍后，升正五品的治仪正（"迁仪正"）。陈鹏年《楝亭诗二十五韵呈银台曹子清先生》中，有"世业旧从龙，尺五依宸极"句，[75] "尺五"为一尺五寸，在此乃指离"宸极"（皇帝的代称）甚近，或就指曹寅的这段经历。

康熙十八年（二十二岁）曹寅应已升授正五品的三等侍卫（顾景星称其为"侍中"、王朝璩称为"天子侍卫之臣"），遂有顾景星《怀曹子清》中"周旋逢辇下，导引谒宸居"句下小注所提及的"尝为予引龙尾道"事，此应发生于

69　席居中辑，《昭代诗存》，卷7，页99。
70　《昭代诗存》在此诗的前一首还收录曹寅《送徐德公还昆山》，内"维予方抱戚"句下注称"时予丧妹"。参见席居中辑，《昭代诗存》，卷7，页98—99；潘承玉，《续〈有关红学的新材料〉》。
71　"哈哈珠子"专指"大臣子弟以童稚人侍禁近"者，其职掌为"日供扫洒、侍巾栉"等，有时且可因表现而被挑补为侍卫。参见李文益，《清代"哈哈珠子"考释：兼论满文"haha juse"与"haha jui"的翻译》。
72　康熙十年生之渥式哈的经历或与曹寅相似，他十九岁随大将军裕亲王征噶尔丹，二十岁被选为御茶膳房拜唐阿，并担任皇太子胤礽之侍从。参见《钮祜禄氏弘毅公家谱》，十房，页12—13。
73　"自结发侍内直"句乃出自郭振基为其师曹寅《楝亭诗别集》所撰之序，郭、曹二人交往密切，郭自称两家有"通门[指师出同门]三世"之谊。
74　如毓宁、昌基即是由拜唐阿选整仪尉。参见《钮祜禄氏弘毅公家谱》，三房，页47；堂侄房，页27。
75　陈鹏年，《陈恪勤集·秫陵集》，卷2，页7。

十八年三月顾景星应博学鸿儒之征入宫觐见之际。据康熙《上元县志》，曹寅在二十三年六月父丧后不久，兼摄从五品的内务府慎刑司员外郎（即"内少司寇"），因其品级低于三等侍卫，故袁启旭于稍后所作的《楝亭诗为曹子清侍卫赋》，小引中仅称其职衔为侍卫（图表4.5）。[76] 曹寅在担任銮卫及侍卫期间，或因职务关系即尝多次随车驾出巡（所谓"佩笔六番充侍从"[77]）。

又，曹寅管理过正白旗第五参领第三旗鼓佐领，此职为正四品官，其前任郑连缘事革退，后任齐桑格（汉姓应为同音的"祁"，亦作桑格）则是在二十九年曹寅外放苏州织造时接掌。[78] 由于担任会计司郎中的郑连曾于二十三年四月三十日因事革职，仍留管佐领，而张伯行在《祭织造曹荔轩文》中记曹寅"擢仪尉，迁仪正……至于佐领本旗……晋秩郎署，且勾稽出纳之益虔"，从其所述经历的先后顺序，知曹寅兼管该佐领应在二十三年四月底之后，但不晚于二十五年二月他获授正五品会计司郎中时。[79] 康熙二十七年曹寅转广储司郎中，二十九年四月更凭借其所积累的较完整资历（曾任銮仪卫的整仪尉与治仪正、三等侍卫、内务府慎刑司员外郎、旗鼓佐领、内务府会计司及广储司郎中）与康熙帝的亲信身份，外放为苏州织造（织造为钦差，无定品），[80] 三十一年改江宁

---

76 曾管正黄旗满洲第一参领第三佐领的明奇，即以员外郎兼三等侍卫。又，王朝璨序《楝亭词钞》时，称曹寅于康熙十八年已任"天子侍卫之臣"。另据现存的满汉文档案，知二十四年四月十八日桑格已以内务府郎中接替元故之曹玺管江宁织造；二十五年正月二十一日曹寅仍为慎刑员外郎，二月十八日补放会计司郎中，二十六年九月初七日依然在任。参见铁保等，《钦定八旗通志》，卷4，页2；关嘉禄、何溥滢，《曹寅与皇庄》；冯其庸，《敝帚集》，页18。
77 从曹寅细数佩笔充侍从的次数，知此应非揶揄他长年在皇帝身边侍候笔墨之事。相对于佩仪刀、佩弓矢或执枪之侍卫，先后出銮卫以及侍卫的曹寅，或因此特意强调自己主要之职掌是"佩笔"的侍从。另解可参见兰良永，《曹寅第六番"佩笔侍从"考：兼与刘上生"佩笔侍从"说商榷》。
78 据《……内务府广储司郎中管佐领兼护军参领加一级仍督内学祁公墓表》，齐桑格应即祁桑格（约康熙二十六年自浒墅钞关调回京后才初授佐领），因其卒于三十年，故应非五十二年病故的原吏部尚书桑格（汉姓马，亦名桑额，二十三至三十一年间担任江宁织造）。又，《八旗通志初集》误"曹寅升任江宁织造［二十九年授苏州织造，三十一年改江宁织造］，以齐桑格［三十年卒］管理"，它误亦见于第四旗鼓佐领，称"桑格故［应是三十一年自江宁织造升任湖广巡抚］，以马二格管理。马二格故［应是三十四年改管第五旗鼓佐领］，以帕帕管理"。参见鄂尔泰等修，《八旗通志初集》，卷5，页41；盛昱，《雪屐寻碑录》，卷11，页22—23；赵弘恩等监修，黄之隽等编纂，《江南通志》，卷105，页19。
79 在《八旗满洲氏族通谱》中即有几十例以员外郎或郎中兼佐领者。参见关嘉禄，《曹寅理财刍议》。
80 关嘉禄，《曹寅理财刍议》。

织造，后兼巡视两淮盐课监察御史、兑漕粮，并曾获赐通政使司通政使衔，[81]五十一年七月卒于任。

前述曹寅在京期间的经历不仅可与目前所有的材料若合符契，也与同时代一些八旗中人的宦迹相近，如以本章先前所提及的钮祜禄氏族人为例，康熙十年生的渥式哈，即于二十九年选御茶膳房拜唐阿，并任皇太子胤礽之侍从；至于乾隆二十四年出生的兴长，则在十八岁选銮仪卫整仪尉，二十岁升治仪正，二十五岁选乾清门三等侍卫，二十八岁补授公中佐领。[82]

曹寅丧父时二十七岁，其弟曹荃二十三岁，惟因曹寅是汉人小妾顾氏所生，而曹荃（原名宣，后因避讳帝名玄烨而改）则出自曹玺继妻孙氏，孙氏且曾为康熙帝的保母，遂令曹寅在接掌家业的过程中颇多曲折。通常一家族的家长人选可自行决定，故孙氏理应扮演关键性的角色，而其亲生的嫡长子曹荃常会是名正言顺的承继者。[83]然作为内务府的包衣，接班者有无最佳能力替皇帝当差，才是决定因素。籍隶正白旗包衣佐领的李煦即然，他虽为庶长子，但因在荫授中书舍人以及外放韶州、宁波知府期间表现优异，遂于康熙二十五年召入内务府为侍卫，"卫直禁陛，扈从出入，积节不懈而办事敏干"，三十一年更获重用，接替曹寅为久任的苏州织造。[84]

至于曹玺过世后，曹寅曾否短暂接任江宁织造，一直混沌不明。查康熙二十四年左右成书的《江宁府志》，称皇帝初为让曹家能延续曹玺开创的事业（所谓"以缵公绪"），曾命曹寅仍"协理江宁织造事务"（图表1.4），相关叙事亦可见于其他文献。如康熙《上元县志》记"玺在殡［指入殓封棺后待葬］，诏晋［指曹寅］内少司寇，仍督织江宁"（图表1.4）。此外，方中发（方以智子）在《楝亭诗》的诗题小注有云："为织造曹子清司空赋，曹公父旧官

---

81 台北"中研院"傅斯年图书馆内阁大库档案登录号104516—001；http://catalog.digitalarchives.tw/item/00/27/e5/e3.html。
82 公中佐领指无根由之佐领（指不明该佐领初编时的缘由），初编时非一姓承管，其佐领员缺于本旗大臣官员内拣选补放。
83 朱淡文，《红楼梦论源》，页53—54。
84 虽乾隆《江南通志》（图表7.15）以李煦于康熙三十二年任苏州织造，但其家人应曾过眼的行状则记为前一年。此外，乾隆《丹午笔记》亦称"康熙三十一年织造李公煦莅任"。参见李果，《在亭丛稿》，卷11，页28—33；顾公燮，《丹午笔记》，页249。

金陵，公世其职，今调姑苏。"知曹寅应在父卒后不久即以内务府慎刑司员外郎（所谓"内少司寇"）的身份协理江宁织造。[85] 而所谓的"协理"，乃因其以较低阶暂署正印，故疑当时虽已指派桑格为江宁织造，惟后者尚未履新。[86] 此一临时性的安排，可能也是为确保南巡队伍抵达江宁时（二十三年十一月）各项准备工作的顺遂。

康熙二十四年五月，曹寅自江宁扶父柩并携家返回北京，其忘年好友杜岕赋《思贤篇》以送别，曰：

> 昔有吴公子，历聘游上国……又有魏陈思，肃诏苦行役；翩翩雍丘王，恐惧承明谒……俯仰古今贤，愿思季与植。[87]

希望他以季札为榜样（春秋时期吴王寿梦的幼子，有贤名，三次让国兄长，不愿居王位），并记取曹植的教训（曾封雍丘王，因死前为陈王，谥号"思"，故又称"陈思王"。植因与长兄丕争夺王位，加之才高，素为魏文帝曹丕所嫉），妥善处置与嫡出弟弟曹荃间的关系。[88] 由于康熙帝已在二十三年十一月底返跸，曹寅之所以在半年后才携家返京担任内务府慎刑司员外郎，应是因曹玺在南京经营逾二十年的家业需要处理或安排所致。至于他为何未能实授江宁织造，而是由桑格接任，则或因其当时的资历尚浅。

康熙二十三年曹玺病卒时，其孙辈仅有曹荃所生之曹顺一人，故曹寅

---

85 清代别称刑部尚书为大司寇，侍郎为少司寇，由于慎刑司相当于内务府的刑部，下设郎中、员外郎等官员，故"内少司寇"应指的是该员外郎，此词略带奉承之意。参见关嘉禄、何溥滢，《曹寅与皇庄》。
86 桑格于康熙二十三年获授江宁织造，但授职或履任的确切时间不详。临时委派协理一事亦曾见于苏州织造：如乾隆二十六年二月织造安宁升授苏州布政使，总催舒文即协理织造事务，至二十七年闰五月金辉始奉旨管理，三十五年三月久任苏州织造司库的舒文终于调补织造。赵弘恩等监修，黄之隽等编纂，《江南通志》，卷105，页13。冯其庸，《敝帚集》，页8—14。《清高宗实录》，卷630，页24；卷663，页415；卷668，页466—467；卷855，页454—455。
87 杜岕，《些山集辑》，卷2，页7。
88 有疑曹荃非孙氏生，然若他与寅同为庶子，那他实无与曹寅争锋的条件，杜岕就不致如此担忧。周汝昌，《红楼梦新证》（2016），页256—258；朱志远，《"楝亭图咏"与清初江南诗风嬗变》；兰良永，《红楼梦文史新证》，页81—82。

在接掌家长之后，应为表达对继嫡母孙氏以及嫡房曹荃的善意，遂过继了侄子曹顺。虽然在法律上曹顺自此成为长房的承继子，但或担心曹荃若不再有子，则嫡支将绝嗣，故当时最可能是安排曹顺兼祧两房（附录4.2）。二十九年四月，身为家长的曹寅在离京赴苏州任前，曾替弟曹荃以及己子曹顺（四十七年或因与承继母李氏不和而归宗）、曹颜（曹寅于过继曹顺后所生，或于四十三、四十四年间过世）、侄子曹颙（在曹顺归宗后出继长房）、曹頫各捐纳成监生，以取得将来参加科举或出仕文职的基本资格。[89]且因曹寅是家庭经济的主要支柱，他于江宁和扬州任官期间更尽量把子侄们养在身边（此因曹荃官运较不亨通，且家族重心在江南，故荃子多由长住江宁的祖母孙氏和兄寅抚育），甚至屡过继荃子，[90]这些举动皆遵从其好友杜岕所提"俯仰古今贤，愿思季与植"的劝勉。

附录4.2

清代宗法制度下的兼祧

出继是清代家族在处理立嗣问题时相当普遍的做法，其主要目的是保障身份和财产的继承。至于兼祧，则是在宗祧继承风俗之下，使独子得以同时成为两房乃至多房继承人的从权特例。兼祧虽存在中国民间已久，但官方并不承认，历经长期"法不责众"的阶段，直至乾隆朝才终于纳入清律。[91]

族谱中的兼祧之例屡见，经以"兼祧"为关键词查索中国谱牒库的291

---

89 小说第一百一十八回中王夫人尝称："他爷爷做粮道的起身时，给他们爷儿两个援了例监了。"即指贾宝玉和贾兰是援例捐纳取得监生资格。有关曹顺、曹颙归宗或过继的讨论，详见第七章。
90 曹荃曾授侍卫，康熙二十八年任南巡图监画，四十年自侍卫改任物林达（即正七品之司库），四十七年卒。此段参见黄一农，《二重奏：红学与清史的对话》，页112—136。
91 郑小悠，《清代"独子兼祧"研究》。

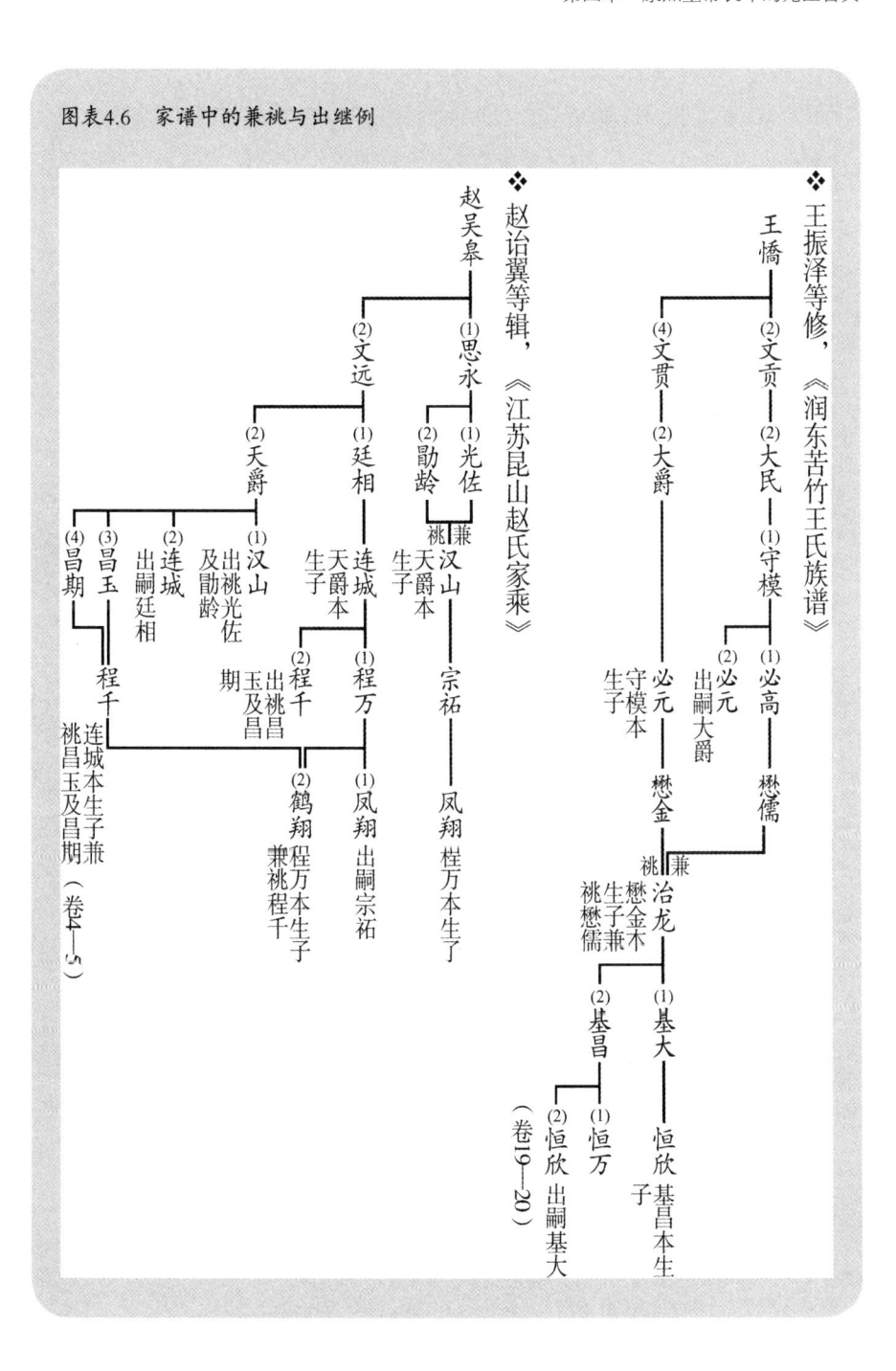

图表4.6 家谱中的兼祧与出继例

❖ 王振泽等修，《润东苦竹王氏族谱》

```
王侨
├─(2) 文贡 ─── (2) 大民 ─── (1) 守模 ─── (1) 必高 ─── 懋儒
│                                    (2) 必元 出嗣大爵    兼
│                                                    祧
├─(4) 文贯 ─── (2) 大爵 ─── 必元 ─── 懋金 ─── 治龙 ─── (1) 基大 ─── 恒欣 基昌本生子
                        守模本    桃金木    桃懋儒    │
                        生子      生子兼    懋金兼    └─(2) 基昌 ─── (1) 恒万
                                                              └─(2) 恒欣 出嗣基大
```
(卷19—20)

❖ 赵诒翼等辑，《江苏昆山赵氏家乘》

```
赵吴皋
├─(1) 思永 ─── (1) 光佐 ─── 汉山 ─── 宗祜 ─── 凤翔 桅万本生子
│           (2) 勖龄    桃天爵本  │
│                      生子      └─凤翔 出嗣宗祜
│
├─(1) 廷相 ─── 连城 ─── (1) 程万 ─── (1) 凤翔 出嗣宗祜
│           天爵本           (2) 鹤翔 程万本生子
│           生子                    兼桃程千
│
└─(2) 文远 ─── 天爵 ─── (1) 汉山 及勖龄 ─── 程千 期
                     出桃光佐         ├─(2) 连城 出嗣廷相
                                    ├─(3) 昌玉 ─── 程千 连城本生子兼
                                    └─(4) 昌期       桃昌玉及昌期
```
(卷4—5)

种家谱，共出现约13,000条。如在光绪《续修陈氏君实公支谱》中，兼祧一词即出现458处。再以民国《安徽合肥李氏五修宗谱》为例，自明末之始祖心庄公起，至1926年的第十三世止，共2,393丁，兼祧者65人。[92]

另以江苏镇江《润东苦竹王氏族谱》为例，亦不乏兼祧（凡316条）或出继（2,700条）者，如王守模于万历间生必高与必元，必元后出嗣守模的堂叔大爵。必高与必元各生一子，分别是懋儒与懋金，由于懋金夫妻同卒于康熙六年，其独子治龙四岁时即交由无子的大伯懋儒（康熙七年卒）抚养，并兼祧两支。[93]治龙生基大、基昌，由于基大又无子，而基昌分别于雍正十二年和乾隆八年生恒万与恒欣，遂以恒欣出嗣基大（雍正九年卒；图表4.6）。

王守模虽生必高与必元，但必元出嗣大爵支，而必高单传懋儒，故当懋儒无子时，并无堂兄弟之子可择立。尤其，懋儒的从堂兄弟（指同曾祖）在其康熙七年卒时皆尚未生子，故只得从已出嗣大爵的必元（与必高同本生父）支承顶，然因必元亦只单传懋金→治龙，遂以治龙兼祧。

再举昆山赵吴皋（康熙八年生）为例，他共五子，长子思永生光佐、勖龄，次子文远生廷相、天爵。天爵育汉山、连城、昌玉和昌期，由于光佐和勖龄乏嗣，天爵遂让长子汉山出嗣并兼祧光佐和勖龄，又因廷相亦无子，又将次子连城出嗣廷相。汉山后生宗祜，连城生程万、程千。然因昌玉和昌期皆无子，为延续天爵的香火，又以程千出嗣且回祧昌玉和昌期。但由于宗祜和程千再无嗣，遂将程万长子凤翔出嗣宗祜，次子鹤翔兼祧程千。[94]知在康、雍两朝兼祧和出继的现象已习见。

光绪《关氏族谱》尝引《大清律例统纂集成》，称礼部曾于道光九年

---

92 陈云标等编纂，《续修陈氏君实公支谱》；李经方等编纂，《安徽合肥李氏五修宗谱》。
93 谱中称"治龙字云从，行锡三十四，懋儒公兼祧子。生于康熙三年甲辰十一月初一日申时，卒于康熙五十七年戊戌四月十五日"。参见王振泽等修，《润东苦竹王氏族谱》，卷20，页20。
94 赵诒翼等辑，《江苏昆山赵氏家乘》，卷2，页3；卷4，页6—24；卷5，页1。

十二月二十四日议奏曰：

> 古无所谓兼祧也，自乾隆四十年钦奉特旨，准以独子兼祧两房宗祧，于是始定兼祧之例。兼祧者，"从权以济经耳"云云。盖律所谓权者，以独子而兼祧两房宗祧也；所谓经者，以立继者于五服内别无可继之人，始准兼祧两房宗祧。如五服内尚有可继之人，仍应以可继之人为嗣，不得强执兼祧之例，以杜霸产图继之渐也。[95]

指清代自乾隆四十年起才正式允许兼祧，但得要当事人自愿并得到家族允许，始可让该独子兼嗣无子叔伯之宗祧，惟若五服之内尚有可继之人，则不得强用兼祧之例。

然依《清实录》中乾隆四十年闰十月所定的独子承祧例：

> 户部奏军营病故之嗣人员请照阵亡之例，准以独子立嗣一折，已依议行矣。独子不准出继，本非定例，前因太仆寺少卿鲁国华条奏，经部议准行……但或其人已死，而其兄弟各有一子，岂忍视其无后。且现存者尚可生育，而死者应与续延，即或兄弟俱已无存，而以一人承两房宗祀，亦未始非从权以合经……嗣后遇有孀妇应行立继之事，除照例按依昭穆伦次相当外，应听孀妇择其属意之人，并问之本房是否愿继。取有合族甘结，即独子亦准出继……该部即照此办理，着为令。[96]

知先前原就准许阵亡军士之遗孀可以独子立嗣兼祧，后又允病故乏嗣之军人亦可循此例。乾隆四十年或只是更进一步允许一般民众之孀妇亦可以独

---

[95]《关氏族谱》，前序。
[96]《清高宗实录》，卷995，页301—302。

子继承。

也就是说,在曹寅家面临子嗣承继问题的康熙朝,不仅出继族人的情形相当普遍,兼祧之例更早已存在。[97] 此一做法不仅见于民人,旗人应亦有采用者。如《黑龙江库雅喇氏宗谱》中称若嫡庶皆未生子,则"先由近支择贤过继,近支无多,再于从堂兄弟之子择立,若均无人,方准兼祧",[98] 所谓"近支"乃指同祖的堂兄弟。

乏嗣的曹寅让其过继的侄子曹顺兼祧两房之举(应在曹荃于康熙二十五年生次子曹𫖯之前,否则就只需自二房过继一子即可),虽与当时律例不合,但大家对此类做法多睁一只眼、闭一只眼。该情形颇似明清社会对娶妾规定的态度,清承明律,虽在《妻妾失序》条明文记称"其民年四十以上无子者,方听娶妾,违者笞四十",但许多人(尤其是官绅家族)却常不遵守法条,至乾隆五年,有关官民娶妾的限制条文始因窒碍难行而遭删除。[99]

二、曹寅深厚的汉文化积淀

2017年6月在扬州大虹桥的施工工地发现一块高约50.5厘米的残碑(图表4.7),尚见"……公后尘。康熙五十一年岁在壬辰四月,江宁织造、通政使司通政使、盐漕察院曹寅题"等字,正文末仅存的"公后尘",字体较曹寅的题衔大颇多,由于此三字不太像文章的结尾,故疑应为诗碑。

经爬梳收录一百多万首历代诗词的"搜韵网",仅发现南宋·曾丰《缘督集》的《用山谷新诗"徒拜嘉"之句为韵,赋五篇,报尹直卿》第一首以

---

97 其他相似情形亦可见于安徽桂城陈氏第二十九世的金生(康熙六年生),他原系大仕之子,但又兼祧长春支;同世的三元(康熙二年生)系梦龙子,亦兼祧大质支。参见陈祖荫,《桂城陈氏族谱》,卷2下,页31。
98 明海纂,《黑龙江库雅喇氏宗谱》,家训篇第五。
99 黄一农,《两头蛇:明末清初的第一代天主教徒》,页40—42。

"公后尘"三字收结，[100] 此诗歌咏曹寅十分景仰的北宋文豪欧阳修曰：

> 吾土欧阳公，一代不数人。
> 文星毕上天，山川效其珍。
> 刘（侍郎）郭（内翰）相望出，才藻岂不新。
> 所恨狃时态，未蹑公后尘。

曾丰（抚州乐安人，该县原自吉州等地分出）指称籍隶吉州的刘才邵（绍兴间拜侍郎）、郭知章（宋徽宗时为翰林学士），[101] 即使皆才藻富赡，亦很难追及同乡（"吾土"）欧阳修的文采。又，欧阳修有《真州东园记》名世，其园虽毁，但清初吴照吉（字尚中[102]）、吴文垄先后依记中描述在仪真县学东偏重筑此园，曹寅于康熙四十八年秋亦赋《尚中索书真州东园……》，内"庐陵揭高文""仰怀欧阳子""子酹六一翁"等句均是向别号六一居士的庐陵欧阳修致敬（图表4.7）。乔国桢也在扬州城东的甪（音"路"）里村建东园，宋荦（音"落"）、王士禛皆为文记之。据张云章五十年十一月所撰的《扬州东园记》，曹寅亦赋《寄题东园八首》为园中诸胜景命名。[103]

---

100 山谷道人黄庭坚（江西分宁人，曾知吉州太和县）的《以峡州酒遗益修……》有"新诗徒拜嘉［谓令人不能不拜服］"句。尹德邻，字直卿，吉州永丰人。
101 余之祯纂修，《吉安府志》，卷18，页16—17及25；卷21，页1—4。
102 据顾颉刚查自楝亭重刻《类篇》的校勘名单。宋广波，《胡适论红楼梦》，页59。
103 此段参见张世浣等修，姚文田等纂，《扬州府志》，卷30，页38；卷32，页22—24。张云章，《朴村文集》，卷11，页15—16。方晓伟，《曹寅和歙县盐商》。张清文、崔优优，《仪征地方志所见曹寅仪征园林题字研究》。

图表4.7　扬州瘦西湖大虹桥修缮时新发现的曹寅题残碑[104]

❖ 曾丰，《缘督集》，卷2，页9

用山谷新詩徒拜嘉之句為韻賦五篇報尹直
卿
吾土歐陽公一代不數人文星蜚上天山川效其珍劉
侍郎郭內翰相望出才藻豈不新所恨狃時態未躡公後塵

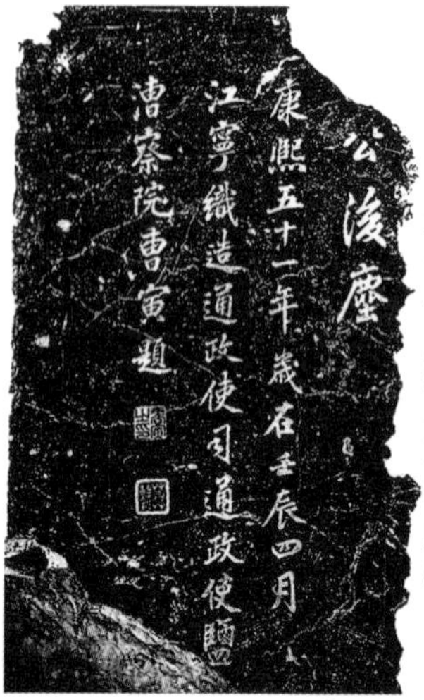

残宽约31 cm左右、高度近50.5 cm、厚度20.7 cm

吾土歐陽公一代不數
人文星蜚上天山川效
其珍劉郭相望出才藻
豈不新所恨狃時態未
躡公後塵
康熙五十一年歲在壬辰四月
江寧織造通政使司通政使鹽
漕察院曹寅題　曹寅之印　荔軒

（此碑现藏扬州博物馆）

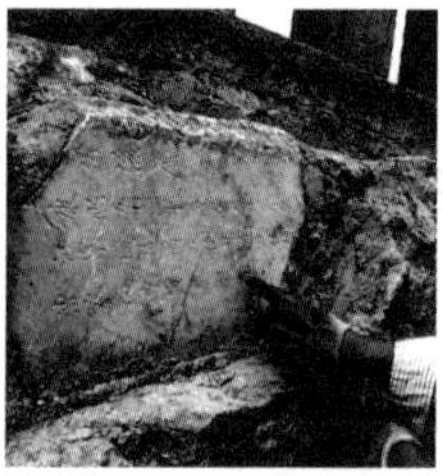

此残碑仅余最左边，或于1973年重修大虹桥时，被当成石料，用混凝土粘合在桥南侧的桥腹

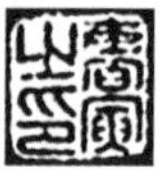

曹寅之印

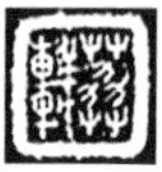

荔軒

❖ 欧阳修，《欧阳文忠公集》，卷40，页4—6

真州東園記
真為州當東南之水會故為江淮兩浙荆
湖發運使之治所龍圖閣直學士施君正
臣侍御史許君子春之為使也得監察御
史裏行馬君仲塗為其判官三人者樂其
相得之懽而因其暇日得州之監軍廢營
以作東園而日往遊焉歲秋八月子春以
其職事走京師圖其所謂東園者來以示
予曰園之廣百畝而流水横其前清池浸
其右高臺起其北一作北臺吾望以拂雲之
亭池吾俯以澄虚之閣水吾泛以畫舫之
舟敞其中以為清讌之堂闢其後以為射
賓之圃芙蕖芰荷之的歷幽蘭白芷之芬
芳與夫佳花美木列植而交陰此前日之
蒼煙白露而荆棘也高甍巨桷水光日景
動揺而下上一作上下其寬閑深靚可以答遠
響而生清風此前日之頹垣斷塹而荒墟
一作也嘉時令節州人士女嘯歌而管絃
此前日之晦冥風雨鼪鼯鳥獸之嗥音也
吾於是信有力焉凡圖之所載蓋其一二
之略也若乃升于高以望江山之遠近嬉
于水而逐魚鳥之浮沈其物象意趣登臨
之樂覽者各自得焉凡工之所不能畫者
吾亦不能言也其為我書其大槩焉又曰
真天下之衝也四方之賓客往來者吾與
之共樂于此豈獨私吾三人者哉然而一作
其池臺日益以新草樹日益以茂四方之
士無日而不來而吾三人者有時而皆去
也豈不眷眷於是哉不為之記則後孰知
其自吾三人者始也予以謂三君子之材
賢足以相濟而又協于其職知所先後使
上下給足而東南六路之人無辛苦愁怨
之聲然後休其餘閑又與四方之賢士大
夫共樂于此是皆可嘉也乃為之書廬陵
歐陽脩記

❖ 曹寅，《楝亭诗钞》，卷6，页18

尚中索書真州東園予有愧焉作詩留別
情見乎辭
盧陵揭高文珠斗羅青天楮墨向千載咳唾猶芳
（中略）
許亦猶人政績今歸然仰懷歐陽子再拜當題鐫
（中略）
美嗟新妍奂今清讌堂櫨枅皆楠梗子爵六一翁
更誦歸田篇

❖ 王式丹，《楼邨诗集》，卷21，页2

東曹楝亭
古時明月最揚州却被隋家脂粉汙唐承隋俗倍繁華
香風十里珠簾度可憐夢裏杜司勳頗任枉賦青樓句
賴有盧陵六一翁力挽天河洗塵霧三朝著作凌江山
留得南車導先路千秋響答古今同繼其後者今曹公
正逢
（下略）

104　https://kknews.cc/culture/k3q5jyq.html.

曹寅不仅景仰文坛宗主欧阳修，其友人亦谬许他可与欧阳修相提并论，如康熙五十一年春王式丹（四十二年癸未科状元）即有《柬曹楝亭》长诗相赠，称："古时明月最扬州，却被隋家脂粉污……赖有庐陵六一翁，力挽天河洗尘雾……千秋响答古今同，继其后者今曹公……"[105] 综前所述，我们或可合理推论该碑是为缅怀庆历八年（1048）曾出知扬州的欧阳修而立，正在扬州书局处理《御定佩文韵府》刊刻事宜的曹寅只是借题了曾丰的诗。[106] 曹寅虽因宦迹而与淮扬地区建立了突出的地缘关系，但若考虑距离因素，则前述诗碑应只可能原立于扬州，1973年重修扬州瘦西湖的大虹桥时，曾从附近城区收集石料，此碑残件遂被用混凝土黏合在桥南侧的桥腹。[107]

今江南一带尚存几方与曹寅有关的碑刻，如镇江圌（音"垂"）山风景区内绍隆寺的西北侧，有碑额题曰"金山江天寺铁舟海和尚〔俗姓蒋，名韵可，号行海，字铁舟〕塔铭"之冢（图表4.8），末书"淮南八十旧史朱曹顿首撰并书丹""户部掌部事郎中曹寅篆额""继任金山超乐等同立石"，[108] 并钤有"曹寅之印"及"荔轩"两印，时间则系于康熙三十七年的"岁戊寅中秋前一日"。此铭之正文凡一千七百余字，内容大致分成三部分，首记宋曹（明遗老，崇祯时官至中书舍人）自述应行海弟子超乐之请撰此铭文的缘起，次叙行海的身世和事迹，末则为四言赞语。[109]

又，据南京博物院现藏的《香林寺庙产碑》（图表4.9），曹寅在江宁织造任上曾为香林寺买施两处香火田，一是位于秣陵关（在江宁城南六十里）的二百七十余亩，一是和州（今安徽马鞍山市，在江宁城西南百余里）的一百五十余亩，占当时该寺所有香火田面积的55%左右，值银二三千两（每亩值六七两），应为康、雍、乾时期香林寺最大的施主。

---

105 王式丹，《楼邨诗集》，卷21，页2。
106 此说为仪征楹联学会的高扬首次提出。参见 https://read01.com/6Bem05n.html#.YCUhG8lByyo。
107 感谢扬州方晓伟与张桂琴两位红友在笔者研究过程中的协助。
108 "康熙叁拾捌年拾月谷旦"勒石的《驾幸江宁纪恩碑记》（位于南京明孝陵）上，刻有"管理江宁织造内务府三品郎中加五级臣曹寅"衔（图表4.11）。
109 江慰庐，《曹雪芹·红楼梦种种》，书首及页11—19。

图表4.8　曹寅篆额的《金山江天寺铁舟海和尚塔铭》

查乾隆《上元县志》记称：

> 香林寺在太平门内，明时建。国朝康熙三十八年圣祖南巡改今名［原名兴善寺］，方丈内赐御书"觉路"二字匾额。[110]

知曹寅之所以选择香林寺施田，很可能是受该寺蒙康熙帝御赐改名一事的影响，曹寅希冀也能表达一些心意。类似情形亦见康熙帝于四十二年改南京定淮门内的观音庵为"古林律院"时，曹寅就曾延请名家陈凯画《水陆变相》十八幅施赠该院，随后每逢七月中的瑜伽荐度法会，僧人即将之悬于殿壁，以示大众，观者叹绝。[111]

110　蓝应袭修，何梦篆等纂，《上元县志》，卷12，页5—6。
111　此段参见吴新雷，《〈香林寺庙产碑〉和曹寅的〈尊胜院碑记〉》。

图表4.9　南京博物院藏《香林寺庙产碑》上的曹寅

❖ 南京博物院藏《香林寺庙产碑》

钦命江南通省盐法分巡江宁兼管水利道、陞贵州按察使司，加十级，记录十次方，宪准令香林寺现住持僧赎回前僧典卖各处寺产，严禁嗣后毋再私相典卖碑。

一香林寺奉

前织造部堂曹大人士佈施：

檀越李公天士佈施：

秣陵关田地伍拾亩零
江宁镇田地贰百柒拾余亩
和州田地壹百伍拾余亩
六合县田地玖拾余亩

本寺目置：

以上共计香火田柒百柒拾余亩。

乾隆五十四年前僧当江宁镇田肆拾捌亩零於傅怀道名下，当价贰百捌拾两。五十五年前僧卖秣陵关田肆拾叁亩零於常明发名下，卖价叁百贰拾两五十六年前僧当江宁镇田地陆拾亩零於徐天位名下，当价壹百伍拾两。

嘉庆元年现住持僧法慧查明寺田原额及典卖亩数，禀奉宪方堂断，赎田归寺，以符原额，并发给印簿贰本，一贮江邑立案，一贮本寺备查。再有典卖者，即干盗买盗卖之咎。违禅遵示勒石。

嘉庆三年九月　　　　吉旦立

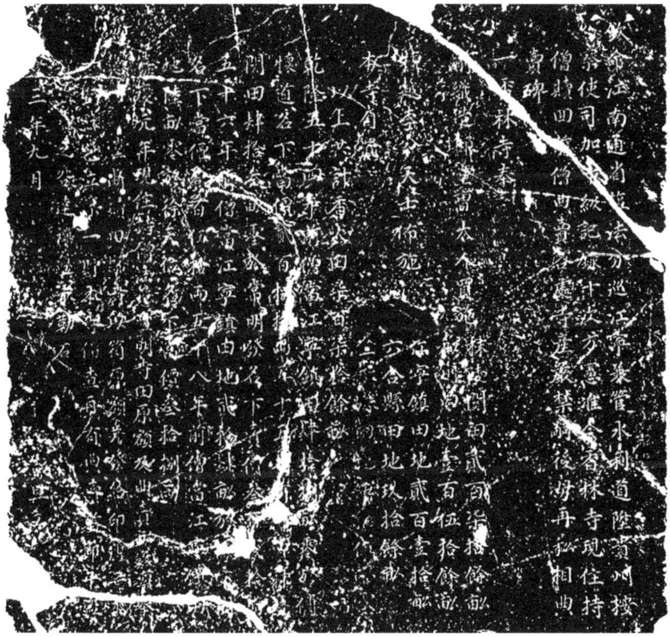

《南京历代碑刻集成》（上海：上海书画出版社，2011），页264、416—417

（此碑之识文已在吴新雷等先生的基础上试作订正）

另据安徽来安县文化馆所藏的《尊胜院碑记》（图表4.10），德贤（号次哲）法师于康熙六年丁未岁获邀担任舜山吉祥庵（尊胜禅院前身）的住持，[112] 三十二年癸酉岁驾鹤西归，由其弟子了叡继任。惟因碑记系于"康熙岁次壬寅仲吕月既望"（此句位于碑的最左上），此指康熙六十一年壬寅岁四月十六日，而撰文的"钦命内兵部督理江宁等处工部事织造府曹寅"卒于五十一年壬辰岁七月二十三日，知该系年乃对应此碑最左下"菱湖叶约书丹、住持了叡始立、和阳梅芃镌"的勒石时间，而与曹寅何时撰文无关。

康熙帝为笼络汉人，在三十八年第三次南巡行经南京时，亦曾命江苏巡抚宋荦与江宁织造曹寅修理明孝陵，并御书"治隆唐宋"四大字，交曹寅制匾悬置殿上且勒石（图表4.11），称颂大明王朝在始祖朱元璋的治理之下，比唐、宋两朝更加隆盛。而记康熙帝谒陵事的《驾幸江宁纪恩碑记》，末署官员中的曹寅、宋荦、李鈵（其叔显祖或娶曹玺女；图表3.14）、刘殿衡（其兄殿邦继娶曹鋡姊，曹寅称曹鋡为四兄）皆关系密切。[113] 曹寅在这类差使中常扮演替皇帝出钱出力的角色，试图通过宗教协助康熙帝拉拢百姓。[114]

再以康熙四十六年南巡为例，帝因杭州净慈寺先前发生火灾，特令杭州织造孙文成"酌量募捐，以全十景"，除重建钟楼、重铸晚钟外，并修葺大雄殿后房屋。有两百多名官员共襄盛举，捐银最多的是福浙总督梁鼐、江宁织造曹寅、苏州织造李煦、杭州织造孙文成的各五百两，最低者为八旗汉军协领张垂爵等四人的各三两。至于三织造下属的乌林大（又作"物林达"，汉译为"司库"）徐启元等三人以及笔帖式刘武等二人亦各捐二百两，此外，两浙众盐商捐八百两、扬州众盐商四百零四两、湖广各商五百两。[115]

---

112 符鸿等修，欧阳泉等纂，《来安县志》，卷11，页40。惟此志误德贤为明人。
113 王春法，《只立千古：红楼梦文化展》，页88—89。
114 释际禅纂辑，《净慈寺志》，卷1，页30—36。
115 方晓伟，《从新发现的梦庵赠曹楝亭诗看曹寅和曹雪芹的禅宗情结》。

图表4.10　曹寅所撰的《尊胜院碑记》

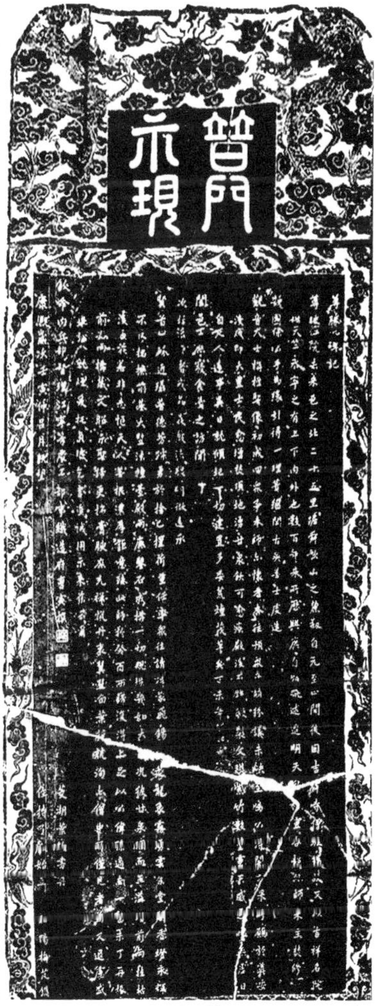

❖《尊胜院碑记》（安徽来安县文化馆藏）

普門
示現

（此碑之识文已在吴新雷等先生的基础上试作订正）

尊勝院碑記

尊勝禪院去來邑之北二十五里，踞舜歌山之麓，刱自元至正間。後因吉祥寺僧駐錫，故又以吉祥名院，
猶天竺永寧之有上下內外也。數百年來所歷興廢，自難槩述。迨明天啟初，靈谷超然師來主梵修，
魏國徐公手為緣引，得一理葺。繼聞古吴善士虔造
觀音大士栴檀聖像初成，四衆爭奉，師亦懷香奔往，預衆參請，紛議未決。至鳴仈得鬮，方果所願。於奠安
後，歲即大豐，士民愈增焚頂，地湧甘泉，飲可愈疾。殿後石壁微裂，久現紫竹數莖，靈異感通，略無虛日。
自是人遠事異，日就傾圮，一切建置，多委荒煙茂草矣！丁未年，
闔邑士庶，寢食憂之，訪聞
次哲法師者，戒品森嚴，法眼明徹，遠承
賢首正脈，近躡普德芳踪，勇於捨己，擅荷重任，率眾往請，得蒙飛錫。法筵龍象，霧湧雲集；堂閣香燈，永輝
不夜；拓摭前基，大竪法幢；臺殿兩廡，鑿石成搆；一切規模，幾如大刹。況彼甘泉，涸而再溢，堦前兩桂，枯
後重花，若非志愜天人，善根濃厚，詎意臻此！師於癸酉西歸，復淂上足以公偉孫適南。一整未了，再振
前猷；兩搆藏文，昭示聖諦；更拓膏腴，庶充禪悅；丹東翼翼，白葉競競；洵亦僧中所僅見者。茲又退慮盛
舉，彌久就煙，爰托貞珉，乞言垂誡，用示來茲云爾。
欽命內兵部督理江寧等處工部事織造府曹寅撰
康熙歲次壬寅仲吕月既望
蕪湖葉約書丹
住持了叡始立，和陽梅芄鐫

图表4.11　明孝陵的《驾幸江宁纪恩碑记》及《治隆唐宋碑》拓片

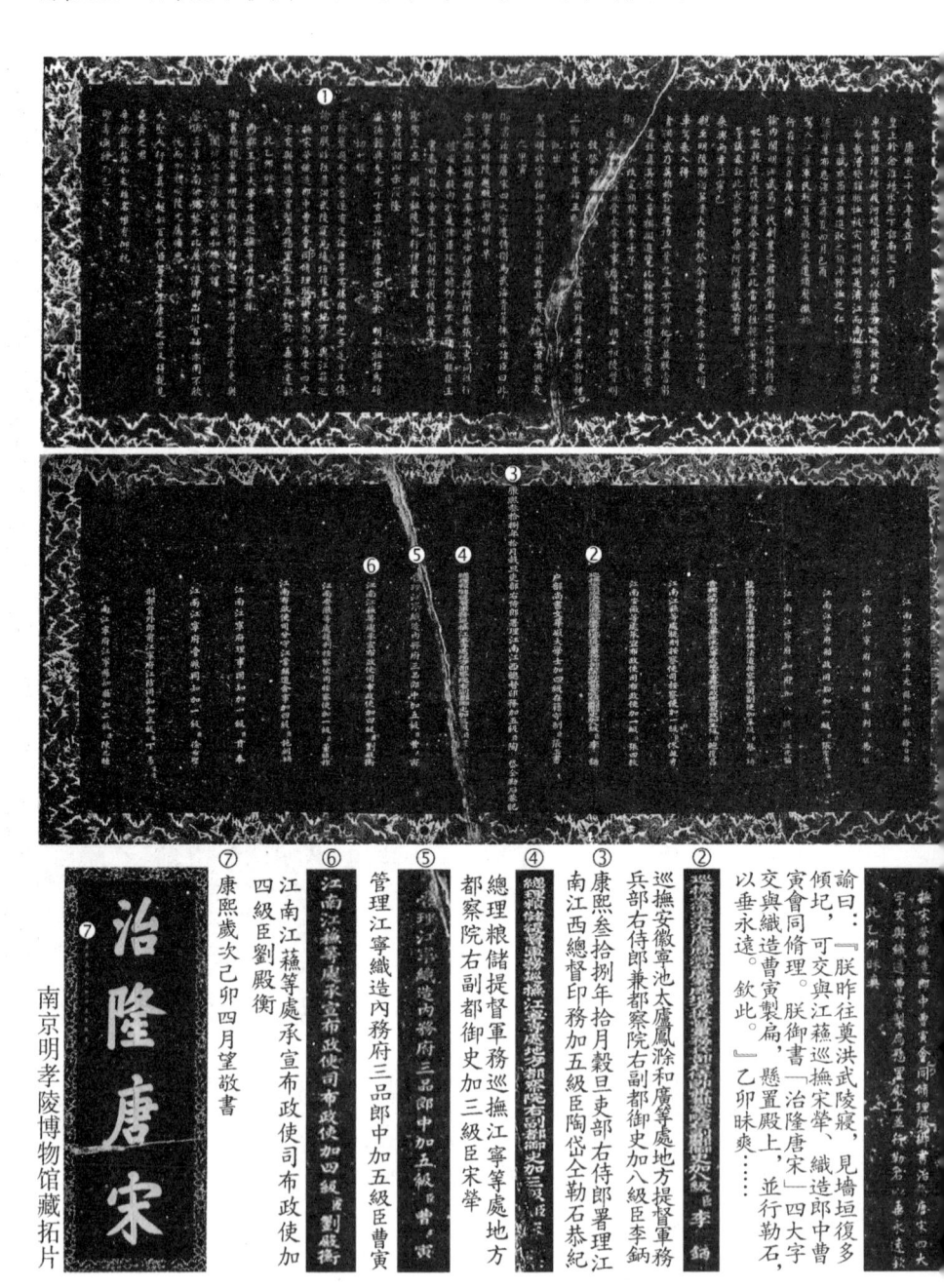

⑦治隆唐宋
南京明孝陵博物馆藏拓片

⑦康熙岁次己卯四月望敬书

⑥江南江藩等处承宣布政使司布政使加四级臣刘殿衡

⑤钦此□江南织造内务府三品郎中加五级臣曹寅□
管理江宁织造内务府三品郎中加五级臣曹寅

④总理粮储提督军务巡抚江宁等处地方都察院右副都御史加三级臣宋荦

③康熙叁拾捌年拾月榖旦吏部右侍郎署理江南江西总督印务加五级臣陶岱全勒石恭纪
兵部右侍郎兼都察院右副都御史加八级臣李鉐

②巡抚安徽宁池太庐凤滁和广等处地方提督军务□□臣李鉐

谕曰："朕昨往奠洪武陵寝，见墙垣复多倾圮，可交与江藩巡抚宋荦、织造郎中曹寅会同修理。朕御书'治隆唐宋'四大字，交与织造曹寅製匾，悬置殿上，并行勒石，以垂永远。钦此。"……乙卯昧爽……

第四章　康熙皇帝长年的宠臣曹寅

曹寅受汉文化的熏陶甚深，其友人张大受在《赠曹荔轩司农》一诗中揄扬他的多才多艺，曰：

> 多才魏公子，援笔诗立成。有时自傅粉，拍袒舞纵横。
> 跳丸击剑讫，何如邯郸生。风流岂已矣，继擅黄初名。[116]

此因曹寅自认是三国魏武帝曹操的裔孙（第一章），故前引诗遂用操子曹丕、曹植之典来颂扬曹寅。所谓"援笔诗立成"句，乃借曹植"七步成诗"的故事，代誉曹寅的文采。次引曹植见邯郸淳之典，淳当时以博学多才闻世，植欲延其人，见面之初，不先与谈，《魏略》中记称：

> 时天暑热，植因呼常从取水自澡，讫，傅粉，遂科头拍袒，胡舞五椎锻，跳丸、击剑，诵俳优小说数千言讫，谓淳曰："邯郸生何如邪？"[117]

其中"跳丸"是古代百戏之一，表演者两手快速抛接若干弹丸。曹植在展现数种艺能后，才与邯郸淳纵论天下古今，淳因此叹曹植之才有若天人。至于"黄初"，是魏文帝曹丕的年号，"继擅黄初名"则夸曹寅不仅堪与曹植的才气相比拟，也承继了曹丕的文学成就。

曹寅的诗文作品颇多，但今只主要留存了《楝亭集》十五卷。此外，他还是一位大藏书家和出版家，如《楝亭书目》即著录他拥有的三千多部书籍。金埴（1663—1740）《不下带编》记曰：

> 江宁织造曹公子清有句云"赚得红蕖刚半熟，不知残梦在扬州"，自谓平生称意之句。是岁，兼巡淮鹾，遂逝于淮南使院，则

116　宋荦，《江左十五子诗选》，卷6，页7。
117　陈寿，《三国志》，魏书，卷21，页602。

诗谶也。公素耽吟，擅才艺，内廷御籍多命其董督，雕镂之精，胜于宋版。今海内称"康版书"者，自曹始也。[118]

与金埴唱和颇多的洪昇（字昉思）亦与曹寅相交甚密。前引书对洪、曹二人在戏曲表演艺术上的互动多所着墨，且记"赚得红氍刚半熟，不知残梦在扬州"句是曹寅平生最得意之作（图表4.12）。[119]

曹寅因是康熙朝最精通汉人之学的八旗大臣之一，故对江南士大夫的怀柔，亦成为他在江宁织造任内的重要任务。康熙帝于四十四年三月十九日发《全唐诗》一部，命曹寅主持校刊，以翰林彭定求等十人分校，并在天宁寺开扬州诗局，所有写刻工的挑选训练、校刊人员的工作安排等，都是由兼任两淮巡盐御史的曹寅负责。至四十五年十月初一日曹寅等上《进书表》及四十六年四月十六日补刻御制序后，扬州诗局的任务才算正式完成。所刻之《御定全唐诗》凡九百卷，因字体俊逸、刷刻精美、校勘谨严，遂成为清代雕版史上的典范之作（图表4.13）。[120]

扬州诗局前后共刻书数十种，篇幅近三千卷。除《御定全唐诗》外，还有《佩文斋书画谱》一百卷、《渊鉴类函》四百五十卷、《圣祖诗集》二十八卷、《御定历代赋汇》一百四十卷、《御定佩文斋咏物诗选》四百八十六卷、《御定历代题画诗类》一百二十卷、《御选宋金元明四朝诗》三百四十卷、《御定全唐诗录》一百卷、《历代诗余》一百二十卷等，都是工楷写刻，秀丽天成。[121] 此外，曹寅还在扬州刊有篇幅较小的《琴史》《砚笺》《糖霜谱》《梅苑》《法书考》《玉篇》等书（图表4.13）。

118　金埴，《不下带编》，卷1，页6。
119　曹寅挚友纳兰成德也有以红氍入词的警句，如在其《虞美人》中可见"归鸿旧约霜前至，可寄香笺字？不如前事不思量，且枕红氍欹侧，看斜阳"，《金缕曲》中亦见"人比疎花还寂寞，任红氍、落尽应难管。向梦里，闻低唤"，红氍枕即传说中神仙用的三宝之一。
120　下文有关曹寅在刻书方面的努力，参见曹红军，《曹寅与扬州诗局、扬州书局刻书活动考辨》；李军，《曹寅编刻〈全唐诗〉时期交游考略》。
121　潘天祯，《扬州诗局杂考》。

第四章　康熙皇帝长年的宠臣曹寅

图表4.12　曹寅平生最称意的诗句

❖ 金埴，《不下带编》

甲申春杪，昉思应云间提帅张侯云翼之聘，依依别予去。侯延为上客，开长筵，盛集文宾。将士、观昉思所谱《长生殿》戏剧以为娱。时织部曹公子清寅闻而艳之，亦即迎致白门，南北名流悉预为大胜会。公置剧本于昉思席，又自置一本于席，每优人扮演一折，公与昉思雠对其本，以合节奏（音『凑』），凡三昼夜缱毕。两公亚极尽其兴赏之豪，互相引重，致厚币，赆其行，长安传为盛事。迨返榷过乌成，昉思遽醉而失足，为泪罗之投，士林竞为诗文以哀辄之。江宁织造曹公子清有句云『赚得红氍刚半熟，不知残梦在扬州』，自谓平生称意之句。是岁，兼巡淮鹾，遂逝于淮南使（去）院，则诗谶也。公素貌吟，擅才艺、内廷御籍多命其董督，雕镂之精，胜于宋版，今海内称『康版书』者，自曹始也。

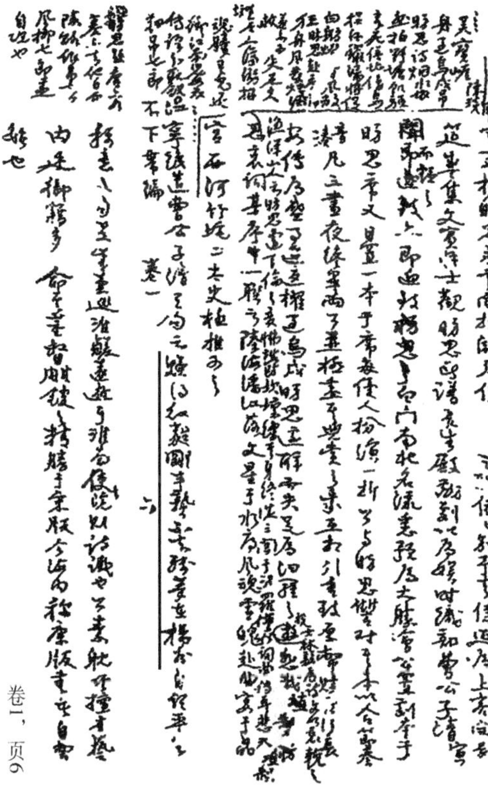

卷1，页6

❖ 纳兰性德，《通志堂集》

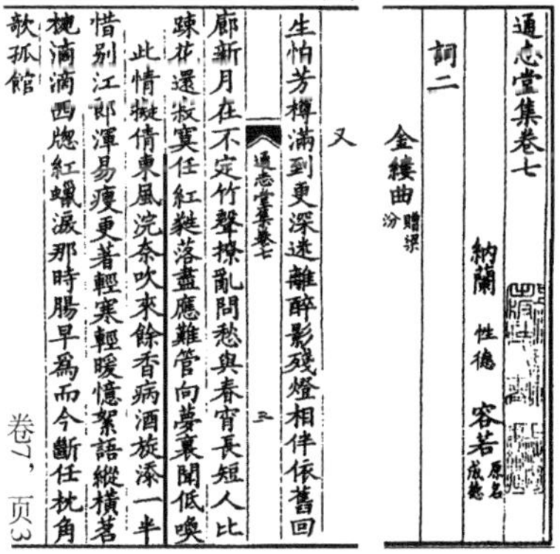

通志堂集卷七
词二
金缕曲　赠梁汾
纳兰　性德　容若

又

生怕芳樽满到更深遽离醉影残灯相伴依旧回廊新月不定竹声掺乱问愁与春宵长短人比疎花落寞红氍容应管向箫关低唤此情惟风浣杳吹来余病魂旋涤添一半惜别江郎浑易更著轻寒暖僝恨絮语纵横著枕滴滴西厢红蜡泪那时肠早为而今断任枕角

通志堂集卷七

又

瘦美人

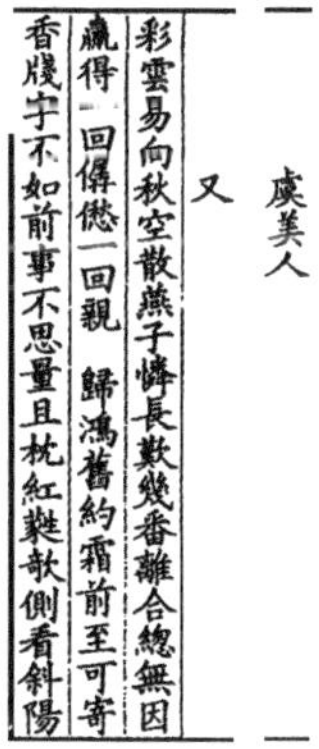

彩云易向秋空散燕子悭长欢觉香离合总无因赚得一回悽恻一回亲归鸿旧约霜前至可寄香笺子不如前事不思置且枕红氍歌侧香斜阳

卷7，页3

❖ 曹寅，《楝亭诗钞》

夜长不寐戏效诚斋体
有情恒与睡为管灯炉香寒合龙休赚得红氍刚半熟不知残梦散扬州

卷6，页17

卷1，页6

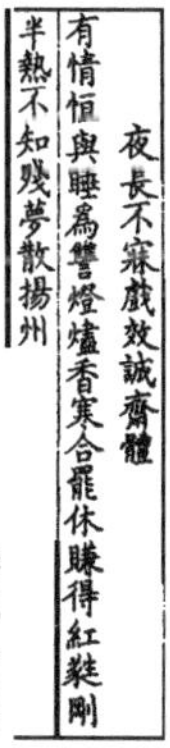

图表4.13　曹寅刊刻的《御定全唐诗》及《御定佩文韵府》等书

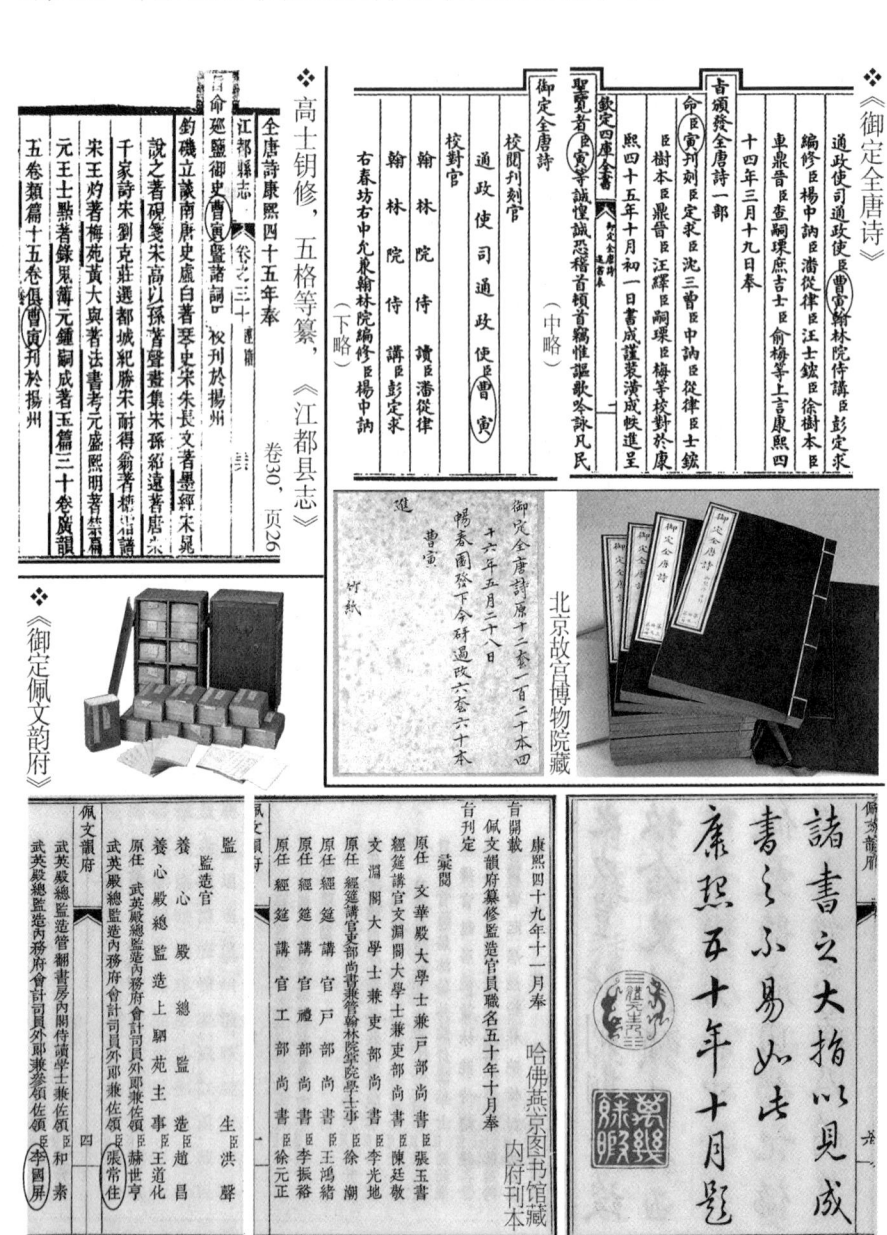

❖《御定全唐诗》

青喷发全唐诗一部

命曰寅刊刻员曹寅翰林院侍讲臣彭定求

钦定四库全书

熙四十五年十月初一日书成谨装潢成帙进呈

圣览者臣寅等诚惶诚恐稽首顿首稿惟谩歌咏凡民

御定全唐诗

校阅刊刻官

通政使司通政使臣曹寅

（中略）

校对官

翰林院侍读臣潘从律

翰林院侍讲臣彭定求

右春坊右中允兼翰林院编修臣杨中讷

（下略）

通政使司通政使臣曹寅翰林院侍讲臣彭定求编修臣杨中讷通政使司参议臣徐树本臣车鼎晋臣查嗣瑮从律臣汪士鋐编修臣俞梅等上言康熙四十四年三月十九日奉

❖全唐诗康熙四十五年奉

高士钥修，五格等纂，《江都县志》卷30，页26

江都县志

卷之三十　艺文

校刊于扬州

钧玑廷鉴御史曹寅宙宜诸词（下略）

说之著砚笺宋高以孙菩萨蛮画松江长桥宋文苑英华卷九百七十六陆游长篇宋周密著齐东野语元熊梦祥元冯梦周熊世华盐法考元盛熙明翁著饒州路经

千家诗宋王灼著梅苑北苑别录朱长文墨经朱晃

宋王士点著禁林耳谈元苏大苇著法书考元盛熙明翁著饒州路经

元王士点著秘苑异葩元冯梦周元熊梦祥熊世华盐法考元盛熙明翁著玉篇三十卷广韵

五卷类篇十五卷俱曹寅刊于扬州

御定全唐诗十二套一百二十本四

十六年五月二十八日

畅春园发下令研遣正六套六十本

进

曹寅

竹纸

北京故宫博物院藏

❖《御定佩文韵府》

佩文韵府纂修监造官员职名五十年十月奉

首开载

康熙四十九年十一月奉

旨刊定

汇阅

原任 文华殿大学士兼户部尚书 张玉书

经筵讲官文渊阁大学士兼吏部尚书 陈廷敬

文渊阁大学士兼吏部尚书 李光地

原任 经筵讲官吏部尚书兼翰林院学士 徐潮

原任 经筵讲官礼部尚书 王鸿绪

原任 经筵讲官礼部尚书 陈元龙

原任 经筵讲官工部尚书 李振裕

原任 经筵讲官工部尚书 王正祥

旨刊定

监

监造官

养心殿总监造 赵昌

原任 武英殿总管翻书房内开侍读学士兼佐领 和素

养心殿总监上驷苑主事臣 王道化

武英殿总监造内务府会计司员外郎兼佐领 张常住

武英殿总监造内务府会计司员外郎兼佐领 李国屏

生 洪 馨

诸书之大指以见成书之不易如此

康熙五十年十月题

哈佛燕京图书馆藏内府刊本

中国古代最大型的辞藻典故辞典《御定佩文韵府》（供作诗时寻找典故以及押韵对句之用），则是在五十一年三月开工刊刻，前期工作由曹寅主持，杭州织造孙文成负责纸张，当时亦成立了临时编组的扬州书局（与扬州诗局不同）。在当年七月曹寅病卒后，即改由李煦主持。李煦于五十二年九月奏称："窃臣煦与曹寅、孙文成奉旨在扬州刊刻御颁《佩文韵府》一书，今已竣工。谨将连四纸［江西铅山县所产的名贵纸张］刷钉十部，将乐纸［福建将乐县生产的高级竹纸］刷钉十部，共装二十箱，恭进呈样。"康熙皇帝朱批"此书刻得好的极处"，但三织造均未列名书首（图表4.13）。由于《御定全唐诗》与《御定佩文韵府》写刻精工，体现了康熙年间内廷刻印书籍的最高水平，无怪乎，金埴称曹寅精刻书籍被海内誉为"康版书"之滥觞。

此外，曹寅也是剧作家，且能粉墨登场，他在这方面的投入与成就，应与康熙帝对传统戏曲的高度兴趣有关。姚廷遴在其《上浦经历笔记》（《历年记》）中即有相当丰富的叙述（图表4.14），该书记康熙二十三年第一次南巡事时，称帝于十月二十六日入驻苏州行宫后，竟然立唤苏州织造祁国臣曰："祁和尚，我到你家用饭罢。"[122] 旋起身到其衙署，并问祁："这里有唱戏的么？"祁氏随即传三班进去，由皇帝钦点戏目，直至半夜共演了《浣纱记》的《前访》《后访》以及《水浒记》的《借茶》等二十出。

次日一早皇帝更命开场演戏，至午饭后才出发至虎丘。参观毕，即在大殿传苏州清客（教授吹弹歌唱的艺人）打十番，[123] 姚廷遴记此盛事曰：

> 上曰．"好，果然好。但是你只晓得南方的音，还不晓得北方的音。叫小番来，打一番与你们看。"即刻飞传舡上小番来，俱

---

[122] 康熙二十九年曹寅外放苏州织造时，其原管之佐领（亦为曹家所隶）改由齐桑格（汉姓应为"祁"，亦作桑格、三格）接掌，不知此人与祁国臣有无关系？康熙二十三至三十一年间担任江宁织造之桑格，汉姓为马，与此人仅为同名。
[123] 十番是传统音乐中的器乐合奏乐种，多属吹打乐，但也有丝竹乐以及纯用打击乐器的清锣鼓，于康熙前期应已在中国南北各地流行。《红楼梦》第十一回庆祝贾敬寿辰时亦请了"一班小戏儿并一档子打十番的"，第七十六回贾母在中秋夜宴时也将"十番上女孩子传来"。参见任舒静，《中国传统器乐艺术瑰宝"十番"的起源与流布》。

十五六岁俊俏童子,一样打扮,俱穿酱红缎衣,头戴红纬貂帽,共一十六个。各持乐器上山,在大殿前两边立,打一套十番,果然好绝,姑苏极老班头,亦从未闻者。

知康熙帝虽激赏从苏州清客听到的南方昆腔,但他希望大家也能见识一下北方流行的弋阳腔,[124] 遂命随船的十六名小番打了一套十番。因担心站较远处的百姓听不太到,故又命这些小番在千人石附近再打起十番,并亲自击鼓,直至二更方兴尽乘船离城。[125] 知康熙帝对戏曲的爱好已不只停留在纯欣赏的层次,此或是他在第一次南巡前后于宫中成立南府的重要背景,南府不仅负责承应内廷演戏和演乐,更负责提升其水平。[126]

三十八年三月十四日第三次南巡的队伍驻跸苏州新建行宫,其时已是黄昏,但康熙帝仍安排于晚上听戏,"串戏数剧,每人赏银壹锭。做戏不坐,不用锣鼓,惟以小鼓板应声,腔板而已。戏子每出上场,先叩头朝上,后做关目唱曲"(图表4.20),[127] 其中"关目"乃指戏曲中的说白(指对话或独白)。四十四年第五次南巡,苏州织造李煦于三月十七日接驾时,康熙帝钦点在次日的万寿节宴会中演出《太平乐》(即曹寅所改编的杂剧《太平乐事》?)全本,四月初三日杭州织造敖福合亦进宴演戏,十二日回程再经过苏州时,李煦又进宴演戏,十五日还命清客串演杂戏,二十三日江宁织造曹寅也进宴演戏。[128]

---

124 简称"弋腔",为元末自江西弋阳县发展出的戏曲声腔,它源于南戏,以金鼓等打击乐器伴奏,除台上的演员独唱,多人会在后台帮腔。因善于吸取各地土语乡音,在明、清两代地方戏曲中颇风行。
125 丁汝芹,《康熙帝与戏曲》;姚廷遴,《上浦经历笔记》,页296—302。
126 王政尧,《清代戏剧文化考辨》,页1—33。
127 沈汉宗,《圣驾阅历河工兼巡南浙惠爱录》,卷上,页47—48。
128 《圣驾五幸江南恭录》,页10、19、27。

图表4.14　康熙帝于二十三年在苏州虎丘看剧并击鼓的情节

❖ 姚廷遴，《上浦经历笔记》

康熙二十三年十月二十六日

驾及抵院币政寺官共马六七十疋即在盟门上城住北过胥门阊门西北过寮门至东娄门下城通请到铺设官员内去行宫即吴三桂侨王颜駙佳房内有花园元造听堂俱彷佛宫中样式令为逆产府弟园而作为铺设

皇上进内竟至河亭上坐抚送撩饭到行宫

上曰这里东西用不中的唤祁工部和尚我到你家用饭罢即起身全工部出行宫上马南去到工部衙门进内至堂上自将公椅移在东西向坐工部叩头禀曰请

坐工部坐了

上曰正是这等坐你不知道是你的衙署君我南面坐了你後日不便坐了工部妻子出来朝拜拜毕即撺出小饭来

上曰不必用你的叫朕随来贵这里有唱戏的麼工部曰有立刻传三班进去叩头毕即呈目随奉

御旨亲兵杂齣戏子票长随哈其曰不知宫体式如何求老爷指点长随曰九拜要对

皇爷转身不要背对

上曰竟驱你民间做就是了随演前访後访借茶等二十齣已是半夜失上起即在工部衙内安歇

是日随

驾官员俱宿于工部之周围镇江将军及杨将军在

皇爷马前护　驾即如顶骆椽此晋姑苏官多极矣次日　皇爷早起问曰虎丘去祁工部曰在阊门外　上曰就到虎丘去祁工部曰

皇爷用了饭去因而开塲演戏至日中後方起马

旨曰百姓不要跪竟到虎丘在山门

皇上即下马进去自已上山並无扶援者登大殿拜三世佛拜毕即到後山去看宝塔又走至四贤祠仍到大殿对正门东向坐抚院及两将军工部币政兵部随從官员俱两行侍立傅苏清客打十番打毕　上曰好果选好但是徐兴晓淳南方的音选不晓淳北方的音叫小番来打一番與你们着即刻乱红上小番来俱十五六岁俊悄童子一样打扮俱穿酱红缎衣头戴红绿貂帽共六十六个持乐器仍到大殿前两边立打一套十番果然已绝姑苏在老班头乐從未闻喬约一个时辰方毕黄昏候笑起而出到天王殿见下遶擁橋塔上俱已点灯红燈滿山看者不肯散去

傳紅上小番来打一番与你们着即刻

上曰好果选好但是徐兴晓淳南方的音选不晓淳北方的音叫小番来打一番與你们着即刻乱红

上曰上遶的百姓都听见了下遶的还没有听见再打上自动手打鼓随至千人石上坐打起十番

即逓二套去随後乃逐件弄过直打至二更时方完上山在人叢中擠出門竟下船日夜出閶轉至常州府甚見戒嚴二十八日到丹阳竟住江宁去多官擁護戒嚴異常初三日復到鎮江口渡江北去記此得觐天颜盛事也

在康熙帝的六次南巡中，观剧显然是最重要的文化休闲活动之一，接驾的江南三织造为此多有回应。如李煦于三十二年十二月奏称：

> 今寻得几个女孩子，要教一班戏送进，以博皇上一笑，切想昆腔颇多，正要寻个弋腔好教习，学成送去，无奈遍处求访，总再没有好的。今蒙皇恩，特着叶国桢前来教导，此等事都是力量做不来的……今叶国桢已于本月十六日到苏，理合奏闻。[129]

他想必深知皇帝的癖好，故欲送一个弋腔的戏班入宫，却苦于不易寻得良师教导，康熙帝因此决定自京派遣教习叶国桢去苏州负责此事。

李煦家也有戏曲迷，顾公燮的《丹午笔记》中有云：

> 康熙三十一年织造李公煦莅任，在苏有三十余年……恭逢圣祖南巡四次，克己办公，工匠经纪，均沾其惠，称为"李佛"。公子性奢华，[130] 好串戏，延名师以教习梨园，演《长生殿》传奇，衣装费至数万，以致亏空若干万。[131]

由于雍正元年被抄家的李煦仅有以鼎与以鼐两子，而康熙五十五年以鼐才出生，知此"好串戏"之子只能是诞于三十三年的以鼎（康熙四十六年第六次南巡时才十四岁），[132] 他豪奢演《长生殿》传奇之举，应在康熙末年。

至于曹寅的投入更胜一筹，他虽在二十九年四月才外放苏州织造，三十一年改江宁织造，因此错过了前两次南巡，但他想必深知康熙帝对戏曲的挚爱，

129　故宫博物院明清档案部编，《李煦奏折》，页4—5。
130　王利器在其《李士桢李煦父子年谱》一书中错引此句成"称为李佛子。公性奢华"，导致许多红学著述皆相沿此误。若以"为?佛"为关键词查索中国方志库（意谓"为""佛"中间相距一字），即可发现不乏官员因有德政，而被邑人呼为"○佛"或"○佛子"的情形，但无被称作"○佛公"者。参见顾斌，《曹学文献探考》，页386—390。
131　顾公燮，《丹午笔记》，页178—179。此书成于乾隆五十年。
132　黄一农、王伟波，《李煦幼子李以鼐小考》。

曹寅后来在戏曲表演艺术上的成就，显然深受此一氛围的影响，其孙曹雪芹所创作的《红楼梦》中应也反映了该家庭背景。

如小说第十七、十八回记贾蔷因元妃即将省亲，故从苏州采买了十二个女孩子，并聘教习、备行头，开始在梨香院教演女戏。第五十四回贾府在大花厅办酒戏、过元宵，三更过后贾母放走了贾珍等兄弟，要该教习带文官等小戏子专门为女性亲友唱几出较清淡的本子，称：

> 薛姨太太、这李亲家太太都是有戏的人家，不知听过多少好戏的。这些姑娘都比咱们家姑娘见过好戏，听过好曲子。如今这小戏子又是那有名顽戏家的班子，虽是小孩儿们，却比大班子还强。咱们好歹别落了褒贬，少不得弄个新样儿的。

芳官于是唱了出只用琴的《寻梦》，葵官则唱了不用抹脸的《惠明下书》。《寻梦》乃出自明·汤显祖所著的传奇《牡丹亭》；《惠明下书》则应是《西厢记》故事中的《解围》或《许婚借援》，记草寇孙飞虎带兵围住相国寺，要强掳在寺中西厢借住的崔莺莺做压寨夫人，崔母情急下声言有能退贼者，愿将其女妻之，张君瑞因此急修书给故友白马将军杜确请求解围，和尚惠明于是只身闯出重围，递信求救。

贾母还指着湘云道：

> 我像他这么大的时节，他爷爷有一班小戏，偏有一个弹琴的凑了来，即如《西厢记》的《听琴》，《玉簪记》的《琴挑》，《续琵琶》的《胡笳十八拍》，竟成了真的了，比这个更如何？

曹雪芹在此将曹寅养家班并创作《续琵琶》的家史融入了故事情节，若作者是其他人，恐不会在所写的小说中，将《续琵琶》与远较其出名的《西厢记》《玉簪记》相提并论。尤有甚者，《红楼梦》共引用了三十七个剧目，显示作者在这方面的造诣颇深，仅以《西厢记》为例，书中不仅提及《惠明下书》《闹简》《听琴》等折子戏之名,[133] 亦引用了戏中的"多愁多病身""倾国倾城貌""花落水流红,闲愁万种""幽僻处可有人行,点苍苔白露泠泠""孟光接了梁鸿案"等文句。[134]

王朝璵序《楝亭词钞》时,称曹寅"游戏涉笔为焰段,歌曲皆工妙天成,夺金、元之胜",曹寅对己在戏曲创作的表现也自视颇高,尝谓"吾曲第一,词次之,诗又次之"(图表4.1)。目前已知他曾编制传奇《后琵琶》(或即《续琵琶》)、《虎口余生》,以及杂剧《太平乐事》《北红拂记》,且蓄有家班四处演出(图表4.15至4.19;附录4.3)。[135]

身为织造大员的曹寅有时在其剧作中署以"鹍玉亭""柳山居士",有时则不署名(如《续琵琶》《虎口余生》,参见附录4.3)。其中"鹍玉"乃曹寅家的亭名,此因他在《移竹东轩和高竹窗学士来韵》诗中有"鹍玉还矜客琢珂"句,并以小注称"予有亭名鹍玉,以亭半有老槐也"。[136] 至于鹍玉与老槐的链结,则源出传为李淳风所撰《天玄主物簿》中"鹍啄槐实,结玉于脑,谓之鹍玉,此鹍终岁不复鸣噪,虽巢无胎"之传说。[137]

---

[133] 《听琴》与《闹简》是《西厢记》中著名的折子,情景是崔母在相国寺围解后悔婚,红娘于是建议张君瑞月下弹琴以试莺莺之心,听琴后莺莺通过红娘向张生说"好共歹不教你落空",但因始终不见行动,张生遂相思成病,他趁红娘前来问病时,托她带一个简帖儿给莺莺,莺莺假装发怒,掷下回简,其内容却是欲与张生相约后花园。

[134] 此段参见徐扶明,《红楼梦与戏曲比较研究》,页45—116;马正正,《红楼梦中戏曲研究述评》。

[135] 宋铁铮、顾平旦,《曹寅的〈续琵琶〉抄本》;王人恩,《曹寅撰〈虎口余生〉传奇考辨》;徐扶明,《曹寅与〈虎口余生〉传奇》;胡文彬,《曹寅撰〈北红拂记〉抄本中的几个问题》;周兴陆,《试论曹寅的〈北红拂记〉》;杨惠玲,《曹寅家班考论》;刘水云,《红楼梦中贾府家班与清雍乾年间的家乐》。感谢顾斌提供相关剧作之图档。

[136] 曹寅,《楝亭诗钞》,卷2,页1。

[137] 张自烈等,《正字通》,亥集中,页61。

图表4.15 曹寅杂剧《北红拂记》的书影

图表4.16　曹寅杂剧《太平乐事》的书影

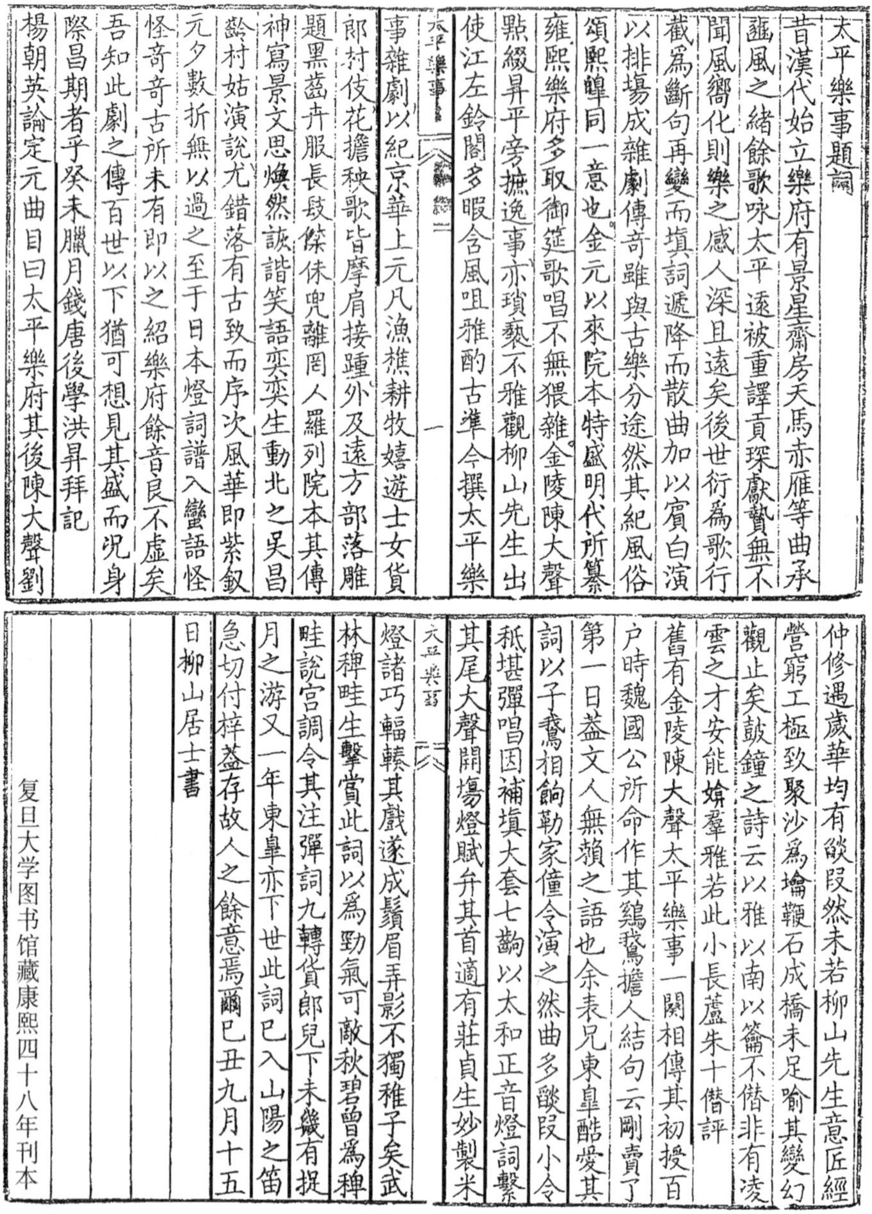
太平樂事題詞
昔漢代始立樂府有景星齋房天馬赤雁等曲承
𧫷風之緒餘歌咏太平遂被重譯貢琛獻贄無不
聞風嚮化則樂之感人深且遠矣後世衍為歌行
截為斷句再變而塡詞遞降而散曲加以賓白演
以排場成雜劇傳奇雖與古樂分途然其紀風俗
頌熙皡同一意也金元以來院本特盛明代所纂
雍熙樂府多取御筵歌唱不無猥雜金陵陳大聲
點綴昇平旁摭逸事亦瑣褻不雅觀柳山先生出
使江左鈴閣多暇含風咀雅酌古準今撰太平樂
太平樂事　一
事雜劇以紀京華上元凡漁樵耕牧嬉遊士女貨
郎村伎花擔秧歌皆摩肩接踵外及遠方部落雕
題黑齒卉服長鼓傑侏兜離罔人羅列院本其傳
神寫景文思煥然詼諧笑語奕奕生動北之吳昌
齡村姑演說尤錯落有古致而序次風華即紫釵
元夕數折無以過之至于日本燈詞譜入蠻語怪
怪奇奇古所未有即以之紹樂府餘音良不虛矣
吾知此劇之傳百世以下猶可想見其盛而況身
際昌期者乎癸未臘月錢唐後學洪昇拜記
楊朝英論定元曲目曰太平樂府其後陳大聲劉
仲修遇歲華均有欹段然未若柳山先生意匠經
營窮工極致聚沙為塔鞭石成橋未足喻其變幻
觀止矣鼓鐘之詩云以雅以南以籥不僭非有凌
雲之才安能姱聲雅若此小長蘆朱十彝評
舊有金陵陳大聲太平樂事一闋相傳其初授百
戶時魏國公所命作其鵕鸃擔人結句云剛賣了
第一日葢文人無賴之語也余表兄東皐酷愛其
詞以子鶯相餉勒家僮令演之然曲多欹段小令
秪堪彈唱因補塡大套七齣以太和正音燈詞繫
其尾大聲聞塲燈賦并其首適有莊貞生妙製米
太平樂事　二
燈諸巧輻輳其戲遂成鬚眉弄影不獨稚子矣武
林稗畦生擊賞此詞以為勁氣可敵秋碧曾為稗
畦說宮調令其注彈詞九轉貨郎兒下未幾有捉
月之游又一年東皐亦下世此詞已入山陽之笛
急切付梓益存故人之餘意焉爾己丑九月十五
日柳山居士書

复旦大学图书馆藏康熙四十八年刊本

图表4.17 文献中所记与曹寅演剧相关的材料

❖ 刘廷玑,《在园杂志》,卷3,页35

商丘宋公既任丘边长白为米脂令时城府撤掘闯贼李自成祖父坟墓中有枯骨血润白毛黄毛白蛇之异与吾闻于边别驾者不同长白自叙其事曰虎口馀生摭词而曹银壶子清寅演为填词五十馀龄悉毕明季北京之变及鼎革顛末极其详备一以壮本朝兵威之强盛一以慨明末之忠义一以暴闯贼行事之酷虐亦大手笔也复撰之卑汙游戏处皆示劝懲以长白为始终仍名曰虎口馀生摭词排场清奇佳丽示不经故题词云蔡文姬之琵琶后琵琶一种用证前琵琶之不经故题词云蔡文姬之琵琶不是那琵琶以便观者着眼大意
（后略）

❖ 王式丹,《楼邨诗集》

——己九日宴集观长生殿禊剧四绝句 卷20,页2

❖ 焦循,《剧说》

胥限壶子清供袁忠戟明季忠烈及卑汙諸臣极詳備填词五十餘龄劇時戲皆劝懲以长白大綏為終始開場即演掘閩賊祖坟掘坟事人皆知長白所為,不知實寅焕成之也。卷3,页6

曹銀壹子清撰《表忠記》,載明季忠烈及卑汙諸臣極詳備,五十餘齡。游戲皆示勸懲,以邊長白大綏為終始,開場即演掘闖賊祖墳,掘墳事人皆知長白所為,不知實寅焕成之也。

閩賊經佰項坟九此紅曲若以南詞關目多之,亦可兩人西堂題《北紅拂記》云:『愚謂冗人北曲若以南詞關目多之,亦可兩人接唱,合場和歌,中間間以蘇白,插科打諢,無施不可,又為梨園子弟别闢蠶叢,此意無人解者,今于荔軒先生遇之。』卷4,页21

❖ 朱彝尊,《曝书亭集外稿》——太平樂府跋見太平樂府

楊朝英諭定元曲目目太平樂府其後陳大聲劉仲修遇歲華均有徵段然未若柳山先生意匠經營窮工極致聚沙為塔鞭石成橋未足喻其變幻觀止矣鼓鐘之詩云以雅以南昧任侏離以簫不借非有凌雲之才安能娉臺雅若此小長蘆朱十倍評 卷8,页10

❖ 王豫,《江苏诗征》

王文範字竹村江都諸生

江都得竹村詩雄渾蒼葦謂之盛唐遺事如沮朱陸程雲岑周之雅時少陵風味清越廣陵酒盞如畫如琴諸如是者不可縷論皆確然不倫可議如卓確唐飯山江木瓶靜雅東田鮑遠山楊亭郭雙村鄒齋蔣華均有徵最契寫者剩竹村也

郭子宮宅觀通政曹公家伶演劇兼選楊掌亭入都
風亭竹影西軒唱和近列雲流
客滿中庭花月多春焰如畫酒如波揚箏拈笛雲駐細按
紅牙白雪歌
長楊羽獵素知名此去騰驤真計程應憶桃花泉畔醉夢中
獰聽繞紫聲 卷51,页9

❖ 方世举,《江关集》

《初至儀徵》,《補虎口餘生》

程南陵郎中蔗觀家樂（張獻忠始末,
曹公觀古今,文體但評李。
卓犖觀古今,文體但評李。
曹公譜刀兵,虎口餘生始。
洗残未道理,
黄虎张献忠。
洛残未道理,
党残未道理,
以致壞金甌。
二王不同科,
安敢忘臣志。
一洗秦齊隋,
我朝漢高安。
人生立本朝,
所以武部郎。
特表邊令功。
鎖日麗天中,
長矢殪天狼。
妖星盡尺箋。
誰能耐臂。
夫四鎮無力弭,
臣子彰厥美。
文武繪成,
讀史緒人。
觀劇助編紀。
與冷識古原,
歷官邸奔走。
若庶但登場,
通籍鄧萬年,
抱才無所施。
顧曲辨宮徵,
遊戲王高比。
嗟嗟良吏才,
望子就袁巴。
小試于林見,
把臂入此兒,
觀劇則比比。
（《西廂》）
合母終養歸,
酒關拍君肩,
一笑三噱起。

❖ 西堂題《北紅拂記》云:『愚謂冗人北曲若以南詞關目多之,亦可兩人接唱,合場和歌,中間間以蘇白,插科打諢,無施不可,又為梨園子弟别闢蠶叢,此意無人解者,今于荔軒先生遇之。』卷4,页21

附录4.3

曹寅的戏曲作品《虎口余生》及《续琵琶》

刘廷玑的《在园杂志》最早叙及曹寅的戏曲作品,其文曰:

> 长白[米脂令边大绶之别号]自叙其事曰《虎口余生》,而曹银台子清寅演为填词五十余出,悉载明季北京之变及鼎革颠末,极其详备……以长白为始终,仍名曰《虎口余生》,构词排场清奇佳丽,亦大手笔也。复撰《后琵琶》一种,用证前《琵琶》之不经,故题词云:"琵琶不是那琵琶。"以便观者着眼大意……

汉军旗人刘廷玑,字玉衡,号在园。他在康熙四十三年任江西按察使时因事免官,北返途中曾拜访曹寅,并赋有"吴下十年通问久,长干一夕定交新"诗句,[138] 知曹、刘二人相知已久。再者,刘廷玑娶刘兆麒长女,而刘兆麒之侄刘殿邦正是曹鼎望的女婿(图表4.32),曹寅亦与曹鼎望三子以骨肉兄弟相称,故刘廷玑所记曹寅之事的正确度应颇高。

从前引文得知曹寅填词的《虎口余生》乃根据边大绶自叙的《虎口余生》一书(正文仅二千余字)所敷演,后书记边氏于崇祯十五年掘李自成祖墓起,迄于顺治元年五月自大顺政权脱逃的经历。曹寅的传奇即主要根据边大绶之书改编(所谓以"长白为始终"),凡五十余出。

云南大学图书馆收有祝昭声(字直翁)旧藏的巾箱本《虎口余生》四卷四册,卷首题"癸酉[1933年]冬月立春后一日购于上海蟫隐庐,计银元十四枚",全本凡四十四出,不仅少于曹寅本所称之五十余出,且结尾亦非以长白为终。又,此本有"遗民外史"的前序称"国朝定鼎以来,海

---

138 曹寅曾赋《读葛庄诗有感,即韵赋送刘玉衡观察归涿鹿……》送别,刘亦以《金陵留别曹织部荔轩……》次原韵。参见曹寅,《楝亭诗钞》,卷4,页14;刘廷玑,《葛庄分体对钞》,七言律下,页43。

宇奠安，迄有百岁，间尝过河洛，走幽燕……暇日就旅邸中，取逸史所载边君事，证以父老传闻，填词四十四折"，因曹寅似不曾赴河南、洛阳一带，且其在世时距清朝定鼎亦不超过七十年，知遗民外史应非曹寅，其所编的《虎口余生》不会是曹寅作品。

祝昭声于同年稍早还自蟫隐庐购得《全本虎口余生》残钞本（图表4.18），此本无遗民外史序，仅余前十四出，内附不少工尺谱，由于其文字未避"玄""丘""弘""泓"等字，知为讳例未严的康熙朝或之前所写（附录6.1）。至于遗民外史巾箱本，则避"任丘"为"任邱"、"弘猷"为"洪猷"、"弘基元年"为"洪基元年"、"李弘基"为"李洪基"，故应为乾隆帝即位以后的钞本。再者，残钞本第十一出《验胎》有"凤凰不縠咱靴尖挡，并乾坤弹丸塞上（合）。鸱［音'支'］张时来运当，罡星灿掩没帝光"句，但巾箱本第十一出《败回》则改作"凤凰城不勾咱靴尖鞴［音'掌'］，锦乾坤似弹丸可攘"，将有损清朝声威的"掩没帝光"删削。知残钞本有可能较接近曹寅原本，而巾箱本则是后来由遗民外史所删改，同时也改换了许多出的名称。

曹寅的传奇《虎口余生》在曹雪芹在世期间仍风行，如周京即于乾隆四年赋有《庆春楼观〈虎口余生〉剧本》。[139] 又，乾隆八年辑刊的《豫变纪略》中收录边大绶《虎口余生》，青原山人彭家屏跋曰："世徒见《虎口余生》戏曲，而不知为谁作也。即有知为曹织造寅所作，而未知其有粉本也。本不出于他，即出长白先生之手，志真记实，故可传耳。"粉本即指所根据的底稿。

萧奭成书于乾隆十七年的《永宪录》亦记称：

寅演《琵琶传奇》，用蔡文姬故事，以正伯喈之诬，内装潢魏武之休美；或谓其因同姓，然是举实阿瞒一生好义处。又演明末米脂令边大绶与

---

[139] 周京，《无悔斋集》，卷9，页2。

> 陕抚汪乔年掘李自成先冢所纪《虎口余生》，将一时人物备列，表忠义而褫叛逆，可敦风教。[140]

只是将刘廷玑《在园杂志》提到的《后琵琶》称作《琵琶传奇》。

图表4.18　曹寅传奇《全本虎口余生》的书影

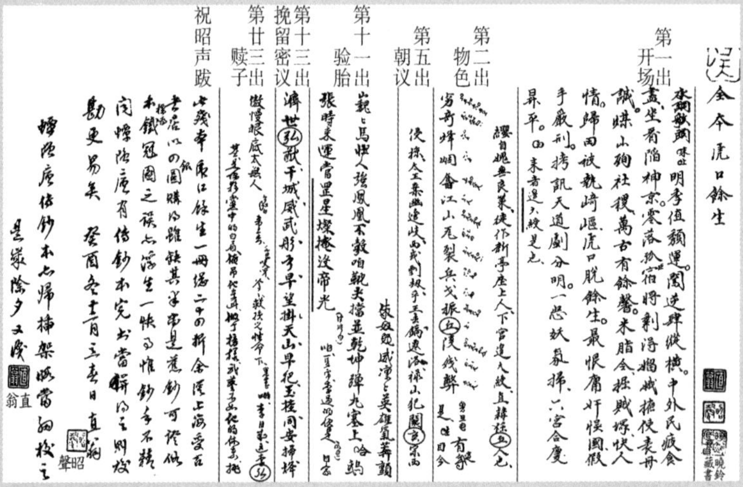

又，方世举（1675—1759；字扶南，以字行）于乾隆十七年赋《初至仪征，程南陂郎中宴观家乐（张献忠始末，〈补虎口余生〉）》，中云：

> 曹公谱刀兵，《虎口余生》始（故盐漕通政使曹楝亭公演）。特表边令[边大绶]功，文体但详李[李自成]……所以武部郎，演剧助编纪。读史者几人，观剧则比比……通籍邓禹年，历官郎原止……游戏王高比（《西厢》《琵琶》两元人）……[141]

140　萧猛撰，朱南铣点校，《永宪录》，续编，页390—391。
141　转引自袁行云，《清人诗集叙录》，册1，页686—687。

知程崟（字南陂，康熙五十二年进士，官至刑部福建司郎中，致仕后移居扬州，嗜音律）家所演之剧，乃邓禹年（其人待考）记张献忠事的《补虎口余生》（以详李自成事的《虎口余生》为样板；图表4.17）。方世举所称替《虎口余生》"谱刀兵［指谱曲］""演剧"且"助编纪"的"武部郎"，恰与曹寅在《尊胜院碑记》的署衔"钦命内兵部督理江宁等处工部事织造府"相合（图表4.10），此应为内务府兵部郎中的简称。

再者，焦循于嘉庆十年成书的《剧说》（图表4.17）记曰：

> 曹银台子清撰《表忠记》，载明季忠烈及卑污诸臣极详备，填词五十余出。游戏皆示劝惩，以边长白大绶为终始，开场即演掘闯贼祖坟，掘坟事人皆知长白所为，不知实贾焕成之也……出《在园杂志》言，亲得之长白侄桂岩别驾声咸［边声咸，官通判］者，较长白自记《虎口余生》更为详备。吾郡郭于宫观演《表忠记》诗云："碧血余威照管弦，忠臣剧贼两流传。笑他江左夷吾辈，一卷阴符燕子笺。"

于宫为郭元釪之字，他曾参与编纂《御定佩文韵府》，[142] 曹寅挚友王文范亦赋有《郭于宫宅观通政曹公家伶演剧兼送杨掌亭入都》（图表4.17），知曹寅的《虎口余生》当时亦作《表忠记》。此剧迄晚清仍演出，如俞樾即谓："《虎口余生》曲本余曾见之，今黎【梨】园亦有演之者，然其为曹子清手笔，则知者罕矣！《后琵琶》情事殊胜，惜今不传……"[143] 但他书中对《后琵琶》的理解与叙述全出自《在园杂志》。

至于中国国家图书馆现藏的《续琵琶》残钞本是否即曹寅的《后琵琶》？红圈中因其名略异而一直存在争议。[144] 该钞本钤有"听雨楼查氏有圻珍赏图书"印，查有圻为嘉、道间的盐商巨贾，他在嘉庆十年的《嘉邑

---

142 尹会一修，程梦星等纂，《扬州府志》，卷31，页33。
143 俞樾，《茶香室丛钞》，卷17，页5—6。
144 樊志斌，《曹雪芹家世文化研究》，页87—100；陈传坤，《红楼清话》，页95—104。

新丰镇瘗骨塔碑》上自署"诰授朝议大夫、刑部湖广司郎中加一级海宁查有圻",此应为捐官之衔。[145] 先前正反双方均曾从钞本中的避讳来协助推衍己论,但因大家都不全理解讳例的变化,导致互有失当之处。今详检此残钞本,发现"玄"字皆缺末笔,"弘"与"丘"则均未避(图表4.19),推断此本的抄写下限应最可能在雍正三年十二月(1726;附录6.1),亦即,其作者应非是著有同名传奇的高宗元(1739—1811)。[146]

又因该本不避"玺"字,遂有以其直书曹玺名讳,故推判不可能为曹寅所写。另一方面,支持者则以书中出现"传国宝"三字,而非"传国玺",认为"这是避曹寅家讳的显证"。其实,在曹寅的时代连国讳都不曾严遵,何况家讳!且"传国宝"一词在历代并非罕用,从中国基本古籍库即可查得数百个用例。更有甚者,曹寅弟曹荃所注释并刊刻的《四言史征》,就出现64个"玺"字,其中"传国玺"有5个,且亦有4处用"传国宝"一词。知正反双方的相关说辞皆不足为据。

但由于《续琵琶》首出有"琵琶不是这琵琶"句,恰与刘廷玑所称曹寅《后琵琶》有"琵琶不是那琵琶"之题词(以凸显与元末戏曲家高明所作《琵琶记》间的差别)仅一字之差,且若该本即抄自曹寅之本,则其文字亦与康熙朝讳例不严的情形若合符契。刘廷玑之所以称曹寅创作的传奇为《后琵琶》(《永宪录》作《琵琶传奇》),应只是相对于高明的《琵琶记》,而曹剧的正名或就是《续琵琶》,且此钞本亦见贾母所称《胡笳十八拍》的内容,高宗元的《续琵琶》则无。

---

145 赵惟嵰修,石中玉纂,《嘉兴县志》,卷35,页23。
146 汪超宏,《明清浙籍曲家考》,页383—389。

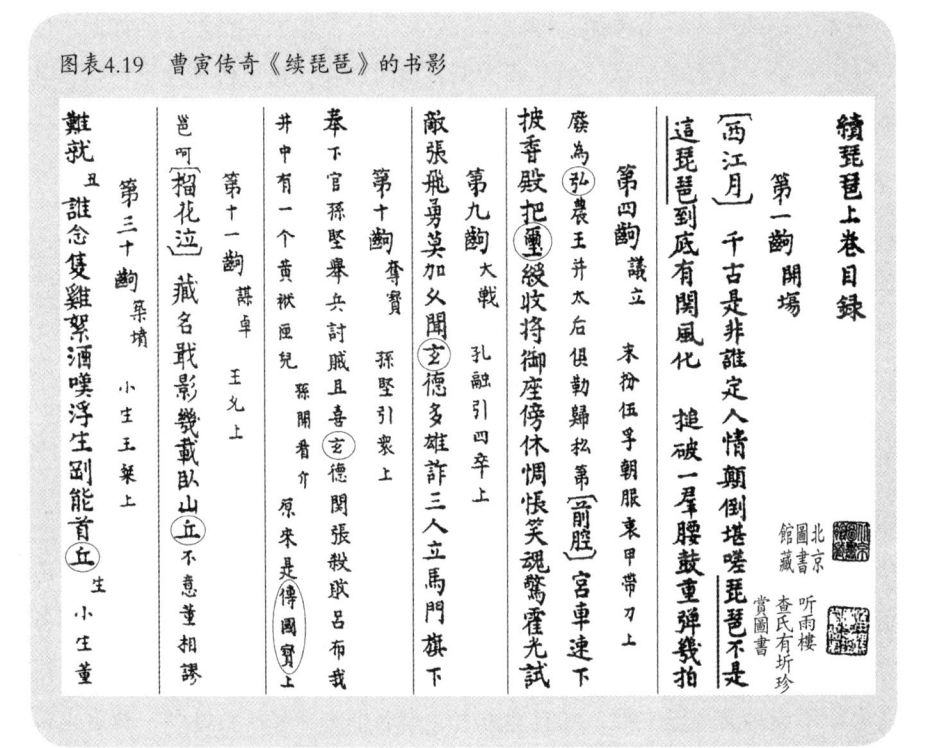

图表4.19 曹寅传奇《续琵琶》的书影

续琵琶上卷目录

第一齣 开场
〔西江月〕千古是非谁定入情颠倒塔嗟琵琶不是 这琵琶到底有关风化 搥破一枰腰鼓重弹几拍

第四齣 议立 来扮伍孚朝服裹甲带刀上
废为弘农王并太后俱勒归私第〔前腔〕宫车速下 披香殿把玺绶收将御座傍休惆怅笑魂惊霍光试

第九齣 大战 孔融引四卒上
敌张飞勇莫加父闻玄德多雄诈三人立马门旗下

第十齣 等宝 孙坚引众上
奉下官孙坚举兵讨贼且喜闻张毅吕布我 井中有一个黄袱匣儿孙开看介 原来是传国宝上

第十一齣 祭坟 王允上
邑呵〔榴花泣〕藏名戢影几载卧山丘 不意董相谋

第三十齣 哭靖 小生玉莱上
难就 且谁念只鸡絮酒叹浮生剐能首丘 生 小生董

北京图书馆藏
听雨楼 查氏有圻珍赏图书

三、曹寅承接的内务府买铜等差使

曹寅所担任的江宁织造，是内务府外放官员中位阶最高的位置之一，专门为朝廷督造和采办绸缎等高贵物件。虽然其俸银每年只不过一百零五两（图表3.4），但其所承接的某些差使却有十分丰厚的合法或灰色收入。

另因康熙帝屡至江南巡视，相关的安排更是江南三织造额外且重中之重的工作。南巡时虽尝谕称"有司供备御用什物概行不用，亦不费民间一草一木"，或严令"若摊派，即以军法处置"，[147] 但实际情形却非如此。以三十八年第三次南巡所途经的苏州为例，当时即在织造府旁新建了行宫，其制为：

> 有四殿：一以赤金箔粘于墙，为之泥金殿；一以诸奇香屑涂于壁，故名香壁殿；一以真石青色刷于墙，为之列翠殿；一以方圆明镜镶嵌于壁，故名通明殿。于内供设奇珍古玩、瑶草仙花，不能尽述其制作之巧、规模宏壮，悉皆织造李公心思所至，意想精微，其御用什物、厨房、茶房、进奉之物悉称圣意。[148]

康熙帝因此慰勉李煦曰："甚亏你用心收拾，老太太甚喜，特赐在后时。"指因随行的仁宪皇太后极感满意，稍后将会给予厚赐（图表4.20）。鉴于修造行宫，"华丽颇费"，江南三织造虽奏称"我等乃皇帝家奴，我三处公同备办"，但因供应食物、修筑道路、安排交通，皆所费不赀，这些原本均发银备办，不废地方一丝一粟，却有地方官"借名捐解，私派百姓"，曹寅也曾被指称从中拿了钱！[149]

147　中国第一历史档案馆编，《康熙朝满文朱批奏折全译》，页217。
148　沈汉宗，《圣驾阅历河工兼巡浙惠爱录》，卷上，页47—48。
149　中国第一历史档案馆编，《康熙朝满文朱批奏折全译》，页216—222、270—271；王振忠，《康熙南巡与两淮盐务》。

图表4.20 沈汉宗《惠爱录》的书影

康熙四十二年正月第四次南巡后，为使曹寅、李煦因接驾所花的大量无法报销的费用能有些弥补，钦命自四十三年起，由曹寅、李煦轮做两淮巡盐御史，每任各一年，期限十年，每岁"向于十月十三日到任，次年十月十二日满差"。[150] 四十四年第五次南巡时，又因曹寅、李煦各捐银二万两，两淮盐运使李灿（正红旗人，四十三至四十五年任，李煦有一弟与其同名）捐银一万两，"理应斟酌捐银数目，议叙加级"，惟以捐银数目过多，不便加级，故给曹寅以正三品通政使司通政使兼衔，给李煦以正三品大理寺卿衔，给李灿以正四品参政道衔。[151]

曹寅在江宁织造任内因接驾四次（康熙朝最后四次南巡）而产生巨额亏空的史事（附录4.4），在《红楼梦》中或亦可见痕迹，如第十六回赵嬷嬷说贾府曾经接驾一次（庚辰本在此有侧批称"又要瞒人"，点出实际或不止一次；图表4.21），"把银子都花的淌海水似的"，凤姐称其娘家也接驾过一次，赵嬷嬷接着道："如今现在江南的甄家，嗳哟哟，好势派！独他家接驾四次，若不是我们亲眼看见，告诉谁谁也不信的。别讲银子成了土泥，凭是世上所有的，没有不是堆山塞海的"，凤姐问："他家怎么就这么富贵呢？"赵嬷嬷说："也不过是拿着皇帝家的银子往皇帝身上使罢了！谁家有那些钱买这个虚热闹去？"而这几段文字的侧批"甄家正是大关键、大节目【目】，勿作泛泛口头语看""点正题正文""极力一写，非夸也，可想而知""真有是事，经过见过"，均表明接驾四次的江南甄家是真有其事的"大关键、大节目【目】"（图表4.21）。至于第二回冷子兴批评贾家"如今外面的架子虽未甚倒，内囊却也尽上来了"，或即史实中曹寅或李煦家的写照。[152]

---

150 故宫博物院明清档案部编，《李煦奏折》，页225。此事后因曹寅卒于康熙五十一年七月，不及接任最后一次的任期而略有调整。
151 《关于江宁织造曹家档案史料》，页30—31。
152 线天长、吴营洲，《〈石头记〉"辩冤"记》。

图表4.21　庚辰本《石头记》第十六回中的接驾事

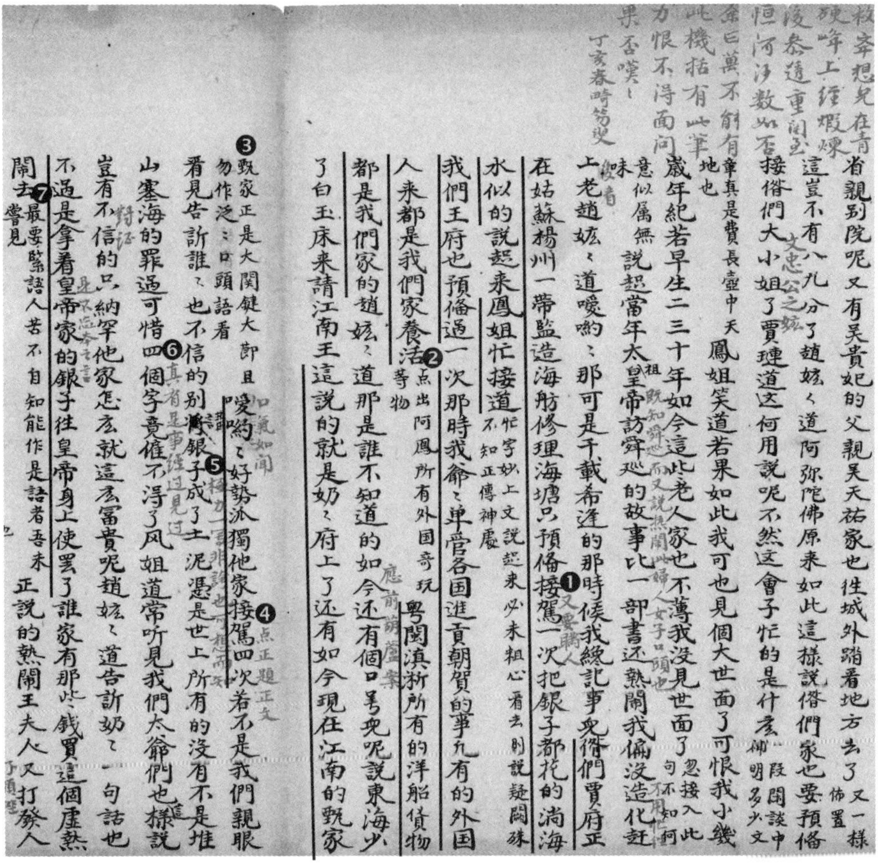
省親別院呢又有吴貴妃的父親吴天祐家也往城外踏看地方去了又一樣
這豈不有八九分了趙嬤嬤道阿彌陀佛原來如此這樣說俗們家也要預備
接俗們大小姐了賈璉道這何用說呢不然這會子忙的是什麼
鳳姐笑道若果如此我可也見個大世面了可恨我小幾
歲年紀若早生二三十年如今這些老人家也不薄我没見世面了
上老趙嬤嬤道噯喲喲那可是千載希逢的那時候我纔記事兒俗們賈府正
在姑蘇揚州一帶監造海舫修理海塘只預備接駕❶一次把銀子都花的淌海
水似的說起來鳳姐忙接道
我們王府也預備過一次那時我爺爺單管各國進貢朝賀的事凡有的外国
人来都是我們家養活❷粵閩滇浙所有的洋船貨物
都是我們家的趙嬤嬤道那是誰不知道的如今还有個口號兒呢說東海少
了白玉床来請江南王這說的就是奶奶府上了还有如今現在江南的甄家
❸噯喲喲好勢派獨他家接駕❹四次若不是我們親眼
看見告訴誰誰也不信的別講❺銀子成了土泥憑是世上所有的沒有不是堆
山塞海的罪過可惜❻四個字竟顧不得了鳳姐道常听見我們太爺們也這樣說
豈有不信的只納罕他家怎麼就這麼富貴呢趙嬤嬤道告訴奶奶一句話也
不過是拿着皇帝家的銀子往皇帝身上使罷了誰家有那些錢買這個虛熱
鬧去❼正說的熱鬧王夫人又打發人

❖庚辰本《石头记》第十六回

❶ 又要瞞人

❷ 点出阿鳳所有外国奇玩奇玩等物

❸ 甄家正是大関鍵、大節且【目】，勿作泛泛口頭語看

❹ 点正題正文

❺ 極力一寫，非誇也，可想而知

❻ 真有是事，經过見过

❼ 最要緊語，人若不自知能作是語者，吾未嘗見

附录4.4

曹雪芹过世前清代接驾最多次的官员

《红楼梦》第十六回赵嬷嬷曾指江南甄氏"独他家接驾四次",那在曹雪芹写小说之前究竟有无江南官员接驾四次?检清代仅康熙和乾隆两帝曾六下江南,而雪芹生前乾隆帝南巡只发生于十六、二十二、二十七年(未及四次),故我们只能从康熙帝六次南巡(分别于二十三、二十八、三十八、四十二、四十四、四十六年)的迎銮官员中加以考虑。然因绝大多数任官江南者很少会久任一职,且居住环境还要适合接驾。何况若其表现极称上意,理应早就改调高升才对。亦即,较可能的官职就只剩下可久任的内务府织造或多次出任的巡盐御史(图表7.15)。

清初的江南三织造本由户部差员管理,后改由内务府外派,初期每一至三年更代,康熙间才定为专差久任。任期最久者依序为苏州织造李煦(康熙三十一至六十一年)、杭州织造孙文成(康熙四十五年至雍正六年)、江宁织造曹玺(康熙三至二十三年)、江宁织造曹寅(康熙三十一至五十一年)、杭州织造敖福合(康熙三十一至四十五年)等。至于官署设在扬州的两淮巡盐御史始于明正统年间,清朝因之,顺、康两朝通常是一人出任一年,差满后考核,但偶有一年两人同任或一人连任两年者,直至康熙四十三年才特旨令曹寅和李煦来年轮管,曹寅共担任四十三、四十五、四十七、四十九年四次(分别自该年的十月起算一年),李煦则为四十四、四十六、四十八、五十、五十一、五十二、五十五、五十六年八次。[153] 再查考《康熙起居注》以及《清圣祖实录》,知只有曹寅和李煦各曾在六次南巡中接驾了四次(图表4.22、4.23)。无怪乎,张云章于四十五年所赋《题仪真察院楼,呈蒇使曹、李二公》诗,内以"呼吸会能通帝座"句颂

---

153 赵弘恩等监修,黄之隽等编纂,《江南通志》,卷105,页10—14;曾筠等监修,沈翼机等编纂,《浙江通志》,卷121,页12。

扬曹寅和李煦。[154]

图表4.22　康熙朝六次南巡中接驾之织造与两淮巡盐御史

时间	南巡行程	接驾之织造与盐政
第一次 二十三年	九月二十八日启銮。十月初十日登泰山，二十六日至苏州。十一月初一日驻跸江宁，初二日谒明太祖陵，十八日到曲阜孔子庙行三跪九叩礼，二十九日返京	苏州织造祁国臣 （因协理江宁织造曹寅之父曹玺卒于是年六月，故帝此次应未驻跸府署）
第二次 二十八年	正月初八日启銮阅河工，二十三日至宿迁视察中河，二十七日驻跸扬州。二月初三日至苏州，初九日驻跸杭州，十九日至苏州，二十五日驻跸江宁。三月十九日自天津返京。	苏州织造祁国臣 杭州织造金遇知 江宁织造桑格 两淮巡盐御史德珠
第三次 三十八年	二月初三日启銮，二十八日阅黄河以南高家堰。三月初七日抵扬州，十四日驻跸苏州，二十二日至杭州。四月初二日再驻跸苏州，初九日至江宁，二十一日抵扬州。五月十七日返京	苏州织造李煦 杭州织造敖福合 江宁织造曹寅 两淮巡盐御史卓琳
第四次 四十二年	正月十六日启銮，二十六日登泰山。二月初七日抵扬州，十一日驻跸苏州，十五日抵杭州，二十日返苏州，二十六日抵江宁，二十八日离江宁，舟经镇江、扬州、高邮、宝应。三月十五日返京。	苏州织造李煦 杭州织造敖福合 江宁织造曹寅 两淮巡盐御史罗瞻
第五次 四十四年	二月初九日启銮。二十二日进入山东境内。三月初六日进入江南境，十一日抵扬州，十七日抵苏州，二十五日至松江。四月初三日抵杭州，十二日驻跸苏州，二十二日驻跸江宁，二十七日赴明太祖陵行礼。闰四月初一日驻扬州宝塔湾，二十八日返京。	苏州织造李煦 杭州织造敖福合 江宁织造曹寅 两淮巡盐御史曹寅
第六次 四十六年	正月二十二日启銮，二十七日舟泊扬州。三月初六日驻跸江宁，十六日至苏州。四月初二日抵杭州，十五日驻跸苏州，二十四日驻跸扬州。五月二十二日返京	苏州织造李煦 杭州织造孙文成 江宁织造曹寅 两淮巡盐御史曹寅

154　张云章，《朴村诗集》，卷9，页1。

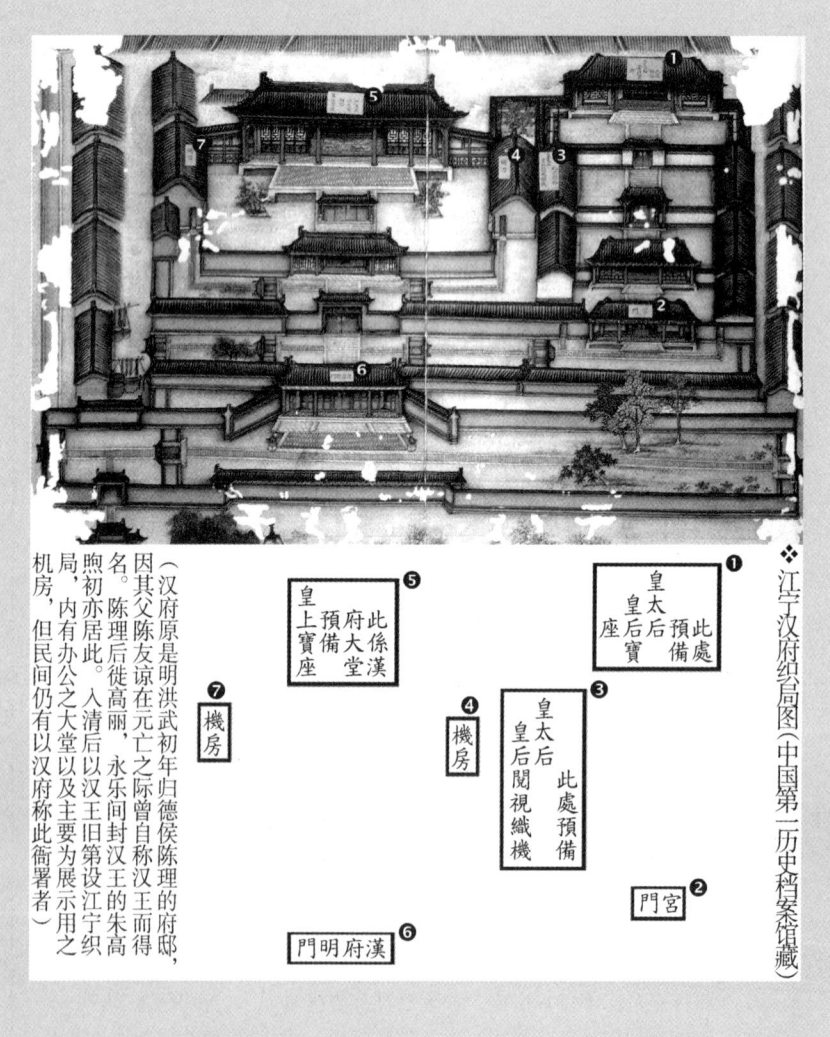

图表4.23 江宁汉府织局图。[155]康熙南巡时曾多次驻跸，但仅三十八年曾奉皇太后至此（后位自二十八年后即悬缺）

❖ 江宁汉府织局图（中国第一历史档案馆藏）

❶ 此處預備皇太后皇后寶座
❷ 宮門
❸ 此處預備皇太后皇后閱視織機
❹ 機房
❺ 此係漢府大堂預備皇上寶座
❻ 漢府明門
❼ 機房

（汉府原是明洪武初年归德侯陈理的府邸，因其父陈友谅在元亡之际曾自称汉王而得名。陈理后徙高丽，永乐间封汉王的朱高煦亦居此。入清后以汉王旧第设江宁织局，内有办公之大堂以及主要为展示用之机房，但民间仍有以汉府称此衙署者）

---

155 宋伯胤，《清末南京丝织业的初步调查》。先前有将此图命名为"江宁汉府机房图"，然因机房所占间数并不多，故应非织造局主要从事生产的织机工场。

康熙帝在曹寅晚年所奏密折的朱批上，即屡次提醒曹寅要将盐差的亏空尽速处理，如在康熙四十九年九月初二日的折上，就关切地称："两淮情蔽（通'弊'）多端，亏空甚多，必要设法补完，任内无事方好，不可速【疏】忽。千万小心，小心，小心，小心，小心，小心，小心！"五十年二月初三日称："两淮【淮】亏空近日可曾补完否？"三月初九日称："亏空太多，甚有关系，十分留心，还未知后来如何，不要看轻了！"（图表4.24）类似情形亦发生在李煦身上，如四十九年九月十一日的朱批即称："每闻两淮亏空甚是利害，尔等十分留心。后来被众人笑骂，遗罪子弟，都要想到方好。"五十三年十一月十六日有云："前者尔所奏苏州织造亏空，并未言及江南亏空。近日方知江南亦有亏空，尔到京之后再问。"五十五年十月二十一日也称："此一任比不得当时，务须另一番作去才是。若有疏忽，罪不容诛矣！"[156]李、曹两家于康熙帝卒后皆因失去后台而遭抄没。

曹家的发展应与曹寅所承担的重要差使（图表4.25）互为依归：如康熙三十八年秋奉旨兴修明陵，四十年五月至四十八年五月间办理龙江、淮安、临清、赣关、南新五关的铜觔，四十三至五十三年间曹寅与李煦轮管两淮盐务，四十八年三月发卖内务府库存人参，五十一年修造西花园工程等事项。曹寅经手内务府的这些差使，总金额高达三百多万两银，其中尤以盐差的规模最大，铜差次之。曹寅所接的铜差，或因涉及当时大量流入中国的倭铜，此亦应引发他对外国的兴趣，无怪乎，在他所编杂剧《太平乐事》第八出的《日本灯词》中，即可见大量日本歌舞及语言之内容。而《红楼梦》中所屡屡出现的舶来精品，也应是江南织造在真实世界与来华传教士或洋商接触的结果。[157]

---

156 中国第一历史档案馆藏，《康熙朝汉文朱批奏折汇编》，册3，页67；册5，页863；册7，页479。
157 唐权，《"倭语"之戏：曹寅〈日本灯词〉研究》；方豪，《从红楼梦所记西洋物品考故事的背景》；王萌，《康熙朝后期的铜政改革与内务府官商》。

图表4.24　曹寅奏折上的朱批。台北故宫博物院藏

❖ 康熙四十三年七月二十九日

朕體安善，爾不必來。明春朕欲南方走走，未定。倘有疑難，可以密摺請旨。九奏摺不可令人寫，但有風聲，關係匪淺。小心，小心，小心，小心

❖ 康熙四十三年十月十三日

生一事不如省一事，只管為目前之計，恐後尾大難收，遺累後人，亦非久遠可行，再留心細議。

❖ 康熙四十七年三月初一日

知道了已後有別地方細小之事者，必具密摺來奏。

❖ 康熙四十七年三月二十一日

知道了。九平耀官員等，倘有多事者，爾即寫密摺奏聞。

❖ 康熙四十七年五月二十五日

知道了。爾即寫密摺來奏。

❖ 朕體安善，爾不必來。明春朕欲南方走走，未定。倘有疑難，可以密摺請旨。九奏摺不可令人寫，但有風聲，關係匪淺。小心，小心，小心，小心

❖ 康熙四十八年五月初六日

知道了自新督撫到任以來，無一歲好收成，今又上江多病，正是風疆大臣洗【封】心體朕愛養元元之至意緣好大臣洗【細】心體朕愛養元元之至意緣好之事，了其日月，豈不愧死

❖ 康熙四十八年七月初三日

九可奏聞之事，即當先一步繼好事完之後，聞之何益！

❖ 康熙四十八年七月初七日

九可奏聞之事，即當先一步繼好事完之後，聞之何益！

❖ 康熙四十九年四月初四日

挠婿立死早已間知矣摺運了當病重的時候奏聞緩是朕安寬慰爾南方住久虛胖氣弱今又瘦萬不可用補藥最當用者六味地黃湯

❖ 康熙拾捌年肆月初肆日

朕安今春北方麥秋甚有可望而水頗調，朕心寬慰。爾南方住久，虛胖氣弱，今又疾，萬不可用補藥，多服六味地黃湯，不必加減，自有大效

❖ 康熙四十九年九月初二日

知道了。兩淮情蔽多端，虧空甚多必要設法補完，任內無事方好，不可速離任所。小心，小心，小心，小心

❖ 康熙四十九年十月二十八日

兩淮運使甚有關係，所以九卿會選已有旨了。況滿洲從未作運使之例，不合

❖ 康熙四十九年十一月初三日

知道了惟嬌不宜服藥，倘毒入內，後來恐成大癩風症，出【除】土茯苓可以代茶，常常吃去亦好外，千方不能治。小心，小心！大風症出海外之地，不服藥倘妻來恐感

❖ 康熙五十年二月初三日

朕安。兩淮【淮】運使如何虧空完否？新任運使如何？

❖ 康熙五十年三月初九日

朕安，兩淮【淮】運使近日可曾補完否新任運使如何虧空太多，甚有關係，十分留心，還未知後來如何，不要看輕了

图表4.25　曹家在江宁织造任内所承担的重要差使

时间（康熙）	《关于江宁织造曹家档案史料》中之记事	页码
三十八年五月	曹寅奉旨俟秋凉兴修明陵	页13
四十年五月	议准将未来八年龙江等五关铜觔交曹寅、曹荃经营，每年运铜一百零一万一千余斤至京师宝泉、宝源两局，以供铸钱用，其每年上交的节省银近四万两，收益应约数万两。据内务府的满文行文档，曹寅、曹荃旋呈称："我们兄弟二人俱有钦交差使，无暇办铜，今着我们的孩子赫达色带领家人王文等［办理］。"	页15—20（另见张书才，《曹雪芹家世生平探源》，页83）
十一月	曹荃协助处理户部交进内务府总管之豆草，康熙帝以此事"与钱粮关系重大"	页20—21
四十三年十月	曹寅奉旨与李煦轮管两淮盐务十年	页22—23
四十八年三月	内务府将库存人参，除留二百斤外，其余发交曹寅变卖	页66
四十八年	曹寅办理五关铜觔八年限满（四十年五月至四十八年五月），除每年将一百零一万余斤的铜解交户部铸钱外，共交过节省银三十一万余两。又四十五、四十六、四十七年奉旨将各关铜觔银两改归藩库支用，共交过内库节省脚费银八千多两	页64—69
五十年三月	新旧盐课共该存库银二百八十多万两，曹寅自到任后已完过九十万两，尚欠一百九十余万两，其中易完者十分之九，余皆有通河保状	页81
五十一年正月	曹寅修造西花园房屋、挖河等工程事宜，共用银十一万六千五百九十七两	页95、106—109
七月	曹寅身故后，江宁织造衙门历年尚亏欠钱粮九万余两，又两淮商欠钱粮，曹寅亦应完二十二万两零，而无赀可赔，无产可变	页99—100
五十二年十一月	李煦代曹颙任盐差一年净收银五十八万多两，解补后尚余三万六千多两（内有六千两上缴）	页118—122
五十六年十二月	将连同芦须之人参一千多斤交曹頫等运往南省售卖，曹頫所卖之九千多两银交藩库	页148—151
五十九年二月	康熙帝指斥先前曹頫家烧制珐琅彩瓷事有弊	页153
六十一年十月	曹代内务府出售人参七百多斤，所售银一万七千余两于雍正元年七月交完	页155—160

当时户部宝泉局和工部宝源局每年铸钱需铜358万余斤，故康熙三十八年将芜湖等六关2,246,360斤铜的配额，交张家口商人王纲明、范毓芳等负责采买，三十九年另将龙江等八关1,342,600余斤铜交内务府员外郎张鼎臣等承办，每年上缴的节省银则分别定为三万和二万两。四十年曹寅建议若能借支官银100,000两，由其完全接办采购十四关铜觔，他愿每年交内库银125,000两，八年内交银总共1,000,000两（但其中有100,000两原属借支的官银），此较张鼎臣、王纲明等人多上缴了500,000两（张、王二人愿每年共交50,000两，八年共400,000两）。张鼎臣兄弟因此呈称，如亦可借给本银100,000两以承办十四关铜觔，他们一年愿交节省银140,000两，八年终了时连同归还本银总共交银1,220,000两，比曹寅的提议又多出220,000两。

　　内务府官员曹寅与张鼎臣对铜差竞争激烈，民人官商王纲明虽亦欲争取但不敢置喙（图表4.26；前人多误其籍隶内务府[158]）。后以"京师用钱关系既甚重要"，若将十四关铜觔全交独家经营，万一贻误，恐将引发重大后果，故康熙四十年谕命将铜觔分成三份：一交张鼎臣、张鼎鼐、主事张常柱三兄弟（负责湖口、扬州、凤阳仓、崇文门、天津、太平桥六关，共约1,152,700斤），一交商人王纲明、范毓芳、王振绪、翟其高（芜湖、浒墅、北新三关，约1,416,990斤），至于曹寅、曹荃兄弟亦共为一份（龙江、淮安、临清、赣关、南新五关，约1,011,189斤）。每年铜觔的节省银就在前述的竞标下，从原先的总共50,000两大幅增加成140,000两（可知此事利益惊人）。至于借支银100,000两，则由广储司具领，平分给三方，八年期满后缴还。[159]

158　如著名官商范毓芳及王纲明虽被称为"内务府商人"，但并不意味其就是内务府籍，事实上，范氏籍隶山西介休县，而据王纲明侄吉安知府王若鳌（或鳘）的资料，王氏则为直隶万全县人。两家应皆为民人，只是承接了内务府的一些买卖。参见定祥修，刘绎纂，《吉安府志》，卷11，页46；范汝廉等，《山西汾州府介休县张原村范氏家谱》；赖惠敏，《乾隆皇帝的荷包》，页184—202。
159　借支内帑以办买内务府所需什物的情形，至清中叶已成为常态。参见赖惠敏，《乾隆皇帝的荷包》，页184—258。

第四章　康熙皇帝长年的宠臣曹寅

图表4.26　曹寅等争取铜差的奏折。部分汉译人名已据档案订正

❖内务府题请将湖口等十四关铜觔分别交与张鼎臣、王纲明、曹寅等经营本（康熙四十年五月二十三日案据本月十六日员外郎张鼎臣、主事张常柱禀称：我等具奏，鼎鼐、施恩，将龙江等八关铜觔，赏给奴才弟兄三人经营。奴才等初次承办大事，不知内情，不敢不明白奏陈主上。今查得一年共交节省银二万二千四百余斤，据每斤铜省银一分五厘计算，一年共节省银二千一百四十两二千六百厘。既皆明了。关于铜价及杂项，仍余银三分五厘。原来铜商因有酌量帮助各关需用费需银一分一厘计算，合计每斤铜需银一钱五厘内，按照每斤铜需银三分五厘缠银之处，我等即由所余之二分一厘交给关监督，又买铜时，即将迟误，余银五分，其中解交我等经营，如候关监督交付银两不误，乃借用利息，而我等因自己银两不敷，以上各项，皆由所余之五分银内支付。现在倘能借给官银承办，又可节付利息之银二分四厘，加上我等分别交与张鼎臣、王纲明、曹寅等经营之银一分五厘，则每斤铜即可节省银三分九厘。将芜湖等六关共银十四万两承办上，八年终了时，连同本银十四万两，总共可得银一两百二十二万，京师一两局铸钱，关系甚多，奴才等愚思，可将此铜十四关铜觔，共同力经营，将十四关铜觔，交给彼此与各自尽力经营相同，查同经营将分为三份，且今张鼎臣王纲明等四人，既又多出二十二人能办，分为三人，一份王纲明等四人，即与其弟物林达曹荃三人，共为一份，一份独自一人，借支银十万两，请由广储司具领，八年终了，节省银十四万两计算，请再议奏。一份曹寅、王纲明及我弟兄，其亦分三份领取，借支银八万两，每年共交银十四万两，完全按办，恩将本银及节省银总共一百万两，借给本银八万两，以便购铜物林达曹荃，铜觔，每年交内库银十二万五千两等语具奏。奉旨：交内务府总管。钦此钦遵。（中略）奉旨：交内务府总管。钦此钦

如此断不致误事，而且各自若有更多効力之处，圣上亦能知道等语。若能如此，断不致误事，而且各自若能借支之本银照常交库即办奏，钦此奉旨。交内务府总管即具奏。钦此奉旨。康熙三十九年上谕：奴才曹寅、王纲明等采购，每年节省银五万两，将图报上慈恩，无时不念高厚之恩，竭力设法节省，借给本银十万两，恳请主上施恩，以略尽犬马之心，完全按办现在情愿将十四关铜觔，承主上慈恩，无时不刻，以报上鸿恩，每年获利不过二分，愿尽犬马之劳，以报世上木

查江宁织造、郎中曹寅奏称：奴才承主上慈恩，无时不刻，以报上鸿恩，每年获利不过二分，愿尽犬马之劳，以报世上木鼎鼐，主事张常柱禀称：我等具奏，至深且重，去年主上木，赏给奴才弟兄三人经营。奴才等初次承办

三份，因其合伙之人数多寡不等，铜数之盈缺，既不相同，酌情形，铜数之盈缺，将此铜三十五万八千余斤，分给商人王纲明、范毓三份。如何抽还，请分给员外郎中张鼎臣、张鼎鼐、主事张常柱、天津太平桥六关，崇文门、凤阳仓七百余斤，翟其高以芜湖、浒墅共铜一百四十五万二千北新，王振绪，此二关共铜一百四十一万六千九百余斤，分给郎中曹寅、物林达曹荃以龙江、淮安、临清、赣关、南新，此五关共铜一百零一万一千一百八十九斤余，为此谨题请旨。等因缮本

译自《内务府满文奏销档》（见《关于江宁织造曹家档案史料》，页15—20）

张鼎臣奏称各关原规定的铜价为每斤银1钱5分，而每斤铜的成本需银7分，运费及杂项用费为银3分，合计每斤铜得要银1钱，另，需酌给各关监督盘缠银每斤1分1厘，且买铜借用现银的利息为每斤2分4厘，故每斤铜可有节省银1分5厘解交内库，此与其所估每年上缴之2万两节省银（定为整数值）大致相近，这些当然纯属台面上的数字。惟因曹寅及张鼎臣同样想独家抢得此差，知他们皆评估采买铜觔应有明显利润。

前述张鼎臣家族的出身与曹寅家颇近，《八旗满洲氏族通谱》记称：

> 张启祥，镶黄旗包衣旗鼓人，世居沈阳地方，来归年分无考。其子：张万禄原任佐领，张万钟原任山东济南道，张万彭原任员外郎。孙：张鼎鼐原任郎中，张鼎臣、张鼎昇俱原任员外郎，张常柱原任佐领。[160]

知张鼎臣的父辈张万禄曾管理镶黄旗包衣第四参领第一旗鼓佐领，张万禄卒，以张鼎臣管理，后缘事革退。[161] 至于张鼎臣之弟张常柱，于康熙五十年十月已任武英殿总监造、内务府会计司员外郎（图表4.13），兼管理正黄旗包衣第四参领第一旗鼓佐领，后亦缘事革退。[162]

曹寅于康熙四十年获恩赏承办龙江等五关铜觔共八年，每年除交铜10,100担（每担100斤）以供铸钱外，还需解送节省银39,530两。四十八年二月二十八日，曹寅奏称此差使期满，八年原共应交316,240两，然因赣关少办了一年铜觔，故只交银312,070两，又因四十五、四十六、四十七年的银两奉旨改成就近解至江苏布政使司的藩库（储藏钱谷用），而无须运京，故曹寅又将节省的脚费银8,470两上缴。但或因利润不如预期，曹寅因此在该折末称："窃念臣蒙皇恩浩荡，自应永远效力，但臣系庸材，钱粮重大，诚恐有误。

160　弘昼等，《八旗满洲氏族通谱》，卷75，页15。
161　鄂尔泰等修，《八旗通志初集》，卷3，页36。
162　鄂尔泰等修，《八旗通志初集》，卷4，页38。

除呈报内务府衙门查核外，理合具折奏闻请旨，伏乞睿鉴。"未积极争取续约，完满达成八年任务的曹家从此不曾再经办铜差（图表4.27）。

图表4.27 康熙四十八年二月曹寅在铜差期满时所上的奏折[163]

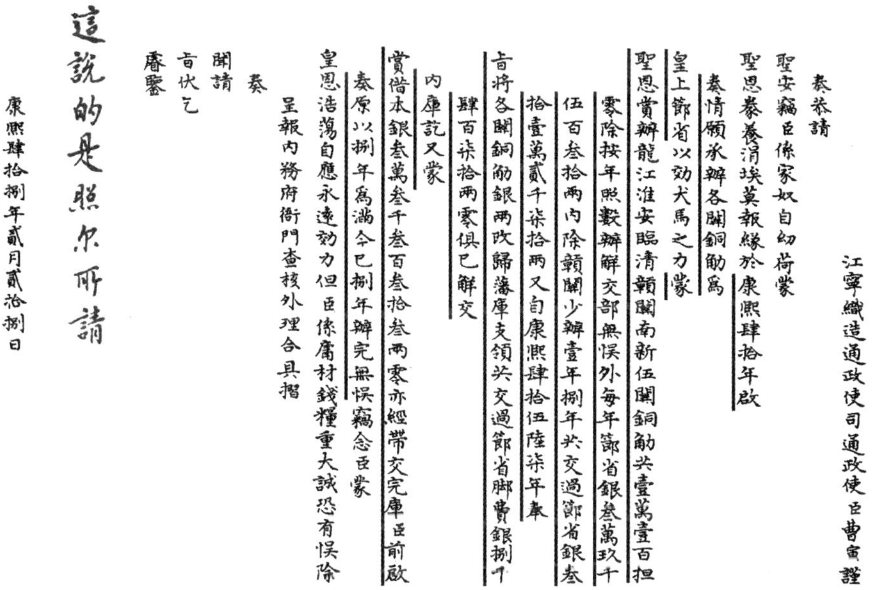

> 江宁织造通政使司通政使臣曹寅謹
>
> 奏恭請
>
> 聖安竊臣係家奴自幼荷蒙
>
> 聖恩養育湣埃莫報各關銅觔為
>
> 聖恩領永辦緣於康熙肆拾年啟
>
> 奏情願永辦各關銅觔為
>
> 皇上鄧省以効犬馬之力蒙
>
> 聖恩賞辦龍江淮安臨清穎關南新伍關銅觔共壹萬壹百伍拾卷拾兩除辦交部無悞外每年節省銀叁萬玖千零陸拾兩照數辦交部少辦壹年又自康熙肆拾捌年拾陸年半交過節省脚費銀捌千伍百貳拾叄兩又改歸藩庫支領共交過節省銀壹百零柒拾兩俱已解交
>
> 旨將各關銅觔銀兩
>
> 內庫說又蒙
>
> 賞借本銀叁萬叁千零捌拾叁兩零陸拾兩俱已解交庫臣前啟
>
> 奏原以捌年為滿今已捌年辦完無悞亦經帶交完庫臣前啟
>
> 皇恩浩蕩自應永遠効力但臣係庸材錢糧重大誠恐有悞
>
> 呈報內務府衙門查核外理合具摺
>
> 奏
>
> 聞請
>
> 旨伏乞
>
> 睿鑒
>
> 康熙肆拾捌年貳月貳拾捌日
>
> 〔硃批〕這說的是照爾所請

土纲明应是康熙后期承接各种差使最多的内务府官商（图表4.28），不仅采买红铜、倭铅，更参与伐木、开矿、买马等事。[164] 他于康熙三十八年十二月起即承办芜湖等六关的铜差，自四十年起与曹寅等分别办铜以来，迄四十六年止，七年间共照数交库节省银370,314两；四十七至四十九年所应交之节省银180,000两，则奉旨停交；但五十至五十五年每年仍须交节省

---

163 《宫中档康熙朝奏折》，第2辑，页68。
164 王萌，《康熙朝后期的铜政改革与内务府官商》。

银60,000两、带完银30,000两。¹⁶⁵ 经奏请后,停收五十至五十一年之节省银;至于五十至五十五年应收的带完银180,000两,因已交100,000两,尚欠80,000两。五十二年七月十七日,王纲明等以负担过重,呈请将节省银(应交的60,000两乃三十八年十二月他初接芜湖等六关时的两倍)减半。八月二十八日内务府议得:自五十二年起,将王纲明等每年应交之节省银60,000两、带完银30,000两俱减半。由于他先前所欠交的带完银80,000两,是历年亏欠,故不可减半,但获允可自五十二年起分十年交完内库。亦即,五十二年之后王纲明每年应摊还亏欠银8,000两,连同45,000两的节省银与带完银,每年共需交53,000两。¹⁶⁶

曹寅于办理五关铜觔八年(康熙四十年五月至四十八年五月)限满后,可能因获利不高,遂将心力放在自四十三年十月起与李煦奉旨轮管十年的两淮盐差,然当其于五十一年七月过世时,只来得及完差四次(第七章)。¹⁶⁷ 曹玺与曹寅父子各约四十年侍候清帝的劳绩,让曹颙与曹頫二人能够接续担任江宁织造,并营造出曹雪芹写作小说时所必需的物质环境与生活经验。曹寅的宦迹虽与其父在伯仲之间(第三章),¹⁶⁸ 然其融通满汉两文化的表现,对《红楼梦》的创作背景应产生极重要的影响。

---

165 带完银乃指每年还付当初购铜时所借内务府库银(用来周转之借支银)的款项。参见王萌,《康熙朝后期的铜政改革与内务府官商》。
166 《康熙朝满文朱批奏折全译》中的王刚明、范宇方、王振玉、翟启高(页905),在《关于江宁织造曹家档案史料》被译成王纲明、范玉芳、王振绪、翟其高(页20),其中范宇方(或范玉芳)及王刚明应作范毓芳及王纲明。
167 王煐为曹寅所赋的《挽曹荔轩使君十二首》中即称其"盐官四载橐无余,剩得楼中万卷书"(图表6.17)。
168 曹玺于顺治初年约三十岁时补侍卫,后被拔为二等侍卫管銮仪事,康熙三年起以内工部郎中衔奉派为首位内务府外放的专任江宁织造,二十三年以内工部侍郎衔卒于任,后又以曹寅于康熙四十四年第五次南巡时捐银二万两,特恩追赠为工部尚书衔。

图表4.28 王纲明所承接的各种差使

❖《漳浦县志》（康熙钞本），卷7

盐商王纲明等奏请代纳懷來盐课

❖ 储大文，《存研楼文集》（乾隆九年刊本）

閒起滅訟者民寝少蘇會商王纲明等請開採牌六月公瓯疏题封禁曰戶部咨商人王纲明等稱鉛山六禁不獨鉛勵易得而鼓鑄亦不遲悮應令其開採臣亦何容置喙但臣受恩最厚理應知無不言況前受

❖《朱批谕旨》，卷15，页4

如果官擧不好嚴加查究其賠補地方庫項亦屬正理王企靖即其東公奏聞不因通往一人之言即以巡撫王企靖聯宗叔姪倚勢貪横贓私鉅萬伏一吉安府知府王若鼇係王纲明之姪與原任

皇上問王纲明等新任之子姪諒未必能爲良吏惟據寶俱退但王纲明新任之子姪諒未必能爲良吏惟據寶所做懼笑無私毫

❖《介休县志》（乾隆卅五年刊本），卷9，页32

多不能権公私苦之誣額與所察顯力歷凱輸殿
轉沙漠萬里不勞官吏不擾閭閻勉却必至此肖國
費以億萬計將師上其功聯磁大侯寺卿用二品
服馬銃憚賜驥布政同參前諳興故也初擢銅六
人内王纲明最長卽推爲首面性恪修同類相效積
十餘年新将八十三萬纲明匪死四人咸欲卸罪碩
嶺日諸昇前此恒舞酣歌鮮衣怒馬皆此中物非盡

❖《袁州府志》（同治十二年刊本），卷9之21，页14

制宜免爲久遠蓋善之圖自康熙五十六年戶部具題將
汇南浙江江西湖廣福建五省督撫應補馬匹交與商人
王纲明承辦各省差人前往張家口收受馬匹每匹除路
費使用外償銀二十二兩内以九兩交王纲明馬價以三
兩已多盖五省之遠家口皆間關數千里往返勞苦
欵有餘日人則費多遠長則馬疲以欵數名之差操體

❖《皇朝文献通考》，卷30，页25

五十二年奏准久經開礦地方分别開採其未經開採者禁之大學士九卿等議復開礦一事除雲南督撫及湖廣山西地方商人王纲明等各雇本地人開礦不議外他省所有之礦向未經開採者仍嚴行禁止其本地窮民現在開採者地方官

❖《新昌县志》（乾隆五十八年增修本），卷10，页27

禁康熙五十七年京商王纲明回借帑金奏請將湖廣江西禁山砍伐奉部行知時球在京覲政詣部禀

❖ 遂將紅銅推出八省採買從此分更不一始而分
戶部臣趙申喬將王纲明以遲延虧空参奏纲明自
皇上陳之查從前紅銅倭鉛皆賣人王纲明承辦自

四、曹寅对联宗的经营

虽然曹雪芹家族的清晰记忆，只可追溯到着籍辽阳并宦居沈阳的高高祖曹世选，但为提升其家族的血缘自豪感和社会地位，他们在出仕之后也和许多人一样开始攀龙附凤，擅托远祖到一些历史名人及其郡望。而以曹参、曹操、曹霸、曹彬、曹玮和曹孝庆诸名人为显祖的曹寅，更透过"官场联宗"的关系，在新朝中与不少同姓之人认宗叙谱，以求相互攀缘发展。

如曹寅家即与辽东五庆堂第三房曹德先三兄弟支联宗，[169] 又因权中之女（与德先同房的族姊，长曹寅一辈）嫁甘体垣，遂称甘国基（体垣族弟云贵总督文焜第三子）为"鸿舒表兄"或"秋原表兄"（图表4.29）。[170] 屡称曹钊、鈖、鈜三兄弟（曹邦族侄鼎望子）为"骨肉""同胞""连枝"的曹寅，更据曹继祖（鼎望之父）孙辈之大排行称曹钊为"大兄"、曹鈖"宾及二兄"、曹鈜"冲谷四兄"或"松茨四兄"，[171] 知两家亦联宗。曹寅且因刘殿邦（字安侯）继娶曹鼎望女，而称其为"安侯姊丈"（图表4.29、4.30及4.31）。

---

169 据曹观源《武阳曹氏源流宗谱序》以及李因笃为曹鼎望所写的《曹使君淡斋初度序》，丰润曹氏自认祖先可上溯至彬、玮和孝庆。参见李因笃，《续刻受祺堂文集》，卷2，页22—24；曹振川等，《浭阳曹氏族谱》，卷1，页6—8。
170 甘恪编纂的《沈阳甘氏宗谱》记甘国基生于顺治十八年十一月二十五日。可能因两家的血缘较远、接触较少（甘氏二十岁就出仕，历官甘肃、陕西、山西、福建、河南等地，累迁至从二品的河南布政使，期间与曹寅均无交叠），故曹寅或不知甘国基小己三岁，抑或纯属对任官较早且家世较显的国基（其父云贵总督文焜于三藩之乱时殉清，特旨赏给恩骑尉，世袭罔替）表达尊敬，曹寅遂称甘国基为"表兄"。参见刘上生，《曹寅与曹雪芹》，页38—39；刘世德，《曹雪芹祖籍辨证》，页479—480；曹寅，《楝亭诗别集》，卷3，页8；费淳、沈树声纂修，《太原府志》，卷33，页43。
171 丰润曹氏自称源出曹彬的五世孙孝庆，并以孝庆之曾孙端明为始迁祖，然经详加比对史实后，发现目前所有武阳、进贤或丰润曹谱所记孝庆以下四代裔孙的仕宦经历多与史实不合。参见黄一农，《重探曹学视野中的丰润曹氏》。

图表4.29 曹寅透过联宗所产生的亲戚称谓

❖ 曹寅,《楝亭诗别集》

寅及二兄招饮时值宿未赴怅然踏月口占燕示子猷二首 （卷2，页1）
前鸦自知夕旅树更遍烟耐可一樽外徘徊双阙归谈月地清辉结冰天料及围炉坐驰思
戟边
清谈舒沆爱满灌宾时肯肉应何似欢呼自不支已能挥短尘匣共校新诗却笑今宵觉先输春
镜满短蓬又见玉梳工香凝画眼饥凤蔓隔寒云敷断鸿争似蘋婆雙院裹挥堂日醉春风

冲谷四兄归涟阳予从涟汤泉同行不相见十三日禁中见月感赋兼呈二兄 （卷2，页1）
西河袅柳萧萧月半照龙旗出晓空列恨不容霜草池

❖ 曹寅,《楝亭诗钞》

冲谷四兄索拟寻擦骨并嘉子学天竺四兄诗时安侯同选 （卷4，页19）
官道常苦累食指偏天涯水绒聊通青㐷盒望家计程除目美速逸出京料舒卷居奇内风霙望
再报车束一尺书咏诗松下晚凉如长城近日无坚墨未路相有敲庭诗愿加餐燕土暖少忧问
病楚天虚翼丝禅揭论情性远匣豈鱼已废除眼晓

虎丘雪霁追和芷园看菊韵寄松斋大兄 （卷2，页4）
筠石二弟

松尖四兄遂过西池用少陵可惜欢娱地都非少壮时十字为韵成今昔成诗十首 （卷2，页17-19）
勾陳遠招搖幽天夜夜单干六载走别林呼動地三驅度瀚海持冰暑爆槁念我同胞生搦裹攠
闭居咏僧雲達戀微官行筆辛勿蹊我驾良匪难十田日夜耕狂澜無時安恭承骨肉惠永奉業
（中略）
吾宗诗渊源大卒归清臊叔氏振頽風甸不修廉稷选友得關中沉楂迷時趣會筴骧寒瑰過
墨欤

送九迪之介休四首 （卷3，页8）
依然薜荔菖牆隂再拜河陽松柏林一二年間誰更好八千里外恨难沉岭增石筍穿窗見藉风花边地枕已是杜鵑啼不盡忍数司马重泣
（中略）
豪侈人思金介休紅莲一幕億风流誰知嘯詠無餘事布策堪作屏箸德歉亦未足獲戴嬉游驛昨日修驿不見儿多年相思日日翻京報逓仗由余到汝前
戈牙
隅遇友得闊中沈楂迷時趣會筴骧寒瑰過
名都

❖ 李振裕,《白石山房文稿》

和竹侗姪子影二首 （卷10，页15）
小闊揉愁自卷舒松竺交聚覆荷葉只今瀚海戈日好臨風檢素書
人醬麒井桃花水穿街貴蕾藍紅橋正泥澤游騎

讀筠莊詩感即韻送劉王衡觀察歸涿鹿兼赠朗崖李公 （卷4，页10）
渭符姪過懸有作時領詔入闈思許遺家上塚道至白下

西軒賦送南村還京棄懷安侯姊支冲谷（卷4，页8）

❖ 阎若璩,《潜邱札记》春西堂本

赠曹子清侍郎四律 乾隆九年春西堂本
汉代數功阳十八中传來尺幾蔡世職少司你然紅綻絡華季好臨風檢素書
（中略）
其三 （卷西堂）
屏障
伯氏值歎奇形骸恒放薄仲氏獨貞勞萬事每用壯平生盛年涕萬里懷憶最哉加餐飯門戶慎
（中略）
花風
又得泥金信風流第一人沙平新賜馬地近拜綢綁伊鸿仍传户詩社人秋元重平日令鐘孫易赴近曾汁易居延年
但進自達羧社心謾補裹同我遊當夏正颺楼
盛事未若此誂倫古來饒

赋得桃花红近竹林和竹澜姪韻 二卷4，页2

图表4.30　与曹寅家"官场联宗"或"攀亲结姻"的人物

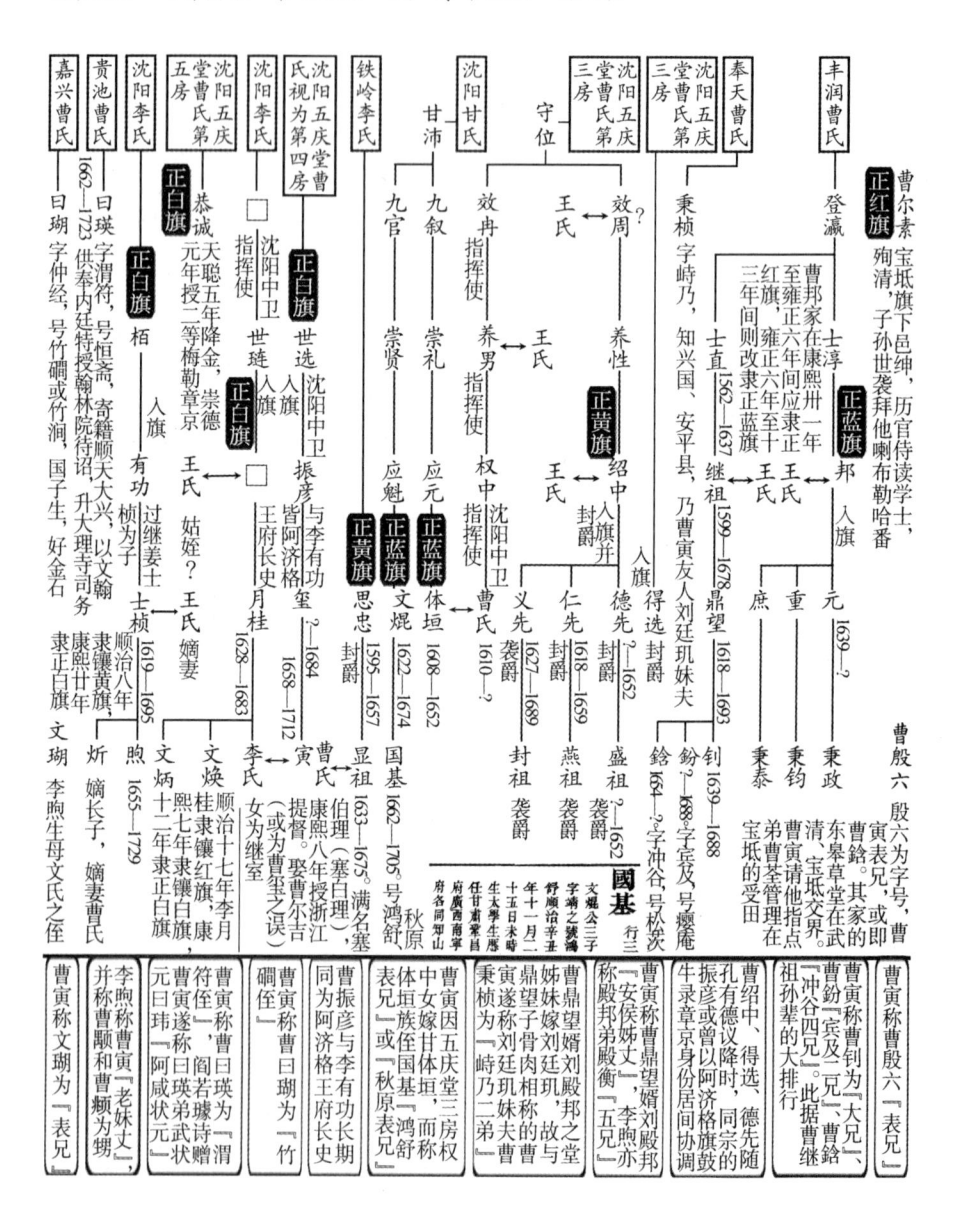

图表4.31　曹寅周遭的联宗或姻亲关系

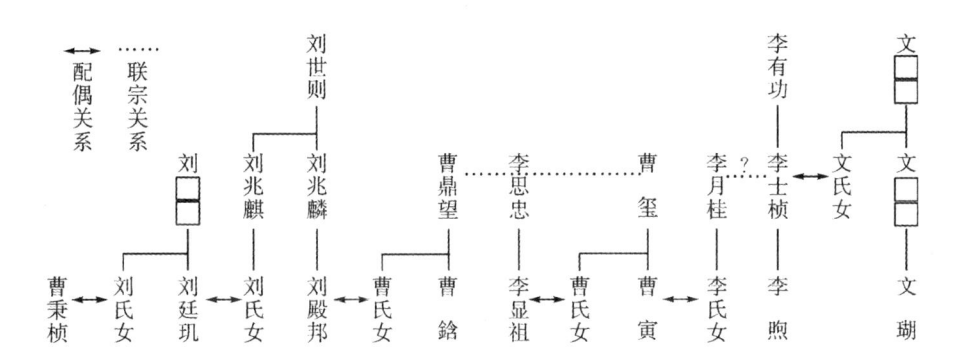

```
配偶关系  ←→
联宗关系  ……

                刘世则
                 │
        ┌────────┼────────┐
   刘   刘兆麒   刘兆麟                                           李有功    文
   ▭                            曹鼎望……李思忠    曹玺    李月桂─?─李士桢   ▭─文氏女
   │                              │            │              │        │
┌──┼──┐     │      │          ┌──┼──┐      ┌──┼──┐         │        │
曹 刘 刘廷玑  刘氏女  刘殿邦   曹氏女 曹鋡  李显祖 曹氏女 曹寅 李氏女←→李煦    文瑚
秉 氏
桢 女
```

曹寅除丰润曹氏外，亦与其他同姓士绅联宗，遂称浙江嘉兴曹曰瑚（国子生，好集金石文字）为"竹磵［或涧］侄"、[172] 安徽贵池曹曰瑛（1662—1723；[173] 寄籍顺天大兴，以善书特授翰林院待诏，升大理寺司务）为"渭符侄"。阎若璩也曾借用三国魏·阮籍侄阮咸有才名之典，在赠诗曹寅时称曹曰瑛弟曰玮（康熙三十三年武状元）为"阿咸状元"。[174] 至于曹曰瑚与曹曰瑛彼此亦有交往，贵池吴铭道（1671—1738）就指他与曰瑚曾会丁位在北京太液池旁的同乡曹曰瑛宅；江宁织造曹寅于扬州开局刊刻图书时，任翰林院待诏的曹曰瑛也曾参与，且曹寅幕僚吴贯勉的《台城路，酬曹竹磵见寄元韵，并示恒斋待诏》词，即同示曰瑚（号竹磵）与曰瑛（号恒斋）。[175]

时人的联宗关系也会与姻娅关系混融扩延（图表4.31），如曹寅称奉天曹秉桢（监生，先后知江西兴国及贵州女平，为曹寅辽阳友人刘廷玑的妹夫）为"峙乃二弟"，此因曹鼎望婿刘殿邦之叔兆麒的长女许配给刘廷玑，故廷玑可管鼎望叫表叔，而与曹鋡兄弟以骨肉相称的曹寅，遂因此称秉桢为"峙乃二

172　赵惟崙修，石中玉纂，《嘉兴县志》，卷25，页21；高树伟，《曹寅"竹磵侄"考》。
173　贵池缟溪曹家所藏的乾隆《曹氏宗谱》记曹曰瑛"卒于康熙六十一年壬寅十二月廿，享年六十有一"。参见张全海，《曹寅〈楝亭诗钞〉"渭符侄"考》。
174　在"又得泥金信，风流第一人"诗句下有"谓阿咸状元"小注。参见刘世德，《曹雪芹祖籍辨证》，页316—327、481—501；张全海，《"阿咸状元"详考》。
175　高树伟，《曹寅"竹磵侄"考》；张全海，《曹寅〈楝亭诗钞〉"渭符侄"考》。

弟"。[176] 再如李煦因以曹寅为"老妹丈",而刘殿邦为曹鼎望婿,鼎望子又与曹寅以兄弟相称,李煦遂谓刘殿衡为"五兄"(附录4.5)。[177] 再者,曹寅亦同样可称李煦生母文氏之侄为"表兄文瑚"。[178] 至于曹寅诗文中提及的"松斋大兄""殷六表兄",[179] 或同属前述关系网络的产物。

曹寅成为家长后一直努力扩大人际网络,曹家圈地所在的宝坻与附近的丰润,即是其特意经营的地区之一(附录4.5)。此因在明清鼎革的世变中,其祖父曹振彦与宝坻的刘兆麒、丰润的曹邦与张自德(约1612—1671;[180] 其名亦作滋德,子纯修与曹铨、曹寅均交好)等人有着相似的经历,他们均在努尔哈赤或皇太极时期即已投顺,并皆于"从龙入关"后出仕,协助清朝治理地方政府。此八旗社群且透过宗族和姻娅等关系(刘殿邦继娶曹鼎望女,王煐长子两娶刘殿衡女,张自德兄自澄或娶丰润曹家女等;详见后文),与丰润曹鼎望、宝坻王煐等在地民人士绅,形成一小撮地域性甚强的利益团体,当中部分人士所拥有的旗籍身份与满汉双语能力,更让他们在清初社会多了不少挥洒空间。

附录4.5

曹振彦家在宝坻的亲友

曹寅于康熙四十一年作《西轩赋送南村还京,兼怀安侯姊丈、冲谷四兄,时安侯同选》诗,先前学界有误此南村即王文范,亦不知"安侯姊

176　樊志斌,《曹雪芹家世文化研究》,页87—100。
177　刘世则所生的兆麟与兆麒共有五子(图表4.32),殿衡年纪应非最小,故疑"五兄"似为国祯曾孙的大排行(分别出自国祯两子世则与尧则支)。又,刘、李两家出仕过程亦有重叠,刘兆麒任浙江总督时,李士桢曾是其下属的布政使。参见李煦撰,张书才、樊志斌笺注,《虚白斋尺牍笺注》,页73、88、357;赵世安修,顾豹文、邵远平纂,《仁和县志》,卷27,页40。
178　雍薇,《西园寺"血ზ"述略》。
179　曹寅,《楝亭诗钞》,卷2,页4;顾斌,《曹学文献探考》,页209—227。
180　据毛际可《张中丞自德传》,知张自德于十九岁"随王师而东 [指崇祯三年被金军掳出关外],遂隶籍藩下……享年六十而终"。参见钱仪吉,《碑传集》,正编,卷62,页2。此一生卒年异于人名权威人物传记资料库。

丈"为何人。[181] 查《顺天府志》有刘殿邦、刘殿衡兄弟的小传，曰：

> 刘殿衡，字伯玉，宝坻人。父兆麒，兵部尚书；本生父兆麟，顺治辛丑进士……仲兄殿邦，字安侯，累官至苏松粮道署布政使，圣祖书"一州之表"四字赐之。[182]

知曹寅当时乃赋送友人王煐（1651—1726；号南村，康熙二十八年知惠州，四十四年补浙江分守温处道，在官仅十日即遭解任）回京，兼怀与宝坻王煐同里的姊丈刘殿邦（字安侯）以及邻县丰润的曹鋡（字冲谷），[183] 王煐当时或是为了候选官职而回京。[184]

前述诸人均为世交，如曹振彦曾于王煐之父王鼎吕（顺治十四年拔贡）患难时"护持指示"，令其"得归民籍"，[185] 故王煐在其《挽曹荔轩使君十二首》中，尝称两家是"三世论交七十年"，而他与曹寅的定交则在"平生知己"曹鈖（字宾及，号癯庵，康熙二十七年卒；曹鋡兄）的北京寓所。[186] 又，王煐长子两娶刘殿衡（殿邦本生弟）女，[187] 殿邦女后亦嫁庶吉士宋筠（曹寅好友宋荦之幼子）为继妻。[188]

---

181 曹寅著，胡绍棠笺注，《楝亭集笺注》，页170—171。至于后文所涉《楝亭诗钞》中各诗的系年，均另可参见兰良永，《红楼梦文史新证》，页104—132。
182 周家楣等修，张之洞等纂，《顺天府志》，卷100，页33—34。
183 方晓伟，《辽东曹氏的家族迁徙及其文化流变：从"安侯姊丈"说起》；高树伟，《干南村・风木图，曹寅．两份关于曹寅的新材料》；日溪，《论王南村与曹寅家族的交往：从新发现的王南村有关曹寅的十八首诗谈起》。
184 王煐《写忧集》的下卷记康熙四十一年春至四十四年秋末，从其第四首《渡河》提及的徐州、第五首《月夜经滹沱河，水骤涨，不得渡……》的滹沱河（发源于山西五台山，流经河北，至天津会合北运河后入海），第六首《汪司成斋头赋得"雨余清晚夏"》末注的北京崇效寺等地名，均知他确于四十一年春北返。参见王煐，《写忧集》，卷下，无页码；方晓伟，《曹寅和王煐》。
185 入旗汉人有从龙入关者，有在清朝定鼎后投诚者，亦有缘罪入旗者等，王鼎吕应曾入八旗奴籍。参见洪肇楙修，蔡寅斗纂，《宝坻县志》，卷17，页12。
186 王煐，《忆雪楼诗》，卷上，无页码。
187 此因王煐《寄刘中丞十首》之第五首有"儿非玉润愧冰清，两娶高门作馆甥"句，在其悼子诗亦有"二女禀台久相待，墓门从此结同心（儿两娶于刘，俱早逝）"句。参见王煐著，宋健整理，《王南村集》，页172、335。
188 宋荦，《漫堂年谱》，页138—139。

刘殿邦于康熙二十八至三十六年间任驻淮安的分巡淮扬道,三十六至三十八年任在吴县的督理苏松常镇四府粮储道参议。[189] 三十七年十二月其本生弟刘殿衡获授江苏布政使,翌年六月身为下属的殿邦因回避而离任。[190] 殿衡在三十八及四十二年的两次南巡中,"供张为豫,无扰于民",获帝称许,遂于四十三年三月升授湖广巡抚。知曹寅、李煦、刘殿邦、刘殿衡、王焞等人在四十年前后曾同在江南,[191] 彼此关系犬牙交错,如王焞著作中涉及曹寅之诗多达十八首,且李煦在四十九年致王焞的一信称王氏"长兄""老长兄",并以其为"知己""生平之良友"。[192] 此外,李煦亦曾于四十七年的信中称时任湖广巡抚的刘殿衡为"五兄"。[193] 由于《钦定八旗通志》记殿衡卒于五十六年十二月湖广巡抚任内,"年六十有二",[194] 知殿衡应是顺治十三年生,其仲兄殿邦之生年必早于此。而曹鼎望女的年纪应大于曹寅,顺治十五年生的曹寅才会称其夫殿邦为"安侯姊丈"(图表4.32)。

查康熙《宝坻县志》在"国朝旗下邑绅"项下,仅胪列曹尔素(历官弘文院侍读学士)、刘兆麒(历官浙江总督)与吴一位(历官苏州知府),[195] 此应为当地最早投顺清政权的士绅(图表4.33)。据张大受为刘殿衡所撰的墓志铭,记殿衡的承继父兆麒(诰封光禄大夫)曰:

---

189 卫哲治等修,叶长扬等纂,《淮安府志》,卷18,页59;宋荦,《西陂类稿》,卷34,页10、13、42及卷35,页25;赵弘恩等监修,黄之隽等编纂,《江南通志》,卷106,页10—11。惟《淮安府志》将刘殿邦误作"刘宪邦"。
190 宋荦,《漫堂年谱》,页102。
191 王焞于康熙三十六年北上奔父丧,三十九至四十一年间曾与曹寅同游江浙。参见高树伟,《王南村·风木图·曹寅:两份关于曹寅的新材料》。
192 李煦亦屡以"老长兄"称呼许多官员,此或均为"老大哥"之类的尊称。参见李煦撰,张书才、樊志斌笺注,《虚白斋尺牍笺注》,页169。
193 两人似无直接亲缘,且李煦早刘殿衡一年生,因疑此乃李煦追随"妹丈"曹寅的称谓。类似情形亦见于曹寅,他就称年纪小已三岁的甘国基为"鸿舒表兄"或"秋原表兄"。李煦与曹寅有可能因刘、甘两家为八旗势族,遂敬称年纪稍小的刘殿衡或甘国基为兄。参见李煦撰,张书才、樊志斌笺注,《虚白斋尺牍笺注》,页73、88、357;白溪,《论王南村与曹寅家族的交往》。
194 铁保等,《钦定八旗通志》,卷201,页37—45。
195 牛一象等修,苑育蕃等纂,《宝坻县志》,卷5,页8。

第四章 康熙皇帝长年的宠臣曹寅

光禄公当国初隶籍禁旅，事太宗、世祖受恩最深。今皇帝畀以文武重任，康熙九年覃恩荫一子入监。[196]

知刘兆麒早在皇太极当政期间就已入旗，康熙皇帝且"畀以文武重任"。清朝为应付沙俄的侵扰，曾于康熙二十三年增兵黑龙江2,301人，其中包含自盛京、宁古塔调来的炮手及鸟枪手80名，自北京调来炮手40名，另为方便管理，特设汉军总管（ujen coohai uheri da）一名，此即黑龙江总管，首任就是刘兆麒，他直至康熙三十一年才离任。[197]

查宝坻曾在崇祯二、九、十五、十六年遭清军掠境，县城更于九年被攻破，多达数千人死亡，[198] 再据张玉书的刘兆麒墓志铭，称其：

年十四，遇太宗文皇帝观兵畿辅，亟收人才，见公异之，令入官学读书。年十六，随世祖章皇帝入关。又七年，诏选汉军满、汉文艺，以范文肃为考官，名列上卷，遂授翰林院编修。公起布衣为侍从，感激知遇……今观刘公一身，培养于诸生之中者，太宗皇帝也；历试于侍从执法之列者，世祖皇帝也；用以经文纬武、扬历［指仕宦经历］中外者，今上之识拔也。[199]

推判兆麒应在崇德七年（崇祯十五年）清兵入塞时（年十四）降顺入汉军旗，并成为官学生，[200] 顺治初授侍卫（所谓"公起布衣为侍从""隶籍禁

---

196 张大受亦尝为曹寅赋《赠曹荔轩司农》一诗。参见洪肇楙修，蔡寅斗纂，《宝坻县志》，卷17，页70；宋荦，《江左十五子诗选》，卷6，页7。
197 台北故宫博物院藏清国史馆传稿第701005662号；张建，《黑龙江驻防火炮研究》。
198 洪肇楙修，蔡寅斗纂，《宝坻县志》，卷11，页10—12；卷15，页14。
199 李桓，《国朝耆献类征初编》，卷154，页9—13。
200 该次清军共俘获近三十七万人出关，刘兆麒应非被掳，否则通常会隶于旗鼓佐领或管领下。又，当时每佐领各取官学生一名，以十名习汉书，余习满书。参见《清太宗实录》，卷64，页889；《清世祖实录》，卷20，页181。

旅"），七年更以精通满汉文而获选编修。[201]查乾隆《宝坻县志》只记刘兆麒、刘殿玑、刘殿璋、刘嵩龄、刘同曾、吴一位、曹尔素七人为旗籍，[202]且当地仅有一支刘氏入旗，故前五人必出自同一家族，而据张玉书为刘兆麒所撰的墓志铭，知他们乃祖孙三代。[203]

经爬梳中国基本古籍库、中国方志库后，发现嘉庆《钦定八旗通志》《大清一统志》以及道光《苏州府志》等官书均指刘兆麒是汉军镶白旗人，其承继子殿衡在乾隆《江南通志》、道光《苏州府志》、光绪《甘肃新通志》中，亦被记成是镶白旗人，雍正《四川通志》、乾隆《直隶泸州志》、嘉庆《直隶叙永厅志》也称殿衡子嵩龄是镶白旗人。然乾隆《江南通志》、道光《苏州府志》、光绪《苏州府志》、民国《吴县志》，却均以刘殿衡的本生兄刘殿邦隶正红旗。

因疑康熙初年以后已居总督高位的兆麒，或曾协助殿邦支入汉军旗。但有些家族由于人数众多，且入旗时间不一致，故分入哪一旗，并无定数。清廷为维持各旗人数的均衡，或将殿邦支另编入了正红旗（此说待考）。又因八旗汉军的武会试自康熙五十一年壬辰科起才开科取士，[204]知刘兆麟应是以民人身份登顺治十八年武进士。

---

201 刘兆麒任都察院启心郎时，即负责将堂官定稿的满文公文书译成汉字。参见《清世祖实录》，卷82，页645；卷110，页864。
202 洪肇楙修，蔡寅斗纂，《宝坻县志》，卷9，页3—17。
203 李桓，《国朝耆献类征初编》，卷154，页12。
204 铁保等，《钦定八旗通志》，卷108，页1。

图表4.32 曹寅称作"安侯姊丈"之刘殿邦的世系图[205]

刘国祯
1604—1678。世则，号善征，娶鲁氏。

- **兆麟** 字瑞符。顺治十八年武进士。以亲老不仕。娶单氏。
  - **殿扬** 字元公。贡监生，候选知县。不仕。娶芮氏。

- **世则**
- **尧则**

镶白旗
- **兆麒** 1629—1708，字瑞图。崇德七年随入关。顺治七年翻译生员。康熙二年授护军校。十四年革职。十八年补侍卫。二十一年授御前一等侍卫。二十四年授都察院左副都御史，十月升工部右侍郎改都察院左副都御史。二十五年补授江南江西总督，三十年以失察被革职。三十二年七月降补直隶通永道，三十四年十月升为左副都御史。三十六年调补江西巡抚，七月诏回京入值御书房。四十年加工部尚书衔，四十六年以老解任。书北解河工。配钮秩氏，初竟姜。继娶陈氏，生崇让。继娶郭氏，尚修。

正红旗
- **殿邦** 字安侯。入旗。由贡就丹诏议叙，道员。松常镇四府粮储道，康熙廿六至卅八年任苏州。卅六至卅八年任扬州。旋因回避离任。娶芮氏，继娶曹鼎望女。

镶白旗
- **殿衡** 1656—1718，字玉佑。本生父为兆麟。康熙九年以父荫为监生。廿二年授兵部员外郎，廿四年迁刑部员外郎，廿六年调西宁道。廿九年转井陉道。卅七年授江苏布政使。四十三年三月擢湖广巡抚。四十七年丁父优，五十年复任湖广巡抚。五十六年十二月卒于官。娶嘉兴府张思齐女(?—1715)

- **殿衡出继兆麒**

镶白旗
- **嵩龄** 康熙五十二年进士，雍正元年所生次女许配大臣索额图曾孙（应即同曾衡生女）字嵩。同曾许婚李错内迎。雍正元年改迎宁正十一月道吉逢庶年官辞职并解京为众所弹责不因三循思塞年祗图务革职。

- **殿瑰** 授中书，历升工部员外郎，郭氏生，候选知县。娶佟氏，郭岁贡生。

- **殿璋** 十岁贡生，娶王氏。郭氏生。

- **长女** 许候补主事刘廷珣为室。

- **永龄** 太学生。永龄出继殿瑰，先父卒。

- **鹤龄** 荫生。雍正八年任莱州府知府。镶白旗。

- **昌龄** 候选通判。先父卒。

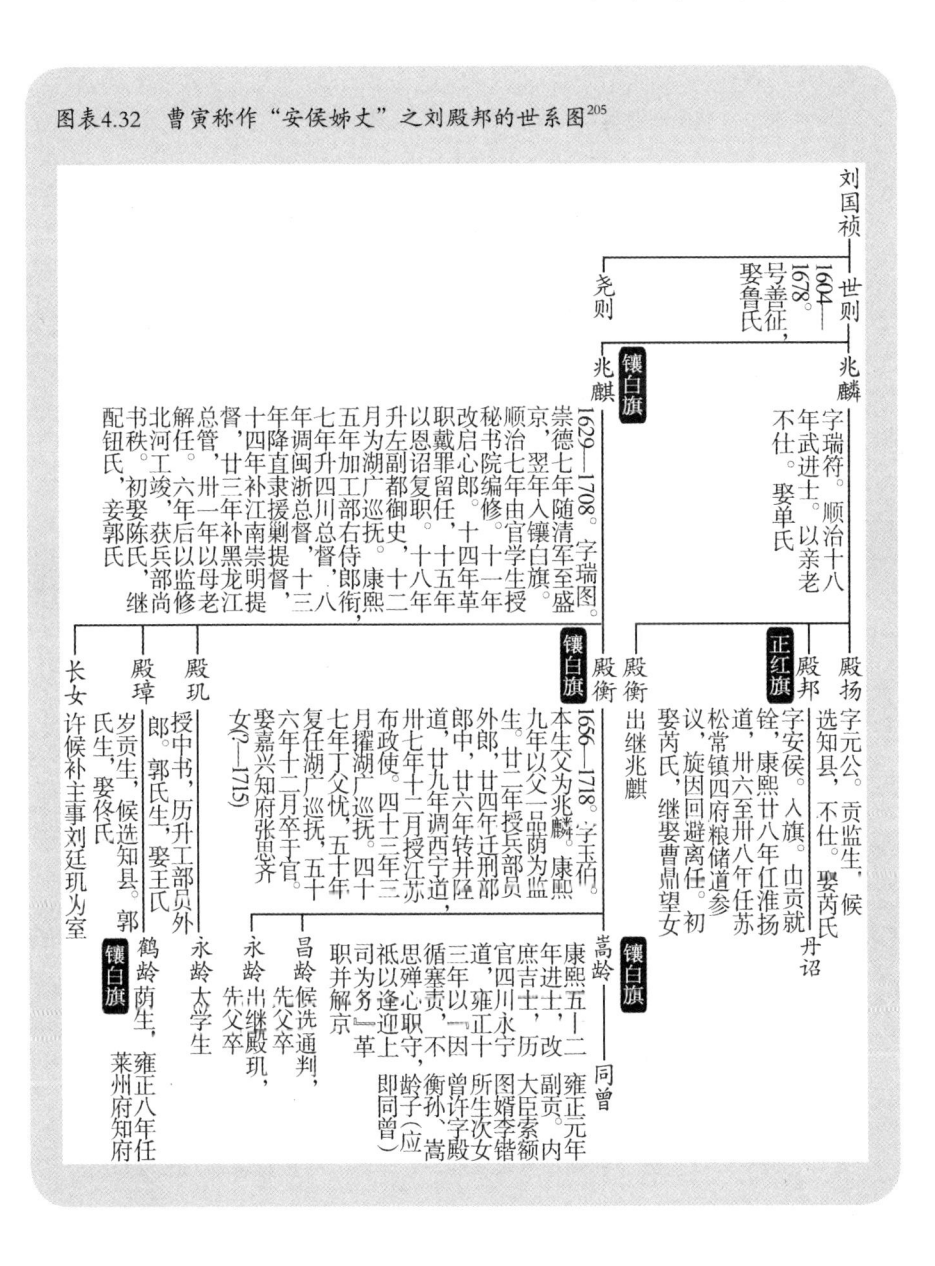

205 参见《清实录》《（乾隆）宝坻县志》《国朝耆献类征初编》（卷154，页9—13），另见汉沽金明之博客（http://blog.sina.com.cn/u/5616914113）中从《丰台刘氏家谱》等文献辑出的刘氏碑传。

图表4.33　清初丰润与宝坻的旗下邑绅

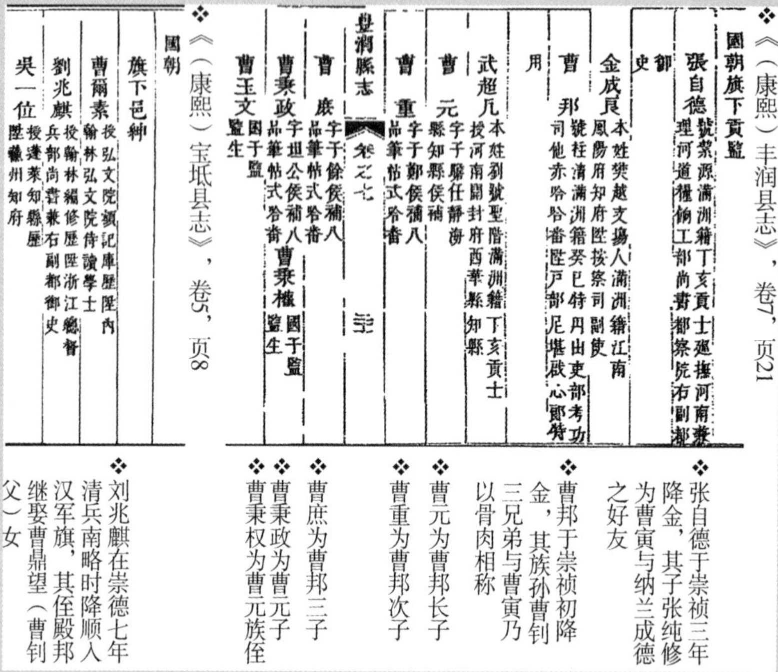

《（康熙）丰润县志》，卷7，页21

国朝旗下贡监
- 张自德　号紫源，满洲籍丁亥贡士，延推河南孟津，理河道权工部尚书都察院布政副都御史
- 金成良　本姓樊扬，满洲籍江南凤阳府知府陛按察司使
- 邦司　能赤哈哈番陛户部尚书堪袭心郎特用
- 武超凡　本姓刘号阶满洲籍丁亥贡士河南开封府西华县知县
- 曹元　骑都尉侯袭补
- 曹重　品笔帖式哈番
- 曹秉政　品字坦公笔帖式哈番曹秉权监生
- 曹玉文　监生

❖ 张自德于崇祯三年降金，其子张纯修为曹寅与纳兰成德之好友
❖ 曹邦于崇祯初降金，其族孙曹钊三兄弟与曹寅乃以骨肉相称
❖ 曹元为曹邦长子
❖ 曹重为曹邦次子
❖ 曹庶为曹邦三子
❖ 曹秉政为曹元子　曹秉权为曹元族侄

《（康熙）宝坻县志》，卷5，页8

国朝旗下邑绅
- 曹铜素　授弘文院领记库历陛内院侍读学士
- 刘兆麒　投兵部尚书陛浙江总督兼右副都御史
- 吴一位　陛莱知县屋授莱州知府

❖ 刘兆麒在崇德七年清兵南略时降顺入汉军旗，其侄殿邦继娶曹鼎望（曹钊父）女

图表4.34 吴正治为刘兆麒父刘世则所撰的墓志铭

皇清誥封光祿大夫善徵劉公墓誌銘

皇清誥封光祿大夫兵部尚書都察院右副都御史加從一品善徵劉公墓誌銘

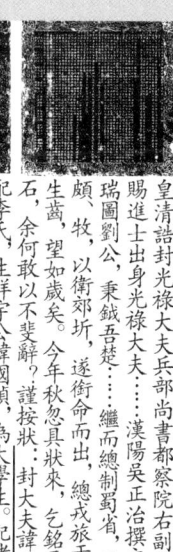

漢陽吳正治撰文幷書丹

賜進士出身光祿大夫……再腎同浙，軺車所至，輒多異政。癸丑還朝，正直西南風鶴，亟需頗牧。以衛郊圻，遂銜命而出，總戎旅于常山，兵威大振，中外帖然。乃更移鎮崇明，海氛肆靖，東吳之生齒，望如歲矣。今年秋忽具狀來，乞銘于余，始知刘大夫于李春仙浙，而公以余素承劍呬，亟委隧宮片石，余何敢以不斐辭，謹按狀：封大夫諱世則，號善徵，系本彭城，籍占寶坻，自曾祖諱信，始為邑庠生。配李氏，生祥宇公諱國碩，為太學生。繼李氏，王氏，俱以覃恩，黑贈光祿大夫一品夫人。封大夫為諸太夫人所出，與弟欽徵公諱堯則，孿業成均，而已獨任治生。朝先臧獲，俱習儒業，共負俊才。伯兆麟，仁孝備至，人無間言。元配魯太夫人之陰行，克勤魚儉，積有贏餘，曾于諸太夫人憂，哀毁骨立，葬煖榮煙威誠。生丈夫子二。故一意養親不仕，乃封大夫閒于有家，兩繼母，即瑞圖公也。伯氏長子韜鈴，起家虎榜，兩試皆膺魁選，特以瑞圖公官階不職，傳曰遐通。志夫大伸，故倖欽徵公，端圓公母魯一秩，必誮切諭諭，以故所在有聲。封大夫生于故明萬曆三十二年六月二十七日，恭遇恩詔，誥封大夫，康熙十四年，恭遇恩詔，誥封榮祿大夫，都督僉事加二級。配魯氏，誥封光祿大夫。兵部尚書兼都察院右副都御史從一品，太學生守義公女，封淑人，進封夫人。順治十四年，封大夫生于故明萬曆三十二年六月二十七日……歲逢穢荒，全活甚眾，河潤數里，無德色。則封大夫之陰行，其喜有如此者。魯太夫人人能左右輔相，眉案莊莊，雍穆之軋，用以贍宗黨鄰里之不給者。緣念祥寧公服勞勤苦，志未大伸，故倖欽徵公，為諸太夫人所出，與弟欽徵公諱堯則，孿業成均，而已獨任治生……

……子二：長兆麟，由秘書院編修歷任都察院右副都御史，總督四川兵部右侍郎兼都察院右副都御史從一品，宗人府啟心郎，都察院左副都御史，巡撫湖廣工部右侍郎兼都察院右副都御史，總督江南崇明總兵官，提督江南崇明總兵官，總督浙閩兵部尚書兼都察院右副都御史，參領維世公女。次兆麟，辛丑科武進士，督僉會事加二級，繼娶鈕氏，內閣中書候補主事，娶陳氏，參領維世公女。次殿邦，娶譚氏，貢監生，邑庠生諱卿南，號督白諱如梅，號寒公孫，次殿衡，候選主事，娶芮氏，己亥進士，浙江台州黃岩知府諱思望，號盤所公孫，亦麟出，繼麟後。次殿璣，貢監生，娶梁公公女，繼娶曹氏，邑庠生諱卿南，號巡撫劉諱漢祚，號萃東公子，刑部郎中諱為禾為室。次殿璋，娶張氏，京口副都統諱思恭侄女，浙江台州信府知府諱鼎望，號冠五公女，麟出。宸誥，俱已卒。……

（現藏中國天津市寧河區丰台鎮天尊閣院內，台灣中國文化研究院等引自中國出土墓志：天津》，頁201—203。）

(http://blog.sina.com.cn/s/blog_14ecb4ee10102wc6m.html)

> 笔者曾疑殿邦可能娶了民人曹鼎望（曹邦族侄）女或侄女，而因曹寅乃以骨肉称呼曹钊三兄弟，遂谓殿邦为"姊丈"。惜在施闰章为鼎望父母合葬所撰的墓志铭中，仅记"女孙十二人，皆适名族"，[208]且曹鼎望的墓志铭中亦只载"女子六人，皆为士人妻"，均未言及诸女的配偶。幸运地，在吴正治为刘兆麒父刘世则（号善征）所撰的《皇清诰封光禄大夫、兵部尚书、都察院右副都御史加从一品善征刘公墓志铭》中，此说得到证实，因该文明指刘殿邦继娶曹鼎望女（图表4.34）。

曹寅家与丰润（古名浭阳）曹的交往，相较于其他"官场联宗"者应更密切。据光绪《浭阳曹氏族谱》，曹邦是丰润最早入旗者之一（图表2.26及4.35），己巳之变时，他于崇祯三年"因彼地原有族人引荐，随本朝大兵出口"，其姻亲张自德也一起投顺。当时担任正白旗旗鼓牛录章京的曹士蛟，应是那段期间金国政权内地位最高的曹姓人士，因曹振彦在天聪四年（崇祯三年）九月《重建玉皇庙碑记》的名衔仅为"致政"。曹士蛟很可能于天聪三年十月曾追随旗主多铎参加己巳征明之役，并在天聪四年春当清军行经丰润附近时，安排见风转舵的曹邦及张自德投诚（图表4.36），此与《浭阳曹氏族谱》以及《丰邑丰登坞张氏重修家谱》中的二人小传恰合符契（见后文）。但由于曹士蛟（正蓝旗包衣旗鼓人）、曹邦（正蓝旗包衣旗鼓人）与曹振彦（正白旗包衣人）在《八旗满洲氏族通谱》中分属不同家庭，知彼此的血缘并不亲近，[209]惟为建立较紧密的互助关系而叙谱。

208　黄一农，《重探曹学视野中的丰润曹氏》。
209　曹邦之堂兄继祖（鼎望父）尝以诸生追随从叔变蛟四处征战，明亡时归隐。变蛟为大同人，在叔父文诏军中屡立功，官至临洮总兵，崇祯十五年清兵攻陷松山时死节。文诏的亲随中除弟文耀外，子侄辈的变蛟、鼎蛟亦善战，不知士蛟有无可能是变蛟的族兄弟，在明季随父志高寄居沈阳，并于天启元年城破时沦为包衣旗鼓人？参见黄一农，《二重奏：红学与清史的对话》，页16—22。

第四章　康熙皇帝长年的宠臣曹寅

图表4.35　与曹邦相关的史料

乾隆《丰润县志》

曹邦字佇清咸寧里人穎異好學智慮過人明崇禎二年隨清兵出口及定鼎後占籍正紅旗他赤哈哈番旋擢戶部敢心郎順治十年授吏部澄清司計部則國裕民足遷湖廣之慈利令再補直隸阜城令皆有聲名養歸里扶危濟困喜捨樂施不能斂聚者助之死而無棺者給之鄉黨親族靡不蒙其澤云

卷5、页44

豐潤縣志 卷之五 選舉

光緒《遵化通志》

曹邦字佇清穎異好學智慮過人天聰三年隨天兵出口定鼎後占籍正紅旗漢軍從征屢建奇勳順治十年授吏部他赤哈哈番敢心郎左遷湖廣慈利直隸阜城等縣皆有聲名養歸濟人婚葬舉被族黨于重字子郎

卷54、页5—6

光緒《漵陽曹氏族譜》

世祖章皇帝順治二年以各地荒亂慈愍赴遼東避兵因彼地有族人引薦隨本朝大兵出口占籍正紅旗嶐征屢立奇功治十年受吏部他赤哈哈番旋擢戶部敢心郎任銓曹則黜陟澄清司計部則國裕民足左遷湖廣之慈利直隸之阜城皆有聲稱乞養歸里扶危濟困喜捨樂施不能嫁娶者助之死而無棺者給鄉黨親族靡不蒙澤

卷22、页2

民國《慈利縣志》

三十年縣人朱文燦贈永安渡學地吳恭享有記

設者股志碑山越石屋築以於岸然照石之卯壁然若後即立大縣南徒二土碑一纪熙伯即政府

民國《慈利县志》

北多善政傳頌口祀河南名宦通志
國初移駐枷縣自德經營草創繕置城署不煩民力而事舉
撫河南明季巡撫燮熱流賊
張自德屯居滿洲人順治四年貢生歷官中外康熙元年巡
土畱按察使晉副使改浙江海合道卒於官
二年脅撫寬薦史治第一擢四川敘州府邊郡聲教漸如中
城等縣皆有聲名養歸濟人婚葬善舉被族黨于重字子郎
吏部他赤哈哈番從征泰蜀屢建勳績順治十年授吏部
定鼎後占籍正紅旗漢軍從征泰蜀屢建勳績順治十年授
天兵出口
曹邦字佇清穎異好學智慮過人天聰三年隨

康熙《阜城縣志》二卷清曹邦修曲高彌纂

康熙阜城縣志曹高邑人曾任官甘慮邇逊是志與高彌同纂是舊志與高彌通彬同作曹先生者是官曹知敘讚成官刑新彰測達縣事康熙十一年成書末有王勃跋

卷1、页51

嘉慶《重修慈利縣志》

曹公祠祀　清邑侯曹邦在永安渡北岸鋪後學地内僅存碑記

卷5、页34

康熙《岳州府志》

慈利縣　曹邦豊潤人
　　皇清曹邦遵陽人康熙元年任有生祠沈順浙迂人

卷15、页

《曹邦陞黃旗》卷12、页4

曹邦旗籍：

正蓝旗　《八旗滿洲氏族通譜》
正红旗　乾隆《丰润县志》
正黄旗　光绪《遵化通志》
镶黄旗　光绪《漵陽曹氏族譜》卷2
　　　　民國《慈利县志》卷4

順治拾參年陸月貳拾柒日少傅兼太子太傅、內翰林、秘書院大學士、管戶部尚書事臣車克

敢心郎臣曹邦

（上海图书馆藏）

图表4.36 己巳之变中引荐曹邦投顺金军的曹士蛟。张纯修（曹寅及成德的好友）之父张自德亦同在丰润被"裹出关外"

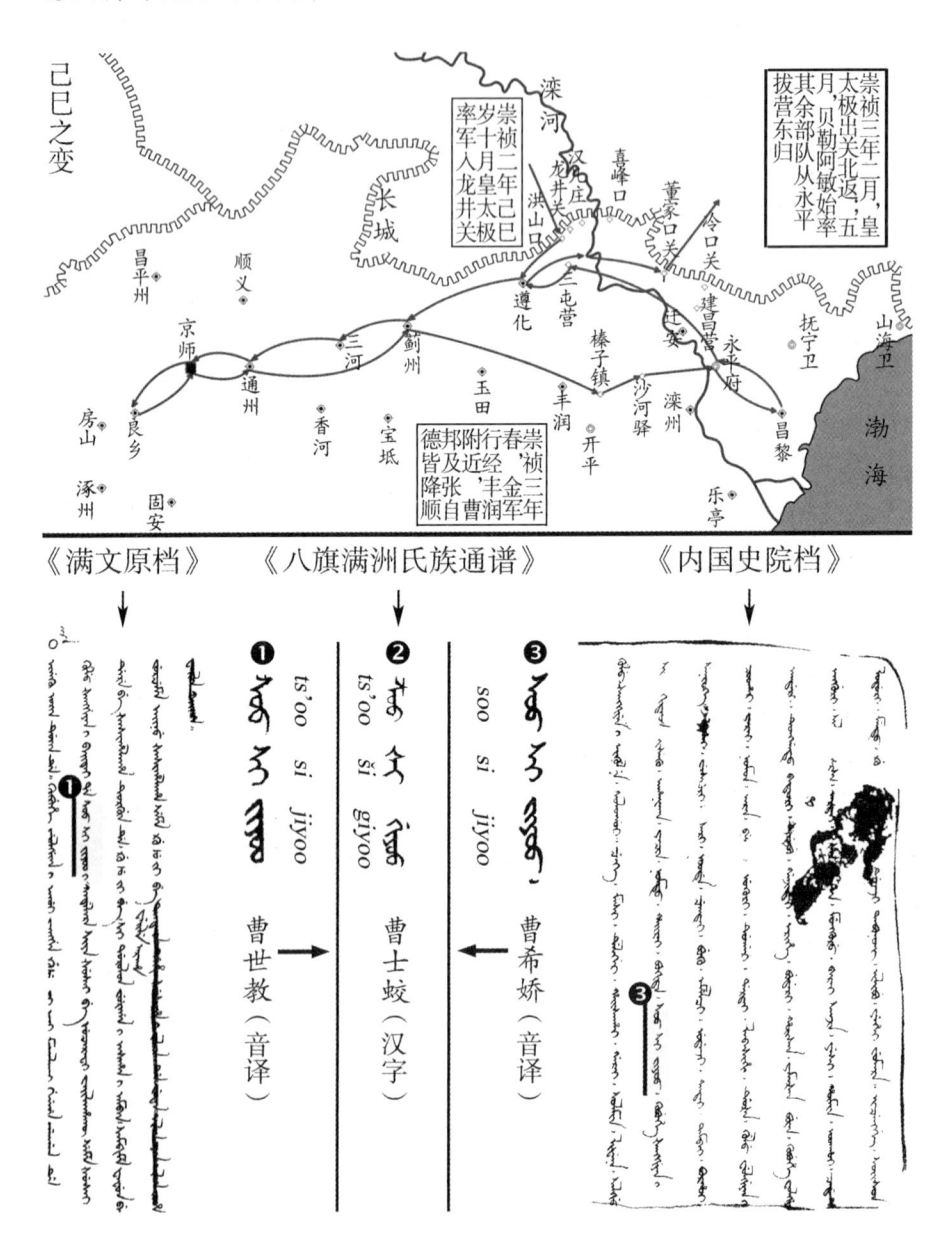

286

检曹邦与曹振彦在顺治朝共隶同一旗主（先后为多尔衮、多尔博、福临），[210] 且两家在入关前的生活时空与身份地位均颇多重叠，又同在异族远地发展，并同样攀附曹彬为显祖（第一章），交往因此较亲密。此外，曹邦于顺治十年至康熙元年间在京，其从侄曹鼎望于顺治十六年至康熙三年间任官刑部，而曹玺在康熙元年才外放江南，故两家有好几年同住北京。

曹寅与曹鼎望两家跨代的深厚交情，或还与其文化兴趣与交游网络之高度重叠相关。当时许多知名的遗民或官吏（如施闰章、张纯修、梅庚、尤侗、王熤、石涛等），均是双方的朋友。鼎望父子对诗文与书画事亦颇有造诣，鈖尤善画，颇得元代大画家梅花道人吴镇"淋漓淡宕"之趣，鼎望与鈖也以制墨闻世，时人有称曹氏墨的价值是"一金易一铢"。而曹寅除对艺文拥有多面向的兴趣与能力外，他在任织造时亦制墨，康熙三十四年还曾进呈"兰台精英"墨以供御用（图表4.37）。[211] 亦即，两曹间的交情应不只是建立在他们认同同一远祖的基础上。无怪乎，曹振彦之孙寅与曹邦之从侄孙钊、鈖、鋡屡以"骨肉"与"同胞"相称，而曹邦姻亲张自德之长子纯修也与曹鈖、曹鋡、曹寅往来密切。

清初丰润地方之浭阳曹氏或曾与丰登坞张氏联姻，此因在上海博物馆藏禹之鼎画《张纯修像》册页上，曹鋡落款为"题请荀翁老表弟粲止"，荀翁指纯修之子张淑（号荀如，曾为曹寅的《楝亭图》作画），再者，北京故宫博物院所藏由严绳孙、张纯修、禹之鼎合作的《京口三山图卷》上，应邀题跋的曹鋡亦称张纯修（号见阳）为"见翁老表叔"，[212] 这些称谓疑因张自德兄自澄所娶之曹氏乃出身丰润曹家所致（图表4.38）。

历官河南巡抚的张自德，其诸子多出仕，姻亲亦皆出自中高阶官员的家庭，《八旗满洲氏族通谱》称其乃正白旗包衣管领下人（booi hontohoi niyalma；包衣浑托和下人），通常管领下人多服役于旗主或王公家内，无须披甲出征，

---

210 详见黄一农，《丰润曹邦入旗考》。
211 此段参见周绍良，《周绍良蓄墨小言》，页47—52、94—97；黄一农，《重探曹学视野中的丰润曹氏》。
212 曹寅对长己十一岁的张纯修自称弟（图表4.39），称曹鋡为四兄，而曹鋡称长己七岁的张纯修为老表叔，知称谓常在不同情境下有不同脉络。

他们当中有许多人是旗主在作战中掳掠或用金钱置买的奴仆,但也有些人具半自由民的身份。[213] 张自德从天聪四年起隶属于多尔衮的镶白旗,至崇德八年因两白旗互换旗纛而改隶正白旗。

　　张自德的年纪介在曹振彦与曹玺父子之间,由于两家有长达十多年均以多尔衮为旗主,虽然他们所分隶之管领和佐领间当时禁止通婚,但彼此的交往应仍多。曹家因降顺较早,故政治地位初较高,如曹振彦在天聪中已出任旗鼓牛录章京,然其于崇德间曾因行贿受罚,后更遭免职。顺治初,张自德与曹振彦先后考取贡士出身,分授河北庆都知县和山西吉州知州,并各历官至河南巡抚和两浙都转运盐使司运使。此一相近的家世与旗分,很可能就是张自德长子纯修与曹玺长子寅建立密切通家之谊的重要背景,两人都与出身八旗满洲势族纳兰氏的成德结为挚友,且因浸淫汉文化而与汉人士绅有颇多交往。

图表4.37　曹鼎望、曹鈖与曹寅所制的墨

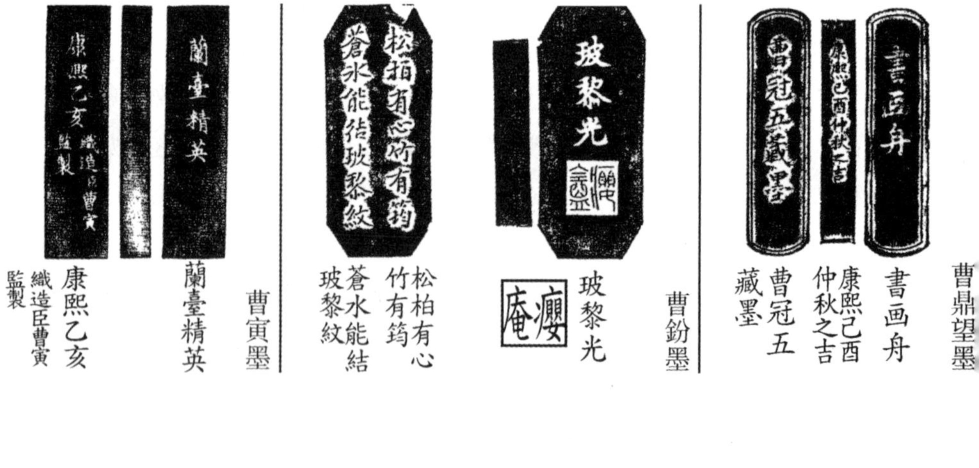

| 康熙乙亥织造臣曹寅监製 | 蘭臺精英 | 曹寅墨 | 松柏有心竹有筠蒼水能結玻黎紋 | 玻黎光 瓬庵 | 曹鈖墨 | 曹冠五藏墨 康熙己酉仲秋之吉 書畫舟 | 曹鼎望墨 |

213　此段参见定宜庄、邱源媛,《清初"浑托和"考释》。

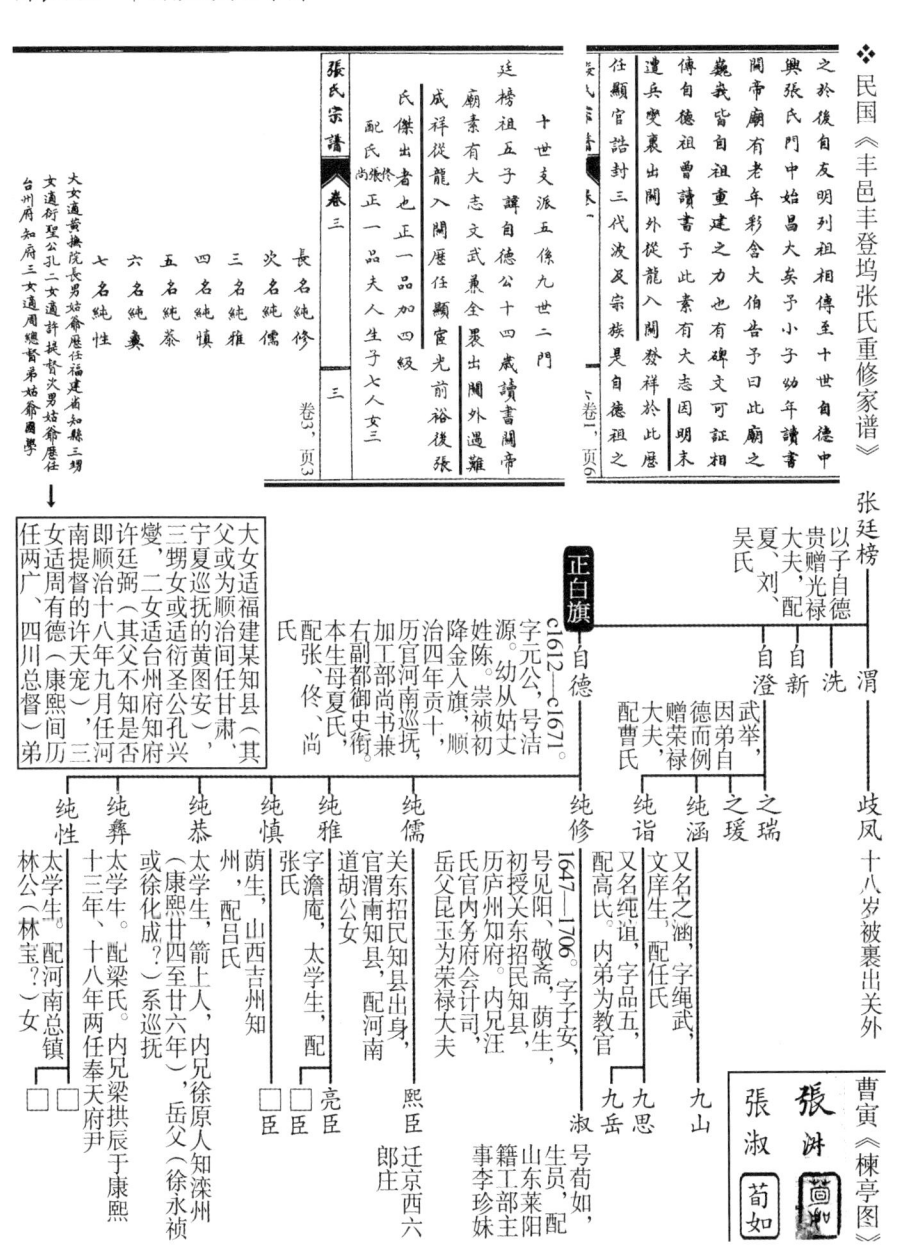

图表4.38 丰润张氏的世系图[214]

民国《丰邑丰登坞张氏重修家谱》

（卷1，页6）

> 之於後自友明列祖相傳至十世自德中興張氏門中始昌大矣予小子幼年讀書聞帝廟有老年彩含大伯告予曰此廟之巍峨皆自祖重建之力也有碑文可證相傳自德祖曾讀書于此素有大志因明末遭兵燹裹出闖外從龍入關發祥於此仕顯官誥封三代次及宗族是自德祖之

《张氏宗谱》卷三

（卷3，页3）

> 十世支派五條九世二門廷榜祖五子諱自德公十四歲讀書闖帝廟素有大志文武兼全裹出闖外遇難成祥從龍入關歷任顯官光前裕後張氏傑出者也正一品加四級配氏尚佐正一品夫人生子七人女三
>
> 長名純修
> 次名純儒
> 三名純雅
> 四名純慎
> 五名純恭
> 六名純葊
> 七名純性

正白旗

自德 c1612—c1671。字元公，号洁源。姓陈，幼从姑丈降金入旗，崇祯初顺治四年河南巡抚，历官河南巡抚、加工部尚书兼都察院右副都御史衔。本生母夏氏，配张、佟、尚氏

张廷榜 以子自德贵，贈光祿大夫，配夏、刘、吴氏

- 自德
- 自澄
- 自新 — 洗
- 渭 — 歧凤 十八岁被裹出关外

武举德而自赠荣禄大夫例配曹氏

- 之瑗
- 之涵
- 之诣

纯修 1647—1706，字子安，号见阳、敬斋，荫生，初授关东招民知县，历庐州知府。内兄注氏官内务府会计司，岳父昆玉为荣禄大夫

- 又名之洳，字绳武，文庠生，配任氏
- 又名纯诅，字品五，内弟为教官

纯儒 关东招民知县出身，官渭南知县，配河南道胡公女

纯雅 字澹庵，太学生，配张氏荫生，山西吉州知州，配吕氏

纯慎 太学生，箭上人，（康熙廿四至十六年），内兄徐原人知滦州，岳父徐永祯或徐化成？）系巡抚

纯恭 太学生，康熙十三年，十八年两任奉天府尹，配梁氏，内兄梁拱辰于康熙

纯葊

纯性 太学生，配河南总镇林公（林宝？）女

- 熙臣迁京西六郎庄
- 九岳 号荀如，生员，配氏，籍工部主事李珍妹
- 九思 山东莱阳
- 九山
- 淑 号荀如，配
- 亮臣
- 臣
- 臣
- □
- □

曹寅《楝亭图》
张澍 荀如

大女适福建某知县（其父或为顺治间任甘肅宁夏巡抚的黄图安）；
三女适台州府知府孔兴燮，即許廷劲之甥；
二女不知是否
四女适衍圣公孔兴
南提督周總兵姑爺國學
七女适周總贤弟姑爺國學
大女適黃撫院長男姑爺歷任福建省知縣三姆
文适衍聖公孔二女適許廷劲次男姑爺歷任
台州府知府三女適周總贤弟姑爺國學
任兩廣（有德或為四川總督）
即許廷劲（其父不知是否
南提督周有德（康熙間弟歷
任四川總督）

---

[214] 黄一农，《二重奏：红学与清史的对话》，页68—70。

据《丰邑丰登坞张氏重修家谱》，张自德于崇祯初年的己巳之变被金国大兵俘虏，与其姻亲曹邦一起投顺。无怪乎，曹振彦之孙寅与曹邦之从侄孙钊、鈖、鋡屡以兄弟或骨肉相称，而张自德之长子纯修也与曹鈖、曹鋡、曹寅往来密切，曹寅的交游圈中更常见到曹鋡的身影（图表4.39）。[215] 我们还可发现曹士蛟、曹邦、曹振彦三汉姓包衣家族均与阿济格三兄弟或代善家有过主属关系，[216] 由于曹雪芹理应曾从其亲长们闻得三曹姓包衣家族之关系，不知小说中在安排荣府与宁府的大总管为赖大及赖二时，[217] 曾否借自此一史事或家事？

类此攀亲联宗的情形亦可见于《红楼梦》，如第六回记刘姥姥婿王狗儿与贾政妻王夫人的关系时，称："［王狗儿］祖上曾作过小小的一个京官，昔年与凤姐之祖王夫人之父认识。因贪王家的势利，便连了宗认作侄儿。"王夫人因谓："他们家原不是一家子，不过因出一姓，当年又与太老爷在一处作官，偶然连了宗的。"此外，以进士升任知府的贾雨村，因事遭革职，后受聘至扬州巡盐御史林如海家担任其女林黛玉的启蒙老师。第二回记冷子兴尝对他谈及荣国府贾家，雨村即称：

> 原来是他家。若论起来，寒族人丁却不少，自东汉贾复以来，枝派繁盛，谁逐细考查得来？若论荣国一枝，却是同谱。但他那等荣耀，我们不便去攀扯，至今越发生疏难认了。

其中的贾复曾助汉光武帝建立东汉。雨村后来便借林家的关系以"宗侄"名义攀附上贾政，并在其帮忙下复官补了应天知府的缺，更因贾政大舅子王子腾的保荐获授京官，且与"同宗弟兄"贾琏同路作伴至京（第十六回）。

215　此段参见黄一农，《二重奏：红学与清史的对话》，页15—22、61—84。
216　详见黄一农，《丰润曹邦入旗考》。
217　各本中之赖二分别写成赖昇、赖陞或来昇，但这些异名对满文而言并无差别。参见刘世德，《红楼梦眉本研究》，页211—219。

图表4.39 曹铨和曹寅为张纯修所作题跋上的称谓

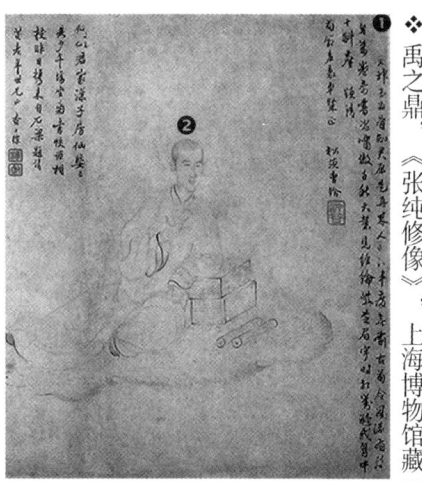

❶ □□□神玉為骨,知君原是再來人。萬卷奇書恣嘯傲,千秋大業見經綸。曲江丰度無前古,荀令風流有後身。紫芝眉宇時相對,滌我胸中十斛塵。題請
荀翁老表弟粲正。松茨曹銓 沖谷

❸ 脫帽科頭自在身,圖書以外更無塵。
不知天上張公子,解把清閒讓此人?
三毫淡墨寄真身,能畫凌煙亦點塵。記取江山最清處,由來司馬不多人。
僂仰楝東久廢筆墨,自覺粗踈無好語,然不敢誶也。 弟曹寅題

❖ 禹之鼎,《張純修像》,上海博物館藏

❖ 严绳孙、张纯修、禹之鼎,《京口三山图卷》北京故宫博物院藏

❹ 題三山大觀圖呈
見翁老表叔
教削
同里後學曹銓拜纂

曹寅之印 大江東去

曹沖谷 石壺

291

清人张尔岐（1612—1678）在《蒿庵闲话》中有云："近俗喜联宗，凡同姓者，势可借，利可资，无不兄弟叔侄者矣。"[218] 今人邓云乡亦称："连宗的一方，为了高攀权势，希冀富贵；另一方虽是权势、富贵之家，也为了壮大门庭，多一门本家，势力更大，因而也乐于接纳。"[219] 知联宗在清初社会何以普遍的原因。而我们在处理曹雪芹祖籍问题时，也务必要特别留意此一时代背景，以避免在推导结论时进入误区。

五、小结

本章对曹寅的成长背景及其以庶长子出掌家业的宦历做了较完整的疏理，他不仅深入会通满汉两种文化，并透过奉敕出版《御定全唐诗》《御定佩文韵府》等官书之过程，扩大其在汉人士绅中的交游网络。曹寅也借重了"官场联宗"的关系，与不少同姓之人认宗叙谱，以求相互攀缘发展。他在长达约二十年担任江宁织造的过程中，由于深受康熙帝的信赖，遂得以先后承接内务府的买铜、卖盐、售参以及修造工程等利润丰厚的差使，并成为清代接驾次数最多之官员（四次，与李煦并列排行榜之首），令其家族发展出"烈火烹油、鲜花着锦之盛"。亦即，曹寅在父亲曹玺所奠定的基业上，将其家的发展推向巅峰。而曹寅在内务府的宦历，烧制瓷胎珐琅与承接买卖铜、盐、人参等差使，以及多次接驾的家族经验，甚至多样丰富的藏书内容，[220] 皆或成为曹雪芹铺陈小说部分情节（如皇粮庄头、巡盐御史、[221] 进钱的铜商、皇商、物质文化的知识等）的特殊素材。

---

218 张尔岐，《蒿庵闲话》，卷2，页49。
219 邓云乡，《红楼风俗谭》，页97—99。
220 李广柏，《曹雪芹评传》，页32—34。
221 曹家及其亲友涉及盐政者颇多，除曹寅与李煦长期轮管两淮盐务，曹振彦曾任浙江盐法道，曹寅岳父李月桂亦管理过河东、两淮、两浙盐政（图表3.15）。

第五章　曹寅妻妾及其家姻亲*

曹寅家籍隶八旗中地位较卑下的汉姓包衣，在入关前后的结姻对象多止于汉军或包衣家族。自曹寅成为家长后，他先将妹妹嫁给讷音富察氏之傅鼐，接着，二女先后成为王妃：长女于康熙四十五年被指婚给平郡王纳尔苏，乃清朝第一位出身汉姓包衣的嫡福晋，本章则新考出次婿最可能的人选乃蒙古和硕特部的罗卜藏丹津。原任侍卫的罗卜藏丹津在康熙五十五年袭封青海亲王，雍正元年叛清，翌年兵败逃往准噶尔汗国，至乾隆二十年始被俘。由于他是当时举朝皆知的国家罪人，无怪乎，曹家亲友的私家载述中无人提到他。

一、曹寅的妻妾、妹婿与长婿

曹寅（1658—1712）家籍隶八旗中地位较卑下的汉姓包衣，在入关前后的姻亲多止于汉军或包衣家族。李文藻在其《琉璃厂书肆记》中有云：

> 乾隆己丑……夏闲从内城买书数十部，每部有"楝亭曹"印，其上又有"长白敷槎氏堇斋昌龄"图书记，盖本曹氏而归于昌龄者。昌龄官至学士，楝亭之甥也。[1]

---

* 本章内容乃增补改编自拙著《曹寅乃顾景星之远房从甥考》（2012）、《曹寅家族与满洲世族的姻亲关系》（2013）、黄一农与吴国圣，《曹寅次婿即青海亲王罗卜藏丹津考释》（2021）。内文中所涉及的非汉文原典皆由吴国圣老师尽可能核实。
1　李文藻，《南涧文集》，卷上，页24。

藏书家昌龄乃讷音富察氏傅鼐（又作福鼐，字阁峰；1677—1738）长子，字堇斋，雍正元年进士，改庶吉士，他应是曹家及其姻亲当中科名最高者，而敷槎氏即常称的富察氏。曹寅外甥昌龄于三年四月授翰林院编修，十二年十一月以翰林院侍讲充日讲起居注官，乾隆元年十一月以翰林院侍读充顺天武乡试副考官，二年五月因御试文字时被列为第四等，遭降为翰林院编修且免任日讲官。[2] 他浸淫汉文化颇深，所筑谦益堂的收藏尤富，"丹铅万卷，锦轴牙签为一时之盛"，内不乏原属曹寅的珍稀品物，但家道式微后多被昭梿（嘉庆十年袭封礼亲王，后因事革爵）购藏。[3] 由于曹寅大傅鼐十九岁，故傅鼐所娶应为曹寅之妹（丧父时才七岁），成亲时寅父曹玺（？—1684）已过世多年，知此婚姻是由她的继嫡母孙氏及长兄曹寅主导。[4]

据李锴（音"楷"）《傅阁峰尚书家传》以及袁枚《刑部尚书富察公神道碑》，傅鼐于十六岁即入雍亲王邸，与胤禛"骖乘持盖，[5] 不顷刻离"，故在胤禛登基后颇受重用，雍正帝尝称"朕即位以来，所用在廷大臣、外省督抚皆出于至公，并无平素熟识之人，惟年羹尧、傅鼐系藩邸旧属"（图表5.1）。雍正二年十一月他自一等侍卫升为镶黄旗汉军副都统，十二月授兵部右侍郎；三年十二月调盛京户部侍郎；四年八月以与隆科多交结且收受贿赂，遭夺官戍边；九年，召还，赏原衔，赴抚远大将军马尔赛军营效力，讨伐准噶尔首领噶尔丹策零（噶尔丹侄孙）；十一年七月平郡王福彭（曹寅长婿纳尔苏之长子）以定边大将军衔奉旨征准噶尔，傅鼐曾参赞其事；十三年八月参与办理雍正皇帝丧仪。乾隆帝登基之初授内务府总管，寻擢刑部尚书兼理兵部；元年九月授正蓝旗满洲都统；三年正月以事革职并入狱，不久获释，旋卒（图表5.1）。[6]

---

2 《清世宗实录》，卷14，页249；卷31，页469；卷149，页852。《清高宗实录》，卷30，页620；卷42，页754。
3 黄一农，《二重奏：红学与清史的对话》，页196—197。
4 周汝昌，《红楼梦新证》（2016），页65—68。
5 "骖乘"为乘车时居右边陪乘者，"持盖"指为贵胄张举其头上或车上的伞盖。
6 《清世宗实录》，卷26，页401；卷27，页413；卷39，页574；卷47，页712；卷108，页440；卷109，页454；卷113，页513。《清高宗实录》，卷3，页180；卷8，页316；卷26，页580；卷61，页10—11。

图表5.1 与曹寅妹婿傅鼐相关的材料

❖ 李锴，《李铁君先生文钞》（《辽海丛书》本）

傅阁峰尚书家传 卷下，页32—34

傅公鼐字阁峰世居长白号富察氏伯祖大学士谥文恪额色黑祖护军统领额思特兄弟并从太宗世祖拨乱定统勒功盟府统领子四其仲大同右卫协领骑都尉噶尔汉公之父也富察氏世显贵骠骑尚清节及卒官奉太夫人及幼弟扶榇归以贫约任甘脆里称其孝年二十应乡试不售寻以世家子简护世宗於雍邸引疾罢久之复授王子教授世宗御极授雍和宫总管兼一等侍卫寻晋副都统擢兵部右侍郎充毕主实录总裁官廷议将敕旗人会居京城公以田庐填墓安之且久一旦遷之是赀之也如故便世世宗之年癸尧既败事多熾蔓公曰法外法非圣主意悉从末减世宗任公制两江公立辞雍正三年命勘天津水师营兵屋竹竿左遷盛京戶部侍郎初公通地理识形家言譍遗公求吉域於九凤山之審知之虞诛四凶初不孚也明年坐岳與阿事召入贊奥阿善家公有隙至則报以直五月訥公成黑龍江初世宗营與公論準噶爾問背公言順即之弗會特召公邊賜對多斯四子部落简卒赴查克拜達里准嘻爾問背公言順公邊中食留對多斯四子部落簡卒赴查克拜達里之弗再入見會準嘻爾雀錫示樊貫已而佐平郡王軍召入面受機宜十二年再入見會準嘻爾雀錫示樊貫已而佐平郡王軍召入面受機宜十二二年再入見會準嘻爾雀錫示樊貫已而佐平郡王軍召入面受機宜十都統羅密學士阿克敦副公徃各賜金千八月發京師十二月入其國敵盛兵仗來迎及相見酒數初策凌微示嫩留意公笑折之此役也詔旨議以我鄂阿爾泰策凌曰大皇帝天語使宣視嫡幸甚其陪臣與爲十三年四月抵京師世宗大悦納其請凡善後事如公議八月授都統世宗崩今上諒陰喪制一委諸公授内務府總管尋擢刑部尚書署兵部公疏官吏決罰不如律死者予死公有事公署兵部公疏官吏決罰不如律死者予死之不知公曰吾君知之欺君滋不廉公疾其能軍欲予卓異者謂公罷授謝不如公日吾君知之欺君滋不廉公疾其能軍欲予卓異者謂公罷授蓝旗都统参领知多疾公疏入上切责公罷尚书改授藍旗都統參領知多疾公疏入上切責公罷尚書改授摘明山事以劾公是逮上明聖尋釋之公入獄已病比出遂卒憲

❖ 袁枚，《小倉山房文集》（《四部備要》本）

刑部尚書富察公神道碑 卷2，頁5—7

公諱傅鼐字閣峰世居長白山號富察氏祖額色黑暴從太宗文皇帝用兵有大功子四人次子驃將軍噶爾漢輔聖祖致太平生公公眉目英朗偉身而揚赛騎射讀書目數行下年十六選入右衛侍 世宗於雍邸驟乘持蓋不嘗刻離雍正元年補兵部右侍郎年薰

❖ 允禄等编，《世宗宪皇帝上谕内阁》（《景印文淵閣四庫全書》本）

卷31，頁16—17

戴鐸之口供也朕藩邸屬下人中可用者惟有傅鼐論忠厚年羹堯過保定向傅鼐伊二人素日不和朕所悉知昨年羹堯過保定向傅鼐二人論才情年羹堯雖屬於傅鼐論忠厚年羹堯過保定向奏其意不過謂朕不顧誣奏之罪著行文隆科多將當日詢私悖旨私黨不願誣奏之罪著行文隆科多將當日詢私悖旨知傅鼐亦自認不讳隆科多庇護私人在朕前欺罔陳奏聞乃蹟盡為隱瞞且伊如騙詐江國英銀一萬餘兩人所共所行多蹟盡為隱瞞且伊如騙詐江國英銀一萬餘兩人所共即行奏聞乃爲隆科多與傅鼐私結進黨甚是安靜今多不時指查且伊二人居址相近便於察訪若不安靜上諭從前朕因傅鼐素性巧詐不守本分曾降旨令隆科

卷47，頁17—18

上諭從前朕因傅鼐素性巧詐不守本分曾降旨令隆科多不時指查且伊二人居址相近便於察訪若不安靜即行奏聞乃爲隆科多與傅鼐私結進黨甚是安靜今所行多蹟盡為隱瞞且伊如騙詐江國英銀一萬餘兩人所共知傅鼐亦自認不讳隆科多庇護私人在朕前欺罔陳奏其意不過謂朕不顧誣奏之罪著行文隆科多將當日詢私悖旨私黨不願誣奏之罪著行文隆科多將當日詢私悖旨奏其意不過謂朕不顧誣奏之罪著行文隆科多將當日詢私悖旨私黨不願誣奏之罪著行文隆科多將當日詢私悖旨傅鼐伊二人素日不和朕所悉知昨年羹堯過保定向傅鼐二人論才情年羹堯雖屬於傅鼐論忠厚年羹堯過保定向

卷51，頁12

長歲即位以來所用在廷大臣外省督撫皆出於至公並無平素熟識之人惟年羹堯傅鼐係藩邸舊屬而此二人罪惡敗露朕即按律置之於法未嘗稍加寬貸

295

傅鼐之父噶尔汉于康熙元年九月自王府长史升授正红旗满洲副都统，八年六月自正红旗蒙古副都统升为蒙古都统，二十一年十一月调正红旗满洲都统。[7] 因噶尔汉先后担任的副都统或都统职全属正红旗，而依据康熙三十六年之前的制度，越旗任官只可能发生在皇帝亲领的上三旗，[8] 知顺、康之际担任王府长史的噶尔汉，服事的应是顺治十六年起接正红旗旗主的康亲王杰书。由于杰书在康熙三十二年为第八女（1681—1706）选明珠第三子揆方（1680—1708）为和硕额驸，[9] 而曹玺父振彦曾长期任明珠岳父阿济格的王府长史，不知这些人脉网络是否成为曹家与傅鼐缔亲的重要背景关系？

　　从为傅鼐撰写《家传》之李锴的人际网络，我们亦可见到曹寅的许多亲友。李锴出自铁岭李氏老二房第九世，其次婿为刘殿衡孙，而李煦称殿衡为"五兄"，又因殿衡本生兄殿邦继娶曹鼎望女，而曹寅与鼎望三子皆以亲兄弟般相交，故被李煦亲昵称作"老妹丈"的曹寅遂谓刘殿邦为"安侯姊丈"（详见第四章）。此外，被李煦称为"长兄""知己"以及"生平之良友"的王煐，其长子曾两娶刘殿衡女（附录4.5）。再者，铁岭李氏老长房第十一世李杰（1658—?）之次婿傅参（富森、福森、傅森；1685—?）为大学士明珠长子成德（1655—1685）的第三子（图表5.2），他是成德于康熙二十三年左右在江南所纳妾沈宛生的"遗腹子"；[10] 成德次女嫁年羹尧（1680—1726；成德次子富尔敦的同榜举人）；李锴（1686—?）二兄李鋐（1670—?）之长婿年如为年羹尧兄希尧（1671—1738）之子（图表3.14）。这些盘根错节的关系皆屡触及曹寅家的泛交游圈。

7　《清圣祖实录》，卷7，页122；卷30，页404；卷106，页76。
8　杜家骥，《八旗与清朝政治论稿》，页258—259。
9　黄一农，《二重奏：红学与清史的对话》，页226。
10　黄一农，《二重奏：红学与清史的对话》，页228—231。

图表5.2 嫁纳兰成德第三子傅参的李杰次女

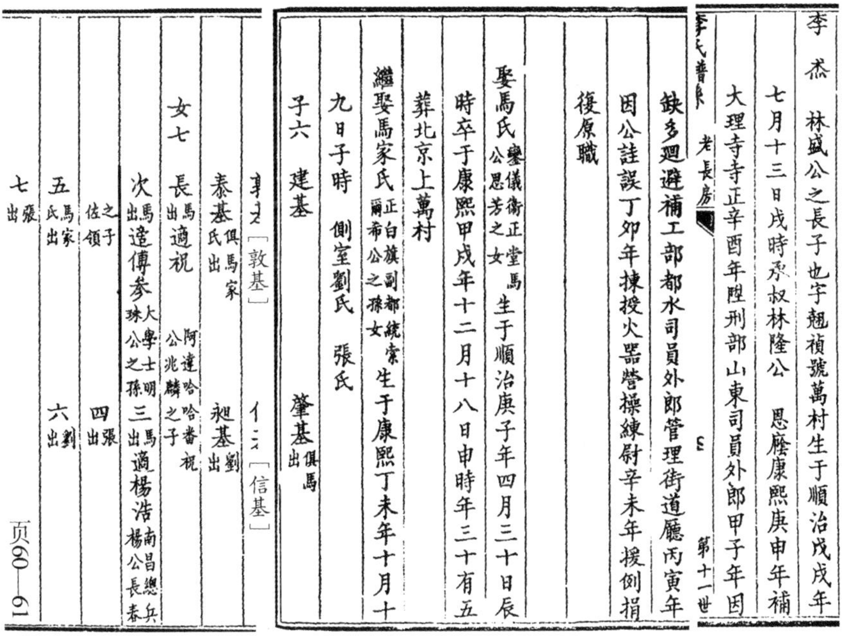

> 李树德修，《李氏谱系》老长房第十一世
>
> 李杰 林盛公之长子也字翘祯号万村生于顺治戊戌年七月十三日戌时卒叔林隆公 恩荫康熙庚申年补大理寺正辛酉年陞刑部山东司员外郎甲子年因铁多迴避补工部都水司员外郎管理街道厅丙寅年因公註误丁卯年拣授火器营操练尉辛未年援例捐復原职
>
> 娶马氏鑾仪卫正堂马公思芳之女生于顺治庚子年四月三十日辰时卒于康熙甲戌年十二月十八日申时年三十有五 葬北京上万村 继娶马家氏正白旗副都统索生于康熙丁未年十月十 ——帝公之孙女 侧室刘氏 张氏
>
> 子六 建基
> 九日子时 肇基俱马
>
> 女七 泰基俱马 昶基出 〔敦基〕
> 长出马适祝 阿达哈哈番祝 〔信基〕
> 次出马适傅参珠公大学士明三出马适杨浩杨公昌总兵 四出张 六出刘
> 五氏出家 佐领子
> 七出张 六出刘

页60—61

家传通常乃由与过世者较亲近之人操笔，以作为请人撰写墓志铭或神道碑时参考，此类文字例多溢美。如雍正帝尝公开抨击傅鼐曰：

> 朕藩邸属下人中，可用者惟年羹尧、傅鼐二人。论才情，年羹尧胜于傅鼐；论忠厚，年羹尧不及傅鼐。伊二人素日不和……图理琛、张保、傅鼐、马喀四人从前声名原属平常……朕因傅鼐素性巧诈、不守本分，曾降旨令隆科多不时稽查……[11]

然李锴在为其所撰的《家传》中，则多方美言。前述这许多勾连铁岭李氏（李杰、李铉、李锴）、爱新觉罗氏（阿济格、杰书）、讷音富察氏（噶尔汉、傅

---

11 参见图表5.1以及允禄等编，《世宗宪皇帝上谕内阁》，卷45，页10—11。

鼐)、叶赫纳兰氏(明珠、成德、傅参、揆方)、广宁年氏(年羹尧、年希尧、年如)、丰润曹氏(曹邦、曹鼎望、曹鋡)、宝坻刘氏(刘殿邦、刘殿衡)、宝坻王氏(王熯)与辽阳曹氏(曹振彦、曹玺、曹寅)之间的错综关系,更可让我们理解傅鼐为何会与曹寅的妹妹结亲。

至于曹寅本身的婚配情形,资料并不太多,已知他娶两浙都转运盐使司盐法道李月桂的第三女,或因李煦家与李月桂家联宗(皆世居沈阳),久任苏州织造的李煦因此常亲昵地称呼曹寅为"老妹丈"或"妹丈"(第三章)。又因曹寅在康熙十九年九月赋有《吊亡》一诗:

> 枯桐凿琴凤凰老,鸳鸯冢上生秋草。地下伤心人不知,绿萝紫竹愁天晓。清霜九月侵罗衣,血泪洒作红冰飞。兰椒桂酒为君荐,满地白云何处归。[12]

"凤凰"或"鸳鸯"二字原皆分指雌雄两鸟,"鸳鸯冢"更被用来描述恋人(如有名的梁山伯与祝英台)死后合葬的坟墓,[13] 知此一吊亡的对象应为其妻或妾,而生于顺治十五年九月的曹寅,时年二十三岁。

先前红圈中有认为此诗乃记曹寅正妻之死,并疑李氏为继室。然因李煦在康熙五十四年的奏折中称曹頫(曹寅承继子)之母李氏"年近六旬[五十九岁或稍小]",推知李氏的生年应在顺治十四年或之后不久。又,李煦在康熙四十五年夏致函两淮盐运使李斯佺时,称"弟与曹荔轩葭莩之戚已三十余年[若头尾皆计至少三十一年]",知曹寅娶李氏当在康熙十五年或之前不久,[14] 曹寅不逾十九岁。也就是说,从夫妇俩生年的相近度、成婚时又均接近一般婚龄以及李月桂任两浙盐法道的社会地位(应不会以女儿为人做妾)推判,李氏

12　曹寅,《楝亭诗别集》,卷1,页8。
13　来斯行,《槎庵小乘》,卷28,页17—18;李图等纂,张同声修,《胶州志》,卷40,页13。
14　《吊亡》诗若记曹寅正妻,则李氏必为妾,那她绝无可能于五十四年欲赴京"恭谢天恩"(第七章)。《关于江宁织造曹家档案史料》,页126—127;曹寅著,胡绍棠笺注,《楝亭集笺注》,页389;朱淡文,《红楼梦论源》,页17、42;樊志斌,《曹雪芹家世文化研究》,页237;朱志远,《曹寅悼亡诗词本事》。

最可能为正妻，而前述《吊亡》乃曹寅悼念其妾所作。

曹寅已知有两女，其婚姻让曹家跻身到更高的社会阶层。长女被指婚给平郡王纳尔苏（或作纳尔素、讷尔素、讷尔苏、纳而素；礼亲王代善裔孙，康熙四十年十月袭平郡王，雍正四年革爵），康熙四十五年十一月二十六日在北京成亲，是清朝第一位且以后亦罕见之出身汉姓包衣的嫡福晋，[15] 当时皇帝还指派时任内务府郎中的尚之杰备办婚礼事宜（图表5.3）。此外，从五十一年七月曹寅染疟病重时，康熙帝派人驰驿特赐金鸡挐（今多译为金鸡纳）霜，并限九日送到扬州一事，亦可知曹寅得宠的程度（图表5.4）。[16]

四十七年六月二十六日曹寅长女生长子福彭，后又生第四子福秀（其妻为纳兰揆叙长子永寿长女）、第六子福靖、第七子福端。福彭于雍正四年七月袭多罗平郡王，乾隆十三年十一月十三日薨，谥曰敏。长子庆宁（其指婚之事可参见附录5.1）于乾隆十四年三月袭多罗平郡王，十五年九月薨，谥曰僖。庆宁无嗣，福秀嫡长子庆恒于乾隆六年三月出继长房，十五年十二月袭多罗平郡王，二十七年闰五月缘事降为固山贝子，革去所管事务，四十年闰十月复封郡王，四十三年正月复克勤郡王号，谥曰良。[17] 亦即，曹雪芹在世期间共经历其姑丈纳尔苏、表兄福彭以及表侄庆宁、庆恒二代四任的平郡王，此应是多年以来学界所知曹家最位高势重的姻亲（图表5.5）。

---

15 另一类似之例发生于江南河道总督兼署江宁织造高斌之女高佳氏（1711—1745），她于雍正十二年三月奉旨自原本伺候宝亲王弘历的使女超拔为侧福晋，乾隆帝即位后旋将其家抬入满洲镶黄旗，二年封贵妃，十年薨，加封为慧贤皇贵妃。高斌初为镶黄旗包衣佐领下人，雍正十年升授两淮盐政兼署江宁织造，十一年署江南河道总督，乾隆十二年三月授文渊阁大学士。参见黄一农，《二重奏：红学与清史的对话》，页155—156；徐立艳，《清代内务府世家高佳氏抬旗考》。
16 此段另参见《关于江宁织造曹家档案史料》，页42、98—101。
17 宗谱编纂处编，《爱新觉罗宗谱》，册乙，页3207—3215。

图表5.3　与曹寅长婿纳尔苏相关的档案

台北故宫博物院藏宫中档奏折

（前略）以該事臣寅蒙
皇上格外施
恩舉家頂禮雖粉身碎骨難報萬一惟有敬誦
訓旨勉力自慎以仰副
皇上生成之至意謹具摺上
（中略）
康熙肆拾伍年貳月拾捌日

江寧織造通政使司通政使臣曹寅謹
奏恭請
聖安捌月初肆日接邸抄蒙
恩復點曹寅巡視兩淮鹽課臣寅謹設香案望
闕叩頭謝
恩訖臣以家奴兩承
欽命祇切惶悚惟有竭誠盡力清完鹽課以仰報
皇恩於萬一今年正月太監梁九功傳
旨着臣妻於捌月船上奉　女北上
命臣由陸路九月間接
敕印再行啟
奏欽此欽遵竊思　王子婚禮已蒙
恩命尚之傑備辦無悮
筵宴之典臣已堅辭惟是臣母冬期營葬須臣料理伏乞
聖恩准假容臣辦完水陸二運及各院司差務捧接
敕印由陸路暫歸少盡下賤烏哺之私至於兩淮鹽課重大所有
敕印或遵
舊例交與督撫或命臣李煦十月照舊報滿重復代印或遵
舊例命鹽道護理伏請
聖訓臣謹遵行臣寅曷勝激切感悚之至
知道了
康熙肆拾伍年捌月初肆日

宫中档奏折

江寧織造通政使司通政使臣曹寅謹
奏恭請
聖安前月貳拾陸日王子已經迎娶福金過門上賴
皇恩諸事平順並無缺悮隨於本日重蒙賜宴九族普沾臣寅身荷
天庥感淪心髓報稱無地思維惝恍不知所以伏念
皇上為天下蒼生當此嚴寒遠巡邊塞臣不能追隨
扈蹕仰奉清塵泥首瞻雲實深慚汗臣謹設香案九叩遵
旨於明日初陸包程赴揚辦事所有王子禮數隆重庭闈慕和之事
（中略）
知道了
康熙肆拾伍年拾貳月初五日

宫中档奏折

（前略）
御覽再臣接家信知鑲紅旗王子已育世子過蒙
聖恩優渥
皇上覆載生成之德不知何幸躬逢值此臣全家聞信惟有設
案焚香叩首仰祝而已所有應備金銀緞疋鞍馬摇車等
物已經照例送訖理合一並具摺
（中略）
知道了
康熙肆拾柒年柒月拾伍日

宫中档奏折

三月銀庫用項月摺
乾隆十四年三月初一日起至二十九日用金
數目
（中略）
工部文開給
原多羅平郡王之母做銀
冊四頁鍍金取頭等赤金一兩四錢二分八厘
（下略）

中国第一历史档案
馆藏内务府月折档

图表5.4　曹寅染疟时康熙帝驰赐金鸡挐霜的朱批

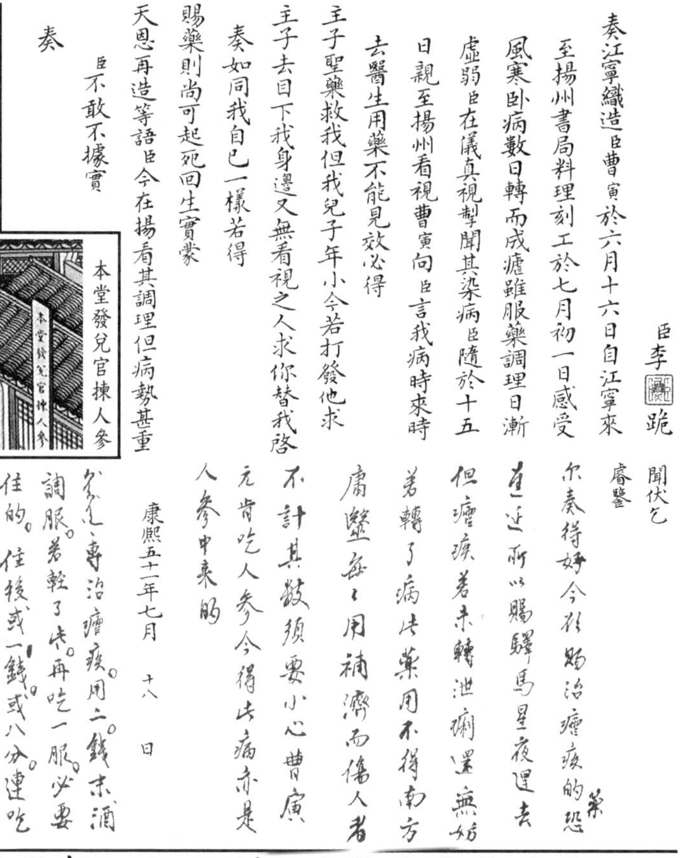
臣李煦跪

奏江寧織造臣曹寅於六月十六日自江寧來至揚州書局料理刻工於七月初一日感受風寒臥病數日轉而成瘧雖服藥調理日漸虛弱臣在儀真視掣聞其染病臣隨於十五日親至揚州看視曹寅向臣言我病時來時去醫生用藥不能見效必得

主子聖藥救我但我兒子年小今若打發他求

主子去目下我身邊又無看視之人求你替我啓

奏如同我自己一樣若得

賜藥則尚可起死回生實蒙

天恩再造等語臣今在揚看其調理但病勢甚重臣不敢不據實

奏

聞伏乞

睿鑒

爾奏得好今欲賜治瘧疾的藥恐遲延所以賜驛馬星夜趕去但瘧疾若未轉泄痢還無妨若轉了病此藥用不得南方庸醫每每用補濟而傷人者不計其數須要小心曹寅元肯吃人參今得此病亦是人參中來的

康熙五十一年七月　十八　日

金鷄拏專治瘧疾用二錢末酒調服若輕了些再吃一服必要住的往後或一錢或八分連吃二服可以出根若不是瘧疾此藥用不得須要認真萬囑萬囑萬囑

（中国第一历史档案馆藏）

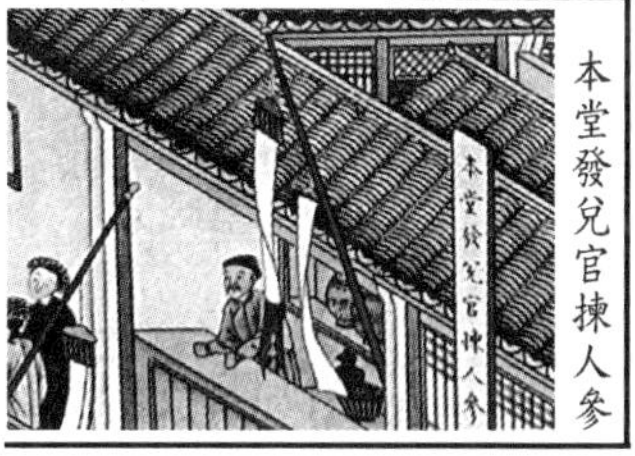

本堂發兌官揀人參

❖《康熙万寿图》中北京官卖人参的小铺（北京故宫博物院藏佚名为康熙帝六十大寿所绘之图，转引自《清宫图典·内务卷》，页307及366）

爾奏得好，今欲賜治瘧疾的藥，恐遲延，所以賜驛馬星夜趕去。但瘧疾若未轉泄痢，還無妨，若轉了病，此藥用不得。南方庸醫，每每用補濟【劑】而傷人者不計其數，須要小心。曹寅元肯吃人參，今得此病，亦是人參中來的。

康熙五十一年七月十八日

金鷄拏（金鸡挐）專治瘧疾，用二錢，末，酒調服，若輕了些，再吃一服，必要住的。往後或一錢，或八分，連吃二服，可以出根。若不是瘧疾，此藥用不得，須要認真。萬囑！萬囑！萬囑！萬囑！

图表5.5　《爱新觉罗宗谱》中的纳尔苏及其子孙

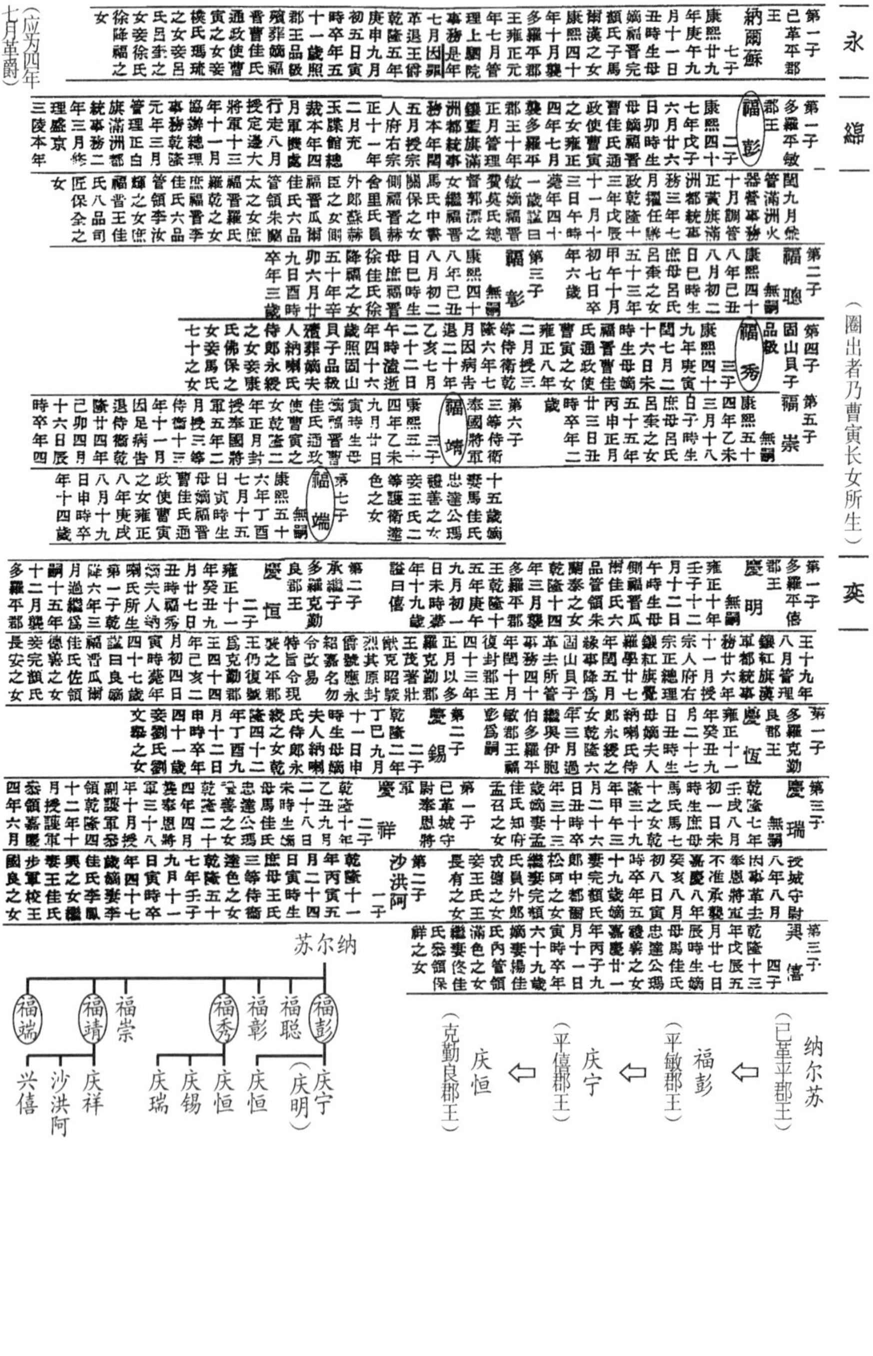
永
綿
奕
（应为四年七月革爵）
（圈出者乃曹寅长女所生）
苏尔纳
福彭
福聪
福彰
福秀
福崇
福靖
福端
庆宁
（庆明）
庆恒
庆恒
庆锡
庆瑞
庆祥
沙洪阿
兴僖
纳尔苏
（已革平郡王）
福彭
（平敏郡王）
庆宁
（平僖郡王）
庆恒
（克勤良郡王）

附录5.1

平郡王福彭长子庆宁指婚张允随女事

张允随在乾隆十二年四月初九日的谢恩折中称其于正月三十日奉上谕："平郡［遗漏'王'字］福彭奏请云南总督张允随年未及岁之女赏给伊子庆宁为妻等语。着不必送看，即行赏伊为媳。钦此。"他并谓：

> 自臣曾祖、祖、父三世服官，俱受国恩，虽世笃忠诚，而家本寒素，臣以庸愚仰邀圣主殊知，畀领边疆重寄，每念恩深报浅，未遑顾及儿女婚姻。至于宗藩朱邸，臣蒙恩历官外任，从未敢越分往来，至臣女年甫弱龄，未谙礼教，性虽近乎柔淑，质不远乎蓬茅，今蒙我皇上隆恩，特降谕旨，赐配宗潢，臣恭闻恩命，欣悚交并……

指己身为外官，从不敢越分与宗室往来（图表5.6）。[18] 该联姻表面上乃福彭主导，祈请将张允随之女赏给其长子庆宁为妻，[19] 但情理上两家应已事先沟通。庆宁生于雍正十年十二月十二日，其父于乾隆十二年为其疏请指婚时，十六岁的他其实甫满十四足岁，而张允随"年未及岁"之女，抑或尚未达到十五岁的适婚年龄（所谓"及笄之年"）。乾隆十四年三月庆宁袭父爵，时年才十八岁，十五年九月即薨，可能因他还来不及完婚，以致《爱新觉罗宗谱》中未记其有任何妻妾（图表5.5）。

查张允随为汉军镶黄旗人（因其家未见于《八旗满洲氏族通谱》，知非包衣），由监生捐光禄寺典簿，祖一魁于康熙十年自河东都转运使左迁知

---

18 此一态度或可帮助我们揣摩曹寅长女被指婚给平郡王纳尔苏后，何以在《楝亭集》中从未见提及长婿夫妇事。
19 民国初年所编《爱新觉罗宗谱》上记其名为庆明，此应是避道光帝旻宁名讳所改，因实录上仍记为庆宁。参见《清高宗实录》，卷336，页615。

图表5.6　云南总督张允随女被指婚给平郡王福彭长子庆宁事

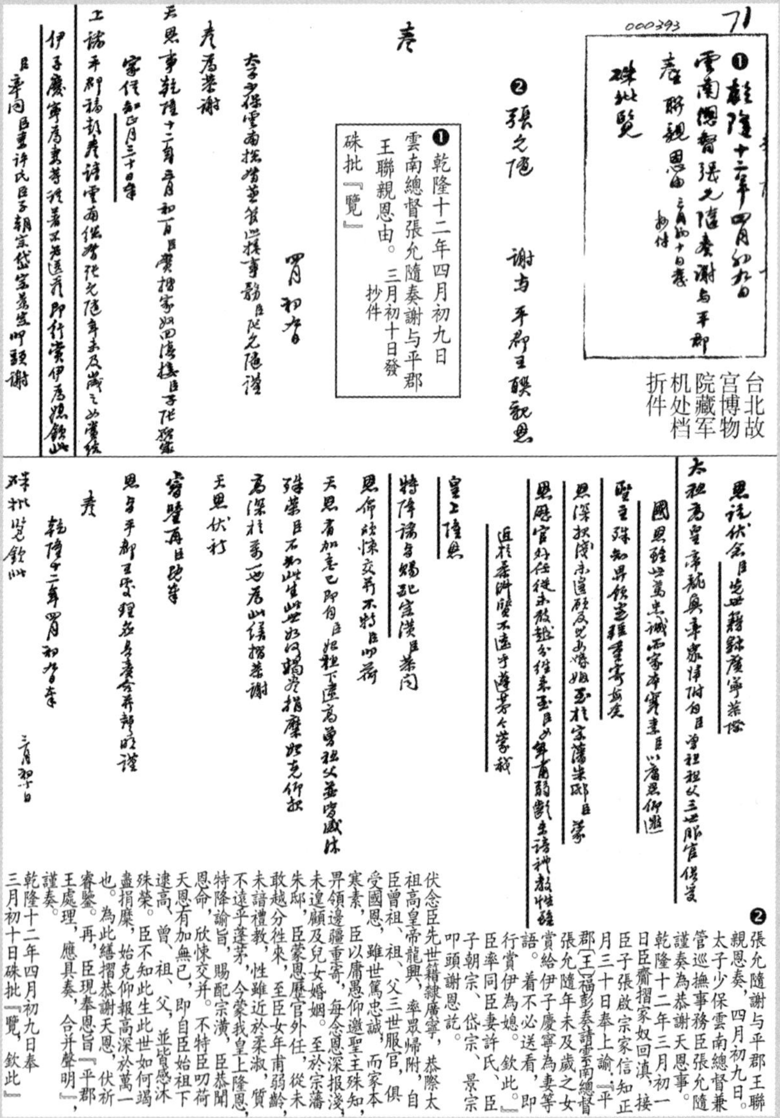

台北故宫博物院藏军机处档折件

❶乾隆十二年四月初九日
雲南總督張允隨奏謝与平郡王聯親恩由。三月初十日發
抄件
硃批『覽』

❷張允隨，謝与平郡王聯親恩奏，四月初九日。

太子少保雲南總督兼管巡撫事務臣張允隨謹奏為恭謝天恩事。乾隆十二年三月初一日臣齎摺家奴回滇，接臣子張啟宗家信，知正月三十日奉上諭：『平郡[王]福彭奏請雲南總督張允隨年未及歲之女賞給伊子慶寧為妻等語。着不必送看，即行賞伊為媳。欽此。』臣率同臣妻許氏、臣子朝宗、岱宗、景宗叩頭謝恩訖。

伏念臣先世籍隸廣寧，恭際太祖高皇帝龍興，率眾歸附，自臣曾祖、祖、父三世服官，俱受國恩，雖世篤忠誠，而家本寒素，臣以庸愚仰邀聖主殊知，畀領邊疆重寄，每念恩深報淺，未遑顧及兒女婚姻。至於宗藩朱邸，臣蒙恩歷官外任，從未敢越分往來，至臣女年甫弱齡，未諳禮教，性雖近於柔淑，質不遠乎蓬茅，今蒙我皇上隆恩，特降諭旨，賜配宗潢，臣恭聞恩命，欣悚交并。不特臣叨荷天恩有加無已，即自臣始祖下逮高、曾、祖、父，並皆感沐殊榮。臣不知此生此世如何竭盡捐縻，始克仰報高深於萬一也。為此繕摺恭謝天恩，伏祈睿鑒。再，臣現奉恩旨『平郡王處理，應具奏，合并聲明』，謹奏。

乾隆十二年四月初九日奉
三月初十日硃批『覽，欽此』

景州，[20] 康熙十九年知福建邵武府，允随则主要在云贵一带宦游，与福彭的交叠不多，[21] 两家在结姻前有无关系仍待考。

曹寅应是在康熙四十四年冬返京述职期间（或之前），得知长女被指婚给平郡王纳尔苏（曹寅或因此在四十五年二月十八日的恭请圣安折中，称己"蒙皇上格外施恩，举家顶礼，虽粉身碎骨，难报万一"），翌年正月太监梁九功传旨给寅妻，命其于八月先奉女北上，曹寅稍后才动身，十一月二十六日在北京为女成亲（图表5.3），其长女先后为纳尔苏生四子（图表5.5）。

由于纳尔苏在雍正四年七月因罪革爵，袭爵的长子福彭遂在乾隆十三年十一月临终前上一遗表替母亲争取复封，称："臣母曹氏未复原封，孝贤皇后大事不与哭临[指帝后死丧后，集众定时举哀的仪式，《红楼梦》第五十八回老太妃薨时亦记有此过程]。臣心隐痛，恳恩赏复。"此虽无例可援，但十四年二月得旨，如其所请。[22] 在是年三月的银库用项月折档中，即可见到内务府为制作诰封福彭生母之镀金银册时，所取用头等赤金的用料量（图表5.3左下）。[23] 又因孝贤皇后卒于乾隆十三年三月，从曹氏未复原封以致不得参与哭临一事，知曹寅长女在十四年二月尚存，时年约六十岁。[24]

二、曹寅次婿即罗卜藏丹津考辨

曹寅次婿的身份一直成谜，下文将尝试打开曹家这扇学界全然未知的窗

---

20 翟文选等修，王树枏等纂，《奉天通志》，卷186，页5。
21 铁保等，《钦定八旗通志》，卷193，页1—9。
22 《清高宗实录》，卷126，页841。
23 允裪等，《钦定大清会典则例》，卷58，页37。
24 在此假设纳尔苏夫妇的生年相近。另检曹寅康熙二十五年所赋《浣溪沙》中的"笑看儿女竞新妆""骥儿[指此年出生的曹荃子頔]新戴虎头盔"句（《楝亭词钞别集》，页3—4），因词中提及之女较二十九年生的纳尔苏至少大四五岁，故疑其并非寅长女，该"儿女"或皆荃生，但随祖母孙氏及曹寅同住江南。

口。康熙四十八年二月初八日曹寅奏称（图表5.7）：

> 臣愚以为，皇上左右侍卫朝夕出入，住家恐其稍远，拟于东华门外置房移居臣婿，并置庄田、奴仆，为永远之计。臣有一子，今年即令上京当差，送女同往，则臣男女之事毕矣。[25]

虽然折中已言“臣婿”，但又称“臣有一子［指曹颙］，今年即令上京当差，送女同往，[26] 则臣男女之事毕矣”，知当时曹寅次女尚未成婚，但应已与该侍卫文定。又，此婿的经济状况显然不佳，故得仰赖曹寅代置房产，并购买庄田、奴仆以为“永远之计”。

图表5.7　台北故宫博物院所藏与曹寅次婿相关的奏折

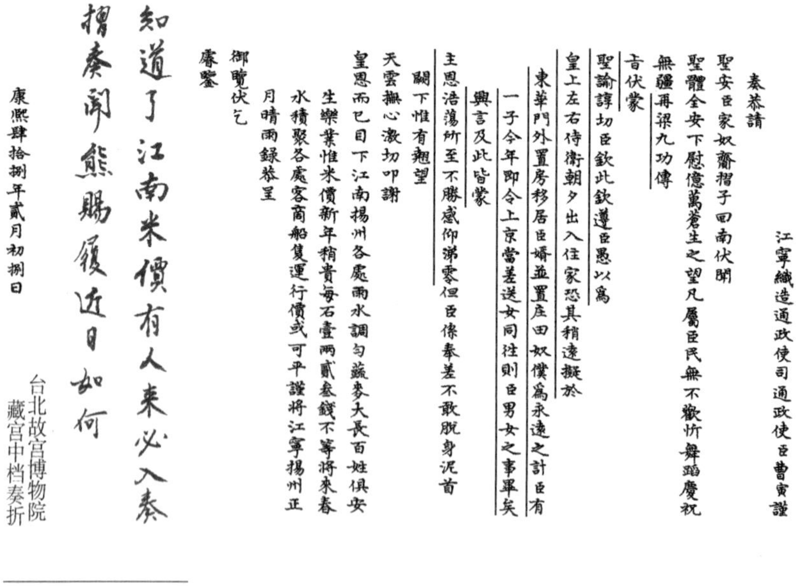
江寧織造通政使司通政使臣曹寅謹
奏恭請
聖安臣家奴齎摺子回南伏聞
聖體全安下慰億萬蒼生之望凡屬臣民無不歡忻舞蹈慶祝
無疆再錄九功傳
旨伏蒙
聖諭諄切臣欽此欽遵臣愚以爲
皇上左右侍衛朝夕出入住家恐其稍遠擬於
東華門外置房移居臣婿並置庄田奴僕爲永遠之計臣有
一子今年即令上京當差送女同往則臣男女之事畢矣
興言及此皆蒙
主恩浩蕩所至不勝感仰涕零但臣係奉差不敢脫身泥首
闕下惟有翹望
天雲撫心激切叩謝
皇恩而已目下江南揚州各處雨水調勻蘇麥大長百姓俱安
生樂業惟米價新年稍貴每石壹兩貳叁錢不等將來春
水積聚各處客商船隻運行價或可平謹將江寧揚州正
月晴雨録恭呈
御覽伏乞
睿鑒
知道了江南米價有人來必入奏
摺奏關熊賜履近日如何
康熙肆拾捌年貳月初捌日

台北故宫博物院藏宫中档奏折

25　《关于江宁织造曹家档案史料》，页63。

26　曹寅在四十五年的奏折中称其妻“奉［长］女北上”，但此处则称“送［次］女同往”，用下对上的“奉”字，应是因纳尔苏成婚时已袭封郡王数载，而次婿当时仅为侍卫，故用“送”字。参见兰良永，《红楼梦文史新证》，页134。

萧猛（字奭龄；附录5.2）在其《永宪录》续编中曾论及曹寅两女，称：

> 頫之祖□□与伯寅相继为织造将四十年。寅字子清，号荔轩，奉天旗人。有诗才，颇擅风雅。<u>母为圣祖保母，二女皆为王妃</u>。及卒，子颙嗣其职。颙又卒，令頫补其缺，以养两世孀妇，因亏空罢任，封其家赀……寅演《琵琶传奇》，用蔡文姬故事，以正伯喈之诬，内装潢魏武之休美；或谓其因同姓，然是举实阿瞒一生好义处。又演明末米脂令边大绶与陕抚汪乔年掘李自成先冢所纪《虎口余生》，将一时人物备列……[27]

检萧猛的同里友人顾图河（字书宣），乃康熙三十三年甲戌科榜眼，他俩是当时江都四大望族汤、顾、萧、朱中的佼佼者，传顾图河所刻的时文稿皆为萧猛平常之塾课。又，甲戌科状元汪绎有《柬同年顾书宣编修》诗，他于四十三年前后亦为曹殿六（曹寅同姓表兄曹鋡；见第二章）的《东皋图》题诗（图表2.19），且因参与扬州诗局校刊《御定全唐诗》而与曹寅论交。[28] 此外，曹寅尝在四十一年为顾图河赋《病目初愈，思与书宣小饮……》《寄题顾书宣编修赐酒石》，顾氏也为曹寅的《楝亭图》题诗，赋《荔轩以诗招看玉兰吹韵奉酬》，并与萧猛（号席园）合吟《午日联句》，作《迟萧席园饮，辞以晒书作诗戏之》（图表5.8），且与曹頫蒙师王文范（字竹村，为曹寅"最契密"的友人；图表4.17）酬唱。

再者，曹寅尝为与顾图河并称"维扬二妙"的史申义（号蕉饮）赋二诗，[29] 而后者的《芜城集》《使滇集》《过江集》中亦屡见陶元淳、王煐、顾图河之名。曹玺友人杜濬（音"俊"）也作《七日会饮，送秋屏之全椒》《向顾书宣乞火米》，王文范有《和银台曹公使院种竹诗》《郭于宫宅观

---

27 萧猛（原误萧奭）撰，朱南铣点校，《永宪录》，续编，页390—391；李世愉，《李盛铎藏清钞本〈永宪录〉读后》。有关作者的讨论请参见后文。
28 汪绎，《秋影楼诗集》，卷4，页1；卷9，页2—4。方晓伟，《曹寅评传·曹寅年谱》，页420—433。
29 阮元，《广陵诗事》，卷1，页1；曹寅，《楝亭诗别集》，卷4，页5及8。

通政曹公家伶演剧⋯⋯》，曹寅尝赋《孟秋偕静夫、子鱼、尊五、殷六过鸡鸣寺》，知曹寅交游圈中屡见杜濬、王文范、汪绎、吴贯勉（字尊五，号秋屏）、曹鈖、顾图河、史申义、张云章、郭元釪（字于宫）等人身影。[30]

综前，萧猛应不乏渠道透过顾图河或其友人掌握曹寅家事（图表5.8）。无怪乎，他在《永宪录》（正文记事以乾隆十七年为下限；附录5.2）中不仅记曹寅"母为圣祖保母，二女皆为王妃"的宫闱秘事，[31]甚且知晓其新编《琵琶传奇》《虎口余生》的概略内容。换句话说，曹寅次婿后亦封王的真实性颇高。惟学界一直不知此婿究竟何人，红友兰良永敏锐推测他最可能是蒙古贵族，并努力揣摩曹寅嫁女前后诗中文句之隐意，惜未能进一步爬梳指实次婿。[32] 由于康熙下半叶以后的封王者只可能出自宗室或藩部，[33]经全面翻查《清史稿·皇子世表》，自康熙四十八年迄乾隆十七年的四十四年间，共找出宗室封王者52名（含11名追封者），而1938年最近一次刊刻的《爱新觉罗宗谱》中理应记载所有福晋的姓氏及其父亲名衔，然在细阅后，并未见有人娶曹佳氏或曹氏为嫡福晋，[34] 知曹寅次婿确只能是外藩。

---

30 张云章与顾图河、郭元釪亦有深交。此段参见顾图河，《雄雉斋选集》，卷2，页3—4；顾图河，《雄雉斋诗续集》，无页码；张云章，《朴村文集》，卷8，页9—10；杜濬，《变雅堂遗集》，卷3，页20；刘上生，《曹寅与曹雪芹》，页136—140、228—230；兰良永，《红楼梦文史新证》，页171—175。

31 私人载述中通常少记此情形，更往往无具体内容，如平郡王纳尔苏娶曹寅长女一事，就只见《爱新觉罗宗谱》及《关于江宁织造曹家档案史料》中的官方文献。

32 兰良永，《红楼梦文史新证》，页133—145。

33 清初虽有汉人降将孔有德、耿仲明、尚可喜、吴三桂、孙可望等人封异姓王，但此后即不再封汉人为王。又，朝鲜及安南国王亦获清朝册封，惟均不曾任侍卫。至于最受乾隆帝恩遇的福康安，也只是生封贝子、卒赠郡王，其父傅恒则是被追赠为郡王衔。参见黄一农，《史实与传说的分际：福康安与乾隆帝关系揭秘》。

34 整个清代除纳尔苏于康熙四十五年娶曹寅女为嫡福晋外，仅多罗顺承简郡王伦柱（乾隆三十七年生，五十一年袭多罗顺承郡王）曾娶八品官老格之女曹佳氏为侧福晋。参见宗谱编纂处编，《爱新觉罗宗谱》，册乙，页3205、3409；海青，"爱新觉罗宗谱网"。前书末册有宗室名字的索引，后者则为目前唯一针对清代玉牒所设计的数据库，虽仍无法进行全文检索，但已可提供许多有用的搜寻。

图表5.8：《永宪录》作者萧猛的相关史料。文献中有误作"萧奭［音'是'］""肃猛"或"萧𡘋［音'主'］"者

❖ 嘉庆《江都县续志》（中国社会科学院图书馆藏）

大桥镇近江濆聚落颇盛跃康熙朝族荃推汤颜朱四氏顾则花由太史以鼎甲擅家汤进士彭年及子敞声又由舉人官知縣家擅园亭之膳萧明经名猛籍平学恩贡生学问该洽相傳顾太史所刻萧明时文稿皆萧平时塾课雄斋诗集内有招萧席氏源就树草堂诗并赴之诗其雅致可见集又有题朱氏源小飲辞以曝书不之诗

❖《永宪录萧猛》（下略）卷8，页3

❖ 周寿昌，《思益堂日札》，卷12，页16—17

❖ 吴庆坻，《蕉廊脞录》，卷5，页15

三名臣事实萧猛永宪录载方苞送先生归居年八十向王

永宪录六卷江都萧猛撰卷首纪祖宗创造制度卷一纪康熙六十一年事卷二纪雍正元年事卷三纪雍正二年事卷四纪雍正三年事卷五纪雍正四年事六纪雍正五年至六年二月以前事鈔本每葉中縫有唫栀僊館四字惟一卷書周氏小嫏嬛館益兩家合鈔

❖ 曹寅，《楝亭诗钞》，卷4，页6

寄题顾书宣编修赠酒石
病目初愈思與書宣小飲時軒前玉蘭将開

❖ 顾图河，《雄雉斋诗续集》，无页码

荔軒以诗招看玉蘭吹以韵奉酬
高花破白巨葩過矚詩甚高
妻月相揮淺眼明媚摇夜闌
豪德行生役夜遍催淡醉莫道春泥有落英小園石鹿承後少並口東下二帆推

❖ 顾图河，《雄雉斋选集》，卷2，页3—4

午日联句壹本
（中略）
迟萧席圈饮醉以曝书作诗戏之
君性不勝飲妙解飲以中來我飲瓢遺君飲少得餘醒古今低昂如有今日
懶冗讀書顧瘠書外意罷君歎古今低昂如有今日
傳死澆率蜀記菩讀豈狡旨
時得酒桐可粲君荷欲慵蜃古必倒簽羣靈登五千卷

❖ 康熙《江都县志》，卷1，页23

康熙四十五年
御書尊訓堂三大字領興賢道昔軌崇文育群
一聯
賜湖廣督學　顧圖河
御書雲恣清霜鹤靜雲閒兩嶺機絲巧度金梭
月錦綺長分玉尺香一聯　曹寅
賜江寧織造兼兩淮巡鹽

❖ 乾隆《江南通志》，卷166，页55

顧圖河字書宣江都人康熙甲戌登一甲第二枚
編修充日講官直南書房與修一統志皇與表出視湖廣學政卒於任所著有雄雉斋集

附录5.2

《永宪录》的作者及其叙事下限[35]

《永宪录》是一部较关注清代制度的编年史料，尤其因书中翔实记载了雍正朝的一些重大事件，故学界多认为此书具有颇高的文献价值。吴庆坻（1848—1924；光绪十二年进士）家藏此书的六卷钞本，惜部分文字因水渍漫漶而不堪卒读。他在1928年刊刻的《蕉廊脞录》中曾略及各卷的内容与系年，且收录乾隆十七年十二月由"江都草泽臣萧奭"所撰的作者自序（图表5.9）。清末藏书家缪荃孙（1844—1919）则于1912年将此本的一卷节本（六七千字）出版，刻入上海国粹学报社的《古学汇刊》（作者被记为萧奭龄），惜全本少有他人过眼且现已佚。

又，邓之诚（1887—1960）在东方文化事业总委员会的馆藏中亦发现一钞本，他在借钞并校订后，于1940年入藏燕京大学图书馆。1959年中华书局出版由朱南铣点校的《永宪录》，即是依据邓氏钞本排印，计四卷，另附续编不分卷，全书共约十八万五千字，作者则系为萧奭。[36]

1980年李世愉在北京大学图书馆善本室见到李盛铎原藏的另一钞本（共约三十二万字），有卷首及正编凡六卷，分订成十册，第十册为乾隆朝事（近二万字），内缺卷三及卷四的约三万字内容（记雍正二年至三年三月以前事），此本又比中华书局排印本多了十几万字。李世愉虽在1986年即撰文点出《永宪录》的作者应为萧猛，奭龄为字号，但其说迄今仍罕见学界留意。[37] 据嘉庆《江都县续志》，知萧猛又号席

---

35 感谢小友高树伟提示他正研究之李盛铎旧藏清钞本的相关材料。
36 https://kknews.cc/zh-tw/culture/lp8a44g.html。
37 经查中国知网及读秀等数据库，发现迄今仍少有人记《永宪录》的作者为萧猛。参见李世愉，《李盛铎藏清钞本〈永宪录〉读后》。

图表5.9　吴庆坻《蕉廊脞录》所收录的《永宪录》序

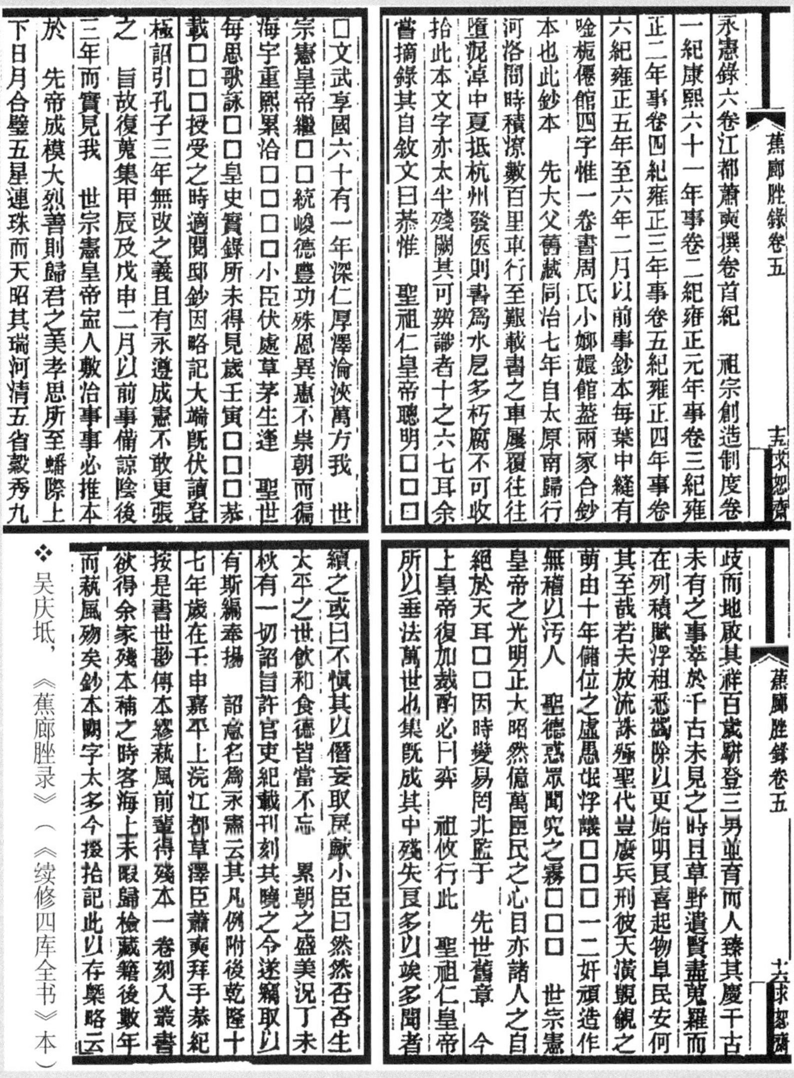

《蕉廊脞录》卷五

永宪录六卷江都萧奭撰卷首纪　祖宗创造制度卷一纪康熙六十一年事卷二纪雍正元年事卷三纪雍正二年事卷四纪雍正三年事卷五纪雍正四年卷六纪雍正五年至六年二月以前事钞本每叶中缝有唫栀偃馆四字惟一卷书周氏小娜嬛馆盖两家合钞本也此钞本　先大父蕺园载于同治七年自太原南归行河洛间时积潦数百里车行至艰载书之车屡覆往往堕况淖中夏抵杭州发医则书写为水浸书朽腐不可收拾此本文字亦太半残阙其可辨谛者十之六七耳余尝摘录其自叙文曰恭惟
聖祖仁皇帝聰明□□
歧而地厥其祥百岁骈肩三男並育而人臻其慶千古未有之事萃於千古未见之时曰草野遗贤囊蒐罗而在列积赋浮祖悉蠲除以更始明民喜起物阜民安何其至哉若夫放流诛殄圣代岂庆兵刑彼天演魍觑之萌由十年储位之虚愚张浮譏□□□□一二奸顽造作無稽以污人　聖德惑眾聞究之心始浮聞□□□□皇帝之光明正大昭然億萬厘民之自絕於天耳□□因時變易罔北監于　先世舊章　今上皇帝復加裁酌必□弈　祖收行此　聖祖仁皇帝所以垂法萬世也集既成其中殘失戾多以俟多聞者

《蕉廊脞录》卷五

□文武享国六十有一年深仁厚泽沦浃万方我
世宗憲皇帝繼□□□统峻德丰功殊恩异惠不棲朝而偏海宇重熙累洽□□□□小臣伏處草茅生逢　聖世每思歌詠□□皇史實錄所未得見歲壬寅□□恭載□□授之时適閱邸钞因略記大端既伏讀後極□□引孔子無改之義且有永遵成憲不敢更張之旨故复蒐集甲辰及戊申二月以前事备諒陰後三年而寶見我　世宗憲皇帝宏人敷治所至蟠際上下日月合璧五星連珠而天昭其瑞河清五省穀秀九

於　先帝成模大烈著則归君之美孝思所至

按是書世勢傳本稍本補之時客海上未暇檢藏籍後數年而蕺風殛矣鈔本闕字太多今授拾記此以存梗略云

秋有一切詔旨許官吏紀載刊刻其曉之令送鴻取以　詔恩名易永憲云其凡例附後乾隆二十有斯編奉揚七年歲在壬申嘉平上浣江都草澤臣萧奭拜手恭紀

❖ 吴庆坻，《蕉廊脞录》（《续修四库全书》本）

园（图表5.8），扬州府江都县人，康熙三十五年的府学恩贡生。[38]

中华书局所出版的《永宪录》排印本，乃以编年体逐条简述康熙六十一年至雍正六年八月之史事，每条之下并对相关的人与事加以申述，其内容就屡涉及乾隆朝。如续编在记雍正五年九月尹继善为广东按察使时，即称其"乾隆十三年以病再回尚书，因用兵金川，又督陕甘；十六年再回两江，可谓扬历半天下，而年已老矣"，而在记雍正五年十二月直隶布政使张适、按察使魏定国因罪听勘时，亦提及乾隆十六年的南巡。[39] 至于申述内容中偶亦可见小字双行的附载，这部分的记事则常更晚。如在雍正六年四月策试中式贡生彭启丰等一条，末有小字双行称："乾隆癸酉科江南五魁，镇洋县有三解元，胡瑢【溶】吴氏师也，二名吴维谔【锷】、四名吴桂，父子也。"[40] 癸酉岁是乾隆十八年。

李盛铎原藏《永宪录》钞本的内容虽较排印本多出甚多，但大致情况亦然。如其第二册卷首的《祖宗创造制度官爵财赋之大略》中，在记汉武官品级封号时，以双行小字附载"乾隆二十年三品以上皆称大夫……"；记东川等处副使驻威宁时，附载"乾隆十八年令各道皆销去布、按、参、副诸职衔……"；记各地关税时，附载"以上银数视三十四年数加增。乾隆□年令关税悉依三十四年旧额……"，此类小字双行的内容很可能为后人所补。[41] 鉴于萧奭留有"乾隆十七年岁在壬申嘉平上浣［十二月上旬］"的自序（图表5.9），故笔者暂以乾隆十七年为《永宪录》的记事下限。

---

38 高士钥修，五格等纂，《江都县志》，卷12，页42。
39 萧奭撰，朱南铣点校，《永宪录》，续编，页363、393—395。
40 萧奭撰，朱南铣点校，《永宪录》，续编，页405—406；王祖畲，《镇洋县志》，卷6，页2。
41 此因萧奭在康熙三十五年成为府学恩贡生（从中国方志库已查得约有十人获此年恩贡，至于当年的正贡因何成为恩贡，则待考），而据《清代朱卷集成》所收1,576份五贡卷的统计，知恩贡中式的平均年龄为43.5岁，若萧奭于四十岁被选为恩贡生，那他在乾隆三十四年时已逾百岁。纵使萧奭于二十岁即为恩贡，乾隆三十四年时也已九十三岁。参见林懋勋等纂修，《侯官云程林氏家乘》，卷4，页37；蒋金星、肖夫元，《清代举子中式的平均年龄研究》。

再检《钦定外藩蒙古回部王公表传》前十六卷中的各袭爵表（记事止于乾隆五十三年，惟所记王爵皆属世袭罔替），知康熙四十八年至乾隆十七年间，共有84名外藩封郡王或亲王，他们全属蒙古，无一为西藏或回部。[42]透过大数据逐一爬梳《钦定外藩蒙古回部王公表传》中各王的生平事迹后（另参据《清实录》《皇朝文献通考·封建考》《平定准噶尔方略》），[43]发现前述这些外藩王均非曹寅次婿的可能人选。筛除的理由主要有下列几类：

1.康熙四十八年二月之后才归顺。
2.康熙四十八年二月之前的名衔已高于侍卫。
3.康熙四十八年前后不久尚（此字专指娶皇族为妻）宗室女。
4.其家已袭爵好几代或死后其家仍袭王爵。

其中第一类显而易见，无可议空间。事实上，这些候选人几乎皆可因其家已袭爵好几代或死后其家仍袭王爵而加以筛除，且许多案例往往符合不止一类理由（附录5.3）。

---

42 笔者最初以为可借由前人已整理好的《清史稿·皇子世表》（宗室王）以及《钦定外藩蒙古回部王公表传》（外藩王），得到此一时期完整的封王名单，但查索后才发现外藩王的情形相要复杂许多，因后书并未列入死后才追封，或当事人缘事（如因其本人或家人叛清）遭褫爵者。亦即，若要获得完整的封王名单，还要花费较大心力，仔细爬梳内容庞杂的《清实录》（通过汉籍全文资料库在此书中搜寻"郡王"或"亲王"）。参见张廷玉等，《皇朝文献通考》，卷255；赵尔巽等，《清史稿》，卷209—211。

43 由于蒙古姓名的汉字对音常无定字，故在爬梳资料时往往不易周全，如罗（洛）卜（布）藏（臧）丹津（金、尽、进、晋）名中各字皆有一些不同对音，因而出现颇多变化组合，其父扎什巴图尔亦有达什巴图尔、札什巴图尔、札什巴图儿、扎什巴图儿、札西巴图尔等异名。更有甚者，同一书中亦偶有使用异名的情形，如《清实录》中即出现罗卜藏丹津、罗卜臧丹津及罗布藏丹津三种写法。各数据库的制作者宜郑重考虑该如何在搜寻时加入适当的模糊检索功能，以充分发挥大数据时代所给予新一代文史工作者的强大研究工具。

附录5.3

曹寅次婿与《钦定外藩蒙古回部王公表传》的封王者

为完整掌握康熙四十八年至乾隆十七年这四十四年间所有封王的人选，初以为只要爬梳《清史稿·皇子世表》和《钦定外藩蒙古回部王公表传》前十六卷中的各袭爵表，即可毕竟其功。故当自《爱新觉罗宗谱》中查无这段时间封王的宗室（52名）有娶曹寅女后，笔者即聚焦在《钦定外藩蒙古回部王公表传》，共整理出84名被封为郡王或亲王的外藩，经逐一析究各人的经历，发现此书中的这些外藩王均非曹寅次婿的可能人选。下文即分类各举三例论证之：

一、康熙四十八年之前的名衔已高于侍卫

（侍卫通常是年轻勋贵子弟入仕初期的职位，先前不应已有更高官衔再缘事降级）

1. 额林陈（臣）于康熙四十九年正月晋封喀尔喀多罗郡王，然因其在四十七年三月已封多罗贝勒，[44] 故不太可能于四十八年担任位阶远低的侍卫一职。

2. 察罕丹津于康熙五十八年三月封青海多罗郡王，然其早在四十年正月已封多罗贝勒。[45]

3. 额尔德（得）尼额（厄）尔克托克托鼐（奈）于雍正元年封厄鲁特部扎萨克多罗郡王，然其在康熙四十四年已袭多罗贝勒。[46]

44　《清圣祖实录》，卷232，页321；卷241，页396。
45　祁韵士等，《钦定外藩蒙古回部王公表传》，卷11，页3。《清圣祖实录》，卷203，页70；卷283，页769。
46　祁韵士等，《钦定外藩蒙古回部王公表传》，卷11，页5—6；《清世宗实录》，卷4，页110。十七世纪末盘踞在青海、西藏的厄鲁特部（亦称"大和硕特"或"和硕特汗国"），乃当时"四卫拉特（dürben oyirad）"的主要政治势力之一，余三大股为准噶尔汗国（"小和硕特"）的噶尔丹博硕克图（即噶尔丹）、珲台吉策妄阿喇布坦与伏尔加河的土尔扈特汗国；感谢中国社科院张建博士的提示。

二、康熙四十八年前后不久尚宗室女

（因曹寅已是内务府的方面大员，故应不会以次女为某侍卫之妾媵，尤其还得陪带大量嫁妆。再者，康熙帝也不该指配其女为人做妾。至于有爵之宗室女，亦应不太会在包衣女之后成为该穷困侍卫的继妻）

1. 阿宝于雍正元年十二月封厄鲁特多罗郡王，但他在康熙四十二年七月即已因尚和硕庄亲王博果铎女（乾隆四年仍在世）而授和硕额驸，四十八年二月又已袭扎萨克多罗贝勒。[47]

2. 阿喇布坦于康熙四十一年降清，封郡王。其子色布腾旺布在五十五年九月因尚胤祹长女（四十年十一月生，雍正三年七月卒）被封额驸，并于雍正七年五月袭兄爵，封厄鲁特扎萨克多罗郡王，复授厄鲁特盟长。知色布腾旺布不太可能在康熙四十八年已娶曹寅次女为妻，此因八旗满洲之间阶级分明，故固山贝子胤祹应不会愿意将长女嫁人为妾室（且若为妾室，就不可能封其配偶为额驸），或令其成为包衣女子之后的继妻。[48]

3. 策凌（棱）于雍正元年二月以西陲军功封喀尔喀多罗郡王，九年再以军功晋封亲王，十年九月又因军功赐号超勇亲王。他于康熙三十一年来归时即已获授三等轻车都尉（高过侍卫品级），四十五年五月因娶皇第十女纯悫公主封额驸，而公主在四十九年三月二十四日过世，故不可能在四十八年才以侍卫身份配曹寅次女，且还要曹寅为其置产。[49]

三、已袭爵好几代或死后其家仍袭王爵

（若该婿的家族在此前后皆有多代封王，则不应窘困到要曹寅帮忙置产买仆；参见图表5.10）

---

47 祁韵士等，《钦定外藩蒙古回部王公表传》，卷11，页1—2。《清圣祖实录》，卷212，页156；卷236，页323。《清高宗实录》，卷103，页552。
48 祁韵士等，《钦定外藩蒙古回部王公表传》，卷10，页22；卷77，页13—15。
49 祁韵士等，《钦定外藩蒙古回部王公表传》，卷10，页3—4；卷70，页1—13。

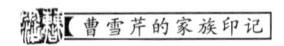

图表5.10 《钦定外藩蒙古回部王公表传》中袭爵表的书影

❖《钦定外藩蒙古回部王公表传》卷二

1. 阿喇布坦（阿拉卜坦）于康熙四十九年十二月袭父爵，封科尔沁多罗郡王。其高祖彰吉伦于顺治七年晋扎萨克多罗郡王，且诏世袭罔替，直到乾隆四十八年索特纳木仍袭扎萨克多罗郡王。[50]

2. 伊达木扎布于康熙五十六年七月袭父爵，封喀喇沁杜棱郡王，五十八年十二月尚和硕诚亲王允祉女，授和硕额驸。其所属的喀喇沁部在天聪三年即归附，曾祖班达尔沙在康熙七年已晋多罗杜棱郡王，长子喇特纳锡第于乾隆四年袭扎萨克多罗杜棱郡王，四十八年还赐亲王品级。[51] 故若伊达木扎布是曹寅次婿，不应窘困到结婚时还要岳家帮忙置产。

3. 鄂齐尔于雍正五年八月袭翁牛特扎萨克多罗杜棱郡王，其先祖逊杜棱于崇德元年封扎萨克多罗杜棱郡王，诏世袭罔替，其裔孙至乾隆四十二年仍袭爵。[52]

****

小宝与小虾是邻居李家的金孙，他们在我写此书期间常来二寄轩串门子，小虾还说我是他最好的朋友。

宝、虾听说我有e武功，就恳求留下苦练，但连我都常被讥为旁门左道，想想，还是拍张照片留下纪念就好！

---

50 张廷玉等，《皇朝文献通考》，卷299，页16；祁韵士等，《钦定外藩蒙古回部王公表传》，卷1，页11—12。
51 祁韵士等，《钦定外藩蒙古回部王公表传》，卷2，页1。
52 祁韵士等，《钦定外藩蒙古回部王公表传》，卷3，页11；卷31，页5—8。

在爬梳前人已整理成表的《清史稿·皇子世表》和《钦定外藩蒙古回部王公表传》却劳而无功后，为避免沧海遗珠，笔者决定全面翻查《清实录》（依其体例，理应记载所有封王之事，但因这四十四年间的史事粗估近三百万字，故在研究之初未敢列为优先查索的对象），结果发现有5名封王的外藩不见于前，他们或是死后才追封，或是因其本人或家人叛清遭褫爵，以致未被列入《钦定外藩蒙古回部王公表传》的袭爵表。其中颇罗鼐及珠尔默特那木扎勒父子归顺时已在康熙四十八年二月之后，故不可能是曹寅次婿，至于博贝、丹忠二人亦可依其他理由排除，只有五十五年十二月封青海和硕亲王的罗卜藏丹津（Lobsang Danjin, 1693—？）较有可能（附录5.4）。下文即就这位自141名封王的宗室或外藩中筛检出的最佳候选人详加申论。

受厄鲁特（元明时称瓦剌）蒙古准噶尔部首领噶尔丹遭清朝一举覆灭的影响，紧邻的和硕特部（亦属厄鲁特）于康熙三十六年十一月向清朝归诚，其首领扎什巴图尔（1632—1714）且偕青海诸台吉入觐。三十七年正月诏封扎什巴图尔为青海厄鲁特亲王，二月康熙帝幸五台山，命扎什巴图尔等从；四十二年十二月康熙帝幸西安府，扎什巴图尔再度来朝，扈驾阅兵，赐宴遣归；五十三年九月卒（曹寅已于五十一年七月病逝，子曹颙在是年十月补放江宁织造）。扎什巴图尔的独子罗卜藏丹津至迟在五十四年十二月开始登上历史舞台，从他欲与族侄察罕丹津结盟率兵攻伐异己的举动，[53] 知其当时人已在青海并掌握了亡父的势力。罗卜藏丹津于五十五年闰三月已获"青海右翼台吉"衔，十二月袭亲王（参见图表5.11；曹𫖯于五十四年正月继其兄曹颙为江宁织造），雍正元年叛清，翌年兵败后逃往准噶尔。[54]

53　扎什巴图尔另有一名养子，他在罗卜藏丹津掌权后移居他处。参见傅恒等，《平定准噶尔方略》，前编，卷3，页6；B. Szcześniak, "The Description and Map of Kansu by Giovanni Battista Maoletti de Serravalle"。

54　罗卜藏丹津事迹及准噶尔之役的时代背景，可参见祁韵士等，《钦定外藩蒙古回部王公表传》，卷72，页3；卷81，页15—44。《清圣祖实录》，卷187，页991；卷260，页565；卷270，页655。赵尔巽等，《清史稿》，卷522，页14451—14458。姚念慈，《康熙盛世与帝王心术：评"自古得天下之正莫如我朝"》，页250—381。齐光，《大清帝国时期蒙古的政治与社会：以阿拉善和硕特部研究为中心》，页142—204。

图表5.11　康熙五十五年罗卜藏丹津袭封亲王的满、蒙文敕谕

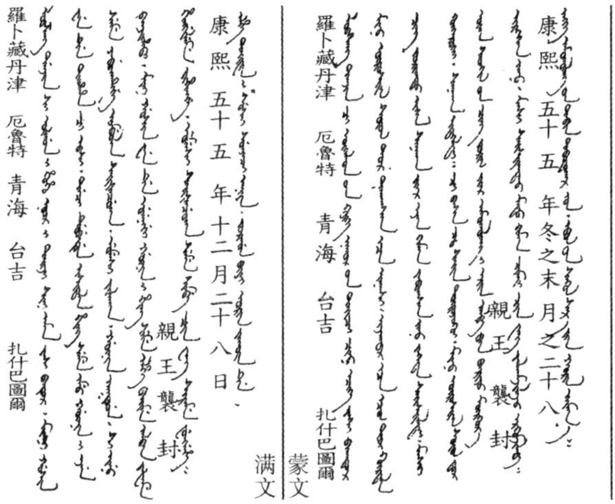

❖ 康熙帝封罗卜藏丹津袭为亲王之敕谕
中国第一历史档案馆藏《清内阁蒙古堂档》

康熙五十五年十二月二十八日 整理译自左侧的满蒙文

罗卜藏丹津，尔厄鲁特青海之台吉，尔父扎什巴图尔，自顺服朕仁化以来，平素始终至诚一心，[圣]主嘉爱其言行。[若]心志坚贞，[之心]请安朕之仁化，汝亦[可保]生存。以诚笃[之心]请安朕之仁化，叩首来贡，甚为可嘉，袭封俾为亲王。

康熙五十五年冬之末月之二十八，亲王袭封。
罗卜藏丹津　厄鲁特　青海　台吉　扎什巴图尔
蒙文

康熙五十五年十二月二十八日　亲王袭封。
罗卜藏丹津　厄鲁特　青海　台吉　扎什巴图尔
满文

附录5.4

曹寅次婿与《清实录》中的封王者

在《钦定外藩蒙古回部王公表传》所整理出康熙四十八年至乾隆十七年间封王的84名外藩中，发现内有17名的封爵史事并未被《清实录》具体记载，而其中7名首次以郡王或亲王衔出现时，已在乾隆十八年（含）以后。再经仔细梳理后，笔者发现亦有5名外藩王只见于《清实录》，而不见《钦定外藩蒙古回部王公表传》的袭爵表。亦即，欲完备外藩封王者的名单，必须同时爬梳《钦定外藩蒙古回部王公表传》和《清实录》，并以之互补。

前述5名只见于《清实录》的外藩王中，除罗卜藏丹津（见正文）外皆可被排除为曹寅次婿，略述其理由于下：

一、康熙四十八年之前的名衔已高于侍卫

扎萨克多罗贝勒博贝于雍正八年十一月追封郡王，他于康熙三十一年五月即以贝子衔管西路右翼右军事，四十三年授扎萨克一等台吉，四十四年九月封辅国公。[55]

二、已袭爵好几代或死后其家仍袭王爵

雍正元年二月追封绝嗣的青海贝子丹忠（衷、仲）为郡王，同时封其伯父察罕丹津（插罕丹进）为亲王。[56] 由于丹忠家族一直颇受清廷重视，故不应窘困到需曹寅为其置产。

三、归顺时已在康熙四十八年二月之后

贝勒颇罗鼐于乾隆四年十二月晋封郡王，[57] 他于康熙五十九年定藏后始封为噶隆，此前并未归附，故不会在康熙四十八年二月之前即已到北京当侍卫。[58] 颇罗鼐之子珠尔默特那木扎勒于乾隆十二年三月袭封郡王，十五年十月以叛逆被诛，[59] 他当然亦不可能在康熙四十八年已任侍卫。

至于《钦定外藩蒙古回部王公表传》的袭爵表中为何未见这五人，乃因博贝和丹忠二人的郡王衔属追封而非实授，而罗卜藏丹津、颇罗鼐、珠尔默特那木扎勒三人，则以其家或本人叛清遭褫爵而未被收入。

---

55 《清圣祖实录》，卷155，页713；215，页179；卷222，页235。《清世宗实录》，卷100，页333。祁韵士等，《钦定外藩蒙古回部王公表传》，卷9，页4；卷63，页4。
56 参见《清世宗实录》，卷4，页110；台北故宫博物院藏汉文宫中档编号024410。后者误察罕丹津为丹忠之亲兄。
57 《清高宗实录》，卷106，页595。
58 《西藏记》，卷上，页5。
59 《清高宗实录》，卷286，页737—738；卷379，页1213；卷383，页35。

乾隆二十年清军攻灭达瓦齐（噶尔丹侄子大策零敦多卜孙）统治的准噶尔汗国，据钱陈群《平定准噶尔诗》，罗卜藏丹津亦"投帐下，俛首受缚"，[60]但为避免引发激变，乾隆帝特旨赦二人罪，更加恩封达瓦齐为绰罗斯和硕亲王，赐宅在京居住，且授以<u>御前侍卫</u>，还将已革理亲王弘皙（废太子允礽次子，乾隆四年因逆案遭革爵圈禁，并黜去宗室，时年四十六岁的弘皙且被改名为"四十六"）的第十二女指配给他，稍后又将庄亲王允禄第六子弘明的次女嫁给达瓦齐的长子罗布扎（二十四年七月其父薨逝后仍准降袭郡王）。[61]罗卜藏丹津亦留京，赏给房屋一所居住，但不许擅出，其两子巴朗及察罕额布根被安排隶蒙古正黄旗旗分，授<u>蓝翎侍卫</u>，在司鸮上行走，但其眷属则留伊犁，于北京另赏给上三旗女子为妻。[62]该将达瓦齐及罗卜藏丹津两子均授为侍卫并赐妻的笼络之举，恰与曹寅次婿的际遇雷同！

根据那段时期在青海传教之天主教方济各会士叶崇贤（Giovanni Battista Maoletti de Serravalle, 1669—1725）所记，罗卜藏丹津生于康熙三十二年（图表5.12）。亦即，四十八年曹寅奏呈其次女即将成婚时，他虚岁为十七，正值婚龄。若罗卜藏丹津就是曹寅的次婿，他在袭爵之前应曾在京被宠以侍卫一职，但同时亦扮演某种质子的角色，而被康熙皇帝封为亲王的扎什巴图尔，可能也希望双方能借此开展类似清廷与漠北蒙古、阿拉善蒙古或漠南东三盟蒙古间的较密切关系，[63]以对抗共同的敌人准噶尔。

60　董诰等，《皇清文颖续编》，卷59，页30—31。
61　《清高宗实录》，卷593，页602；杜家骥，《清朝满蒙联姻研究》，页704。又，《爱新觉罗宗谱》记康熙帝的孙辈当中有三位同名的弘明：皇十四子允禵次子（康熙四十四年生，乾隆三十二年卒）、皇十六子允禄六子（康熙五十八年生，乾隆五十二年卒）、皇长子允禔十四子（雍正十年生，嘉庆十一年卒）。
62　傅恒曾以满文疏称巴朗娶四格依领下披甲裴德之二十二岁女，察罕额布根娶六十一管领下披甲八十四之十九岁女（感谢吴国圣老师的翻译）。参见祁韵士等，《钦定外藩蒙古回部王公表传》，卷81，页42；傅恒等，《平定准噶尔方略》，正编，卷14，页16；《清宫内务府奏销档》，册47，页345—348。
63　杜家骥，《清朝满蒙联姻中的"备指额驸"续谈》。

图表5.12　梵蒂冈藏青海古地图上有关罗卜藏丹津生年的记载[64]

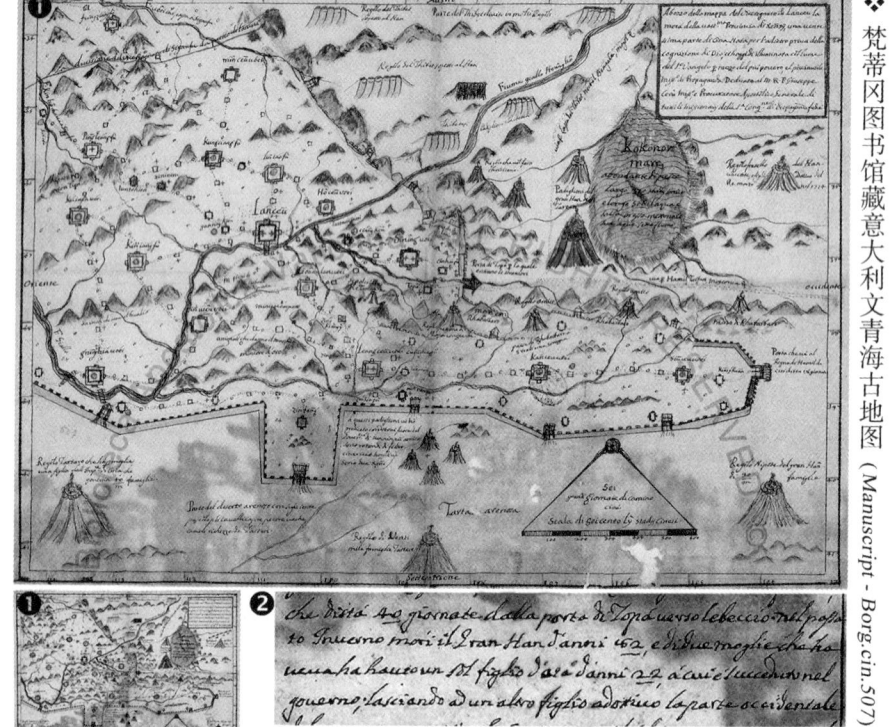

梵蒂冈图书馆藏意大利文青海古地图（Manuscript - Borg.cin.507）

.... Nel passato Inuerno mori il Gran Han d'anni 82, e di due moglie che ha ueua ha hauto un sol figlio d'eta d'anni 22, a cui è succeduto nel gouerno, …

去岁冬季，大汗82岁时故去。其妻二人，［仅］有一男。此男22岁承继其权。　　（此据原件之意大利文誊录并重译）

64　叶崇贤在此地图上记称在康熙五十三年九月扎什巴图尔过世的翌年，罗卜藏丹津以虚岁二十三岁（即西方文献所指的22岁）之龄，接掌其父的统治权，回推其生年为康熙三十二年，先前有学者误推成前一年。参见房建昌，《从罗卜藏丹津的生年看西方天主教传教士叶崇贤对青海史地的描写和价值》。

康熙朝厄鲁特降人在战乱中的境遇颇惨，甚至有"无衣服铺盖"者，故三十五年谕命应"完其夫妇，给以衣食"，[65] 并屡以其青壮贵族为侍卫：如三十五年十二月就一口气授十几人为蓝翎以上侍卫，其中土克齐寨桑、米寨桑、韩都台吉为一等侍卫，马穆古英寨桑、哈尔巴达尔汉寨桑、丹巴额尔德尼寨桑为二等侍卫；[66] 三十六年闰三月又授格垒沽英为散秩大臣，子吴巴什为一等侍卫；[67] 三十六年九月率家属来降的丹济拉，亦获授散秩大臣，子多尔济塞卜腾授一等侍卫。[68] 四十年六月亦尝谕喀尔喀台吉等曰：

> 尔等数旗，穷困已极。自噶尔丹之事以来，尔诸蒙古朕皆一体豢养，尔台吉内尚有无马徒步者……今将台吉内有马一骑者，给牝马九；有二骑者，给牝马八；有三骑者，给牝马七；有四骑者，给牝马六；有五骑者，给牝马五；无马贫穷台吉，皆给牝马十……八年后将所给原数，仍交牧场其孳生之马……[69]

愿提供母马给较贫穷的台吉蕃育以维持生计。是年九月甚至将被擒获的噶尔丹（卒于三十六年三月）之子塞卜腾巴尔珠尔授为一等侍卫。[70]

再者，年羹尧于雍正元年十月初十日所上的满文奏折中，记罗卜藏丹津自述其起兵的缘由：

> 汝等所寄文书内，称我为"反叛主子之罪人"。我无背叛圣主之处。吾自小至长，从恶向善之所蒙恩者，皆由主子之恩威，全非

65　《清圣祖实录》，卷174，页883；卷177，页907。
66　《清圣祖实录》，卷178，页916。寨桑与台吉皆为蒙古部落首领的头衔，出身成吉思汗黄金家族者为台吉，否则称寨桑。
67　《清圣祖实录》，卷182，页950。
68　《清圣祖实录》，卷185，页976。
69　《清圣祖实录》，卷204，页84—85。
70　中国第一历史档案馆编，《康熙朝满文朱批奏折全译》，页184—185；《清圣祖实录》，卷205，页92；黑龙，《准噶尔蒙古与清朝关系史研究（1672—1697）》，页223—228。

鄙力也。[71]

若罗卜藏丹津从无担任宫廷侍卫的经历，而是一直待在其父青海亲王的身旁成长，他应不会有"吾自小至长，从恶向善之所蒙恩者，皆由主子[指康熙帝]之恩威，全非鄙力"的阿谀说词！又，雍正帝于五年十二月敕谕收容罗卜藏丹津之噶尔丹策零时有云：

> 罗卜藏丹津乃青海和硕特扎什巴图尔之子，伊骨肉中无故弄兵，互相残害……罗卜藏丹津乃敢悖我皇考圣祖养育之恩，负朕之德，侵犯内境……尔务须将罗卜藏丹津送来，朕念伊父扎什巴图尔从前劳绩，断不将伊诛戮，仍施恩豢养。[72]

所谓"悖我皇考圣祖养育之恩""仍[仍然、还是]施恩豢养"的语意，似均指罗卜藏丹津曾在康熙帝身边当差并被培养。

曹寅奏折中亦屡见使用"豢养"一词，如称"世蒙豢养，生毙殊荣""自幼荷蒙圣恩豢养""从幼豢养"等，而他于二十二岁之前已授三等侍卫。[73] 又，尝自谓"由垂髫豢养……多年训诲，至于成人"的福康安，在乾隆三十二年即以云骑尉世职授三等侍卫，时年才十四岁。其弟福长安也自幼养于宫中，初授蓝翎侍卫，故当嘉庆帝痛斥他是和珅的同党时，即提到他"蒙皇考豢养二十余年"。当时始任侍卫的年龄虽通常在十八岁左右，但一些宗室或勋旧重臣的下一代，往往于十五六岁甚至更年轻时即侍直禁廷，特意提早培养。[74] 亦即，罗卜藏丹津确有可能以担任侍卫的方式当差，希望能建立投顺之和硕特部（与战败的准噶尔部同为厄鲁特蒙古）与清廷间

---

71 年羹尧的满文奏折先前虽已有译本，但为求精确，下文凡可查得满文原档者，皆请吴国圣老师重新细译。此条译自台北故宫博物院所藏满文宫中档编号156832，原译可参见年羹尧撰，季永海等译，《年羹尧满汉奏折译编》，页17—18。
72 傅恒等，《平定准噶尔方略》，前编，卷17，页17—18。
73 《关于江宁织造曹家档案史料》，页25、64、78；黄一农，《曹寅在京宦历新考》。
74 黄一农，《史实与传说的分际：福康安与乾隆帝关系揭秘》。

的关系。

质言之，清廷当时受噶尔丹之乱的影响，故多方笼络归顺的蒙古贵族，亦即，罗卜藏丹津被授以侍卫并为其指配妻室一事应颇可能，该羁縻做法甚至亦不乏见于掳获之降人中。至于曹寅何以支持此一婚事，除因此事是康熙帝主导外（见后），他或以扎什巴图尔是当时和硕特部唯一的亲王，故可合理预期其独子罗卜藏丹津将来会袭爵，故己女很有机会成为王妃。

曹寅家或相当关切蒙古边事，如三十五年七月江宁将军鄂罗舜等曾言及当年春夏发生之战役曰："圣主亲征百日内剿灭噶尔丹之事，虽于邸抄、人之所传略有所闻，然每次均无头绪，顷接织造郎中曹寅家书，闻之大概。今将圣主所行奇事，总督［指两江总督范承勋］与我等阅视，方才细知圣主之奇行、密谋。"[75] 曹家亲友中亦不乏有蒙古经验者，如曹寅于康熙四十一年左右赋《闻二弟从军却寄》，[76] 记其弟曹荃从军一事，诗中就有"伏闻攘狄开边隅"句。与曹寅同姓的"殷六表兄"，也于四十年之前有"南走儋耳，北度瀚海，舞棁跃马"的经历，"瀚海"即指戈壁沙漠。[77] 至于曹寅在《虎丘雪霁追和芷园看菊韵，寄松斋大兄、筠石二弟》诗题提及的大兄曹松斋，其友李振裕于三十七年为他所赋的《题曹松斋小影》中，亦有"只今瀚海櫜戈日，正好临风检素书"句，"櫜［音'高'］"原称收藏弓矢、盔甲的袋子，"櫜戈"乃引申为战争停息，此应指三十六年御驾亲征平定噶尔丹之事。[78] 又，纳尔苏的嫡亲祖母（达尔汉卓里克图巴敦台吉之女）属科尔沁蒙古，其父的庶福晋（额尔济图之女）也出自鄂尔多斯蒙古。[79]

亦即，曹寅及其亲友对蒙古并不陌生，或许这也是他较易接受与蒙古联姻的重要背景。检顺、康间为外藩安排的联姻多是宗室女，但因皇室联姻的针对性很强，而青海厄鲁特部先前从不曾尚宗室女，[80] 故与皇帝私人关系密

---

75 中国第一历史档案馆编，《康熙朝满文朱批奏折全译》，页94。
76 曹寅，《楝亭诗别集》，卷3，页7。
77 曹寅，《楝亭文钞》，页4—5。
78 李振裕，《白石山房文稿》，卷10，页15。
79 宗谱编纂处编，《爱新觉罗宗谱》，册乙，页3151及3205。
80 杜家骥，《清朝满蒙联姻研究》，页424—427、676—695。

切且经济优渥的包衣家族，就成为彼此可互补的婚配对象。尤有甚者，康熙帝既开先例为宠臣曹寅长女指婚平郡王纳尔苏，令其成为清代首位出身汉姓包衣的嫡福晋，就也可能授意曹寅将次女嫁给青海亲王之子。[81]

有意思的是，在曹寅于康熙四十二年或稍早所撰的杂剧《太平乐事》中，第四出《太平有象》演青海、西海、哈密、西藏等各族侍子和西洋舶主，因朝贡而在京欢度元宵佳节，并引大象献宝。此出是由"青海部落大都护"先出场，查唐代曾为督控边境各民族而设有六个都护府，"皆亲王遥领"。[82] 由于扎什巴图尔在康熙三十六年冬始偕青海诸台吉入觐，翌年正月五日获封为青海唯一的亲王，是月十四日还获邀参加元宵盛宴，[83] 前述巧合不禁令人怀疑该"青海部落大都护"乃以扎什巴图尔为原型？

其实，如无康熙帝的介入，曹寅作为直属皇帝的内务府"包衣下贱"，且每月几乎皆有密折进呈，恐不敢不禀报就私自与青海亲王缔为儿女亲。[84] 此或可合理解释他何以在康熙四十八年二月的奏折（图表5.7）中记称：

> 梁九功传旨，伏蒙圣谕谆切，臣钦此钦遵。臣愚以为皇上左右侍卫，朝夕出入，住家恐其稍远，拟于东华门外置房移居臣婿……皆蒙主恩浩荡所至，不胜感仰涕零。但臣系奉差，不敢脱身，泥首阙下，惟有翘望天云，抚心激切，叩谢皇恩而已。

该由太监梁九功所传的"圣谕谆切"之旨虽具体不详（曹寅长女的婚事也是由梁氏传旨；图表5.3），然康熙帝在大病初愈之际特别颁下谕旨，[85] 内容或就是对曹寅未来次婿的生活安排。曹寅因此回称"钦此钦遵"，他还谓此"皆蒙主

---

81 曹寅次婿在成婚时只是一名侍卫，即使他是青海亲王之子，其身份也远比不过已袭封平郡王数年的长婿纳尔苏。兰良永，《红楼梦文史新证》，页143—144。
82 《新唐书》，卷49下，页1310。
83 唐权，《"倭语"之戏：曹寅〈日本灯词〉研究》；《清圣祖实录》，卷187，页990。
84 虽然八旗满洲与八旗蒙古间的通婚相当平常，但除了爱新觉罗皇族外，满洲异姓贵族及大臣与外藩蒙古通婚的事例则相当罕见。参见定宜庄，《满族的妇女生活与婚姻制度研究》，页317—318。
85 《清圣祖实录》，卷236，页362。

恩浩荡所至，不胜感仰涕零……惟有翘望天云，抚心激切，叩谢皇恩"。至于陈述己为次婿置田产、买奴仆的私事（此举对该婿应很没面子），[86] 一般说来是不太会主动对外人言（易被认为是炫耀家财），益知此一婚姻乃出自特恩安排，曹寅在折中只不过低调地禀告皇帝他已遵旨妥为处理。

罗卜藏丹津的个人资料罕见于汉文文献，故中国学界过去对其妻室一无所悉。我们最近在藏文典籍《དཔག་བསམ་རིན་པོ་ཆེའི་སྙེ་མ [满愿宝穗]》发现有相关记载（图表5.13），[87] 书中指称藏历木马年（1714年，康熙五十三年甲午岁）十二月某日，七世达赖的帐幕附近涌出一口泉水，时值丹津亲王（བསྟན་འཛིན་ཆེན་ཞང་，即罗卜藏丹津）与夫人ཆོས་འཚོ（chos'tsho；暂音译作"崔措"）造访。此泉刚出现时，可见三个泉眼直往上冒，观者甚为惊奇，目为神迹。达赖喇嘛因此指示"于该泉水之上，设立我 [达赖]、丹津、al thas（ཨལ་ཐས）、chos'tsho等人的旗幡，并念经祭祀五日"，[88] 其中崔措与al thas在书中皆应为亲王之夫人。由于罗卜藏丹津迄康熙五十五年十二月才正式袭封（其父于五十三年九月已薨），知所谓的"丹津亲王"或为追记此事时的尊称。[89]

《满愿宝穗》中还数度提到罗卜藏丹津携众夫人参加达赖的活动，显见两人间互动紧密，而除了上述设立旗幡的引文外，其行文顺序多半是以崔措紧接在罗卜藏丹津之后；当三人并列时，则依序为罗卜藏丹津、夫人崔措与夫人al thas（图表5.13）。[90] 亦即，崔措是嫡福晋的可能性最大。此外，我们

---

86 扎什巴图尔虽贵为亲王，但因初封时他才刚举部避噶尔丹之乱，故经济条件恐不佳（尤其在京师置产或生活更是屡大不易）。无怪乎，当扎什巴图尔于康熙三十七年随驾巡幸时，帝还特谕遣还时要"给与马驼"，此应是因其较窘困所致。杜尔伯特王车凌乌巴什亦有类似情形，他们于乾隆二十六年呈称"伊等生计近渐饶裕，嗣后轮班随围，情愿自备马驼"，谕旨曰："但伊等生计较前虽稍有起色，未必饶裕，若准其自备马驼，尚恐不无拮据。"并命仍"照前给与马驼"。参见《清圣祖实录》，卷187，页991、993；《清高宗实录》，卷645，页217。
87 此书为第三世章嘉活佛ལྕང་སྐྱ་རོལ་པའི་རྡོ་རྗེ（若必多结，1717—1786）于1758—1759年间所著，记七世达赖喇嘛བསྐལ་བཟང་རྒྱ་མཚོ（格桑嘉措，1708—1757）之生平传记，其内容翔实可信，为这段时期的涉藏地区历史提供了另一视角的观点，并保存它处未见的重要史料。有关此书的讨论可参见А. И. Востриков, Тибетская Историческая Литература, p. 307。
88 ལྕང་སྐྱ་རོལ་པའི་རྡོ་རྗེ，《དཔག་བསམ་རིན་པོ་ཆེའི་སྙེ་མ》，页48。
89 《满愿宝穗》兼具实录及追记史事之功能，故此书在罗卜藏丹津尚未袭爵时，行文中除直称其"罗卜藏丹津"，有时亦会以后来之贵衔"亲王"概括尊称。
90 ལྕང་སྐྱ་རོལ་པའི་རྡོ་རྗེ，《དཔག་བསམ་རིན་པོ་ཆེའི་སྙེ་མ》，页116、154。

图表5.13 汉、满、藏文献中有关罗卜藏丹津妻室的记载

《དཔག་བསམ་རིན་པོ་ཆེའི་སྙེ་མ་[满愿宝穗]》

བུ་བཅུ་གཉིས་པའི་ནང་ཆུ་མིག་།……ཆུ་མིག་དེའི་སར་དན་ཛིན་གྱིས།…… སྲས་མོ་ཆོས་མཚོ་དང་བཅས་པས་ཆུ་མིག་དེའི་སར་འཚོགས་ནས་བདག་གི་ དར་ཆ་བཏེགས། ཏཱ་ལའི། དན་ཛིན། ཨཾ་ཐས། ཆོས་མཚོ་སོགས་ཀྱི་དར་ཆ། （页47—48）

十二月之中……泉水涌现，恰与丹津亲王及夫人 chos 'tsho 来访同时……于该泉水之上，设立我[达赖]、丹津、al thas、chos 'tsho 等人的旗幡。

བསུན་འཛིན་ཆིན་ཝང་དང་བཅས་པའི།……མགོ་གཙོ་བླ་དཔོན་མང་པོས་གནང་སྦྱིན་ཆེན་པོ་ཕུལ། （页116）

丹津亲王、chos 'tsho……等许多上官们排列了巨量财货，[达赖喇嘛]也对他们授法且颁赠物品，使其满足。

བསུན་འཛིན་ཆིན་ཝང་དང་བཅས་ཀྱི་སྐུ་ཚབ་སོགས་ལ་དན་ཛིན་དཔོན་མོ་དང་ཨཾ་ཐས་དཔོན་མོ་……ཕྱིར་འབྱོན་ལ་གནང་ཕྱག་། （页154）

[达赖喇嘛]为了……去那曲的丹津亲王、即将归返的侄子[或头人]索南札西、夫人 chos 'tsho、夫人 al thas……辞行。

臣窃查知：『圣主将丹忠之眷属赏给察罕丹津时，墨尔根戴青拉察布因察罕丹津独占丹忠之眷属，而不归心服从。将其[拉察布]妻，即达赖喇嘛之姊给予罗卜藏丹津，并[与罗卜藏丹津]协力掠夺察罕丹津』等因，甚为可恶。
（宫中档编号157164）

大笑话，拉察布怎么样了。
（宫中档编号155837）

察罕喇卜坦等闻讯，即率众来降。[我]问：『墨尔根戴青拉察布已前往何处？』其[拉察布]子察罕喇卜坦供称：『我母被罗卜藏丹津掠去时，我父察罕喇卜坦前来，因极为恐怯之故，旁注汉文朱批：『真属可笑之人』弃家业、人户，逃去巴尔喀木矣。』云云。
（宫中档编号157164）

此人若在西藏终不免於有事且与罗卜藏丹尽最厚即丹尽之必欲占拉义布之妻以为小妻者亦因此结为姻娅籍为西藏之内援耳来使回日臣已令达鼐家嘱
（台北故宫博物院藏宫中档编号023268）

还能从人名本身得到另一些讯息:"al thas"并非藏语,而是音译字词,且从首音节"al"来看,她很可能是位蒙古妃子;至于"chos'tsho"两字的直译,分别为"法"及"生存/饲养/医治",不仅与藏文的惯用语不合,也非习见之藏族、蒙古族人名,但却恰与达赖喇嘛母亲ཀློ་བཟང་ཆོས་མཚོ(暂音译作"罗卜藏崔措";blo bzang chos' tsho)之名相同,考虑"chos' tsho"之清代发音的两个音节与汉语"曹"字发音皆相近,不知此名有无可能因内含曹寅次女汉姓之对音,而成为达赖赐名的灵感来源?[91]

罗卜藏丹津不仅在康熙五十三年时已有两位夫人,从文献中得知他还有其他婚配对象。此因雍正元年十二月十三日年羹尧奏称:

> 臣窃查知"圣主将丹忠之眷属赏给察罕丹津时,墨尔根戴青拉察布因察罕丹津独占丹忠之眷属,而不归心服从。将其[拉察布]妻,即达赖喇嘛之姊给予罗卜藏丹津,并[与罗卜藏丹津]协力掠夺察罕丹津"等因,甚为可恶。[92]

该娶七世达赖姊的拉察布(拉查卜、拉叉布,满文名 Lacub)是察罕丹津兄之子,他因不满察罕丹津在其侄贝子丹忠过世后,独占丹忠的家口及属下,遂附罗卜藏丹津,[93]并以己妻给之。雍正帝稍后在年羹尧的另折中,对此事有朱批

---

91 查索世界各大藏文经典的大型数据库,在所有可稽的藏语文献(甘珠尔、丹珠尔、苯教藏经、先贤文集)中,"chos' tsho"一词几乎不曾出现。藏文文献只有极少数案例以此为名。在此情况下,七世达赖之母ཀློ་བཟང་ཆོས་མཚོ(罗卜藏崔措,blo bzang chos' tsho)的名字恰与罗卜藏丹津与崔措夫妇之部分名字的合体,这就恐非偶合,而有可能是达赖喇嘛取其母名之后半,赐名与罗卜藏丹津的嫡夫人所致。又,近有网友指称"al thas"及"chos' sho"两名应分别是罗卜藏丹津之母"altai katun"(阿尔泰哈屯)及"chos mtsho"(法海),然经仔细回查后,发现此臆测皆与原典不合。
92 此条重译自台北故宫博物院藏满文宫中档编号157164,先前译文可见年羹尧撰,季永海等译,《年羹尧满汉奏折译编》,页52—53。
93 《清世宗实录》,卷8,页159;祁韵士等,《钦定外藩蒙古回部王公表传》,卷82,页47;郭胜利,《有关康雍朝阿尔布巴一则史料之考证》。

曰："大笑话，拉察布怎么样了〔amba yobo, Lacab ainahabi〕！"⁹⁴ 又，年羹尧亦奏称罗卜藏丹津与达赖喇嘛之父索诺木达尔扎最厚，"必欲占拉叉布之妻以为小妻者，亦因此结为姻娅，藉为西藏之内援耳"（图表5.13）。⁹⁵ 至于罗卜藏丹津娶再醮之达赖喇嘛姊为"小妻"（虽通常意指妾，⁹⁶ 然此应属西藏的多妻婚俗）一事，究竟是其主动攫夺还是被动获赠（图表5.13），已难考实，但因两家的关系原本就十分亲近（罗卜藏丹津亦将其亡兄之女嫁给达赖喇嘛之兄），⁹⁷ 知此婚姻明显带有政治意图。无怪乎，罗卜藏丹津起事后不仅青海地区的喇嘛多闻风响应，连西藏亦为之震动。⁹⁸

三、大历史、家史与小说的对话

曹寅次女在北京结婚的确切时间不详，仅知于康熙四十八年二月之后，由于女方家长理应不会缺席，故我们或可从曹寅的行程试加推判。曹寅在四十六年冬盐差任满后即返京复命（来年述职一次），十二月十八日陛见，随具折条陈织造事宜六款。四十七年二月初三日面奉圣谕："除修理机房、船只，停支买办银两三件准行外，惟制帛、线罗、诰命，每年应用若干，工部现存若干，须核实再一并启奏。"十一日曹寅离京，三月初一日抵江宁衙门，当日即奏称"臣蝼蚁下贱，过蒙圣恩，感激涕零，涓涘莫报"。七月十五日曹寅接家信，得知长女已为平郡王诞育世子，奏曰"过蒙圣恩优渥，皇上覆载生成之德，不知何幸，躬逢值此。臣全家闻信，惟有设案焚香，叩首仰祝而已"。九月初一日曹寅因被复差巡视两淮盐课，⁹⁹ 其谢恩折中又

---

94 此条重译自台北故宫博物院藏满文宫中档编号155837，先前译文见年羹尧撰，季永海等译，《年羹尧满汉奏折译编》，页162—163。
95 台北故宫博物院藏汉文宫中档编号023268。
96 郑珍，《亲属记》，卷1，页21。
97 郭胜利，《有关康雍朝阿尔布巴一则史料之考证》。
98 台北故宫博物院藏满文宫中档编号156803、157141，以及汉文宫中档编号023270；《宫中档雍正朝奏折》，第26辑，页440。
99 曹寅与李煦虽奉旨于康熙四十三至五十三年间轮管两淮盐务，但形式上仍每年钦点两淮巡盐御史。《关于江宁织造曹家档案史料》，页22—23。

再度使用"过蒙皇恩优渥"一词。此后至四十八年冬，曹寅才又回京述职（十一月十一日人仍在扬州），四十九年二月初二日他扈从康熙帝出发巡游五台山，三月返抵扬州。据此，曹寅应于四十六年十二月陛见时获知皇帝为其次女指配，接着在翌年正月与男方谈妥婚事，预订曹寅下次返京述职期间完婚。四十八年二月曹家先由曹颙伴妹至北京准备婚事，并为妹夫置产，婚礼应最可能安排在四十八、四十九年之交举行。

由于康熙帝对曹寅两女婚姻的指配都远超乎常例，长女又替平郡王生下世子，且命曹寅续接盐差，难怪曹寅会在前引四十七年的三份奏折中，皆以"过蒙［圣恩或皇恩］"来深表对这些逾格特恩的感激之情，而曹寅尚存的一百多件奏折中，就仅这三次出现"过蒙"一词！[100] 四十九年三月曹寅于回南后赋《和同人东村招饮见怀三首》，内有"幽天［西北方的别称］急奏书""并州［包含内蒙古、山西和河北等地］举策长"句，七月的《避热》有"秖今草碧滦京［原指位于今内蒙古的元上都］路"句，均出现曹寅诗文中少见的蒙古元素（图表5.14），此应与其次婿有所关联。[101]

曹寅下次（也是最后一次）回京述职在五十年冬，他于翌年正月为"朝正外藩宴"（"朝正"原指诸侯和臣属于正月朝见天子）所赋的《畅春苑张灯赐宴归舍，恭纪四首》，也充塞与外藩蒙古相关的语境。查康熙中晚期的朝正外藩宴每年举行三次：一是除夕，在保和殿；二是正月十四，在畅春园；三是正月十五，同在畅春园。五十年十二月三十日午时，上御保和殿，以岁暮宴朝正外藩诸王。次年正月初二日驻跸畅春园，十四日在园内的"万树红霞"胜景以灯戏、火戏赐诸王公大臣，参加者除左翼科尔沁和硕卓礼克图亲王巴特马、右翼喀尔喀和硕亲王达锡敦多普等二十九名外藩的王、贝勒、公、台吉外，另有内大臣、侍卫、大学士等。其中巴特马及达锡敦多普二人行至御座前，由康熙皇帝亲授饮，余者俱令侍卫于其座次分觞授饮。十五日午时，又

---

[100] 他通常是用词意未如此强烈的伏蒙圣恩、荷蒙圣恩、仰荷圣恩、叩谢圣恩、幸蒙圣恩、叨蒙圣恩、仰报皇恩、上赖皇恩、叩谢皇恩等，总计八十ןן九次。
[101] 白新良，《清史考辨》，页382—391；《关于江宁织造曹家档案史料》，页47—56、76、78、93；兰良永，《红楼梦文史新证》，页135—139。

再度于万树红霞赐宴朝正外藩。清廷乃利用上元筵宴作为外交舞台,并通过灯火戏表演产生的威慑效应,以遂行其怀柔羁縻的政治目的。[102]

曹寅的《畅春苑张灯赐宴归舍……》应是在出席五十一年正月十四或十五日的御宴后所赋,诗中先以"兰台〔御史台的别称〕异数曾沾渥,赋拟枚皋拙未能"句,指出他能以常年轮值巡盐御史的身份参与此宴,纯属特恩,故原本欲仿汉·枚皋（以下笔敏捷出名,受诏辄成）写一篇赋记盛,惜未成。接着称"忆祝尧年书甲子,重瞻玉历纪壬辰",谓此事令自己想起康熙二十三年甲子岁时曾以侍卫身份初次参加此宴,至五十一年壬辰岁才又再度获邀。"狂收瀚海鲸鲵靖"句乃指平定噶尔丹等,以凶猛吞食小鱼的鲸和鲵,用做凶暴不义者之喻。至于"遐荒旖毳仰陶甄"与"乍眩青红列只孙"句,均描写蒙古贵族的穿着,其中旖毳（音"沾翠"）指以鸟兽毛皮制成的衣服;陶甄为制造陶器所用的旋盘,比喻运筹帷幄、治理天下的君王;"只孙"为蒙古语 jisü（n）的音译,指元代参加内廷大宴时所穿的官服。[103]

曹寅本无资格参加康熙五十一年的朝正外藩宴,因其既非外藩王公,亦非内大臣、大学士或侍卫。然罗卜藏丹津应有机会以蒙古侍卫的身份与宴,此因其父扎什巴图尔（当年未入觐）是青海和硕特部最具影响力且唯一的亲王,故曹寅很可能以其对次女婚事的全力配合,获得康熙帝特邀与二女婿一同参加此宴,遂有前诗中"兰台异数曾沾渥"之谓。

五十一年上元之后春节即告尾声,然因帝仍驻跸畅春园,故部院各衙门的奏章每日皆交内阁,再由内阁转送畅春园听理,但应面奏事件仍行面奏。正月底,康熙帝自畅春园启行巡幸霸州等处。[104]曹寅初或随行,并赋有《正月二十九日随驾入侍鹿苑,二月初十日陛辞南归……》（图表5.14）,在"期门百队龙旗后,更有名王万骑陪"后,注称"喀尔喀、厄鲁德尽归旗,奉藩来朝",期门原指汉武帝所设立的禁卫军;"旧属伙飞能搏虎,分番郎舍尽

---

102 康熙朝的火戏"象四征九伐,万国咸宾之状,纷纶挥霍,极尽震炫而后已"。参见徐尚定标点,《康熙起居注》,册7,页403—416;毛奇龄,《西河合集》,诗话,卷5,页13—14;张小李,《清宫上元节外藩宴与藩属关系考论》。
103 兰良永,《红楼梦文史新证》,页137—139。
104 徐尚定标点,《康熙起居注》,册7,页407、412。

攻文"句，或谓随驾队伍中有其原任侍卫时的部属，现多已允文允武，伙（音"次"）飞本为古代勇士，后用以形容穿着轻装疾驰若飞的武官；[105] "府制精严备圣朝，漫言干戚靖三苗。请看边海车书会，坐致蛮荒兵甲销"句，颂扬领侍卫府的侍卫，干戚谓征战（干的本意为盾牌，戚为大斧），边海指戈壁大漠，车书谓推行制度。曹寅于诗末且以"束发旧曾充狗监"句，怀念年轻时在宫里当差的岁月。由于曹寅涉及外藩的诗文很少，却皆见于遣嫁次女之

图表5.14 曹寅与西疆有关的诗文

[图表内容为竖排古诗文，包括：

❖ 曹寅，《栋亭诗钞》

康熙四十九年三月《和同人东村招饮见怀三首》（中略）
"风香统路拂红绡自凝长柰寄具寮湖汇马泉清
骑马月中村
冰云榆关朝梦幽天急奏书一年遥落雁万里奉剀
地纪春迎北斗见天樽幸无郯比宜腰鼓燃逐游
庐老傍期门队归乘使者车南辕兼北辙筋力夷
人上境桥宝勒金鞍少年事秖应龛火伴幽宁
何如
饲崔编新柴观叶柴旧粱不通骑马客中隐读书
堂上日题襟数册枭策长属词知后动有分寄
沧浪"（卷7，页7-8）

康熙四十九年七月《避热》（中略）
"老寿依郊正夕曝凤翻青子匳指闲地闲是木名
奇梦天迎非俟见紫云佩笔六番充侍从篆里五
月路烟霭微地澄上林春爆九华灯暖随榆柳初
火象行鱼阁渐浑冰界外苍山排玉笋蟹中珍
夜坐将军抵今草碧炼京路梦魄龙娇万马牵
果篱宾绫阑壑异数曾沾遐赋搅枚鼻拙术能
遘荒游戏仰陶甄筐篚微忱切下臣忆祝
竟年书甲子重瞻玉历纪壬辰往牧瀚海鲸清
畅春苑张灯
赐宴归舍恭纪四首"（卷7，页12）

康熙五十一年正月
"上寿普天歌
清润瑶山草木新
圣孝生民同太平春
光浮太乙照千门偏召阳和布密
恩銮路馀摩鼓细草篆阁分箙及中尊久惫蒙病
承貂珥咋眩青红只孤放伏几家笼烛炬缓归
宸游厓从期何日空检丹黄註两京
感度龙城
狐兔道僻村烟聚麈麇束垦旧曾充狗监誉承中
二月浮阳似水明红门万勒敲无华地寒沙柳藏
敕奉周庐士又起星槎万里逍
《栋亭诗钞卷八》（三）
府制精严备
圣朝漫言干戚靖三苗请看边海车书会坐致
搏虎分番部会壶攵濡毫乙夜酬封事列陛辛
兵甲销陌辅治繁顶大尹殷庭宿衙有骤烧毂
赐策军拽王廿年空皓首莫残何必报吾
君
一层宫树一层云一林长杨望不分旧属伏飞能
更有名王万骑陪
大家来天貺上苑蠲修禊节近中和巳浔雷藕帐
行开陆宴餐奥高山晾鹰期门百骑龙旂后
云影骈旗赠色开难鸣问寰
陆离南归恭纪四首
驾入侍鹿苑二月初十日随
正月二十九日随"（卷8，页2-3）
]

---
105 班固等，《汉书》，卷8，页260。

后的两年间（图表5.14），此很可能全与其蒙古次婿有关。

罗卜藏丹津在成为曹寅二女婿之后，因受曹家亲友的牵连与影响，开始站上康熙末年储位斗争以及清代奠定西疆的大历史舞台。现据《清实录》等文献，略述重要史事如下：康熙五十七年皇十四子胤祯（jeng；音同"争"，[106] 其名于皇四子胤禛即位后因避帝讳而改成允禵）受命为抚远大将军、王（附录5.5），征讨攻占拉萨的准噶尔部首领策妄阿喇布坦（噶尔丹兄僧格子，但叔侄长期反目）。[107] 五十九年正月胤祯命平郡王纳尔苏驻防古木（今蒙古国西北部的乌兰固木）；十月平逆将军延信击败大策零敦多卜（噶尔丹弟卜穆子）。六十年十月胤祯被召回北京面授方略，纳尔苏代掌其印。翌年三月胤祯还军，十一月又赶回京奔帝丧，其大将军印务则由延信署理。

雍正元年二月叙青海蒙古部从征西藏之功，罗卜藏丹津仅略加银、缎，[108] 而与其不合的察罕丹津则晋亲王；五月帝将边疆事务俱交川陕总督年羹尧办理；六月心怀不平的罗卜藏丹津攻青海郡王额尔德尼额尔克托克托鼐，八月胁众台吉攻察罕丹津，掠青海诸部；十月已升贝勒的延信奉旨将其所护理的抚远大将军印送至西宁移交年羹尧；延信另获授平逆将军印信，负责防守甘肃甘州沿边等处。二年三月，年羹尧以平定罗卜藏丹津之功，封一等公，再赏一精奇尼哈番。[109]

前述提及的许多人皆在雍正帝即位后因政治因素遭到整肃，其中不乏与曹家有戚属关系者（图表5.15）：如纳尔苏是曹寅长婿；年羹尧初娶纳兰成德次女，其继娶的阿济格裔孙素严女，则是曹雪芹好友敦敏、敦诚的堂姑，又，成德之母乃阿济格第五女，曹寅祖父曹振彦曾长期担任阿济格王府的长史；延信是成德妹婿延寿（又作延绶；康熙十七年袭温郡王，三十七年降贝勒）弟，

---

106 北京故宫博物院藏康熙六十年御极诗文寿字围屏上，即清楚可见"臣胤禛"和"臣胤祯"进呈之诗。参见https://kknews.cc/zh-tw/history/2nypm6g.html。
107 张建，《再造强权：准噶尔珲台吉策妄阿喇布坦崛起史新探》。
108 仅加俸银二百两、缎五匹，其亲王俸禄原本是岁给银二千两、缎二十五匹。参见允裪等，《钦定大清会典则例》，卷51，页41。
109 周远廉主编，《清朝兴亡史》，卷4，页193—262。

其婿阿尔松阿乃阿灵阿子,阿灵阿之父遏必隆与成德之父明珠又皆是阿济格婿。纳兰家介入康熙诸子间的夺嫡之争尤深,如成德弟揆叙的次子永福即娶胤禵之女,长子永寿(其长女嫁纳尔苏的第四子福秀)的嫡妻关思柏亦拜胤禵为干爹,其家还先后提供百余万两银给胤禵,以帮助他邀结人心。雍正帝应是在坐稳皇位之后陆续对其政敌展开清算,并以"兔死狗烹"的做法大杀功臣。[110]

罗卜藏丹津亦参与征讨策妄阿喇布坦的行动,他一直期望能因功获授"藏王[意谓'持教法王']"的崇阶,从准噶尔手中恢复和硕特蒙古部落原本统治青海与西藏的荣光。[111]但随着皇四子胤禛的登基,反对势力被次第剪除,胤禵于康熙六十一年十一月被雍正帝召回京师,纳尔苏亦在十二月二十四日奉旨将署理的大将军印敕移给辅国公延信,且于次日即起程赴京。[112]朝廷又大力扶持与其敌对的察罕丹津,罗卜藏丹津眼看多年来争取的目标破灭,遂于雍正元年六月起兵反清,且勒令众人尊呼其头衔为"达赖混台吉",并各自回复旧日名号,一概不许使用清朝之王、贝勒、贝子、公等封号。[113]二年三月罗卜藏丹津兵败,只得率残部投奔原先的敌人策妄阿喇布坦。由于清廷仍期望有机会将其招降,雍正帝因此颁有"罗卜藏丹津至,仍宥罪"之旨,[114]曹頫家也或因此未立即遭罪。

---

110 黄一农,《二重奏:红学与清史的对话》,页438—448。
111 台北故宫博物院藏汉文宫中档编号023892及024408。
112 《清世宗实录》,卷1,页33;卷3,页80。
113 《清世宗实录》,卷8,页157;卷10,页191;卷11,页204。混台吉又作"浑(珲)台吉",是蒙古王族中的头衔,相当于副汗。
114 祁韵士等,《钦定外藩蒙古回部王公表传》,卷81,页42。

曹雪芹的家族印记

图表5.15　与曹寅家相关的人脉网络

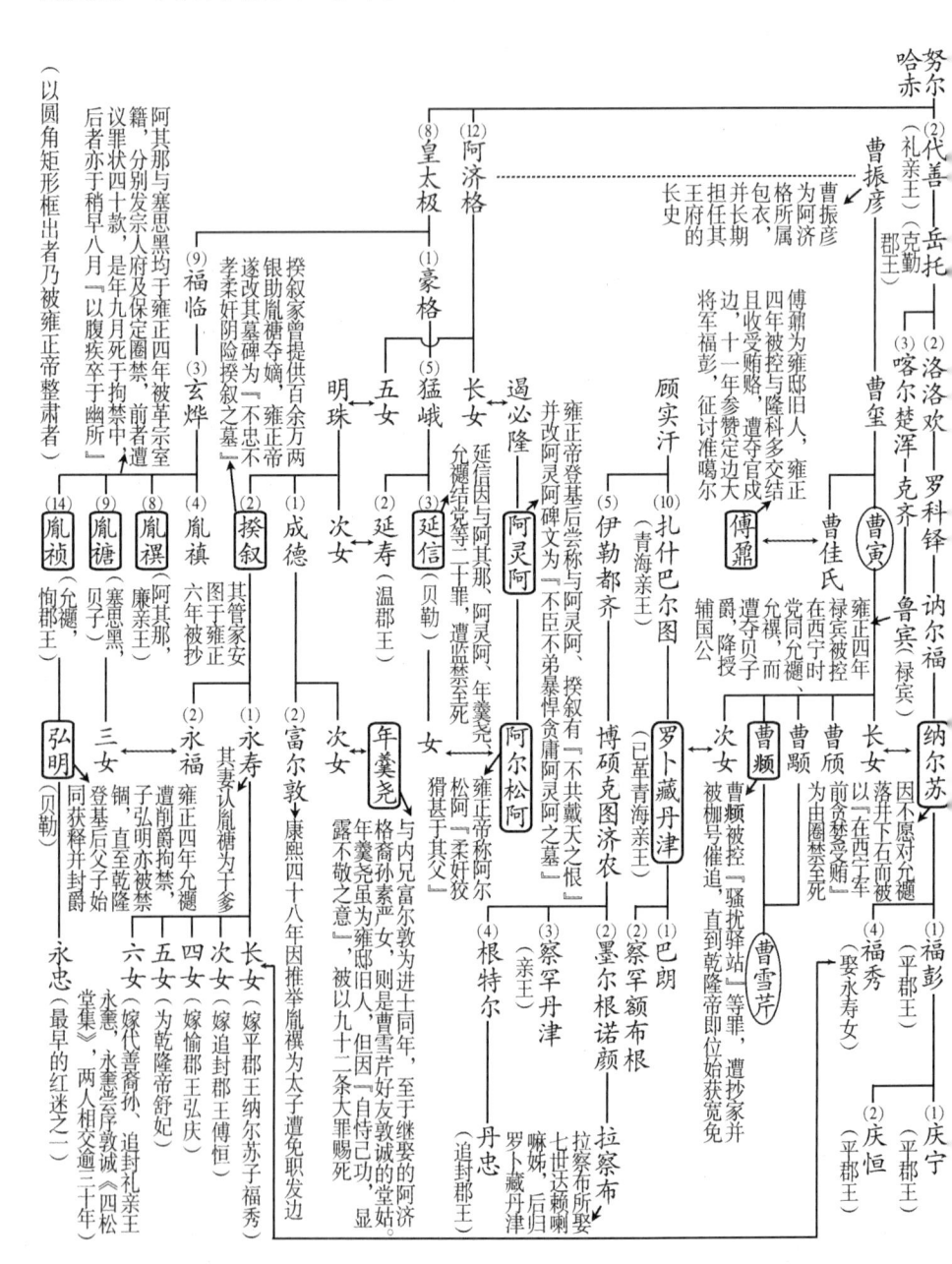

（此图为复杂的家族人脉网络图，以下按纵向文字梳理主要内容）

努尔哈赤
├─ (2) 代善（礼亲王）─ 岳托（克勤郡王）
│   └─ (3) 洛洛欢 ─ 喀尔楚浑 ─ 罗科铎 ─ 曹玺
│   曹振彦为阿济格所属包衣，长期担任其王府长史，并在阿济格被控四年被控与隆科多交结，且收受贿赂，遭夺官成边，十一年参赞定边大将军福彭，征讨准噶尔
│   傅鼐为雍邸旧人，雍正
├─ (8) 皇太极
│   └─ (9) 福临 ─ 玄烨
│   ├─ (4) 胤禛
│   ├─ (8) 胤禩（阿其那、廉亲王）
│   ├─ (9) 胤禟（塞思黑）
│   └─ (14) 胤禵（恂郡王，允禵）
├─ (12) 阿济格
│   ├─ (1) 豪格
│   │   └─ (5) 猛峨 ─ 五女 ─ 明珠
│   ├─ 长女 ─ 遏必隆
│   │   ├─ (2) 延寿（温郡王）
│   │   ├─ (3) 阿灵阿（贝勒）
│   │   └─ 延信 ─ 女
│   │   （延信因与阿其那、阿灵阿、年羹尧允禵结党等二十罪，遭监禁至死）
│   │   雍正帝登基后亲称与阿其那、阿灵阿"不臣不弟暴悖贪庸阿灵阿之恨"，揆叙有"不忠不孝柔奸阴险揆叙之墓"，遂改其墓碑
│   ├─ (5) 伊勒都齐 ─ 博硕克图济农
│   ├─ (10) 扎什巴尔图（已革青海亲王）─ 罗卜藏丹津（青海亲王）
│   │   ├─ (1) 巴朗
│   │   ├─ (2) 察罕额尔根
│   │   ├─ (3) 墨尔根诺颜（亲王）─ 丹忠（追封郡王）
│   │   └─ (4) 根特尔 ─ 拉察布（七世达赖喇嘛姊，后归罗卜藏丹津）
│   ├─ 顾实汗
│   ├─ (2) 揆叙 ─ 成德
│   │   其管家安图于雍正六年被抄
│   ├─ 富尔敦（康熙四十八年因推举胤禩为太子遭免职边）
│   │   ├─ (1) 永寿（其妻认胤禛为干爹，雍正四年允禵遭削爵拘禁，钢，直至乾隆登基后父子始同获释并封爵）
│   │   │   ├─ 长女（嫁平郡王纳尔苏子福秀）
│   │   │   ├─ 次女（嫁追封郡王傅恒）
│   │   │   ├─ 四女（嫁愉郡王弘庆）
│   │   │   ├─ 五女（为乾隆帝舒妃）
│   │   │   ├─ 六女（嫁代善裔孙，追封礼亲王永奎，永奎卒序敦诚《四松堂集》，两人相父逾二十年）
│   │   │   └─ 三女
│   │   └─ (2) 永福（阿其那、廉思黑、钢弘亦被禁）
│   ├─ (2) 次女 ─ 年羹尧（雍正帝称阿尔松阿"柔奸狡狯甚于其父"，与内兄富尔敦为进士同年，至于继娶的阿济格裔孙素文年羹尧虽为雍邸旧人，但因"好友敦诚之堂姑"露不敬之意，被以九十二条大罪赐死）
│   └─ 次女（落井下石成边，直到乾隆帝即位始获宽免）
└─ (2) 曹振彦 ─ 曹玺
    ├─ 曹佳氏（在西宁被控允禵同党而被控，被以"骚扰驿站"等罪，遭抄家并将军福彭）
    ├─ 曹寅 ─ 讷尔福（禄宾）─ 鲁宾（禄宾）
    │   ├─ 纳尔苏（因不愿对允禵落井下石而被棚圈受贿，前贪党同允禵，而遭夺贝子，降授辅国公）
    │   │   ├─ (1) 福彭（平郡王）
    │   │   ├─ (2) 福秀（娶永寿女）
    │   │   ├─ (3) 福靖
    │   │   └─ (4) 庆恒（平郡王）
    │   ├─ 长女
    │   └─ 次女
    ├─ 曹颙
    ├─ 曹頫（曹頫被控"骚扰驿站"等罪，遭抄家并）
    ├─ 曹顒
    └─ 曹雪芹

（以圆角矩形框出者乃被雍正帝整肃者）
（阿其那与塞思黑均于雍正四年被控，分别发宗人府及保定圈禁，议罪状四十款，后者亦于稍早八月"以腹疾卒于幽所"）

336

附录5.5

康雍之际的抚远大将军

康熙皇四子胤禛与皇十四子胤禵是同母兄弟，但他们亦为康熙末年夺嗣之争的主要当事人。先前学界有误以胤禵是清朝历史上唯一的"大将军王"，并认为此称谓与王爵无关，仅是一特例称呼，且又错指其在康熙朝的最高爵位为固山贝子。[115] 检弘旺（皇八子胤禩长子）的《皇清通志纲要》，明确记皇十四子胤禵于康熙四十八年三月初十日封贝子，五十七年三月中旬授其为王（恂郡王）、抚远大将军（图表5.16），[116] 且《清实录》亦可见"大将军公图海""大将军公费扬古""大将军伯费扬古""大将军公傅尔丹""大将军公庆复"等名，知在大将军衔后所加的"公""伯""王"均应是封爵。雍正九年十一月以靖边大将军衔征讨噶尔丹策零的顺承亲王锡保，即被称为"大将军、王"。[117]

亦即，胤禵于康熙五十七年十月获授抚远大将军时，并非如《清实录》所称只是固山贝子，[118] 而是已封恂郡王。由于担心此事会被政敌用来论证康熙帝是否属意胤禵承嗣，故胤禛即位后，官方文献即多方抹除相关叙述，雍正帝甚至在元年五月声称自己为抚慰亡母，才将允禵从贝子晋封为郡王。[119]《清实录》记胤禵之事时，因此多只称"大将军允禵"（凡三十六次）。但官书中仍有少数删削未尽，如《清世宗实录》在雍正元年二月初十日条就露馅，称"大将军、王允禵"；同日的上谕亦两度提及"大将军、王允禵"；另，出现三十次"大将军允禵"的《平定准噶尔方略前编》，也有

---

115 钟振林，《此王非彼王：胤禵"大将军王"称呼研究》。
116 弘旺，《皇清通志纲要》，卷4下，页16—17、53、68。
117 《清世宗实录》，卷112，页497；卷122，页610。
118 《清圣祖实录》，卷281，页479。
119 《清世宗实录》，卷7，页150。

一条未改到的"大将军、王允禵"。[120]

清代只有在康、雍两朝授抚远大将军，其中康、雍之际奉派出任此职的允禵、年羹尧，以及其间暂署印信的纳尔苏、延信，均先后遭整肃。雍正三年十二月允禵遭控先前任大将军时，"任意妄为，苦累兵丁，侵扰地方，军需帑银，徇情糜费"，故自郡王降为固山贝子，且控其与允禩、允禟（四年五月奉旨改名塞思黑）结党营私等罪，四年五月与子白起同被禁锢于寿皇殿旁，至乾隆帝即位后始获释。[121] 年羹尧虽属雍邸旧人，且与隆科多同为拥立雍正登基的重要推手，但因"自恃己功，显露不敬之意"，亦于三年十二月被论罪赐死。[122]

雍正元年七月回京之纳尔苏奉命掌理上驷院（图表5.5），先因"擅责一马甲"，永远停俸，[123] 四年七月更以其"行止卑污，在军前贪劣素著，及署大将军印务，更肆婪赃，索诈地方官银两"，革退并"在家散禁［指不加枷锁但不得出门］"，其爵由长子福彭承袭。纳尔苏的族伯贝子鲁宾（禄宾）亦于四年二月被控在西宁时党同允禵、允禩，而遭降授辅国公，并没收其佐领。[124] 纳尔苏应是不愿对允禵落井下石而遭罪，即使弘历登极时恩赦天下，仍以其"平日行为恶劣，不安本分，情属可恶"，命"在家居住，不许出门"。[125] 至于雍正元年八月以进藏有功封多罗贝勒的延信，在五年十一月亦被控与阿其那（允禩于雍正四年三月所改之名）、阿灵阿、年羹尧等结党，又因"阳为不附和允禵，搀人耳目，而阴与允禵交结"，且侵吞公帑等二十罪，遭革爵，黜去宗室为庶人，并与隆科多在一处监禁。六年六月死于畅春园外因所，其子孙至乾隆元年三月始被"赏给红带

---

120 《清世宗实录》，卷4，页98；允禄等编，《世宗宪皇帝上谕内阁》，卷4，页6—7；傅恒等，《平定准噶尔方略》，前编，卷11，页1。
121 《清世宗实录》，卷39，页566；卷44，页642—643；卷48，页733。
122 《清世宗实录》，卷30，页461；卷39，页568—572。
123 《清高宗实录》，卷679，页595。
124 《清世宗实录》，卷41，页606；卷42，页622。
125 《清世宗实录》，卷46，页701；《清高宗实录》，卷4，页225—226。

子"，并附入玉牒之末。[126]

图表5.16 弘旺《皇清通志纲要》中关涉胤禛等人的史料

[图中为弘旺《皇清通志纲要》书影及康熙皇十四子胤禛吉服像]

https://zh.wikipedia.org/wiki/允禵

---

[126] 《清世宗实录》，卷64，页980—982；宗谱编纂处编，《爱新觉罗宗谱》，册丁，玉牒之末，页1。

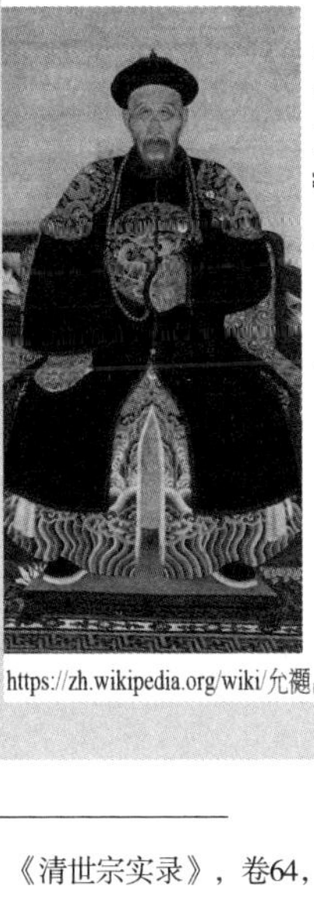

罗卜藏丹津兵败逃亡后，其被俘的党羽吹拉克诺木齐等人于雍正二年闰四月遭解送至京，清廷为表功，因此行献俘礼，且遣官祭告太庙、社稷。[127] 三年五月雍正帝将千余字的《御制平定青海告成太学碑文》（图表5.17）颁发郡邑，痛斥罗卜藏丹津背恩，各地庙学亦广为摹勒树碑。爬梳中国方志库等数据库，即可查得雍、乾间各郡县将此文勒石于学宫者至少近百座，今云南建水、山西万荣、江苏苏州和溧阳等地即仍留存。乾隆帝在六年十二月序《世宗宪皇帝实录》时，亦提及此事，称：

> 圣祖亲统六师，平定朔漠，威灵所加，青海扎什巴图尔等震詟承令，因沛殊恩，畀以爵秩，垂三十年，而罗卜藏丹津与吹拉克诺木齐等诞敢首造逆谋，扰犯边域。<u>皇考声罪致讨</u>，密授方略于闿帅，戈鋋所指，电扫风驱，振旅献俘，<u>勒成功于太学</u>。[128]

乾隆二十年五月在攻灭准噶尔时擒捉罗卜藏丹津，再度为之告祭太庙、社稷，行献俘礼，皇帝且亲御午门楼受之。[129] 该献俘礼乃清代最早的两次（附录5.6），因皆与罗卜藏丹津之乱相关，知其在雍、乾时期是一位举朝皆知的国家罪人。[130] 故虽其所封的亲王爵位已高居极品，[131] 但曹家亲友应无人会在公开的诗文中触此宫闱秘事之痛处，档案文书中亦因该婚姻并无官方色彩（至少表面）而未提及。[132]

127　《清世宗实录》，卷8，页157；卷10，页193；卷19，页312。
128　《清世宗实录》，卷1，页1—3。
129　祁韵士等，《钦定外藩蒙古回部王公表传》，卷81，页42。
130　如在傅恒等奉敕编纂的《平定准噶尔方略》中，罗卜藏丹津之名即出现139次。又，傅恒与曹寅外孙福秀乃同娶纳兰氏永寿女的连襟。傅恒因在乾隆帝倡讨准噶尔汗达瓦齐之初独赞其议，故被皇帝比拟为"不战居首功"的萧何。参见赵尔巽等，《清史稿》，卷301，页10448。
131　康熙五十五至六十一年在世的亲王当中，宗室仅诚亲王、雍亲王、恒亲王、简亲王、显亲王、庄亲王、裕亲王、康亲王八人，外藩有卓礼克图亲王、达尔汉亲王、土谢图亲王、车臣亲王、喀尔喀亲王、扎萨克亲王、青海亲王七人。
132　曹家既非宗室，亦无封爵，且为旗人当中较低阶的包衣身份。

图表5.17　雍正帝所撰的《御制平定青海告成太学碑》

御製平定青海告成太學碑文

我國家受天眷命撫臨八極日月所照罔不順避通乂安兆人蒙福乃有羅卜藏丹津者其先世固始汗自國初稽首歸命當時使臣建議畀以駐牧之地其居雜番羌塞近甘涼我皇考聖祖仁皇帝睿慮深遠每廑於懷既親御六師平定朔漠威靈所加青海部落札什巴圖兒等震讋承命

聖祖仁皇帝因沛殊恩封為親王兄弟八人咸賜爵祿

（《钦定四库全书》钦定国子监志卷四　六）

羁縻包容示以寬大而狼心臭性不可以德義化三十年來包藏異志朕紹登寶位優之賜賚榮其封號尚冀革心輯寧部衆而羅卜藏丹津昏謬狂悖同黨吹拉克諾木齊阿爾布坦布藏巴扎布等竊為元惡謂國家方弘浩蕩之恩不設嚴密之備誕敢首造逆謀迫脅番羌侵犯邊城反狀彰露用不可釋於天誅遂命川陝總督太保公年羹堯為撫遠大將軍聲罪致討以雍正元年十月師始出塞自冬涉春屢破罪眾凡叛之部落戈鋋所指應時摧敗招降數十萬衆又降其貝勒猹等二十餘人朕猶閔其蠢愚若悔禍怨束手來歸尚可全宥而怙惡不悛

負險抗違乃決翦滅之計以方畧密付大將軍羹堯調度軍謀簡稽將士用四川提督岳鍾琪為奮威將軍於仲春初旬挑牙祖搎分道深入搗其窟穴電掃風驅別嚴阻賊徒蒼黃潰窮慮失據羅卜藏丹津之母及謀逆

（《钦定四库全书》钦定国子监志卷四　七）

藏丹津子身易服寛蹔荒山殘喘侍覽自二月八日賊首逃遁我師踰險窮追獲其輜重畜軍械不可數計渠魁悉就執擒獲賊衆累萬牲畜軍械不可勝計無轉輸之費克奏膚功永清西徼二月之朔奏凱旋旅鐃鼓喧轟士衆訢喜四月十有一日以倡逆之拉克諾木齊等三人獻俘

（中略）

聖祖親平大漠巍功煥文邁桓軼酌流光悠久視此銘辭繼志述事念茲在茲

❖ 中国国家图书馆藏拓片

附录5.6

清朝的献俘礼

雍正二年因青海乱平（叛清的已革亲王罗卜藏丹津兵败后逃亡准噶尔），告祭行献俘礼，自此，平定藩部即举行此礼。乾隆二十年六月亦因将罗卜藏丹津解送京师而在午门行献俘礼，十月解送准噶尔汗达瓦齐等至京，又遣官告祭太庙社稷行献俘礼。二十五年正月以平定回疆大小和卓之乱，再度于午门行献俘礼，命将"小和卓"霍集占（霍济占）的首级悬示通衢。[133] 郎世宁等绘《平定准部回部得胜图·平定回部献俘》以及徐扬等绘《平定西域献俘礼图》，[134] 即均描述乾隆二十五年之事。擒获罗卜藏丹津时所行的献俘礼，情境应与此相近。

图表5.18 郎世宁等绘的《平定回部献俘》图

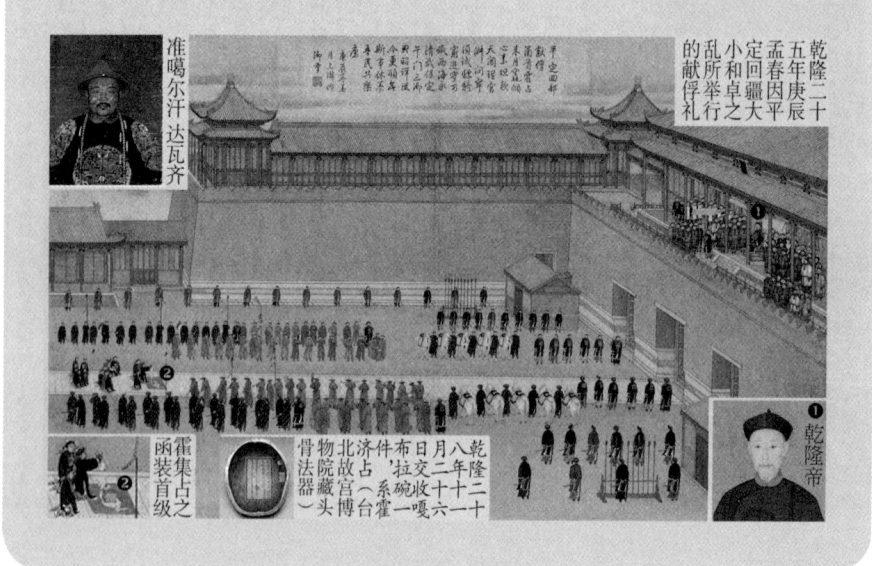

---

133 赵尔巽等，《清史稿》，卷90，页2664—2665。
134 易苏昊、樊则春主编，《五台山人藏：徐扬画平定西域献俘礼图》。

胤禛奉派征讨策妄阿喇布坦期间，曹寅之子曹颀、长婿纳尔苏、次女及次婿罗卜藏丹津曾分别现身于青海、西藏一带。[135] 五十八年十二月十一日的《胤禛奏为皇父赏克食谢恩折》中称："前交付与茶上人曹奇甚多克食，臣等尚未食竣，皇父又施恩赏与，臣谨受领谢恩，恭藏缓食。"[136] 该曹奇应即已出继长房的曹颀（第六章），他当时之所以奉差携御赐的"克食[kesi]"，[137] 远赴青海给正领军的胤禛，应非因该克食必须由茶上人督导现做（前引谢恩折指出该克食已在京制作好，且应可保存一段时间），而是因胤禛的副手纳尔苏乃曹颀大妹夫，同时还可顺便探望远嫁至青海且已贵为亲王罗卜藏丹津嫡福晋的二妹，不然其他官员或侍卫应皆可送往！

曹寅的两婿平郡王纳尔苏和青海亲王罗卜藏丹津，[138] 其命运不仅与康、雍间的西疆战乱密切关联，且与康熙皇子夺嗣的政治斗争捆绑在一起，后均因罪革爵并遭圈禁至死。袭平郡王爵的纳尔苏长子福彭，也在这段大历史中扮演过要角。据《清世宗实录》，福彭封王的前几年大致遭冷冻，几乎只被派遣在享太庙、秋分夕月于西郊、春分朝日于东郊、夏至祭地于方泽等场合行礼，并承办福陵、永陵的修理工程，直到雍正十年正月才担任镶蓝旗满洲都统。十一年七月福彭以二十六岁之龄获授定边大将军，讨伐噶尔丹策零（雍正二年收容罗卜藏丹津之策妄阿喇布坦的长子）。[139] 福彭统兵北路时，其母的姑丈傅鼐（曹寅妹婿，曾任镶黄旗汉军副都统及兵部右侍郎）尝参赞其军，并于雍正十二年出使准噶尔，与噶尔丹策零讨论双方休兵以及解送罗卜藏丹津等

---

135 有疑曹荃曾被策妄阿喇布坦羁留，而于康熙四十七年命丧西北大漠；且谓五十年春其子珍儿（曹顺）之殇，乃因护送曹寅次女远赴蒙古而意外身亡。然此二假说尚欠足够证据。参见兰良永，《红楼梦文史新证》，页77—81、156—157。
136 中国第一历史档案馆编，《康熙朝满文朱批奏折全译》，页1440—1441。
137 克食指恩赏食物，但不一定是点心，清代谢恩折中即有"克食鹿肉""克食风羊"之例。《红楼梦》第一百十八回记莺儿端了一盘瓜果说："太太叫人送来给二爷吃，这是老太太的克什。"此处为撤下的供品。
138 康熙间内务府每年均会选秀女一次，由皇帝亲自阅看府属各佐领、管领十三岁以上的女子，每次通常有数百人至千余人参加，获记名者即送入宫学习规矩。虽然包衣秀女多在内廷供使役，但其中也有机会可充实后宫，部分则被用为赏赐（如指婚给宗室，或给蒙古人为妻），康熙帝为曹寅两女所安排的婚姻即属后者当中较突出者。参见刘倩倩，《清代内务府三旗秀女若干档案浅析》。
139 《清世宗实录》，卷133，页717—718。

事。¹⁴⁰由于福彭先前从无带兵征战的经验，疑该任命的政治意义恐远高过军事理由，¹⁴¹应与其父先前曾于抚远大将军胤禵手下担任副手（康熙五十八年四月至六十一年十二月间）的背景相关。希望能借用纳尔苏在当地的名望和人脉来降低蒙人的敌意，并期盼福彭可通过亲情劝降其姨丈罗卜藏丹津，至少也可让双方关系不像先前一样剑拔弩张。此举显示雍正帝一直试图招抚罗卜藏丹津，难怪他会颁有"罗卜藏丹津至，仍宥罪"之旨！福彭于雍正十三年九月因帝驾崩始被召还，或因其并未完满达成任务，故在乾隆元年三月议叙其统兵北路的军功时，仅核给他"纪录三次"，¹⁴²且仍将其父纳尔苏圈禁在家，未纳入登极恩赦名单。

曹家亲友遭圈禁或抄家者（图表5.15）比比皆是，不仅其旗主多尔衮及管主阿济格早于顺治八年就遭籍没，曹𫖯与其舅李煦亦在雍正朝被抄家，知雍正六年被迫归旗北京的曹雪芹对此类痛苦经历应刻骨铭心，《红楼梦》中遂涌现不少相似情节。除荣国府及宁国府外，小说第七十五回中指甄家也被查抄，至于第一百五回描述贾府遭抄家时的过程与细节，以及当事人的神态、言语与心理，更是相当生动。这些内容应最可能出自熟悉此类悲剧的曹雪芹之笔，而非高鹗或其他人可轻易写就或续成。¹⁴³

曹寅两女皆为王妃的殊遇，或亦反映在曹雪芹的小说中。当然，《红楼梦》并不是一部历史实录，我们也无法以其内容去具体印证曹家未知的历史，但作者却很有可能将发生在其周遭亲友之极特殊的境遇，化入他编写的部分故事情节中，以增加小说的精彩度。由于这些罕见境遇的独特性，即使该情节已与史事有些出入，我们有时仍可窥见其原型所残留的痕迹，此就远

140　沈雪晨，《事实与书写：雍正乾隆时期清准议和再论》。
141　平郡王福彭乃康、雍两朝负责西北边务的大将军当中最年轻的一位，即使是大其三十六岁且屡败准噶尔军的超勇亲王策凌，也仅在其麾下担任定边左副将军。
142　雍正朝的平准战争乃清中前期对边陲最大的用兵行动（所花军费有估为3,300至13,000万两者），然因军事上无法获得压倒性胜利且财务负担甚重，最后只得息兵议和。参见《清高宗实录》，卷15，页417；沈雪晨，《事实与书写：雍正乾隆时期清准议和再论》。
143　此段参见尹伊君，《红楼梦的法律世界》，页240—248；线天长、吴营洲，《石头记"辩冤"记：石头记是如何为曹家、李家"辩冤"的》。

非单纯的巧合可以合理解释。曹寅长女于康熙四十五年嫁为平郡王妃一事，已属清代包衣女子的罕例，接着次女亦于五十五年受封为青海亲王妃，对小说创作者曹雪芹而言，这些极其特别却又罕为人知的家史，似乎具有难以逃避的吸引力，《红楼梦》的故事中或因此留下蛛丝马迹。

宝玉的庶出妹妹探春，在小说里被形容为"老鸹〔音'瓜'，乌鸦俗称〕窝里出凤凰"，第五回即以《分骨肉》一曲揭露其命运（图表5.19），词曰：

一帆风雨路三千，把骨肉家园齐来抛闪。恐哭损残年，告爹娘：休把儿悬念。自古穷通皆有定，离合岂无缘？从今分两地，各自保平安。奴去也，莫牵连。

而此回宝玉在金陵十二钗正册所看到的判词里，亦称探春："才自精明志自高，生于末世运偏消。清明涕送江边望，千里东风一梦遥。"并指出该册上还画着"两人放风筝，一片大海，一支大船，船中有一女子掩面泣涕之状"。放风筝象征有去无回，正如第二十二回探春灯谜"游丝一断浑无力，莫向东凤【风】怨别离"所射的物件，而庚辰本的脂批也以夹注记"此探春远适之谶也"，点出探春最终应是嫁至远方。又，第五十一回薛宝琴出了十首怀古谜题，其七的《青冢怀古》（"青冢"指王昭君墓，因塞外多白草，而其冢独青）写汉元帝命宫女王昭君和亲的故事；第五十六回探春因宝钗抬出朱子和孔子来调侃自己"兴利除弊"的想法，故她开玩笑糊弄宝钗称子书里有"姬子"之说，并自嘲其中所描述"窃尧舜之词、背孔孟之道"的"登利禄之场、处运筹之界者"，正是己当前的尴尬写照。子书中其实未见姬子，作者在此用的或是双关语，除借名在道统中高于孔孟的周公（姬姓），亦遥指在靖康之变后被金太宗纳为妃的北宋肃王赵枢之女宋姬，宋姬与昭君皆远嫁外国为妃,小说有可能更进一步将她俩作为探春命运的投射。[144]

接着,第六十三回写探春在夜宴中掣得杏花花签,因其诗"日边红杏倚云栽"有注云:"得此签者,必得贵婿,大家恭贺一杯,共同饮一杯。"(此与宋姬的符印之谶相似)故众人笑道:"我们家已有了个王妃,难道你也是王妃不成。大喜,大喜!"此处的"我们家已有了个王妃"句有些突兀,与小说中贾元春的贵妃身份不合。由于王妃原本只用来代称郡王或亲王之福晋,皇帝的妃子应作"皇妃"才对,然因曹雪芹命名小说角色时往往有一语双关的惯习,笔者怀疑贾元春的原型除借用真实世界里的密妃王氏,[145]还化入被指婚平郡王正妃之曹寅长女的故事。至于称探春"难道你也是王妃不成",则是反映了曹寅次女成为青海亲王嫡福晋的家史。

又,庚辰本第七十回先以探春的《南柯子》写柳絮的随处飘飞,哀叹对命运的无奈,末则描写探春放的软翅子大凤凰风筝与另一凤凰风筝相绞,接着又来了个门扇大的玲珑喜字带响鞭的,最后"那喜字果然与这两个凤凰绞在一处。三下齐收乱顿,谁知线都断了,那三个风筝飘飘飖飖都去了"(程本无此内容)。不知两凤凰与喜字的相互绞断,与曹寅两女原皆贵为王妃,但两婿(同在胤禛帐下参与西藏平乱)先后均遭除爵的命运有无呼应?

---

144 前人说法可参见俞平伯,《俞平伯全集》,卷6,页34—36;梁归智,《探春的结局:海外王妃》;张庆善,《探春远嫁蠡测》;王人恩,《红楼梦与昭君故事》;刘廷乾,《〈哀宋姬〉与探春远嫁》。
145 主要是省亲事,作者以"王妃"隐写姓王的妃子,而密妃长孙弘庆与曹寅外孙福秀乃连襟。参见黄一农,《二重奏:红学与清史的对话》,页275—312。

第五章　曹寅妻妾及其家姻亲

图表5.19　庚辰本《石头记》中涉及探春命运的内容

第五回
后面又画着两人放风筝，一片大海，一支大船，船中有一女子掩面泣涕之状。也有四句写云：
才自精明志自高　生于末世运偏消
清明涕送江边望　千里东风一梦遥

人们行的金钗多浥话在上头众人不解龙人等忙拾了起来众人看上面一枝杏花，并有字迹写道：瑶池仙品四字诗云
日边红杏倚云栽
注云：得此签者必得贵婿，大家恭贺一杯共同饮一杯，众人笑道我说是什么原来是这个二根有这话的并无雅话这众人不识说有大家来敬探春却不肯饮许史湘云香菱李纨等三四个人齐拿起他的强掷了这个也行别的众人断不肯任湘云拿着他的强掷了

第二十二回
分骨肉
一帆风雨路三千　把骨肉家园齐来抛闪
恐哭损　残年
告爹娘休把儿悬念
自古穷通皆有定　离合岂无缘
从今分两地　各自保平安
奴去也莫牵连
事虽难舍　究再相逢
流散也悲伤哉
贾政道这是风筝探春道是又言道这

第五十一回
青冢怀古
其七
黑水茫茫咽不流　冰弦拨尽曲中愁
汉家制度诚堪叹　樗栎应惭万古羞

第五十五回
偕下见童仰面时　清明妆点最堪宜
游丝一断浑无力　莫向东风怨别离
此探春远适之谶也此人不远去将何

第五十五回
细细说与他听了凤姐儿笑道好个三姑娘我说他不错只可惜他命薄没托生在太太肚里平儿笑道奶奶也说糊涂话了他便不是太太养的难道不是老爷养的他一样有头有脸人看他比我强将来攀亲时也是一种轻狂气罢了听姑娘是正出

第五十六回
孔子也曾仰听了凤姐儿笑道探春说你这样一个通人竟没看见子书当日姬子有云登利禄之场处运筹之界者窃尧舜之词背孔孟之道啐一口说道谁不知道只是俗语说的

第六十三回
十六点数到探春探春道我不知得个什么芭蕉呢伸手掣了一根出来自己一瞧便掷在地下红了脸笑道这东西不好不及行这令原是外头男

第六十五回
戏一针也不知唉的一声二姑娘的浑名是玫瑰花儿红又香无人不爱的只是刺戳手也是一位神道可惜不是太太养的老鸹窝里出凤凰四姑娘小他正紧是珍大爷亲

第七十回
半首且听出来时　南柯子　写道是
空挂纤巧　徒系飘零　也难绾系也难羁　一任东西南北各分离
宝钗见写道忙笑道我写的却是一首词只是还未成探

风筝见天上也有一个凤凰渐逼近来遂落下来使剪子剪断又用剪子剪断手也是一位神话可惜不是太爷寡里的凤凰四姑娘他正紧是珍大爷亲皆笑说且别剪你的看他倒像要来我们家一样等我也来放自去拿了一个凤凰也取了线一个送来探春正要剪自己的却见这凤凰渐渐的逼近来遂亦发这两个凤凰绞在一处三下鲛帕乱颤谁知那喜字果然与这两个凤凰绞在一处且别三下齐收乱顿线都断了那三个风筝飘飘遥遥都去了众人拍手哄然一笑说别有趣可不知那喜字是谁家的感促

347

小说后四十回对探春远嫁事还有一些可供讨论的描述，[146] 第九十九回指出向贾政提亲者是"调任海疆"的"镇守海门等处总制"周琼。虽然"海疆"给人的直觉多谓东南沿海，[147] 但因曹寅次婿之父即青海亲王扎什巴图尔，令人怀疑"海疆"也可能是指代戈壁沙漠的"瀚海"或"边海"。有意思的是，北大教授儿玉达童（1893—1962）曾于1943年提及他在日本见过"三六桥本"《石头记》（今下落不明），内即有探春出嫁外藩的情节。[148]

蒙古藩王在《红楼梦》末亦有一些角色，如第一百十七回记有位陪酒之人对邢大舅、王仁（巧姐舅舅）说："现今有个外藩王爷，最是有情的，要选一个妃子。"第一百十八回称该外藩郡王打发人来家相看巧姐，平儿猜必是相亲的，称："到底不知是那府里的。若说是对头亲，不该这样相看。瞧那几个人的来头，不像是本支王府，好像是外头路数。"第一百十九回谓该外藩原是要买个使唤的女人，后听说贾家是世代勋戚，便说："了不得！这是有干例禁的，几乎误了大事！况我朝觐已过，便要择日起程，倘有人来再说，快快打发出去。"虽然巧姐的生平与曹寅次女颇异，然因雪芹姑姑有远嫁蒙古的特殊遭际，故他很可能就将蒙古藩王置入故事情节，一般汉人作者大多无此知识经验，无怪乎，清代章回小说中罕见此等角色。

四、小结

曹家政经地位的提升，令讷音富察氏的傅鼐愿意娶曹寅妹，曹寅长女更获指婚为平郡王纳尔苏之嫡福晋，次女也被指配给青海亲王扎什巴图尔的独子罗卜藏丹津（后袭爵）。这些外嫁女姓的姻娅关系让曹家得以跻身上层社会（图表5.15），而曹寅的外孙福秀娶纳兰家永寿长女一事，更让曹家从所谓的

146　笔者相信《红楼梦》后四十回除部分残缺处由高鹗所补外，大多仍是曹雪芹原作。但拙著中所引用后四十回的内容，通常不作为主要论据，只是当成旁证。
147　丁维忠，《红楼梦：历史与美学的沉思》，页306—338。
148　六桥是正白旗三多（1871—1940）的号，故称"三六桥"，其蒙古姓为钟木依氏，汉姓张，历官库伦办事大臣、东北边防司令咨议等职，着有《可园诗钞》《可园诗钞外》《库伦奏议》等。参见胡文彬、周雷，《红学丛谭》，页195—206。

"包衣下贱"变成与原主子阿济格（虽遭抄没，但其第五女嫁给纳兰明珠，即永寿祖父）的后代有一些平起平坐的机会。

尤有甚者，在康熙末以迄雍正朝的西疆历史舞台上，我们竟然可发现曹家及其亲友（如纳尔苏、福彭、年羹尧、傅鼐、延信、鲁宾、曹頫）的身影，[149] 且往往还扮演要角，此应非纯属巧合，罗卜藏丹津有可能就是其共同的交集与环绕的焦点之一（图表5.15）。康熙帝何以任命平郡王纳尔苏为抚远大将军胤禵的副手，或即是因其与罗卜藏丹津乃连襟，希望彼此能携手合作。同样，雍正十一年命福彭为定边大将军征准噶尔，应亦是期盼能利用他与姨丈罗卜藏丹津间的姻娅关系。至于参赞福彭军务的侍郎傅鼐，更是罗卜藏丹津的内姑丈（指妻的姑丈）。

曹家虽有不少权贵亲戚，但他们多在政治斗争中选错边，故当曹頫在雍正五年遭革职定罪时，其大姊夫纳尔苏已于四年七月被革郡王且圈禁在家，二姊夫罗卜藏丹津亦早在雍正元年即因叛清而遭削夺亲王爵，令曾有两婿贵为王爷的曹家逃不开"忽喇喇似大厦倾"的命运。萧奭或因与曹寅家有一些直接或间接的互动，故他在《永宪录》中尝记曹寅二女皆为王妃，并提到平郡王纳尔苏以罪遭废，且多处言及罗卜藏丹津的叛清史事，但却为尊者或亲者讳，姑隐二人乃曹寅婿（当然原本也无提及此事的绝对必要）。[150]

纵使我们尚无法提供曹寅次婿即为罗卜藏丹津的直接证据，但这就是历史工作者常得面对的宿命与挑战，而正如同玩人像拼图，有时虽发现有几块待补的缺片，然从已完成的部分仍可辨认出当事人。本章通过对历史运作以及文献体例的掌握，以趋近竭泽而渔的态度披沙拣金，终自康熙四十八年至乾隆十七年间141位曾封王者当中，有系统地筛出最佳候选人罗卜藏丹津，此应也彰显了文史工作者在大数据时代所可能开创的全新机遇，且该结果亦可与许多相关史事环环相扣（图表5.20），如：

---

149 虽然耶鲁大学的濮德培在其讨论十八世纪准噶尔灭亡的经典著作中并未及此，但相关的大时代背景仍可参见其书：Peter C. Perdue, *China Marches West: The Qing Conquest of Central Eurasia*。
150 萧奭撰，朱南铣点校，《永宪录》，页120、134、146、154—156、159、175、206、228、308。

1. 罗卜藏丹津曾被康熙帝"施恩豢养",此用语或可与曹寅次婿初任侍卫一事相呼应。

2. 曹寅长女于康熙四十五年以特恩被指婚平郡王纳尔苏,知其次女被指配给青海亲王扎什巴图尔之子以笼络和硕特部的可能性颇高。

3. 康熙四十七年三月朔曹寅于述职返南后曾在奏折中罕见地使用"过蒙圣恩"一词,此或叩谢皇帝于四十六年十二月为其次女指婚一事。

4. 曹寅于康熙五十一年上元节蒙恩参加"朝正外藩宴"(罗卜藏丹津应以侍卫身份参与),此或是嘉赏他对次女与外藩联姻事的全力配合。

5. 康熙五十三年十二月罗卜藏丹津曾与夫人崔措(chos' tsho; ཆོས་འཚོ)拜访七世达赖,此妻之名既非藏人亦非蒙人所惯用,不知是否与发音近似的汉姓"曹"相关。

6. 康熙五十八年之所以命平郡王纳尔苏为抚远大将军胤禵的副手,或希望纳尔苏能与其连襟罗卜藏丹津形成较紧密的合作。

7. 康熙五十八年十二月曹𬱖奉差携御赐的克食给正领军的胤禵,或顺便探望时任胤禵副手的大妹夫平郡王纳尔苏,以及远嫁至青海且已贵为亲王罗卜藏丹津嫡福晋的二妹及其夫婿。

8. 雍正十一年命福彭以定边大将军衔征准噶尔,或期盼能借用其父纳尔苏原先在当地的名望和人脉来减少蒙人的敌意,且希冀福彭可透过亲情劝降其姨丈罗卜藏丹津。

9. 罗卜藏丹津在雍乾两朝是家喻户晓的朝廷罪人,曹家亲友因此无人愿在私家载述中故意触痛,官方文献亦未特别言及此一联姻。

这些情形绝无可能全属毫无理由的巧合,亦即,应可大幅增强罗卜藏丹津即曹寅次婿一说的论述,而其他候选人恐很难找到类此之有利旁证。

又,曹𫖯于雍正二年正月初七日奏谢准其分年清补亏欠之折有云:

<u>窃念奴才自负重罪</u>,碎首无辞,今蒙天恩如此保全,实出望外。<u>奴才实系再生之人</u>,惟有感泣待罪,只知清补钱粮为重,其

> 余家口妻孥，虽至饥寒迫切，奴才一切置之度外，在所不顾。[151]

痛陈己是一名重罪再生之人，由于他已就任九年，故其罪应非出自曹寅晚年以来始终未能清完钱粮的压力，亦非其新近被追缴之代内务府售参的银两（已于元年七月交完），而最可能是关涉其二姊夫罗卜藏丹津在元年六月举兵反清一事。雍正帝当时或为寻求招抚的可能，不仅未加牵连，且仍准允曹頫将所欠钱粮分三年补完，无怪乎，曹頫用了"碎首无辞"的重语。朱批则揶揄称："只要心口相应，若果能如此，大造化人了！"

再者，当罗卜藏丹津兵败逃往准噶尔后，曹頫于雍正二年二或三月初上呈了一件仅称"恭请万岁圣安"的请安折，[152]皇帝竟以近两百字的朱批（现存两版本，图表5.21下栏应为原件，上栏则为经润饰之抄本）痛骂曹頫曰：

> 你是奉旨交与怡亲王传奏你的事的，诸事听王子教导而行。你若自己不为非，诸事王子照看得你来；你若作不法，凭谁不能与你作福。不要乱跑门路，瞎费心思力量买祸受。除怡王之外，竟可不用再求一人⋯⋯你若有人恐吓诈你，不妨你就求问怡亲王，况王子甚疼怜你，所以朕将竹交与王了。主意要拿定，少乱一点。坏朕声名，朕就要重重处分，王子也救你不下了。

一般读者恐会顿觉没头没脑，不解雍正帝为何要警告曹頫不要乱跑门路，称其如遇人恐吓讹诈，则需听从怡亲王允祥的教导。以曹頫可密折直达天听的江宁织造身份，为何有人要对他或敢对他恐吓讹诈？然若此与其姊夫罗卜藏丹津叛清逃亡一事有关，那就完全可合理解释前引朱批的情境。而

---

151 此节涉及曹頫的奏折，均请参见《关于江宁织造曹家档案史料》，页157—164。
152 请安折无具体内容且无日期者似颇平常，如雍正朝云南巡抚张允随留下的二十几件请安折，即均仅在其职名之外书写"奏请皇上圣恭万安"八字。虽曹此请安折的系日亦不详，然查台北故宫博物院所藏的抄件，乃将文献编号402019210至402019210-3的四折全抄成一张，首折系于雍正二年正月初七日，次接此请安折，末系四月初四日及五月初六日两折，而曹頫通常是在每月上旬呈送请安折。

袭替允祥怡亲王爵的弘晓，也因此近水楼台早读过《石头记》，且与敦诚合作完成一本以小说人物为主体的书画合册，并留下了一钞本（己卯本即后人据此怡府本抄出，其上还留有原先避"祥""晓"二字末笔之家讳痕迹）。[153]

雍正二年四月初四日曹頫奏贺边疆凯捷（图表5.21），内称：

> 窃臣接阅邸报，伏知大将军年羹尧钦遵万岁圣训，指授方略，乘机进剿，半月之间，遂将罗卜藏丹金逆众羽党，歼灭殆尽……凯奏肤功，献俘阙下，从古武功未有如此之神速丕盛者也。钦惟万岁仁孝性成，智勇兼备，自御极以来，布德施恩，上合天心，知人任使，下符舆论，所以制胜万全，即时底定，善继圣祖未竟之志，广播荒服来王之威。

由于曹頫此折的基调原本该痛斥其姊夫罗卜藏丹津的叛国行为，并为己家请罪，但该折却将焦点转为吹捧雍正帝的功业，称"从古武功未有如此之神速丕盛者"，且奉承其"善继圣祖未竟之志，广播荒服来王之威"。此故，深知罗卜藏丹津为曹家姑爷的雍正帝，遂半讽刺、半称赞地曰："此篇奏表，文拟甚有趣，简而备，诚而切，是个大通家作的。"

但雍正帝并未自此给曹頫好脸色看，他在是年闰四月二十六日的朱批中，痛斥曹頫等三织造在南省售卖内务府人参时为何如此贱价。五月初六日曹頫奏报江南雨雪，并称闰四月发生的蝗灾已"殪灭大半"，"百姓俱现在插苗，及时播种，人心慰悦，太平无事"，朱批严责："蝗蝻闻得还有，地方官为甚么不下力扑灭……据实奏，凡事有一点欺隐作用，是你自己寻罪，不与朕相干。"五月十三日又传旨要内务府总管清查广储司近年库存中变色的纱，六月二十五日谕命："三处织造呈进各色绸、缎、纱等物时，应立即将彼等送来之年份及缎正项目、数量等，查收入账，销算

153　参见拙著《从e考据看避讳学的新机遇》及《红楼梦外》第四章。

钱粮。"雍正五年年底当塞楞额控告曹𫖯等人"骚扰驿递"时，因流亡准噶尔的罗卜藏丹津仍杳无归期，曹家遂在一个月内就被迅速定罪并谕旨将其抄没（第七章）。

前述以e考据之法指实曹寅次婿的努力，不仅打开了红学中的一扇窗，也勾连起曹家姻戚们（如傅鼐、纳尔苏、罗卜藏丹津、鲁宾、延信、年羹尧）在蒙古大草原上亲历的一幕幕导致多人遭削爵抄家的悲惨史事（图表5.15），而先前学界因无人知晓曹家及其亲友们在清代西北疆域的奠定过程以及康熙皇子夺嫡的政治斗争当中，曾有如此深的介入，以致难以体会《红楼梦》里某些情节与作者家事之间所出现的精彩对应。通过对这部混融大历史、家史与小说之史诗型"大歌剧（Grand opera）"的深入赏析，我们可以发现曹雪芹在《红楼梦》中所嵌入带有其独特生命经验之DNA的水印（如"曹寅二女皆王妃"），开始愈来愈清晰，也愈来愈有温度！[154]

---

[154] 裕瑞（其母为傅恒堂妹，傅恒与雪芹二表哥福秀、敦诚挚友永蕙同为连襟）在《枣窗闲笔》记称："［雪芹］又与平郡王府姻戚往来。书中所托诸邸甚多，皆不可考，因以备知府旧时规矩……所谓元、迎、探、惜者，隐寓'原应叹息'四字，皆诸姑辈也。"疑元春的故事除受密妃异事启发外，元春与探春的原型也或部分取材自雪芹嫁给纳尔苏与罗卜藏丹津为王妃的两位姑姑，但当然都经过一层文学的加工。参见黄一农，《二重奏：红学与清史的对话》，页269、481—484。

图表5.20　指实曹寅次婿为罗卜藏丹津的论证流程

作者序于乾隆十七年的《永宪录》称曹寅「二女皆为王妃」

长婿为康熙四十五年成亲的平郡王纳尔苏

曹寅次婿

康熙四十八年二月初八日曹寅奏称将送次女至京与担任侍卫的女婿成婚，且为婿置房产并买庄田、奴仆

知亲家的经济不佳。而如无康熙帝的介入，身隶内务府的曹寅，恐不敢私自与王爷家缔亲，此或可合理解释他为何在奏折中自陈将为次婿置产，目的或禀告皇帝他已遵旨妥为处理。曹寅次女应于四十六年十二月经帝指婚。后年二月曹家命曹颙伴妹先至京置产，至四十八、九年之交曹寅回京述职期间次女才成婚

☒宗室王

康熙四十八年至乾隆十七年间共52人封王，但无人曾娶曹寅女

☑外藩王

康熙四十八年至乾隆十七年间共89人封王（据《清实录》及《钦定外藩蒙古回部王公表传》前十六卷的袭爵表）

《红楼梦》第五回以《分骨肉》一曲揭露探春与爹娘分隔的命运，并透过宝玉在金陵十二钗正册看到的判词，称探春最终远嫁他方。六十三回则记探春在夜宴掣得「必得贵婿」花签，众人笑道：「我们家已有了个王妃，难道你也是王妃不成。」此或对应曹寅二女皆王妃事

☒康熙四十八年之前的名衔已高于侍卫

侍卫通常是年轻勋贵子弟入仕初期的职位，先前不应已有更高官衔再缘事降级

☒康熙四十八年前后不久尚宗室女

曹寅女应非妾，而宗室女亦不太会在包衣女后成为继妻

☒已袭爵好几代或死后其家仍袭王爵

不应窘困到要曹寅帮忙置产买仆

☒康熙四十八年二月之后才归顺

此前不可能任侍卫

☑**罗卜藏丹津**

青海亲王扎什巴图尔独子，五十五年袭爵，雍正元年叛，旋兵败。乾隆廿年清灭准噶尔时，偕子就俘，二子均授侍卫，且在京为二子皆另安排家室

❶罗卜藏丹津曾称「吾自小至长，从恶向善之所蒙恩者，皆由主子之恩威，全非鄙力」，雍正亦谓「朕念伊父扎什巴图尔从前劳绩，断不将伊诛戮，仍施恩豢养」，因疑他曾在康熙旁当差

❷康熙帝既开先例为曹寅长女指婚平郡王纳尔苏，应也可能授意曹寅将次女嫁给青海亲王的独子罗卜藏丹津，盼通过与曹寅（与皇帝关系密切且经济优渥）家的联姻，笼络和硕特部

❸康熙四十七年三月曹寅述职返南，曾在折中罕见地称己「过蒙圣恩」，此或叩谢帝于去年十二月为其次女指婚

❹康熙五十一年曹寅蒙恩参加「朝正外藩宴」，罗卜藏丹津应可以侍卫身份与宴，曹寅则或因亲家扎什巴图尔的地位及他对该联姻的配合，而获特邀

❺康熙五十三年罗卜藏丹津曾与夫人chos'tsho拜访七世达赖，此名非藏、蒙惯用，或与发音近似的「曹」相关

❻康熙五十八年以平郡王纳尔苏为抚远大将军胤禵副手，或因其与青海亲王罗卜藏丹津乃连襟，希望彼此能合作

❼康熙五十八年曹頫奉差携克食给在藏的胤禵，顺便探望大妹夫纳尔苏及已为青海亲王罗卜藏丹津嫡福晋的二妹

❽雍正二年二月初或三月初曹頫上呈一请安折时，雍正帝曾以长批痛斥，并警告他若遇讹诈，需听怡亲王允祥教导，此或与罗卜藏丹津为其姊夫有关

❾雍正十一年以福彭为定边大将军征准噶尔，应盼能通过亲情劝降其姨丈罗卜藏丹津，并以此关系减少蒙人敌意

❿罗卜藏丹津是雍、乾间举兵叛清的罪人，故曹家亲友应无人会在诗文别集中提及他是曹寅次婿

图表5.21　曹頫于罗卜藏丹津兵败逃往准噶尔后所上的奏折

❖《宫中档雍正朝奏折》第23辑页977 台北故宫博物院文献编号402019210-1

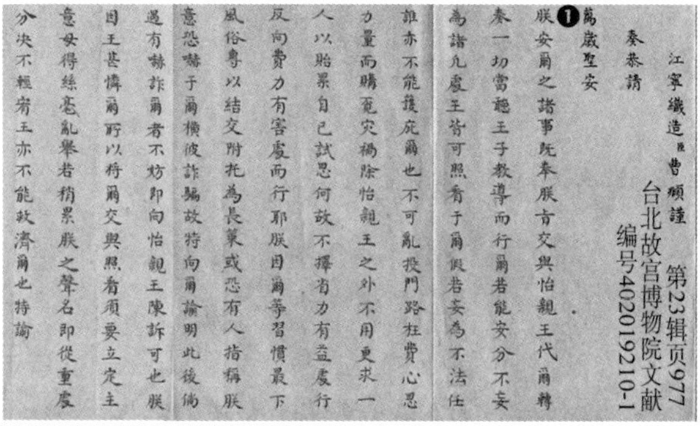

江寧織造臣曹頫謹
奏恭請
萬歲聖安
❶朕安爾之諸事既奉朕旨交與怡親王代爾轉
奏一切當聽王子教導而行爾若能安分不妄
為諸凡處王皆可照看于爾假若妄為不法任
誰亦不能護庇爾也不可亂投門路枉費心思
力量而購覓災禍除怡親王之外不用更求一
人以貽累自己試思何故不擇省力有益處行
反向費力有害處而行耶朕因爾等習慣最下
風俗專以結交附托為長策或恐有人指稱朕
意恐嚇于爾橫彼詐騙故特向爾諭明此後倘
遇有嚇詐爾者不妨即向怡親王陳訴可也朕
因王甚憐爾所以將爾交與照看須要立定主
意毋得絲毫亂舉若稍累朕之聲名即從重處
分決不輕宥王亦不能救濟爾也特諭

❷ 覽此篇表奏，文氣甚覺暢順，詞簡而不繁，意切而不浮，係一通家之所作

❖《雍正朝汉文朱批奏折汇编》第2册，页753

② 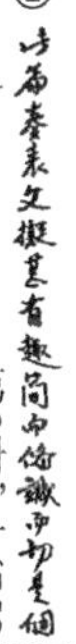

② 此篇奏表，文擬甚有趣，簡而脩，誠而切，是個大通家作的

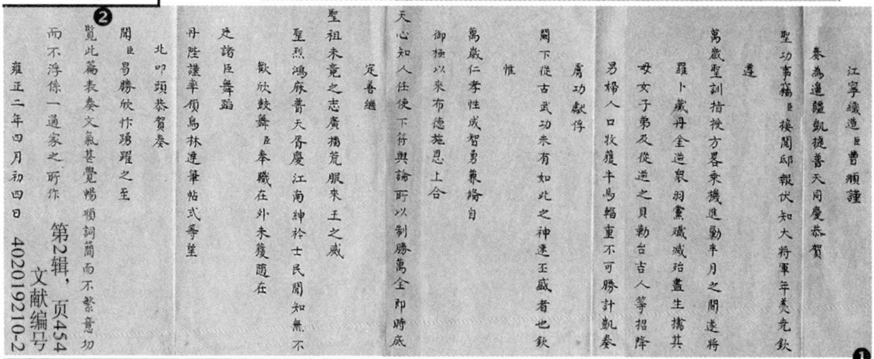

江寧織造臣曹頫謹
奏為邊疆凱捷普天同慶恭賀
聖功事竊臣接閱邸報伏知大將軍年羹堯欽
遵
萬歲聖訓指授方略乘機進勦半月之間逆將
羅卜藏丹全逆衆羽黨殲滅殆盡生擒其
母女子弟及從逆之貝勒台吉人等招降
男婦人口收獲牛馬輜重不可勝計凱奏
膚功獻俘
闕下從古武功未有如此之神速丕盛者也欽
惟
萬歲仁孝性成智勇兼備自
御極以來布德施恩上合
天心知人任使下符輿論所以制勝萬全即時底
定善繼
聖祖未竟之志廣播荒服來王之威
聖烈鴻麻普天胥慶江南紳衿士民聞知無不
歡欣鼓舞臣奉職在外未獲隨在
廷諸臣舞蹈
丹陛謹率領烏林達筆帖式等望
北叩頭恭賀奏
聞臣曷勝欣忭踴躍之至
❷覽此篇表奏文氣甚覺暢順詞簡而不繁意切
而不浮係一通家之所作
雍正二年四月初四日

第2辑，页454 文献编号402019210-2

❶ 朕安。爾之諸事既奉朕旨交與怡親王代爾轉奏，一切當聽王子教導而行。爾若能安分不妄為，諸凡處王皆可照看于爾，假若妄為不法，任誰亦不能護庇爾也。不可亂投門路，枉費心思力量而購覓災禍。除怡親王之外不用更求一人以貽累自己。試思何故不擇省力有益處行，反向費力有害處而行耶！朕因爾等習慣最下，風俗專以結交附托為長策，或恐有人指稱朕意恐嚇于爾，橫彼詐騙，故特向爾諭明，此後倘遇有嚇詐爾者，不妨即向怡親王陳述可也！朕因王甚憐爾，所以將爾交與照看，須要立定主意，毋得絲毫亂舉。若稍累朕之聲名，即從重處分，決不輕宥，王亦不能救濟爾也。特諭。

❖《御笔诏令说清史》

① 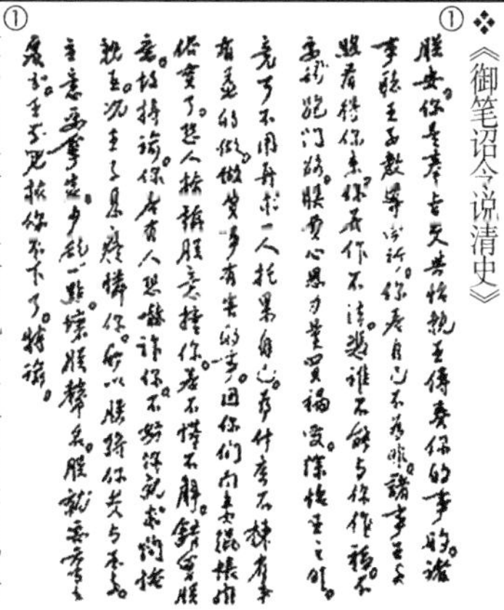

① 朕安。你是奉旨交與怡親王傳奏你的事的，諸事聽王子教導而行。你若自己不為非，諸事王子照看得你來；你若作不法，憑誰不能与你作福。不要乱跑门路，瞎費心思力量買禍受。除怡王之外，竟可不用再求一人，托【拖】累自己，為什麼不揀省事有益的做，做費事有害的事？因你們向來混帳風俗貫了，恐人指稱朕意擅你，若不懂不解，錯會朕意，故特諭。你若有人恐嚇詐你，不妨你就求問怡親王，況王子甚疼憐你，所以朕將你交与王子。主意要拿定，少乱一點。壞朕聲名，朕就要重重處分，王子也救你不下了。特諭。

页104

第六章　嫡出二房曹荃与庶出长房曹寅的互动[*]

曹雪芹的生父究竟何人一直难以获得红圈共识，然其本生祖则可确定是曹荃。曹玺有曹寅和曹荃二子，长子寅虽为妾生，却因获康熙帝器重而成为一家之长，且在特意栽培下最后长期承当其父生前所担任过的江宁织造要职。惟因曹寅向来艰于子嗣，故曾先后自嫡出的弟弟曹荃支入继顺、颙、颀、䪻四侄（顺、䪻后因故归宗），其中后三人皆在曹荃卒后始依家族或皇帝的决定过继。本章即努力爬梳曹寅和曹荃的兄弟之情，以及两支之间过继、兼祧与归宗的复杂关系，并对曹荃的生年及生日进行新探索，以厘清或订正先前的认知。

曹雪芹家族的事迹一直是红圈中人关心的议题，然因材料阙佚的情形颇严重，且有些文本的内容无法相互调和，故屡见有人因欲支撑其所提出的假说，而在无证据的情形下，径自指称某些档案或文献有误，[1] 以致出现不少所谓的"论争""公案""不解之谜"甚或"死结"，[2] 而其症结往往是对古代社会的文化传统和运作方式缺乏正确理解，但大数据时代的新研究环境则有可能提供匡正的机会。本章将先探索曹荃的生年及生日，接着尝试疏理曹寅与曹荃两房之间复杂的过继与兼祧关系，并探索曹雪芹的父亲究竟是何人。

---

[*] 本章部分内容曾发表于拙著《"e考据"卮言：从曹雪芹叔祖曹荃的生辰谈起》（2020）以及《二重奏：红学与清史的对话》一书。
[1] 如清宫档案中尝称曹顺、曹頎、曹䪻为曹寅子，但亦有文献指他们为曹荃子，曹顺更曾被曹寅和曹荃兄弟称作"我们的孩子"，前人因无法理解前述的"矛盾"，遂径改部分内容以支撑其假说。当然文本在少数情形下的确有可能出现讹误，但如非确实无从解释，笔者不太愿意轻易擅改文献以求曲解。
[2] 刘梦溪，《红楼梦与百年中国》，页322—401。

一、"卯君"曹荃的诞辰

（一）曹寅与曹荃是否为孪生兄弟？

曹雪芹的曾祖曹玺生曹寅、曹宣二子，长子为民人妾顾氏生，次子为旗人妻孙氏生，曹宣后或因避康熙帝玄烨的嫌名而自行改名为荃，并刻有"曹宣今名荃"一印（当时官方并未明定须避帝讳；附录6.1）。³由于于成龙在约康熙二十四年纂修的《江宁府志》中，⁴记曹玺（二十三年六月卒于署）"仲子宣，官荫生，殖［积聚、增长］学具异才"（图表1.4），而二十九年四月内务府致户部的咨文中称"三格佐领下南巡图监画曹荃"（图表6.3），知其改名应在这两时间点之间，曹宣很有可能在初仕时改用曹荃之名。

已故红学家周祜昌、汝昌兄弟，曾透过经典上的关合，漂亮地理出曹玺两子取名字的渊源：寅字子清及宣字子猷，分别出自《尚书·虞书·舜典》之"夙夜惟寅，直哉惟清"及《诗经·大雅·桑柔》之"秉心宣犹［通'猷'］，考慎其相"。尤其，"寅清"一词原为官吏箴戒之辞，谓言行敬谨，持心清正，而"宣猷"则谓施展谋划与方略。⁵又，曹荃字子猷，号芷园，而"芷园"或取自《楚辞·离骚》的"兰芷变而不芳兮，荃蕙化而为茅"句。

---

3 下文中有关曹宣的生平，均请参见朱淡文，《红楼梦研究》，页357—394；方晓伟，《曹宣生平主要活动系年》。
4 当时官场上有两同名的于成龙，一为旗人，字振甲（1638—1700），康熙二十一年知江宁府，卒于河道总督任内，曾修《江宁府志》；一为民人，字北溟（1617—1685），历官至两江总督，康熙二十三年十二月卒。在南京出版社重印此志的提要中，指其为康熙二十二年精钞本，虽该书的《历官表》均只列到二十二年，但内文至少有三处记事系于二十四年。且志中的旗人于成龙小传记其于康熙二十三年十二月超迁为安徽按察使，旋奉旨协助处理河工事宜，推判此志应成书在他调任后的次年。参见于成龙纂修，《江宁府志》，卷5，页10；卷17，页26；卷20，页69；卷21，页39。《清圣祖实录》，卷118，页237—238及241。
5 周汝昌，《红楼梦新证》（2016），页41—42。

附录6.1

曹荃注释并刊刻的著作《四言史征》[6]

辽宁大学图书馆所藏的《四言史征》一书（图表6.1）收录曹荃序，钤有"曹宣今名荃"一印，虽有人批评此一改名并非避讳所致，理由是"玄"与"宣"两字发音的细微处仍有尖团音之别，[7]然因康熙时期尚无明确讳令，且不同地区之人往往不见得都能清楚分辨尖团音。亦即，当时的避讳并不涉及法律层次，也无关音韵知识的精确与否，而纯属个人态度。曹宣很可能因"玄"与"宣"两字的发音甚近，且他又在皇帝身边当差，遂自行决定改名。[8]

《四言史征》一书由葛震编辑，曹荃注释，内容将历代帝王史事各以四言韵语括其始末，起自盘古，终于明代。考虑辽宁大学本的封面钤用"御赐萱瑞堂"印，判断此本应曾入藏曹家。又因曹荃（四十七年卒）撰于康熙三十三年的序中有"录成命梓，用契葛君"句，知此书的刊行蕴含纪念好友葛震（三十一年卒）之意，且由于封面刻有"芷园藏板"字样，板心更刻"芷园"二字，故先前多定此为曹荃康熙刊本。

然杜泽逊在《四库存目标注》述及此书时（图表6.1），则称：

> "胤"字均缺末笔，且结体居中，不似后来铲版，"弘"字不避，则系雍正时刊版。究系康熙三十三年刻本之重刻，抑系当时未刊，至雍正始刻成，尚待勘验。

---

6 先前研究可参见顾斌，《曹学文献探考》，页163—185；樊志斌，《曹雪芹家世文化研究》，页33—51。
7 罗盛吉，《清朝满文避讳漫议》。
8 黄一农，《二重奏：红学与清史的对话》，页82、282。

图表6.1 《四言史征》的书影及其讳字。

❖ 辽宁大学图书馆藏康熙曹荃刻本

四言史征
芷园藏板

四言史徵叙
康熙三十三年岁次甲戌
孟秋长白曹荃书于漱
艺山房
（中略）

四言史徵叙卷一
长白曹荃芷园甫注释
顿丘葛震星严甫编辑
古歙程麟德蔚甫较订

❹ 曹宣
今名荃
❺ 芷园
字献
❻ 果亲王府
图书记

更始刘⟨玄⟩称为皇帝割席流汗豪杰解体新市平林诸将
奇紬名山理晰要耽载范斯文⟨弘⟩更⟨玄⟩藻从祖曰⟨玄⟩得道
共 太祖皇帝 姓赵氏名匡⟨胤⟩涿郡人父⟨弘⟩殷仕周检校司徒岳州防御使天水男娶杜氏生匡⟨胤⟩
四 仲康肇位官师相规义和湎淫乱日蘩时王命廢时侯六师
二 康九官烂然星陈日月华⟨弘⟩於一人
十 阳为拙柳惠为工丞相封侯公孙⟨弘⟩始平津侯曲学阿世济
二
人

❖ 北京大学图书馆藏宋刻本《尚书》
夏书　
孔氏传　
⟨胤⟩征 之作⟨胤⟩征　
羲⟨胤⟩往征之作⟨胤⟩征　
　辨庚胤天辅於酒遘⟨胤⟩征　
　　　　甲乙王命烂

❖ 杜泽逊，《四库存目标注》，页1400
四言史徵十二卷　　国朝葛麗撰
内府藏本，卷一题「长白曹荃芷园甫注释，顿丘葛震星严甫编辑，古歙程麟德蔚甫较订」。半叶八行，行二十二字，白口，四周双边，版心下刻「芷园」二字。前有康熙二十七年九月陈廷敬序，康熙三十九年宋举序，康熙三十三年曹荃序。封面刻「芷园藏板」，钤「御赐萱瑞堂」印。卷内钤「静远斋集」「果亲王图书记」「果亲王府图书记」等印记。按：此本写刻极精，初印清朗。曹荃序云：「录成命梓」，用契葛君。「原即据此定为康熙三十三年曹荃芷园刻本。一叶「姓赵氏，名匡⟨胤⟩」「⟨胤⟩」字均缺末笔，且结体居中，不似後来翻版，「弘」字不避，则係雍正前刻版，抑係当时未刊，至雍正始成，尚待勘验。《存目丛书》据以影印。清华大学藏一部据刘蔷女士查验係同版。中央民大、华东师大均有康熙芷园刻本，未知与此异同。

康熙戊辰九月
护泽陈廷敬序

静远斋
果郡王
图书记
沈阳师范
学院图书
馆藏书

康熙庚辰菊月
商丘宋荦序

华然星裘之所为诗诸君子之
敦许突余又何言哉康熙戊辰
九月护泽陈廷敬敬首草撰

认为该缺末笔之"胤"（此乃雍正以后通常实行的讳法）是避胤禛名讳的表征，而《四库全书存目丛书》也因此径指其为雍正刻本。

清代自雍正朝始严讳例，胤禛在康熙六十一年十二月登基后不久即强迫其兄弟将行字的"胤"改成"允"；雍正元年十一月更谕令遇康熙帝名上一字写"元"字，下一字写"爗"字；三年十二月又规定应回避孔子圣讳"丘"，除四书五经之内文以及祭天之圜丘不避外，俱加偏旁为"邱"。[9]

粗览中国方志库，可发现康熙刻本不乏缺笔"胤"字者，如《徽州府志》共有101个"玄"字，缺改者99个；150个"丘"字，无一避改成"邱"；16个"胤"字，15个缺末笔，1个缺首笔（多结体居中，非铲版所致）；"禛""弘""历"则均不避讳。[10] 由于此志系年有晚至康熙三十八年任巡抚的李鈵、驿传盐法道的蔡琦、徽州知府的卢询，以及三十九年知休宁的苏琠，这些人均为该官职的末任，[11] 知此本应是三十九年或之后不久所刻（不太可能于雍正朝才初刊，或改板重印）。

笔者在本书初版时误以前述康熙朝志书中缺笔的"胤"均为俗字（宋刻本中多见因避宋太祖赵匡胤名讳而缺笔之例；图表6.1），然近经仔细爬梳明清志书后，发现中国方志库所收录的75部崇祯及顺治朝方志刻本，共可见726个各种写法的"胤"字，无一缺笔！且出现缺笔"胤"字的康熙刻本，尚未见早于十四年者，故笔者合理怀疑明清之际罕用缺笔之"胤"字，而清代以缺笔方式避讳的"胤"字，并非起自雍正帝胤禛的登基，应是在康熙十四年胤礽被册立东宫期间（图表6.2），但此乃属自主行为，并无相关讳法之规定。[12]

9　此段参见《清世宗实录》，卷2，页62；卷13，页233—234；卷39，页581。
10　从中国国家图书馆制作的"全国古籍普查登记基本数据库 (http://202.96.31.78/xlsworkbench/publish)"可查得此书至少存世26个藏本。
11　丁廷楗修，赵吉士纂，《徽州府志》，卷3，页20、23、72及卷4，页25。
12　黄一农，《大数据时代避讳学的新机遇：以清初为例》。

考虑在葛震逝世三十多年后的雍正朝，已近繁华尾声的曹家或已无人有强烈动机会重拾此书加以精刻，还在板心刻上曹荃（已过世逾十五年）的别号"芷园"，故笔者合理怀疑辽宁大学的《四言史征》应为康熙间曹荃刻本（最晚的序为宋荦在三十九年所撰），并曾藏于曹家。

图表6.2 中国方志库中康熙刻本里的"胤"字

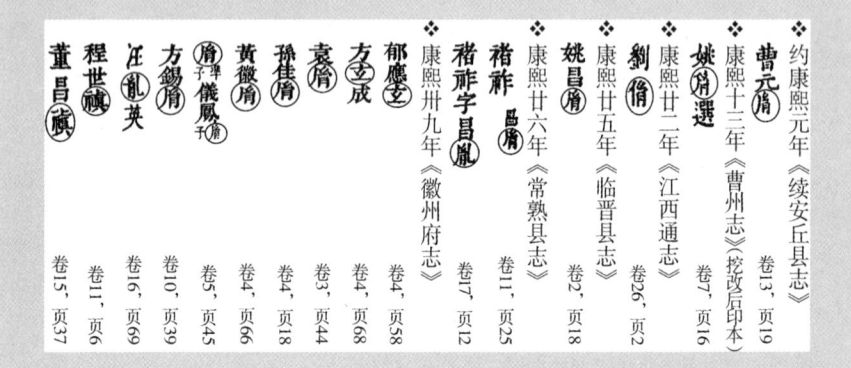

约康熙元年《续安丘县志》	❖曹元胤 康熙十三年《曹州志》（挖改后印本）	姚陶选 康熙十三年《曹州志》（挖改后印本）	刘愉 康熙廿二年《江西通志》	姚昌胤 康熙廿五年《临晋县志》	康熙廿六年《常熟县志》	❖褚祚昌胤	褚祚字昌胤 康熙卅九年《徽州府志》	❖方立成	郁应㟝	袁胤	黄微胤	孙佳胤	方锡胤	汪胤英	程世禛｜胤｜仪凤｜	董昌顺
卷13, 页19	卷26, 页2	卷7, 页16	卷26, 页2	卷2, 页18	卷11, 页25		卷17, 页12	卷4, 页68	卷4, 页58	卷3, 页44	卷4, 页18	卷4, 页66	卷5, 页45	卷10, 页39	卷16, 页69	卷15, 页37

又，由于曹寅赋于康熙四十一年左右的《闻二弟从军却寄》一诗中，称"与子堕地同胚胎，与子四十犹婴孩"，故周汝昌等人初疑两兄弟为双胞胎。惟因曹寅生于顺治十五年戊戌岁九月初七日，而曹荃生辰在百花生日的二月（见后文），孪生说遂被修订，周氏因此改称"同胚胎"的词意"着重指明同母所生（又年龄挨肩相近）"。[13]

明·钱士升《黄履素稿序》有云："余同年黄履素为葵阳先生仲子，与伯兄后先成进士，夫非胚胎前光，得于式谷（谓以善道教子，使之为善）者素

13　此段参见周汝昌，《红楼梦新证》，1998年本，页34；2016年本，页44。

耶？"黄承昊（1576—c.1645），字履素，洪宪（号葵阳，隆庆五年进士）子，万历四十四年进士，承昊长兄承玄（1564—1620）登十四年进士，"胚胎前光"乃指兄弟俩（皆正妻沈氏生，年龄差十二岁）从小一同孕育于先人的荣光中；[14] 徐元肃序《秀水朱氏家谱》时称："本朝则竹垞先生，研经博物，著书满家，皆卓卓在人耳目也。予斋为司寇曾孙，胚胎前光，不失故家风范。"竹垞先生为名词人朱彝尊（1629—1709），司寇公指崇祯十年曾署刑部尚书的朱大启，予斋为彝尊族侄嵩龄（1697—1748）号，此"胚胎"之用语明显指同血缘，而与兄弟无关；[15] 明·张孜的墓志铭称其"与弟敦、敷自少胚胎问学，内外资讨，务博［音'团'，通'博'］以深举"，并称"母成宜人蚤世，奉继母许无间言"（目前尚无法判断孜、敦、敷是否同母）；[16] 明·浦凌云生光腾、光映、光曜、光晔、光昭、光晞六子（皆屠氏所生），"诸昆六人并胚胎，家学为经训指南"。[17] 知这些以"胚胎"来形容者不必然是孪生、同母或年龄挨肩。亦即，曹寅的"与子堕地同胚胎，与子四十犹婴孩"句，应只谓两兄弟皆成长孕育在同一血脉与环境之中，如今虽均已约四十岁，但彼此仍跟孩时一样亲近。朱彝尊所称曹荃是曹寅的"同怀子"，李果称李煦有"同怀弟五人"（六兄弟共出自四母），亦皆用的是广义之内涵。[18]

（二）"卯君"与曹荃的生年

曹荃的出生时间因无直接记述，也曾是红学界努力探研的焦点之一。很幸运，现仍存世不少曹寅与曹荃唱和或兼及曹荃的诗词，曹寅在其中三首尝以"卯君"来代称弟弟（图表6.3），此一熟典引发大家关注。查曹寅奉旨

---

14 钱士升，《赐余堂集》，卷3，页9；冯梦祯，《快雪堂集》，卷18，页16—22；司能任修，屠本仁纂，《嘉兴县志》，卷22，页42—43、51。
15 朱荣纂修，《秀水朱氏家谱》，旧序，页3、世系表三，页1—2。
16 储巏，《柴墟文集》，卷9，页19。
17 浦起龙纂修，《江苏无锡前涧浦氏宗谱》，卷16，页13；卷20，页68。
18 朱彝尊，《曝书亭集》，卷23，页2；李果，《在亭丛稿》，卷11，页28—33；黄一农，《二重奏：红学与清史的对话》，页181、188。

图表6.3 文献中有关曹荃生辰的记载

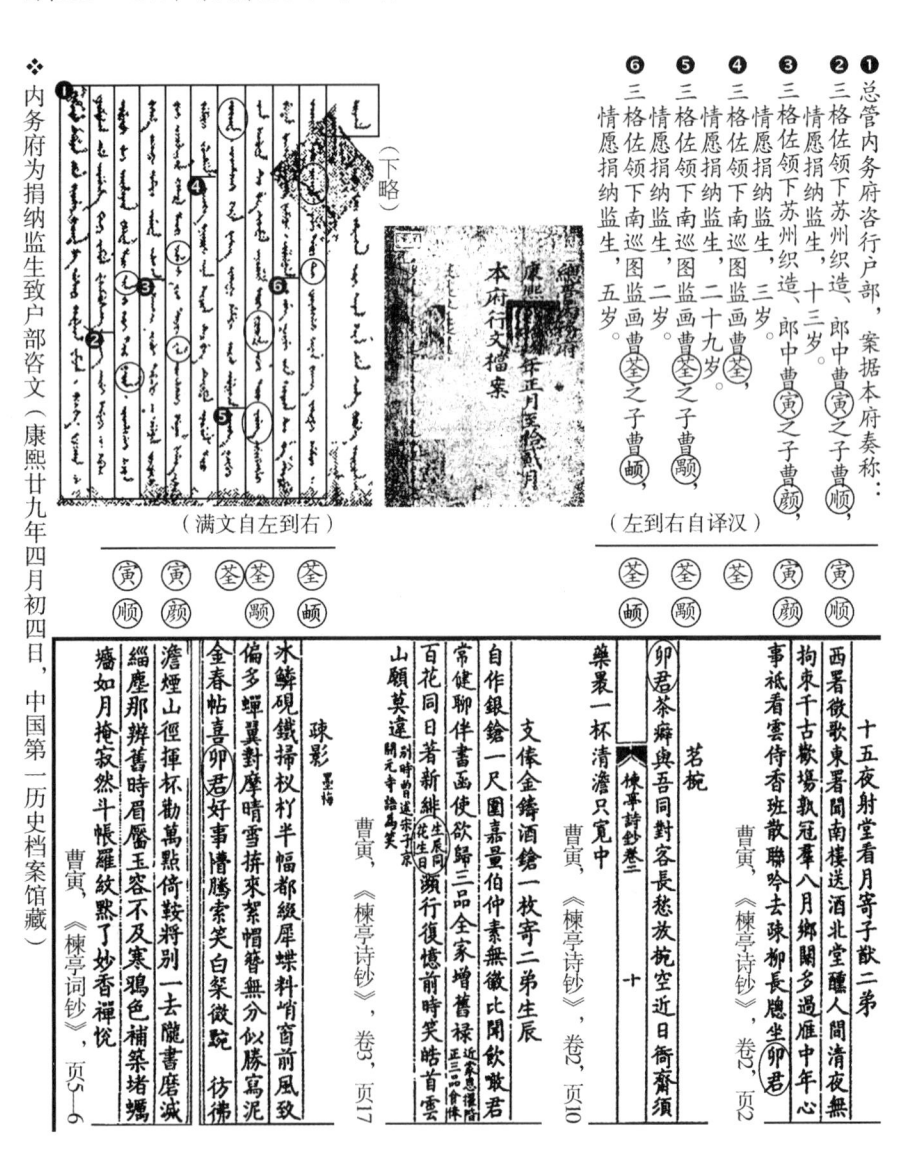

❶ 内务府为捐纳监生致户部咨文（康熙廿九年四月初四日，中国第一历史档案馆藏）

（满文自左到右）

❶ 寅/顺
❷ 寅/颜
❸ 荃/颜
❹ 荃/頔

（下略）

（左到右自译汉）

❶ 寅/顺
❷ 寅/颜
❸ 荃/颜
❹ 荃/頔

总管内务府咨行户部，案据本府奏称：
❶ 三格佐领下苏州织造、郎中曹（寅）之子曹[顺]，十五岁。
❷ 三格佐领下苏州织造、郎中曹（寅）之子曹[颜]，十三岁。
❸ 三格佐领下南巡监生、图监画曹[荃]之子曹[颜]，三岁。
❹ 三格佐领下南巡监生、图监画曹[荃]之子曹[頔]，二十九岁。
❺ 三格佐领下南巡监生、图监画二。
❻ 三情愿捐纳监生，五岁。

十五夜射堂看月寄子猷二弟
西署微歌东署闹南楼送酒北堂醺人间清夜无
拘束千古歡場執冠羣八月鄉關多過雁中年心
事祇看雲侍香班散聯吟去疎柳長隱坐卯君

曹寅，《楝亭诗钞》，卷2，页2

茗椀
藥裹一杯清瀍只寛中
[卯君茶癖與吾同對客長愁航空近日荷齋須]
[楝亭詩鈔卷三]

曹寅，《楝亭诗钞》，卷2，页10

支傁金鑄酒鎗一枚寄二弟生辰
自作銀鎗一尺圍嘉量伯仲素無徵比閒飲敬君
常健聊伴書函使欽歸三品全家增舊祿[近承恩諭俾正三品俸]
百花同日著新緋生辰同頻行復憶前時笑皓首雲
山顧莫遠[别時命之退歸]宗封云

曹寅，《楝亭诗钞》，卷3，页17

疎影 墨梅

水犀硯鐵掃权半幅都級犀蝶料峭窗前風致
偏多蟬翼對摩睛雪拼來絮帽瞢無分似勝寫水
金春帖喜[卯君]好事譜騰索笑白粲微跛彷彿
緇塵那辨蕭萬點倚鞍將別一去隴書磨滅
澹煙山徑揮杯勒羅玉容不及寒鴉色補築堵泥
嫱如月掩寂然斗帳雜紋黙了妙香禪悦

曹寅，《楝亭词钞》，页5—6

364

编纂的《御定佩文韵府》中，即于"泪痕湿"的词条下称"卯君，子由小名也"，并在"卯君"条下具体指出苏轼（字子瞻）在为弟苏辙（字子由）所赋的《子由生日以檀香观音像及新合印香银篆盘为寿》中，有"东坡持是寿卯君"句，其小注曰："卯君，子由也。子由己卯生，故云。"[19]

虽然《汉语大词典》等文史工具书皆以"卯君"乃典出苏轼所赋的《子由生日以檀香观音像及新合印香银篆盘为寿》，代指卯年出生之弟苏辙，但经以大数据爬梳文献中的实际用例后（附录6.2），发现曹寅在诗中称曹荃为"卯君"的缘由，不见得是具指后者生于卯年，而有可能是借"卯君"的文化意涵，以表述两人友爱如苏轼兄弟，也或期许己弟能成为和苏辙一样的文豪大家。尤其，曹寅／曹荃及苏轼／苏辙同以"子"为表字的起首，曹荃字"子猷"又与苏辙字"子由"同音且可通假。[20]

先前红圈有人因不甚解古人在诗词中称贤弟为"卯君"的多样用法，而径指曹荃必与苏辙同诞于卯年，又因曹寅生在顺治十五年，时间稍晚且最相近的卯年就是康熙二年癸卯岁，遂有误将曹荃的生年系于此年者，[21] 然根据1983年公布的一件材料，其生年应为康熙元年壬寅岁（见后文）。

> **附录6.2**
>
> ### "卯君"用典考释
>
> 当代最权威的《汉语大词典》释"卯君"为卯年出生之人，除引苏轼"寿卯君"句的出典外，还引了曹寅《十五夜射堂看月，寄子猷二弟》中的诗句"侍香班散联吟去，疏柳长窗坐卯君"。后人亦有仿此典以取字号者，如清朝大学士蒋廷锡，字扬孙，一字酉君，雍正十年病卒，享年

19　张玉书、陈廷敬等，《御定佩文韵府》，卷12之2，页42；卷103之2，页2。
20　王引之，《经传释词》，卷1，页9—14。
21　如见吴美禄，《曹宣生卒年考》。

六十四,回推后知其诞于康熙八年己酉岁。[22]

苏辙生于宋仁宗宝元二年(1039)己卯岁,小苏轼三岁,兄弟俩的情谊异常深厚,苏轼在《狱中寄子由二首》有云:"是处青山可埋骨,他年夜雨独伤神。与君世世为兄弟,更结人间未了因。"[23] 已收录一百多万首历代诗词的搜韵网,[24] 可查得62首出现"卯君",且早在宋代已有不少人使用此典,而内容提及苏轼者共15次,牵涉贺寿者亦见14次。此外,有4例特别注明当事人乃卯年生,故作者以"卯君"称之:

1. 宋·姚勉《贺孙舜皋子周岁(乙卯生)》有"卯君元是月中兔,药捣长生寿根固"句。
2. 宋·徐鹿卿《寿冯宫教三首》有"但同南国歌申伯,敢效东坡寿卯君(子由己卯生)"句,诗题记冯氏生于己卯岁十二月初六日丑时。
3. 宋·李刘《贺参政二首》有"共知嵩岳生申伯,竟把旃檀寿卯君(东坡寿子由诗'持是寿卯君',子由乃己卯生也)"。
4. 清末民初·黄濬《舟过之罘遇风雨》有"唤起卯君勤对语,终风苦雨此连床"句,小注为"竹生弟以癸卯生"。

至于搜韵网中这许多被称作"卯君"者,恐无太多人以"卯君"为字号,而只是用此熟典。

再者,古人也屡见仅以兄弟相友爱而在诗中以"卯君"称呼弟弟的情形,如搜韵网中就收录弘历于乾隆十六年所赋的《寿五弟和亲王四十寿辰》,内有"樽持北斗倾红友,诗拟东坡寿卯君"句,[25] 而弘昼乃康熙五十一年壬辰岁生;吴汝纶的《集苏句寿五弟诒甫》亦见"孔融不肯下曹

---

22 李佐贤,《书画鉴影》,卷23,页6;李铭皖等修,冯桂芬等纂,《苏州府志》,卷100,页24;《清世宗实录》,卷121,页600。
23 苏轼,《东坡全集》,卷29,页2。
24 非营利的搜韵网(https://sou-yun.cn)始创于2009年,其内容与功能在同类型网站中尚无出其右者,不仅可校验诗律,亦支持模糊检索,还能按照各种体裁、朝代与韵部,进行筛选过滤。
25 弘历作,蒋溥等编,《御制诗集》,二集,卷21,页31。

操，东坡持是寿卯君"句，其弟汝绳（字诒甫）则生于道光二十九年己酉岁。[26] 此二例皆非卯年生！

除了搜韵网所收录的诗词外，为更清楚掌握古代是否常见非卯年出生者亦被称作"卯君"或以之为字号的案例，笔者于是全面爬梳搜索引擎以及中国基本古籍库、中国方志库、雕龙、中国谱牒库等数据库，共可见数百条涉及"卯君"或以之为字号的用例，略举数条已查得生年者如下：

1. 汪耀麟和懋麟（号蛟门）兄弟每在诗中以子瞻、子由相况，懋麟也仿东坡的《子由生日以檀香观音像及新合印香银篆盘为寿》，在己生辰赋有"卯君生日谁当念，多谢年年白发兄"句，而从王士禛《比部汪蛟门传》所称他卒于康熙二十七年四月十一日，"年止五十"，可推得懋麟生于崇祯十二年己卯岁。[27]

2. 张在辛，字卯君，一字兔公。从其《隐厚堂遗诗》所存的几首记年岁诗（如《雨窗独坐，闲写四时小景……时丁未七月二日，年七十七》），皆可推得他生于顺治八年辛卯岁，[28] 故名"在辛"，且以"卯君"为字，又因诞丁卯年者之生肖属兔，一字"兔公"。其弟张在戊，字申仲，亦因康熙七年戊申岁生而取名"在戊"，并以"申仲"为字。

3. 朱彝尊《题耕客行脚图二首》中有"卯君憔悴坐诗饥（耕客小字卯君）"句，[29] 耕客乃李符之号，而高层云所撰的《布衣李君墓表》明确记其生于崇祯十二年己卯岁正月。[30]

4. 冒丹书，冒襄（1611—1693）子，字青岩，号卯君。由于冒襄尝在顺治十五年赋《戊戌三月二日丹儿二十生日书示》诗，[31] 回推冒丹书的

---

[26] 郭立志，《桐城吴先生（汝纶）年谱》，页5—6。
[27] 秦瀛，《己未词科录》，卷11，页6—7；汪懋麟，《百尺梧桐阁遗藁》，卷首，《比部汪蛟门传》及卷7，页3。此一生年异于"人名权威人物传记资料库"。
[28] 张在辛，《隐厚堂遗诗》，卷3，页38；卷4，页15及38。震钧，《国朝书人辑略》，卷4，页11。
[29] 朱昆田，《笛渔小稿》，卷1，页7。
[30] 李符，《香草居集》，书末。
[31] 冒丹书，《枕烟堂诗辑》，附录，页22。

生年应为崇祯十二年己卯岁。

5. 戴永椿，字翼皇。清·鲍鉁（1690—1748）尝称"戴太史于康熙丁卯生，仿东坡称颍滨例，自号卯君"，其中"颍滨遗老"为苏辙晚年的别号。[32] 由于中国国家图书馆、上海图书馆、美国盐湖城耶稣基督后期圣徒教会之家谱中心（FamilySearch.org）近年已陆续将其所收藏的大量家谱扫描公开于网上，虽尚不能全文检索，但到底提供了大量不常见的基础史料。[33] 笔者即在FamilySearch所藏的光绪《新安戴氏支谱》中，明确查得戴永椿生于康熙丁卯岁十一月十四日丑时。[34]

6. 李慈铭在《东坡先生生日，同年……为予豫寿五十赋诗纪事》中有"忽忆卯君琴已绝"句，伤悼其甫逝的仲弟仲肃（兄弟共九人），而因同治九年七月二十四日是仲肃的四十诞辰，知其生于道光十一年辛卯岁。[35]

7. 王焀，在三兄弟中行二，号卯君，乾隆四十八年癸卯岁二月初五日生。[36]

8. 张廷瞻（兄弟五人，行三）在《哭凤瞻四弟》诗中有"卯君多磊落"句，行四的凤瞻，字瑞歧，雍正七年己酉岁生。[37]

9. 钱逢戊，字卯君，咸丰八年戊午岁九月初九日生。[38]

10. 陶士升生陶澍（字子霖）和陶潽（字子晋）二子，陶澍在其弟卒于嘉庆十七年时，曾赋"岂意有兹事，朝犹念卯君"句以哭弟，而陶潽乃乾隆四十六年辛丑岁七月二十五日生。[39]

---

32 戴璐，《吴兴诗话》，卷5，页3—5。
33 此巨量的家谱类文献如能数字化，将对文史研究产生重大贡献。
34 戴士衡、戴翊清修撰，《新安戴氏支谱》，卷2，页12—13。
35 李慈铭，《越缦堂日记》，册7，页4752；册11，页8201。
36 王钟等修，《王氏三沙统谱》，东沙鹅湖支，页16。
37 张坤照，《韦庄张氏宗谱》，卷4，页7、25。
38 《安亭钱氏家谱》，世系志，第十世，页32。
39 王焕镳编，《陶文毅公年谱》，卷上，页15。

11. 庄辙，行一（兄弟共二人），字卯君，道光十八年戊戌岁十月十五日生。[40]

12. 林泰来，谱名寿铜，字履平，号卯君，行三，有钰、鉴二兄，道光三年癸未岁十月初六吉时生。由于十月为癸亥月，初六为辛丑日，知其八字皆未遇地支"卯"。[41]

当中的前七例均明显是因卯年生而以"卯君"为字号。

综前，我们可知"卯君"的用法虽主要是称呼卯年出生者，但亦不乏被称作"卯君"之人却非诞于卯年：如庄辙即因其与苏辙同名而以之为字号；至于陶澍之所以在挽诗中称二弟陶潚为"卯君"，则因两兄弟与苏轼、苏辙之字同样以"子"为起首，且其父亦自承乃效苏洵的《名二子说》以命名澍、潚二子。[42]

但张廷瞻以"卯君"指代弟弟凤瞻，林泰来与钱逢戊取"卯君"为字号，则皆应只是单纯以苏辙为效仿的典范。这就好像曹雪芹以梦阮为字，或即以晋朝竹林七贤中的阮籍（因长期任步兵校尉，故常被称作"阮步兵"）为自己的榜样，龚协因此尝称雪芹"狂于阮步兵"，敦诚也曾在《赠曹芹圃》一诗中以"步兵白眼向人斜"句来形容曹雪芹狂放傲世的性格（《晋书》称阮籍每见俗士，往往以白眼对之）。[43]

---

40 庄清华纂修，《毗陵庄氏族谱》，卷14，页10。
41 顾廷龙主编，《清代朱卷集成》，册409，页171。
42 王焕镳编，《陶文毅公年谱》，卷上，页1。
43 黄一农，《二重奏：红学与清史的对话》，页428、456。

(三)花朝节与曹荃生日

除了生年外,曹荃的生日也有必要重探。曹寅在康熙三十八年所赋《支俸金铸酒鎗一枚,寄二弟生辰》诗中有"百花同日着新绯"句,并以小注指曹荃"生辰同花生日"(图表6.3)。[44] 先前红学界多因乾隆时人潘荣陛于《帝京岁时纪胜》二月条中有云"十二日传为花王诞日,曰花朝",[45] 而以曹荃生于二月十二日。[46] 惟爬梳大数据后,发现清代文献所记花朝节的日期并不统一,如顺、康间居河南辉县的孙奇逢(1584—1675)、山西阳曲的傅山(1607—1684)、江西临川的黄石麟、北京的刘廷玑与刘正宗(?—1661)、知山西交城县的赵吉士(约1628—1706),乾隆间在京的钱载(1708—1793)和翁方纲(1733—1818)、知河南安阳县的赵希璜(1746—1805),[47] 以及中国方志库收录的康熙《宛平县志》、康熙《大兴县志》、乾隆《宣化府志》等京畿地方,皆以花朝为二月十五日。

又,最能代表官方主流看法的弘历,在其御制诗中提及"花朝"最少164次,而他赋于乾隆十年的《二月十五日过蓟州即事书怀》,有"当春最有伤春者,何必花朝更看花"句;十三年的《二月十五日叠去岁盘山花朝韵》,有"融风软日临花朝,朅忆盘山已前度";二十年的《花朝作》,有"洛阳花朝二月二,浙湖正用月之望";二十四年的《山桃花开》,有"去岁花开先花朝,今岁花开花朝后。由来花朝是的期(二月十五日),花开须待

---

44 曹寅,《楝亭诗钞》,卷3,页17;曹寅著,胡绍棠笺注,《楝亭集笺注》,页147。
45 前人多以"花朝即俗传之百花生日",但亦有少数人认为二月十二日乃花神诞辰,而花朝节在十五日。两说孰对孰错,恐难判断。参见白凤文等修,高毓浡等纂,《静海县志》,申集,页26;潘荣陛,《帝京岁时纪胜》,页11;王昶纂修,《直隶太仓州志》,卷16,页11。
46 如见陈诏,《红楼梦小考(二)》;周汝昌,《红楼梦新证》(2016),页44;冯其庸,《曹雪芹家世新考》,页166;方晓伟,《曹寅评传·曹荃年谱》,页281。
47 孙奇逢,《孙征君日谱录存》,卷6,页7;傅山著,尹协理主编,《傅山全书》,册20,页341;赵希璜,《四百三十二峰草堂诗钞》,卷12,页8;黄石麟,《半芜园集》,卷14,页6—7;刘廷玑,《在园杂志》,卷4,页1及3;刘正宗,《逋斋诗》,卷3,页6;赵吉士,《万青阁全集》,万青阁自订诗,页141;钱载,《萚石斋诗集》,卷32,页8;翁方纲,《复初斋诗集》,卷13,页15。翁方纲《二月望日,筼坡、鱼山治具招同……伯思、仲思……晚饭法源寺二首》诗题中提及的陈本忠和本敬兄弟,均为曹雪芹泛交游圈中人,该诗因有"寒食即花朝"句,而寒食是清明(是年在二月十六日)前一日,知其以花朝为二月十五日。

番风受"；皆明指当时京师的花朝节在二月十五日。[48]

然而，黄图珌（1699—1752?）和瑞元（1794—1853）同以二月初二日为花朝。[49] 乾隆五年金诚为《易经贯》所写的序以及乾隆《赋清草堂诗钞》等文献，则称二月十二日为花朝。[50] 换句话说，花朝节虽皆落在二月，但不同地区认定的日期往往不同。此不一致的情形，可清楚见于《钦定古今图书集成·历象汇编岁功典》的《花朝部汇考》，内记直隶、江南（未及江宁与扬州）、浙江各地志书的花朝日期，分在初二日、十二日或十五日。[51]

李蟠瑞曾于康熙三十四年在京作《改花朝诗》，其小序有云：

> 花朝不知起于何时，世皆以为二月十五日或云二月二日。国子博士孔东塘先生曰："古称望皆以夕，凡言朝者朔也。"遂于二月朔日集诸同人赋《改花朝诗》以正向来之误。予亦分得"啼"字韵，漫赋一首……亦聊以成东塘好事之意云尔。[52]

知孔尚任（1648—1718；号东塘）当时自认考订出花朝应指二月朔，遂邀集同人赋《改花朝诗》，期盼能改正"向来之误"，惟其努力显然未能成功。

依前引乾隆帝、翁方纲、刘止宗、刘廷玑、钱载等人的诗作以及京畿附近的方志，推判康、乾的北京应以二月十五日为花朝。康熙四十五年成稿的官书《钦定古今图书集成》也因此在《花朝部汇考》中称：

> 花朝无定期，《洛阳记》[晋·陆机撰]以为二月二日；《事文玉屑》[明·杨淙撰]以为二月十二日，与今吴俗同；《提要录》云"唐以二月十五日为花朝"；《月令广义》[明·冯应京撰]云"宣

---

48 弘历作，蒋溥等编，《御制诗集》，初集，卷24，页15—16；二集，卷2，页16与卷55，页11及卷84，页22—23。
49 黄图珌，《看山阁集》，古体诗，卷4，页6；瑞元，《少梅诗钞》，卷5，页11。
50 金诚，《易经贯》，作者自序；张棠，《赋清草堂诗钞》，卷5，页5。
51 陈梦雷等编纂，《钦定古今图书集成·历象汇编岁功典》，卷32，页1—7。
52 李蟠瑞，《后圃编年稿》，卷13，页3。

德二年二月十五日《御制花朝诗赐裴尚书本》"。今京师亦主十五日，与楚俗同。[53]

从"今京师亦主十五日"以及江宁地区的类似用例，知曹寅在三十八年所赋《支俸金铸酒鎗一枚，寄二弟生辰》诗中提及曹荃的生辰"同花生日"，应指的是二月十五日，[54] 而非多数红学界（如陈诏、周汝昌、冯其庸、方晓伟等）原先认为的二月十二日（小说中林黛玉与花袭人的生辰）。又因光绪《畿辅通志》亦以花朝为二月十五日，[55] 疑北京此节的时间长年未变，民间为避免混淆，至迟在清末遂有"今俗以初二为小花朝，十二为正花朝，十五为大花朝"之说。[56]

二、曹家捐监咨文内容的可信度

先前学界有关曹荃生年的认知，在1983年中国第一历史档案馆公布了康熙二十九年四月初四日一件内务府致户部的咨文后（图表6.3），引发不少波澜。[57] 这件关涉曹氏家族捐纳曹荃等五张国子监监照的满文档案，由于可能牵动曹雪芹父亲究竟是何人的判断，遂受到红坛的普遍关注，然因当中四人本生父的记载与其他文献（时间不同）之间出现一些所谓的"歧异"（见下

---

53 陈梦雷等编纂，《钦定古今图书集成·历象汇编岁功典》，卷32，页6。
54 爬梳大数据后发现南京地区的花朝节应同于北京。如万历二十三年南京国子监祭酒敖文祯尝赋《花朝（是日社）》诗，该年花朝恰为二月十五日戊午社日；又，同一年行脚扬州、镇江附近的释洪恩，其诗《松寥阁与湛公夜坐看月，晨起值花朝……》有"春半及花朝"句；长期寓居江宁的袁枚，在其《随园诗话》记湖北布政使严瑞龙于乾隆七年呼朋唱和，中有"恰恰春分二月半，分春妙手爱东君。但愁过却花朝后，一日春容减一分"句；这些均明显以花朝为二月十五日，而地方节庆的日期应属不太会随时代改变的传统。再者，曹寅虽长期任官江南，但因曹荃接获其兄寅《支俸金铸酒鎗一枚，寄二弟生辰》诗前的十几年间多在京当差，且曹家与宫中往来密切，故节日之类的生活习惯可能还是以北京为依归，并作为其泛交游圈人互动时的共同基础。参见敖文祯，《薛荔山房藏稿》，卷2，页42；释洪恩，《雪浪集》，卷上，页17；袁枚，《随园诗话》，卷9，页6。
55 李鸿章等修，黄彭年等纂，《畿辅通志》，卷71，页31。
56 李慈铭，《越缦堂日记》，册14，页10201。
57 张书才，《曹雪芹家世生平探源》，页66—69。

节），[58] 导致相关文献的可信度备受质疑，如徐恭时就称：

> 在新发现的这件曹家档案中，除"曹颜""曹頔"两名在过去档案中未见记载，系属新见外；至于曹顺为荃子、曹颙为寅子，在原存曹家档案中有明白记载。今则父系完全相反。特别是曹颙，笔者考索认为即是曹雪芹的本生父。不少研究者亦同此见解……似不宜仅用新见的单一档案去把旧存档案全部否定。[59]

完全忽略家族中为承嗣而改变父子关系的可能性。曹寅虽以庶长子奉旨成为家长，[60] 稍后且继父职成为江宁织造，却因子嗣不旺而数度自二房过继侄子，其间并有承继子因故归宗，此令嫡庶两房的子侄关系变得异常复杂。

查曹荃共生顺、颀、颁、颙、頫五子，乏嗣的曹寅在成为家长后，或为表达对继嫡母孙氏以及嫡出二房曹荃的善意，才会安排长侄曹顺兼祧两房（此时曹荃仅生一子顺，若不再得子，嫡支将绝嗣）！但由于曹顺的法律身份仍以长房为主（清律自乾隆四十年起才正式允许兼祧，但民间于之前即有此做法；见附录4.2），故在康熙二十九年的捐监文书中才会只称顺为寅子。然或因曹顺与嫡母李氏不和，曹寅遂于四十七年依其妻的要求，将三十一岁的曹顺归宗，[61] 同时又从二房改嗣曹颙为承继子（详见第七章）。换句话说，徐恭时等人的质疑在考虑曹家的过继与兼祧后，应可获得一合理解释。

康熙二十九年四月，身为家长的曹寅在外放苏州织造前，替担任《南巡

---

58 下文的相关叙事皆请见黄一农，《二重奏：红学与清史的对话》，页118—136。
59 徐恭时，《寅宣子系似丝梦：新发现的曹雪芹家世档案史料初析》。
60 长期担任苏州织造的李煦亦为庶长子，检李士桢所娶正妻王氏于顺治十八年生李炘，知顺治十二年生李煦的文氏乃侧室，因其时正妻尚在。
61 曹寅于康熙二十九年为家人捐监，当时其子侄辈的顺、颜、颙、頔各为十三、三、二、五岁。红圈中有疑曹颜乃过继自二房，然因曹寅时年三十三，尚未失去生子希望（其长女或已出生），故不应在以曹顺兼祧后，又再过继曹颜，何况，文献中并无曹颜出继的蛛丝马迹。

图》监画的弟弟曹荃以及四名子侄各捐纳成监生（其名目谓之例监），[62] 目的是为家人取得将来出仕文官的基本资格。譬如，他们就可直接参加科举考试，亦有机会获授正七品的太常寺读祝官、赞礼郎及鸿胪寺鸣赞，也可担任内务府的茶上人等职缺。[63] 内务府于致户部的相关咨文中称：

> 三格佐领下苏州织造、郎中曹寅之子曹顺，情愿捐纳监生，十三岁。
>
> 三格佐领下苏州织造、郎中曹寅之子曹颜，情愿捐纳监生，三岁。
>
> 三格佐领下南巡图监画曹荃，情愿捐纳监生，二十九岁。
>
> 三格佐领下南巡图监画曹荃之子曹颢，情愿捐纳监生，二岁。
>
> 三格佐领下南巡图监画曹荃之子曹頫，情愿捐纳监生，五岁……
>
> 鞑锡管领下住蔡村、收豆人季秀之子兆儿，情愿捐纳监生，十七岁，北京汉人。等因。将此等人名各缮一绿头牌，并拟将此送部等情具奏。奉旨：知道了。钦此。为此咨行。内务府总管费扬武、颁迪着笔帖式苟色送去，交付员外郎和隆。[64]

在奉"知道了"之旨后，内务府总管费扬武、颁迪即派笔帖式将此涉及八名旗人的捐监咨文送交户部员外郎和隆。[65]

---

62 康熙二十八年第二次南巡返京后，谕旨开始创作《南巡图》，这套长达十二卷的画作乃由王翚担任总设计师和主绘者，"监画"曹荃则负责行政事务，"阅六载而告成"。参见崔景正，《南巡盛事皇家巨制：简论〈康熙南巡图〉及其残卷撰写》，https://mp.weixin.qq.com/s/L3pOIMeMQJ-fKKQBKDycuA。

63 昆冈等修，刘启端等纂，《钦定大清会典事例》，卷17，页335；《关于江宁织造曹家档案史料》，页84—85。

64 任世铎等人乃据光绪朝《清汉对音字式》来翻译其中人名，若限定其名得出现在《康熙字典》（此书已整合先前通行之梅膺祚《字汇》及张自烈《正字通》等字书）且偏旁为"页"，则其对音字多为唯一，仅yan可有"颜（yán）"与"颔（yǎn）"两种选择，后者未见于《诗经》（曹玺子孙命名之主要出处）。参见张书才，《曹雪芹家世生平探源》，页66—67。

65 有译总管之名为"飞扬武"与"班第"。《清圣祖实录》，卷130，页392；卷151，页672。张书才、高振田，《新发现的曹雪芹家世档案史料初探》。

由于该文档提及"三格佐领下南巡图监画曹荃,情愿捐纳监生,[66]二十九岁。三格佐领下南巡图监画曹荃之子曹颙,情愿捐纳监生,二岁……"(图表6.3),故回推曹荃应诞于康熙元年壬寅岁,此较先前从"卯君"推估的卯年生早一年,遂引发何者材料可信的论战。[67]

前述咨文清楚记载曹家两房两代多数人的名字、年岁与父系,故对红学的意义颇大。惟先前有红友因主张曹颙是曹寅的亲生子,故认为此咨文可能有误。[68]然该假说并非仅涉及书写时的一字之误(曹家诸名的满文写法颇异,如寅与荃,或顺、颜、颙与颀之间均不应错认),而得将"三格佐领下南巡图监画曹荃之子曹颙"改成"三格佐领下苏州织造、郎中曹寅之子曹颙",并将此句移至"三格佐领下南巡图监画曹荃,情愿捐纳监生"之前(体例上应是先记长房曹寅家的捐监者,接着才记曹荃家)。亦即,误抄之说若成立,则咨文的书写者在此一攸关当事人权益的重要文书中,竟然有三行错抄了原始正确文本的文字和次序(图表6.3),实在令人难以想象!

该咨文末称内务府还会将捐监者各缮一绿头牌送户部(图表6.4),绿头牌乃用于召见、引见之际,以白硬骨纸或木片制成长条状,首尖漆绿,上写引见人的姓名、履历,事后往往发还当事人保存。[69]而在缮写曹家各人的绿头牌以备引见时(应只对已成年之人),若有讹误也不可能不被发现。

---

66 在曹玺任江宁织造期间,仅康熙六年七月之亲政恩诏可让高阶官员荫子入监,但当时排除包衣子弟,至九年二月始追溯让符合六年亲政恩诏的二至四品包衣官员之子弟可荫监。曹荃或因此得到"官荫生"出身(图表1.4),但为将来也有机会循捐纳之途任官,他还是"情愿捐纳监生"。参见《大清诏令》,卷5—6;《清圣祖实录》,卷32,页433;黄丽君,《清代内务府的包衣荫生》。
67 有以曹宣在顺治十八年正月玄烨登基后,因避帝之嫌名,而改名曹荃,故主张曹宣应生于新帝甫即位的十八年二月(然此说理应推得曹宣在新帝即位前就已出生,之后才因避讳改名),并称该康熙二十九年咨文所提及曹荃时年二十九岁之说,乃指周岁。撇开古人少用周岁计龄,清代在康熙朝以及之前亦皆不曾颁布任何讳例,知其说有待商榷。又,因曹荃特别刻有"曹宣今名荃"一印,知其行用"曹宣"之名应已多年。参见樊志斌,《曹雪芹家世文化研究》,页33—35、244;黄一农,《两头蛇:明末清初的第一代天主教徒》,页266—267。
68 贾穗,《曹颜不可能即曹渊:与王家惠同志兼及周汝昌先生商榷》。
69 徐珂,《清稗类钞》,册1,页402—403。

图表6.4 清代在引见时使用的红、绿头牌[70]

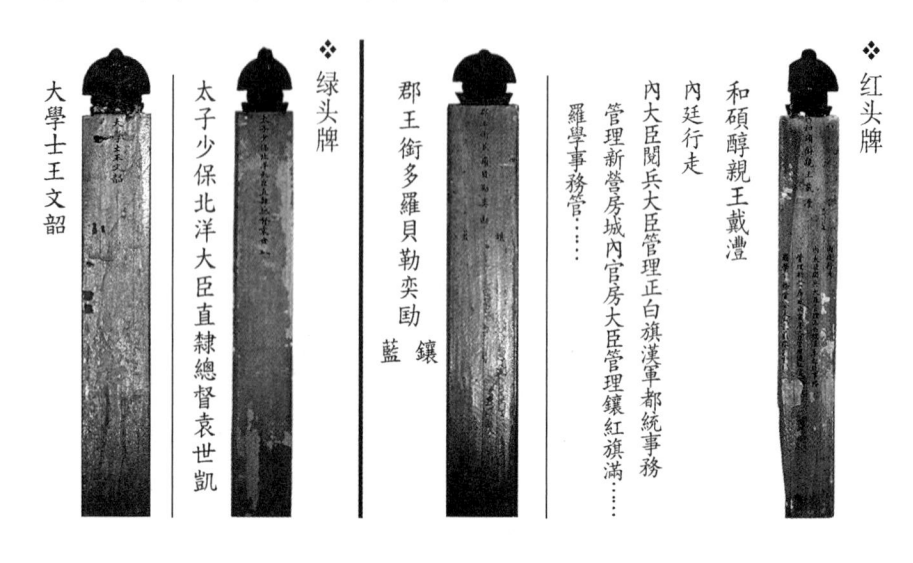

大學士王文韶

太子少保北洋大臣直隸總督袁世凱

绿头牌

郡王銜多羅貝勒奕劻 鑲藍

內大臣閱兵大臣管理正白旗漢軍都統事務 管理新營房城內官房大臣管理鑲紅旗滿 羅學事務管……
內廷行走
和碩醇親王戴澧

红头牌

  鉴于被曹寅称作"卯君"的曹荃，从咨文中却回推他应生于壬寅岁，此地支的不合让有些人对咨文的可信度产生质疑，[71] 惟因曹寅乃在不同时间三度以"卯君"指代曹荃（图表6.3下），[72] 这应非一时之误，否则曹荃肯定会在初接赠诗后反映，而曹寅也不应在稍后几年间持续犯错。[73] 衡诸前述咨文乃攸关曹氏等数家族捐纳后的权益，且骑缝处钤有满汉合璧的"总管内务府印"（图表6.3上），[74] 再因曹寅不久前才担任该府的慎刑司员外郎、会计司郎

---

70 此指清代在引见时向皇帝呈递的衔名木牌，牌上写有觐见者的姓名、官衔，而在遇缺选官时，还会记籍贯、入仕年岁等。红头牌仅供宗室王公使用，其他人只能用绿头牌。图中文物乃藏于北京故宫博物院及中国第一历史档案馆等处。
71 刘上生，《曹寅与曹雪芹》，页37。
72 曹寅，《楝亭诗钞》，卷2，页2、10；曹寅，《楝亭词钞》，页5—6。
73 先前有称"由于癸卯与壬寅实际只相差一年，曹寅错记曹宣生于癸卯的可能也是存在的"。参见朱淡文，《红楼梦研究》，页359。
74 有红友要论证此咨文搞错曹家父子关系，遂称此文档只是抄存件，故"有错误是不奇怪的"，然若是抄存件那就不该钤用"总管内务府印"。

中、广储司郎中，[75] 这些职务均已为内务府的高阶官员，[76] 情理上，府内处理捐监事的属吏不应如此轻忽，且曹寅亦不太可能不就近确认，而让其家捐纳五张监照的文本上出现重大纰漏（讹误将有可能影响该监照的效力）。

　　清前期的捐监制度大致沿袭明代，所颁的捐纳之令往往与当时战乱、灾荒或治河等事件相关。[77] 顺治四年规定俊秀捐米一千石可入监读书，然或因索求过高，报捐者不多。康熙十年江南连被灾伤，所议开的捐监例遂订在"生员捐米四百石或银二百两，俊秀纳米六百石或银三百两"。康熙二十八年因京师发生严重荒旱，民生困极，故准开"直隶捐纳事例"以赈灾，为增加诱因，又改定"不论旗民俊秀子弟，捐穀二百石或米一百石，准作监生，免其入监读书，期满考用"。[78] 或因此次纳粟入监的数目已较先前减少甚多，曹寅遂一口气为弟弟和四名子侄均捐监。

　　依例，籍隶正白旗满洲的曹寅在为家人捐监时，其事除见于内务府致户部的满文咨文（胪列同时捐纳诸人）外，每名报捐者理应单独由国子监给发执照一张（谓之"监照"，见图表6.5），证实此人已"准作监生"。监照的取得相当繁冗，[79] 其流程可略述如下：

1. 具呈：报捐之旗人首先要以"呈文"的形式提出捐纳的申请。在呈文中要开具姓名、籍贯、年龄、外貌（身材高矮、面部肤色、有无蓄须）、身份以及三代的姓名。报捐者在向户部提交呈文的同时，还必须提交佐领的图结以证明自己的身份。
2. 行查：户部在收到报捐者的申请呈文后，得先确认该报捐者是否完税，及其是否有官司在身。
3. 发行剳付和小票：捐纳房接着于逢十之日向报捐者发放"剳付"（即

75　方晓伟，《曹寅评传·曹寅年谱》，页320—338。
76　内务府除无定员的总管外，管理库藏及出纳的广储司置郎中四人，会计、掌礼、都虞、慎刑、营造、庆丰六司则各有郎中二三人。参见允禄等，《大清会典》，卷226，页1—5。
77　王胜国，《清代捐纳制度及其影响新论》。
78　鄂海等修，《六部则例全书》，户部，卷下，页84—85；伍跃，《中国的捐纳制度与社会》，页350—351；陈宽强，《清代捐纳制度》，页37、106—114。
79　承启、英杰等纂，《钦定户部则例》，卷98，页25—41；伍跃，《中国的捐纳制度与社会》，页81—85。

付款通知书）和"小票"（注明报捐者的姓名、籍贯、所根据的报捐项目以及依规定应纳的银两数目），通知他们前往户部银库"上兑"（即纳银）。与此同时，户部还会以咨文将开列有各项捐生姓名银数的"汇总印付"送交银库备案。

4. 上兑：报捐者在领到户部发给的"劄付"和"小票"后，即在逢六之日前往户部银库上兑，"小票"会因此盖上"某月某日上库"的戳记，然后填具日期作为收据。至于缴交的银两，除依相关"事例"的规定外，还要交纳名为"饭银"和"照费"的手续费。

5. 给照：此为报捐的最后手续，报捐者将已标有上兑日期的小票交给捐纳房后，即可在预定的日期前往户部"当堂具结"，并领取"户部执照"（图表6.5），捐监者接着还需携此凭证至国子监领取"监照"。监照系雕版印制，四周刻有云纹图案，正文为竖排印刷。此前户部会将该次捐监者的姓名、容貌、籍贯和三代姓名造册送交国子监，该监于是据以填发监照（图表6.5）。

依此，曹家若要"纳粟入监"，必须经由内务府、户部的捐纳房和银库、礼部的国子监等单位的层层查核，才能取得监照，故不应无人发现其重要内容出错！

监照印本在填好相关资料后，除钤上国子监的满汉文大印，还得"标朱"（指用朱笔在事由、发文目的及文件的关键处，加圈点或写一些字句，以提示要点）后始生效，[80] 其中"实"字乃确认各项记载无误，"行"字则代表获准发行（图表6.5）。此外，在户部执照或监照上端可看到发行时的半印。捐监过程相当重视身份的稽核，每月十二日银库库官会携带捐生册档，送户部捐纳房，并会同户科江南道"眼同磨对"，如有不符，即由江南道御史参奏。若领取监照时发现有误，凡"有实据可考者"（如乡贯误填、字画讹脱、地名不对、旗民籍错写等），可在取具相关官员印结的情形下随时要求更换，至于"无实据可考者"（如误填三代、本名音同字异、偏旁错误、讹写字义、颠倒双名或

---

80 杨若荷，《清代下行文的标朱制度》。

第六章　嫡出二房曹荃与庶出长房曹寅的互动

图表6.5　乾隆朝台湾潘士兴捐监的证照。其格式与套语依时代略有变化

户部执照

户部为钦奉

上谕事，据俊秀潘士兴，係福建臺灣府彰化縣人，年貳拾歲，身中，面紫，無鬚，今遵例由俊秀捐監生銀壹百捌兩，加捐貢生銀壹百肆拾兩，共銀貳百伍拾貳兩，准作貢生。所捐銀兩於乾隆伍拾壹年伍月貳拾日付庫妝記相，相應發給執照，以杜假冒，須至執照者

本生三代曾祖穆　祖藍　父敦厚

右照給　潘士興　收執

乾隆　伍拾壹年　伍月　廿六日

部

長465mm，寬565mm，AH002380

监照

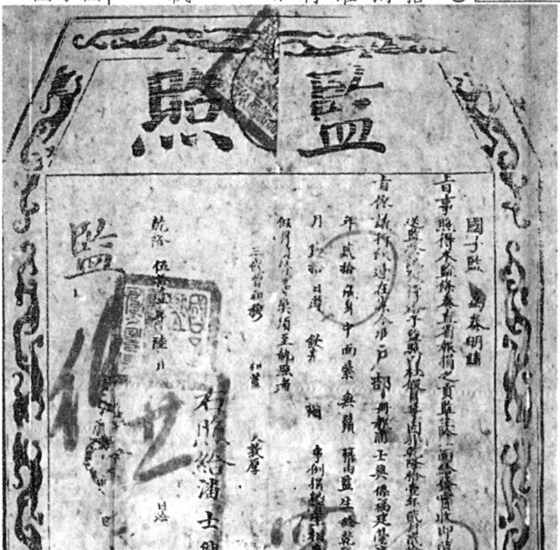

國子監　為奏明請

旨事，照得本監條奏自省報捐之貢監生，除一面發、實收即造具該生年貌清冊，送監發記號簿給予監照以杜假冒等因，於乾隆壹年貳拾日具奏，本日奉

旨依議行。欽遵在案。今准戶部冊報，潘士興係福建臺灣府彰化縣人，年貳拾歲，身中，面紫，無鬚，籍，山監生於乾隆伍拾壹年伍月貳拾日，遵欽奉□諭事例捐納貢生，相應給予監照，以杜假冒頂替等弊，須至執照者

三代曾祖穆　祖藍　父敦厚

右照給　潘士興　收執

乾隆　伍拾壹年　陸月　廿一日給

監

長430mm，寬565mm，AH002385

❖此二圖轉引並識讀自伍躍，《中國の捐納制度と社會》（京都大学学術出版会，2011），封面及封底圖

❖原件由台北的台灣博物館典藏

脱一字），则限一个月内呈部换发。[81]

亦即，康熙二十九年内务府致户部咨文中当事人的父名、年龄以及所属佐领等内容均不应有误，否则，捐纳的钱粮就可能付诸流水，将来亦无法凭此监照上的身份参加科考或受职。

既然曹家在康熙二十九年一次就为五名成员捐监，知曹雪芹对这类捐纳事应有一定认识。此或亦反映在《红楼梦》的内容中，如第二回称"这位琏爷身上现蠲［音'捐'］的是个同知，也是不肯读书，于世路上好机变，言谈去的，所以如今只在乃叔政老爷家住着，帮着料理些家务"，第十回提及有位精通医理的张友士，亦曾"上京给他儿子来捐官"，第二十四回贾芸称其有个家境富裕的朋友，"身上蠲着个通判，前儿选了云南不知那一处，连家眷一齐去"，第四十五回赖嬷嬷的孙子赖尚荣亦从奴才之子捐纳成县令。

再者，小说第十三回指称秦可卿过世后，贾珍为使丧礼较风光，遂委请太监戴权替贾蓉捐个前程，戴权谓"事到凑巧，正有个美缺。如今三百员龙禁尉短了两员，昨儿襄阳侯的兄弟老三来求我，现拿了一千五百两银子"，并称此御前侍卫衔现还剩最后一个名额，他舍不得给旁人，贾珍于是忙命书房里的人立马写来贾蓉的履历，上曰：

　　江宁府江宁县监生贾蓉，年二十岁。曾祖，原任京营节度使世袭一等神威将军贾代化；祖，乙卯科进士贾敬；父，世袭三品爵威烈将军贾珍。

此等三代姓名以及父亲职衔之内容，乃监照或捐官户部执照上所必须填具。

小说接着还述及一些贾蓉付款捐官的过程，称：

　　戴权看了［指履历］，回手便递与一个贴身的小厮收了，说道："回来送与户部堂官老赵，说我拜上他，起一张五品龙禁尉的票，

---

[81] 承启、英杰等纂，《钦定户部则例》，卷98，页25。

再给个执照，就把这履历填上，明儿我自己来兑银子送去。"小厮答应了，戴权也就告辞了。贾珍十分款留不住，只得送出府门。临上轿，贾珍因问："银子还是我到部兑，还是一并送入老相府中？"戴权道："若到部里，你又吃亏了。不如平准一千二百银子，送到我家就完了。"

其中所谓"平准"，乃指所交纳的元宝重量及成色必须皆足，且通常要有银号或金店打上的保证戳记，并符合户部要求的规格。[82]

康熙朝捐例甫行时，即有狡黠之徒贿通官方，从中获取暴利。如兵部于四十四年欲得捐马1,410匹（此事例允许候选官僚报捐，如候选县丞捐纳50匹即可以知县即用），遂交黄纯佑负责包揽，以此事例捐纳者不论具呈或上兑皆须经黄氏之手。由于马的官价为每匹75两，故兵部总共获银105,750两，而黄氏在此过程竟中饱私囊，多收了211,400余两，约为政府得银的两倍！[83] 曹雪芹笔下的戴权，应就是以那时社会上出现的这类包揽捐纳之人为其创作原型，只不过贾蓉捐五品龙禁尉虚衔以及秦可卿铭旌上的"恭人"封阶，应均属小说虚构，此因清代并无捐御前侍卫虚衔之例，且五品命妇应封赠为宜人，非四品的恭人，还必须恰遇覃恩或另行报捐封典才有可能获得诰命，[84] 但这些均未见书中提及。

由于内务府的捐监咨文通常不应出错，且"卯君"的用典不见得指当事人必然生于卯年，而可以是纯属修辞学的借喻或借代，"只要主体与出处有某种类似即可，不必每一细节均与出处相同"，[85] 亦即，我们并无必要在缺乏具体证据的情形下，硬指曹荃的捐监咨文或曹寅的"卯君"诗其一有误。

---

82 伍跃，《中国的捐纳制度与社会》，页84、102。
83 《宫中档康熙朝奏折》，第7辑，页803。
84 伍跃，《中国的捐纳制度与社会》，页364。
85 参见朱淡文，《红楼梦研究》，页358—359。朱氏亦主张曹荃生于康熙元年，理由有三：一称"此说系据档案明文逆推，有成立的充足理由"；二称曹顺实系曹荃长子，若曹荃诞于康熙二年，则生顺时才十六岁，似不太可能，"如曹宣生于康熙元年，则十七岁生子比较合理"；三称荃母孙氏于顺治十八年三月出宫嫁与曹玺为继室，"次年二月十二日生曹荃也比较合乎实际情况"。然而后两理由并不太有说服力，因相差一年生子皆属合理范围。

笔者因此推定曹荃应生于康熙元年壬寅岁二月十五日的花朝节，曹寅则因誉扬弟弟而以"卯君"代称之。至于《汉语大词典》初版（1975—1994）的"卯君"条，则或应改释作：

1. 卯年生的人。宋·苏轼为弟苏辙所赋《子由生日以檀香观音像及新合印香银篆盘为寿》之诗有"东坡持是寿卯君"句，赵次公注："卯君，子由也。子由己卯生，故云。"
2. 兄对弟的亲密称谓。指兄弟友爱有如苏轼兄弟，亦可用于兄称道或期许弟的表现有如苏辙。清·陶澍曾赋"岂意有兹事，朝犹念卯君"句以哭弟陶潾，而潾生于乾隆四十六年辛丑岁。

不知预计2023年完成的新版《汉语大词典》会否带入e时代的新思维？[86]

三、曹寅支的过继与兼祧

接着，笔者将重整关涉曹寅子侄与孙辈的材料与研究，除区辨事实与揣测外，并对各文献的可信度加以衡量拿捏。先前学者因未曾考虑古代家族中人过继及归宗过程的可能性，遂将文献中有些表面不一的记载径当成笔误（图表6.6），以致在歧途上愈行愈远。鉴于中国第一历史档案馆所藏康熙二十九年内务府致户部有关曹家等捐纳监生的咨文，乃牵涉当事人权益的重要原始文件，且《关于江宁织造曹家档案史料》中所收录的奏折亦为一手材料，《八旗满洲氏族通谱》及《八旗通志初集》更是关涉清朝崛起历史的专门官书；故我们实不应在无具体证据的情形下，就直指记载失误。[87] 笔者先

---

86 又如第三章"易篑之［之后］五月"以及《宋史·徐元杰传》"未卒之［之前］一日"中有关"之"的释意，亦均未见于《汉语大词典》。
87 尤其因满文档案乃由官方的专职人员记载，且事涉政府之运作与个人之权益，应罕有可能连续出错才对。

第六章 嫡出二房曹荃与庶出长房曹寅的互动

前即结合古代家族在遭逢继承问题时的运作方式，尝试对史料中冗杂且分歧的记载提供一合理解释，希望不仅能与其他诗文或档案里提及之曹家人的事迹若合符契，且无须改动任一文献中的记事，本节即在此一态度下更进一步理清曹家的血缘世系。[88]

曹玺孙名顺、颀、顼、颜、颙、頫，皆是以"页"字为右偏旁之单名，其家取名字似乎颇注重经典上的关合（图表1.12）。由于曹玺在世时仅有一孙名顺（荃生），故当康熙二十三年曹玺病卒后，无子且庶出的新任家长曹寅（二十七岁）即于稍后过继侄子曹顺，并让其兼祧二房，[89] 以避免嫡支曹荃万一不再生子而有绝嗣之虞。两房接下来枝繁叶茂，每年或恰新添一人，分别是颀（二十五年荃生）、顼（二十六年荃生）、颜（二十七年寅生），[90] 曹荃遂于二十八年再生一子时，将其小名取作"连生"，并以其学名为同部首的颙，二十九年四月的内务府致户部咨文中因此称："三格佐领下南巡图监画曹荃之子曹颙，情愿捐纳监生，二岁。"

---

88 由于多年来相关红友始终坚持旧说，且不曾臧否笔者先前即已提出的新认知，笔者因此在这本论著中重新订补前说，希望能让曹家的家族史更正确且完整。参见黄一农，《二重奏：红学与清史的对话》，页109—154。
89 当时法律虽只承认过继，但对兼祧多采通融态度。此故，四十年五月曹寅和曹荃尝奏称其家是由"我们的孩子［知此子兼祧］赫达色［曹顺满名］"负责承办龙江等五关铜斤。而曹寅虽已于二十七年生亲子颜，且此前曹荃亦增颀、顼二子，曹顺却未归宗（将丧失长房财产的继承权）或改成仅出继长房（将失去曹玺嫡支长孙的身份），由于此事陷入两难，曹荃遂令曹顺一直维持兼祧。
90 颀、颜、颙三人的生年均可见于二十九年四月的内务府咨文。另，有疑曹荃第三子曹顼原名曹颜，并称"颜"字后因与其曾祖曹振彦名中的"彦"音同，故讳改成"顼"。然若曹家真在乎此种家讳，那为何出生时会将其名为"颜"！此外，在康熙二十九年的捐监咨文中，明指曹颜是曹寅之子，他不太可能后又过继给曹荃，尤其长房一直以乏嗣为苦。参见兰良永，《红楼梦文史新证》，页77—78。

图表6.6 文献中对曹玺孙辈之本生父所出现前后不一的记事

	时间	相关叙述及出处
a	康熙二十九年四月初四日	曹顺和曹颜为寅子，曹颛及曹頫为荃子（中国第一历史档案馆藏内务府满文行文档）
b	四十年五月	曹寅和曹荃奏请由"我们的孩子"赫达色（曹顺满名）负责承办龙江等五关铜觔（内务府满文行文档）
c	四十六年	曹寅赋有《喜三侄顾能画长干，为题四绝句》一诗（《楝亭诗钞》卷五）
d	四十八年四月十三日	两度出现"据曹寅弟弟之子曹顺呈称：我伯父曹寅……"之叙述（中国第一历史档案馆藏内务府满文奏销档）
e	五十年四月初十日	原任物林达曹荃之子桑额（曹顾满名），郎中曹寅之子连生（即曹颛）（内务府满文奏销档）
f	五十一年九月初四日	曹颛奏称"奴才堂兄曹顾来南"（台北故宫博物院藏宫中档康熙朝奏折）
g	五十五年闰三月十七日	记"曹寅之子茶上人曹顾"被补放为茶房总领（内务府满文奏销档）
h	雍正五年闰三月十七日	原江宁织造库使萧林称康熙五十八年与"桑额［曹顾］等之家人，名叫吴老汉者"有生意纠纷；原茶上人桑额称康熙六十年他因售参而欠"曹頫的家人吴老汉"三千多两；雍正五年吴老汉供称"我系曹頫之家人……有名叫桑额之人，因欠我……"（内务府满文奏销档）

曹顺：当曹玺于康熙二十三年六月病卒时，其孙辈仅有曹荃所生之曹顺一人，故在曹寅成为家长之后，应为表达对继嫡母孙氏以及嫡房曹荃的善意，遂过继侄子曹顺。[a]然万一曹荃不再有子，嫡支将绝嗣，故曹顺当时应兼祧两房，[b]但在法律文件上其身份仍仅被承认为长房承继子。[a]曹顺于四十八年四月之前已归宗，此事或发生在前一年曹荃卒后。[d]

曹颛：曹荃本生子，[a]但五十年四月的满文奏销档称其为曹寅之子。[e]疑四十七年左右将曹顺归宗后，[d]为传承血脉，遂又自二房过继了曹颛。

曹顾：曹荃本生子，行三，故满名桑额，意指三哥，[c,e,h]在五十年四月及五十一年九月的档案中，皆明指其为荃子，[e,f]但五十五年闰三月的满文奏销档则称其为曹寅之子。[g]由于萧林的口供称桑额有家人名为吴老汉，桑额的口供则指吴老汉是曹颁家人，然吴老汉在雍正五年供称己系曹頫家人，桑额与其无关，[h]因疑曹顾于过继长房后又以发生纠纷而归宗。

第六章　嫡出二房曹荃与庶出长房曹寅的互动

曹荃在长子顺（小名珍儿；附录6.3）之后生𬱖，小名骥儿。曹寅于二十五年端节所赋《浣溪沙》中有"骥儿新戴虎头盔"句，描写曹𬱖头戴被视为可为婴幼儿辟邪的虎形帽。[91] 二十九年四月，五岁的曹𬱖捐纳为监生。四十五年春，四十九岁的曹寅赋《途次示侄骥》五律三首，自嘲"吾年方半百，两臂已枯株"，并提醒二十一岁的曹𬱖"执射吾家事，儿童慎挽强"。[92] 考虑到曹家儿孙辈的年龄，该射箭的"儿童"只能是十一岁之𬭎。亦即，曹寅于四十五年二月离京南返时，已在京当差的曹𬱖（时年二十一岁）应随行（探视病重之嫡亲祖母？）。𬱖或于康熙五十年之前过世（附录6.3），因未曾出仕，故其名不见于《八旗满洲氏族通谱》。

附录6.3

曹寅"闻珍儿殇"小考

康熙五十年刊刻的曹寅《西轩集》中，收录他是年所赋的《闻珍儿殇，书此忍恸，兼示四侄，寄西轩诸友》，此诗的诗题在稍后出版的《楝亭诗别集》中作"辛卯三月二十六日闻珍儿殇，书此忍恸，兼示四侄，寄西轩诸友三首"，诗句的文字亦略有更改（图表6.7）。[93] 先前红友们对其内容的释读一直无法获得共识，对珍儿其人亦出现曹颜、曹顺，或是曹寅晚年所生幼子等说法，现重理各说的思路与论据，并补充新的认识。[94]

曹寅于四十三年十月十三日起，即与李煦轮管两淮盐课（行署在扬州）十年，每次一年，其第四任的任期起自四十九年十月。[95] 亦即，曹寅

91　张书才，《曹雪芹家世生平探源》，页74—75。
92　曹寅著，胡绍棠笺注，《楝亭集笺注》，页226—227。
93　顾斌，《曹学文献探考》，页240—258。感谢顾斌慨赠《西轩集》的图档。
94　此附录改写自黄一农，《二重奏：红学与清史的对话》，页122—126。其他说法可参见张志，《关于张云章贺曹寅"得孙"诗的解读》。
95　《关于江宁织造曹家档案史料》，页22—26、32、81、83—84。

在赋前引诗之当年,常得往返于江宁与扬州间(最快一日可到[96])。曹寅除将该诗"兼示"四侄曹頫外,并寄给自己的"西轩诸友"。翻检其现存诗集,发现他在江宁、扬州或仪征(淮南批验盐引所设有真州使院,供巡盐御史暂住)的居处均有同名之西轩,[97] 如四十五年秋冬之际他校刻的《御定全唐诗》将竣,曾赋有《西轩同人将别,用和蕉饮原韵……》一诗,[98] 该"西轩同人"应指在天宁寺扬州诗局工作的同仁;《真州西轩行药,念俊三病,书此代问,时将归金陵》诗亦明指仪征住所有西轩;[99] 而四十九年初冬他也有《阻风寄西轩诸友》之作,[100] 分寄散居各地的"西轩诸友",此或泛指其交好的同人与幕友。

从"闻珍儿殇"句,可判断当时珍儿与曹寅分隔两地。曹寅在赋诗之际应未进京,但身处江南何地则不详。惟珍儿不可能卒于江宁或扬州,否则,才相距一天的路程,曹寅理应兼程赶赴探望其最后一面,而不会好整以暇地赋完诗,并兼示四侄且录寄西轩诸友。[101]

由于四十八年二月曹寅(五十二岁)遣嫁次女时尝称"臣有一子,今年即令上京当差,送女同往,则臣男女之事毕矣",知其子女皆已安排当差或婚配,且亦无妻妾有孕,而该"一子"乃指甫过继的二十一岁曹頫(应已婚,见后文)。[102] 故珍儿若为曹寅所生幼子,只能生于四十八年年底以后(因怀胎要十月),享寿不到三岁。

---

96 如曹寅于四十三年十月初十日离江宁,十三日抵扬州;四十五年二月十八日在江宁,次日即至扬州。参见《关于江宁织造曹家档案史料》,页23、37。
97 曹寅著,胡绍棠笺注,《楝亭集笺注》,页214—215、324、502—503。
98 曹寅,《楝亭诗别集》,卷4,页5。
99 曹寅,《楝亭诗钞》,卷7,页18。
100 曹寅著,胡绍棠笺注,《楝亭集笺注》,页502—507;章宏伟,《扬州诗局刊刻〈全唐诗〉研究》。
101 兰良永,《曹寅诗中"亚子、珍儿"考辨》。
102 李广柏,《文史丛考:李广柏自选集》,页119—130。

图表6.7　曹寅为“闻珍儿殇”所赋之诗

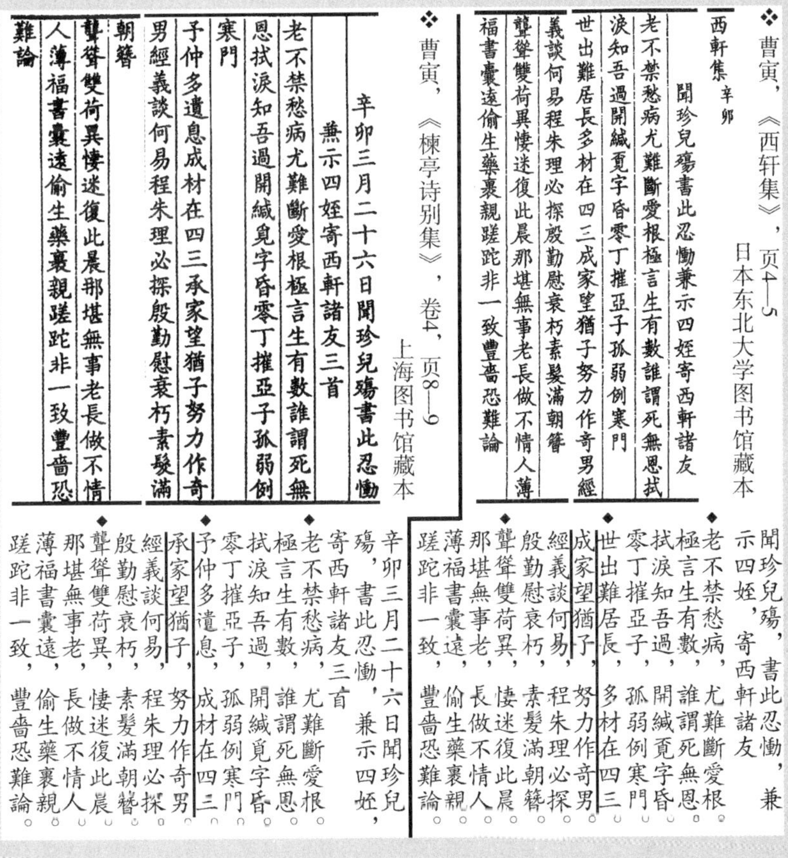

❖ 曹寅，《西轩集》，页4—5
日本东北大学图书馆藏本
西軒集 辛卯
聞珍兒殤書此忍慟兼示四姪寄西軒諸友
老不禁愁病尤難斷愛根極言生有數誰謂死無恩拭淚知吾過開緘覓字昏零丁摧亞子孤弱例寒門
世出難居長多材在四三成家望猶子努力作奇男經義談何易程朱理必探殷勤慰衰朽素髮滿朝簪
聾聳雙荷異悽迷復此晨那堪無事老長做不情人薄福書囊遠偷生藥裹親蹉跎非一致豐嗇恐難論
聞珍兒殤，書此忍慟，兼示四姪，寄西軒諸友
◆老不禁愁病，尤難斷愛根。極言生有數，誰謂死無恩。拭淚知吾過，開緘覓字昏。零丁摧亞子，孤弱例寒門。
◆世出難居長，多材在四三。成家望猶子，努力作奇男。經義談何易，程朱理必探。殷勤慰衰朽，素髮滿朝簪。
◆聾聳雙荷異，悽迷復此晨。那堪無事老，長做不情人。薄福書囊遠，偷生藥裹親。蹉跎非一致，豐嗇恐難論。
❖ 曹寅，《楝亭诗别集》，卷4，页8—9
上海图书馆藏本
辛卯三月二十六日聞珍兒殤書此忍慟兼示四姪寄西軒諸友三首
老不禁愁病尤難斷愛根極言生有數誰謂死無恩拭淚知吾過開緘覓字昏零丁摧亞子孤弱例寒門
予仲多遺息成材在四三承家望猶子努力作奇男經義談何易程朱理必探殷勤慰衰朽素髮滿朝簪
聾聳雙荷異悽迷復此晨那堪無事老長做不情人薄福書囊遠偷生藥裹親蹉跎非一致豐嗇恐難論
辛卯三月二十六日聞珍兒殤，書此忍慟，兼示四姪，寄西軒諸友三首
◆老不禁愁病，尤難斷愛根。極言生有數，誰謂死無恩。拭淚知吾過，開緘覓字昏。零丁摧亞子，孤弱例寒門。
◆予仲多遺息，成材在四三。承家望猶子，努力作奇男。經義談何易，程朱理必探。殷勤慰衰朽，素髮滿朝簪。
◆聾聳雙荷異，悽迷復此晨。那堪無事老，長做不情人。薄福書囊遠，偷生藥裹親。蹉跎非一致，豐嗇恐難論。

然珍儿如果是寅子，在前述诗中曹寅就不应使用语境不恰当的“闻”字来描述己子之殇，[103] 亦无道理以“予仲多遗息，成材在四三。承家望犹子，努力作奇男”句，离题去期许三侄颀和四侄頫未来能担负二房之家

103　“闻”字之使用通常有非切身之事的感觉，感谢高树伟之意见。又，有学者疑珍儿乃曹寅亲子，且以曹雪芹为珍儿遗腹子，若然，则悼诗中应提及媳妇已怀孕并祝盼珍儿未来可以有后才对（马以工之意见）。

业。[104] 当然也不可能在已有曹颙为承继子的情形下，还寄望两侄未来能接续长房之家业。也就是说，珍儿不可能是曹寅之子！尤其，曹寅晚年体弱多病，甚至对年轻时所热衷的寻欢之事亦早已意兴阑珊。[105] 无怪乎，曹寅及其众多亲友的诗文集中皆不曾因生此子而出现志喜或庆贺的文字（此事对乏嗣之长房理应意义重大）。

事实上，从前引诗的"零丁摧亚子"句，亦知珍儿不可能是曹寅子。此因从中国基本古籍库所收录的大量诗集中，可发现数以百计的"亚子"用例，[106] 均是称许他人之子"可亚〔此字为流亚、类同之意〕其父"。此熟典乃出自唐末藩镇李克用之子李存勖，由于唐昭宗尝以"此子可亚其父"称之，时人遂以"亚子"号存勖，后梁太祖亦谓："生子当如李亚子，克用为不亡矣！至如吾儿，豚犬耳。"考虑曹寅不应褒己子为"亚子"，知该被譬作"亚子"的珍儿应为二房所出。[107]

曹寅的"予仲多遗息，成材在四三"句，则点出其已故仲弟曹荃所生的顺、颀、颀、颎四子（不计已出继之颙）中，只有排行第三的曹颀（约

104　曹荃先后生顺、颀、颀、颙、颎五子，因曹顺不论兼祧或归宗，在二房诸子的排行均最长，但曹颙已出继长房，此故，颀在二房为行三、颎行四。曹寅与曹荃两兄弟所生子的雁行顺序并未采用同祖父的大排行，且在出嗣后即不算入本支排序（福彭长子平僖郡王庆宁无子，毙后由堂弟庆恒出继并袭爵，变成庆宁"胞弟"）。刘广定指出行序亦有不因出嗣而改易者，并举行二的敦诚为例，他在出嗣后仍称敦敏为"伯兄""大兄"，而行三的桂圃亦谓敦诚为"二兄"，敦敏还称桂圃为"三弟"。此或因不同家族的称谓习惯不同，对曹家而言，过继后即将其视同亲生序齿，这应是依循法律层面的规定。否则，在曹荃共生顺、颀、颀、颙、颎五子的情形下，将无法解释为何内务府在五十四年正月的奏折中称曹颎为"曹荃第四子"，且亦是曹寅《辛卯三月二十六日闻珍儿殇……》中所谓的"四侄"。参见曹寅著，胡绍棠笺注，《楝亭集笺注》，页509—510；《关于江宁织造曹家档案史料》，页125；朱淡文，《红楼梦论源》，页55。
105　如曹寅《题秘戏图》有"十年不作搊床客，已到无心选梦时"句，他诗另出现"衰齿谢五欲""老去自甘门外汉，不将真已登徒"等句。参见兰良永，《曹寅诗中"亚子、珍儿"考辨》。
106　如见明·王永光《代邑生送李公子》的"争传亚子出，应接令公香"、清·曹溶《李晋王墓下作》的"英雄夸亚子，提刀百战囊"、清·纪迈宜《赵郡道中怀古十七首》的"生儿亚子压群雄，镇定危邻倚救兵"等句。参见王永光，《冰玉堂诗草》，页32；蒋景祁辑，《瑶华集》，卷10，页3；纪迈宜，《俭重堂诗》，卷6，页15。
107　顾颉刚在与胡适论学时，即已提出"亚子"即"肖子"，但胡适坚持此为"次子""幼子"之意。此段参见兰良永，《曹寅诗中"亚子、珍儿"考辨》。

第六章　嫡出二房曹荃与庶出长房曹寅的互动

二十五岁[108]）和第四的曹頫（十六岁）能"成材"。先前学者多将"成材"释为"成为有用之人",[109] 但因曹寅应不太可能会以此公开之诗作引发其他诸子（无论存殁）难堪（因被视作"不成材"），故知"成材"在此实应为"长大成人"之意。[110] 又，八旗男子年满十六即称丁，并登记入档册；亦即，曹荃的子嗣虽多，但在曹寅赋此诗时，尚存的成丁之侄只剩下行三的颀与行四的頫。

根据此解，顺与颀在康熙五十年曹寅赋诗时应均已故，而珍儿最可能是其中一人。在已知曹頫以骥儿为小名的情形下，珍儿似乎就该是曹顺的小名。当然，我们也不应径自排除珍儿为曹寅孙辈或侄孙辈的可能性。若此，珍儿只可能为曹頫所生；不然，何以解释曹寅竟然只是"兼示四侄"，而未将此诗出示最应心伤的珍儿之父！又若曹頫是主要关系人，诗题中似乎也不该用"兼"字。更何况，曹頫当时虚岁方十六，那他就必须在十五岁之前结婚，还得解释珍儿为何不与父、祖同住，且身在曹寅无法赶至见最后一面的远方。

经由前述推论，疑珍儿最可能是曹顺。再因曹寅《西轩集》（较《楝亭诗别集》早刻两年）中，"予仲多遗息，成材在四三"被书作"世出难居长，多材在四三"，该"世"字有嫡出之意，如"世孙"或"世子"即然，故"世出难居长"句或谓长子（指曹顺）往往不是嫡出,[111] 亦表明死者

108　年纪小于曹頔但大于曹颙的曹顾在命名时，因曹顔仍兼属二房，故曹顾之满名才会依行序称作桑额（三哥）。若曹顾生于二十六年，则曹玺孙辈自康熙二十五年起每年恰增一人，分别为颀、顾、顔、颙（全以"页"字为偏旁），此与二十八年出生之曹颙以"连生"命名（若只是前一年有子，似乎不够特别到须以此二字命名）的寓意密合。
109　康熙帝对曹顾的评价颇高，曹寅家人对曹頫的印象亦不错。参见《关于江宁织造曹家档案史料》，页125—126、140。
110　清·张士元有"依然栎社树，<u>无用却成材</u>"诗句，又，赵翼之孙生于除夕前两日，至元旦已两岁，故称"生甫四朝年两岁，此儿应是早成材［指其较他人早到达成年之岁数］"。知"成材"有长成之意，不见得指成为有用之人。参见赵翼，《瓯北集》，卷45，页1；徐世昌，《晚晴簃诗汇》，卷106，页12。
111　朱淡文，《红楼梦研究》，页376。

曹顺乃居长之庶子。至于"殇"字,古人常用于八至十九岁过世者,[112] 那三十四岁的曹顺可否用此?经查各种数据库,偶亦可见称二三十岁成年死者为殇的事例。[113] 又因以国事或意外而死者亦可称殇,知"殇"字用于曹顺之死并非不可能。[114] 下文即尝试完整释读《闻珍儿殇》一诗。

康熙五十年春,曹顺卒(不知有无可能于外派当差时身亡,故在前引诗中有谓"极言生有数"并称"殇")。[115] 三月二十六日,曹寅获知噩耗,但因盐差在身无法赴京,遂赋诗抒怀,并书示诸亲友。此诗第一阕中的"老不禁愁病,尤难断爱根",应是感慨自己老来多愁善病,尤其难以割断对珍儿之爱(诗题不称"长侄",而用小名称呼,亦见彼此情深)。虽然曹顺与嫡母李氏之间发生无法和谐相处的不幸情形,[116] 以致曹寅只得将他归宗,但在曹顺死后,曹寅仍眷念先前长达二十多年的父子恩情("谁谓死无恩"),并对让其归宗一事感到不舍与懊悔("拭泪知吾过")。检康熙二十五至二十六年间,曹寅诗词中有"命儿读《豳风》,字字如珠

---

112 古人多以卒于年十九至十六为长殇,十五至十二为中殇,十一至八为下殇,不满八岁为无服之殇,但亦有不同定义。徐乾学,《读礼通考》,卷17,页1。
113 如谓"[谢昌鉴]二十二岁而殇""[陈成器]咸丰十年庚申四月初二日殇,时年二十八岁""[程祖佑]病殇于诸城,存年廿五岁,殇之明年闻信""[邓绍棠]二十余岁而殇""[觉罗苏库公幼女,守贞,二十九岁卒,]年未三十旋中殇""王贞孝女卒,得年三十有六,有欲以殇丧之者"。民初曾被任命为教育总长的黄炎培(光绪间举人),亦尝称"吾父实以三十九岁殇"。参见阮元辑,《两浙輶轩录》,卷27,页7;陈懋和等修,《毗陵双桂里陈氏宗谱》,页34;程庭鹭,《梦盦居士自编年谱》,页16;徐宝符等纂,《乐昌县志》,卷10,页26;潘衍桐辑,《两浙輶轩续录》,卷11,页10;陈作霖,《可园文存》,卷1,页9—10;黄炎培,《黄炎培日记》,卷1,页268。
114 东汉·王逸在注《楚辞·九歌》时,即称"殇"乃指死于国事者。唐·李善在注鲍照《出自蓟北门行》的"投躯报明主,身死为国殇"句,亦谓"国殇,为国战亡也"。至于唐·李周翰在注《文选》中谢瞻《张子房诗》的"力政吞九鼎,苛慝暴三殇"句,则称"横死曰殇"。参见李广柏,《文史丛考:李广柏自选集》,页123—124;张书才,《曹雪芹家世生平探源》,页193—196。
115 康熙四十八年五月之前,曹寅的家人老汉以及"带领家人王文等"的曹顺,皆长年协助曹寅和曹荃(四十七年卒)处理铜差。五十一年十一月内务府查察曹寅修筑西花园工程事时,是由"家人陈佐呈报",此或因曹顺已去世,遂不见曹氏子侄出面。再者,"亚子"有称人勇武之意,亦可与国殇之说相呼应。参见张书才,《曹雪芹家世生平探源》,页83;兰良永,《曹寅诗中"亚子、珍儿"考辨》;《关于江宁织造曹家档案史料》,页15—20、106—107。
116 该母子不和(见第七章第二节)不知曾否受曹寅亲子曹颜出生的影响,因情理上李氏想必较希望曹颜能承家。

> 圆""晚塾儿归，列坐谈经义"等句，应皆描述曹寅与已入塾读书之曹顺间的父子情。[117]
>
> 考虑曹顺应无子，故其过世让该支陷入伶仃的景况（"零丁摧亚子"），而类此遭际常见于曹家，因稍早颜与頔先后过世时，享年均仅二十岁上下，且皆无子嗣（"孤弱例寒门"）。在感伤完长侄之死后，曹寅于第二阕即谈及尚存的顾、频两侄，期许他们能奋发向上（所谓"承家望犹子，努力作奇男"）。鉴于当时曹顾应在京候差，故曹寅将此诗寄给"西轩诸友"时，只兼示自小养在身边的四侄曹频。
>
> 至于曹寅为何要将《西轩集》中的"世出难居长，多材在四三。成家望犹子，努力作奇男"句，在后刻的《楝亭诗别集》中改成"予仲多遗息，成材在四三。承家望犹子，努力作奇男"，则应是"世出难居长"句虽原本只是描写曹顺，但因曹寅同以庶出长子当家，担心该句会刺伤二房（嫡出的曹荃就未能成为家长），而"多材在四三"句也可能会让人感觉他有讥讽已逝之曹顺和曹頔"不成材"的隐意。

康熙朝有些汉姓包衣不喜依汉俗的传统命名（如同辈皆用同部首或使用行字），[118]曹颙当差时即使用"连生"之名，且未加汉姓，直到五十二年正月始奉旨改回其学名或谱名"曹颙"。康熙帝此举或是让其在接任江宁织造一职后，能较容易获得江南汉人士绅的认同，并因此产生良好互动。

曹寅晚年其家族的复杂情事或可略述如下：他的亲子曹颜很可能于康熙四十三、四十四年间卒，此因曹寅在奏折中从未提及已届当差之龄的颜，而顺与颙当差事却均可见于曹寅前后奏折！四十五年三月左右其继嫡母孙氏过

---

117 张书才，《曹雪芹家世生平探源》，页69—71。
118 如以《八旗满洲氏族通谱》卷74所收录的36个满洲旗分内之尼堪家庭（包含曹寅家）为例，几乎每家皆有人未使用汉姓，籍隶镶蓝旗包衣人的李拔，其子四十六以及孙七十、孟来、黑色、杜来，更是无一姓李。

世，曹寅夫妇自此在家族中拥有绝对的发言权。十一月，曹寅长女与平郡王纳尔苏完婚。四十七年春，曹荃卒。由于曹寅妻与承继子曹顺间的关系似不融洽，故曹寅或在妻子李氏的坚持下，将曹顺归宗，[119] 同时为了传承血脉，又自二房过继了曹颙。四十八年二月，二十一岁的曹颙返京当差，[120] 其妹亦随同至京以准备与侍卫罗卜藏丹津的婚事。因曹顺已归宗，故在同年四月十三日的内务府奏销档中，即两度出现"曹寅弟弟之子曹顺呈称：我伯父曹寅……"之叙述。

五十年辛卯岁曹顺卒，曹寅因此在《辛卯三月二十六日闻珍儿殇……》中，用"谁谓死无恩"句追念他与曹顺先前长达二十多年的父子恩情，并以"拭泪知吾过"表达对让其归宗一事的不舍与悔意（附录6.3）。四月，二十三岁的颙与二十五岁的顾在引见之后，顾奉旨任皇太后（孝惠章皇后，五十六年十二月崩）所住宁寿宫的茶房，颙则以独子身份获准返回江宁陪伴老父曹寅，但因其妻（或妾）待产，遂暂留京，是年冬生一子。

五十一年七月二十三日曹寅病卒于扬州，因其原承继子顺已归宗且亡故，亲生子颜亦卒，二十四岁的曹颙遂以曹寅独子的身份，于十月十五日补放江宁织造。约五十三年冬，赴京述职的曹颙携同即将当差的十九岁曹𫖯北上。翌年正月初八日，曹颙不幸在京暴卒，绝嗣。曹𫖯旋即奉旨入继长房，并补放江宁织造。二月底，曹𫖯自京返抵江宁。

---

[119] 当事人不和或承继父自己生子，皆为归宗的主要原因。如宋·金履祥于八岁出继从伯金章，三十岁时其本生父梦先命他归宗，履祥之师许衡告知："昭穆［指梦先与章］既不顺，而彼［指章］复有子，上承父［指梦先］命，归正宗绪，夫亦何疑邪？"遂归宗。又，清·蒲松龄父蒲盘因逾四十无子，即以侄兆兴为嗣，后竟累举兆专等四子，当生兆专后，遂将兆兴归宗。再者，瞿塘生中浩和中溶，乾隆三十九年塘弟兆麟丧妻无子，遂以中溶继嗣，但中溶仍随瞿塘宦游；四十二年兆麟得子，就命中溶归宗。参见徐袍，《宋仁山金先生年谱》，页6；杨海儒，《蒲松龄生平著述考辨》，页99；瞿中溶，《瞿木夫先生自订年谱》，页1—2；胡文铨修，周广业纂，《广德州志》，卷25，页6。
[120] 曹颙或因家中多事而推迟当差：其祖母卒于四十五年，是年冬曹寅至京处理长女婚事时，很可能是由曹荃奉旨代理织造印务，颙或得从旁协助。四十七年春，颙应回京奔父丧，并在服丧百日后又返回江宁入嗣长房。

第六章 嫡出二房曹荃与庶出长房曹寅的互动

鉴于在此前的约十年期间，曹家两代人当中先后有颜、颀、荃、顺、寅、颙过世，且与曹頫同辈的颀、颜、颙更皆不到三十岁即早逝，或为避免将来发生无人可袭职的情形，曹家遂决定将两房并成一房，令二房仅存之年近三十的曹頎（其名另被书作或译作音近的琦、起、奇、启；[121] 图表6.8及6.9）出继长房。

曹頎出嗣的时间可试估如下：由于五十一年九月初四日的《曹寅之子连生奏曹寅故后情形折》中仍见"奴才堂兄曹頎"之称谓，且因曹颙在五十二年十一月十三日及十二月二十五日的奏折中，称"奴才母子孤寡无倚"或"奴才母子孤苦伶仃"，若頎（时年约二十七岁）此时已入继，则颙不应称其母子伶仃无依，知曹頎于五十二年年底应仍未出继长房。其下限则在五十五年闰三月十七日，此因该日的内务府满文奏销档中记称"曹寅之子茶上人曹頎"被补放为茶房总领。[122] 亦即，曹頎最可能在康熙五十四年三月曹頫返抵江宁莅任之后，且在五十五年闰三月之前入继长房，但頎应于六十年之后因与当家的曹頫发生严重财务纠纷而归宗（详见第七章）。

---

[121] 曹頎初用满名"桑额"，至康熙五十年任宁寿宫茶房后始较常用汉名"曹頎"，此或因满人行三者颇多以"桑额"为名。学界对桑额及曹荃生平的认知曾有许多误解，如以江宁织造马偏额子桑格不可能是历官吏部尚书的桑格、以曹寅家有一名为"阿咸"者曾中状元（"阿咸状元"其实乃用典，指与曹寅联宗的康熙三十三年武状元曹曰玮）、以桑额为曹顺或曹颜、不解曹荃曾任"南巡图监画"职衔之意等。马国权，《关于马桑格的一件新史料》；陈国栋，《清代内务府包衣三旗人员的分类及其旗下组织：兼论一些有关包衣的问题》；陈国栋，《曹荃与桑额：有关其生平的几点小考证》；张书才，《曹雪芹家世生平探源》，页121—122。
[122] 《红楼梦》第四十一回借妙玉之口提及茶道所讲求之选器、用水、品茗等内容，均让人大开眼界。参见《关于江宁织造曹家档案史料》，页102—103、139—140。另，有学者因不解曹家的过继关系，遂径以此补放官缺的重要原始文献不慎误书曹荃为曹寅，但两满名的写法其实差异颇大。更何况在此御旨中，皇帝还称曹頎比其他候缺的八人都能干，表明康熙帝对曹家的认识甚深，不应会误此父子关系。

图表6.8　清代汉字官方文献中的曹𫖯异名

❖《大连图书馆藏清代内务府档案》，册8，页202

雍正四年四月初四日

三等侍卫曹荃（中略）丁也𫖯（汉成颢骁骑校）
以上侍卫阑王并骁骑校二十二员俱甲等
仍著照旧供职

乾隆二年九月

❖《历朝八旗杂档》

康熙三十四年攢集佐領，起初胡尚賓放為佐領；因胡尚賓病故，續任李祥麟放為佐領；因李祥麟病故，續任許嘉謨放為佐領；因許嘉謨病故，續任曹𫖯放為佐領；因曹𫖯病故，現任員外郎，續任曹格於雍正十一年七月二十四日放為佐領。為此，佐領桑格、驍騎校劉晟、領催佟定國、崔文明、傅二格、九格同保，參領關保扣抵補

❖《清宮內務府奏銷檔》，冊2，頁396

曹琦任領催下原任員外郎罘喜欠銀三百二十七兩
一併四分九厘四毫將伊所食二等侍衛俸銀坐
（中略）
龍欠錢糧衙門限兩官員名捐

❖《钦定八旗通志》，卷3，页30

第四条领第二旗鼓佐領係康熙三十四年編立
初令胡尚賓管理胡尚賓故以李襄林管理李襄
林故以許嘉謨管理許嘉謨故以曹起管理曹起
故以桑格管理桑格告退以那俊管理那俊陞任
故以桑格管理桑格告退以那俊管理那俊陞任

❖《钦定八旗通志》，卷108，页5；卷109，页33

譚五格己未曹𫖯佐領　譚五哥己西曹𫖯佐領以上鑲黃旗九名

图表6.9　曹𫖯相关记事编年

时间	材料（汉文文本中的人名用楷体）	推论或出处
康熙四十六年	曹寅赋《喜三侄𫖯能画长干……》	《楝亭诗钞》，卷5
五十年三月二十六日	曹寅赋《辛卯三月二十六日闻珍儿殇，书此忍恸，兼示四侄……》诗，中有"予仲多遗息，成材在四三"句	曹荃诸子中此时只有行三的𫖯和行四的颀顺利长成。《楝亭诗别集》，卷4
四月初十日	原任物林达曹荃之子桑额（曹𫖯之满名）录取在宁寿宫茶房	《关于江宁织造曹家档案史料》，页84
五十一年九月初四日	曹颙奏折中有"奴才堂兄曹𫖯来南，奉梁总管传宣圣旨"句	《关于江宁织造曹家档案史料》，页103
五十五年闰三月十七日	谕旨以曹寅之子茶上人曹𫖯比其他候选者"都能干"，着补放茶房总领	《关于江宁织造曹家档案史料》，页140
五十八年六月二十五日	茶房总领曹𫖯因制茶出错被降三级，且罚俸一年	《关于江宁织造曹家档案史料》，页152

续表

时间	材料（汉文文本中的人名用楷体）	推论或出处
十二月十一日	胤祯奏称："前交付与茶上人曹奇甚多克食，臣等尚未食竣……"	《康熙朝满文朱批奏折全译》，页1440
六十年	桑额时任庄亲王博果铎的茶上人，并协助曹頫代售内务府人参	《关于江宁织造曹家档案史料》，页177—180
雍正三年五月二十九日	谕命"赏给茶房总领曹顾五、六间房"，后获赐烧酒胡同九间房一所	《关于江宁织造曹家档案史料》，页167
四年四月四日	曹奇在京察后被评为三等佐领	大连图书馆藏内务府档案
五年闰三月十七日	原茶上人桑额因拖欠曹頫家人吴老汉银两且买通番役将其逮捕，而遭定罪	《关于江宁织造曹家档案史料》，页177—180
十一月二十二日	此年联捷的武进士谭五格为镶黄旗包衣佐领曹顾（亦作曹起）下人	《八旗通志初集》，卷3页36；《钦定八旗通志》，卷3页30、卷108页5
十二月二十八日	茶房章京曹顾等一百人各获赐御笔纸"福"字一张	《关于江宁织造曹家档案史料》，页186
六年七月十七日	镶黄旗包衣曹顾佐领下人私卖俸米遭逮捕（此奏折亦将曹顾译成曹起）	张书才等，《新发现的有关曹雪芹家世的档案》
十一月二十二日	镶黄旗曹启佐领下马甲胡应魁孙女出嫁，应得恩赏银六两	张书才等，《新发现的有关曹雪芹家世的档案》
十二月二十七日	曹顾等人各获赐御笔纸"福"字一张	《关于江宁织造曹家档案史料》，页189
七年七月卅日	曹琦佐领下原任员外郎吴善欠银	《清宫内务府奏销档》，册2
十一年七月二十四日	旗鼓佐领曹顾身故，以常阿调补	《关于江宁织造曹家档案史料》，页191
	曹顾原任二等侍卫兼佐领	《八旗满洲氏族通谱》，卷74

红圈中对曹颀的生平事迹比较陌生,且大多忽略他在曹𫖯抄家过程中可能扮演的角色。曹玺孙辈除曹寅卒后相继奉旨出任江宁织造的曹颙和曹𫖯外,应以曹颀的宦绩较突出,他做过正四品的二等侍卫,且曾任包衣佐领。[123]《八旗通志初集·旗分志》虽无曹颀之名,但记管理镶黄旗包衣第四参领第二旗鼓佐领的曹起,过世后改以桑格管理;同书《选举志》亦记雍正五年联捷的武进士谭五格（武举资料中则作谭五哥）为镶黄旗包衣佐领曹颀下人;同样记事亦见于《钦定八旗通志》。这些资料均强烈支持曹起与曹颀乃同一人（附录6.4）。

附录6.4

内务府旗鼓佐领的跨旗与汉名情形

查雍正十一年七月二十四日《内务府满文奏销档》中的《内务府总管允禄为旗鼓佐领曹颀等身故请补放缺额折》,[124] 其汉译有云:

> 旗鼓佐领曹颀、徐俊平、尚志舜、李延禧、桑额、乌雅图身故,佛伦革职,郑禅宝升任,为补放此等缺额,将兼在中正殿行走之掌仪司郎中丁松……等名各缮一绿头牌,由总管内务府事务和硕庄亲王……具奏,带领引见。

知当时共有八个旗鼓佐领缺被释出,经提出十六名候选人后,奉旨:

> 以丁松、雅尔岱、世佳保、永保、尚林、伊福、桑额［奉宸苑员外郎,此与另一已故之旗鼓佐领桑额同名］、黑达色补放旗鼓佐领。钦此。

123　张书才,《曹雪芹家世生平探源》,页3—6。
124　《关于江宁织造曹家档案史料》,页191—192。

第六章 嫡出二房曹荃与庶出长房曹寅的互动

最后决定：

以丁松补佛伦之佐领，伊福［依福］补徐俊平［徐君聘］之佐领，世佳保［释迦保］补桑额［桑格］之佐领，尚林［尚琳］补尚志舜之佐领，永保补李延禧之佐领，黑达色［赫达色］[125]补郑禅宝［郑禅保[126]］之佐领，雅尔岱补四黑之佐领，桑额补常阿之佐领，以常阿调补曹顾［曹起］之佐领，以四黑调补乌雅图［五雅图］之佐领。

由于1974年翻译此文本时，只是径自对音，而不曾参照《八旗满洲氏族通谱》和《八旗通志初集·旗分志》内的汉名，以致译文出现不少异名（见［］中）。前引二书虽属官方所编，仍偶见汉名不统一或不正确的情形，[127]但应比今人的主观对译有参考价值。

雍正帝所选定补放的丁松等八人，有些是先与其他旗鼓佐领（非原本释出的八缺）互调，如奉宸苑员外郎桑额补常阿之佐领，常阿则转调已故曹顾之佐领；雅尔岱补郎中四黑之佐领，四黑则转调乌雅图之佐领（正黄旗第五参领第四旗鼓佐领）。据《八旗通志初集·旗分志》，四黑（正白旗包衣旗鼓人杨景贵之曾孙[128]）担任各旗佐领的经历如下：

1. 正黄旗包衣第四参领第一旗鼓佐领

   苏伯（正黄旗包衣人沈夺五世孙，卒于任）→四黑（雍正十一年七月调

---

[125] 朱淡文因误认曹顺的满名赫达色不常见，遂将内务府中许多同名者都系为曹顺，并进而推论他在雍正七年任内务府郎中兼镶黄旗包衣第一参领（从三品），十一年任正白旗包衣第五参领第四旗鼓佐领。然翻检《八旗满洲氏族通谱》后可见名为"赫达色"者多达五十一人，《钦定八旗通志》中更有七位佐领或管领名"赫达色"，五位名"黑达色"，三位名"黑达塞"，故朱氏之说颇待商榷。尤其，若曹顺即此历官参领的赫达色，则很难解释《八旗满洲氏族通谱》在曹锡远条下连被抄家的曹𫖯均收录，却未记这位从三品的曹顺或赫达色！参见朱淡文，《红楼梦研究》，页395—409、432—441；黄一农，《二重奏：红学与清史的对话》，页126。

[126] 内务府奏案则多署名为郑禅宝。参见中国第一历史档案馆、故宫博物院编，《清宫内务府奏案》，册1，页289。

[127] 类似情形亦见于纳兰成德，其汉名在官方文书中尝被译成性德、兴德、星德、常德。参见黄一农，《二重奏：红学与清史的对话》，页80—83。

[128] 弘昼等，《八旗满洲氏族通谱》，卷76，页16。

正黄旗第五参领第六旗鼓佐领）→雅尔岱（沈夺六世孙）

2. 正黄旗包衣第五参领第六旗鼓佐领

李斌（调正白旗第五参领第六旗鼓佐领）→五雅图（卒于任）→四黑（雍正十一年七月起接任）→唐英（乾隆二十一年卒）→李质颖

3. 正白旗包衣第四参领第二旗鼓佐领

那善→唐英→四黑（卒于任）→曹宜

知四黑初应管理正黄旗包衣第四参领第一旗鼓佐领，后因五雅图过世而转调该旗第五参领第六旗鼓佐领，之后才与原管正白旗包衣第四参领第二旗鼓佐领的唐英（1682—1756）互调。[129] 至于寅的堂弟曹宜，乃从雍正十一年七月二十四日由鸟枪护军参领补放正白旗护军参领缺，并在十三年四黑去世后兼管其佐领。[130]

依例，八旗各包衣旗鼓佐领多非世管，虽常选择籍隶该佐领中人管理，但有时亦会从同旗之人选派，内务府三旗且有跨旗调派的情形。如正白旗包衣人郑连即尝管理正白旗第五参领第三旗鼓佐领以及镶黄旗包衣第五参领第六旗鼓佐领。

再以正白旗包衣尚大德家为例，其子尚兴原任郎中兼佐领（正白旗包衣第五参领第六旗鼓佐领）；孙尚志杰原任郎中兼佐领（正白旗包衣第五参

---

129 查索中国方志库各文献，均记唐英、寅保父子为正白旗。又，寅保于乾隆十三年中进士时，仍隶正白旗，且中国谱牒库收录之陈辉祖《可斋府君年谱［乾隆十七年序刊］》《乾隆十三年春缙绅全本》《乾隆二十五年冬缙绅全本》《乾隆二十六年秋缙绅全本》《乾隆三十年春缙绅全书》《乾隆三十年冬爵秩全本》《乾隆三十三年秋爵秩全本》，亦皆记唐英或寅保为正白旗。惟《八旗通志初集》和《钦定八旗通志》称唐英后改隶正黄旗，然此异事不仅未见于《续纂淮关统志》中的唐英小传（两百余字），也不见其他任何文献提及，疑他应只是曾管理正黄旗的旗鼓佐领，而非改隶，此误或出自乾隆四年成书的《八旗通志初集》，该书在记正白旗包衣第四参领第二旗鼓佐领时，称"唐英改隶正黄旗，以郎中四黑管理"，嘉庆四年出版的《钦定八旗通志》则沿袭此误。参见鄂尔泰等修，《八旗通志初集》，卷5，页40；铁保等，《钦定八旗通志》，卷7，页32；马麟、杜琳、李如枚等修，《续纂淮关统志》，卷8，页14—15；阎崇年，《唐英旗分身份考辨》。

130 据雍正十三年十二月十五日的《内务府满文奏销档》，曹宜当时已管理正白旗佐领，然其在同年七月仍只担任"巡察圈禁允禵地方之护军参领"。参见《关于江宁织造曹家档案史料》，页197、201。

领之第六旗鼓佐领及第三旗鼓佐领），尚志舜原任内务府总管兼佐领（正黄旗包衣第四参领第二旗鼓佐领、正白旗包衣第五参领第三旗鼓佐领）；曾孙尚琳原任郎中兼佐领（正白旗包衣第五参领第三旗鼓佐领），常柱（常住）曾任参领兼佐领（镶黄旗包衣第五参领第四旗鼓佐领）。[131]

而在曹振彦家族中，曹宜管的是正白旗包衣第四参领第二旗鼓佐领，曹尔正、曹寅则管正白旗包衣第五参领第三旗鼓佐领。管镶黄旗包衣第四参领第二旗鼓佐领的曹颀，虽非其所属正白旗的旗色，但仍属内三旗之一。由于曹颀至迟在雍正四年四月即已担任旗鼓佐领（图表6.9），并持续至十一年过世时，而乾隆《八旗通志初集·旗分志》中曹姓的内务府三旗佐领只见曹尔正、曹寅、曹宜、曹起四名，其中惟有曾管理镶黄旗包衣第四参领第二旗鼓佐领的曹起，其名之对音与此相近，满文写法且相同，知曹起即曹颀。

虽然管理佐领的在京官员在外放时常会被免佐领职，但亦有仍兼管者，如乾隆六年唐英制佛前五供，敬献北京的天仙圣母庙，器上即署名为"养心殿总监造，钦差督理江南淮宿海三关，兼管江西陶政、九江关税务，内务府员外郎仍管佐领加五级，沈阳唐英"；[132] 顺治年间任两淮运司淮安运判的内务府郎中于抡魁，也仍兼佐领；[133] 乾隆四十六年授江宁将军的散秩大臣、世袭骑都尉觉罗万福，亦兼佐领。[134]

综前所论，曹颀（曹起）乃曹荃所生的第三子（在曹玺孙辈的大排行中他亦排行第三），满名原取作桑额，即汉文中的"三哥儿"之意，小有作桑格，[135] 或译成三格，此名在旗人当中相当普遍。惟因雍正十一年七月

---

131 此段参见弘昼等，《八旗满洲氏族通谱》，卷74，页9；卷77，页7—8；鄂尔泰等修，《八旗通志初集》，卷3—19。后书《旗分志》中无旗鼓佐领常柱，但有一名常住者。
132 https://m-auction.artron.net/search_auction.php?action=detail&artcode=art0062323157.
133 盛昱，《雪屐寻碑录》，卷2，页9；卫哲治等修，叶长扬等纂，《淮安府志》，卷18，页72。
134 盛昱，《雪屐寻碑录》，卷16，页12；《清高宗实录》，卷1127，页61。
135 康熙朝漕运总督桑额即有书作"桑格"。王庆云，《石渠余纪》，卷1，页50。

二十四日《内务府满文奏销档》的汉译中，出现多处与桑额音近的佐领名，遂令相关之研究者治丝益棼，如其中记：

1. 此前身故的六名旗鼓佐领之一为桑额，并称其原管佐领乃由世佳保接任。
2. 引见后补常阿原管旗鼓佐领的奉宸苑员外郎名桑额。
3. 常阿调补曹𬤇所遗留之旗鼓佐领。又，《八旗通志初集·旗分志》称镶黄旗包衣第四参领第二旗鼓佐领在曹起卒后由桑格补。

下文即尝试析探前述的桑额、桑格、常阿究竟是否同一人。

考虑《八旗通志初集·旗分志》有谓正黄旗包衣第五参领第四旗鼓佐领在桑格卒后由释迦保补，知桑额即桑格、世佳保即释迦保。惟前述常阿并不属于谕旨中原先所挑出欲补放之丁松等八人之一。查《历朝八旗杂档》中有一件乾隆二年九月镶黄旗包衣第四参领关保呈报该参领所属佐领的档册，记第二旗鼓是康熙三十四年编立的，历任佐领为胡尚宾→李祥麟→许嘉谟→曹𬤇→桑格，曹𬤇病故后，续任之员外郎桑格于雍正十一年七月二十四日被放为佐领，迄呈档的乾隆二年九月仍在任。经对照乾隆《八旗通志初集》或嘉庆《钦定八旗通志》，发现《历朝八旗杂档》所记此旗鼓佐领的前五任管理者几乎相同，仅第二任的李祥麟和李襄林、第四任的曹𬤇和曹起，是同音异字（不考虑声调），至于第五任的桑格，在《内务府满文奏销档》中则被今人译成常阿，且称"桑额补常阿之佐领，以常阿调补曹𬤇之佐领"，但《八旗通志初集》和《历朝八旗杂档》则分称曹𬤇（起）卒后是桑格补任，而不是常阿。[136]

笔者初疑桑格或是发音有些接近的常阿，经爬梳近年出版的《清宫内务府奏销档》三百册，很幸运在第二册找到《关于江宁织造曹家档案史

---

[136] 因桑格为现任之佐领，故仅其就任日期被详载。此段参见张书才，《曹雪芹家世生平探源》，页4—6。

料》汉译的《内务府总管允禄为旗鼓佐领曹颀等身故请补放缺额折》满文原件，发现常阿（cangga）与桑格（sangge）的字形很难出现混淆（图表6.10），不太可能为同一人名的不同译语。

更有甚者，《八旗通志初集·旗分志》中并无任何旗鼓佐领的名字发音接近"常阿"，而《内务府满文奏销档》却指常阿原管的旗鼓佐领改由桑额接任，常阿则调补曹颀之佐领，由于奏销档的此一叙述相当具体，很难是因一两字的讹误或错抄而置入常阿之事。张书才因此怀疑常阿在奉旨调补曹颀之佐领后，旋即因故（如过世或所谓的"缘事革退"）遭去职，遂改以桑格（即桑额）补授了曹颀原缺。再因《内务府满文奏销档》的《内务府总管允禄为旗鼓佐领曹颀等身故请补放缺额折》，发生在雍正十一年七月二十四日，此同于《历朝八旗杂档》记载的桑格补缺时间，故应不存在常阿曾实授曹颀缺的可能性。但该说依然无法解释为何常阿于雍正十一年七月之前所管理的佐领未见于《八旗通志初集·旗分志》。亦即，《八旗通志初集》或《钦定八旗通志》中关于旗分的记载似乎有少数缺漏的情形。[137]

---

[137] 在常阿补放佐领的档案中，另八名补放的佐领皆可在《八旗通志初集》查得：如丁松补佛伦之镶黄旗第五参领第四旗鼓佐领、依福补徐君聘之镶黄旗第四参领第一旗鼓佐领、释迦保补桑格之正黄旗第五参领第四旗鼓佐领、尚琳补尚志舜之正白旗第五参领第三旗鼓佐领、永保补李延禧之正白旗第五参领第五旗鼓佐领、赫达色补郑禅保之正白旗第五参领第四旗鼓佐领、雅尔岱补四黑之正黄旗第四参领第一旗鼓佐领、四黑调补五雅图之正黄旗第五参领第六旗鼓佐领。

图表6.10 《内务府奏销档》中曹頫身故后补放佐领的资料

❖ 《内务府满文奏销档》
转引自《关于江宁织造曹家档案史料》页191

内务府总管允禄为旗鼓佐领曹頫等身故请补放缺额摺 雍正十一年七月二十四日

内务府总管允禄为旗鼓佐领**曹頫**❶、佛伦革职、郑禅宝陞任、徐俊平、尚志舜、李延禧、为补放此等缺额，将在中正殿行走之掌仪司员中丁松，都虞司员外郎雅尔岱，营造司员外郎世佳保，广储司员外郎永保，尚林，护军参领伊福❸奉宸苑员外郎**桑额**❸，骁骑参领兼乌鎗护军参领黑达色，骁骑参领观音布，上驷院司员外郎赛音保，饭房掌仪司三等侍卫郎散秩大臣常明，内务府总管兼乌鎗护军参领马鎗兼乌鎗护军参领常住，庆丰司员外郎玉清等名，各缮一绿头牌、由总管内务府总管兼署领侍卫内大臣和硕庄亲王、内务府总管海望、兼理吏部兵部侍郎事务・内务府总管鄂善、副都统兼侍郎衔・内务府总管丁皂保具奏，带领引见。

奉旨：以丁松、雅尔岱、世佳保、永保、尚林、伊福、大人谕交：以丁松补佛伦之佐领，雅尔岱补**桑额**❺之佐领，世佳保补尚林补徐俊平之佐领，永保补李延禧之佐领，雅尔岱补四黑达色补**桑额**❻之佐领，❼林补郑禅宝之佐领，以常阿调补❽之佐领，以四黑调补乌雅图之佐领。以桑额补阿❾之佐领。（近人汉译）

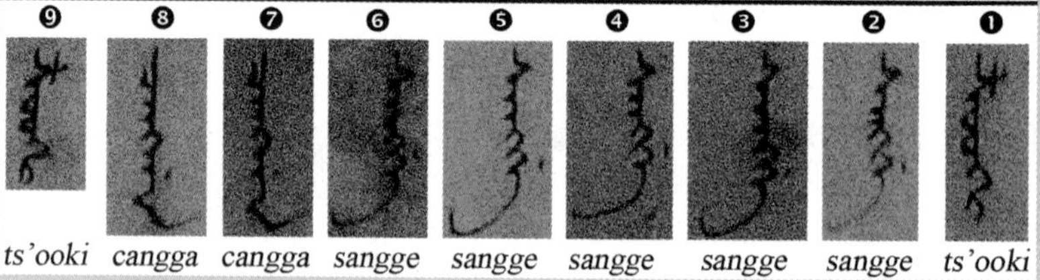

❾ ts'ooki　❽ cangga　❼ cangga　❻ sangge　❺ sangge　❹ sangge　❸ sangge　❷ sangge　❶ ts'ooki

　　红圈先前因对曹頫的宦历认知有误，以致产生一些不足凭信的说法。如周汝昌因认为时人不可能以二等侍卫衔任茶房总领且兼管旗鼓佐领，故误以曹家应有两个堂兄弟分任前述职务，遂疑现有档案史料是在翻译时把他们混为一人，他还臆测此二人之名为頫与頯（音kui3），又因頯与骥的满文形似，他进一步指頯就是曹寅在《途次示侄骥》诗中所提及的侄儿。[138] 徐恭时在周

138　周汝昌，《红楼梦新证》（2016），页26—27。

汝昌的基调上，修订称另一人为与"顾"音近的"頯［音'契'］"。[139]然周、徐二说其实并不成立，因《八旗满洲氏族通谱》的体例称"凡初来归依、有名位可考者，通行载入"，故若曹家之人曾担任茶房总领（《通谱》中出现25处）、侍卫（1123处）或佐领（3728处）其中任一职位者，应不会不被收入此官书，然查《通谱》中曹锡远的元孙辈，却只见曹颙、曹频、曹顺和曹天祐，知前人所臆测的曹頯、曹頫，应皆不存在。[140]

再者，据《钦定八旗通志》：

> 初设饭房总领、茶房总领各三人，饭上人三十五人，茶上人十七人。康熙二十八年定饭上人委署总领一人，<u>雍正元年定饭房、茶房总领俱授为二等侍卫</u>，饭上人授三等侍卫六人、蓝翎侍卫七人，茶上人授三等侍卫三人、蓝翎侍卫四人。[141]

知自雍正元年起茶房总领俱授为二等侍卫。而曹顺虽在康熙五十五年闰三月自茶上人补放茶房总领，但五十八年六月因制茶出错被降三级，迄六十年其职衔仍为茶上人，至雍正三年五月获赐烧酒胡同九间房时则已复为茶房总领（图表6.9）。亦即，曹顺应是于康熙六十年至雍正三年五月间复授为茶房总领，并因此兼二等侍卫衔。

总管内务府事务的庄亲王允禄，于雍正五年闰三月十七日为审理桑额与索住合谋设计逮捕吴老汉一案请旨（图表6.11）。此事的缘由是桑额在担任庄亲王博果铎（雍正元年薨，无子，允禄奉旨为嗣并袭爵）茶上人时，曾代江宁织造售卖康熙六十年内务府交付织造官员的人参，欠了曹頫家负责此一差使的吴老汉银三千一百余两，吴老汉因此常不留情面地向他催债，桑额遂起意与萧林、索住设计反击。

---

139 徐恭时，《棟花满地西堂闭（上）：曹頫史实新探》；徐恭时，《寅宣子系似丝梦：新发现的曹雪芹家世档案史料初析》。
140 朱淡文，《红楼梦研究》，页410—421。
141 铁保等，《钦定八旗通志》，卷45，页14。

萧林自供："我原系江宁织造府库使。有桑额等之家人，名叫吴老汉者，于康熙五十八年将我的红花四十包给价四百两买妥，但只给五十两"，吴老汉称"我系曹頫之家人。并无购买萧林红花、拖欠银两情事。有名叫桑额之人，因欠我于康熙六十年卖人参银三千一百余两未还……"桑额则谓："我在庄亲王茶上人的时候，于康熙六十年交付织造官员售卖的人参中，因欠了曹頫的家人吴老汉卖人参的银两，吴老汉催债，常在我家里坐着，不留情面地辱骂吵闹……"当中有称吴老汉是桑额家人，也有以其为曹頫家人，知他们关系复杂。又因桑额时任庄亲王博果铎的茶上人，知其卖参之事应发生在北京（当地有专门"发兑官拣人参"的小铺；图表5.4左上）。

由于索住哥哥是萧林的主人，而桑额认识索住，索住因此出面于雍正四年十月初十日邀请萧林和桑额至家，桑额即利诱萧林合谋对付吴老汉，索住也请自己担任番役（指缉捕罪犯的差役）的表弟蔡二格来家商议如何进行陷害，萧林遂在十月十四日出面引诱相识的吴老汉出城看病，并于分别返家时安排蔡二格在御河桥将其逮捕。

允禄等在与双方对质并清算已偿银两后，确认桑额仍欠吴老汉银一千三百十五两。依律"凡人若合谋设计，故意哄骗，使捕旁人，陷致获罪者，应与犯罪者同罪，处以杖流"，遂议将桑额枷号（此一带枷示众的刑罚，常被用来羞辱犯人并教训众人）两月，鞭责一百，并发往打牲乌拉充打牲夫。至于桑额所欠之一千三百十五两银，应向桑额于枷号期内催取，俟偿完吴老汉时，再行发配。奉旨："依议。"

第六章　嫡出二房曹荃与庶出长房曹寅的互动

图表6.11　《内务府奏销档》中的桑额陷害吴老汉案。今人自满文译出

内务府奏审拟桑额等设计逮捕曹頫家人吴老汉一案请旨折

雍正五年闰三月十七日
（转引自《关于江宁织造曹家档案史料》，页177—180）

总管内务府谨奏，为请旨事。

案查内务府佐领、管辖番役处值年郎中鄂善、常保票送桑额等与索住合谋，央烦番役蔡二格等设计逮捕吴老汉一案。

据萧林供称：我原系江宁织造府库使。有桑额两拖欠未给，去年十月十四日，我在御河桥遇见吴老汉，和他吵闹时，被番役逮捕等语。因欠我于康熙六十年卖人参银三千一百余两未还，我到桑额家去催索时，顺便到旁处去了。我进正阳门，萧林拦住我坐的车，把我从车里揪出来，和他吵闹。我不知道等语。遂将此究讯萧林和番役们的逮捕之处。

据吴老汉供称：我系曹頫之家人，名叫吴老汉者。于康熙五十八年将我的红花四十包给价五十两，其余银两拖欠未给。去年十月十四日，我在御河桥遇见吴老汉，和他吵闹时，被番役逮捕等语。因欠我于康熙六十年卖人参银三千一百余两未还，我到桑额家去催索时，我原认识的名叫桑索住认识吴老汉是实。

把我弟番役蔡二格叫到他家，索住供称：我在庄亲王茶上人阿哥跟前，说桑额向我说：『阿哥，你到御河桥去，把吴老汉叫到他家。』阿哥到后，说桑额向我说：『你进正阳门回家去罢，我进宣武门，顺便到旁处去。』我同桑额去桑额向我说，正阳门外有一好大夫，帮助桑额央求，我未答应。有名叫桑额之人，因欠我于康熙六十年卖人参银两之事。去年十月初十日，桑额说：『你进正阳门回家去罢，我到御河桥，把吴老汉叫到他家。』阿哥到后，说桑额说：『吴老汉到我家来，向我说：我欠吴老汉三千余两银子，已经还他。』我一时听了他的话，一定帮助阿哥有好处，遵捕了吴老汉。这是我的死期到了，我还有何说呢等语。桑额供称：我在庄亲王茶上人阿哥跟前，说吴老汉卖人参的银两，吴老汉催债，故意哄骗，我很受不了。阿哥向我说，命你到桑额家去催索，就可逮捕他了。我这样说桑额向我说：『阿哥，你这样疼爱，我一时不能忘，一定帮助阿哥有好处，逮捕了吴老汉。』这是我的死期到了，我还有何说呢等语。

桑额供称：我在庄亲王茶上人阿哥跟前，说吴老汉常往其家催债，鞭责一百，发往打牲乌拉......桑额所欠之银一千三百十五两，应向桑额于枷号期内催取，侯偿完吴老汉时，再行发配。为此，谨奏请旨。等因缮折。

奉旨：依议。管理番役官员，查出这一案件，很好，应予记录奖励。案件若查的好，即应记录奖励。如果伊等所属番役，有设计捕人恶劣行为，而伊等若不查出，即连伊等一并治罪，则伊等始知留心奋勉也。钦此。

奉旨发配。为此，延禧、散秩大臣、委署内务府总管常明、一等侍卫纳苏图等转奏。

得：审理桑额与索住合谋，央烦番役蔡二格与犯罪者同罪，将桑额设计逮捕陆续偿还者销除后，央烦番役蔡二格、吴老汉、陷致获罪者，应与犯罪者同罪，将桑额设计逮捕吴老汉者，甚是可恶。因此，议将桑额于枷号期内催取，侯偿完吴老汉时，鞭责一百，发

再行发配。为此，总管内务府事务、和硕庄亲王臣允禄，吏部尚书、协理兵部尚书事务、内务府总管查弼纳，和硕庄亲王臣允禄，吏部尚书、协理兵部尚书事务、内务府总管查弼纳，委署内务府总管永福，交与茶饭房总管，包衣护军统领兼副都统、署内务府总管李延禧、散秩大臣、委署内务府总管常明、一等侍卫纳苏图等转奏。

405

虽此奏在称呼桑额时未加职衔（对时任江宁织造的曹頫，也同样未记其官衔），且桑额之名在旗人当中颇常见，然因吴老汉被萧林称是"桑额等之家人"，但他自己却只愿承认是"曹頫之家人"，知桑额也应属曹家人，但桑额与曹頫后或因前述的金钱纠纷而撕破脸，以致被吴老汉视如仇雠。此外，桑额若非曹家有头脸之人，应也不会让他负责售卖价值三千多两的人参（约占曹頫承差之数的近1/3）。再加上桑额自称康熙六十年承接售卖人参时（此时曹頎应尚未归宗，否则曹頫不会请曹頎代售人参），他正担任庄亲王博果铎的茶上人，而曹頎于五十八年六月亦因制茶出错而自茶房总领被降三级，[142] 至十二月还奉旨以茶上人身份携带克食交付胤禛，[143] 疑前述陷害吴老汉的桑额，应就是满名为桑额的曹頎。曹頎在康熙六十年至雍正五年间因与长房曹頫发生重大矛盾而归宗，无怪乎，吴老汉不将其视为曹頫之家人。

至迟在雍正四年，曹頎已任镶黄旗包衣第四参领第二旗鼓佐领，由于雍正元年规定茶房总领俱授二等侍卫，《八旗满洲氏族通谱》遂称其"原任二等侍卫兼佐领"。[144] 三年五月，时任茶房总领的曹頎获赏烧酒胡同人官之房一所；五年十二月及六年十二月，还各获赐御笔"福"字一张；十一年七月之前不久卒于旗鼓佐领任内。[145]

雍正六年曹頫遭抄家归旗，时任镶黄旗旗鼓佐领的曹頎应已于此前归宗，否则理应协助承赔长房曹頫所欠之四百多两银（曹頫至十三年十月才因乾隆帝的即位恩诏而宽免其未完之数，此前且持续遭枷号）。[146] 况且，雍正七年在催追曹寅收受前河道总督赵世显（康熙六十年冬以亏空国帑下刑部狱，稍后被

---

142 《关于江宁织造曹家档案史料》，页151—152。
143 中国第一历史档案馆编，《康熙朝满文朱批奏折全译》，页1440—1441。
144 《大连图书馆藏清代内务府档案》，册8，页202—203；昆冈等修，刘启端等纂，《钦定大清会典事例》，卷1173，页10—11；张书才，《曹雪芹家世生平探源》，页3—6。
145 《关于江宁织造曹家档案史料》，页167、185—186、189、191。
146 张书才，《曹雪芹家世生平探源》，页51—56。

籍没家产并毙于狱[147]）贿款八千两一案时，[148] 查得戴罪在京的曹寅之子曹𬱖并无家属"可以着追"，亦知曹頫此时确早已回归二房（他且可能在曹𬱖遭抄没的过程中落井下石；详见第七章）。

朱淡文以曹𬱖被抄没乃受曹顺密报的影响，理由是赫达色在雍正七年还任内务府郎中兼镶黄旗包衣第一参领，且于十一年补放正白旗包衣第五参领第四旗鼓佐领，然此赫达色或非曹顺（附录6.4）。况且，若曹顺即笔者主张之珍儿，曹顺早就卒于康熙五十年。頫与𬱖原本同为曹荃所生，他们之间的嫌隙或始自曹颙猝逝时，頫虽较年长且有任官经验，但李煦和"曹颙之家人"老汉（疑即吴老汉，当时许多旗人常不使用汉姓）等却均透过内务府官员向皇帝表达对曹𬱖袭职的支持，[149] 此举想必导致曹頫极为不快。

至于曹𬱖家被控的"转移家财"，则为许多臣子惯用的伎俩（附录7.3）。如康熙朝炙手可热的太监梁九功（在指婚曹寅两女时均奉派传旨）于五十一年缘罪遭抄没时，即被查出其家人单四曾"领了太监梁九功的银四千九百两，赁了宣武门外轿子胡同的房子四十六间，交与民人张三开了吉如号油盐店"。而单四在被发配打牲乌拉时，亦将京城的房地契交与义子单棋文（即黄四），先前单四也将安定门外的房地交给单大的义子单棋福，这些财产在梁九功于雍正元年自缢身亡之后的十年仍遭到严追（图表6.12）。[150]

---

147 萧奭撰，朱南铣点校，《永宪录》，页150。
148 赵世显案应与雍正四、五年审理之隆科多案有关，赵氏因行贿隆科多一万二千两遭定罪。隆科多为孝懿仁皇后弟，是康熙六十一年十一月皇帝大渐时指派的顾命大臣。雍正四年其家仆牛伦以"挟势索赔"被逮下法司，鞫得隆科多受年羹尧、赵世显、满保、甘国璧、苏克济等人贿。雍正帝更斥责隆科多与阿灵阿、揆叙相党附，又与年羹尧交结。雍正五年十月审定其四十一款罪状，命于畅春园外永远禁锢，六年六月死于禁所。参见《清世宗实录》，卷40，页600—601；卷62，页947—948。赵尔巽等，《清史稿》，卷295，页10353—10355。
149 此人应是曹家长房中管理家事或庶务的要角，如康熙四十年内务府将龙江等五关的铜觔分给曹寅、曹荃经营时，初即交"曹寅之家人老汉"负责。"曹寅家人吴老汉"更曾代主人馈送一千七百余两银给散秩大臣佛保，并借银七千多两给大学士马齐。况且，曹寅家的管事不可能同时有老汉和吴老汉同名之人，因这将在称谓上引发许多混淆。参见《关于江宁织造曹家档案史料》，页20、125—126、203。
150 杨珍，《康熙朝宦官新探》。

同样，雍正四年五月在治罪苏努、七十（人名，被指为阿其那、塞思黑案"党乱助逆之罪魁"）子孙时，亦称"伊等家产，谅已隐匿，何必抄没"；十三年十一月淮关监督年希尧（年羹尧兄）因"庇仆纵役，贪赃坏法"革职，其家人在京闻信，即到淮安"藏匿寄顿"，乾隆元年二月谕旨："观其先行藏匿资财，曲意防护，甚属无耻……应追入官者，即丝毫亦不可假借，庶可处一警百。"[151] 在两淮盐运使卢见曾（其孙娶纪昀长女）的贪污亏空案中，侍读学士纪昀也于乾隆三十三年因"豫露［抄家］信息"，致卢家"遽将家赀散寄各处"，纪昀遂遭论罪，发往乌鲁木齐效力赎罪。[152]

康熙四十八年三月曹寅在扬州见到故弟曹荃亲手栽植的杜仲树，睹物思人，遂书《思仲轩诗》二首并广征图咏（图表6.13），[153] 其序中有云：

> 思仲，杜仲也，俗呼为檰，芽可食，其木美，荫而益下，在使院西轩之南。托物比兴，盖有望于竹村，悲吾弟筠石焉尔，作《思仲轩诗》。

查曹寅现存的诗词中，另有十题提及"竹村"，[154] 其中三题中的"王竹村"明指王文范（字竹村），余七题虽无姓氏，但从所系官衔（如大理、使君）及内容判断，均应指号竹村的苏州织造李煦（四十四年获赐大理寺卿衔，并于是年十月开始与曹寅轮兼两淮巡盐御史）。

曹寅应是因两友的字号相同，为加以区别，遂以不加姓氏的方式来

---

151 《清世宗实录》，卷44，页664。《清高宗实录》，卷6，页260；卷13，页389。
152 《清高宗实录》，卷815，页1024—1025、1037。
153 《思仲轩诗》有"庭木敷春滋"句，而前一首《使院种竹》有"序当春夏交"句，知皆作于春末。参见曹寅著，胡绍棠笺注，《楝亭集笺注》，页270—273。
154 如《竹村大理寄洋茶、滇茶二本，置西轩中……》《桃花泉并序……五月从驾返署，卧疴移日，始试此泉，作示从吏，兼待竹村》《竹村惠砚》《苦雨独酌，谢竹村使君见贻盆兰有作》《六月十日竹村大理、南洲编修、勿菴征君过访真州寓楼有作》《竹村大理筵上食石首鱼作》《谢竹村饷笼蒸》，即均指号竹村的李煦。至于《雨寒书院小酌，王竹村以饼肉相饷，即事戏与元威、云村、蓼斋、巳山、璪亭、吹万共赋，索竹村和，用东坡集中韵》《送王竹村北试二首》《送王竹村入蜀二首》，则谓字竹村的王文范。

称呼大己三岁的亲长李煦（称曹寅为"老妹丈"），但对其"最契密"的友人王文范（图表4.17），则连姓带字称"王竹村"。也就是说，《思仲轩诗》序中的"盖有望于竹村"应谓李煦。再从"今年移丛竹"句，知曹寅乃于四十八年在真州使院内移种竹子，并期许轮管盐课的李煦在十月交接后能接续照看。

从曹寅在前诗直言他乃以"托物比兴"的方式追悼亡弟曹荃，知"今年移丛竹"句应兼有譬喻。又，朱彝尊于康熙四十八年为和《思仲轩诗》所赋的题诗亦云：

> 芜城鲍明远，古调李骞期。眷念同怀子，因题思仲诗。
> 春塘宜入梦，柔木易生枝。更放过墙竹，浓阴使院垂。
> （公弟居此，植杜仲一本于庭，故以名轩）[155]

以首联称颂曹寅兄弟的文采堪比留下《芜城赋》名作的南朝鲍照（字明远），及赋就《李陵与苏武诗》《汉李陵赠苏武别诗》等古调的李陵（因被匈奴羁留以致约期失信，故曰"骞期"）。

155　朱彝尊，《曝书亭集》，卷23，页2。

图表6.12 雍正十一年四月允禄等详审太监梁九功案

《清宫内务府奏案》册2，页64-74

总管内务府谨奏为请

言事据值年营差护军外郎阿尔拉齐回称番役头目高连魅等访拏首告隐逃人官房地之单棋植呈称我像太监梁九功家人单四于康熙五十一年太监梁九功赖罪籍没家产人口入官将我父亲王氏兄单棋於五十五年缘生了我我今十七岁雍正元年拨给贤瓜头圆棵名下克富壮丁俊於将我父送官我义父提庄子上务道打牲乌剌将并未带了我去到了二年上我父说单四曾向我说京城有置立的房地文书都交给我义观单四於上年七月内病故我并未派官我诚恐日後事出拔累如此年纪甚观我义观单四於上年七月内病故我年纪甚观我义观单四於上年七月内病故我情愿愿戴出入官等语再拠单大义子单棋福地情愿戴出入官等语再拠单大义子单棋福呈称太监梁九功家人单安定门外太监土房二间交给我令情愿戴出入官等语頤傅說實四即單棋文供稱我像江南太倉州氏

（中略）

因廢日叢難於康熙四十三年来到京裡索價銀十五兩白契典給太監梁九功入單四恐作義父他用銀子三十兩替我娶了親康熙五十一年將太監梁九功抄了家將人口入官之後我將身價銀四十五兩交了官連我之單棋埴呈稱我像太監梁九功家人單四女人王氏噴出單四母親王氏兄單棋埴人口入官之後他義子單四母親王氏兄單棋埴人口入官之後他義子單四將單四隱瞞的银子二千餘兩将单四隐瞒的银子二千餘兩得祖銀七十五兩单四在庄子上定了發遣打牲乌刺的罪他将這地速文書都交我了我着每年所得地粗銀速文書都交我了我着每年所得地粗八五錢也在東沙坨子處典銀六十九兩五領了太監梁九功的银四十六百两所有宣武門外橋子衛術的房子四十六間交與民人張三開了吉如玠油鹽店到了雍正元年二次看梁九功家產時單四止報出銀二千兩交典五雜如等交官時添補等項單四發性如此供出是有此單大義子單棋福過銀八百餘兩問他三批知道了雍四發性名下一應文約账目铺内什物等項清單一併開首告人單四之單棋埴並呈狀黃四原地名借銀內典買房開張鋪面借救賬目此外仍有隐瞒之處亦未可定除張三於耽取供詞内應無扁護外應照單四即單棋文供稱我像江南太倉州氏租銀內典買房開張鋪面借救賬目此外仍

（中略）

贾四即太监梁九功家人单四家产之大臣官员查将原垄梁九功家人单四家产之大臣官员查将原垄

（下略）

图表6.13　曹寅为亡弟曹荃所写的《思仲轩诗》及相关和诗

❖ 曹寅，《楝亭诗钞》，卷6，页11–12

思仲軒詩　并序

思仲杜仲也俗呼為檰芽可食其木美陰而益下在使院西軒之南記物此興蓋有望于竹村悲吾弟筠石焉爾作思仲軒詩

東隅麗初霽庭木敷春滋碎蘀不任掃噠軋雅鳥兒問名為藥樹辛平入肝脾散肩中含綿布子秋離離昔人營棟宇特惜輪囷奇樗散滿緒風播檀欒前違心期今年移叢竹匹植當連漪後青參差於中設繩床永來支頤豈得至友殷勤慰調飢為子護嘉蔭長王毋過時中夜有餘恫

方書創廣夏寓懷託思仲仙跡雖多誣令我心魂動音容杳無期前夕曾入夢想逐賓洟尻馬自飛馳隻身念老兄諸子尚乳湩骨肉彭舊歡飄流涉沈痛憶汝持節來錦衣貌妹眾寒眼歷十載拱木已成棟餘生蘭浮雲一近尝能控因風寄哀鈌

❖ 朱彝尊，《曝书亭集》，卷23，页2

題曹通政寅思仲軒詩卷

燕城鮑明遠古調李齋期舂念同懷子因題思仲詩塘宜入夢柔木易生枝更教過牆竹濃陰便院垂
　擕杜仲一本于　庭政以名軒　　公弟

❖ 文俶，《金石昆虫草木状》，木二，无页码

❖ 翁方綱，《復初齋詩集》

蘇齋小草二甲寅四月

鐵香舊題曹筠石洗桐圖詩一卷而其圖失去筠石棟亭弟也有棟亭竹垞思仲子及廿年垂棟思仲軒詩韻

三月桐芭二雨前春棟寶期婆娑二未在纉緝十鍛詩冉再翻新薙絲絹故枝高軒思仲子
題於康熙王戌竹垞
思仲軒詩卷竹垞及其孫翁翁題句　　己丑冬

❖ 曹家伯仲喻朱氏祖孫詩以棟名亭矣于楹齋寅之池塘春共氣薉開雨如絲詩局揚州夢新桐洗露時弟棟亭筠石

❖ 朱稻孫，《六峰閣詩稿》，卷2，页2

奉和曹荔軒先生思仲軒詩

中庭有灌木柯葉青娟娟注名桐君錄曰杜亦曰檰不若卑多莫不榆多錢小性香較殊似薄絲相連有時清風生綠邊傍列千千个竹下臨一泓泉五言賦長句體物何詳妍斯樹陰陰庭前發幾枝人朝咏留佳篇即事憶夷愉繾綣申言敵夛游感此情繾綣申言翕弱奏終莫宣

❖ 王衍梅，《綠雪堂遺集》，卷16，页17

三月五日六首

莫道劉伶善閉關前今歲憑香山驛帶花頻見思挑拱栩杜仲一思亍士衡病好栩屏絡務年衰恐倚　池塘春草綠于初黃大偏罪只只苦小驛帶花頻愛汝當軒閒記杏紅禪欹錦髻牡丹天氣笑寧猶

由于芜城即扬州古名，故朱彝尊或以鲍明远代指在扬州担任盐差的曹寅。另，有疑其《思仲轩诗》中的"李骞期"，乃隐指曹荃生前曾赴蒙古从军且惨遭羁押至死一事，该假说虽颇有意思，但有待更具体的论证。[156] 再者，考虑朱彝尊与王士禛并称南北两大诗宗，知前引五律的后半首不可能仅是单纯的平铺直叙而毫无隐喻，疑朱氏应是借竹"柔木易生枝"的生长特性来形容曹荃多子，而曹寅与朱彝尊亦分用"移丛竹"和"过墙竹"指涉曹寅过继曹颙等侄子以广嗣并维系家族的兴盛（"浓阴使院垂"）。[157]

曹寅《思仲轩诗》在"今年移丛竹……为子护嘉荫"之后紧接有"长王毋过时"句，其意一直未明。《史记·天官书》称"作鄂岁：岁阴在酉，星居午。以八月与柳、七星、张晨出，曰长王"（"长王"此解亦见于曹寅等奉旨在扬州开刻的《御定佩文韵府》），[158] 知"长王"即地支中"酉"的别称，代指八月（夏历以寅月为岁首，故八月建酉）。查曹寅另有《题堂前竹》诗，其中亦见"地缺秋穷宜长王，天寒日暮自娉婷"句，[159] 因疑"长王"一词与种竹的时间有关。

查古人虽指"种竹不拘四时，凡遇雨皆可"，但亦有"七月间移竹无不活""八月八日为竹醉日，种竹易活""秋分〔通常在八月〕后、春分前皆可移竹木""冬至前后各半月不可种植，盖天地闭塞而成冬，种之必死"等说法。[160] 又，宋代精于园艺的滕昌佑尝详记移竹之法曰：

> 园中竹以八月社前后，是月天色多阴、土润，竹以此月行根也。凡欲移竹先掘地坑，令宽大，以水调细土作稀泥，即掘竹四

156　兰良永，《红楼梦文史新证》，页77—81。
157　有疑"今年移丛竹"与"更放过墙竹"句并非引喻当年过继曹颙一事，然质疑者若认为曹颙是曹寅本生子，就必须合理解释康熙二十九年四月的内务府满文咨文中为何有"曹荃之子曹颙"之叙述，而非无根据地径指文献有错。事实上，笔者在前文已揭示该咨文出错的机会应微乎其微。参见徐继文，《〈咨户部文〉与曹雪芹家世》。
158　张玉书、陈廷敬等，《御定佩文韵府》，卷22之4，页43。
159　曹寅，《楝亭诗钞》，卷2，页7。
160　郭橐驼，《种树书》，卷中，页62—66；李光地，《御定月令辑要》，卷15，页11。

面，凿断大根科，连根以绳捆定……[161]

其中的八月社即秋社，乃指立秋后的第五个戊日，此日大多落在农历八月中旬前后（偶亦可能晚至九月下旬）。

笔者怀疑曹寅或因酉月较宜种竹而以"长王"借代此事，"地缺秋穷宜长王"句则谓移竹时即使土地贫瘠且已入晚秋，仍可为之。至于"长王毋过时"句，意指移竹最好不要选在秋尽以后天寒地冻的时间，此不知是否用来借喻过继之事无须考虑过多，但要起而行且不宜过晚。

再者，《思仲轩诗》中的"绪风〔指余风〕播檀栾〔形容竹之秀美〕，前后青参差"句，或引喻曹荃遗留之诸子均秀美，但年纪有参差。而"只身念老兄，诸子尚乳湩〔音'动'〕。骨肉阽〔音'险'〕旧欢，飘流涉沉痛"，则指曹荃诸子多在襁乳时即送往江宁，交祖母孙氏及长房兼家长的曹寅抚养，此举令曹荃与其子大多数时间骨肉分离，鲜少欢情。此外，"哑轧雅焉〔音'细'〕儿，问名为药树"句，乃描写其子学识虽待加强但具求知欲，[162] 此处应指的是养在身边的侄子曹颓（时年十四岁），因四十七年左右甫自二房出继长房的曹颙（曹顺或在此时归宗）已于四十八年二月后未久即上京当差。

此外，"岂异得至友，殷勤慰调饥〔意指早上未食前的饥饿状态〕"，则指常关照曹寅的至交密友李煦（因诗序中有言"盖有望于竹村"，而李煦号竹村），紧接着的"为子护嘉荫"句显然是对李煦的期望，希冀万一自己骤逝（所谓"余生蔫浮云，一逝岂能控"），作为母舅的李煦能好好照料曹颙。[163] 果不其然，曹寅病重时就曾托李煦（较曹寅晚死十七年）代奏，求赐圣药，当他于五十一年七月二十三日猝然长逝后，李煦更奏请代管盐差一年，且以所得余

161　黄休复，《茅亭客话》，卷8，页5。
162　宋·陆佃称"舄九写而为乌，甬三写而为帝"，清·蒋光煦有谓"雅本鸦字，后改为雅颂之雅；舄本鹊字，后改为履舄之舄"。又，清·刘嗣绾《与倪米楼书》尝称"每遇都邑，辄与停泊，市人一呼，不辨雅舄，下士大笑，如闻苍蝇"，"哑轧"则为象声词。参见陆佃，《埤雅》，卷6，页2；蒋光煦，《东湖丛记》，卷3，页1；屠寄辑，《国朝常州骈体文录》，卷18，页16。
163　《关于江宁织造曹家档案史料》，页135。

银助继任江宁织造的曹颙补完其父所欠钱粮。[164]

综前所述，曹寅在康熙四十八年三月所赋的《思仲轩诗》，乃怀念前一年过世的弟弟曹荃，"思仲"应是双关语，一为睹物思人，指曹荃于扬州使院亲手栽植的杜仲（又名思仲）树，二依表面字意，表达对仲弟的思念。至于内称的"音容杳无期，前夕曾入梦。想逐冥漠游，尻马自飞𥐻""因风寄哀弦，中夜有余恫"，其中"冥漠"指阴间，"尻马"是用《庄子·大宗师》的"尻轮神马"之典，谓以尻（音"kāo"，指臀部）为车舆而神游，后喻随心所欲、遨游自然，"飞𥐻［音'共'］"即飞腾。曹寅并透过"移丛竹"一事"托物比兴"，告知在"冥漠"的曹荃，自己已过继其子曹颙，并请至戚好友李煦也多加照护。

据康熙《上元县志》中的《曹玺传》，曹颙字孚若（见图表1.4）。其字应源出《易经·观卦·象传》之"大观在上，顺而巽，中正以观天下。观，盥而不荐，有孚颙若，下观而化也"，隐指颙排在顺后。又，《诗经·大雅·卷阿》中有"颙颙卬卬，如圭如璋，令闻令望"句，"卬"通"昂"，此或是曹頫以"昂友"为字的原因（见图表1.12及7.7；元人赵孟頫亦字子昂），期许他与兄颙能相友爱。[165]且"卬"亦通"仰"，与"頫"（通"俯"）对应，"颙颙卬卬"的连字进一步支持颙、頫同为曹荃所生的可能性。

由于曹家长房寅屡艰于子嗣，遂陆续自二房荃过继了顺、颙、頫、颀诸子，其中顺、颀二人最后皆与家人不和而归宗，[166]加上颇受看重的曹颙在接任江宁织造约两年后即骤逝，颇疑稍后奉旨出继曹寅的曹頫，很可能沿袭其家族的传统，得要替无嗣的兄长曹颙（原应为家长）安排传宗之香火。因曹寅的孙辈最后已知只剩下曹頫的二子：雪芹及其弟棠村，而雪芹或诞于五十五

164　《关于江宁织造曹家档案史料》，页98—101。
165　周文康，《诗经与曹雪芹家世考辨》。
166　黄一农，《二重奏：红学与清史的对话》，页109—154。

年闰三月，[167] 故当曹𫖯于五十四年正月出继长房后，曹家很可能会让稍后出生的雪芹依俗例兼祧曹颙和曹𫖯两支的血脉。亦即，雪芹应既是已故曹颙的嗣子，又是曹𫖯的本生子。[168]

四、曹荃的生命足迹

曹颙骤逝北京后，康熙帝欲在曹家中找人继任江宁织造一职，遂于五十四年正月命内务府总管询问返京述职之李煦的意见，并指示曰：

> 务必在曹荃之诸子中，找到能奉养曹颙之母如同生母之人才好。他们弟兄原也不和，倘若使不和者去做其子，反而不好。汝等对此，应详细考查选择。[169]

"能奉养曹颙之母如同生母之人"乃谓能奉养李氏者，不必然指李氏为颙生母。至于"他们弟兄原也不和"，朱淡文认为应指曹寅与曹荃不睦，且以此状况乃从其父曹玺去世后曹家争取继任江宁织造时开始。[170] 邵琳亦认同寅、荃不和之说，但主张袭职一事并未造成手足失和，因《楝亭诗钞》中有四十多首诗纪录两人间的唱和（图表6.14及6.15），从各个不同面向深切体现了曹寅与曹荃的兄弟情。惟她声称从康熙四十一年至曹荃过世的康熙四十七年之

---

167 康熙五十四年正月曹颙卒于京，三月曹𫖯奏称嫂马氏"现怀妊孕已及七月"，故先前红圈中有误以曹雪芹是曹颙的遗腹子，然从现存曹𫖯那段期间的奏折推判，马氏当时应是生女、流产或夭折（第七章）。另，笔者先前据《种芹人曹霑画册》上所钤用的字号印"闰周"，推测雪芹可能生于康熙五十五年闰三月，亦知他应非曹颙的遗腹子。参见黄一农，《红楼梦外：曹雪芹〈画册〉与〈废艺斋集稿〉新证》，页18—23。
168 古代家族往往会因血脉或财产等考量而介入继承之事，如江苏兰陵的缪栋"甫举子时，[从兄]履斋孝廉殁京邸，无后，族人命以先生褓子嗣"。又，浙江嘉兴金蓉镜无嗣，遂立约以妾朱氏的姊子为嗣，但在其殁后，"族人公议，仍以[侄]问礼为嗣"。至于棠村出生后，雪芹曾否改以出继（非兼祧）的方式解决曹颙无后的问题，则待考。参见缪荃孙等，《江苏兰陵缪氏世谱》，人物传第8之4，页12；金兆蕃等，《浙江嘉兴金如心堂谱》，卷5，页48。
169 《关于江宁织造曹家档案史料》，页125—126。
170 朱淡文，《红楼梦论源》，页55—56。

图表6.14　曹寅赋赠其弟曹荃（字子猷，号筠石、芷园）的诗作（一）

❖曹寅，《楝亭诗钞》

人日和子猷二弟仲夏喜雨原韻
小閣昔年聽雨處夜闌燈火對牀明草魂未返江
南夢雁字初歸人日晴屈指炎涼千里別何時來
往一身輕釣車秧馬南郊外共看靈湫徹底清 京中初夏游烏龍潭爲盛事
卷1，页3

黃河看月示子猷
高春澹微景露坐思南園不知明月光已照檣尾
旛濁浪無時休逆旅如煩寃怡然把瘦骨奮起憐
吹塤涓涓瀉醇酎秩秩羅寒燔視子負奇氣聽我
播清言清言亦可飽萬古多繽繙惟此白玉鉤能
探崑崙源常儀惜輕垂碧靄滋餘暄豈鮮重淵龍
睥睨方蟠蜿亦有投林鵲素色含孤騫秋空自然
遠蟲候本相喧明明一勺水再顧失潺湲陰森淩
九地晃朗排三垣荒風括箕口細露灑高原與子
共此杯持身慎璵璠莫歎無榮名要當出藩樊
卷1，页5

十八夜對月與子猷作
古瓦修柯蔭舍南參差城郭逈淒含自窺塵面幾
經鈌閒握顋毛相向談清漏稀聞如碎地深杯一
照即澄潭眼花竟欲窮霄上避弋啣蘆影二三
卷1，页14

小軒闢除已移居其中有懷子猷
舊營茅棟憶江皐几席虛明似小舠白堊常年無
改作清宵一侶足遨遨塵沙實積蕃摩內兒豎全
矜畫墁勞稍待月寒垂北户地爐煨酒快乘尻
苦憐幽境閉門成一日長窗倍眼明臘雪竟宜添
薄竹藜牀猶是面寒城鹿皮淨結雙趺穩煙宇闊
飛數翼輕頻念江鄉點梅萼思君脫帽趁逢迎
卷1，页20

十五夜射堂看月寄子猷二弟
西署徵歌東署閒南樓送酒北堂醺人閒清夜無
拘束千古歡場孰冠羣八月鄉關多過雁中年心
事祗看雲侍香班散聯吟去疎柳長隐坐卯君
卷2，页2

虎丘雪霽追和芷園看菊韻寄松齋大兄
筠石二弟
卷2，页4
鬢絲寒颭五湖風殘雪山山浪打空今日酒醒橋
萬里春帆不趁馬頭東 是日騎馬至皐橋
城角飛鴉無定時東園蕭瑟九花遲紅姑子爛三
塘晚那及吾家麂目籬
黷黷微霄玉塔光僧爐稠叠臘梅香一年詭餅鄉
愁劇釃點吳茶似酒黃
畫圖可耐客思家羔袖凭欄望已賒歸去東軒好
筠竹夜窗深玩海紅花

聞芷園種柳 用少陵春日江村五首韻寄子猷
卷2，页5
遥聞行藥處冉冉柳枝深碧色時開眼年華自賞
心鳴禽音易革永日句重尋天外春帆客飄搖感
至今
易植吾鄉柳叢生孰計年移來道僻路常是伴寒
泉小院清陰合長渠細溜穿知君有幽意處處寫
江天
惜樹齋前樹疎花綴小紅獨遮西下日不礙北來
風食益瓜蔬飯行嗟稚穢翁千條兼萬縷長短故
園中
故園何所有白石與蒼苔寂寞終無用婆娑豈不
材柔絲青可把愁絮撥難開惆悵橫戈地秋風拂
馬來
射圃空心柳他鄉也自生風蟬紛去住朝菌等枯
榮已得長眠嬾還成暢舞名蒼茫疑萬里只此共
離情

夜泛湖至董氏園登閣和子猷韻
路憶探梅處沙頭略彴平秋林亂榛莽遊騎晴伻
營往事水瑩散隔谿風鐸鳴羣山好相見來日敞
雲楹
黷黷梅花夢蒼蒼桂樹林不成招隱賦終負歲寒
心澤國鴻來晚天涯夜共深浮生尚何冀此際更
須斟
卷2，页8

和芷園消夏十首
楝亭詩鈔卷二　九
磁枕
小睡長天勝靜持東齋清秘枕中覽嫩涼一息應
誰較除是蘧然自得知
曝書
十五年間萬卷藏中年方覺曝書忙遥憐揮汗繽
繙處時有微風送古香
竹簟
七尺堯笙帖腹便消除一日夜涼前故鄉此物非
殊貴不設紗幮恣意眠
葵扇
東帶那容不受塵放衙天許作閒身老槐門巷風
猶昔來捉蒲葵得幾人
盆荷
西窗荷葉大如盤煙雨尋常作畫看三十六陂身
已到不勝清冷欲歸難
蕉窗
昔年槃室類吳舠曾有微言托綠蕉聞道春帆同
一色可能拄笏坐終朝 春帆芷園齋名
茗椀
卯君荼癖與吾同對客長愁放椀空近日衙齋須
槃果一杯清瀹只寬中
楝亭詩鈔卷二　十
冰盤
綈窗木榻靜無蠅內窖常支過午冰回憶吳中應
一笑紅鹽不下減風稜
碧筒
白玉蓮花手作杯擣香一石玉山頹平生狂飲無
拘泥解折荷涼第幾回
滌硯
宿墨能除硯始靈多生于此獨忘形何由一致中
冷水鸜鵒長教潑眼青

图表6.15　曹寅赋赠其弟曹荃的诗作（二）

❖ 曹寅，《楝亭诗钞》

朱園看梅憶子猷次同人韻　卷3，页二

射堂柳已成行命兒輩習射作三捷句寄子猷

前年風雪尚蓬頭幾日纖條竟緑稠無限蜩螗齊沸了又攜兒輩踏晴秋

繩量馬道不嶔斜雁字排栽築水沙世代暗傷弓力弱交牀側坐捻翎花

畫鼓鼕鼕簇羽繁黄麾命舞亦軒軒金城涕淚他年事特寫新詩寄芷園　卷3，页3

晚晴遠事有懷芷園　卷3，页12

過沂水有懷芷園弟　卷3，页15

廳前紅梅初開折一枝寄子猷索詩

晴簷鳥雀譁梅著一分花便信寄春去閒中知體佳軍持涉江水綈几違晨衙試擬凌風態詩情可較差　卷3，页17

支俵金鑄酒鎗一枚寄二弟生辰

自作銀鎗一尺圍嘉量伯仲素無徵比聞飲噉君常健聊伴書函使欲歸三品全家增舊禄近蒙恩擢階正三品食俸百花同日著新緋生辰同花生日瀕行復憶前時笑皓首雲山願莫違別時曾道宋子京開元寺給爲笑　卷3，页17

中秋西堂待月寄懷子猷及諸同人

涼風萬里騎蟾背汗漫誰遊碧落間濁世陰霾難久障幻人梯棧強高攀空香浥路飄絲雨重轂流雲畟珮環直待滿城絃管歇漸分清影上屛山　卷4，页1

雲鎛寒光寫水明揚箕浥斗正西行廣庭柳起傞傞舞深巷雞驚喔喔鳴閒夜相看如曠別幾人同寤亦深情不知風雨長淮岸拍枕波濤何限聲

西軒大雪餅中紅梅盛開憶去年寄子猷詩感而有作

折贈非無賴東風用意偏爲誰頳注頰一笑雪漫天小盞澆寒退踈香致語前莫嫌丰度冷喜色自今年　卷4，页2

聞孫冷齋有琴來聞看雪詩率和代柬兼念子猷　卷4，页2

朔雪殘冬盛河流凍復糟望風艱警欬釃酒祝亭皐貧悉家居穩寒爭眼界高西軒亦清絕揮涕手頻勞

寂歷誰同賞寰區意向闌忽聞孤嗩曉獨坐白雲寒琴有移情悟詩工聚景難因君乞三筆裂取畫圖看

和孫子魚食薺詩寄二弟　卷4，页7

野薺蒙霜雪能先衆草生賦形同薪蕢聚族異蕪菁肉食甘常勝山廚品最清異鄉頻擧筯㯺㯺對梅英

（下略）

留題香葉山堂芷園弟及劉晦菴數游於此　卷5，页5

思仲軒詩 并序　卷6，页11—12

思仲杜仲也俗呼爲櫛芽可食其木美蔭而益下在使院西軒之南託物比興蓋有望于竹村悲吾弟筠石焉爾作思仲軒詩

東隅麗初霽庭木斅春滋碎蘖不任掃啞軋雅爲兒問名爲藥樹辛平入肝脾散膚中含綿布了秋離離昔人營棟宇特惜輪囷奇樗散昧古處㒓攜違心期今年移叢竹匹植當連漪緒風播檀欒前後青參差於中設繩牀永日來支頤豈異得至友殷勤慰調飢爲子護嘉蔭長王毋過時方書剖廣袤寓懷託思仲仙迹雖多誣令我心魄動音容杳無期前夕曾入夢想逐冥漠游尻馬自飛𨚗隻身念老兄諸子尚乳湩骨肉尠舊歡飄流涉沈痛憶汝持節來錦衣貌殊衆擧眼歷十稔拱木已成棟餘生藹浮雲一逝豈能控因風寄哀絃中夜有餘恫

漁灣夜歸憶子猷弟句悽然有作　卷7，页7

水動漁舟出句子猷題詩人已無荒堤溯凉月萬目歎懸珠估子夜吹笛篙師行唱于白頭更何好蹤跡浪江湖

❖ 曹寅，《楝亭诗别集》

賓及二兄招飲時值宿未赴悵然踏月口占轍示子猷二首　卷2，页1

歸鴉自知夕繞樹更遲煙耐可一樽外徘徊雙闕前靜香週月地清響結冰天料及圍爐坐馳思軼轍邊

（下略）

夜泛湖至董氏園登閣和子猷二首　卷2，页6

子猷摘諸葛菜感題二捷句

春闌青紫漫牆隅蔓菁敷花味始腴忽念南中桑葉長錯將薏苡謗明珠

譜疏相因舊不差情親小摘慰年華長安近日多適草處處真花似假花　卷2，页18

聞二弟從軍却寄　卷3，页7

與子隋地同胚胎與子四十猶嬰孩囊垂禿筆不稱意棄薄文家談武備伏閲揳狄閒邊隅閒子獨載推鋒車回憶趨庭傳射法平安早早寄雙魚

辛卯三月二十六日聞珍兒殤書此忍慟兼示四姪寄西軒諸友三首　卷4，页8

老不禁愁病尤難斷愛根極言生有數誰謂死無恩拭淚知吾過開緘覓字昏零丁摧亞子孤弱例寒門

予仲多遺息成材在四三承家望猶子努力作奇男經義談何易程朱理必探殷勤慰衰朽素髮滿朝簪

送王竹村北試二首　卷4，页10

秋捷兆清和眉間黄氣多　綸音聞益穎門第倒高科快馬爭燕市輕舟入濟河尋常法先輩調筆意如何

掌大懸香閣文光射斗魁芷園小閣鄉試內簾公多利　年來棠樹老君去桂花開野券驢三紙鄉情水一杯喜書三十六好爲慰衰遲

间，两人鲜少诗文互酬，且谓在曹寅病卒后，曹家亲旧故友将其尚未付梓的诗文整理刻印，编成别集四卷、词集一卷、文集一卷，当中也未收入关涉曹荃的内容，故她指称"曹家应该发生了一场比较大的纠纷，从而导致曹宣［即荃］对其兄曹寅有了怨怼心理。曹寅虽然百般委曲求全，也难以化解"，并谓曹荃去世时，"不仅曹寅无一字提及此事，甚至他们的故交好友也不曾有片言只字提及。这只能说明曹宣之死是一个意外，他的死对曹家来说是一个耻辱。曹寅虽然悲痛，却也只能埋在心中"。[171]

朱、邵的揣测和论述，其实并无足够说服力，此因寅、荃之间似乎一直骨肉情深（见后），且古人的诗文别集常经大幅筛选，并非生活的完整体现。如我们在敦诚《四松堂集》的付刻底本中可见其悼念好友曹雪芹的一首挽诗，但该诗于嘉庆元年正式刊行时就未被收入。又，张云章于康熙五十年为曹寅赋有《闻曹荔轩银台得孙，却寄兼送入都》，然曹寅（艰于子嗣）的存世诗文中却未曾提到该得孙大事。此外，曹寅的诗文别集罕见关涉其过继、生子、嫁妹、娶媳、嫁女之作品，[172] 也未言及其妹婿傅鼐、外甥昌龄、长婿纳尔苏、次婿罗卜藏丹津，亦无针对其生母顾氏、继嫡母孙氏、亲子曹颜的悼诗。曹寅应非不写与家事密切相关的诗文，而是此类作品在编刻时或遭删略（通常以诗文之好坏作为取舍的主要考量）。

楝亭诗歌迄今约仅十分之四存世，词作更只有十分之一或百分之一刊行（图表6.16）。[173] 亦即，我们不能因在曹寅出版的著作中，有几年未见涉及曹荃的诗文，就径行推判两人那段时间手足失和。尤其，《楝亭诗钞》中落在曹荃逝世前后且涉及曹荃的作品有《和孙子鱼食荠诗，寄二弟》（约四十年冬）、[174]《留题香叶山堂（芷园弟及刘晦庵常游于此）》（四十四年）、《思仲

---

171 邵琳，《"鹡鸰之悲"的千古情结：浅析曹寅、曹宣的兄弟情》。
172 倒是在张云章的《朴村诗集》中，屡见贺寿或记生子之作。
173 曹寅著，胡绍棠笺注，《楝亭集笺注》，前言，页5。
174 曹寅另有赋于三十八年冬的《闻孙冷斋有琴来阁看雪诗，率和代柬，兼念子猷》、四十三年的《孟秋偕静夫［胡其毅］、子鱼、尊五、殷六过鸡鸣寺得诗三首》，姚潜亦有《饮孙子鱼琴来阁，同汪度若、李方明、曹殷六、杜吹万作》（图表2.19），知曹寅、曹荃、曹鈖、姚潜、孙伯琴（字子鱼，号冷斋）等尝往还。

轩诗》（四十八年）、《渔湾夜归，忆子猷弟句，凄然有作》（四十九年）。[175]且《楝亭诗别集》中至少有六题十二首诗与曹荃相关，生前死后皆有（图表6.15），这些均明显挑战前述曹寅与曹荃不和的论点。

曹寅兄弟间的关系其实一直不差，[176]如《楝亭诗钞》中康熙三十四年有"金城涕泪他年事，特写新诗寄芷园"句；三十八年荃生日时，寅尝以薪俸请人铸了一支温酒用之银酒鎗寄赠，末称"瀕行复忆前时笑，皓首云山愿莫违"；他俩亦曾在四十年积极合作争取接办十四关铜觔。曹寅于四十八年悼弟的《思仲轩诗》二首，更称"音容杳无期，前夕曾入梦""余生藟浮云，一逝岂能控。因风寄哀弦，中夜有余恫"，情词悱恻。四十九年夏曹寅亦有《渔湾夜归，忆子猷弟句，凄然有作》诗，借用曹荃的"水动渔舟出"（他唯一存世的诗句）为起句，慨叹"题诗人已无"。康熙五十年的《辛卯三月二十六日闻珍儿殇，书此忍恸，兼示四侄，寄西轩诸友》诗，则以"予仲多遗息，成材在四三。承家望犹子，努力作奇男"句，期许亡弟曹荃的子嗣能承继家业。

此外，曹寅友朋诗文中关涉曹荃的内容，也往往是兄弟并称（图表6.17），如在中国国家图书馆现藏的《楝亭图咏》中，邓汉仪、土方岐、林子卿、杜濬的题诗皆同赠曹寅与曹荃；姚潜有《吴门同曹荔轩通政昆仲游千尺雪，限深字》诗；[177]阎若璩描述寅、荃二人"骨肉谁兼笔墨欢，羡君兄弟信才难［始知人才难得］"；王焞为曹寅所写的挽诗中，也有"地下为欢共子猷"句。这些多显示曹氏兄弟应无明显矛盾且感情深厚。亦即，康熙帝在前引谕旨中所担心先前曾出现不和的双方，其一应是甫病卒的曹颙（曹荃所生，但出继长房），另一则为曹荃尚在世的诸子（指頔或頎，又以曹頫最可能）。至于"去做其子"，乃指从荃子当中择一担任寅妻李氏（"曹颙之母"）之子。换句话说，"他们弟兄原也不和"非谓曹寅与曹荃不睦，而是指曹荃所生诸子

---

175 曹寅著，胡绍棠笺注，《楝亭集笺注》，页167—302。
176 兰良永《曹宣从军及其他》一文亦称曹寅涉弟诗中并无提及其兄弟不和者。
177 兰良永，《新发现〈后陶遗稿〉考察报告》。

图表6.16 曹寅诗文在出版时遭删汰的记事

❖ 上海图书馆藏《楝亭诗钞》书首

楝亭诗钞者吾师通政公所作也楝亭删诗者公手自刊落不欲付梓命小胥钞录謂此集雖公自視若歉然猶當加於人數等不可終使湮晦因共技刻附詩鈔之後名曰別集所以存公之志也振基惟無論識與不識皆咨嗟太息或至于流涕也振基昔隨先君得親司空太夫子既而僭述其大致如此前刻詩今公子繼任織部又辱世講蓋孔李通門三世於茲矣故於公集既成而僭述其大致如此前刻詩鈔八卷今刻別集四卷附詞二卷雜文一卷此外贈答之什手書繒素散佚頗多又生平題跋最富而尤長於尺牘惜皆無存蓋侯綱羅蒐輯他日另爲續集耳受業郭振基敬題

❖ 上海图书馆藏《楝亭文钞》书首

楝亭先生没門人袁其刪佚古近體及詞若干首刻爲別集而以雜記序箴銘之屬附焉先生少嗜間作信筆驅染風趣盎溢雖造次諧弄卒無隻字近俗在古人中不減黃涪翁余家留數卷刊綴集末當餘慕爲先生居恒簡牘往返皆用繭紙小幅真行漁而藏之暇日搜葺諸家可得數卷刊綴集末當亦好事者之所寶也受業唐繼祖敬題

❖ 上海图书馆藏《楝亭诗别集》书首

自滿溢何其善也乙酉秋仲儀真使院稍暇取前後諸作錄其愜心者爲若干卷計若干首而欲盡棄其餘余曰嘻是未可盡去也公亦知夫人入寶山者乎其始之至之也披砂礫而檢晶瑩其繼之得諫我乃題爲別集而余爲之叙鄞州顧昌

❖ 上海图书馆藏《楝亭词钞》王朝璩序

蔣郡丞京少長洲黃孝廉戟山相與廣和所作甚夥惜不自寫脫稿即爲好事持去及秉節江南二十餘年唱酬寥落無復曩時之盛酒酣以往間有拈綴今所存什之一而巳公之詞以姜史之雅予按公之遺集而不禁愀然有餘思也康熙癸巳閩五受業王朝璩謹識

❖ 复旦大学图书馆藏仪征刻《楝亭诗钞》王朝璩序

楝亭詩集千首自刪存十之六廣陵諸同志以詩請益者即手抄付梓矣既而楝亭重加精采又去三分之一並詩餘一卷命小胥錄置案頭聊共吟玩真州吳尚中力請以歸別於東園開雕此詩鈔所以有兩刻（康熙四十八年刊本；;此序上圖本未收）

❖ 复旦大学图书馆藏《楝亭词钞》书末

楝亭先生昔官侍從時與葦下諸公爲長短句唱酬甚夥輒爲好事者持去廿年後秉節東南不復爲倚聲之作今存者僅百之一先生藻思綺合典會龤舉爾巳丑秋九月後學王朝璩謹識（此跋上圖本未收）

第六章　嫡出二房曹荃与庶出长房曹寅的互动

图表6.17　曹寅友朋诗文中关涉其弟曹荃的内容

作者出处	内容
❖ 阎若璩，《潜邱劄记》卷66，页32	《赠曹子猷》：骨肉谁怜朱墨余，令弟子清趣有余，惟吾荩君。兄弟信才难赒临淮雨海教远比观雪霁柳衰宽，坐斋独见公幹慕邂逅郢野请挥一匹好，东绢童怪石枯枝即起看。垂绡流水悲泉横匹练，松风追酒散清音苦吟。
❖ 姚潜，《后陶遗稿》	吴门曹荔轩通政昆仲遊千尺雪限深字。不涉支硎岁已深，山光树色感重寻。遊来尚健蹟攀屐，望去空增今古心。石潤流泉横匹练，松风追酒散清音。诗成恐惹山灵笑，垂绡童怪石枯枝。
❖ 袁启旭，《中江纪年诗集》卷3，页24	题曹子猷洗桐图。千尺高梧满绝俗秋风吹，娘晴烟绿谁将老榦繫。铜饼日汲寒泉洗青玉独坐山一径青棕鞋白，裕自于徐他年若引长雕至弹徹水紘好待寻。
❖ 吴贯勉，《秋屏词钞》卷2，页15	《沁园春》寄壮园大南屏韵。放浪归来寂寞三冬伏居草堂惟梧桐漏月碧扶醉，影芭蕉倾雨绿进秋光风上弹弓人前戏墨采凤，流事事长春帆外见蓼红淮锦梦魂江鄉，我休忘约春牛重來正芳看校書别殿酴分醉脯，侍筵内苑曲听鸳鸯片玉新詞泥金小扇墨艷徹歌。
❖ 王焕，《写忧集》无页码	又一场相思託甚詑西山送爽北雁同翔，韶光九十年晴阴胜地名沈得共寻谬谬松涛聽，渐远萧萧竹院生朱深日移湿懸影珠绡风激泉，声来玉琴對此使成濛濛想悠然會古人心。千尺雪和荔轩正园两使君
❖ 王焕，《芦中吟》无页码	蒲碧堂中几孝心子期年少最知音晨星友销，沉盡笛弄山阳感佩余人贾从公交于三十年計含，南海西川万里遙十年鱼鴈未寒寒院赌赠我金，亲同供物讓手悬念见久要夏年离此北与君丁丑金，陵道握手悬念见久要夏年离此北与君丁丑金，支硎戴酒觀新瀑鄧尉聯魂惜落紅十二年成，昨夜等闲重折贈東風壬癸與予松雪永年同，南就新声故事船脣殇江灯夜如年梨園未散實，譜在怕演官舘七子绿壕洞，朋在怕演官舘七子绿壕洞仲嘿風流登床一痛人。红袖青蛾魅冶追君家伯仲風流登床一痛人，醉地下為美醒魂魄尸屠锁等讌賓院誦倡詞，樂部尺令重唱似閒餘情賦顕就新聲贈鎖遺以，心意相逢信借代课南下喬頻頻此情已足鐵，古欽閨裹惟待他時宿掐伸京餘花酈詞，酩酊因君題句痛知我三友泪纷纷扰簫素，沾膽因君题句痛知我三友泪纷纷扰簫素，知己肯放絅快餒蝉歌人有秘書鈔抄次開，絕口四戴老無餘縢得樸中公身即書李子慧滿舞，盟官四戴老無餘縢得樸中公身即書李子慧滿舞，重臂志肯放絅快餒蝉歌人有秘書鈔抄次開，塞鑒志勤結主知珠思加自葢棺時，幾親詞藥勒驛期九日期，承職務九泉應龗聞罷，生前成命攝盟官遺武馳恩闋，三世論交七十年君家祖德左名先命徒東生島凡莲交枘祖精選公護生兼指，御籤特許佳兒，行宫御
❖ 裴琏，《南海普陀山志》	康熙四十七年闰三月十四日，钦差江南織造曹寅同弟彬（宜）、杭州織造孫文成賫送内李煦、蘇州織造李煦內文成賫送内，佛母二相，安供法雨、普济二寺。
❖ 《楝亭图咏》	織造曹寅同弟彬，《楝亭图咏》。
《楝亭》鈞石兩先生為荔軒淮南邓汉儀方岐舊山正旧山邓汉仪方岐拜書题畫正。
《楝亭詩》鈞石兩先生為荔翁題畫正。
《楝亭》鈞石兩年前老作，并祈教正。云間林子卿拜草
《楝亭诗》四首，应荔軒之教，兼於正字。黄岡杜濬具草。里言六首為荔翁生之咏，楝亭翁之作，并祈教正。云間林子卿拜草

间本来就有矛盾,[178] 康熙帝不愿因袭职人选引发曹家纷扰。

曹荃既通文史,亦长于书画、诗词,初授侍卫,曾兼管宫中文书(尤侗称其"为朝廷笺[同'管']册府",吴贯勉指他"校书别殿");[179] 袁启旭为其赋《题曹子猷洗桐图》;[180] 阎若璩《赠曹子猷》诗中也有"请挥一匹好东绢(善画),怪石枯枝即饱看"句(图表6.17)。或因曹荃知画事,又熟悉内务府的运作,康熙二十八年遂奉派担任南巡图监画(图表6.3及6.18)。三十八年正月康熙帝宣布将第三次南巡时,谕命曹寅等江南三织造在途中接驾,其织造印务则分由各人之弟前去代理;[181] 曹寅在四十八年追悼曹荃的《思仲轩诗》,有"忆汝持节来,锦衣貌殊众。举眼历十稔,拱木已成栋"句,其中"持节"乃指曹荃十年前奉旨南下暂代织造印务一事。

朱彝尊《题曹通政寅思仲轩诗卷》中之"公弟居此,植杜仲一本于庭,故以名轩"小注,说明曹荃确在扬州使院住过,且曾于庭前栽种杜仲(图表6.13)。三十八年四月康熙帝驻跸江宁织造时,南巡队伍正弥漫一股欢欣的氛围,此因随行的王贵人(后封密妃)于前几日在苏州寻得已失联二十年之父母。心情甚佳的皇帝见庭中萱花盛开,遂御书"萱瑞"两大字恩赐给即将过积闰七十整寿的曹太夫人孙氏,[182] 曹寅兄弟当时均应在府。五月曹寅于康熙帝还宫后回任,曹荃则或请假数月,以与生母孙氏、兄长曹寅以及自己的子侄(含亲生但已出继长房并兼祧的曹顺)畅聚。[183]

---

178 黄一农,《二重奏:红学与清史的对话》,页131—132;樊志斌,《曹雪芹家世文化研究》,页48—50。
179 尤侗《艮斋倦稿》中撰于康熙三十年之《曹太夫人六十寿序》,称曹母孙氏是"农部子清、侍卫子猷两君之寿母",且谓曹荃"为朝廷笺册府"。参见吴贯勉,《秋屏词钞》,卷2,页15;兰良永,《红楼梦文史新证》,页47。
180 与施闰章、梅庚友善的袁启旭有"真东南第一才子"之称。鲁铨等修,洪亮吉等纂,《宁国府志》,卷29,页9;袁启旭,《中江纪年诗集》,卷3,页24。
181 沈汉宗,《圣驾阅历河工兼巡南浙惠爱录》,卷上,页16。
182 《红楼梦》第七十六回写黛玉与湘云联诗,当黛玉联到"色健茂金萱"时,湘云笑道:"'金萱'二字便宜了你,省着多少力。这样现成偏被你想得了,只是不犯着替他们颂圣去。"有称"送【颂】圣"一词即反映康熙帝为曹家御书"萱瑞"事。参见严中,《红楼丛话》,页47。
183 此段参见黄一农,《二重奏:红学与清史的对话》,页114、275—312。

第六章　嫡出二房曹荃与庶出长房曹寅的互动

图表6.18　王翚等绘并由曹荃担任监画的《康熙南巡图》第六卷[184]

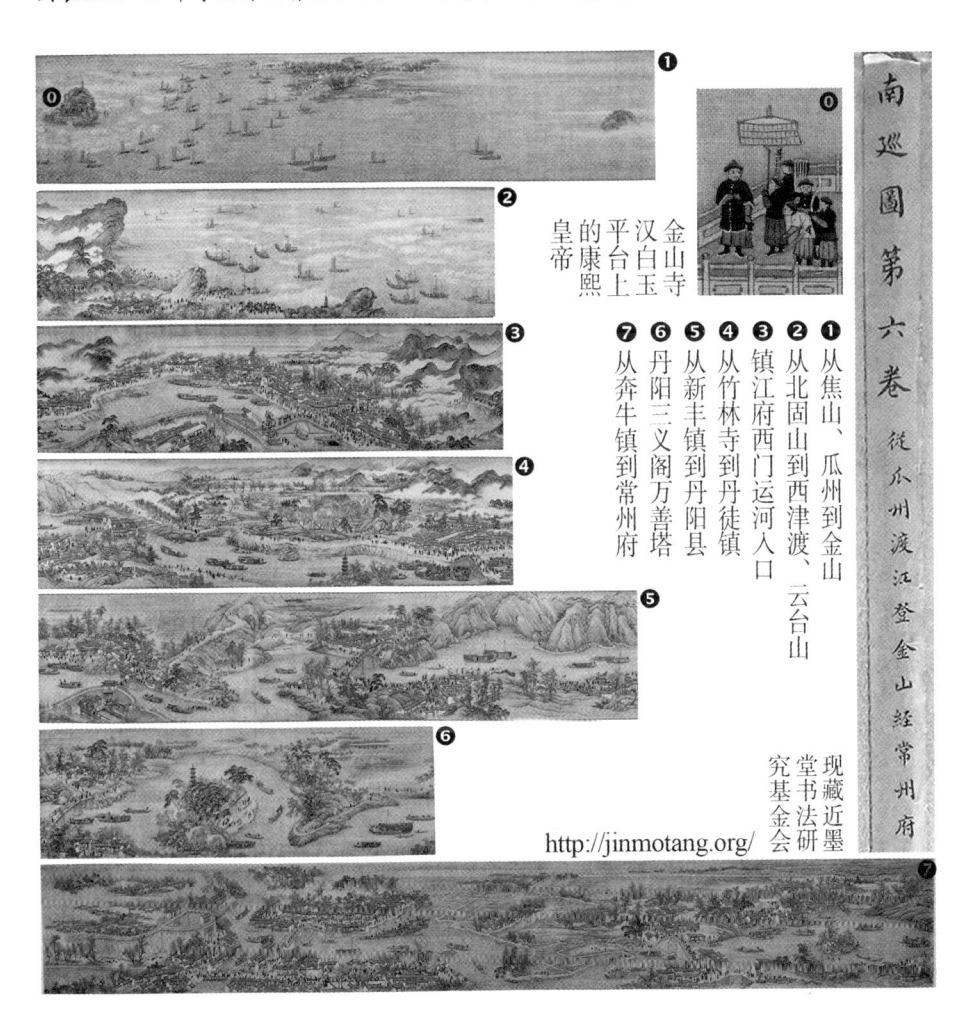

南巡图第六卷 从瓜州渡江登金山经常州府

❶ 金山寺
❷ 汉白玉平台上的康熙皇帝

❶ 从焦山、瓜州到金山
❷ 从北固山到西津渡、云台山
❸ 镇江府西门运河入口
❹ 从竹林寺到丹徒镇
❺ 从新丰镇到丹阳县
❻ 丹阳三义阁万善塔
❼ 从奔牛镇到常州府

现藏近墨堂书法研究基金会

http://jinmotang.org/

184　此图凡十二卷，卷一、九、十、十一、十二在北京故宫，卷二、四藏法国Guimet博物馆，卷三在美国大都会博物馆，卷七在加拿大Alberta大学，卷五、八下落不明，至于现归近墨堂的卷六则被分割成七段。参见林霄，《被切成七段的〈康熙南巡图〉能否再合璧？》，https://kknews.cc/culture/a6mqxgg.html。

王煐《千尺雪和荔轩、芷园两使君》及姚潜《吴门同曹荔轩通政昆仲游千尺雪……》二诗，即为随曹寅、曹荃同游支硎山（"支硎"为东晋高士支遁别号，在今苏州市）旁之名瀑"千尺雪"时所作，从姚诗中的"不陟支硎岁已深"句，知应赋于三十八年冬。[185] 再者，王煐《挽曹荔轩使君十二首》之第三首有"支硎载酒观新瀑"句，应即回忆此事，但由于该诗末有"以下三首追忆庚辰、辛巳、壬午间与公同游之乐"小注（图表6.17），推知游千尺雪应发生于三十九年庚辰岁（不含）之前，此与前述判断恰合榫。

稍后，阎若璩为返京销假的曹荃赋《赠曹子猷》一诗送别，称：

> 骨肉谁兼笔墨欢（令兄子清织造有"恭惟骨肉爱，永奉笔墨欢"之句），美君兄弟信才难。南临淮海鳌波远，北觐云霄补衮宽。坐啸应知胜公干["建安七子"之一刘桢之字，其诗与曹植并举]，暮归还见服邯郸[指佩服曹植之才的邯郸淳，其人博学多艺]。请挥一匹好东绢（善画），怪石枯枝即饱看。[186]

先前有从"淮海鳌波"一词疑曹荃乃因担任两淮巡盐御史或淮南监掣同知而持节南下，然方志或档案中均未见他曾开衙视事。[187] 其实，"南临淮海鳌波远，北觐云霄补衮宽"句应是祝祷远来南方淮盐之地的曹荃，能在返京觐见后获授两淮巡盐御史，[188] 以与手足情深的兄长曹寅共享"笔墨欢"。曹荃于康熙三十年尚在侍卫任内，至迟四十年已改任物林达（即正七品之司库）。[189] 先前学者误其卒于四十四年，现据王煐《挽曹荔轩使君十二首》中"令弟芷

---

185 先前多将此事系于三十九年。高树伟，《曹荃扈从北征及持节南下考辨》。
186 阎若璩，《潜邱劄记》，卷6，页32。
187 张世浣等修，姚文田等纂，《扬州府志》，卷38，页1—8。
188 曹操往征东吴时，阮瑀所撰《为曹公作书与孙权》一文中有"愿仁君与孤虚心回意，以应诗人补衮之叹"句，其中"补衮"意谓规谏。阎若璩此诗即以之代指御史，兼用曹氏先祖曹操之典。
189 尤侗著，杨旭辉点校，《尤侗集》，下册，页1186—1187；《关于江宁织造曹家档案史料》，页15—20。

园于戊子岁先逝"之小注，知他应在四十七年戊子岁离世。[190]

康熙四十四年秋，赵执信（1662—1744；号秋谷）游江左时为顾景星（1621—1687）家所藏之《天子呼来不上船图》（游士凤绘赠）赋长句《题顾黄公景星先生不上船图》（图表6.19）。[191]诗中"不见圣朝爱士过唐明［指唐玄宗］，诗人千里随船行"句，露骨讽刺那些趁是年三月南巡期间献诗为博康熙帝垂青之人，以反衬顾景星的傲骨高品。无怪乎，此诗在《钦定四库全书》所收赵执信的《因园集》（改编自其《饴山诗集》）中径被删除。翌年冬天，[192]赵执信参加了在"圣宣曹二兄"书斋举行的文会，中有客出示《醉太白图》，由于杜甫《饮中八仙歌》有"李白斗酒诗百篇，长安市上酒家眠，天子呼来不上船，自称臣是酒中仙"之名句，赵执信遂当场手书先前所赋的《题顾黄公景星先生不上船图》（图表6.19）。[193]

该"圣宣曹二兄"或即原名"曹宣"的曹荃（1662—1708），因《诗经·大雅·桑柔》有"秉心宣犹［通'猷'］，考慎其相……维此圣人，瞻言百里"句，且《宋史·乐志》的"亚圣宣猷"，亦与字子猷且行二（以亚圣为榜样）的曹荃颇多关合。值得一提的是，《红楼梦》作者对《宋史》亦颇熟悉甚至偏爱（小说中提及宋太祖、宋徽宗、秦观、苏轼、陆游等）。

190　王焸，《芦中吟》，无页码；白溪，《论王南村与曹寅家族的交往》；顾斌，《曹学文献探考》，页186—208。
191　顾景星于康熙十七年召试博学鸿词，辞病不允，翌年春入觐，再以病恳放还，其友人游士凤（字云子）遂于该年年底绘赠《天子呼来不上船图》，以不媚权贵的李白比拟顾景星，顾氏因此赋长句记此。参见葛振元修、杨钜纂，《沔阳州志》，卷9，页16；封蔚礽修、陈廷扬纂，《蕲州志》，卷16，页23。
192　从"冬日坐圣宣曹二兄书斋……因忆乙酉之秋"句意，知该冬日必在四十五年丙戌之后（若为四十四年乙酉冬，则会称"因忆今秋"），而赵执信于四十六年至四十八年年底皆在山东博山老家，推判赵执信手书的《题顾黄公景星先生不上船图》应题于康熙四十五年冬。参见李森文，《赵执信年谱》，页53—57。
193　赵执信，《饴山诗集》，卷10，页2—3。

图表6.19　赵执信《题顾黄公景星先生不上船图》行书诗翰手卷

https://auction.artron.net/paimai-art43760834/; http://blog.sina.com.cn/s/blog_64af87110101ebym.html

❶ 青莲居士李酒濃秋色暮，太息黃公曾飲。謫僊秋剑天不見。醉倒天子妃子前，聖朝愛士過唐明，詩人千里隨船行。長安市上酒家眠。冬日坐咏生憎不上船。沉香亭畔何少陵野老眼狹小，歌殊焉？禮法拘牽才委靡，近代詞臣那敢爾？公詩格高嶙峋，史官如雨不著身。雄才狂醉空自信，餘事青蓮恐咲人。丹青闌作青蓮兒，或是前身那可料？才人豈得久榮華，我輩故應長潦倒江東。

飴山趙執信

❶ 青蓮居士李酒濃秋色暮，太息黃公曾飲。謫僊，醉倒天子妃子前。醉處。不見聖朝愛士過唐明，詩人千里隨船行。長安市上酒家眠。冬日坐詠生憎不上船。沉香亭畔何少陵野老眼狹小，歌殊焉？禮法拘牽才委靡，近代詞臣那敢爾？公詩格高嶙峋，史官如雨不著身。雄才狂醉空自信，餘事青蓮恐咲人。丹青闌作青蓮兒，或是前身那可料？才人豈得久榮華，我輩故應長潦倒江東。

飴山趙執信

星宣畫二兄書齋圖》見示者，因憶乙酉之秋客遊江左，曾為顧黃公先生題寫其《不上船圖》，作長句一首，聊錄請正。

❷ 一紙招邀誤此生，含冤千古恨難平。飴山秋雨孝河柳，老去《談龍》續正聲。伯郑吾兄法家屬題。乙卯元月二日，孔德成于臺北

❸ 趙秋谷以洪昉思《長生殿》獲黜，時康熙戊辰，秋谷方二十七歲。是卷所書詩為乙酉秋作，禮法拘牽才委靡那敢爾，殆為其時之名所掩爾。且不免有餘恨焉。汪由敦撰秋谷墓誌云：「秋谷既坐廢，性好遊……所至人爭禮下之，乞詩文者日坌集，以故秋谷蹤跡所至近代詞臣那敢爾，殆為其時之名所掩，蕭散自喜。」後人少知秋谷書，似取徑吳興，觀秋谷書，如泉墜野逸，而上窺山陰之於高陽李氏，伯郊兄得秋谷一時興会，廢棄終身，以為向後人之作未見見，皎!噫!大君之威与小人之讒，真可畏也，其平生法書不厄於兵劫水火，得留片爲於天壤間，亦幸事也。
乙卯元月，靜農題於臺北寓

❖ 顧景星，《白茅堂集》（光緒二十八年補刻本，康熙四十三年初刊）

河陽游雲子贈天子呼來不上船圖

青莲居士真仙人没精缍伙卯天民巳從竹溪號六逸復向稽山眼幾春當時仮頟笑杜市上賣槳良苦矣彼金鑾顴不怪意何緣談蹓咸陽塵愷音開元太臼以此紅顏方匿狐伯自白老枠上寘證無須到宣室沈香子亭花鳌長曲江柳絲絲春細香定然長庚尚入井一朵嵗星游帝裒致疄醮冷愷漤了笛杺玉午倖君王未是嵗星花暮樑落月揚令光似見當年好顏色
郲耶索紙開麾毄廩殳筆鲤漢清汴游在

卷20，頁34—35

第六章　嫡出二房曹荃与庶出长房曹寅的互动

籍隶内务府包衣的曹宣之所以改名"曹荃"，很可能因他当差时与皇帝互动的机会颇多，当时虽无避讳的法令，惟"玄"与"宣"发音甚近，遂自行将其名的满汉文改成"ciowan"与"荃"，但对原先与汉人交往时所用的字号"圣宣"则仍其旧（古人不乏字号与单名重叠者，如李白字太白、刘宣字伯宣、王宣字仲宣、熊宣字又宣、费宣字子宣[194]），此恰与成德（cengde）改满名为singde，又续用汉名"成德"的情形相近。[195] 尤其，"圣宣"一名在清代并不犯讳，时人且屡有以之为字号者，如康熙十五年知咸阳县的范允恭、十九年继任虎丘方丈的释超时、四十五年登进士第的张铎、雍正八年的进士朱语，即均以"圣宣"为字号。[196]

赵执信的友人有洪昇（？—1704；字昉思）、阎若璩（1636—1704；号百诗）、李煦（1655—1729；字莱嵩，称曹寅为老妹丈）、王熯（1651—1726；号南村，入李煦幕）、张云章（1648—1726；字汉瞻，李煦幕客）、王文范（字竹村，与曹寅"最契密"；图表4.17）等。[197] 康熙二十八年洪昇邀友人观赏其新填的传奇《长生殿》，却遭控在孝懿仁皇后（隆科多姊）忌日未满百日设宴张乐，右赞善赵执信因此遭革职，并与洪昇皆废弃终身。[198] 四十二年洪昇应邀序曹寅的杂剧《太平乐事》，[199] 是年曹寅赋有《读洪昉思稗畦行卷感赠一首，兼寄赵秋谷赞善》一诗，感怀遭际不偶的洪昇与赵执信，翌年更邀洪昇至金陵，以三日夜搬演《长生殿》全本。亦即，赵执信与曹寅等人颇多互动。

194　此可从中国方志库查得。
195　现存成德的二十几件信函或书迹，俱在末尾手书"成德"或单作"德"字，无一作"性德"。参见黄一农，《二重奏：红学与清史的对话》，页80—83。
196　吴廷锡、刘安国纂，《重修咸阳县志》，卷5，页9；徐崧等辑，《百城烟水》，卷4，页12；王赠芳等修，成瓘等纂，《济南府志》，卷56，页21；叶滋澜修，李临驯纂，《上犹县志》，卷12，页6。
197　参见图表6.20以及邹宗良、王启芳，《王竹村事迹考辨》。
198　李圣华，《查慎行与〈长生殿〉案》。
199　顾平旦，《曹寅〈太平乐事〉杂剧初探》。

图表6.20 赵执信诗文集中提及的部分亲友

赵执信,《饴山诗集》	赵执信,《饴山诗集》	赵执信,《饴山文集》
曹倩、曹聊答赠：前故人王南村副使忆雪楼诗喜闻其尚在广州｜爱寄：独卧蓬浮巅长忆寒门雪岂知万里心空落我眉月｜怕山月秋不见南倒首夕如庾信吟啸风愿问初不忘月｜我醉我家北海倒头衣花大如席偶来观亦作作怀感｜苔作客何须蜀海山明月中｜酒共醉海山明月中｜访南村不遇题寓斋壁｜下榻於南村氏词寄惠州暴忆｜樊检讨崑来招刘郎中筒斋梁士莱亭及南｜村元夺蒲衣雨中泛舟小港摘｜别意答南村｜别意答南村｜惠州署中答南村｜再入广州舍子南村新居｜佛山别南村｜望西樵山邮寄元孝南村｜邮过营北寄南村省斋｜签洪防屋吴符鬼｜归次淮安值端午观龙舟呈圆百诗｜斋窗闷坐寄使君真州｜眼中能得几人粼侯井畔岑伍相期顼月满轮｜灵泥罢翁辈生尘朔游怅惆一蒙新天下皆无他胜地｜肯教开过窗帘带衢杯袖江南爵秋烟月｜阁道高楼碧水起使君坐队此楼间帆楼尽作苍龙戏｜宾客空和燕雁遐唐代精灵应有属曹贵可怜诗伴青秋	题飘黄公景星先生不上船图｜青莲居士李论仙醉倾天子前妻中狠箱作呓语｜已入箫韶历管弦长安上酒家联沉香呼何殊驾｜少陵野老眼狭小歌咏生惜不上新近代嗣巨那欢喜｜礼法拘寧才委靡黄金毒骨高骑呜史台中啁呼不着身｜或是前身那可料人涎得乾荣华我辈故丹青作遗說｜雄才狂颠空自倚樟骨高骑呜史台中啁呼不着身｜江东酒淡秋色莫苏凉太息黄公会饮虎不见｜士遇唐南诗人千里随色行｜小舟沿泣莫溪至莱莉｜王南村亦客此二首｜寒日传笑蓬去枝忽使君门昌五天凝枫过祛暮夏侧｜支欷避难旗旌已熊宣惯身从道进山左此岁大年｜支欷避难旗旌已熊宣惯身从道进山左此岁大年｜来向生事胜孩子饮岁｜送君别笔对饮话旧知｜朝生事胜敬子余｜奥与陆生莱生妻期诗诗律鬥昨事感怀四首｜新晴奥与张赵然憩憩虎邱｜中秋奥南村及张赵然憩憩虎邱｜寒夜奥强汉时食堂｜题王竹村诗卷二绝句｜符江晓泛有懷童章永｜爱君温雅足诗情试把新诗偻倚明西笑怒然识风格｜我晚梦洞泛江清｜横粟杂雅情忆阿谁不教诟答梁祖官庭柯引得东方凤｜新夜奥华鸥一侧看｜老友王南村搞酒至明日歲除也｜二口南村以小舟迓昌迓至其寓斋唇汪更共｜饮同戏出笼上之事｜南村同舟至虎邱訪汪愎｜奥夜华鸥调南村	送南村之金陵｜王南村重寓虎邱之西湖访其表弟钱塘令｜闻南村说近日西湖盛六艷句｜南村居昭子朴是故人張颜三宅｜廖南村复往金陵｜乃奥與证昊绝久矣｜筒南村余奥证足絕久矣｜陪之江藁奥南村聯舟喜發二日｜秦牛塞河沒十｜奔牛塞河沒十｜将至錦繪旋橐河沒不可以前南村由丹徒｜開覺江舟余於眉亰山行見予驚驚從之是日大｜附寒北江口觀音庵｜明日買棹南村送暮亦至乘夜返濟江｜酎酒林陵市送別蒼江頭題詩淚灑筆已讖今生休憂｜闻王南村昏意昏戲行消息知君｜所居處蔷蓄各城竟食虞未半投潭消急就吉雖得歸｜江滔三年齊方至兩君連一自梅山戻逃次前仙期俱｜生計自已粟蓍蔽風生吳委形俄堪久益堅出誰必逢至君不限｜識五十年應擦風生契康旅久益堅出誰必逢至君不限｜地連選乎其網葉慣葉憎贈悒人早文檎會必盡從此間｜子贐曾近海辭帝城勝子痴深海迩次誰敢行仙期相｜泉有屋連理如可託與為君寫道經｜蒙在吳阝李莱既待萬里雲表別云背愚我者惟有君｜耳旁同憶黎然咸艷句｜喑嗚泪落江雲藻藻盡分別太息閭三十年中萬寶客｜那無一箇酎思君

王竹村诗集序
赵执信,《饴山文集》

第六章　嫡出二房曹荃与庶出长房曹寅的互动

至于赵执信诗作中出现多达三十几次的王煐，两人尤其意气相投，赵在得知王南村病卒时赋诗曰："当食读未半，投箸惊长号……含悲算岁月，相识五十年。应缘夙生契，肺腑久益坚……平生缀篇章，忆赠他人罕。"[200] 王煐也在《寄怀赵赞善秋谷》一诗思念昔日在京期间与其往来最密切的赵执信、曹鈖（曹寅称其为"宾及二兄"，两人为叙谱至交），并以"平生屈指谁知己"谓赵执信，曹寅亦尝给予赵执信经济上颇大帮助（屈复所谓的"直赠千金赵秋谷"）。[201]

此外，从曹寅《送王竹村北试二首》一诗的"芷园小阁邻试院［位于今北京建国门内中国社科院一带］，寓公［指寄居此处的士人］多利"小注，[202] 知王文范等友人赴京应试时往往借住曹荃（号芷园）的寓所，他们与曹寅兄弟多相知。阎若璩亦颇熟两兄弟，他曾为返京销假的曹荃赋《赠曹子猷》，中即有"骨肉谁兼笔墨欢（令兄子清织造有'恭惟骨肉爱，永奉笔墨欢'之句），羡君兄弟信才难"句。[203] 又，赵执信有《题王竹村诗卷二绝句（蜀游及与曹楝亭䑵使唱和二集）》诗，且在《王竹村诗集序》中亦称："昔曹楝亭通政以诗自豪，视醆扬州，延揽一时文士，以为名高，独心折竹村。"[204]

再，赵执信《饴山诗集》卷十的《葑溪集》（康熙四十四年赋于苏州）中，《题顾黄公景星先生不上船图》的前一首诗即《寄曹荔轩（寅）使君真州》，其后的第四首为《小舟沿葑溪至李莱嵩（煦）使君别业，对饮话旧，知王南村亦客此，二首》；卷十七的《磝庵集一》可见《梦在吴门，李莱嵩侍郎握别云："肯思我者，惟有君耳。"寤而怆然，遂成绝句》的诗题，以及"三十年中万宾客，[205] 那无一个解思君"句。前述诗文皆清楚呈现赵执信与曹寅、李煦之间的密切互动，并可合理推测"圣宣曹二兄"的活动时空曾

200　赵执信，《饴山诗集》，卷16，页10。
201　此段参见屈复，《弱水集》，卷14，页42；王煐，《忆雪楼诗》，卷上，无页码；黄一农，《重探曹学视野中的丰润曹氏》；陈汝洁，《赵执信与王煐交游考》；陈汝洁，《曹寅与赵执信关系考辨：兼说"岩廊谁合铸黄金"的用典》。
202　曹寅，《楝亭诗别集》，卷4，页10。
203　阎若璩，《潜邱劄记》，卷6，页32。
204　赵执信，《饴山文集》，卷2，页13。
205　指李煦于康熙三十一年出任苏州织造以迄雍正元年正月遭免职抄家的期间。

于康熙四十四、四十五年左右与此三人有许多重叠（图表6.20）。

我们很难想象在赵执信的交游圈中，还有另一位行二，且其别字"圣宣"又与曹荃字号有如此多关合的曹姓之人。[206] 由于曹荃生母孙氏最可能卒于四十五年三月左右，荃或在她过世前即已赶到江南，看顾最后一程并守丧。十月曹寅请假赴京嫁长女，奉旨将两淮盐课的敕印（此次轮管的任期从四十五年十月至四十六年十月）暂交甫卸盐差的李煦代管，是年冬曹荃或以协助家族处理公事为由，延迟销假返京（附录3.3）。赵执信冬日在"圣宣曹二兄"书斋（最可能位于扬州）所举行的文会中，[207] 因有客出示《醉太白图》，乃以旧作《题顾黄公景星先生不上船图》为主人曹荃书字，此举颇为贴切，因该诗原本是为曹寅族舅顾景星的《天子呼来不上船图》所赋。又，赵执信与曹荃同生于康熙元年，但其生辰十月二十一日晚于曹荃的二月十五日，[208] 无怪乎，他会称曹荃为"二兄"。

曹玺虽历官至江宁织造，然因旗人的教养过程通常颇看重骑射，且当差时亦不偏废武职，如他曾于顺治初年补侍卫，也期许家族有人从军功出身。曹寅于康熙四十一年左右所赋的《闻二弟从军却寄》（图表6.15），即记曹荃从军一事，称：

> 与子堕地同胚胎，与子四十犹婴孩。囊垂秃笔不称意，<u>弃薄文家谈武备</u>。伏闻攘狄开边隅，闻子独载推锋车。回忆趋庭传射法，平安早早寄<u>双鱼</u>〔借指收到亲友来信，此因《昭明文选》有"客从远方来，遗我双鲤鱼。呼儿烹鲤鱼，中有尺素书"之诗句〕。

---

206 有红友强调文史研究必须找到直接证据才能坐实，且指"人际网络重叠"并不等同于当事人之间有往来。然因存世的材料往往零星，且多局限于文字型态（如曹寅现存的诗文集虽不少，当中就未见涉及其妹婿傅鼐、外甥昌龄、长婿纳尔苏、次婿罗卜藏丹津的词组只字，但曹寅却不可能与他们无互动），故若两当事人（尤其古代）关系网络的交叠愈错综绵密，其相交的机会理应愈大。亦即，我们在研究时有必要综合考虑各种直接或间接证据（权重各有不同），再借由逻辑推论以得出最合理的假说，而非只以直接证据为依归。参见刘广定，《有几分证据说几分话：谈〈李陈合册〉中之"辛巳秋日"与相关问题》。
207 目前仅知赵执信当年曾在扬州。参见李森文，《赵执信年谱》，页53—55。
208 李森文，《赵执信年谱》，页6。

其颔联的三、四对句乃指曹荃投笔从戎。[209] 是年曹寅四十五岁，曹荃四十一岁。先前红学界有以曹寅《松茨四兄远过西池……感今悲昔，成诗十首》中的第五首，写曹荃扈从康熙帝征讨噶尔丹一事，然经细究后，知此组诗乃康熙三十五年为曹鈖所赋，内容与曹荃无关（附录2.4）。

五、小结

长期以来大家对曹荃的关注或认识均远低于其兄曹寅，然因荃所生的顺、颙、𫖯、𬱟四子先后过继长房，其间又出现兼祧或归宗的情形，[210] 此令曹家内部的称谓关系变得相当复杂。先前因已发现的多个文本中对曹玺孙辈的本生父尝见不同叙述（图表6.6），红圈内有许多人即因不理解古代家族的继承文化，而径指某些档案或文献有误。其实，这些以内务府奏销档和行文档为主之满文文本的可信度应颇高，尤其该内容乃关涉该机构高官曹寅（曾历官内务府的慎刑司、会计司、广储司、苏州织造与江宁织造）的家族。而无论曹雪芹的生父是争辩中的曹颙抑或曹𬱟，我们应可确定曹荃即其本生祖。综前所论，曹顺的归宗、曹颙和曹𬱟的过继、曹𬱟的过继与归宗，皆发生在曹荃逝世之后，内除曹𬱟是由康熙帝的谕令所决定外，余者皆出自家族的安排。[211] 而曹雪芹的本生父应是曹𬱟，他最可能兼祧曹颙和曹𬱟两支，以承继绝嗣之曹颙的香火。

又，曹寅以庶长子为家长，由于较艰于子嗣，且为安抚嫡出二房及侍

209　当时四川打箭炉仍有乱事，曾一役杀"蛮兵五千余人"，至五月始将两千满洲兵调回锦州，闰六月并有近两万户番民归顺，九月始将驻扎官兵全撤回成都。参见《清圣祖实录》，卷203，页71；卷208，页119—120；卷210，页131。中国第一历史档案馆编，《康熙朝满文朱批奏折全译》，页266。
210　乾隆三十四年刊刻的《钦定旗务则例》虽规定"其过继为嗣者，不准复行归宗"，然曹家归宗之事乃发生于五六十年前。又，清代虽于乾隆四十年始定兼祧之例，但实际情形亦非如此。参见兰良永，《红楼梦文史新证》，页147。
211　虽然我们一直未能见到这些发生在两房之间过继、兼祧与归宗的直接记载，然从现存文献的确可发现他们彼此的亲属称谓数度发生变化，其中有些应与曹家内部的矛盾相关，如康熙帝尝在曹颙卒后挑选继任织造的人选时，指出曹荃所生诸子间本有不和，且曹寅妻李氏亦与部分荃子（曹顺）不协；又，曹𬱟家人吴老汉（原曹颙家人）也曾因康熙六十年售卖内务府人参一事而与曹𬱟发生严重财务纠纷，并于雍正五年对簿公堂（第七章）。

奉继嫡母孙氏，遂尽量将侄子养在身边，这也与《红楼梦》中的情节颇多呼应：贾家宁国府及荣国府两房乃以老祖宗贾母之地位最高，但荣府之大小事务实际上均取决于次子贾政，且荣府长子贾赦（住在别府另院，进出荣府还要坐车）之长子贾琏及其媳妇王熙凤均住在乃叔贾政家，帮衬料理家务，连贾赦之女迎春及宁府贾敬之女惜春也都与贾政家一起生活。此外，因二房贾政的嫡子宝玉一直被全家视作荣府未来的法定继承人（其兄贾珠早死），疑本是长房长孙的贾琏应为庶出。[212]

曹家嫡庶间的复杂关系，或亦反映在《红楼梦》之中。如贾赦有可能与真实世界里的曹寅同为庶长子，他在中秋节开夜宴时（第七十五回），还曾以笑话隐指贾母史太君偏心，且于贾环（贾政之庶子）赋诗后赞许他曰："以后就这么做去，方是咱们的口气，将来这世袭的前程定跑不了你袭呢。"公然代表庶系向嫡派示威。[213]

再者，荣国府贾母尝称在其身边长大的惜春（宁国府贾敬的幺女、贾珍的胞妹）为"孙女儿"（第四十回）或"亲孙女"（第五回），凤姐亦指贾珍与贾琏（荣国府贾赦长子）是"亲叔伯兄弟"（列藏本第六十七回，庚辰本缺），[214] 尤二姐也称贾敬为贾琏的"亲大爷"（第六十八回），知贾敬和贾赦（贾母的长子）很可能原为亲兄弟，贾敬后因宁府乏嗣而过继，遂与贾赦变成堂兄弟。[215] 类此情形对看重血脉传承的古人而言应属常见，曹顺、曹颀、曹𫖮出嗣长房之举应即如此（长房应是在无子并为宽解嫡房的情形下始令诸侄兼祧或出继）。[216] 简言

212　胡绍棠，《红楼梦中的嫡庶亲疏描写与曹雪芹家世研究》。
213　朱淡文，《红楼梦研究》，页104—107。
214　如《醒世姻缘传》称晁为仁是晁近仁的"嫡堂之弟""亲叔伯兄弟"，知后者乃指同祖的堂兄弟。故若无过继关系，贾珍与贾琏不过是同高祖的族兄弟，不应被称为"亲叔伯兄弟"。参见西周生，《醒世姻缘传》，第53回，页3。
215　刘广定，《惜春的身份、年龄与住址：成书问题试探》。
216　有人坚认曹家的历史经验与小说内容绝不可比附，然此类对"曹贾互证"的批评往往流于偏激，拙著只是据实呈现曹家史事与经文学加工的贾家故事间，确有部分情节可能相呼应。类似情形应也可见于其他小说，如1998年笔者曾透过自创的清蔚园虚拟博物馆，安排知名小说《未央歌》的作者鹿桥与读者进行台湾网络上的首场实况座谈，鹿桥即亲口告知其故事主角的原型。而裕瑞（傅恒堂妹生，傅恒与雪芹二表哥福秀、敦诚挚友永憓皆为连襟）的《枣窗闲笔》亦称："［曹雪芹］书中所假托诸人，皆隐寓其家某某，凡情性、遭际，一一默写之，惟非真姓名耳。"参见黄一农，《二重奏：红学与清史的对话》，页481—484。

之，曹家的嫡庶关系有可能是曹雪芹创作时的重要酵母。当然，小说中的角色并无必要与曹家或其亲友的人与事皆一一对应，但正如红友胡绍棠所云："我从来不同意《红楼梦》自传说的主张，因为小说毕竟是文学创作。但是我认为作者从他的家世生平、人生经历中汲取创作营养，采取创作素材，是很自然的……深入研究曹雪芹的家世生平、遭逢际遇，对于解味《红楼梦》，是重要的！"[217]

图表6.21　曹荃相关记事编年

时间	材料	推论或补充
康熙元年二月十五日	曹寅《支俸金铸酒鎗一枚，寄二弟生辰》诗注称"生辰同花生日"	疑曹宣因避康熙嫌名而改名荃
约二十四年	于成龙纂修的《江宁府志》记曹玺"仲子宣，官荫生，殖学具异才"	此志记事最晚系年是康熙二十四年
二十六年	曹颙原名为"连生"，本意或指頫、颀、颜、颙四堂房兄弟乃连年出生	推知荃子曹顾或为此年生
二十九年四月	苏州织造曹寅子顺（十三岁）、南巡图监画曹荃（二十九岁）以及荃子颙（二岁）、頫（五岁）皆捐纳监生	从曹寅和曹荃在四十年奏称曹顺为"我们的孩子"，知曹顺的本生父或为曹荃
三十年	尤侗《曹太夫人六十寿序》称曹荃为"侍卫子猷"，且谓"难弟子猷以妙才，为朝廷［同'管'］册府"	曹荃当时或担任兼管文书的侍卫，吴贯勉称其尝"校书别殿"
二十八年	曹荃奉旨在曹寅侍从皇帝南巡期间代理江宁织造印务	三十九年之后曹荃始销假返京
四十年	曹荃在此前自侍卫改仕物林达（司库）	司库为正七品
五月	曹寅和曹荃奏称由"我们的孩子赫达色"负责承办龙江等五关铜觔	赫达色是曹顺满名，疑其兼祧两房
四十一年	曹寅赋《闻二弟从军却寄》诗	记曹荃曾从军

217　胡绍棠，《红楼梦中的嫡庶亲疏描写与曹雪芹家世研究》。

续表

时间	材料	推论或补充
四十五年冬	赵执信曾参加在"圣宣曹二兄"书斋的文会并题字（《诗经》有"秉心宣犹，考慎其相……维此圣人，瞻言百里"，《宋史》亦有"亚圣宣猷"句）	疑行二之曹荃另字圣宣。曹荃或于是年春返南看顾生母并守丧，此时应还未返京
四十七年	王熳《挽曹荔轩使君十二首》中注称"令弟芷园于戊子岁先逝"	曹荃卒于四十七年
四十八年三月	曹寅在扬州见到故弟曹荃亲手栽植的杜仲树时，睹物思人，遂书《思仲轩诗》二首并广征图咏	曹寅、朱彝尊分别以移丛竹或过墙竹来形容曹颙过继一事
五十年三月二十六日	曹寅赋《辛卯三月二十六日闻珍儿殇，书此忍恸，兼示四侄，寄西轩诸友》诗三首，中有"予仲多遗息，成材在四三"句	珍儿或为曹顺小名，荃子中此时只有行三的颀和行四的颊长成，疑顺与頔均已故
五十四年正月十二日	谕命荃第四子頫给寅妻李氏为嗣并授主事衔，"前往江宁，管理上供缎疋兼户工二部官缎织造事务"	当时荃有子顺、頔、颀、頫，曹颙因已出继长房，故不排序

第七章　曹家最后两任的江宁织造

曹頫（原用"连生"之名）与其本生弟曹𬱃乃曹家第三、四任的江宁织造，本章即尝试梳理两人先后出继曹寅支的过程与宦迹，并探析曹𬱃如何随着康熙帝的崩逝而遭抄没，此一家变的最大仇家塞楞额和胤禛即曾在小说《红楼梦》中遭曹雪芹巧妙地加以作践。

一、"文武全才"但短命的曹颙

据第六章所论，曹寅将曹顺（曹荃本生子）归宗后，为传承血脉，遂又自二房过继了曹颙。康熙四十八年二月初八日曹寅在准备遣嫁次女时，尝奏称："臣有一子，今年即令上京当差［意谓去年之前该于大多在江南］，送女同往，则臣男女之事毕矣！"此子应指当年二十一岁的曹颙（𬱃和頫当时尚未过继给长房）。虽然外放旗籍官员的子弟通常在十八岁时就得回京归旗以当差，曹颙或因家中多事而推迟：其嫡亲祖母孙氏于四十五年三月左右过世（附录3.3）；而该年冬曹寅至京处理长女婚事并为嫡母营葬时，曹荃很可能奉旨代理织造印务，十八岁的曹颙或亦得从旁协助；其父曹荃卒于四十七年，疑曹颙应曾赶回北京（与江宁之间的路程约半个月）家中奔丧。

当时满俗的丧期较汉人轻，规定："斩衰止百日，期服六十日，大功三十五日，小功一月，缌麻廿一日，较之古礼似不及远矣！"[1] 亦即，不论曹颙在曹荃过世之前或之后出继长房，其守丧均不超过百日。疑曹颙最可能是四十七年服完父丧后，旋回返原先长住的江宁曹家完成过继程序，并以曹寅

---

[1] 震钧，《天咫偶闻》，卷10，页6。

承继子的身份上京当差兼送待嫁之妹北上。²

曹颙当差时应已婚,此因曹寅在康熙四十七年冬所赋的《真州送南洲〔或作"州"〕归里》中有"犀钱利市定教闻"句,³ "犀钱"为小儿弥月时分送贺客的铜钱,其色似犀角得名,⁴ 曹寅以诗代柬告诉友人徐釚(音"求";1637—1709,号南州或南洲,康熙十八年举博学鸿儒),待添丁(应是曹颙所生)分送亲友犀钱时,一定会记得通知他。⁵ 知曹颙至少于此前数月即已娶妻,而曹颙即将有嗣或也是曹寅稍早选择他为承继子的重要考量。

五十年四月初十日,因宁寿宫茶房总领奏请增取茶上人三名,内务府总管遂先带领二十九名"取中之旗笔帖式、候缺之吏员、监生、俊秀、官学生"引见,结果选授了泰保、穆桑阿二人。由于原任物林达曹荃之子桑额(即二十五岁的曹颀)、郎中曹寅之子连生(即二十三岁的曹颙)曾奉旨"着具奏引见",内务府总管遂又带领他们另行引见(曹家应是以亲近皇帝的"包衣老奴"而得到特别待遇),曹颀因此补授最后一名宁寿宫茶上人缺(此或特别保留给曹家),曹颙则以独子身份获允返回江宁陪伴老父曹寅。⁶

然因已有监生资格的曹颜(生年较颙早一年但较颀晚一年),并未在此次挑选茶上人的过程中与颀、颙同被引见,⁷ 疑曹颜或已过世。无怪乎,当曹寅于五十一年七月病重时,尝对李煦曰:"我儿子年小,今若打发他求主子去,目下我身边又无看视之人,求你替我启奏,如同我自己一样,若得赐药,尚可起死回生。"该曹寅身边之子即获准南归照顾老父的颙,因若曹颜此时尚

---

2 若颙于荃生前出继,则他应无太大理由在四十七年还南下江宁,旋即又赶回。
3 徐釚于四十七年六月即已在真州,当轮管两淮盐课的李煦在十月交接给曹寅后,徐釚还曾陪二人观江头打鱼。他理应赶在十二月生日前兼程回返两百多公里外的苏州老家,以与家人过寿并准备欢度春节,故疑《真州送南洲归里》赋于十、十一月之交。参见曹寅著,胡绍棠笺注,《楝亭集笺注》,页262—266。
4 彭大翼,《山堂肆考》,卷142,页22。
5 据《吴江徐氏宗谱》,徐釚生于崇祯九年丙子十二月初四日,卒于康熙四十八年己丑十月二十一日。参见胡春丽,《〈清代人物生卒年表〉订补(续)》;兰良永,《曹寅诗中"亚子、珍儿"考辨》。
6 曹颙在五十一年九月的奏折中称"奴才年当弱冠,正火马效力之秋,又蒙皇恩怜念先臣止生奴才一人,俾携任所教养"。此段参见《关于江宁织造曹家档案史料》,页84—85、102—104;张书才,《曹雪芹家世生平探源》,页131—137。
7 《关于江宁织造曹家档案史料》,页84。

存，即使两子皆在江宁，亦可遣一人代父去求皇帝赐药。

康熙五十一年七月二十三日曹寅病卒于扬州刻书处，帝曾派人赐药，并限九日送达（应是以驿马飞递，日行三百里）。[8] 九月初四日，曹颙奏曰：

> 先臣止生奴才一人……九月初三日，奴才堂兄曹顺来南，奉梁总管传宣圣旨：特命李煦代管盐差一年，着奴才看着将该欠钱粮补完。倘有甚么不公，复命奴才折奏……

其中"先臣止生奴才一人"之"生"字（图表7.1），在此应如同《周礼》"以任百官，以生万民"的用法释作"育成"。因曹寅原承继子曹顺此时不仅归宗且已故（附录6.3），而亲生子曹颜亦卒，曹颙遂成为曹寅独子。

五十一年八月二十七日江西巡抚郎廷极（于该年二月至十月署两江总督，[9] 管辖江南和江西的政务，衙署在江宁）奏报有士民在曹寅卒后，恳请以"曹寅之子曹颙仍为织造"。十月十五日谕命"连生补放织造郎中"。翌年正月初五日康熙帝因担心连生"虽补父缺，但可否即任父职"，命内务府总管再议奏，初九日将他从原拟的郎中改授以较低阶的主事掌江宁织造关防，[10] 并称"连生又名曹颙，此后着写曹颙"；二月初二日曹颙抵江宁莅任，旋于初三日奏谢承继父职及"改唤奴才'曹颙'学名"等事（图表7.2）。[11]

8　王煐有"行宫御几亲调药，驿骑飞驰九日期"诗句形容此事（图表6.17）。
9　《清圣祖实录》，卷249，页467；卷251，页491。
10　织造官兼郎中、员外郎或主事者皆有。参见中国第一历史档案馆编，《雍正朝朱批满文奏折全译》，页9。
11　此段参见《关于江宁织造曹家档案史料》，页96—111。

图表7.1　连生奏谢父故恩赐矜全并命李煦代管盐差等事的奏折

曹寅子奴才连生谨

奏为感沐
皇仁矜全身命恭谢
天恩事窃奴才祖孙父子世受
国恩涓埃未报奴才故父一生叨沐
圣主浩荡洪恩出管江宁织造二十餘年後四差盐务遭
逢异数叠加无已方圖矢誠报效上答
高厚不意壽命不延遽解
聖世奴才年當弱冠正犬馬効力之秋又蒙
皇恩憐念先臣此生奴才一人俾攜任所教養宣意父子
聚首之餘即有死生永別之憾乃得送終視殮者守
出
聖主之賜此奴才父病亟時自知疾篤面託李煦
奏求
御批仰荷
皇上天高地厚之恩從古未有不料先期逝世幸員
賜理藥李煦摺内傳示
聖心九泉之下飲泣何窮至父病臨危頻以
皇上未報叩歎諭令奴才盡心報
國又以所該代商欠及織造錢粮掏胸抱恨口授遺
摺上達
天聽氣絶經時情猶未腹奴才傷心惨哭不知所措九月
初三日奴才堂兄曹頫來南奉梁總管傳宣
聖旨

聖旨
特命李煦代管鹽差一年著奴才前著將該欠錢粮補完
滿有甚處不必役
命奴才摺奏欽此歡逢曉聆之下奴才母子不勝惶悚
懼感激痛哭梯顙流血讚歎香望
闕叩頭謝
恩竊恩奴才伶丁孤若榮目無親貟彌天之罪庚萬死何
辭乃蒙
皇上格外洪德不即伏斧鑕重
沛恩綸昊天罔極一至扵此不持故父名節得荷
矜全奴才身家性命实蒙
恩賜即将粉骨碎身肝腦塗地莫能仰報萬一惟有率領
家長幼朝夕焚香頂祝生世圖犬馬勉結無
窮奴才包衣下賤自問何人敢擅與摺
奏緣奉
聖旨格外
洪恩螻蟻感激之私無由上達護胃死繕摺恭謝
天恩伏乞
睿鑒奴才不勝泣血頂戴激切屏營之至

知道了

康熙伍拾壹年玖月初肆日（台北故宫博物院藏）

图表7.2　曹頫奏谢恩命继承父职及改用学名的奏折

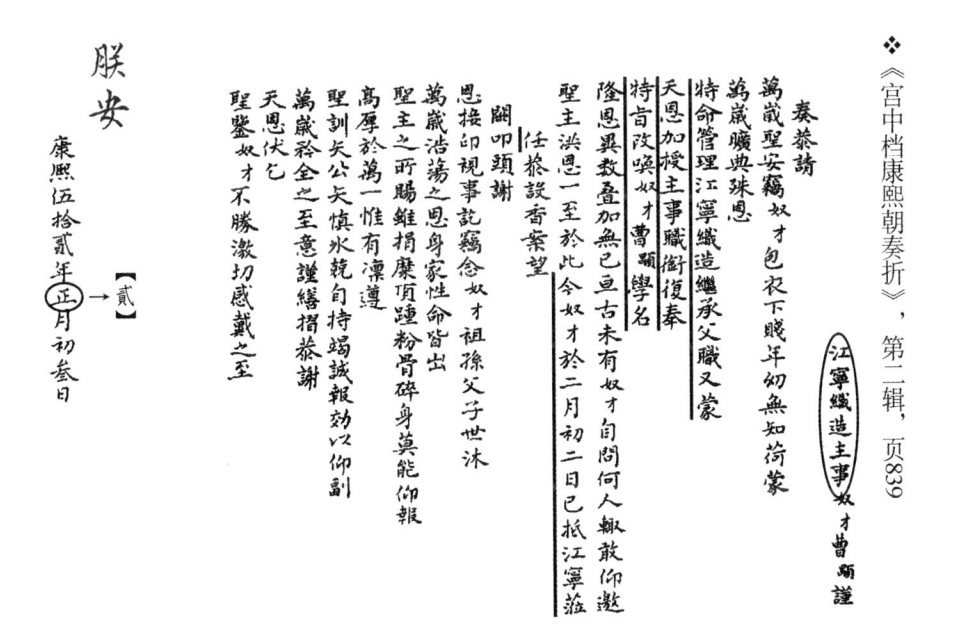

❖《宫中档康熙朝奏折》，第二辑，页839

江宁织造主事奴才曹頫谨

奏恭请

鸿哉圣安窃奴才包衣下贱年幼无知荷蒙

万岁旷典珠恩

特命管理江宁织造继承父职又蒙

天恩加授主事职衔复奉

特旨改唤奴才曹頫学名

隆恩异数叠加亘古未有奴才自问何人辄敢仰邀

圣主洪恩一至於此今奴才於二月初二日已抵江宁莅

任於设香案望

阙叩头谢

恩接印视事记窃念奴才祖孙父子世沐

圣主之所赐虽捐糜顶踵粉骨碎身莫能仰报

高厚於万一惟有凛遵

圣训矢公矢慎水竞自持竭诚报效以仰副

万岁裕全之至意谨缮摺恭谢

天恩伏乞

圣鉴奴才不胜激切感戴之至

朕安

康熙伍拾贰年正月初叁日　[贰]

曹頫袭职后所面临最重要的问题，应是其父原本承接之两淮盐差的亏欠。清代盐政乃实行食盐专卖、签商认引的制度，获官方授权的盐商持有由户部印发的引票，他们在向政府包缴固定税额后，可持单至指定盐场按限购盐，经批验所核定后起运，所经关津照例盘查，须引、盐相符始放行。盐商因享有引岸销盐的特权，故往往可得暴利，其中两淮岁课更"当天下租庸之半"。虽然我们尚无法完全掌握每年完整的资料，但如康熙十二年全国的盐课岁入为2,792,705两，两淮盐区即征了1,446,552两。至于曹寅与李煦轮视淮盐的十年期间，全国的盐课岁入则从2,690,728两逐年增长到3,741,124两。[12]

曹寅与李煦两人的盐差原本安排由曹寅承办康熙四十三、四十五、四十七、四十九和五十一年，李煦则负责四十四、四十六、四十八、五十、五十二年，起

12　陈锋，《清代盐政与盐税》，页213—216、223。

聘是当年的十月十三日，卸任者得于"交付明白"后返京述职。五十一年十月原应由曹寅接掌最后一年，惟因其已于七月二十三日病卒，故特旨交李煦代管盐差一年，并协助曹颙清偿其父曹寅所留下的亏欠（图表7.1）。五十二年十二月二十五日曹颙奏报钱粮已清补全完，另附一列表记李煦代理盐差一年净得银约586,000两，且详载用在江宁与苏州两织造（合称"江苏织造"）的各项开支以及补缴的各项亏欠，末称总共余银36,400两（图表7.3）。曹颙因此奏请恭进以备养马，朱批曰：

> 当日曹寅在日，惟恐亏空银两不能完，近身没之后，得以清了，此母子一家之幸，余剩之银，尔当留心，况织造费用不少，家中私债想是还有，朕只要六千两养马。

指出曹家能在曹寅身没后不久就得以清完亏空，应属万幸，至于三万多两余银，康熙帝要了六千两用来养马，余下的三万多两则留供曹颙处理"家中私债"等花费。

据此，知盐差余剩之银原本无须上缴国库，内务府的类似差使（如买铜、卖参、买马等）亦同。其运作模式是交由承差的皇商在先前议定的数额下自负盈亏，[13] 而承差者为便于运营，常会依例拿出部分金额协助相关官署处理一些亏空或花销（图表7.3），且让其他关涉之官员亦能雨露均沾，有时即严重影响获利。

---

13 《红楼梦》中的薛家即是皇商，第四回有云："家中有百万之富，现领着内帑钱粮，采办杂料。这薛公子学名薛蟠，字表文起 ['起' 应据甲戌本改成草书字体相似的 '龙'，以与 '蟠' 相应]，五岁性情奢侈，言语傲慢。虽也上过学，略识几字，终日惟有斗鸡走马，游山玩水而已。虽是皇商，一应经济世事，全然不知，不过赖祖父之旧情分，户部挂虚名，支领钱粮，其余事体，自有伙计老家人等措办……"参见黄一农，《从皇商薛家看〈红楼梦〉中的物质文化》。

图表7.3　曹頫奏为恭进盐差任内余银恳请赏收的奏折

奏窃奴才父寅故後奴才母子孤苦伶仃身家性命已

同尽解仰荷

天恩如此天恩得以保全令钱粮俱已清补全完　奴才一

万岁如此天恩得以保全令钱粮俱已清补全完　奴才一

身一家自顶至踵皆蒙

圣主再生之德又虑家

圣训不敢丝毫浪费所有盐差任内余剩银三万六千两奴才

无有费用之处奴才临行之时母谕谆谆以奴才年

幼並无一日効力犬马乃至

万岁天高地厚洪恩一至於斯發身報將此所得餘銀

主子添备养马之需或俯赏人之用少申奴才母子蝼蚁

微忱伏乞

天恩赏收不特奴才母子感沐

恩荣奴才父寅九泉之下亦得瞑目奴才昌勝恐懼感戴

激切叩頭之至

康熙伍拾貳年拾貳月貳拾伍日

江寧織造主事　奴才曹頫謹

李煦代任盐差一年净得馀银伍拾捌万

陆千两零内

一解江苏织造银贰拾壹万两

一解江宁年例神帛银壹十玖百贰拾两

一解江宁俺织神帛银叁千两

一解江宁俺织

一解银伍千两

一解江宁养匠银贰千柒百两

一解江苏织造买办银贰千两

一解江苏织造自俺船只水脚银贰千两

一解江宁织造修理机房银壹千两

一代商完欠归运库银贰拾叁万两

一补江宁织造亏欠银共伍拾肆万玖千两零

巳上解补过银共伍拾肆万陆千陆

贰拾两零尚馀银叁万陆千肆百两零

（此为上图奏折之附件）

❶ 當日曹寅在日惟恐虧空銀兩不能

完近身沒之後得以清了此母子一

家之幸余剩之銀尔當留心況織造費用

不少❷家中私債想是还有朕只要

六千兩養馬

❶ 当日曹寅在日，惟恐亏空银两不能

完，近身没之后，得以清了，此母子一

家之幸，馀剩之银，尔当留心，况织造费用

不少，家中私债想是还有，朕只要

六千两养马

❖《宫中档康熙朝奏折》，第四辑，页670

紧接着，李煦自五十二年十月起又轮视十年淮盐的最后一年。五十三年七月初一日李煦奏请可否再派盐差以补亏空，声称其巡视淮盐所得余银，除"备办差使以及日逐盘费外，又代商人清补历年积欠"，还需供给苏州织造的钱粮，今两淮的库项虽俱已清楚，但若不再续赏盐差数年，他将无法弥补苏州织造亏空。且谓若有存剩之银两，亦将分给曹頫以协助他办差。此奏遭批驳，谕旨称："此件事甚有关系，轻易许不得。况亏空不知用在何处，若再添三四年，益有亏空了。"五十三年十月遂改由李陈常（秀水人，四十三年进士，五十年授两淮盐运使）继任两淮巡盐御史，此因他在补授运使期间曾顺利将两淮盐课先前所欠的一百八十余万两俱清完。惟李陈常于五十五年七月病卒，故五十五年及五十六年又命李煦巡视两淮盐课。[14]

五十三年年底，曹頫携同十九岁的堂弟曹頔（同为曹荃所生，此时应是依规定返京当差）赴京述职；翌年正月初八日，担任织造才刚过二十四个月的曹頫得病暴卒于京，享寿仅二十七岁。[15] 由于长房无子，内务府官员遂试从曹寅"所养曹荃的诸子"中去选找承继子。[16] 曹頫历官甚短，然其有无子嗣一事却引发红圈重视，因牵涉究竟何人为曹雪芹的生父，且攸关雪芹的生年。但如同许多重要议题，圈中之人始终各说各话，无法从学术且理性的角度取得共识，现尝试重新析探之。

曹頫的妻妾已知曾三度怀孕，第一次见于四十七年冬曹寅为徐釚归里所赋诗中的"犀钱利市定教闻"句，但应是流产、夭折或生女。第二次在五十年，頫于四月获谕旨允许他回南伴父，然或因其妻（或妾）待产

---

14 《清圣祖实录》，卷260，页562；尹会一修，程梦星等纂，《扬州府志》，卷18，页23；《关于江宁织造曹家档案史料》，页99—146。
15 康熙五十二年五月有闰。参见李煦撰，张书才、樊志斌笺注，《虚白斋尺牍笺注》，页394；《关于江宁织造曹家档案史料》，页98—105、126—127。
16 有误以頫与頔非亲兄弟，此因在雍正七年李果为李煦所撰行状中，曾追忆李煦于曹寅弥留时奏请以"其子頫继任"（指彼先前已依家族安排自二房出继长房，并奉旨袭寅职），又称頫过世时"保奏頫从弟頔复仕织造事"（指卒时李煦先出面保奏二房之頔入嗣寅支，再奉旨继任江宁织造）。参见朱淡文，《红楼梦论源》，页68。

遂暂留京，从曹寅友人张云章于十一月底至十二月初所赋的《闻曹荔轩银台得孙，却寄兼送入都》一诗，知曹颙应在第一时间自京函告其父已已得一子，衡量当时北京至扬州需15—20天，如若加急的话，甚至9天可到，[17] 亦即，曹颙该子应诞于康熙五十年十一月上半（附录7.1）。

五十四年三月初七日，甫接织造的曹𫖯连上《恭谢天恩》及《代母陈情》两折，他在后折（图表7.4）中称："奴才之嫂马氏，因现怀妊孕已及七月，恐长途劳顿，未得北上奔丧，<u>将来倘幸而生男，则奴才之兄嗣有在矣</u>。"[18] 将承嗣亡兄曹颙之希望全寄托在遗腹子上，知曹颙此时无子，[19] 其于康熙五十年所生子已夭折。[20]

17　如曹寅在康熙四十五年奏称"正月二十八日出京，二月十八日至江宁，次日即至扬州"；五十一年亦奏："臣于［正月］初十日辞驾，二十六日已至扬州"；五十一年秋曹寅因患病，获皇帝颁赐金鸡挐（纳）圣药，"特命驰驿南回，限九日到扬州"。参见《关于江宁织造曹家档案史料》，页37、100；《宫中档康熙朝奏折》，第7辑，页781。
18　《关于江宁织造曹家档案史料》，页128—129。
19　有疑曹颙当时有庶子，而"奴才之兄嗣有在"句，乃指若马氏生遗腹子即可以嫡子身份承嗣。然此说颇待商榷，因旧时子女虽有嫡庶之分，仍皆为嫡母之子女，如小说中的探春就只认王夫人为母，笔者先前所研究的明代置景淳之妻李氏，亦不令诸庶子知其非己出。更有甚者，曹寅以及帮助曹𫖯最多之母舅李煦，皆是在其家有嫡子的情形下以庶长子成为家长！参见顾斌，《有关曹雪芹研究四个问题的再思考》；刘广定，《再论曹颙无遗腹子及曹天祐之问题》；黄一农，《两头蛇：明末清初的第一代天主教徒》，页58。
20　曹颙于康熙四十七、四十八年之交似未育男（因无人提及或称贺），若是生女，则与李煦在五十四年正月十八日折中所描述曹𫖯的袭职令曹寅家得以"养赡孤寡"一语相合，因丧父之子或女皆可用"孤"字。但若四十七、四十八年之交是流产或夭折，则李煦前折中的"孤"只可能称五十年所生之子，亦即，该子乃卒于五十四年正月十八日至三月初七日之间。再者，因嘉庆元年敦诚《四松堂集》刊本所收的《寄怀曹雪芹霑》诗中，有小注称"雪芹曾随其先祖寅织造之任"，故有疑此子即曹雪芹，然笔者先前已论证此错误之注极可能是在乾隆末年编辑过程所加，而非出自敦诚本人。又，清代的医疗及卫生水平均不够，纵使是生活条件较优越的统治阶层，儿童的死亡率亦高。如以康熙帝为例，他一生共诞育35位皇子、20位公主，能活到成年的仅有27位。参见黄一农，《二重奏：红学与清史的对话》，页141—142；李中清等，《清代皇族人口统计初探》。

附录7.1

张云章为曹寅得孙所赋之诗

康熙五十年十一月底至十二月初,与曹寅互知颇久但却甫初晤的张云章(曾为李煦幕客,曹寅亦聘其负责文墨[21]),为其赋《闻曹荔轩银台得孙,却寄兼送入都》一诗,曰:

天上惊传降石麟(时令子在京师,以充闾信至),先生谒帝戒兹辰。傲装继相萧为侣,取印提戈彬作伦。书带小同开叶细,凤毛灵运出池新。归时汤饼应招我,祖砚传看入座宾。[22]

提及曹寅告知其子自北京寄信来,报称生一儿(张云章用贾充之典,贺曹家有充闾之庆,喻指此子将来可光大门楣),而因当年冬曹寅正逢轮管两淮盐差完事,旋即要返京述职(所谓"谒帝戒兹辰","戒"乃戒行,意谓出发上路),张氏遂回寄(所谓"却寄")一诗兼送行。[23]

诗中的"傲装继相萧为侣",乃用《汉书·萧何传》中惠帝视疾相国萧何的故事,萧氏遗言可在自己过世之后以曹参取代;"取印提戈彬作伦"则引《宋史·曹彬传》中"始生周岁,父母以百玩之具罗于席,观其所取。彬左手持干戈,右手取俎豆,斯须[须臾之意]取一印,他无所视"的抓周之典。此两句皆是期许曹颙的新生子将来可以曹氏祖先曹参或曹彬为榜样。紧接着的"书带小同开叶细"乃用汉朝大儒郑玄(字康成)的故

---

21 张云章的《朴村诗集》《朴村文集》中留有约二十首涉及李煦或曹寅的诗文(图表1.9)。参见李军,《曹寅在扬州酬应活动之补考》。
22 张云章,《朴村诗集》,卷10,页9。
23 有质疑曹寅为何未赋诗记己得孙一事,然经翻查其别集,发现不仅未见任何涉及继、生子、娶媳、嫁女之诗文,亦未及曹颙和曹颜之过世。曹寅应非不赋此类纪事诗,而可能是因其与家事太过相关,文采往往不易突出,故在编刻诗集时(通常多以诗歌之好坏为取舍的主要考虑)遭到删略。参见刘广定,《曹雪芹生年再探讨:纪念曹雪芹诞生三百年(1711—2011)》。

事，他在山东东莱讲学时，当地有一种细长且有韧性的特殊草类，相传郑玄门下取以束书，故时人称为"康成书带"，并以"书带"指代郑玄。又，郑玄老时只存一子益，二十七岁死于战乱，留下遗腹子，郑玄因该孙的手纹与己相似，遂取名"小同"，后承其《尚书》之学，"开叶细"应谓郑玄一支人丁单薄。

至于"凤毛灵运出池新"，则典出有"池塘生春草"名句传世的谢灵运，其孙超宗曾为南朝宋孝武帝的爱妃作诔文，帝叹："超宗殊有凤毛，灵运复出。"张云章乃借郑玄与郑小同、谢灵运与谢超宗两对祖孙的故事，以"书带小同开叶细，凤毛灵运出池新"一联，颂祷曹寅祖孙之学问和文采将来必能后先辉映。张诗中的"祖砚传看入座宾"句，则用《晋书》范馨将己砚传给幼孙范乔之典，并以"归时汤饼［汤饼指象征长寿的汤面］应招我"句提醒曹寅，在自京带回此孙后，记得邀请他参加庆生的"汤饼会"，到时在座宾客即可传看此孙（所谓"祖砚"）。

衡诸曹寅当时只有曹颙一子，另子曹颜应已卒，知张云章诗所提及之寅孙乃颙所生。颙本于五十年四月奉旨可南返伴父，却因其妻或妾待产而稽留在京，等到翌年春才随返京述职完毕的曹寅返南，没想到曹寅在五十一年七月即病卒（"岂意父子聚首之余，即有死生永别之惨"；图表7.1）。由于王煐在曹寅卒后不久为其所写的挽诗中有"孝子慈孙能继志"句，再加上郑小同为遗腹子，故先前有主张曹寅此"慈孙"应是遗腹子，亦即，认为该孙非曹颙（五十四年正月初八日才过世）所生。然因谢超宗并非遗腹子，且曹彬抓周时其父母俱在，知其说并无说服力。何况，从张云章"时令子在京师，以充闾信至"之小注，也已清楚表明该充闾之庆乃指曹寅独子曹颙于康熙五十年得子一事。[24]

---

[24] 李广柏，《文史丛考：李广柏自选集》，页119—130；吴新雷、黄进德，《曹雪芹江南家世丛考》，页63—73；王煐，《芦中吟》，无页码。

图表7.4　甫接江宁织造之曹頫代母所上恭谢天恩的奏折

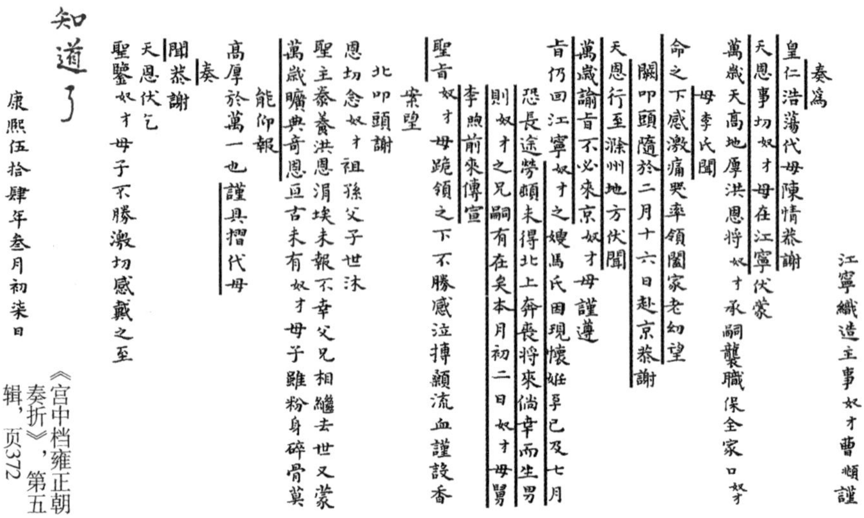

> 江寧織造主事奴才曹頫謹
>
> 奏為
>
> 皇仁浩蕩代母陳情恭謝
>
> 天恩事切奴才母在江寧伏蒙
>
> 萬歲天高地厚洪恩將奴才承嗣襲職保全家口特
>
> 命之下感激痛哭率領闔家老幼望
>
> 闕叩頭隨於二月十六日赴京恭謝
>
> 天恩行至滁州地方伏聞
>
> 旨仍回江寧奴才之嫂馬氏因現懷妊孕已七月
>
> 恐長途勞頓未得北上奔馳將來倘幸而生男
>
> 則奴才之兄嗣有在矣本月初二日奴才母舅
>
> 李煦前來傳宣
>
> 聖旨奴才母跪領之下不勝感泣摶顙流血謹設香
>
> 案望
>
> 北叩頭謝
>
> 恩切念奴才祖孫父子世沐
>
> 聖主豢養洪恩涓埃未報不幸父兄相繼去世又蒙
>
> 萬歲曠典奇恩亘古未有奴才母子雖粉身碎骨莫
>
> 能仰報
>
> 高厚於萬一也謹具摺代母
>
> 奏
>
> 聞恭謝
>
> 天恩伏乞
>
> 聖鑒奴才母子不勝激切感戴之至
>
> 康熙伍拾肆年叄月初柒日
>
> 知道了

《宫中档雍正朝奏折》，第五辑，页372

五十四年七月十四日曹家家仆返回江宁，携归皇帝对六月初三日曹頫请安折的批示，中称："你家中大小事为何不奏闻？"由于奏折通常不会言及臣子的私事，此御批想必是希望得知马氏生产的结果（预产期在六月左右）。曹頫虽于七月初三日已循例上请安折及六月份的《晴雨录》，[25] 但为回复该御批，乃赶在七月十六日又补上一折（图表7.5）。然曹頫或未能体会上意，故该折只详述其家财务状况等"大事"，称：

> 查检所有遗存产业，惟京中住房二所、外城鲜鱼口空房一所、通州典地六百亩、张家湾当铺一所、本银七千两；江南含山县田二百余亩、芜湖县田一百余亩、扬州旧房一所；此外并无买卖积蓄……幸蒙万岁天恩赏了曹颙三万银子，才将私债还完了……今蒙

---

[25] 曹頫通常在每月月初进呈一请安折，内附前一月江宁地区的《晴雨录》，但偶也会一次送出两个月的《晴雨录》。至于朱批从北京送抵江宁的时间，约需四十几天，均由其家人亲自递送，每月偶尔也会有请安折以外的专折。

天恩垂及，谨据实启奏。[26]

而未提及其嫂马氏妊娠的"小事"。康熙帝因此只朱批"知道了"三字（图表7.5）。

鉴于康熙帝尝高度评价曹颙曰：

> 曹颙系朕眼看自幼长成，此子甚可惜。朕所使用之包衣子嗣中，尚无一人如他者，看起来生长的也魁梧，拿起笔来也能写作，是个文武全才之人。他在织造上很谨慎，朕对他曾寄予很大的希望。[27]

且皇帝南巡至江宁时应曾在接驾的曹家见过年幼的曹颙，[28] 故若马氏有生男传嗣之天大喜事或弄瓦之庆，以康熙帝对曹寅家继承问题一贯的关切态度，且又有"你家中大小事为何不奏闻"之明旨的情形下，曹頫理应具体回奏。但曹頫不仅在五十四年四月至十二月呈附各月晴雨录的请安折（目前皆完整无缺地保存于台北故宫博物院等处；图表7.5）中只字未提，[29] 且于七月十六日、九月初一日的专折中，也未言及曹颙有无遗腹子，知马氏想必是生女、流产或甫生旋夭。当时马氏若生女，因不牵涉传宗接代，曹頫或不愿徒扰皇帝耳根，故未特意在折上禀报；又，请安折中依例亦讳提不祥的过世之事。[30]

---

26 《关于江宁织造曹家档案史料》，页131—132。
27 《关于江宁织造曹家档案史料》，页125。
28 由于曹颙在四十八年二月（二十一岁）始进京当差，康熙第三次（三十八年）、第四次（四十二年）、第五次（四十四年）、第六次（四十六年）南巡时，车驾皆曾驻跸江宁，故皇帝确有可能在织造府见过年少时的曹颙。
29 另参考黄一农，《二重奏：红学与清史的对话》，页139。
30 如曹頫在五十五年八月初一日奏请圣安并报七月晴雨录时，顺便提到与曹家盐差关系密切的两淮巡盐御史李陈常已于七月二十七日病故，朱批内即称"病故人写在请安折内甚属不合！"参见《宫中档康熙朝奏折》，第6辑，页519。

图表7.5 曹頫在曹顒妻马氏生产前后所上奏折

《宫中档康熙朝奏折》

❖ 五十四年六月初三日　江宁织造主事奴才曹頫跪

奏恭请
万岁圣安江南百姓太平无事米价每石一两至一两一钱不等运旦时雨盘沛田野霑足农家上下洪福齐天谨将江宁家有祉莫不感颂

圣主洪福齐天谨将江宁

御览伏乞

圣鉴

康熙伍拾肆年陆月初叁日

朕安
你家中大小事为何不奏闻
（圈）月分晴雨录恭呈

❖ 五十四年七月初三日　江宁织造主事奴才曹頫跪

奏恭请
万岁圣安江南百姓太平无事米价每石细丝好米七分八厘有零次等丝每两七分二厘有零次等丝每两七分二厘

御览伏乞

圣鉴

康熙伍拾肆年柒月初叁日

知道了
月分晴雨录（圈）

❖ 五十四年七月十六日　江宁织造主事奴才曹頫跪

奏恭请
万岁圣安七月十四日奴才家小大小事无不奏闻钦此奴才跪读之下不胜惶悚恐惧无何不奏闻钦此奴才跪读之下不胜惶悚恐惧伏惟
圣恩矜怜叩蒙
天高地厚洪恩伊令承嗣父职奴才到任以来曾
细察所有遗存产业惟京中住房二所外

❖ 五十四年八月二十日　江宁织造主事奴才曹頫跪

奏
闻回事属属不敢轻率具
天恩垂及谨据实启
奏奴才若少有欺隐难
察出奴才粉身碎骨不足以蔽辜奴才不胜
惶恐感戴之至

语奴才到任后援宜即为
主于跟前曾见过的幸蒙
万岁天恩赏三万银子缘将私债还完了等
德辅敢狂言
天丧所指如风偃草正其自取殁之日切念奴才
祖父世沐
主恩至深极重自奴才父兄以来又蒙
万岁天恩极丰厚隆思给奴寒保存身命种种
恩之处奴无肤发可报奴才自顶至
米样并江宁七月分晴雨录恭呈
稻种莫不欢欣踊跃成稻成丰足
万岁圣安江南太平无事早稻渐次登收成丰足

奏吉伏乞
圣鉴并
御览（中略）

康熙伍拾肆年捌月拾陆日

知道了

❖ 五十四年九月初一日　江宁织造主事奴才曹頫跪

奏
闻伏乞
天恩赏状奴才母子不胜激切顶戴之至
国躯情愿随捐骆驼运军粮老母泣论奴才
主思卷奉无以过活惟恨不能身亲荷担为
抄知部谅需用骆驼保存身命种种
万岁再造之赐虽粉骨难报万一奴才接到邸
万岁圣浩翰引力无从情愿少供军需事切惟
钦嘉辉县奴才叩头及奴才家下管事人等沾
无买卖锦武一家翟昆尘草木无不沾
皇恩浩翰引力无从情愿少供军需事切惟
奏为
城鲜鱼口空房一所通州地六百亩张家湾当铺一所本银七千两江南含山县田二百余亩芜湖县田一百余顷扬州钦山县田二百余亩

❖ 五十四年九月初一日　江宁织造主事奴才曹頫跪

《康熙朝雨雪粮价史料》

交部了

闻伏乞
天恩赏状奴才母子不胜激切顶戴之至
万岁圣安江南日下米价照常每石六钱八分至七钱三四分不等百姓安乐太平无事所有（八月）

御览伏乞
圣鉴
分晴雨录恭呈

康熙伍拾肆年玖月初壹日

知道了
稻种一事已批于李煦折子内

康熙伍拾肆年捌月贰拾日

问即可知道

知道了

康熙伍拾肆年玖月初壹日

图表7.6 曹颙相关记事编年。主要参照《关于江宁织造曹家档案史料》

时间(康熙)	材料	推论或补充
二十八年	曹荃诞子连生(即曹颙,此据二十九年内务府捐纳监生咨文)	曹玺支连年生颀、颀、颜、颙,恰合命名"连生"之意
二十九年四月	内务府咨文记甫外放苏州织造的曹寅替五位家人(弟荃、子顺与颜、侄颙和颀)捐纳监生	顺和颜为寅子,颙和颀为荃子,顺乃兼祧两房
夏秋间	曹寅苏州织造任有"稚子龙钟当户多""鱼竿都任儿骑马"诗	曹家当时有两岁的颙、三岁的颜、四岁的颀、五岁的顺,或即此"稚子"与"儿"的人选
三十六年秋	曹寅在江宁所赋《射堂柳已成行,命儿辈习射,作三捷句寄子猷》诗中有"又携儿辈踏晴秋"句	可称"儿辈"者,有九岁之颙、十岁颜、十一岁颀、十二岁顺,而顺当时已二十岁
四十七年十或十一月	曹寅为徐釚赋《真州送南洲归里》诗中有"犀钱利市定教闻"句	曹寅告诉好友徐釚,待承继子曹颙添丁时一定会通知他
四十八年二月初八日	曹寅送次女入京备婚,并称"臣有一子,今年即令上京当差"	该子应即二十一岁的颙,他或承父命为准妹婿在京置产
五十年四月初十日	曹荃子桑额(即颀)及曹寅子连生(颙)获引见,桑额授职宁寿宫茶房,连生则获允回江宁伴父	因有监生资格且较连生年长一岁的曹颜未获引见,疑颜此时已过世
冬	张云章《闻曹荔轩银台得孙……》中有"天上惊传降石麟(时令子在京师,以充闾信至)"句	寅当时只有二十二岁的颙一子,另子曹颜或已卒,知此长孙应是颙所生
五十一年二月	颙虽于五十年四月获允伴父,但至此始随返京述职的曹寅南归	此或因曹颙妻妾待产,故稽迟了返南的时间
七月十八日	曹寅病重时尝对李煦曰:"我儿子年小,今若打发他求主子去,目下我身边又无看视之人……"	该子即颙。因若曹颜此时尚存,即使两子皆在江宁,亦可遣一人代父去求皇帝赐药
七月或稍后	王煐于曹寅去世后不久所赋挽诗中有"孝子慈孙能继志"句	该"慈孙"应指曹颙于前一年所得之长子
八月	康熙帝赐药交曹寅之子连生,然以路远迟延,药未到曹寅即病故	连生即曹寅此前过继的侄子曹颙
九月初四日	连生奏称"先臣止生奴才一人",且谓"奴才堂兄曹颀来南"	二十六岁的曹颀为曹荃生,曹颙则已入继长房
五十二年正月初九日	放连生为主事,掌织造关防,并命连生此后改用学名"曹颙"	颙时年二十五岁

449

续表

时间（康熙）	材料	推论或补充
五十二年二月初二日	曹颙抵江宁莅任	
九月十八日	李煦、曹颙护送做乐器人上京并进各样竹子	
十一月十三日	曹颙奏称李煦代理盐差已满，且将余银三万六千余两尽归他补帑	
十一月十三日	曹颙奏折中称"奴才母子孤寡无倚"	曹𫖮（时年约二十七岁）应尚未入嗣
十二月二十四日	李煦与曹颙奉旨采办做箫笛的竹子以及灵璧所产的磬石	
十二月二十五日	在京的曹颙奏称"奴才母子孤苦伶仃"，并请将盐差所得余银，供康熙帝添备养马之需或备赏人之用	谕旨称"只要六千两养马"
五十三年五月初八日	曹颙返抵江宁，翌日即恭呈先前二月、三月、四月的晴雨录	参据《宫中档康熙朝奏折》，第4辑，页878
八月十二日	今岁的两淮盐差本属曹寅兼管之年，但谕旨："若将盐务令曹寅之子曹颙、李煦管理，则又照前亏欠矣，此不可仍令管理。"	此因曹寅、李煦管理十年期间，逐年亏欠钱粮，共至一百八十余万两
冬	赴京述职的曹颙携同曹頫北上	十九岁的頫乃返京当差
五十四年正月初八日	曹颙于赴京时染疾，康熙帝虽遣太医调治，仍卒于是日	参据康熙《上元县志·曹玺传》，颙享年二十七岁
正月初九日	谕旨："曹颙系朕眼看自幼长成，此子甚可惜。朕所使用之包衣子嗣中，尚无一人如他者。看起来生长的也魁梧，拿起笔来也能写作，是个文武全才之人。他在织造上很谨慎。朕对他曾寄予很大的希望……"	李煦奏称："曹荃第四子曹頫好，若给曹寅之妻为嗣，可以奉养。"且曹颙家人老汉亦称曹頫忠厚老实与孝顺。故谕命将曹頫给曹寅之妻为嗣，并以主事职衔补放江宁织造之缺
三月初七日	曹頫呈称："奴才之嫂马氏，因现怀妊孕已及七月，恐长途劳顿，未得北上奔丧，将来倘幸而生男，则奴才之兄嗣有在矣。"	知曹颙妻妾于康熙四十七年年底所怀身孕并未育男，而五十年所生长子亦已夭折，年不逾五岁。考虑曹頫于五十四年按月所上的请安折与七月和九月的专折，均未言及生产之事，知马氏此年想必是生女、流产或甫生旋夭

依情理推判，曹頫由于无可让老皇帝欢心的喜讯，也不愿让其伤心，且自觉不应在折中以此等"家中小事"去"尘渎圣听"（曹寅现存奏折也同样未提及其弟曹荃以及子曹颜之死），故他很可能是透过送密折的家仆以口信告知相关太监，以备在皇帝询问时以口头回报。换句话说，曹颙或得女，或无"遗腹子"存活！[31] 而在此后的奏折或御批中，马氏妊娠之结果遂不曾再被提起。

二、"原不是一个东西"的曹頫

曹颙于康熙五十四年正月初八日病故北京后，康熙帝仍属意曹家人继任江宁织造，以避免其家多年来在江宁所积累的家业受到影响。遂于次日传旨内务府总管去咨询恰在京之李煦（曹寅的老姊丈）的意见，谕旨先称誉猝逝的曹颙文武双全，接着曰：

> 曹颙……他的祖、父先前也很勤劳，现在倘若迁移他的家产，将致破毁。李煦现在此地，着内务府总管去问李煦，务必在曹荃之诸子中，找到能奉养曹颙之母如同生母之人才好。他们弟兄原也不和，倘若使不和者去做其子，反而不好。汝等对此，应详细考查选择。

知不仅曹荃所生诸子间本有矛盾，且寅妻李氏亦曾与部分荃子（如已卒之曹顺；参见第六章）不协，否则，就无必要强调必须孝顺（此原属理所当然）。检当时长、二房中只有曹荃之子頫与颙尚存，由于曹颙家人老汉（其汉姓应为吴，见第六章）呈称"曹頫为人忠厚老实，孝顺我的女主人，我女主人也疼爱他"，且又获李煦的大力推荐，正月十二日遂谕命将曹荃第四子曹頫（时年二十岁，其同父三兄为顺、颀、顬，另一兄頔则因已出继长房，故不排序）给曹寅妻李

---

31 另见刘广定，《再论曹颙无遗腹子及曹天祐之问题》。

氏为嗣,并授其主事衔(图表7.7)。[32]

图表7.7 清代缙绅录中的曹頫。色楞格即令曹頫家遭抄没的塞楞额[33]

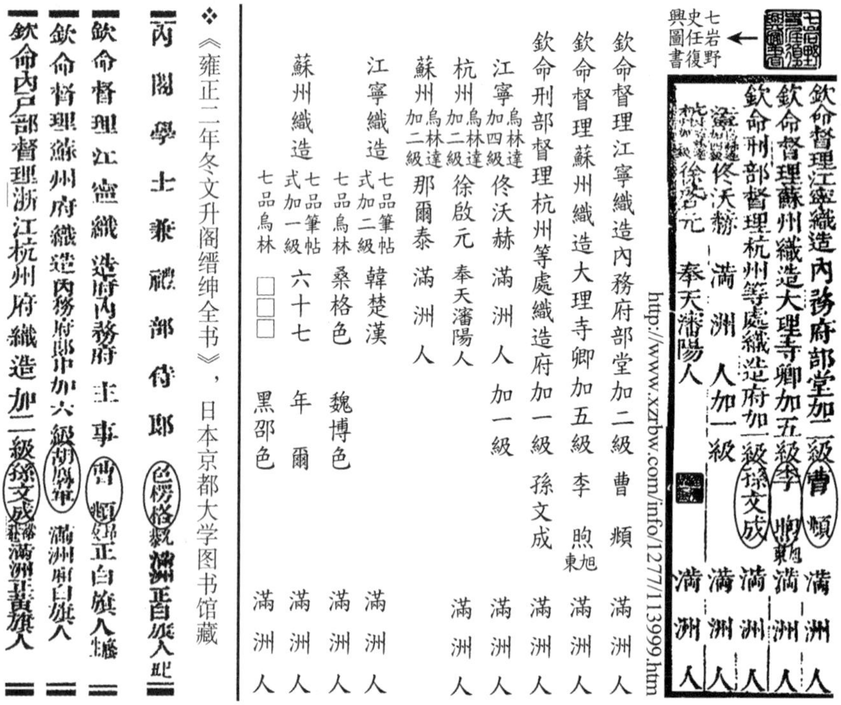

正月二十二日曹頫获得就任江宁织造的敕谕,内称"织造事务所需钱粮关系重大,以尔能干,特命前往江宁,管理上供缎疋兼户工二部官缎织造事

---

32 此段参见《关于江宁织造曹家档案史料》,页125—126;刘广定,《台湾藏内阁大库的三件曹寅、曹頫档案》。又,李煦在策略上或不愿推荐已授职宁寿宫茶房的曹頫之兄曹顒(图表6.9),因若如此,曹家将少一人任官。当然,此也可能涉及曹頫与曹寅家人间的不和。
33 塞楞额亦作色楞额、色楞阁、色楞格,字允恭,瓜尔佳氏,满洲正白旗人,康熙四十八年进士,历官刑部侍郎、兵部侍郎、户部侍郎、山东巡抚、工部侍郎、镶蓝旗汉军副都统、直隶提督、陕西巡抚、江西巡抚、山东巡抚兼管提督、湖广总督等。参见人名权威人物传记资料库。

务"（图表7.8），且命曹頫可自各相关机构获得必要协助。如谓"油粉应用钱粮，移文江南布政使司［并指驻江宁的安徽布政使司和驻苏州的江苏布政使司］，于正项银内动支""机杼不敷，查数报部（工部）酌议""机房机杼损坏，机户不足，移文该抚［江苏巡抚］酌量修理招补""年终将用过钱粮、解过缎疋各数目造册报部［户部］销算"，但亦训勉他不可借势干预地方事务。康熙帝还强调曹頫的主要任务是每年春秋两次解进缎疋，原则上每次动用二船，若有借机挟带其他私船或商船之情形必治罪。

五十四年二月初九日曹頫离京赴任，在母舅李煦的伴同下于二十八日返抵江宁，除首度以承继子身份省觐嫡母李氏，并由李煦于三月初二日传宣圣旨，初六日曹頫接印视事。此前听闻谕旨已命曹頫承嗣并袭职的李氏，本于二月十六日起身赴京欲"恭谢天恩"，但行至安徽滁州地方（南京西北约60公里处，乃江淮地区重要的交通枢纽），即被李煦和曹頫差家人飞骑追回，因圣旨中有"目下不必进京，俟秋冬之际，率领曹頫将曹寅灵柩扶归安葬"之命。三月初七日曹頫代母李氏上折谢恩，内还提及曹颙妻马氏怀孕已七月，因恐长途劳顿，未能北上奔夫丧的家事。[34]

由于曹寅侄辈的顺、顿、颜、颙均在二三十岁即过世，而若曹頫又早逝，皇帝不见得会再特别安排曹寅的后代（年龄且要合适）袭织造职，其家族（辈分和地位最高者为寅妻李氏）或因此决定将已过世曹荃唯一尚存之子曹頎（年近三十）过继至长房（图表6.6），此举意谓并两房为一房，类似情形亦曾见于纳兰家。[35] 曹頎或为曹荃的正妻所出，他先前之所以未曾被考虑出继庶出的长房，应是要为嫡支的二房传宗接代，且其与曹頫"原也不和"（康熙帝亦知此事，最后遂选择了曹頫继任江宁织造）。[36]

据《关于江宁织造曹家档案史料》以及台北故宫博物院的宫中档奏折，

---

34 此段参见《关于江宁织造曹家档案史料》，页128—130。
35 如康熙帝尝命揆方（明珠第三子）仅有的两子出继揆叙，揆叙次子永福的独子亦于雍正朝奉旨过继给长子永寿之寡妻。参见《关于江宁织造曹家档案史料》，页125—132；黄一农，《二重奏：红学与清史的对话》，页236—242。
36 顺、颙与頫均为曹荃的本生子，考虑康熙帝不可能因曹頫原本与曹頎不和而选择曹頫，知谕旨所谓的"他们弟兄原也不和"，应指曹頎与曹頫之间的关系。

曹頫在康熙五十四年正月获授江宁织造至五十六年九月间，所上的36个奏折皆自署"主事奴才"（正六品，与曹颙同），此后则多仅自称"奴才"，而不记官衔。惟从其他史料可发现他在康熙六十年四月以及雍正四年正月、四年十一月、五年六月、五年十二月时，其衔皆是从五品的员外郎。倒是《雍正二年冬文升阁缙绅全书》记其为"钦命督理江宁织造府、内务府主事"，考量缙绅录每年按季出，书铺私刊者不止一家，[37]若此不是信息未更新所致，则曹頫很有可能曾缘事自员外郎降级主事后又复升。[38]

曹頫虽于康熙五十四年正月才奉旨入继长房，但他"自幼蒙故父曹寅带在江南抚养长大"。[39]曹寅友人梦庵禅师（1639—1708；又名释超格）有《曹公子甫十二龄，天性醇淑，不乐纷华，因作俚语，聊当劝戒》诗（图表7.9），此应是他于四十六年年初离开江宁时，为曹寅的子侄之一所作，[40]以较浅白的"俚语"劝勉"曹公子"。诗中的"人近志学年"意指近十五岁立志学习的年龄，语出《论语·为政篇》的"吾十有五而志于学，三十而立……"；"趋庭如不及"则谓力承父教唯恐来不及，典出《论语》中孔子与其子鲤的对话。"曹公子"此时已跟随外傅（指出外就学时之师）开始读书习字，故梦庵期勉他切勿盛气凌人地对奴仆（所谓"臧获"）呵斥，尤其要远离声色场所，并以气节为重。考虑曹玺孙辈长成且有名字者仅六人，其中的顺、顿、颀、颜、颙那年皆不小于十九岁，知该十二岁的"曹公子"只可能是最年幼的曹頫，他曾于四十四年康熙帝南巡时，义救遭人诬陷的江宁府知府陈鹏年（附录7.2）。

37　刘铮云，《按季进呈御览与清代搢绅录的刊行》。
38　康熙六十年曹頫曾承卖内务府的人参，六十一年十月谕命须"在年前即行送交"，否则严议，但曹頫却延至雍正元年七月初八日才交完，不知此事有无可能导致降级？参见《关于江宁织造曹家档案史料》，页155—156、159—162。
39　本节多参考《关于江宁织造曹家档案史料》，下文即不详注。
40　樊志宾，《〈同事摄诗集〉与曹寅研究》。

图表7.8 康熙帝给曹頫的敕命

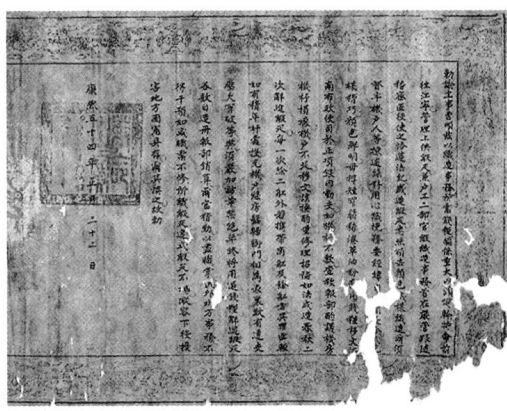

敕諭主事曹頫：茲以織造事務所需錢糧關係重大，以爾能幹，特命前往江寧，管理上供緞疋兼戶工二部官緞織造事務。爾須稽察匠役，使之恪遵法紀，歲造緞疋悉照頒去顏色式樣織造。督率機戶人等，擇選絲料，用心織挽，務要經緯勻□，闊長合式，花樣精巧，顏色鮮明，毋得短窄，鬆稀潦草。油粉應用錢糧，移文江南布政使司，於正項銀內動支。如機杼不敷，查數報部酌議。春秋二樣該撫酌量修理招補，如法成造。機房次解進緞疋，每一次除二舡外，若攜帶商舡及餘舡者，其罪匪輕。如有積年奸蠹，投充機戶、絲房，盤踞衙門，相為表裏，壓欠、冒破等弊，須嚴加訪革禁絕，年終將用過錢糧各數目造冊報部銷算。爾當精勤以盡職掌，此外，地方事務不得干預。如或職業不修，所織緞疋達式，緞疋不堪，縱容下役，擾害地方，國憲具存，爾其慎之。故敕。

康熙五十四年正月二十二日

（台北『中研院』史語所内閣大庫档藏登录号1045535-001）

455

附录7.2

义救陈鹏年出冤狱的"曹公子"小考

吕德芝（字时素，乾隆七年贡生[41]）曾赋《读陈沧洲先生虎邱诗》（图表7.9），此诗有长序记陈鹏年（字沧洲，谥号恪勤；1664—1723[42]）因人索贿不成而遭陷害事。先称四十四年康熙帝南巡至江宁时（四月二十二日至二十七日），陈被控"不将圣训供设吉地，大不敬"，[43] 下狱议死，"会织造使曹公寅之子（失名，后为盐运使，早卒），方八岁，捧一扇来献，上喜其慧，问地方事，以'陈鹏年真清官'对，因释其狱"。[44] 四十八年他又因诗中有"一任鸥盟数往还"句，遭控有悖逆之意，幸五十一年十月上谕称此不过"托意渔樵"而免罪。[45] 吕氏续称"曩以不见其全韵为恨，适蕲州徐子侣苍归自陈幕，示兹稿及上谕甚悉……喜而有诗，因次其韵"，并于和诗中赞"神童扇度名臣厄"。徐琮（字侣苍）为陈鹏年幕友，鹏年已知至少有四诗提及徐琮，[46] 知吕德芝对陈氏的认识或出自琮，但因曹寅现存诗文中从未见徐琮其人，知其对曹家内部事情的掌握有可能不够确切。那曹寅与陈鹏年之间究竟交情为何？

---

41 蔡韶清修，胡绍鼎纂，《黄冈县志》，卷7，页39；英启修，邓琛纂，《黄州府志》，卷36上，页68。
42 陈鹏年生于康熙二年十二月十三日。陈鹏年，《道荣堂文集》，卷首，页11。
43 所谓"不将圣训供设吉地，大不敬"。参见《清圣祖实录》，卷220，页220—221；卷224，页253。
44 郑仕钥（曹一士代）所撰的陈鹏年墓志铭仅称"仁皇帝在行宫已廉知公治行及民爱戴状，姑命听勘，狱具［已定罪］，诏免死"。又，王葆心《续汉口丛谈》（1933）引《读陈沧洲先生虎邱诗》时，将"织造使曹公寅之子"记成"织造曹公寅之子"。参见陈鹏年，《道荣堂文集》，卷首，页8；吕德芝，《晋起堂遗集》，卷2，页12—13；樊志斌，《曹雪芹家世文化研究》，页243。
45 "鸥"为常见海鸟，两江总督噶礼却以"鸥盟"一词穿凿控告陈鹏年心向海外的反清势力。参见陈烈，《清初文字狱的一份记录：小莽苍苍斋收藏纪事之一》；《清圣祖实录》，卷251，页489—490。
46 封蔚礽修，陈廷扬纂，《蕲州志》，卷16，页23—24；陈鹏年，《沧洲近诗》，卷3，页14及16；陈鹏年，《秣陵集》，卷4，页2及5—6。

图表7.9　康熙四十四年救陈鹏年出冤狱的"织造幼子"曹頫

❖ 陈鹏年，《沧洲近诗》（乾隆廿七年刊本）

次韻答吴秋屏見寄二首

初日在高樹幽人門未開乍聞乾鵲喜恰有素書來義覺雲天重春從黍谷回（札中述銀臺曹荔軒先生兆行相念頗切故及之）新詩比珠玉讀罷更徘徊

卷5，页13

❖ 吕德芝，《晋起堂遗集》（乾隆间刊本）

讀陳滄洲先生虎邱詩　卷2，页12—13

先生守江寧日值聖祖南巡幸蘇，左右求賄不得，讒以行宮不敬下獄議死。方待命，會織造使曹公寅之子（失名，後為鹽運使，早卒，）方八歲，捧一扇來獻，上喜其慧，問地方事，以陳鵬年真清官對，因釋其獄，命仍守蘇州（中略）起游人歌一任鷗盟數往還。前讒者指鷗盟二字為悖逆，再挂白簡。上諭廷臣曰：鷗盟二字有何悖逆，不過不得志，託意漁樵耳。不聽。令攝蘇松藩政，旋命儤值南書房，備纂修事，而讒者尋以他故誅。曩以不見其全韻為恨，適蘄州徐子侶蒼歸自陳幕，示茲稿及上諭甚悉，因嘆蘇家詩獄及陳氏尊堯集倘在，今日方且大用矣。聖朝盛德，感激豈必身受者哉！喜而有詩，因次其韻，以質徐子。

心清雖覺跡常閒，（中略）卓卓風裁望若山。喬木誰能休漢上，（在蘇嚴游女之禁，風俗頓改）梵花無復雨雲間。（蘇講僧多不法，痛抑之）神童扇度名臣厄，火鬼壺銷墨吏頑。只有座中老賓客，却分珠玉一囊還。

（依原书格式抄出）

❖ 陈鹏年，《陈恪勤集》（康熙间刊本）

楝亭詩二十五韵呈銀臺曹子清先生

種樹知先德，過庭識素風。前徽冰檗裏，遺訓楝亭中。魯國門墻峻，平陽閥閱雄。逸才原威鳳，世業舊從龍。尺五依宸極，魁三列上公。緇衣心倍篤，赤舄望彌隆。白下榮開府，秦淮寵錫弓。閑情餘結撰，清暇得和融。宇宙此間古，山川放眼空。楝花春雨細，亭屋紫烟籠。插架牙籤滿，披軒玉冊充。謝池波蕩漾，米石怪巃嵸。曙色嬌巢鳥，秋光冷砌蟲。苔侵雙屐綠，月到一樽紅。寂歷迴廊轉，縈紆小徑通。恍疑垂釣客，不亞住山翁。支許門前揖，求羊林下逢。鶴琴傳介節，詩禮屬宗工。先後箕裘映，輝光節鉞崇。尚衣方賜蟒，簪筆更乘驄。靜樹恩何極，重雲望莫窮。肯堂思手澤，傾日想丹衷。幹老蟠根大，枝舒湛露豐。栽培多玉樹，灌溉及蘭叢。莫謂今猶昔，由來孝作忠。

《秣陵集》，卷2，页7

❖ 释超格，《同事摄诗集》（乾隆十九年刊本）

《曹公子甫十二龄，天性醇淑，不樂紛華，因作俚語，聊當勸戒》

公子天性賢，烏用人勸激。忠必待壯強，孝乃弟子職。人近志學年，戒之在放逸。善人受盡言，我固進言直。云何能若斯，幼仗嚴訓力。父命唯唯遵，趨庭如不及。初了四子書，經史繼子集。外傳授詩書，有聞急傳習。發皇為詩文，光芒誰敢敵。融會其精華，滋潤我卓識。臨池如學書，右軍是准的。文應法馬班，詩宜陶杜則。臧獲侍昏朝，使令勿呵叱。柳骨與顏筋，蘇米諸名筆。驕氣若凌人，轟聲從此失。此亦人子也，淵明堪祖述。嗜欲漸次開，切切遠聲色。稼穡知難艱，世態識叵測。人生霄壤間，大節當建立。

爬梳陈鹏年存世的诗文，仅见两诗提及曹寅。其中收入《秣陵集》的《楝亭诗二十五韵呈银台曹子清先生》，应赋于曹寅父子义救陈鹏年之后，此因曹寅在四十四年闰四月（康熙帝在前一月驻跸江宁）才获赐通政使

（"银台"）衔。[47] 鉴于陈鹏年此诗对曹寅或其家世充满赞美和推崇之情，然袁枚却尝称曹寅"素与江宁太守陈鹏年不相中"，[48] 因疑曹、陈二人恐在康熙第五次南巡后才较有往来。至于诗中的"过庭识素风"句，其意或不只是以孔丘教诲孔鲤的故事譬喻玺、寅父子，也可能一语双关地点出曹寅与"嬉而过于庭"之"曹公子"的义行。

陈鹏年《沧洲近诗》另有《次韵答吴秋屏见寄二首》，其小注称："札中述银台曹荔轩先生北行，相念颇切，故及之。"（图表7.9）吴贯勉，字尊五，号秋屏，曹寅尝聘其修《御定全唐诗》《集韵》，《楝亭集》中也收入八首涉及他的诗词。同样地，吴贯勉的《秋屏词钞》中不仅屡见曹寅（荔轩）、曹荃（芷园），更出现他俩的亲友朱彝尊（竹垞）、曹曰瑚（竹磵、渭符）、曹曰瑛（恒斋）、乔国彦（俊三）、李煦（竹村）、姚潜（后陶）、叶藩（桐初、南屏）等（图表7.10）。[49]

由于与《次韵答吴秋屏见寄二首》同卷之前诗《新春杂感十首，次韵和中山》有"是岁以十二月十七日立春"小注，而康熙朝仅十一年、三十年、四十九年在此日立春，故从《沧洲近诗》的编年体可推知《次韵答吴秋屏见寄二首》应赋于五十年冬，其时曹寅（五十一年七月卒于扬州）正因盐差事毕而北返，并探视承继子曹颙在京甫生之长孙（诗中遂有"乍闻乾鹊喜"句，乾鹊即通常与吉兆相连的喜鹊；附录7.1），陈鹏年此时应已与曹寅颇相得，遂有"相念颇切"之谓。

---

47 此因曹寅在康熙四十四年第五次南巡时，曾有修建扬州宝塔湾驿宫且捐银二万两之功。又，从陈鹏年《秣陵集》所收《除夕用张贡五韵》《乙酉［四十四年］元旦口号三首……》《楝亭诗二十五韵呈银台曹子清先生》《和刘半村先生除夕纪事……》《送家子文赴石阡……》《春日杂诗五首……》《［四十四年］闰四月廿六日……》诸诗的编年体排序，知《楝亭诗二十五韵呈银台曹子清先生》的位置乃误插。前引"子文"为陈奕禧之字，他乃于四十三年腊月与友人话别，翌年正月自真州出发赴石阡知府任。参见陈鹏年，《秣陵集》，卷2，页5-8；卷3，页7。陈奕禧，《春霭堂集》，卷7，页17-18。《关于江宁织造曹家档案史料》，页30-31。
48 黄一农，《袁枚〈随园诗话〉中涉红记事新考》。
49 杨钟羲，《雪桥诗话》，续集，卷3，页56；李军，《曹寅编刻〈全唐诗〉时期交游考略》；臧寿源，《曹寅与叶藩、叶燮的诗文情谊》。

考虑曹玺孙辈中顺、颀、颃、颜、颙的年龄，均较吕德芝前记的八岁（康熙四十四年）"曹公寅之子"与梦庵诗提及的十二岁（康熙四十六年）"曹公子"大一截，知"曹公寅之子"与"曹公子"只可能是最年幼的曹颀。[50] 但两文献中所言童子的年纪相差两岁，不可能皆正确，我们也许得从文本书写者与曹家的亲疏程度来判断何者较可信。查梦庵禅师是曹寅的方外好友，曾夜宿江宁织造府，他的《同事摄诗集》《同事摄绿萝词》中留下关涉曹寅的诗词共七首，时间跨度在康熙四十二至四十六年间，曹寅亦为其赋有《送梦庵北上》《金缕曲（七月既望，与梦庵西堂步月口占述怀）》《步月（和梦庵归山见寄韵）》等诗作。梦庵尝称曹寅的画艺"毫端缥渺，错认是龙眠"，谬许其可与北宋著名画家李公麟（号龙眠居士）差堪比拟。曹寅也于四十四年夏为梦庵修复扬州的松巅阁，并在四十六年送其入京，翌年六月梦庵坐化于京师的柏林寺。[51]

相对地，吕德芝与年纪大他一轮的曹寅、陈鹏年恐无直接往来，其叙事可能是受到野史杂谈或陈鹏年幕友徐琮的间接影响。无怪乎，在《读陈沧洲先生虎邱诗》序中所提及的曹家事（称曹寅失名之子后为盐运使，早卒，八岁时曾因康熙帝询答而救陈鹏年出冤狱），即出现一些讹误或模糊描述。事实上，自曹振彦卒后其家就无人获授盐运使（曹寅所任的两淮巡盐御史，位阶乃高于负责日常盐务的盐运使），吕德芝且将曹颀与曹颙之生平相混。尤其，他竟不知该曹寅幼子之名，而颙与颀皆曾出任过地位颇高的江宁织造！

---

50 方晓伟，《"原不成器"的"曹公子"》。
51 樊志宾，《〈同事摄诗集〉与曹寅研究》。

图表7.10　吴贯勉与曹寅兄弟共同的人脉网络

吴贯勉，《秋屏词钞》

正席上曹東皋紫雪 卷1，頁6—7

薄後聯秋杯勒酒，不堪同是窮途近來天意漸倒
困吾徒莫憶揚州舊話紅橋呼十里芙蕖新凉夜歌
留寺鐘東平山雲起玉衡不見銅龍死荒臺芳草自
烏語山光裏麋城南城北望分明一番春色惹人爾　小關新支空亭孤倚花香

【瀛後陶】先生萬松關
荔堂送春同後陶先生
訪恆齋宿寫不値
丙戌七夕後陶老子賜赤霞梛村合畫所思
人不見秋色開門深之句相贈率意酬答

【蓮謝荔軒】公送酒　卷2，頁11
一年剛半正新秋謝暑守閒人病不是閉門高不及
門，無佳境雲在俱遅水流不競此意從來省莫
梯月妙愛扶嬾嬝花影，堪笑天上雙星離多聚少
慣酎愁千項頗有繅山王子晉放鶴吹笙蜂頂陶柳

描春朱霞絢彩畫出貴家官廚仙醞直教千日醒
雨中懷西堂梅花並訂郊遊之約
寄懷荔俊三晉齋並訊足疾
閒曾竹酬兄寄元頴齋並示恆齋待韶
後陶歸楚志喜
集桐初目都門歸過于草堂小酌言懷

曹正國天南閒韻　卷2，頁15

放浪歸來寂寞三冬伏居草堂憶梧桐漏月碧扶疎
彩芭蕉傾兩綠送秋光鳥上彈弓人前戲墨文采鳳
流事事長春帆外見蒋紅濡錦夢魏江鄉　臨岐鳴
我休忘約春中重來紅正芳看桫别詞殿饒分麟廊
侍斑内苑曲聽霓裳片玉新詞泥金上易寶寵徽徵

又一揚相思恩曲古老片玉佩弓刀銮敬頌甘棠借庇偺在
煙梢霧葉如先人玉佩弓刀銮歌頌甘棠借庇偺在
苔古繪影牆應扶疎卷重來恰喜邊遭煎喜攀石闕
春事花風殿後雲霽生綃　蕭瑟排天黛色蔭石闕
手植柯條寫百年樹木分明見大山心勞苦咻味三
錦繡嚢中絲繪閣下繪陰密覆書集司空當日公餘
棟亭尚書司空賦 卷3，頁13

借稚若菴架卜朱竹垞先生集展玩數日如
已丑夏晤先生於黃州使院時由今追昔
不勝人琴之感因次其集中寄秋錦韻

憶共鄞江醉卧池開肚風流曹李荔軒公
街濃饟當樓别推雲際題素開新頴寄白
髻共麥軒見剡温閣雅尋霜雁雪花頴成彫散白
别無悲惋小勞悵恨忽勿厭難已更默嘆東坡才子
把遣編沉吟久尋涴涕沱難已更默嘆東坡才子
亦相繼搜索古今藏二兩惟君家堪齋原頭水休調
笑君無矣　藏書惟君竹垞荔軒先生家矢若燬依鹹亦富

法螺菴　卷3，頁17

裕䇿空谷轉山根縈違流曲折疎籠門石樓深窈駐
行雲梅花粥看事已二分　齋齋度朝皆眉梢披紫
明日樾亦仙漁山拍搨搖鬼大仙遊仙招儗佛遊塵世
昔與梅岑卻岑共於此亭三十韻

曹寅，《棟亭诗钞》卷4，頁21

繡印螺斂微天松吼嗷離攀垂遊仙招儗佛遊塵世
月下和秋屏韻
明極圓初伏足午夜號銀漢蛾阿近羌怨筝
孟秋借靜夫子魚玉屏六過難鳴寺得
詩三首
晚韵同九逈秋殷孫鐵瓅威又昭戈文治
堂俊閒皇拓搨七疾

曹寅，《棟亭诗别集》卷1，頁12

送秋屏南韻
長安一雁一歸夜色限溢波與慕岑奇語捣寒
事事掃塵休向苔牆館
雨後西軒與又昭煮齋秋屏限字
護與與秋屏煮茶得旦

曹寅，《棟亭词钞》卷4，頁16

蝴蝶樓簷仰膽星亂泡影河地大燒枝鳥
初起南陔仰膽星亂泡影河地大燒枝鳥
鶴亦心微書煙莫問嫂暑事小杓分泉試解衣

念奴嬌　送又昭南歸　卷4，頁7

滿庭芳　世遠而因酒不出戶後蝴災香的禁再和
　　　　　（詞同西厓梅花園酒，之約而梅花不在梅
　　　　　頁8

再者，吕德芝所记曹寅子救陈鹏年一事，亦见于宋和的《恪勤列传》（图表7.11），但侧重与详略不同。宋和，字介山，歙县人，顺治十七年生，[52] 较陈鹏年大三岁，"年三十始读书，为古文，四十学大就，入都"，为韩菼、陈鹏年、孙勷（音"裹"）所激赏，谓其"非唐以下之文也，诗亦古茂"，雍正二年王棪（音"善"）曾向宋和索撰八十寿序，明言"苐欲君集中有此文耳"。[53] 宋、陈二人"虽有文章之知，然往返不过二面"，但彼此相知相惜。我们在宋和的《雪晴轩文稿》中，即可见到他于康熙六十一年左右为署河道总督陈鹏年作的《总河陈公寿序》、代其所撰的《江节妇序》、六封与陈鹏年父子相关的信札，陈鹏年甚至尝起意为"游京师垂三十年"的宋和买山，以为共同归老之用。[54] 倒是宋和此书并未收录其替陈鹏年所撰的小传，该传仅见于光绪《国朝耆献类征初编》（卷164），及以《恪勤列传》之名收在乾隆二十七年刊刻的陈鹏年《道荣堂文集》卷首。

又，宋和曾于康熙四十一、四十二年因韩菼之荐，"游于江宁织造曹荔轩先生，居一年甚乐"，[55] 然宋、曹二人尚未见互动之诗文，知宋和与陈鹏年的交情应远深于曹寅，惟宋和对曹家的认识肯定仍要高过陈鹏年、徐琮、吕德芝。今从《恪勤列传》中所记曹寅叩头救陈以致血流披额的激情之举，知曹家幼子对帝所言之"陈鹏年真清官"，很可能是受曹寅影响，甚至为其主导。又因宋和所记一语救陈鹏年的"织造幼子"，不仅被皇帝以"儿""孩提之无知"来形容，当时且"嬉而过十庭"，该行径不太像是已十七岁的曹颙，[56] 疑此子即康熙四十四年时方十岁的曹頫（此据曹寅好

---

52 宋和，《雪晴轩文稿》，页247。
53 赵弘恩等监修，黄之隽等编纂，《江南通志》，卷167，页28。
54 宋和，《雪晴轩文稿》，页259、291、403—407、463、467—488。
55 宋和，《雪晴轩文稿》，页469—470。
56 类似用语如见司马光"生七岁……群儿戏于庭"、毕梦求"九岁时嬉于庭"。参见《宋史》，卷336，页10757；孙葆田等，《山东通志》，卷199，页56；张志，《〈陈鹏年传〉中的"织造幼子"应是曹颙："织造幼子嬉而过于庭"辨析》。

友梦庵于四十六年所称"曹公子甫十二龄"回推),[57] 应也与吕德芝所谓"方八岁"的"寅之子"同一人,吕氏或错记了此子年龄。

图表7.11　宋和为陈鹏年所撰的《恪勤列传》

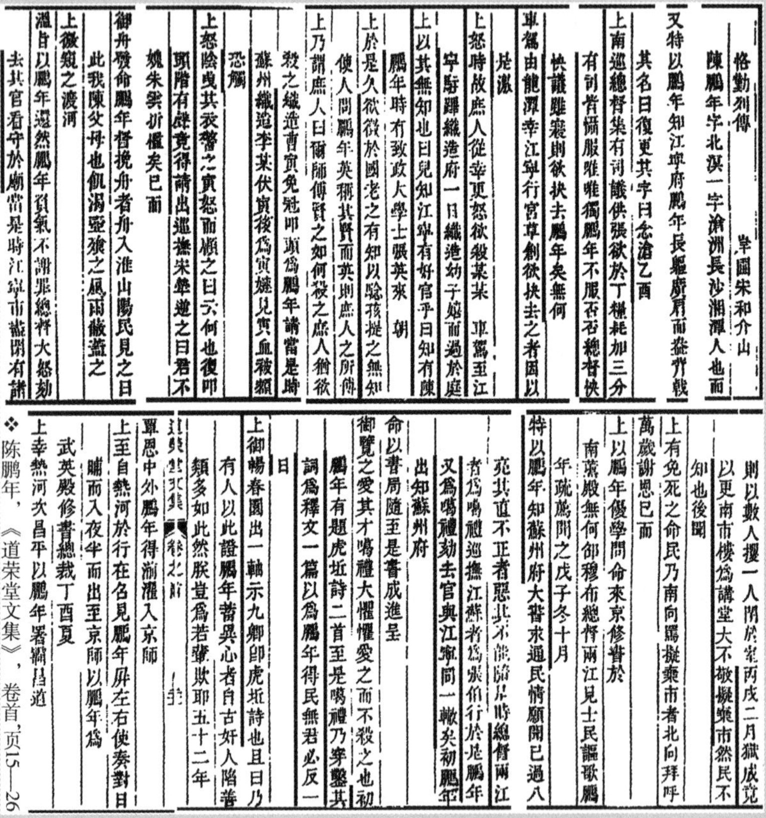

❖ 陈鹏年,《道荣堂文集》,卷首,页15—26

---

[57] 宋和为雍正元年过世的陈鹏年写传时,曹𫖯早出嗣寅支。故若宋和熟悉其家,应先记义救陈氏的曹頫为"织造犹子",再说明他稍后出继长房,然因此非其重点,宋和或就将从小在江南被曹寅抚养长大的曹𫖯径称作"织造幼子"。

第七章　曹家最后两任的江宁织造

康熙五十四年正月十八日李煦奏称：

> 奴才谨拟曹頫于本月内择日将曹颙灵柩出城，暂厝祖茔之侧，事毕即奏请赴江宁任所。盖頫母年近六旬，独自在南奉守夫灵，今又闻子夭亡，恐其过于哀伤。且舟车往返，费用难支。莫若令曹頫前去，朝夕劝慰，俟秋冬之际，再同伊母将曹寅灵柩扶归安葬……奴才回南时，当亲至江宁，与曹頫将织造衙门账目，彻底查明，补完亏空。

外放之八旗官员过世后依例均应归旗下葬，曹寅之棺则因事一直暂厝江宁（虽卒于扬州，然因家人多在江宁，故应移灵至此），而从前引奏折中"頫母年近六旬，独自在南奉守夫灵"句，可推断在曹寅卒后，其妻李氏身边仅有曹颙一子，其他同居织造府的诸子则属二房。李煦遂建议新过继的曹頫，可于是年秋冬之际再陪同其母将曹寅的灵柩归葬北京城外的曹家祖茔。[58]

时人对曹頫的评价差异颇大，在康熙五十四年他就任江宁织造的敕谕中称其"能干"（图表7.8），但五十七年六月初二日的请安折上则批曰：

> 朕安。尔虽无知小孩，但所关非细，念尔父出力年久，故特恩至此。虽不管地方之事，亦可以所闻大小事，照尔父密密奏闻，是与非朕自有洞鉴。就是笑话也罢，叫老主子笑笑也好。[59]

对六十五岁的"老主子"康熙帝而言，已二十三岁的曹頫仍被视为有待培养但关系亲密的"无知小孩"。入雍正朝后，谕命曹頫凡事皆交怡亲王允祥代转，且要"听王子〔指怡亲王〕教导而行"，并斥责他"向来混账风俗贯〔通'惯'〕了"（图表5.21）。两淮巡盐御史噶尔泰于雍正五年正月十八日的奏折

58　此段参见《关于江宁织造曹家档案史料》，页128—130；兰良永，《红楼梦文史新证》，页16—20。
59　《关于江宁织造曹家档案史料》，页149—150。

中,更尝评其曰:"访得曹頫年少无才,人畏缩,织造事务俱交与管家丁汉臣料理。奴才在京见过数次,人亦平常。"朱批亦进而抨击他"原不是一个东西""岂止平常"(图表7.12)。

康熙帝对曹家的态度在曹寅、曹颙相继过世后已不似先前亲昵,如曹頫曾因八省督抚承办的铜觔屡有缺误,导致鼓铸维艰,遂于五十八年六月上奏建议将此差使全赏给他,并宣称"每年可节省银三万余两。自五十九年起,承办十年,共可节省银三十余万两。奴才父亲曹寅在日,曾经办过八年,未敢亏欠迟误",但朱批严词否决此议,谓"此事断不可行!当日曹寅若不亏出,两淮差如何交回,后日必至噬脐不及之悔"(图表7.13)。

又,曹頫当差时亦表现不力。康熙五十六年十二月内务府曾将约1,025斤的人参,交给曹頫、李煦、孙文成,分为三分运往南省售卖,翌年十一月这批运去之人参已完售,每处得银9,887.6两,总共银29,663两。故六十年三月内务府再将库存的六种人参约2,216斤,仍照五十七年例交江南三处织造售卖,八月二十日曹頫呈称其约739斤的份额,共售银约17,272两,现收得8,000两银已交付藩司,余款仍待催取。由于李煦和曹頫至六十一年十月仍有银两未交,故康熙帝谕命务必在年底前送交,否则严加议处,李煦因此于十二月十七日交完,曹頫则延至雍正元年七月初八日才完事。雍正帝于二年闰四月二十六日还传旨:"人参在京时人皆争购,南省价贵,且系彼等取去后陆续出售者,理应比此地多得价银。看来反而比此地少者,显有隐瞒情形。"命内务府总管对此事详加调查并提出解释。[60]

康熙帝在五十九年二月初二日曹頫的请安折上(图表7.14),亦朱批:

> 近来你家差事甚多,如磁器法朗之类,先还有旨意"件数到京之后送至御前,览完才烧法琅",今不知骗了多少磁器,朕捴不知。已后非上传旨意,尔即当密折内声名【明】奏闻,倘瞒着不奏,后来事发,恐尔当不起一体得罪,悔之莫及矣。即有别样差

---

60 《关于江宁织造曹家档案史料》,页148—151、155—162。

使,亦是如此。

皇帝以比奏折多一倍字数的朱批,诘责曹頫家获恩赏的差使甚多,却出现一些欺瞒的情弊。称珐琅彩瓷(所谓的"磁器法瑯",清宫应在康熙五十年前后才初步烧成此类瓷胎画珐琅)的制作原本要先经过御览同意,然却有人假传旨意,命曹頫径自烧制,故朱批申斥"今不知骗了多少磁器[指未获挑选或被人挪用],朕捴不知"。[61] 珐琅彩瓷是在康熙帝的推动下从草创试作终至发展成熟,此工艺乃以西洋进口的各色珐琅料将装饰纹样彩绘于瓷胎之上,再经宫廷作坊的窑炉烘烤而成,为当时最新颖的赏玩奢侈品。由于这些制品皆深刻展现帝王的审美意趣,且数量极少,遂成为宫中秘藏。[62]

亦即,曹頫在康熙朝任内,因对代卖人参及烧制珐琅彩瓷之差使拖延或欺瞒,也未能得到较肥的铜差、盐差,终致在皇帝心目中留下不佳的印象,且无法大幅纾解其家的经济困境。入雍正朝后,曹頫即使是处理其本职负责的工作亦迭遭斥责:如皇帝于四年三月指其所织造之物"掺用生丝,将绸缎织得粗糙而轻薄",比早年织进者大为不如,遂以未尽心管理,被罚以一年之俸并赔补;[63] 五年六月雍正帝更因其所穿的石青褂落色,而命内务府调查,曹頫又遭罚俸一年。[64] 再加上曹家及其许多亲友皆在康、雍之际的政争中选错边,曹頫最终遂难逃被整肃的命运。

---

61 上供物品外流私用的情形或亦反映在《红楼梦》中,如第二十四回凤姐送了黛玉"两小瓶上用新茶";第二十八回凤姐私藏有"上用各色纱一百疋";第五十六回江南甄府进宫朝贺前,先遣人来送礼请安,礼单列的是"上用的妆缎蟒缎十二疋,上用杂色缎十二疋,上用各色纱十二疋,上用宫绸十二疋……"。参见侯会,《红楼梦贵族生活揭秘》,页31—34。
62 常建华,《康熙朝的珐琅器礼物与皇权》。
63 《关于江宁织造曹家档案史料》,页174—177。
64 《关于江宁织造曹家档案史料》,页181—182。

图表7.12 噶尔泰奏报江宁织造曹𫖯等人的官守

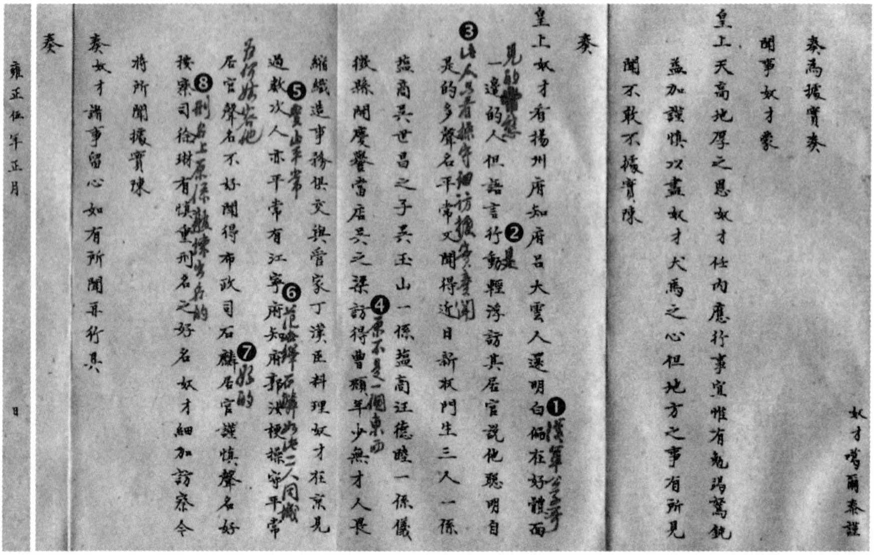

❖《宫中档雍正朝奏折》，第七辑，页405

奴才噶尔泰谨

奏，为据实奏
闻事。奴才蒙
皇上天高地厚之恩，奴才任内應行事宜，惟有勉竭駑鈍，
益加謹慎，以盡奴才犬馬之心。但地方之事，有所見
聞，不敢不據實陳。
奏。
奴才看揚州府知府呂大雲，人還明白，偏在好體面
一邊的人，但語言行動輕浮。又訪其居官，說他聰明自
是的多，聲名平常。又聞得近日新收門生三人，一係
鹽商吳世昌之子吳玉山，一係鹽商汪德睦，一係儀
徵縣開慶馨當店吳之梁。訪得曹𫖯年少無才，一向畏
縮，織造事務俱交與管家丁漢臣料理。奴才在京見
過數次，人亦平常。有江寧府知府郭洯梗操守平常，
居官聲名不好。聞得布政司石麟居官謹慎，聲名好。
按察司徐琳有慎重刑名之好名。奴才細加訪察，今
將所聞據實陳。
奴才諸事留心，如有所聞，再行具
奏。
雍正伍年正月　日

❖ 两淮巡盐御史噶尔泰奏折上的雍正帝朱批：
❶ 是
❷ 漢軍公子哥兒的常態
❸ 此人只看操守，細訪據實奏聞
❹ 原不是一個東西
❺ 豈止平常
❻ 范世繹、石鱗如此二人同城，為何姑容他
❼ 好的　　　↙[指两江总督范时绎、安徽布政使石麟]
❽ 刑名上原係熟練出名的

第七章　曹家最后两任的江宁织造

图表7.13　康熙五十八年曹頫请将铜差赐其专办的奏折

❖《宫中档康熙朝奏折》，第七辑，页545

江宁织造奴才曹頫跪

奏为筹画铜觔节省效力事奴才包衣下贱荷蒙
撫育养洪恩无由报効窃思铜觔一事查八省督
抚原办每觔红铜定价一钱二分五厘水脚银
三分共一钱五分五厘近因铜少价贵办解维
艰去年十二月九卿会议又添给採买所用钱粮俱
预行给发又准薰买三分旧器皿铜觔只办七
分红铜代奉
俞旨欽遵在案奴才因见铜觔缺误鼓铸维艰思
効力仰求
萬歲天恩将八省督抚承办七分红铜
赏给奴才採办奴才当于添给节省二分水脚银
仍可节省一分每年可节省银三万余两自五
十九年起承办十年共可节省银三十余万两
奴才父觐见曹寅在日曾经办过八年未敢欵公
遲誤皆籍殿实商人料理今俱现在贸易熟悉
利獘督抚往来只有四十只带回红铜不过四
萬担原不足供额解之数督抚等雖委賢能大
吏料理而事出分岐相争買洋商高擡其价
不賣于此即賣于彼以致辦解不前今准買
三分舊器皿鋼觔只辦七分紅銅奴才計算七
分紅銅每年共三萬一千担零而每年洋船所

到紅銅約有四萬担已足供辦若歸奴才承辦
則事屬專一既絕分岐爭買之端而洋商舍此
無銷售之處價值自不能長比督撫所辦實可
減省奴才情願照督撫所辦每觔紅銅領正價
一錢二分五厘水脚銀三分添給節省水脚銀
二分此內仍節省一分按年解交
內庫其三分舊器皿銅觔隨地皆有仍歸八省督
撫就近辦解再八省督撫所欠歷年未完紅銅
亦求停其採辦一併交與奴才分作五年帶完
所有銀兩令督撫依其現在辦買時價每觔
一錢四分五厘外水脚銀三分算給奴才每
亦節省銀一分一併解交
內庫可以節省而鼓鑄亦可無誤仰荷
天恩至於銅價若向八省分領恐致稽遲求撥在
江蘇安徽藩庫照例預年先行給發如此則採
辦自易
聖鑒勅部議覆施行奴才昌膽惶悚頂戴之至
開伏乞
天恩生生世世不朽氣謹具摺

奏

事斷不可行當日曹寅若不厲出兩淮
差如何交困後日必至噬臍不及之悔

康熙伍拾捌年陸月拾壹日

图表7.14 康熙帝在曹頫请安折上指斥其家烧制珐琅彩瓷的情弊

《宫中档康熙朝奏折》，第七辑，页633

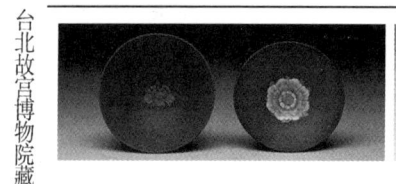

江宁织造奴才曹頫跪

奏恭请

万岁圣安江南太平无事目下米价照常每石六钱四五分至七钱四五分百姓安乐谨将正月晴雨录恭呈

御览伏乞

圣鉴

康熙伍拾玖年贰月初贰日

【明】

近来你家差事甚多，如磁器法琅之类，先还有旨意「件数到京之後送至御前，朕览完缴烧法琅」，今不知骗了多少磁器，朕捡没知名。已後非上传旨意，尔即当密摺内声名奏闻，倘瞒着不奏，後来事发，恐尔当不起一体得罪，悔之莫及矣。即有别样差使，亦是如此。

近来你家差事甚多如磁器法琅之类先还有旨意件数到京之後送至御前览完缴烧法琅今不知骗了多少磁器朕捡不知已後非上传旨意尔即当家摺内声名奏闻倘瞒着不奏後来事发恐尔当不起一体得罪悔之莫及矣即有别样差使亦是如此

康熙朝宜兴胎画珐琅四季花卉盖碗

台北故宫博物院藏

　　曹家承接过的一些差使在《红楼梦》中多留有"水印"，如书中提及的"芦泡须枝"和"渣末泡须"乃用来描述人参之芦头、泡丁、参须、参枝、渣末等不同的部位或等级，此外，还关涉人参之收藏效期、计价行话与造假方法等较深入的相关知识。[65] 至于小说第四十、四十一回中，提及贾母请客时刘姥姥曾打破一个瓷制的"十锦珐琅杯"，[66] 其形制或即曹頫曾烧制过的上用瓷胎珐琅。

　　再者，小说中亦可见铜差、盐差的痕迹，如第四十五回探春请凤姐担任

65　黄一农，《从皇商薛家看红楼梦中的物质文化》。
66　https://kknews.cc/culture/39er538.html。

新起诗社的"监社御史",凤姐笑道:

> 那里是请我作监社御史!分明是叫我作个进钱的铜商。你们弄什么社,必是要轮流作东道的。你们的月钱不彀花了,想出这个法子来拉了我去,好和我要钱。可是这个主意?

这"进钱的铜商"应形容花钱如流水的买铜官商。又,第二回以黛玉父林如海被钦点为巡盐御史,第十四回称林如海捐馆扬州城,知其被安排的角色乃两淮巡盐御史,此亦同于曹寅和李煦所轮管的两淮盐漕察院(图表4.7)。

三、曹頫遭抄家的政经缘由

清代江宁织造从第七任曹玺→第九任曹寅→第十任曹颙,曹家长达逾半世纪的气数终在第十一任曹頫(图表7.15)身上发生大变,此因政权于他任内已从与其家关系极为密近的康熙帝,转移到雍正帝手上。而与新帝无特殊渊源的曹頫即以罪抄家,其原因一直有政治和经济二说,然实际情形恐两者兼具,[67] 尤其是曹頫当头违反了雍正继位之初就大力推行的吏政改革。当时曾谕令全面清理钱粮,凡亏空官员须审明革职,并勒限追完,失察之上司亦须分赔,对亏空额较多的官员,且将本人监禁,家产查封。[68]

雍正二至七年间任两淮巡盐御史的噶尔泰(图表7.15),在五年正月疏奏他对几位地方官的评价(图表7.12),中称前一年始到任的扬州知府吕大云,[69]"人还明白,偏在好体面一边的人([朱批:]汉军公子哥儿的常态),但语言行动轻浮。访其居官,说他聪明自是的多,声名平常",还列出他新近所收三位门生的姓名与背景;次指"访得曹頫年少无才([朱批:]原不是一个东

---

67 张书才,《新发现的曹頫获罪档案史料浅析》;魏鉴勋,《曹頫骚扰驿站获罪始末》;王若,《曹頫被枷号的问题及其获罪原因之管见》;杨乃济,《紫禁城行走漫笔》,页156—181;关嘉禄,《庄亲王允禄内务府理政刍议》。
68 刘凤云,《雍正朝清理地方钱粮亏空研究:兼论官僚政治中的利益关系》。
69 尹会一修,程梦星等纂,《扬州府志》,卷19,页56。

西），人畏缩，织造事务俱交与管家丁汉臣料理。奴才在京见过数次，人亦平常（［朱批：］岂止平常）”；接着再称江宁知府郭汝梗【榳】“操守平常，居官声名不好”。朱批则斥责两江总督范世【时】绎、安徽布政使石鳞【麟】既然与曹頫、郭汝榳二人同居一城，为何“姑容”他们。

图表7.15 《江南通志》中负责巡盐、织造与钞关的旗官

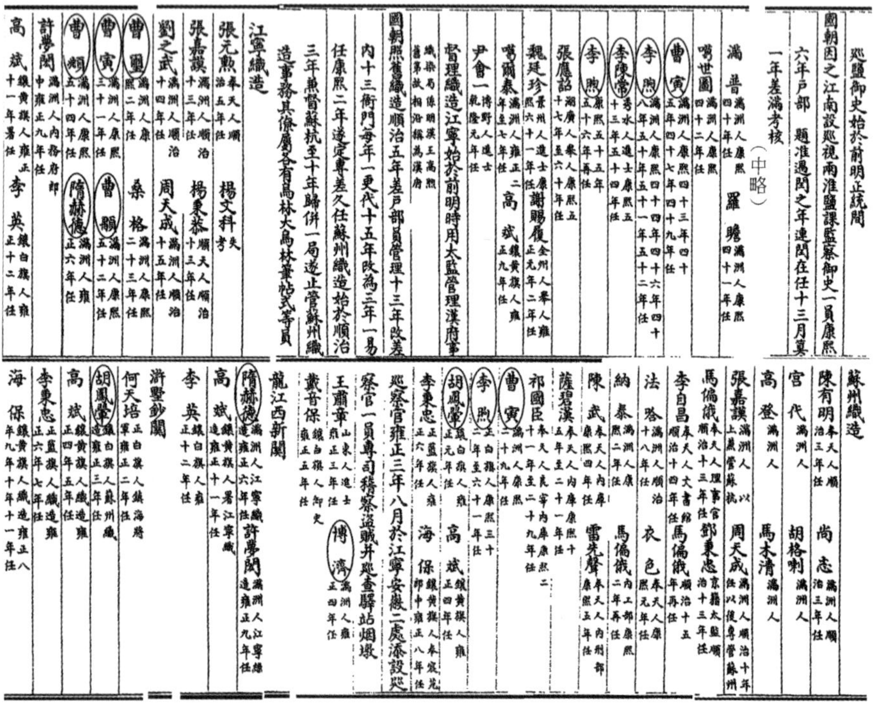
巡鹽御史始於前明正統間
國朝因之江南設巡視兩淮鹽課監察御史一員康熙
六年戶部 題准遇閏之年連閏在任十三月其
一年差滿考核
（中略）
滿 普 滿洲人康熙四十年任 羅 瞻 滿洲人康熙四十一年任
噶世圖 滿洲人康熙四十二年任
曹 寅 滿洲人康熙四十三年四十五年四十七年四十九年任
李 煦 滿洲人康熙四十四年四十六年四十八年五十年五十一年五十二年任
李陳常 秀水人進士康熙五十三年五十四年任
李 煦 康熙五十五年五十六年再任
張應詔 湖廣人舉人康熙五十七年至六十年任
魏廷珍 景州人進士康熙六十一年任 謝賜履 全州人舉人雍正元年二年任
噶爾泰 滿洲人雍正二年至七年任 高 斌 鑲黃旗人雍正九年任
尹會一 博野人進士乾隆元年任
督理織造江寧始於前明時用太監管理漢府事
國朝照舊織造順治五年差戶部員管理十三年改差
內十三衙門每年一更代十五年改為三年一易
任康熙二年遂定專差久任蘇州織造始於順治
三年兼督蘇杭至十年歸併一局遂止管蘇州織
造事務其僚屬各有烏林大烏林筆帖式等員
江寧織造
張元勳 奉天人順治五年任 楊文科
張嘉謨 滿洲人順治十三年任 楊秉恭 順天人順治十三年任
劉之武 滿洲人順治十四年任 周天成 滿洲人順治
曹 璽 滿洲人康熙二年任 桑 格 滿洲人康熙二十三年任
曹 寅 滿洲人康熙三十一年任 曹 顒 滿洲人康熙五十二年任
曹 頫 滿洲人康熙五十四年任 隋赫德 滿洲人雍正六年任
許夢閎 滿洲人內務府郎中雍正九年任
高 斌 鑲黃旗人雍正十一年署任 李 英 鑲白旗人雍正十二年任
蘇州織造
陳有明 奉天人順治三年任 尚 志 滿洲人順治三年任
宮 代 滿洲人 胡格喇 滿洲人
高 登 滿洲人 馬木清 滿洲人
張嘉謨 滿洲人上駟院理事官以兼管蘇杭 周天成 滿洲人順治十年任以後專管蘇州
馬偏俄 奉天人順治十三年任 鄧秉忠 京籍太監順治十三年任
李自昌 奉天人文書館順治十四年任 馬偏俄 順治十五年再任
法 喀 滿洲人順治十八年任 衣 色 奉天人康熙元年任
納 泰 滿洲人康熙二年任 馬偏俄 內工部康熙二年再任
陳 武 奉天人內庫康熙四年任 雷先聲 奉天人內刑部康熙五年任
薩碧漢 奉天人內庫康熙五年至十一年任
祁國臣 奉天人良寧內庫康熙十一年至二十九年任
曹 寅 滿洲人康熙二十九年任
李 煦 正白旗人康熙三十二年至六十一年任
胡鳳翬 鑲白旗人雍正元年任 高 斌 鑲黃旗人雍正四年任
李秉忠 正藍旗人雍正六年任 海 保 鑲黃旗人奉宸苑郎中雍正八年任
巡察官雍正三年八月於江寧安徽二處添設巡
察官一員專司稽察盜賊并巡查驛站烟墩
王肅章 山東人進士御史雍正三年任 博 濟 滿洲人雍正四年任
戴音保 鑲白旗人雍正五年任
龍江西新關
隋赫德 滿洲人江寧織造雍正六年任 許夢閎 滿洲人江寧織造雍正九年任
高 斌 鑲黃旗人署江寧織造雍正十一年任
李 英 鑲白旗人雍正十二年任
滸墅鈔關
何天培 正白旗人鎮海將軍雍正二年任
胡鳳翬 鑲白旗人蘇州織造雍正三年任
高 斌 鑲黃旗人織造雍正四年五年任
李秉忠 正藍旗人織造雍正六年七年任
海 保 鑲黃旗人織造雍正八年九年十年十一年任

其实，除了满汉大臣及督、抚、提、镇有密折直达御前的权力与义务外，被噶尔泰批评的曹頫，因是内务府外放的江南织造，亦成为少数

可直接向皇帝表达意见的官员。[70]如康熙帝在五十七年六月初二日的曹𫖯折上就强调他应常将听闻的大小事密奏，[71]希望能借此多方掌握民情与吏治。

雍正五年十一月二十四日山东巡抚塞楞额（图表7.7）疏告江南三织造在运送龙衣（指天子的袍服）差使时，额外多索夫马、程仪、骡价等，以致各驿多有赔累（图表7.16及7.17），其疏有云：

> <u>运送龙衣差使，各驿多有赔累</u>。及询其赔累之由，盖缘管运各官俱于勘合之外多用马十余匹至二十余匹不等。且有轿夫、扛夫数十名，更有程仪、骡价银两以及家人、前站、厨子、管马各人役银两，公馆中伙饭食、草料等费，每一起经过管驿州县，所费不下四、五十金。<u>在州县各官，则以为御用缎疋，惟恐少有迟误，勉照旧例应付，莫敢理论。在管运各官，则以为相沿已久，罔念地方苦累，仍照旧例收受，视为固然</u>。

故他主张"御用缎疋，自应敬谨运送，不可少有贻误，但于勘合之外，亦不可滥用夫马，且程仪、骡价尤为无稽"。

清代将动用驿递系统时所必须提供的证明称为邮符，大致可分成勘合、火牌、兵牌、火票等几类。为官者给予勘合（图表7.18）；为兵者给予火牌；若公差官员需兵勇护送，则要验看兵牌；马递公文，得查验火票。此类邮符不仅可用来证明当事人的身份，且可在沿途驿站取得必要的补给，如康熙三十年议准盛京兵部每年给发勘合、火牌各二十张，其用过数目由该部于年终造册奏销，除紧要事件准连站星驰外，平常事件均按限、按站令地方官查明应付，不得越站跑伤马匹。赍奏本章用小匣装盛，不得过十斤（1斤=597克），若送册籍，用马驮载，不得过六十斤，

---

70 杨启樵，《雍正帝及其密折制度研究》，页155—162。
71 《宫中档康熙朝奏折》，第7辑，页349。

勘合之上会根据"道里之远近，事情之缓急"，明记所需夫马、驴车和船只的数目。[72]

以翰林院编修王懿荣于光绪十九年七月奉派为河南乡试正考官为例，图表7.18右即是其当时执行考差途中所携带的勘合，左上为定州知州徐庆铨出具的印结，证明王氏在动用该州驿站之夫马、廪粮时未曾多索，而定州亦自评所提供的协助未迟误。[73] 至于左下图则为顺治十年户部派福建司主事龚鼎英前往山东时所携带的勘合（现藏中国第一历史档案馆），龚氏乃接替"壹年差满"的刘芳声管理临清钞关事务，然其勘合之上并未具体记载在各驿站所能动用的夫马、车船等。[74]

曹頫在被控"骚扰驿递"一案中曾指出三织造先前运送御用缎疋俱从水运，后因路途潮湿，遂以驿马经陆运驮送，又恐马匹惊逸，始改成雇骡，并供称："沿途州县酌量协助骡价、盘缠，历行已久，妄为例当应付，是以加用夫马，收受程仪，食其所具饭食，用其所备草料，俱各是实。"（图表7.17）当时苏州、杭州两织造多是将缎疋先运至江宁织造府后再北送，[75] 因非以驿马驮运，故沿途州县会补贴骡价并提供一些盘缠。由于此事行用颇久，已成惯例，以致途经各地方所给的数目，"俱有账目可查"。

---

72 翟文选等修，王树枏等纂，《奉天通志》，卷167，页13—66。
73 孙学雷、刘家平主编，《国家图书馆藏清代孤本内阁六部档案》，册4，页1802、1805。
74 中国第一历史档案馆编，《清代文书档案图鉴》，页294。
75 有称曹頫当时是负责解运江宁、苏州、杭州三织造的缎衣进京，然因塞楞额在前述题本中称"三处织造差人进京""三路送缎人员"，并附"应付过三起差使用过夫马银钱数目"，知三织造是各自解送，此故每人各有勘合。他们虽均途经江宁织造，但或是分别出发，否则，各驿站的量能恐不能承受三起队伍同时抵达（连同多索者一共得动用约百匹马，而以泰安府为例，其下的驿站分别仅有25—50匹马）。参见颜希深修，成城等纂，《泰安府志》，卷8，页75—78。

第七章　曹家最后两任的江宁织造

图表7.16　曹頫被控"骚扰驿递"的结案题本（一）

《大连图书馆藏清代内务府档案》，册1，页576—582

题

總管內務府等衙門總管內務府事務、和碩莊親王臣允祿等謹題，為遵旨議罪事。據山東巡撫塞楞額疏稱：切惟驛遞之設，原以供應過往差使，而應付夫馬，俱以勘合為憑。設有額外多索以及違例應付者，均干嚴例。然亦有歷來相沿、彼此因循，雖明知為違例而究莫可如何者，不得不為我皇上陳之。臣前以公出，路過長清、泰安等驛，就近查看夫馬，得知運送龍衣差使，各驛多有賠累。及詢其賠累之由，蓋緣管運各官於勘合之外多索。及管運各官於勘合之外多索銀兩以及家人、前站、廚子、管馬各人役銀兩、價銀兩以及家人、前站、廚子等銀兩，每一起經過管驛州縣，所費不下四、五十金。在州縣各官，公館中伙飯食、草料等費，俱照舊例應付，勉照舊例應付，莫敢理論，則以為御用緞疋，自應敬謹收受，視為固然。臣思御用緞疋，惟恐少有遲悞，仍照舊例收受，視為固然。臣思在管運各官，則以為相沿已久，岡念地方苦累，餘匹不等。且有轎夫、損夫數十名，更有程儀、驛價多有賠累。及詢其賠累之由，運各官俱於勘合之外多加夫馬，今三旨議罪事。據山東巡撫塞楞額疏稱：

奏應付，三路送緞人員、馬匹、銀錢數目單內開：一起杭州織造府勘合內填用駄馬十九匹、騎馬二匹。每州縣送程儀、驛價二十四兩。家人、前站、管馬、廚子等共銀九兩，十三兩不等。公館中伙飯食、草料共錢十餘千、二十餘千不等。一起蘇州織造府烏林人麻色管運龍衣進京，勘合內填用駄馬十二匹。每州縣送程儀、驛價二十兩，二十四兩不等。家人、前站、管馬、廚子等共銀九兩，十三兩不等。公館中伙飯食、草料共錢十餘千、二十餘千不等。一起江寧織造府曹頫督運龍衣進京，勘合內填用駄馬十四匹、騎馬二匹。又，每站轎除勘合應付外，加馬二十三、五匹不等。

旨：朕屢降諭旨，不許欽差官員人役騷擾驛遞，今三處織造差人進京，俱於勘合之外多加夫馬，苛索繁費，苦累驛站，深知朕心，甚屬可惡。塞楞額等既已照此情形參奏，其他經過地方，孰敢背公營私！塞楞額等能如此，則眾人咸知做慨。織造人員現在京師，着內務府、部一一察核現在京師，着內務府、部一一察核情由，參看具奏。欽此。再，查巡撫塞楞額所參各項嚴審定擬具奏。欽此。

奏。雍正五年十一月二十四日奉

旨：為此謹奏覽。為此謹奏另單呈

聖心。伏祈
皇上勅下織造各官，嗣後不得於勘合之外，多索夫馬，亦不得於廉給口糧之外多索應用。所開大馬不敷應用，寧可於勘合之內多索夫馬，亦不得於廉給口糧之外多索應用。所開大馬不敷應用，寧可於勘合之內加多，不得另於勘合外另議，庶管驛州縣不致有無益之花消，而驛夫亦不致分外之苦累矣。謹將應付過三起差使用過夫馬、銀錢數目另單呈

聞，奏，殊負我
皇上愛惜物力、培養驛站之
臣查訪既確，若不據實之外，亦不可濫用夫馬，且程儀、驛價尤為無稽。
御用緞疋，自應敬謹運送，不可少有貽悞，但於勘合

图表7.17　曹頫被控"骚扰驿递"的结案题本（二）

夫十二名，捐夫五十七名。每州县送程仪、骡价二十四两、三十二两不等，家人、前站管厨子等共银十两，三十余两不等，俱交方姓经手。公馆中伙饭食草料共钱二十余千，三十余件不等。即审询由早路送缎定江宁织造员外郎曹頫、苏州织造员外郎曹頫语，解送於沿途州县并不遵循例，理应照勘合外任意加用於沿途各站马四、捐夫一名，麻色取。从前御用缎定由水运，後恐缎足潮湿，改为陆运驮送，草料等物是怎麽说？据曹頫供：

皇恩　驮送恐缎足潮湿，於是改为陆运驿马。御用缎足由水运，後恐缎足潮湿，改为陆运驿马，草料等物由地方官会同三处织造官员定议，恐驮送缎足由水运，後恐缎足潮湿，改为陆运。驿马、银两等物，俱以例当应付，多取驿马、银两等物，俱是实。我受缎造官员定议，而运送缎足於本织造处雇人麻色同供，就是我的死罪。有何辩处？等语。我二人，新赴任所，冒昧收受，又有何辞？是以一併具饭食，用其所备草料。有何辩处？等语。笔帖式德文、乌林人麻色同供：就是我们的死罪。妄为例当应付，冒昧收受，有何辞？等语。随将账目查过。沿途驿站所给银两俱係我们经手，每站所给银两若干？共经过银若干？据数目查开：曹頫家人祁住等於本织造处雇。收过银三百六十七两二钱，麻色收过银五百零四两二钱十八两三钱二分。

奏称沿途驿站所给银两俱係我们经手。每站所给银两若干？共经过银若干？据数目查开：沿途驿站所给银两俱係曹頫家人祁住等，共经过银三百六十七两二钱，麻色收过银五百零四两二钱。

该臣等会议得山东巡抚塞楞额奏称运送缎足员外郎曹頫等於勘合外加用沿途州县各站马四、驿价、程仪、捐夫、饭食、草料物一案，审据曹頫供称：从前御用缎足由水运，後恐潮湿，改为陆运，途间有失，是以地方官会同三处又恐马或惊逸，途间有失，是以地方官会同三

皇恩　驮送缎足员外郎曹頫职，索取银钱等物，殊属可恶。应将沿途员外郎曹頫职，笔帖式德文、乌林人麻色革退。应将笔帖式德文，库使均枷号两个月，鞭责一百，麻色亦属可恶。曹頫等指称方三、祁住，冒昧从端，而借前站家人冯有金枷号，索取银钱，亦属可恶。曹頫等沿途索取银两，虽有账目，多取数目过多，不便以实，将实收数目明，到日仍着落伊等赔还可也。

皇上重恩　理宜谨慎事体，敬守法律，乃并不遵例，而运送缎足员外郎曹頫革职，索取银钱等物者革职，但曹頫等俱係驰驿官役诈财物者革职，但曹頫等俱十七两二钱，德文收过银五百零四两二钱二分，麻色收过银三百六十两三钱二分。核算曹頫收过银三百六十七两二钱俱已承认。随将我们死期同供，以为例当应付，新赴任所，去年初经陆运缎，笔帖式德文、乌林人等项就是我，银两等项就是我受。笔帖式德文、乌林人麻色同供，俱承差李姓。

旨。题请谨

实，应将现在账目银两於伊等所记账目多取之处，山东、江南、浙江巡行文真隶，明，到日仍着落伊等赔还可也。

雍正六年六月二十一日
总管内务府事务、和硕庄亲王臣允禄
协理内务府总管事务、管理武备院事务、内大臣臣佛伦
兵部尚书、内务府总管事务、革职留任臣查弼纳
（下略）

第七章　曹家最后两任的江宁织造

图表7.18　清代与"勘合"相关的文物

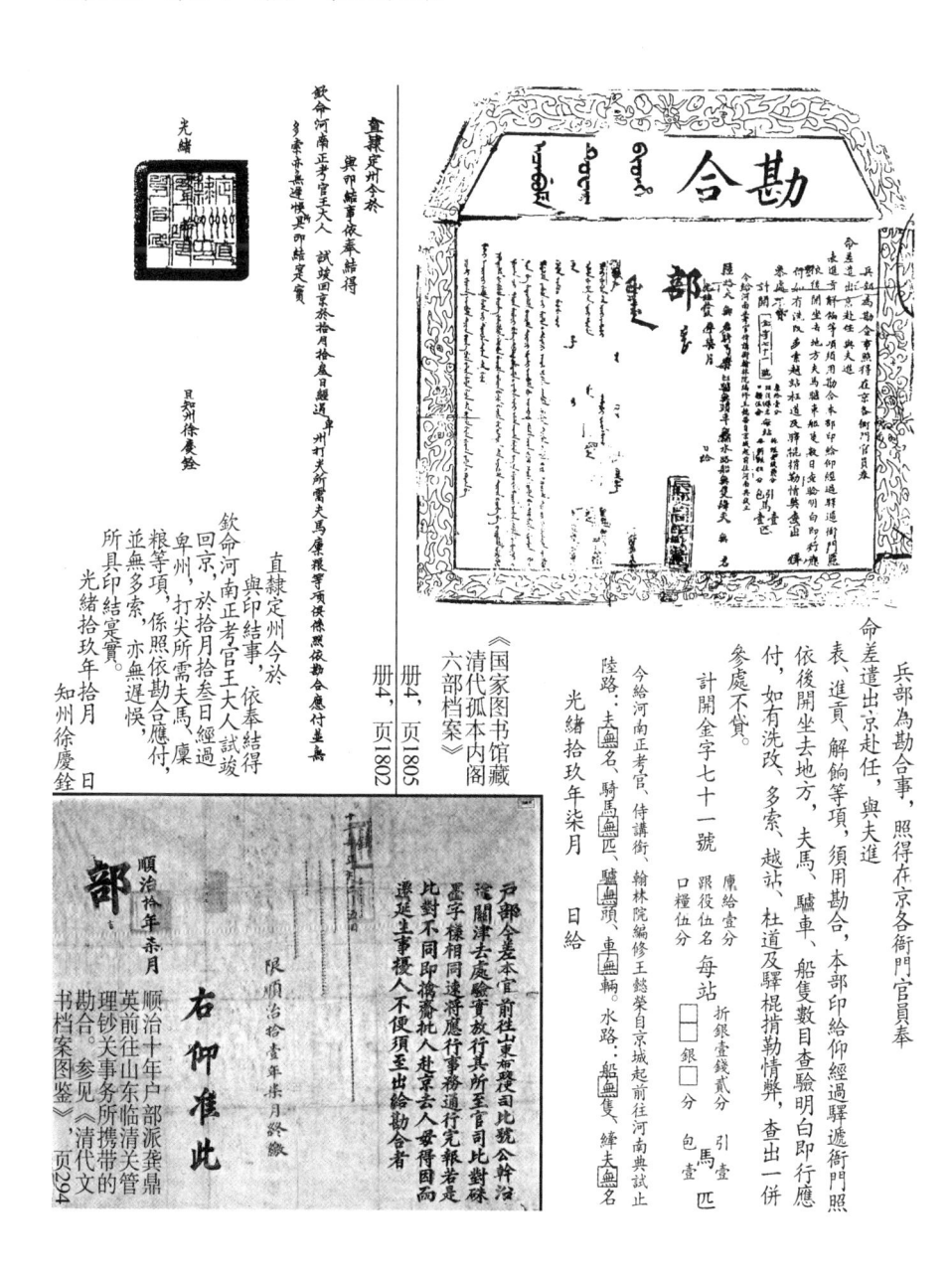

兵部為勘合事，照得在京各衙門官員奉
命差遣出京赴任，與夫進
表、進貢、解餉等項，夫馬、驢車、船隻數目查驗明白即行應
付，如有洗改、多索、越站、杜道及驛棍捐勒情弊，查出一併
依後開坐去地方，夫馬、驢車、船隻數目查驗明白即行應
本部印給仰經過驛遞衙門照
參處不貸。

計開金字七十一號

應給壹分　引　馬　匹
跟役伍名　每站　折銀壹錢貳分
口糧伍分　　銀　分　包壹

今給河南正考官、侍講銜、翰林院編修王懿榮自京城起前往河南典試止

陸路：夫　名，騎馬　匹，驢頭　頭，車　輛。水路：船　隻，縴夫　名

光緒拾玖年柒月　　日給

《国家图书馆藏
清代孤本内阁
六部档案》

册4，页1805

欽命河南正考官王大人試竣
回京，於拾月拾叁日經過
阜州，打尖所需夫馬、廩
粮等項，係照依勘合應付，
並無多索，亦無遲悮，
所具印結是實。
光緒拾玖年拾月　日
知州徐慶銓

直隸定州今於　與印結事，依奉結得

欽命河南正考官王大人試竣
回京，於拾月拾叁日經過
阜州，打尖所需夫馬、廩
多索亦無遲悮具印結是實
粮等項俱係照依勘合應付並無

貝知州徐慶銓

光緒

查兼定州今於　與印結事依奉結得

册4，页1802

户部今差本官前往山東布政司比號公幹沿
途關津去處驗實放行至官司比對硃
墨字樣相同速將應行事務通行完報若是
比對不同即擒拿批人赴京并人囑得困兩
遷延生事擾人不便須至出給勘合者

右仰准此

限順治拾壹年柒月終繳

順治拾年柒月　　日

順治十年戶部派龔鼎
孳前往山東臨清關管
理鈔關事務所攜帶的
勘合。參見《清代文
書檔案圖鑒》，頁294

对州县各官而言，运送龙衣因属御用之事，惟恐稍有迟误遭罪，故勉强照旧例应付，莫敢理论。而管运各官虽明知违例，但以相沿已久，"罔念地方苦累，仍照旧例收受，视为固然"，故于勘合之外敢加用沿途州县各站的马匹、骡价、程仪、扛夫、饭食、草料等物（三起差使所用的夫马、银钱数目，参见图表7.19）。雍正五年十二月初四日因此谕曰：

> 朕屡降谕旨，不许钦差官员人役骚扰驿递，今三处织造差人进京，俱于勘合之外多加夫马，苛索繁费，若累驿站，甚属可恶。<u>塞楞额毫不瞻狥，据实参奏，深知朕心，实为可嘉</u>。若大臣等皆能如此，则众人咸知儆惕，孰敢背公营私！<u>塞楞额着议叙具奏</u>。织造人员既在山东如此需索，其他经过地方自必照此应付，该督抚等何以不据实奏闻？着该部一一察议具奏。织造差员现在京师，着内务府、吏部将<u>塞楞额</u>所参各项严审定拟具奏。

经总管内务府事务的庄亲王允禄等人严审后，依"驰驿官员索诈财物者革职"之例，拟议：

> 曹頫等俱系织造人员，身受皇上重恩，理宜谨慎事体，敬守法律，乃并不遵例，而运送缎疋沿途骚扰驿站，索取银钱等物，殊属可恶。<u>应将员外郎曹頫革职</u>，笔帖式德文、库使麻色革退。笔帖式、库使均枷号两个月、鞭责一百，发遣乌喇，充当打牲壮丁。

六年六月二十一日并要直隶、山东、江苏、浙江等巡抚重加严追，"将实收数目查明，到日仍着落伊等赔还可也"。

图表7.19 雍正六年六月审理三织造督运龙衣进京骚扰驿途案

杭州织造府・笔帖式德文
罪状：勘合内填用驮马十匹、骑马二匹，然其每站除照勘合应付外，另加马十七八匹不等，还收受每州县所程仪、骡价二十四两；家人、前站、管马、厨子等共银九两、十三两不等，俱交舍人冯姓经手；公馆中伙饭食、草料共钱十余千、二十余千不等。德文自称共收过银五百十八两三钱二分。
处分：应将笔帖式德文革退，并枷号两个月、鞭责一百，发遣乌喇，充当打牲壮丁，德文舍人冯有金借前站为端，骚扰驿途，索取银钱，亦属可恶，应枷号两个月，责四十板。

苏州织造府・乌林人麻色
罪状：勘合内填用驮马十九匹、骑马二匹，然其每站除照勘合应付外，另加马十三匹。还收受每州县所送程仪、骡价二十两、二十四两不等；家人、前站、管马、厨子等共银九两、十三两不等，俱交承差李姓经手；公馆中伙饭食、草料共钱十余千、二十余千不等。麻色自称共收过银五百零四两二钱。
处分：应将库使麻色革退，并枷号两个月、鞭责一百，发遣乌喇，充当打牲壮丁，麻色家人祁住借前站为端，骚扰驿途，索取银钱，亦属可恶，应枷号两个月，鞭责一百。

江宁织造府・员外郎曹頫
罪状：勘合内填用驮马十四匹、骑马二匹，然其每站除照勘合应付外，另加马二十三、五匹不等，又轿夫十二名、杠夫五十七名。还收受每州县所送程仪、骡价二十四两、三十二两不等；家人、前站、管马、厨子等共银十两、十四两不等，俱交方姓经手；公馆中伙饭食、草料共钱二十余千、三十余千不等。曹頫自称共收过银二百六十七两二钱。
处分：应将员外郎曹頫革职，曹頫前站家人方二借前站为端，骚扰驿途，索取银钱，亦属可恶，应枷号两个月，鞭责一百。

甫登基的雍正帝，因对驿递的积弊深有所感，故在元年正月训勉各省道员时，即特别提及"驿递马匹数目多寡，每有假冒开销，岁修船只，亦有虚浮不实"，要求经管驿站的官吏应"廉洁自守"。[76] 并覆准：

---

76 《清世宗实录》，卷3，页76。

> 自将军、督抚、提督、总兵官以下各官，如有家人衙役擅骑驿马、需索驿递财物等弊，令州县驿递官员申报上司，该上司即行指名题参，照例治罪。如该上司容隐不参，或经科道纠参，或被旁人告发，将该上司照徇庇例治罪。[77]

强调如有骚扰驿站的情事必照律例治罪。雍正元年十月更谕兵部：

> 驿站关系重大，经朕屡加严谕，然其间积弊难以尽诘。有在官之累，有在民之累，如直隶、山西等省差徭更为浩繁，虽驿马足数，亦供应不敷，乃内而兵部，外而驿道，于给发马匹时，官吏通情受贿，<u>往往所给浮于勘合之数</u>，且行李辎重皆令驿卒乘马背负，多至八九人不等。所到州县，以见马换马，向有旧例，不敢诘问。至督抚提镇经过之处，更唯命是从。嗣后照勘合之外，有敢多给一夫一马者，许前途州县即据实揭报都察院，以听纠参……

指出州县驿递官因"向有旧例，不敢诘问"，往往浮给夫马之数，而不照勘合上所填具者供给。并称在离京稍远之河南、山东诸省，"每驿额设马匹不过十存三四，其草料工食仍照旧开销，且逐年详报倒毙，侵蚀补买之价。差使一至，则照里科派，将民间耕种牲口强遣当差，令其自备物料，跟随守候，种种累民，尤属不法"，故命彻查所有驿站，"缺额者，勒限买补，至派借民间牲口，尤当勒石永禁，违者即从重治罪"。[78]

二年闰四月又尝谕兵部：

> 闻得地方官，只知严紧驿站，诸凡敕诏经过，迎送俱不成礼。至伊等私事及上司差役，转擅动驿马，逢迎应付，从前惟恐骚扰驿

---

77 允禄等，《大清会典》，卷144，页18。
78 此段参见《清世宗实录》，卷12，页218—219。

站，朕曾降旨严饬，但敕诏经过地方，官吏迎送，有关大典，岂可疏玩，尔等缮写谕旨，申饬各省督抚。

知自去年十月颁布严旨后，一般官员骚扰驿站的情形应已颇有改善，但地方官却过犹不及，连敕诏经过也"迎送俱不成礼"，但仍不乏有为私事或逢迎上司而"擅动驿马"者。此年且另有两次谕旨严斥骚扰驿递之事。[79]

雍正三年更敕谕："凡内务府官员执事之人及各部院衙门官员人等，并无印信凭据，诈欺索取民夫等项，该地方官即行拘挈，一面申报该督抚具题，一面申报该部审实。系官革职，系领催、执事人等挈送刑部，从重治罪。"[80] 同年，律例馆即奉准增定附律例文，称：

> 凡驰驿官员，纵容差官跟役，殴骂驿官驿夫。或并无急务，走死驿马，并额马既足，故行越站，以及索诈财物者，该地方官、驿官一面申详上司，一面具报该部。察究得实，官员革职，差官人等，挈送刑部，从重治罪。若无勘合、火牌，谎称公差，支取夫马、船只及索诈财物者，亦俱挈送刑部从重治罪。其不照依所定程途，枉道扰驿者，系官交该部议处，差役杖一百。

该馆且奏准于律后恭载元年十月的谕旨。[81] 此故，我们在雍正三年成书的《大清律集解附例》中，即可见到前述元年十月的谕旨被完整纳入（图表7.20），还增入"驰驿官员索诈财物"之处罚。[82]

雍正四年又具体规定：

> 嗣后勘合内无品人员，止许给包马一匹；九品、八品、七品官

79　此段参见《清世宗实录》，卷19，页312；卷20，页321；卷24，页382。
80　翟文选等修，王树枏等纂，《奉天通志》，卷167，页53。
81　允禄等，《大清会典》，卷169，页17—19。
82　朱轼、常鼐等纂修，《大清律集解附例》，卷17，页8—13。

员，引马一匹、包马一匹；六品、五品、四品官员，引马一匹、包马二匹；三品以上大臣，引马二匹、包马四匹。其背包不得过六十觔，如有违例多索及背包过重，骚扰驿递者，令司驿各官即行申报上司题参，从重议处。[83]

其中"引马"乃官员出行时前导的骑从，"包马"则为承载背包之马。从前述这些密集的谕旨，知雍正帝对驿站的相关议题的确甚为在意。[84]

总管内务府事务的和硕庄亲王允禄等，在雍正六年六月二十一日审理三织造督运龙衣进京骚扰驿途案时，即依雍正三年《大清律集解附例》《多乘驿马》中新增之驰驿官员"索诈财物"例（图表7.20），将员外郎曹頫革职，笔帖式德文、库使麻色革退，德文和麻色且均枷号两个月、鞭责一百，发遣打牲乌拉（在今吉林市龙潭区乌拉街），充当专司各项采捕事宜的打牲壮丁。由于德文和麻色所收之赃银多过曹頫，故处罚亦较重，但"驰驿索诈"显然并未罪及抄家。类似情形亦见于雍正五年八月"勒索驿站规礼"的巡察给事中博济，博济因此遭革职，六年正月畏罪自缢；七年五月广东所差伴送暹罗贡使的人员沿途"违例勒索，借端逗留，骚扰驿递"，谕令"将伴送管事之人交与该部即行拿问"。[85] 又，步军统领阿齐图因在雍正十年出差时向地方官"勒索馈送，骚扰驿站"，谕旨："着革职，前往博第[护军统领]、巴尔米忒[委署护军统领]操练兵丁之乌尔辉地方，效力赎罪行走。"[86] 亦即，雍正时期虽对骚扰驿站之事往往严惩，但类似曹頫遭到革职抄没之重惩显然另有其故（图表7.21）。

---

83 允禄等，《大清会典》，卷144，页21。
84 雍正帝为此书所亲撰的序中有云："雍正元年八月，乃命诸臣将律例馆旧所纂修未毕者，遴简西曹，殚心搜辑。稿本进呈，朕以是书民命攸关，一句一字必亲加省览，每与诸臣辩论、商榷、折中、裁定，或抑异以归同，或删繁而就约，务期求造律之意，轻重有权，尽谳狱之情，宽严得体。三年八月编校告竣，刊布内外，永为遵守。"可知其对修订律令一事的重视。
85 张书才，《曹雪芹家世生平探源》，页49；鄂尔泰等，《世宗宪皇帝朱批谕旨》，卷11下，页30、62。
86 《清世宗实录》，卷117，页556。

第七章 曹家最后两任的江宁织造

曹頫在雍正六年六月二十一日的审理过程中，自承于运送龙衣行经山东时共收过银367两2钱，然总管内务府事务的允禄在拟旨中则称：

> 曹頫等沿途索取银两虽有账目，不便据以为实，应将现在账目银两照数严追，令交广储司外，行文直隶、山东、江南、浙江巡抚，如此项银两于伊等所记账目有多取之处，将实收数目查明，到日仍着落伊等赔还可也。臣等未敢擅便，谨题请旨。

雍正帝的批红为"依议"。亦即，沿途各省均被要求查察，故内务府在重行追索后疏称曹頫共应分赔骚扰驿站银443两2钱，此数较前多了76两（杭州织造府的笔帖式德文则维持原数）。[87]

然从乾隆《直隶相距程限册》，我们可发现江南江宁驿60里→金陵驿200里→云阳驿1430里→山东长城驿727里→直隶清苑县330里→北京，亦即，当时若运送龙衣，共经江南26驿、山东12驿、直隶5驿（图表7.22；当中有少数是在雍正五年之后才增设）。依曹頫等骚扰驿站案中塞楞额的说法，管运各官会向驿站索取"程仪、骡价银两以及家人、前站、厨子、管马各人役银两，公馆中伙饭食、草料等费"，每驿"不下四五十金"，此故，曹頫初被山东巡抚塞楞额控告时曾自承收过银367.2两（平均每驿约30两）。由于曹頫在山东以外亦经过31驿，却只多查出索诈不逾76两（平均每驿仅2两余），知江南与直隶两省应皆木落井下石，只不过依旨虚应故事。

在雍正七年七月追查原任江宁织造曹寅名下得过赵世显银八千两一案，移会中称"曹頫因骚扰驿站获罪，现今枷号"（图表7.23），[88] 发现曹頫在抄没近两年之后竟仍被"枷号"。雍正帝应是因其"有违朕恩，甚属可恶"，遂依雍正五年为追催旗官欠银所制定的新例加以严惩，其中

---

87 《关于江宁织造曹家档案史料》，页201。
88 张书才等，《新发现的有关曹雪芹家世的档案》。

有云：

> 嗣后内府佐领人等，有应追拖欠官私银两应枷号者，着枷号催追；应带锁者，着锁禁催追。俟交完日再行治罪、释放，着为定例。[89]

然已被抄家的曹頫因有转移财产的嫌疑，故只能以小额慢慢还欠（见后文），又因一直未能交完，遂继续被上枷。[90]

据雍正三年内府刻的《大清律集解附例》："枷长三尺、阔二尺九寸，以干木为之，重二十五斤，斤数刻志枷上。再，律例内有特用重枷者不在此限。"[91] 此约15公斤重的枷应陪伴曹頫走过近百个月的暗黑日子（附录7.3），曹家因此对塞楞额和胤禩怀有无限恨意。曹頫直到雍正帝驾崩，才因弘历登极恩赦而得到免赔并解枷的待遇。入乾隆朝后曹家的风华已不再，更未出现某些学者所主张之家道中兴的景象，[92] 然这些苦难却都化为天然有机肥，变成曹雪芹创作小说时最好的滋养。

---

89 允禄等，《大清会典》，卷231，页13。
90 枷号通常是一至三个月，重罪者则不然，如雍正三年受年羹尧案牵连的年如与年悦，俱遭"永远枷号于廉亲王［康熙皇八子允禩］府"；十一年以特差稽查沿边营伍的大臣杭奕禄"沿途骄奢放纵，扰累兵民"，谕命"在肃州永远枷号"，至乾隆元年始召回京授额外内阁学士。参见萧奭撰，朱南铣点校，《永宪录》，页243；铁保等，《钦定八旗通志》，卷174，页26。
91 朱轼、常鼐等纂修，《大清律集解附例》，卷首，页1。
92 周汝昌尝称曹頫在乾隆元年被授予内务府员外郎，然此一并无史料佐证的"曹家中兴说"（声称曹家在乾隆初年二次抄家后才覆没），后被名作家刘心武用来建构其以秦可卿为核心的"秦学"，并假学术之名获得社会颇大声量。参见李广柏，《文史丛考：李广柏自选集》，页256—260。

图表7.20　雍正《大清律集解附例》中有关骚扰驿递的处分

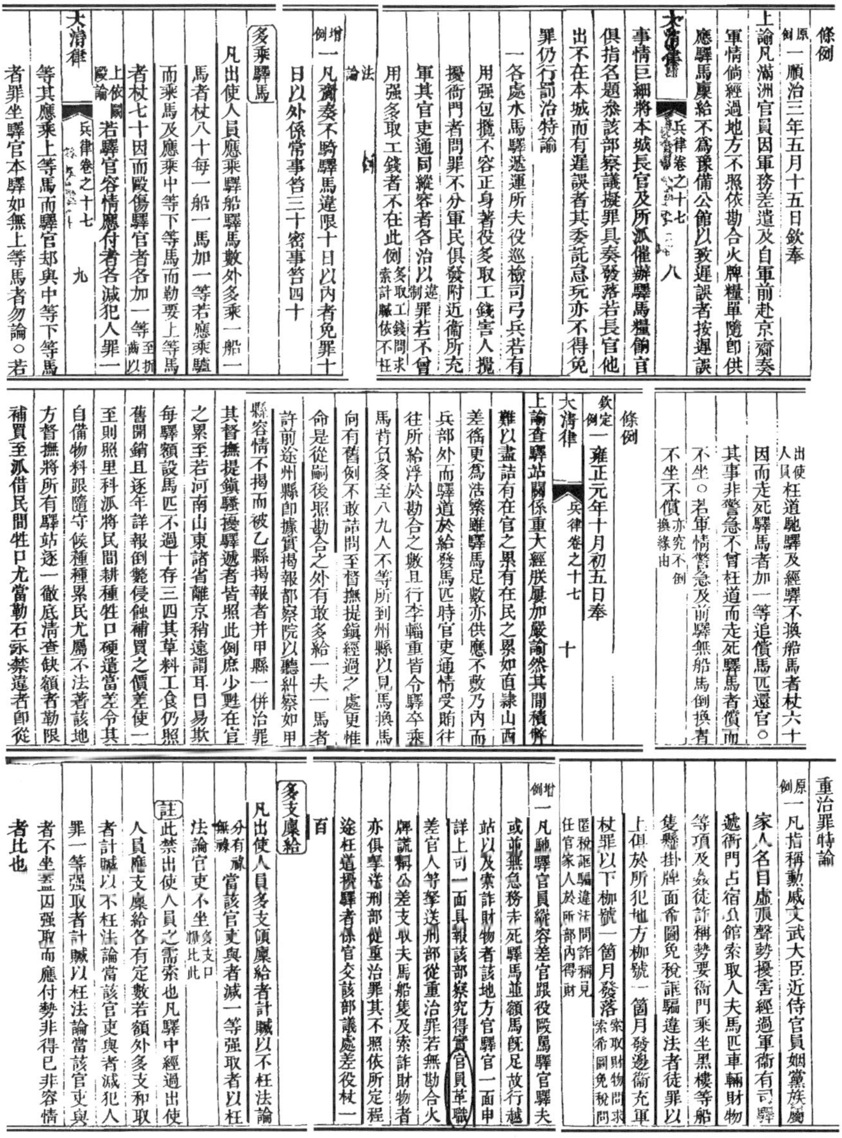

條例
原例 一順治三年五月十五日欽奉
上諭凡滿洲官員因軍務差遣及自軍前赴京齎奏
軍情倘經過地方不照依勘合火牌糧單隨即供
應驛馬廩給不爲預備公館以致遲誤者按遲誤
大清律　兵律卷之十七　八
事情巨細將本城長官及所派催辦驛馬糧餉官
俱指名題參該部察議擬罪具奏發落若長官他
出不在本城而有遲誤者其委託怠玩亦不得免
罪仍行訓治特諭
一各處水馬驛遞運所夫役巡檢司弓兵若有
用強包攬不容正身著役多取工錢害人攬
攬衙門者問罪不分軍民俱發附近衛所充
軍其官吏通同縱容者各治以違制罪若不曾
用強多取工錢者不在此例 多取工錢問求索計贓依不枉
法論
增例 一凡齎奏不騎驛馬違限十日以內者免罪十
日以外係常事笞三十密事笞四十

多乘驛馬
凡出使人員應乘驛船驛馬數外多乘一船一
馬者杖八十每一船一馬加一等若應乘驢
而乘馬及應乘中等下等馬而勒要上等馬
者杖七十因而毆傷驛官者各加一等 至折傷以
上依鬬毆論 若驛官容情應付者各減犯人罪一
大清律　兵律卷之十七　九
等其應乘上等馬而驛官却與中等下等馬
者罪坐驛官本驛如無上等馬者勿論○若

出使人員枉道馳驛及經驛不換船馬者杖六十
因而走死驛馬者加一等追償馬匹還官○
其事非警急不曾枉道而走死驛馬者償而
不坐○若軍情警急及前驛無船馬倒換者
不坐不償 亦究不倒換緣由

條例
欽定例 一雍正元年十月初五日奉
大清律　兵律卷之十七　十
上諭查驛站關係重大經朕屢加嚴諭然其間積弊
難以盡詰有在官之累有在民之累如直隸山西
差徭更爲浩繁雖驛馬足數亦供應不敷乃內而
兵部外而驛道於給發馬匹時官吏通情受賄往
往所給浮於勘合之數且行李輜重皆令驛卒乘
馬背負多至八九人不等所到州縣以見馬換馬
向有舊例不敢詰問至督撫提鎮經過之處更惟
命是從嗣後照勘合之外有敢多給一夫一馬者
許前途州縣即據實揭報部察院以聽糾察如甲
縣容情不揭而被乙縣揭報者并甲縣一併治罪
其督撫提鎮騷擾驛遞者皆照此例庶少甦在官
之累至若河南山東諸省離京稍遠謂耳目易欺
每驛額設馬匹不過十存三四其草料工食仍照
舊開銷且逐年詳報倒斃侵蝕補買之價差使一
至則照里科派將民間耕種牲口硬遣當差令其
自備物料跟隨守候種種累民尤屬不法著該地
方督撫將所有驛站逐一徹底清查缺額者勒限
補買至派借民間牲口尤當勒石永禁違者即從

重治罪特諭
原例 一凡指稱勳戚文武大臣近侍官員姻黨族屬
家人名目虛張聲勢擾害經過軍衛有司驛
遞衙門占宿公館索取人夫馬匹車輛財物
等項及姦徒詐稱勢要衙門乘坐黑樓等船
隻懸掛牌面希圖免稅誆騙違法者徒罪以
上俱於所犯地方枷號一箇月發邊衛充軍
杖罪以下枷號一箇月發落 索取財物問求索希圖免稅問
匿稅誆騙違法問詐稱見任官家人於所部內得財
增例 一凡馳驛官員縱容差官跟役毆辱驛官驛夫
或並無急務走死驛馬並額馬既足故行越
站以及索詐財物者該地方官驛官一面申
詳上司一面具報該部察究得實官員革職
差官人等拏送刑部從重治罪若無勘合火
牌誆稱公差支取夫馬船隻及索詐財物者
亦俱拏送刑部從重治罪其不照依所定程
途枉道換驛者係官交該部議處差役杖一
百

多支廩給
凡出使人員多支領廩給者計贓以不枉法論
分有祿無祿 當該官吏與者減一等強取者以枉
法論官吏不坐 多支口糧比此
註 此禁出使人員之需索也凡驛中經過出使
人員應支廩給各有定數若額外多支和取
者計贓以不枉法論當該官吏與者減犯人
罪一等強取者計贓以枉法論當該官吏與
者不坐蓋因強取而應付勢非得已非容情
者比也

❖ 朱轼、常鼐等，《大清律集解附例》卷17，页8—13

图表7.21　雍正朝曹頫遭定罪的过程

时间	叙事及出处
雍正二年十月	两江总督查弼纳会同钦派大臣户部左侍郎李周望、刑部右侍郎塞楞额，前往清查曹頫亏空钱粮事。[a]
五年十一月二十四日	山东巡抚塞楞额疏称江南三织造在运送龙衣差使时，屡于勘合之外，滥用夫马，甚至需索程仪、骡价，令各驿多有赔累，故将三起差使所用过的夫马、银钱数目呈览。[b]
十二月初四日	雍正帝称："朕屡降谕旨，不许钦差官员人役骚扰驿递，今三处织造差人进京，俱于勘合之外多加夫马，苛索繁费，苦累驿站，甚属可恶……织造人员既在山东如此需索，其他经过地方自必照此应付，该督抚等何以不据实奏闻？着该部一一察议具奏。"[b]
十二月十五日	内阁奉上谕："杭州织造孙文成年已老迈，李秉忠着以按察司衔管理杭州织造事务。江宁织造曹頫审案未结，着绥赫德以内务府郎中职衔管江宁织造事务。"[c]
十二月二十四日	谕旨称："曹頫行为不端，织造款项亏空甚多。朕屡次施恩宽限，令其赔补……然伊不但不感恩图报，反而将家中财物暗移他处，企图隐蔽，有违朕恩，甚属可恶！行行文江南总督范时绎，将曹頫家中财物，固封看守，并将重要家人，立即严拿；家人之财产，亦着固封看守，俟新任织造官员绥赫德到彼之后办理。"[d]
六年三月初二日	绥赫德接任（二月初二日）之前，范时绎已将曹頫家数名管事夹讯监禁，查清其住房有十三处四百八十三间，地八处十九多顷，家人一百十四口，皆赏给绥赫德。曹頫家属蒙恩可少留房产养赡，绥赫德因此题请将在京房屋人口酌量拨给其归旗家属（图表7.24）。[d]
六月二十一日	允禄等议罪曹頫骚扰驿站的题本，获批"依议"。内指称"曹頫等俱系织造人员，身受皇上重恩……而运送缎疋沿途骚扰驿站，索取银钱等物，殊属可恶"，并拟议应依"驰驿官员索诈财物者革职"律，除将员外郎曹頫革职，且要直隶、山东、江苏、浙江等巡抚重加严追，"将实收数目查明，到日仍着落伊等赔还"。[b]
七月初三日	绥赫德奏称："奴才查得江宁织造衙门左侧万寿庵内有藏贮镀金狮子一对，本身连座共高五尺六寸。奴才细查原由，系塞思黑于康熙五十五年遣护卫常德到江宁铸就，后因铸得不好，交与曹頫，寄顿庙中……不敢隐匿。"[d]

出处：a.《雍正朝朱批满文奏折全译》　　b.《大连图书馆藏清代内务府档案》
　　　c.《雍正朝起居注册》　　d.《关于江宁织造曹家档案史料》

图表7.22　乾隆《直隶相距程限册》中所记从北京至江宁的驿站[93]

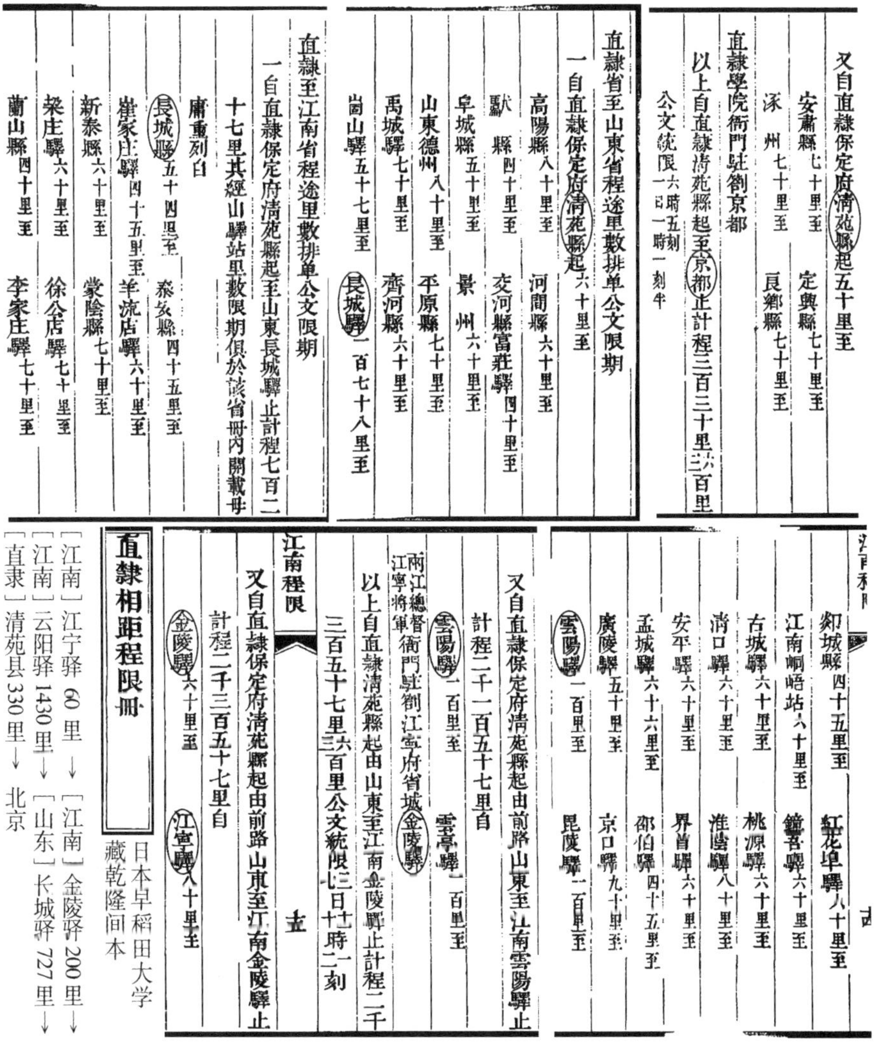
又自直隸保定府清苑縣起五十里至
安肅縣七十里至　定興縣七十里至
涿州七十里至　良鄉縣七十里至
直隸學院衙門駐劄京都
以上自直隸清苑縣起至京都止計程三百三十里六百里
公文統限六晝五刻一日一時一刻半

直隸省至山東省程途里數排单公文限期
一自直隸保定府清苑縣起六十里至
高陽縣八十里至　河間縣六十里至
獻縣四十里至　交河縣富莊驛四十里至
阜城縣五十里至　景州六十里至
山東德州八十里至　平原縣七十里至
禹城驛七十里至　齊河縣六十里至
崮山驛五十七里至　長城驛一百七十八里至

直隸至江南省程途里數排单公文限期
一自直隸保定府清苑縣起至山東長城驛止計程七百二十七里其經山驛站里數限期俱於該省冊內開載毋庸重列自
長城驛五十四里至　泰安縣四十五里至
崔家庄驛四十五里至　羊流店驛六十里至
新泰縣六十里至　蒙陰縣七十里至
梁庄驛六十里至　徐公店驛七十里至
蘭山縣四十里至　李家庄驛七十里至

郯城縣四十五里至　紅花埠驛八十里至
江南峒峿站八十里至　鍾吾驛六十里至
古城驛六十里至　桃源驛六十里至
清口驛六十里至　淮陰驛八十里至
安平驛六十里至　界首驛六十里至
孟城驛六十六里至　邵伯驛四十五里至
廣陵驛五十里至　京口驛九十里至
雲陽驛一百里至　毘陵驛一百里至

又自直隸保定府清苑縣起由前路山東至江南雲陽驛止
計程二千一百五十七里自
雲陽驛一百里至　雲亭驛一百里至
兩江總督江寧將軍衙門駐劄江寧府省城金陵驛
以上自直隸清苑縣起由山東至江南金陵驛止計程二千三百五十七里六百里公文統限七日十一時二刻

江南程限　十五

又自直隸保定府清苑縣起由前路山東至江南金陵驛止
計程二千三百五十七里自
金陵驛六十里至　江寧驛八十里至

直隸相距程限冊

日本早稻田大学藏乾隆间本

［江南］江宁驿 60 里 →［江南］金陵驿 200 里 →
［江南］云阳驿 1430 里 →［山东］长城驿 727 里 →
［直隶］清苑县 330 里 → 北京

93　单功擢、达尔吉善，《直隶相距程限册》，页6—15。

图表7.23　雍正七年七月奉追曹寅赃款的《刑部移会》

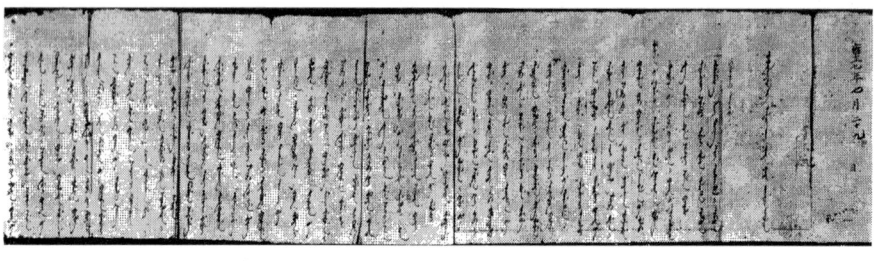

刑部为移会事。江南清吏司案呈：先据署苏抚尹咨称，奉追原任江宁织造曹寅名下得过赵世显银八千两一案，随经饬令上元县遵照勒追去后，今据该县详称，前任织造之子曹頫已经带罪在京，所有家人奉旨赏给曹寅名下追银两，此外并未遗留可追之人等情。查曹寅应追银两既属江省因咨部，并知会办理赵世显事务之王、大人等查明，属玩延日久，可以着追。本部以曹寅名下职名似应免追。但曹寅名下应追之人，何至限满始行详报。是否在京，并明作速查覆。咨到本府，去详追，又无一年限满行玩延。本部以曹寅名下职名似应免追。今咨部。江省既有无可追之人。咨覆过部。并知会办理赵世显事务之王、大人等在案。

今于雍正七年五月初七日准总管内务府咨称：原任江宁织造员外郎曹頫因骚扰驿站获罪，现今枷号，曹頫之京城家产人口及江省家产人口，俱奉旨赏给隋赫德。后因隋赫德见曹寅之妻孀妇无力不能度日，将赏伊之家产人口内，于京城崇文门外蒜市口地方房十七间半，家仆三对，给与曹寅之妻孀妇度命。除此，京城、江省再无着落催追之人。相应咨部，等因前来。据此，给隋赫德缘由，俱经奉旨赏给隋赫德。此应将内务府所咨曹寅之子曹頫，京城及江省家产人口，知会办理赵世显事务之王、大人等可也。雍正七年七月二十九日

中国第一历史档案馆藏《刑部移会》

附录7.3

雍正朝遭追赔与枷号的曹頫

雍正十三年九月初三日弘历登基，当天颁布的恩诏中有一条曰：

八旗及内务府并五旗包衣人等，凡侵贪、挪移应追银两，<u>实系本人家产尽绝者，查明准与豁免</u>，其分赔、代赔以及牵连着赔者，一概豁免。[94]

内务府遂于十月二十一日将应宽免的人员缮单请旨，曹頫即因符合"本人家产尽绝"的恩赦条件，[95] 而豁免其尚欠的302两2钱。查曹頫先前已陆续赔还141两，该款项通常是"由其本人钱粮俸银及其子孙之钱粮俸银坐扣"，由于曹家被疑"转移家财"，故应最可能用其家人（男丁尚有曹頫以及雪芹、棠村兄弟）固定且公开收入的某个比例慢慢摊赔。倘若曹頫是以定期定额的方式缴赔，[96] 因从乾隆登极恩赦之雍正十三年九月回溯至六年三月（曹家可能于此时解京归旗；图表7.21）的总月数共94个月（含闰月），而已赔还的141两恰可分解成94×1.5两，此事很难归于巧合，不知曹頫当时是否每月摊还1.5两？[97]

情理上，以曹家半个多世纪的富贵（其家当差经手的金额往往高达数万至几百万两；图表4.25）与人脉，应至少有一些亲友可协助清欠：如曹寅长女至乾隆十四年仍存世，她长期圈禁在家的夫婿纳尔苏（康熙五十八年尝从

94　《清高宗实录》，卷2，页159—160。
95　由于曹家被抄时，除房屋、人口外，只查得"桌椅、床杌、旧衣、零星等件及当票百余张"，故曹家即使还有些未被抄出的财产，也只能哑巴吃黄连，无法拿来清欠。参见邓遂夫，《红学论稿》，页79—92。
96　曹頫当然希望能早点赔还欠银，以免除枷号。但其家有可能只依赖养赡银或旗丁银维持最低标准之生活，即使偶可通过亲友周济或其他营生而获得一些收入，恐也只能以定期定额的方式慢慢摊赔。又，此还款的起讫点也可能皆前移一个月。此段参见《关于江宁织造曹家档案史料》，页186—188、198—201。
97　曹雪芹当时或在咸安宫官学就读，故每月应可领到二两钱粮，至于其他家人还有哪些固定收入则不详。参见黄一农，《咸安宫官学、右翼宗学与曹雪芹》。

抚远大将军胤禛至西藏平乱，雍正四年或因不愿对允禵落井下石，而被以"在西宁军前贪婪受贿"为由无限期圈禁），[98] 迄乾隆五年九月初七日始卒；[99] 曹寅的亲外孙平郡王福彭（纳尔苏长子）在雍正后期圣眷正隆，妹婿傅鼐亦于九年复职（他为雍邸旧人，被控与隆科多交结且收受贿赂，而于四年八月遭夺官戍边），十一年起并参赞定边大将军福彭之事务（图表5.1）；傅鼐之子昌龄则登雍正元年进士，历任翰林院编修、侍讲，并于十二年十一月充日讲起居注官；[100] 福彭亲弟福秀且于雍正九年左右娶入富甲一方之纳兰家六姊妹中的长女。[101] 很难想象这些非富即贵的亲友们，竟无人有意愿或能力代清该不过数百两之欠银。《红楼梦》第五回在描述《金陵十二钗正册》时，即称其中记有一纺绩美人的判词曰："事败休云贵，家亡莫论亲。"甲戌本就以夹批慨叹"非经历过者，此二句则云纸上谈兵。过来人那得不哭！"

其实，或因"将家中财物暗移他处"（见雍正五年十二月二十四日的谕旨；图表7.21）才是曹家被抄的真正导火线，遂无人敢拿钱出头挑战雍正帝对曹𫖯的惩处。否则，将很容易遭指控或怀疑该钱乃曹家暗存在外的一小部分。雍正帝对被抄者的此类举措亦相当熟谙，尝下旨曰："伊[指曹𫖯]闻知织造官员易人时，说不定要暗派家人到江南送信，转移家财。倘有差遣之人到彼处，着范时绎严拿，审问该人前去的缘故，不得怠忽！"[102]

类似情形亦出现在李煦抄家一案。如康熙五十六年李煦以家仆郭茂（？—1718）"饮酒滋事"，遂将郭茂、郭臧书父子等五口逐出为民，后李煦遭抄没时即被疑曾将部分财产藏于郭家。查康熙六十年甫丧父之郭臧

98　雍正四年七月二十一日谕曰："因讷尔素与允禵不和[此举或是做给外人看]，朕意与允禵相善之人故为播扬，欲倾陷讷尔素，所以未即深究治罪，且加恩令办理上驷院事务。乃伊并不追悔前愆，仍犯法妄行。"参见《清世宗实录》，卷46，页701。
99　九月初二日福彭以父纳尔苏患疾垂危，具折恳免禁锢，并陈请在其病卒后以王爵衣冠饰终，得旨获准。参见《清高宗实录》，卷126，页841、844。
100　《清世宗实录》，卷14，页249；卷31，页469；卷149，页852。
101　黄一农，《二重奏：红学与清史的对话》，页247—249。
102　《关于江宁织造曹家档案史料》，页185。

书因"家计贫寒",乃随岳母进京;翌年三月,康熙帝钦赐郭臧书妻姊内(音译)常在的母亲三十三间房,以供其在京居住;稍后,郭臧书的岳母故去,他就将其中三十间房出租度日。由于清律规定奴仆不得娶良人为妻,故旗人常将家生子与家中奴婢相互婚配,知郭臧书的妻家原先很可能亦为李煦的家里人。无怪乎,汤右曾赋《赠两淮巡盐六首》赠李煦时,即以"琬琰韫已辉,椒房〔妃嫔的代称〕香可纫"句,点出其家有宫眷。而情理上除非罪无可逭,籍隶包衣的李煦应不至于仅以"饮酒滋事"的理由,就将内常在(已受封主位之列)的家人悍然逐出。亦即,李煦对郭茂的斥责确有可能只是借口。[103]

前述抄家时转移财物的做法,亦反映在小说程乙本第一百七回贾赦遭抄没的情节,贾母在将贴己的财物分给众人时即称:

> 我索性说了罢,江南甄家还有几两银子,二太太〔指贾政的妻子王夫人〕那里收着,该叫人就送去罢。倘或再有点事儿出来,可不是他们躲过了风暴又遭了雨了么。

指出较早被抄家的江南甄家还有银子私藏在二太太处。[104]

曹家被抄的悲惨历史,想必在雪芹铺陈《红楼梦》情节时,有意无意地留下了深刻痕迹,连抄家的时间也恰与《红楼梦》第一回癫头僧所谓"好防佳节元宵后,便是烟消火灭时"之谶语相呼应,此因甲戌本侧批在此记称"前后一样,不直云前而云后,是讳知者",也就是说,脂批特别点出真实事件所发生的时间应在正月十五日的元宵前,而非小说所安排的元宵后。

---

103 布兰泰原纂的《昌瑞山万年统志》并无"内常在",其人或不曾入葬景陵妃园寝。参见黄一农,《二重奏:红学与清史的对话》,页306—307。
104 第七十五回写甫被查抄的甄家派了几个女人携物品("还有些东西")来见王夫人,"气色不成气色,慌慌张张的,想必有什么瞒人的事情也是有的"。

图表7.24 绥赫德奏报曹頫家产什物折

《宫中档康熙朝奏折》，第九辑，页906

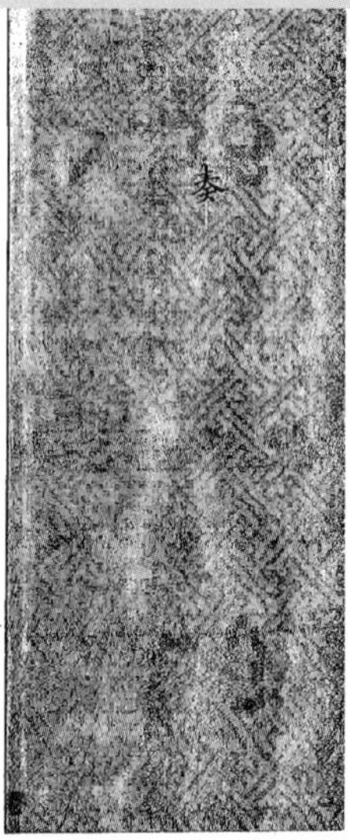

江宁织造郎中奴才隋赫德跪

奏为感沐
天恩据实奏
闻仰祈
圣鉴事窃奴才荷蒙
皇上天高地厚洪恩
特命官理江宁织造於未到之先总督范时绎已将曹頫家当事敷人拿去夹讯监禁所有房产什物一併查清造册封固及奴才到後细查其房屋并家人住房拾叁处共计叁佰肆拾叁间地捌处共拾玖项零陆拾柒觔杂计肆伯捌拾壹口餘则桌椅床枕舊衣零星等件及当票百餘张外並无别项与总督所查册内彷佛又家人供出外有所欠曹頫银連本利共計叁萬貳千餘兩奴才即將欠户詢問明白皆承應償還再查織造衙門錢糧除在機緞紗外尚虧空雍正伍年

分上用官用蟒紗并户部緞足及制帛詁勅料工等項銀叄萬壹千餘兩奴才核莫其外人所欠曹頫之項儘足抵補其虧空但奴才接任伊始今歲新運緞足實屬緊要現在籌謹趕織以期無悮至今年道完所欠曹頫名下未完緞足若一併補辦恐悮新運容俟今年道完所欠曹頫之項於新運起解後即行
聖訓遵行再曹頫所有田產房屋人口等項奴才荷蒙
聖主覆載之恩誓薰沐縷縷機接辦陸續解赴奴才不敢擅便謹請
恩諭少留房產人口酌量撥給以資養贍令其家屬不久回京奴才應將在
京房屋人口酌量撥給以彰
聖主覆載之恩誓薰沐縷縷
奏
聞伏乞
聖鑒奴才不勝惶悚頂沐之至謹
奏

雍正陸年叁月初貳日

硃批：
惟有鳩其犬馬之力圖報涓埃以少申奴才分寸之心至曹頫家屬蒙
皇上浩蕩天恩特加賞賚寵榮已極奴才擊家骨肉自頂至踵悉皆
聖天恩所賜奴才感激頂戴之私鏤心刻骨口筆難盡

硃批：
覽奏奴才不勝惶悚頂沐之至謹
奏

雍正陸年叁月初貳日

> 查雍正五年十二月二十四日谕命江南总督范时绎，将曹𫖯家中财物固封看守，此一抄家公文若以三百里公文递送，应可于八日内传抵江宁，若用六百里公文，则时间还可减半（图表7.22），而范时绎早在二月初二日绥赫德抵任之前，即已将曹𫖯家的数名管事夹讯监禁，并查清其家有十三处住房、八处地亩、一百十四口人（图表7.24），知实际在江宁查抄曹家确应在元宵之前。综前所述，曹𫖯骚扰驿站一案，应依雍正三年《大清律集解附例》中新增之"驰驿官员索诈财物"例革职，并分赔其索诈的443.2两银，但该法条显然未罪及抄没。亦即，曹𫖯的罪状虽属明确，但若无政治考虑，应不至于遭抄家。

由于山东巡抚塞楞额（雍正四年九月署理，五年四月实授，六年六月离职）在揭举曹𫖯骚扰驿站案时，指出他先前途经长城、泰安等驿，即得知每遇运送龙衣之差使经过，管驿州县皆赔累不下四五十两（图表7.16），称：

> 在州县各官，则以为御用缎匹，惟恐少有迟误，勉照旧例应付，莫敢理论。在管运各官，则以为相沿已久，罔念地方苦累，仍照旧例收受，视为固然。

而《泰安府志》记雍正六年任知州的王一夔小传，称其"以解运龙衣所过地方借端骚扰"，遂详请巡抚奏准裁革。[105] 知王氏曾提供塞楞额疏参曹𫖯案的具体材料。

至于此案的告发究竟是得到高层的间接授意，抑或是胤禛在事发后借题发挥，则值得进一步探究。其实雍正帝早在即位之初就开始对曹𫖯违法事项进行调查，如二年十月两江总督查弼纳曾会同钦派大臣户部左侍郎李周望、

105　颜希深修，成城等纂，《泰安府志》，卷15，页35。

刑部右侍郎塞楞额，前往清查曹頫亏空钱粮事。[106] 十一月在审理李煦案内郭臧书（原为李煦家仆，后被逐出为民）等人员口供时，为与在苏州的李煦子李以鼎（"以"为其家谱中的行字）及其家人对质，遂将在京的郭臧书押解至位于江宁的两江总督查弼纳衙门处，且与塞楞额、李周望所审理的曹頫一案合并侦讯。雍正帝在朱批中对查弼纳的表现十分不满，称："为李煦一案，尔始终未尽心，且多负于朕……尔随便办理而已。因为都已经及时巧饰，朕亦无可奈何了。"[107] 亦即，塞楞额早就奉特旨调查曹頫的亏空，并在李煦于雍正元年遭抄没之后参与追查他的其他罪状。

表面上，曹頫被抄没的导火线是雍正五年十一月二十四日遭山东巡抚塞楞额疏告一案，曹頫与几名织造官员被控在运送龙衣时多索夫马、程仪、骡价等，当头违反了禁止骚扰驿递的严旨，但因在此一解送御用缎疋的差使中，曹頫仅非法收受银367.2两，却在十二月二十四日（才短短一个月）就遭重判定案，可见自雍正二年即已奉旨清查曹頫亏空钱粮事的塞楞额，只不过借载运龙衣案掀起整肃曹家之端。

再者，雍正五年闰三月内务府的满文奏销档中，详记原任茶上人的桑额欠曹頫家人吴老汉1,315两银未还，并买通番役设计逮捕吴老汉一案（第六章）。此案先前甚少受红学界注意，但应大有助于我们掌握曹颙与曹頫之间的互动。检吴老汉是曹寅的老家人，他经手曹家许多钱财，如雍正八至十三年间就追查出他先前曾馈送原任散秩大臣佛保1,759两、原任尚书凯音布5,060两，并赊给原任大学士马齐7,626.6两，而桑额应即康熙五十年四月引见后录取在宁寿宫茶房之曹颙的满名。此官司的被告萧林（原任江宁织造府库使）呈称吴老汉是"桑额等之家人"，但吴老汉却只承认自己是"曹頫之家人"，他们应不敢在诉讼中对此等关系信口开河，而两人之说辞恰符笔者在前文所判断曹颙曾出继长房后又归宗之转折。据此档案，曹颙早于康熙六十年即因售卖人参而拖欠曹頫三千多两，颙供称此后頫之家人吴老汉遂

---

106 中国第一历史档案馆编，《雍正朝朱批满文奏折全译》，页961。
107 中国第一历史档案馆编，《雍正朝朱批满文奏折全译》，页972—973。

"常在我家坐着，不留情面地辱骂吵闹"，知曹颀与曹𫖯两支应在康、雍之际时关系破裂，曹颀随后归宗，并于吴老汉遭设计逮捕一案中被枷号、鞭责，且谕命在偿完欠银后发配打牲乌拉。[108]

由于曹𫖯遭革职后，原本因吴老汉一案将发配的曹颀却突然获免，且雍正五年十二月二十八日（四天前曹𫖯被查封）还获赐御笔"福"字，更担任镶黄旗旗鼓佐领至死，[109] 此一异常转折令人不禁怀疑曹𫖯家被控"转移家财"应最可能是曹颀告密的结果，[110] 以求将功赎罪。又，曹颀肯定于曹𫖯遭抄家之前即已归宗，两支并分家，否则，担任佐领的曹颀将被要求承赔曹𫖯所欠的四百多两银（曹𫖯至乾隆帝即位时始因恩诏获宽免）。况且，雍正七年在催追曹寅收受赵世显贿款八千两一案时，查得戴罪在京的曹𫖯并无家属"可以着追"，[111] 亦知曹颀此时确已回归二房。

曹𫖯遭抄家一事应未牵连曹寅支以外的族人。事发之后，除曹荃子曹颀仍任佐领外，历官最高者应为曹尔正子曹宜（图表7.25）。曹宜年纪较其堂兄寅或荃要小一截，约生在康熙十九年前后不久，此因他于雍正七年时已当差三十三年，而通常旗员子弟至十八岁就应当差。曹宜于康熙四十七年曾奉旨自北京运一佛像至普陀安置，雍正七年十月任尚志舜佐领下的护军校。从他在雍正十三年曾任正白旗包衣第四参领第二旗鼓佐领兼护军参领（从三品），并负责"巡察圈禁允䄉地方"等事，知其颇受雍正帝信任，乾隆初应仍在世。

108　此段参见《关于江宁织造曹家档案史料》，页84—85、177—180、203—204。
109　《关于江宁织造曹家档案史料》，页182—188。
110　刘一之，《破解红楼梦之谜》，页161—165。
111　赵世显案应与雍正四、五年审理之隆科多罪案有关，赵氏因行贿隆科多一万二千两遭定罪，并因此追查其之前的不法行为。参见《清世宗实录》，卷40，页600—601；卷62，页947—948。

图表7.25：曹宜相关记事编年。

时间	材料	附注
康熙四十七年	曹宜于二月十八日奉佛自张家湾开船，三月二十八日到扬州，二十九日苏州织造李煦与曹寅、孙文成商议，仍着曹宜跟随孙文成前去普陀安佛	《关于江宁织造曹家档案史料》，页49
闰三月初七日	曹宜随同杭州织造孙文成将于初八日自杭州起程赴普陀山供佛做道场	《康熙朝满文朱批奏折全译》，页571
四月初三日	曹寅奏称"孙文成与臣弟曹宜送［佛］至南海，于闰三月十四日到普陀山……俟安位停妥，庆赞圆满，孙文成与臣弟曹宜到日，再当具列详奏"	《关于江宁织造曹家档案史料》，页50
雍正七年十月初五日	署内务府总管允禄等奏请补放内府三旗参领缺时，称"尚志舜佐领下护军校曹宜，当差共三十三年，原任佐领曹尔正之子，汉人"，然曹宜虽经带领引见，并未被选用	《关于江宁织造曹家档案史料》，页190（译自《内务府满文奏销档》）
十一年七月二十四日	正白旗护军参领噶尔明、鄂英辉病故，经带领引见后，以侍卫委署护军参领那勤、鸟鎗护军参领曹宜补放其职	《关于江宁织造曹家档案史料》，页192
十三年七月十二日	奉派巡察圈禁允禵地方之护军参领曹宜等报称："本月十一日夜间二更时，允禵使用之太监李凤琛，越登大内高墙跳出，被坐更太监廖德永等拿获。"	《关于江宁织造曹家档案史料》，页197（译自《内务府满文上传档》）
十二月十五日	为补放内务府三旗中的护军校及骁骑校等缺，被带领引见者包含"正白旗曹宜佐领下护军七格，当差共三十八年，原任司库李如滋之子，汉人"，但甫登基的乾隆帝并未选用七格	《关于江宁织造曹家档案史料》，页201（译自《内务府满文奏销档》）
	曹锡远（即曹世选）之曾孙曹宜原任护军参领兼佐领	《八旗满洲氏族通谱》，卷74，页11
	正白旗包衣第四参领第二旗鼓佐领四黑故，以护军参领曹宜管理	《八旗通志初集》，卷5，页40；《钦定八旗通志》，卷7，页32

自胤禛登基后,原被康熙皇帝"视同一体"的江南三处织造,被以各种理由更换成胤禛亲信。[112] 雍正元年正月,已担任苏州织造约三十年的李煦成为首位被整肃者,他因替人关说遭革退,又以亏空被抄家,接替他的胡凤翚"系府〔指雍亲王府〕下旧人"。五年二月李煦更被控曾为阿其那(四年三月允禩所改之名)买过五名侍女等涉及"朋党"之事,而流放吉林附近的打牲乌拉,七年二月病卒时"囊无一钱……亲识无一人在侧"。

五年十二月雍正帝以自康熙四十五年即管理杭州织造的孙文成"年已老迈",且甫遭疏劾的曹頫"审案未结",谕旨将杭州及江宁两织造分交李秉忠和绥赫德接管。雍正帝在五年正月初一日孙文成的密折上曾批示:

> 受朕之恩,切勿倚恃,遂致胆大放纵!举凡尔织造所属一切人役暨尔家人子侄辈,概须严加约束,令其安分守法,大家学好,尤当崇尚节俭,不得以声色嬉戏为事。如此,则可永久保全体面矣![113]

知胤禛对康熙朝各织造的奢靡之风颇有意见。《丹午笔记》也形容李煦之子"性奢华,好串戏,延名师以教习梨园,演《长生殿》传奇,衣装费至数万,以致亏空若干万",[114] 而此正是雍正帝最讨厌的"声色嬉戏"。

胡凤翚之所以获授苏州织造,应与其妻乃雍正帝年贵妃(年羹尧妹)之姊妹一事不无关联。雍正三年,胡氏兼理浒墅钞关税务,然因年羹尧于是年被论罪,故他在翌年即以沿袭旧弊且过分钻营之罪名遭革职,与妻妾皆自经死。至于六年二月接替曹頫任江宁织造的绥赫德,亦是"门上旧人",他尝称己"向蒙皇上浩荡天恩教养四十余年",绥赫德当时虽已逾六十六岁,[115] 且先前似不曾出仕,但皇帝却将曹頫所有的"京城家产人口及江省家产人

---

112 下文可参见黄一农,《二重奏:红学与清史的对话》,页196—210。
113 《雍正朝汉文朱批奏折汇编》,册47,页101。
114 顾公燮,《丹午笔记》,页178—179。
115 绥赫德在雍正十一年被定罪时,自称当时已七十余岁。参见《关于江宁织造曹家档案史料》,页184—185、192—196。

口"，俱赏给他。

雍正六年六月绥赫德奉派兼管龙江西新关税务，九年因年老去职。十年十一月遭圈禁的纳尔苏或因绥赫德的许多财产凭空得自曹家，遂派第六子福靖（曹寅外孙）向在京之绥赫德索银三千多两。据绥赫德子富璋呈供：

> 从前曹家人往老平郡王〔曹寅长婿纳尔苏〕家行走，后来沈四带六阿哥〔曹寅女所生之福靖〕并赵姓太监到我家看古董，二次老平郡王又使六阿哥同赵姓太监到我家，向我父亲借银使用。头次我父亲使我同地藏保送银五百两，见了老平郡王，使六阿哥同赵姓太监收下，二次又使我同地藏保、孟二哥送银三千三百两，老平郡王叫六阿哥、赵姓太监收下。

亦即，绥赫德分两次共送了三千八百两银至纳尔苏府上。而富璋所言"从前曹家人往老平郡王家行走"句，虽未明说曹家与此事的因果关系，却应是欲语还休。在严加详讯之下，绥赫德才又进一步说明：

> 奴才来京时，曾将官赏的扬州地方所有房地，卖银五千余两。我原要带回京城，养赡家口。老平郡王差人来说，要借银五千两使用，奴才一时胡涂，只将所剩银三千八百两送去借给是实。

知绥赫德离南之前曾将曹家原在扬州的房产变卖得五千余两，纳尔苏因此差人要借银五千两使用，绥赫德只得将花剩的三千八百两乖乖送去。纳尔苏虽在过程中声称要给对方二分利息，但绥赫德则谓"我们不敢要利，也并未要文约"，亦即，纳尔苏应是在曹家人的挑唆之下，向绥赫德勒索曹家原被抄没的财物（图表7.26及7.27）。

图表7.26　雍正十一年十月审讯绥赫德以财钻营平郡王案（一）

《清宫内务府奏案》册2，页166—176

奏臣遵

和硕庄亲王臣允禄谨

旨讯问原任织造绥赫德以财钻营一案据绥赫德供称奴才原有宝月瓶一件洋漆小喜架一对玉寿星一个铜鸣一个于今年二三月间交典开古董铺的沈姓人全去变卖俊来沈姓人带了老平郡王的小儿子到奴才家来说喜架宝月瓶议定书架价银三十两瓶价银四十两并没有给银子是开铺的沈姓人保着全去的奴才并未见平郡王也无息人叫奴才俊来给古董铺里要了家的瓶价银三十两架价银四十两俊来我想小阿哥是原任织造曹寅的女儿所生之子奴才便使家人二哥催讨后焉这小阿哥是皇上洪恩将曹家产都赏了奴才的若是资贝没有银子紧着催讨不合此不要了是实显没有天心不容寻语随讯问绥赫德家人孟二哥于

虎儿贵古董的沈四供照绥赫德供同因其不吐实情随询问原任郡王钩索第六子福静讯问绥赫德家有旧古董铺的沈四引我到绥赫德家看定几件我的拿物即回家留沈讲价钱多少我入月务必清还本日绥赫德便二姆女说我家说所看定的古董要送我我讲价钱无现银我们家有无利息的银子使就有现银因此借讨家银子三千八百两送来我们收了俊来我大哥哥听见即付我说所借银两务必急速清还若不运便何等语讯据绥赫德之子富潢供称上年十一月内有贵古董的沈四特老平郡王的儿子六阿哥带到我家拿了貂宗古玩去俊来无借我子我父亲便我同家人赵地藏保孟二哥得三十两百两银子送到老平王府见了将银子交给六阿哥要文约我们不肯敢要取了六阿哥那要给二分利息我说给六两银子也并未又约足寅等语又讯民人沈四绥赫德家人孟二哥供称我保本京民在郡房断断开古董铺上年十二月间有几件古董绥

讯俊来沈四哥六阿哥并越姓太监到我家奔古董二次老平王又使六阿哥同越姓太监到我家奔古

廊房街断开古董铺上年十二月间有几件古董绥赫德到我铺内说我家也有几件古董价等到我家看隔了十数日我找到他家随便看看嚆了一个铜鸣一个笔造绥赫德随即开了一张单子要我铺内送多少的银子不知谁造了平府我在外边看银子数日马小主坐着车内放着三包银子骑着到老平郡王府里送银子三包被银等语小主见到今年正月间我同地藏保跟着将银五二品供称送银的情由我不知道是宝寅语去二品供称今年正月间我同地藏保跟着将银五二品供称六阿哥同越姓太监赶去了问来我说将好送他必定俊来送了四金镯铒戚念王爷的思谢差趙姓去可好银我说好他必定赫德送了四件古董俊来我见就老平王说将了孟姓家人就家送戚说送他我同去了第二日老平王说他叫我给绥就无处去借我们留把绥赫德家有许多古董将我到郡王府程说我借几两银子使用我不得讯你到他家我就里雷当银子到使用我说住在老平郡王府内行走今年正月间老平郡王因我时常出来隔了两三日他家要四去了後因我时常

银子紧着催讨我若要就借给老平郡王银两任绥造曹寅的女儿所生之子奴才银四供给我使家人二哥催讨后焉这小阿哥是皇上洪恩将曹家产都赏了奴才的若是资贝没有天心不容寻语随讯问绥赫德家人孟二哥于去看了将玉如意一枝磁瓶一个铜鸣一个笔随便到我家看瞒了十致日我找到他家造绥赫德到我铺内说我家也有几件古董

图表7.27　雍正十一年十月审讯绥赫德以财钻营平郡王案（二）

> （奏摺内容，右起竖排）
> 我家向我父亲借使银两，昨次我父亲使六阿哥问我家借使银五百两送老平郡王使六阿哥问起姓太监牧下二次又使我问地藏姓哥送银三百两老平郡王叶六阿哥赵姓太监牧下老平郡王时常使我父亲说话我实不知道说些什么今年三四月间小平郡王差两个藏衔到我家说我父亲说老王爷龄若再使人家住或借给银子若数小王爷龄尾时必定去奏断不轻允等语据研讯绥赫德家人地藏供据雍正十年十一月随富玮进府里保护如何送银三千三百两富玮初次送去来我并没得情由我不知进这是宝於本月小平郡王差两员官到我们家人盃二哥也曾说你再差人住府去时必然拿宽如此说过是宝等语再四详讯绥赫德方供如奏
>
> 奏为此谨奏
>
> 雍正十一年十月初七日奏

> 要向府内送甚麼东西去别的小王爷断不轻收自此我没有人去收才如今已经七十余岁宣有我托王爷圆做官之意因王爷一时要借银我物塗收借给了並没有别的情由等语
> 查绥赫德俄末之人身受
>
> 皇恩至渥宴赏於俄造内种種无
> 望恩至重前於俄造内種種
> 思仍遂蒙典偿葦逸绥赫德理宣在家妥静
> 以待徐年乃竟不守分克敦贞营原平郡王纳尔素性来行走送给银物实情 会同宗人府及该部提齐案內人犯一件严密审具
> 法紀扣應請
> 旨将伊等因何性来並送给银物实情　会同宗人府及该部提齐案内人犯一件严密审具奏为此谨
>
> 雍正十一年十月初七日

> （左栏上谕）
> 旨傅大学士朝等会此應勤理之處即行覆奏候旨
> 旨绥赫德著发往北路军台效力贖罪若盡心效力
> 着該提管奏閏如不肯盡心效力即行請旨
> 庭正法钦此

雍正十一年十月绥赫德以"钻营"老平郡王被定罪，奉旨："着发往北路军台效力赎罪……如不肯实心效力，即行请旨，于该处正法。"纳尔苏则或因其长子平郡王福彭圣眷正隆，且此案是由其姻亲庄亲王允禄（其侄弘庆与傅恒、福秀为连襟，福秀乃福彭弟，傅恒长子福灵安且娶弘庆嫡长女）审理，而未受处分。前述之北路军台指的是当时在蒙古地区因军事需要而设置的驿站，第一台起自张家口外，西至乌里雅苏台，东至喀喇沁之喀尔喀台站，归北路军营管辖，其执掌为传递文书、饲养军马等，当中不乏遭革职的废员。[116] 有意思

116　傅恒等，《平定准噶尔方略》，前编，卷24，页20—21；续编，卷3，页3。

的是，福彭甫于十一年七月获授定边大将军，[117] 负责处理蒙古与准噶尔等事务，绥赫德发配的北路军营即归其统领。[118]

图表7.28　曹頫相关记事编年

时间	材料	推论或补充
康熙四十四年四月	宋和《恪勤列传》称康熙南巡至江宁时，有织造幼子"嬉而过于庭"	此应是十岁之曹頫，为曹寅自幼带在江南抚养
四十五年春	曹寅离京南返时赋《途次示侄骥》，有"吾年方半百，两鬓已枯株""执射吾家事，儿童慎挽强"句	"侄骥"乃指二十一岁之曹颀，而该"儿童"只能是十一岁之曹頫
四十六年年初	曹寅好友梦庵禅师有《曹公子甫十二龄……因作俚语，聊当劝戒》诗	此诗乃为曹頫所作
四十八年三月	曹寅所作《使院种竹》中有"呼儿扫绿苔"句	此儿即曹寅养在身边之侄曹頫，因曹颙已赴京
五十年三月二十六日	曹寅赋《辛卯三月二十六日闻珍儿殇，书此忍恸，兼示四侄，寄西轩诸友》诗三首，中有"予仲多遗息，成材在四三"句	珍儿或为曹顺小名，"四侄"指頫。荃子中此时只有行三的顔和行四的頫顺利长成
五十三年冬	赴京述职的曹颙携同曹頫北上	十九岁的頫乃返京当差
五十四年正月十二日	谕命荃第四子頫给寅妻李氏为嗣并授主事衔，"前往江宁管理上供缎疋兼户工二部官缎织造事务"。曹頫在折中感激皇帝"普施恩泽，推及妇孺子孙……"	曹頫时年二十岁，其在二房有顺、颀、顔三兄，另一兄颙则因已出继长房，故不排序
正月二十二日	曹頫获得就任江宁织造的敕谕	
二月底	李煦与曹頫两舅甥自京返抵江宁	曹顔过继为曹寅子应于此后
康熙五十四年三月初七日	曹頫奏称其嫂马氏怀孕已及七月，恐长途劳顿，未得北上奔丧，将来若生男，则曹颙即可有嗣	因将承嗣希望全寄托于此，知颙妻妾于康熙四十七年年底所怀身孕并未育子，而五十年所生子亦已夭折

117　清代最后一位的抚远大将军为雍正九年七至十一月获此衔的大学士、公马尔赛。参见《清世宗实录》，卷108，页431；卷112，页490。
118　《清世宗实录》，卷133，页717；卷136，页740。

续表

时间	材料	推论或补充
六月初三日	曹頫折中只报米价与晴雨录，御批称："你家中大小事为何不奏闻？"	康熙帝欲知马氏妊娠的结果
七月十六日	曹頫补折覆奏家产状况，但依然未提及其嫂马氏妊娠的结果	因曹頫各奏折均未言及此事，知应是生女、流产或甫生旋夭
九月初一日	曹頫捐银三千两，供采买骆驼之用	
五十五年二月初三日	李陈常代补曹寅亏欠不足，李煦上奏求赐矜全	因李陈常以两淮盐课羡余银代赔之数不足
五十六年九月初九日	李煦奉旨将十一万两解交曹頫，以补织造衙门亏项	
十二月二十九日	谕将连同芦须之人参一千余斤交与曹頫、李煦、孙文成运往南省售卖	
五十七年十一月廿三日	曹頫售参的价银九千八百八十七两六钱余已送交江南藩库	
五十八年六月十一日	曹頫请将铜差交其独家承办，谕称"此事断不可行"	
五十九年	陶宏以己绘的《拟元人海棠十种》请东家曹頫及书法名家吴世语品题	曹頫在引首题大字"秋边"并钤"昂友"等印
二月初二日	朱批责曹頫家近来如磁器法瑯之类的差事甚多，但中间有欺瞒之处	
六十一年十月二十三日	曹頫售参之银仍有九千两未交，如未于年前送交，谕旨将严加议处	曹頫于雍正元年七月初八日才交完
雍正二年正月初七日	曹頫奏谢准允将织造补库分三年带完，折中称："口口妻孥，虽至饥寒迫切，奴才一切置之度外……"	知曹頫此时有妻有子，"孥"可能就包括曹雪芹或其弟棠村
五年闰三月十七日	内务府满文奏销档记曹頫家人吴老汉与原任茶上人桑额之间的官司	桑额即曹顺，他在康、雍间即与頫有财务纠纷
七年七月二十九日	内务府《刑部移会》提及曹頫仍枷号且蒜市口十七间半房奉旨给寅妻	曹頫以及曹寅妻李氏均仍在世
十三年十月二十一日	内务府奉旨依乾隆帝登极恩诏宽免曹頫骚扰驿站一案之分赔银	曹頫仍在世，应自此免除枷号并获赦

四、小结

曹寅在康熙五十一年七月的病逝，标记了曹家盛世的结束。康熙帝虽命已过继给长房的曹颙继任织造，但没想到他于五十四年正月返京述职期间竟猝逝。在母舅李煦的保荐之下，奉旨出继长房的曹頫续任江宁织造。或因曹寅的子侄辈多早逝，曹家遂决定并两房为一房，将曹荃支年近三十的独子曹颀亦过继至长房。

曹家长期所获的恩遇随着康熙帝的崩逝而快速走入尾声，此因其家并非与新帝关系密切的"雍邸旧人"，且曹家及其许多亲友在康熙晚年的夺嫡之争中大都支持胤禛的政敌，加上其当差过程屡有亏欠且违例之处，曹頫终免不了追随雍正元年遭抄没之李煦的命运，于五年年底被塞楞额控以"骚扰驿递"等罪名，并因此革职抄家。

笔者先前通过小说中虚拟故事与真实史事间的特殊对应，发现曹雪芹于第六十三回所铺陈的情节当中，很巧妙地作践其最大仇家塞楞额和胤禛（他俩乃导致曹頫遭革职抄家的主要罪魁）。他先通过在老太妃国丧期间剃头之芳官，影射乾隆十三年孝贤皇后国丧时亦违制剃发之塞楞额（遭抄家赐死），并以替芳官改名"耶律雄奴"之举对塞楞额加以贬损。[119] 次用贾敬服丹药暴卒故事中的几条"草蛇灰线"，来对照并揭开其仇雠雍正帝隐晦且荒谬的死因，这些很可能就是作者创作时的重要素材，绝难可全归诸巧合。前人或因不娴曹雪芹的家史背景，又不解其置入性写法，遂错认相关叙事乃属"败笔"！[120]

此外，当代知名艺文家与资深红迷白先勇，认为后四十回中的黛玉之死与贾府被抄均不容易写好，而两者雪芹都做到了，他因此称"实际上怎么抄家，如果自身没有经历过，很难写出来"。小说在第一百五回就简练地将"锦衣军查抄宁国府"的氛围与语境鲜活呈现，如首写锦衣府堂官赵全带领

---

119 冯其庸主张此回将芳官改名为"耶律雄奴"的情节（内文热烈歌颂朝廷之威，能让匈奴、犬戎等"中华之患"皆"拱手俛头，原【缘】远来降"），乃受乾隆二十年准噶尔平定一事的影响。参见冯其庸，《红楼梦六十三回与中国西部的平定》。
120 黄一农，《试论曹雪芹在红楼梦中讥刺仇雠的隐性手法》。

几位司官说来拜望,这些人平常与贾政并无来往,但他们却宣称与其为"至好",作者写道:

> 只见赵堂官满脸笑容,并不说什么,一径走上厅来。后面跟着五六位司官,也有认得的,也有不认得的,但是总不答话。贾政等心里不得主意,只得跟着上来让坐……不多一会,只见进来无数番役,各门把守。本宅上下人等,一步不能乱走。赵堂官便转过一付脸来回王爷[指奉旨查抄的西平王]道:"请爷宣旨意,就好动手。"这些翻【番】役都撩衣奋臂,专等旨意。

接着,又描写家中女眷的反应曰:

> 只听见邢夫人那边的人一直声的嚷进来说:"老太太、太太,不……不好了!多多少少的穿靴带帽的强……强盗来了,翻箱倒笼的来拿东西。"贾母等听着发呆……邢、王二夫人听得,俱魂飞天外,不知怎样才好。独见凤姐先前圆睁两眼听着,后来一仰身便栽到地下。贾母没有听完,便吓得涕泪交流,连话也说不出来。

文中对查抄之官员及番役(被形容为"穿靴带帽的强盗")的嘴脸,以及贾府中人所受的惊扰可谓刻画入微。[121]

再者,从此回抄没清单中位列几十种毛皮之首的"黑狐皮十八张"

121　白先勇,《白先勇细说红楼梦》,下册,页893—904。

（图表7.29），[122] 亦可窥见带有曹家特殊生命经验之"水印"。此因顺治九年题准：

> 凡五爪三爪龙缎、满翠缎、团补、黄色、秋香色、<u>黑狐皮</u>，上赐者许用外，余俱禁止，<u>不许存留在家，亦不许制被褥、帐幔</u>。若有越用及存留者，系官照品议罚，常人鞭责，衣物入官。妻子僭用者，罪坐家长。[123]

而在雍正四年内务府皮库中的黑狐皮，头等也不过17张、二等144张、三等622张，即使被列为不堪用或不好的黑狐皮，还皆存于库中（图表7.30），益知此毛皮的珍贵。然而，小说中所描述贾家被查抄的黑狐皮数目，相对于宫内而言，亦属可观，且第五十三回在记贾母至尤氏房中休息时，她所坐的靠背引枕之上，也搭有"黑狐皮的袱子"，这些都恐非一般寒酸小说家写得出（《红楼梦》作者在第五十四回曾借贾母之口有类似批评）！

曹雪芹究竟有何生活经验能掌握该知识？又为何让小说中出现与贾家身份不合甚且违制黑狐皮？遍查各种数据库，我们可发现仅少数官书在记服制与史事时曾提到黑狐皮，一般的别集、笔记或小说（除《红楼梦》外）皆罕见言及此等特殊品物。而在清朝入主中国后的史料中，只见摄政王多尔衮于顺治元年四月以大将军衔往征中原时，曾获赐黑狐帽；十月多尔衮被加封为叔父摄政王，也尝特赐嵌十三颗珠顶黑狐帽一、黑狐裘一；

122　或为避免让读者觉得这张清单有点寒酸，在程甲本问世后第二年摆印的程乙本，就做了大篇幅的增删改动，如以毛皮类为例，其叙述即从161字变成90字，不仅删掉"鸭皮七把""猫皮三十五张"等过于琐碎或普通的物事，亦将貂皮自36张增为56张、黄狐皮自30张增为44张、香鼠筒子自10件增为20件、豆鼠皮自4方增为24方、天鹅绒自1卷增为4卷、云狐筒子自2件增为25件、灰鼠自160张增为263张、海龙皮自16张增为26张、獭子皮自2张增为28张，但对位列毛皮之首的"黑狐皮十八张"，则未加更动，知高鹗应知此品项的珍贵性，且其数目亦已远非常人所能想象。

123　伊桑阿等，《大清会典》，卷48，页14。

多铎在二年十月加封为和硕德豫亲王时，亦获赐黑狐皮帽一。[124] 尤有甚者，多尔衮于八年二月遭死后清算并抄家时，更被指控私匿八补黄袍、大东珠素珠（即以大东珠装饰的"数珠"）、黑狐裾等"帝服御用"之物。[125] 事实上，整个顺治朝除曾为笼络目的而赏给孔有德、尚可喜、耿仲明、耿继茂等汉姓王黑狐帽，以及朝鲜国王李淏黑狐大外套，[126] 满蒙亲贵中就仅多尔衮及多铎有此殊恩，且康熙朝似亦只有大学士冯溥于十二年十一月受赐黑狐裘一袭。[127]

由于阿济格、多尔衮与多铎三同母兄弟接续出任曹家的旗主，加上曹寅的祖父振彦还长期担任阿济格王府之长史，并身历阿济格家被抄的景况，故若深受"包衣下贱"之痛的曹雪芹，是以先后被抄家之阿济格和多尔衮二王作为其创作宁、荣二府的原型之一，[128] 那我们就有较清楚的脉络，可理解小说中的贾家何以会出现一般人严禁拥有或使用的黑狐皮物件。

---

124 《清世祖实录》，卷4，页52；卷9，页94；卷21，页185。
125 《清世祖实录》，卷53，页421—422。
126 《清世祖实录》，卷40，页324；卷45，页363；卷81，页637。
127 《清圣祖实录》，卷39，页527；冯溥著，张秉国笺注，《冯溥集笺注》，页157。
128 巧合的是，"摄政"恰与贾赦与贾政之名同音，且曹雪芹还特别以贾政字存周，用了周公立武王幼子并自居摄政一典。小说中出现的太上皇，也与多尔衮"皇父摄政王"的名衔相呼应。再者，阿济格曾纳异母兄莽古尔泰和德格类之妻，多尔衮与阿济格亦曾分别纳侄子豪格之福晋。此外，时人也有孝庄皇太后下嫁小叔多尔衮的传闻。至于曾被努尔哈赤指定为继嗣的大贝勒代善（贾宝玉的祖父就名为贾代善），也曾被控与大妃乌喇纳喇氏（名阿巴亥，阿济格之母）有私情。这些乱伦的史实与说法，似与小说第七回焦大痛骂宁府中人"爬灰的爬灰，养小叔子的养小叔子"的情境相近。参见黄一农，《二重奏：红学与清史的对话》，页457—479。

图表7.29 《红楼梦》程甲本与程乙本中的抄家清单。毛皮类被凸显

❖ 程甲本第一百五回

直竖淌泪发獃听见外头叫只得出来见贾政同司员登记物件。一人报说赤金首饰共一百二十三件珠宝俱全珍珠十三挂淡金盘二件金碗二对擒碗二个金匙四十把银大碗八十个银盘二十个三镶金象牙筯二把镀金执壶四把镀金盂三对茶托二件银碟七十六件银酒盃四十六个喈二十三度姑籔十二度胑鼠筯子十件堆洋泥三十度啒一卷梅鹿皮一方云狐筒子二件貂鼠皮一卷鸭皮七把灰鼠一百六十张獾子皮八张虎皮六张海豹三张海龙十六度天鹅绒色羊四十把黑色羊皮六十三张元帽沿十副倭刀帽沿十二张灰色羊皮三张洋灰狐腿皮四十张猞猁狲皮二十麻叶皮三张洋灰狐皮六十张灰狐腿皮四十张猞猁狲皮二十张珸𤩱皮二张黄狐腿二把小白狐皮二件堆洋泥三十度啒八张青狐六张貂皮三十六张黄狐三十张猞猁狲皮十二挂淡金盘二件金碗二对擒碗二个金匙四十把银大碗八副貂帽沿二副小狐皮十六张江豹皮二张獭子皮二张猫皮三五张倭股十二度紬缎一百三十卷纱绫一百八十一卷羽縀糊三二卷氇氌三十卷粧袱缎八卷葛布三捆各色布三捆各色皮衣二百二十件補夹单纱绢衣三百四十件玉玩三十二件帯三十四付铜锡等物五百余件钟表十八件朝珠九挂珍珠粧三十四件上用蟒緞迎手靠背五千二百匹赤金五十两钱七千吊圜带一条潮银七千二百两钱七千吊一切动用像伙攒钉登记以及荣园赐聴俱一开列其房地契纸家人文書亦俱封裹买瞋在旁听不明见报他的东西心裡正在疑疑只聞两家王子腾贾政道所抄家资内有

❖ 程乙本第一百五回

直竖淌泪发獃听见外头叫只得出来见贾政同司员登记物件。一人报说柳楠壽佛一尊柳楠观音像一尊佛座一件抅楠念珠二串金佛一堂鍍金鏡光九件玉佛三等玉繡星八仙一堂柳楠金玉如意各二柄古磁饼罏十七件古玩玩片共十四箱玉缸一口小玉缸二件玉碗二对玻璃軟炕屏二架玻璃盤四件玻瓈盤二件玻璃大屏二架拴碗八個金匙四十把折盂二把大银碗四對金牙筯四把鍍金執壺十二把折盂三對茶托二件银碟銀盂一百六十件黑狐皮十八张貂皮五十六张黄白狐皮各四十四张猞猁狲皮六十二张云狐筒子二十件海龙二十六张海豹三张虎皮六张蔴叶皮三张獭子皮二十五件绛色羊皮四十张黑羊皮六十三张香鼠筒子二十件豆鼠皮二十四方天鹅绒四卷灰鼠二百六十二张倭緞三十二度洋泥三十度紬缎一百三十卷纱绫一百八十卷綠糊三十二卷羽縀紗三十度粧袱缎十八卷各色废姑緘四十度紬緞一百三十卷纱绫一百八十卷綠糊三十二卷羽縀紗三十度粧袱缎三十卷二卷羽緞羽紗各二十二卷氇氌三十卷粧袱缎三十布三十捆皮衣一百三十一件補夹单纱绢衣三百四十件玉玩三十件頭兒九付铜锡等物五百余件钟表十八件朝珠九挂珍珠粧三十四件上用黄緞迎手靠背二十件上用黄緞迎手靠背五千二百匹赤金首饰一百二十三件珠宝俱全上用黄緞迎手靠背五千二百匹三分粧衣裙八套脂玉圜帯二條黄緞十二卷潮銀七千五百串一切動用像伙及榮園賜淡金一百五十二兩錢七千五百串一切動用像伙及榮園賜第一次开列房地契纸家人文書亦俱封裹买瞋在旁听

图表7.30　雍正四年宫内所藏的黑狐皮清单

❖ 雍正四年三月衣库中收贮之御用黑狐皮衣物

世祖章皇帝線纓貂膆裏黑狐朝冠一頂

絨纓黑狐冠一頂

線纓染貂冠一頂

黑狐皮褡護一件

頭等貂皮褡護一件

《清宫内务府奏销档》册2，页33—35、107

❖ 雍正四年三月皮库中藏有之黑狐皮

頭等黑狐皮七張 去膆

頭等黑狐皮四張 去肷色變微吊毛

二等黑狐皮十四張 去膆

二等平常黑狐皮二張 微吊毛

二等不好黑狐皮三十二張 去膆

二等不好黑狐皮二張 去膆無毛尖

三等不堪用黑狐皮九張 各處吊毛

三等平常黑狐皮三張

三等不好黑狐皮七十五張 去膆

三等不堪用黑狐皮三十三張 各處吊毛

頭等黑狐皮三張 去膆色變

頭等不堪用黑狐皮六張 去膆各處吊毛

二等平常黑狐皮四張

二等平常黑狐皮二張 無毛尖

二等不好黑狐皮一張 各肷各處吊毛

二等不好黑狐皮二張 各處吊毛枝襴無毛尖

二等小黑狐皮二張

三等平常黑狐皮五百八十九張 去膆

三等不好黑狐皮七十八張 去膆無毛尖微吊毛

三等不堪用黑狐皮十二張 去膆各處吊毛

頭等黑狐皮三張 去膆無毛尖

二等黑狐皮一張

三等平常黑狐皮二百一十七張 去膆

二等不好黑狐皮十七張

二等不好黑狐皮一張 無毛尖

二等黑狐皮四張 去膆微吊毛

三等黑狐皮十七張 去膆 查得內有三等黑狐皮一張

三等黑狐皮十三張 去膆微吊毛

三等不好黑狐皮一張 各處吊毛

做帽貂皮三十六張 內有去膆二張

第八章　曹家归旗北京后的落脚处*

曹𫖯家因罪抄没并于雍正六年归旗北京后,应有好几年住在崇文门外蒜市口地方十七间半房的宅院中。本章即梳理清代如何以"间"或"半间"描述建筑的空间,并参考民初北京编整街道的档案、乾隆十五年绘制的《清内务府京城全图》以及1928年京师警察厅制作的《京师内外城详细地图》,尝试从街道区划的角度追索"蒜市口地方"的合理范围,并在张书才以及笔者先前所提出的说法上,对曹家旧居的地址提出一些新看法。

一、曹家抄没后归旗北京初期的居所

曹𫖯于雍正五年十二月获罪抄没,其家三代四人出任江宁织造共半个多世纪,自此从绚烂归于平淡,并于稍后归旗北京。[1] 在此巨变中曹雪芹度过了青少年时期,并开始酝酿其写作《红楼梦》的动机与文思。1991年,张书才在中国第一历史档案馆所藏雍正七年七月二十九日的《刑部移会》中(图表7.23),发现关涉曹家遭抄没后之记载,其文有云:

> 查曹𫖯因骚扰驿站获罪,现今枷号,曹𫖯之京城家产人口及江省家产人口,俱奉旨赏给随赫德。后因随赫德见曹寅之妻孀妇无力不能度日,将赏伊之家产人口内,于京城崇文门外蒜市口地方房

---
* 本章部分内容曾发表于拙著《曹雪芹"蒜市口地方房十七间半"旧宅新探》(2015)。
1　周汝昌,《红楼梦新证》(2016),页522—532;邵丹,《故土与边疆:满洲民族与国家认同里的东北》。

十七间半、家仆三对，给与曹寅之妻孀妇度命。[2]

在此，"妻孀妇"一词乃描述某人的寡妻。[3] 知曹雪芹家人曾于雍正六年归旗北京之初在蒜市口地方（图表8.1及8.2）度过一段惨淡岁月。[4]

由于雍正帝特授"雍邸旧人"绥赫德接任江宁织造，并将查抄自曹家的房屋四百余间、地约十九顷、家人一百多口转赐，这种不把抄没财产充公的做法，亦说明曹𫖯被控的骚扰驿递、转移家财、亏空帑项等罪名，或仅是其家被整肃的表面原因。事实上，清代自雍正朝起就常将抄家变成政治手段，用于打击异己和惩处官员。雍正四年上谕中即自辩："朕即位以来，外间流言有谓好抄没人之家产者……朕将奇贪极酷之员，抄没其家赀，以备公事赏赉之用。"明显将籍没之家产视同皇帝私囊。[5]

前引雍正七年之《刑部移会》中，把"京城崇文门外蒜市口地方房十七间半、家仆三对"给予曹寅寡妻李氏聊度晚年之举，则是预先获得雍正帝的授意或同意（图表7.24），亦即，曹家在六年三月或稍后回京。[6] 惟以曹寅的地位与财力，他生前不太可能屈居于此十七间半房（曹𫖯被抄没时，查出其家有住房13处，共计483间，平均每处即37间），这应只是曹家在京的房产之一，且很可能是最小、最差的宅院，遂会在抄家后被赐给曹寅之寡妻，以供她勉强度命，并略显雍正帝的仁悯之意。

---

2 张书才，《曹雪芹家世生平探源》，页44—46。
3 如嘉庆初年刘凤诰奉旨拟定起居注的体例时，尝称："八旗奏故员妻孀妇某氏请给半俸养赡……"此外，翻查中国方志库等数据库，亦可发现古书中屡见"○○○之妻孀妇○氏"之用例。参见刘凤诰，《存悔斋集》，卷7，页4。
4 吴长元，《宸垣识略》，卷9，页首。
5 刘一之，《破解红楼梦之谜》，页118—121；云妍，《从数据统计再论清代的抄家》。
6 绥赫德在雍正六年三月初二日的奏疏中称："至曹𫖯家属，蒙恩谕少留房产，以资养赡。今其家属不久回京，奴才应将在京房屋、人口酌量拨给，以彰圣主覆载之恩。"参见张书才主编，《雍正朝汉文朱批奏折汇编》，册11，页808。

第八章 曹家归旗北京后的落脚处

图表8.1 北京崇文门外蒜市口街与蒜市口地方的可能范围

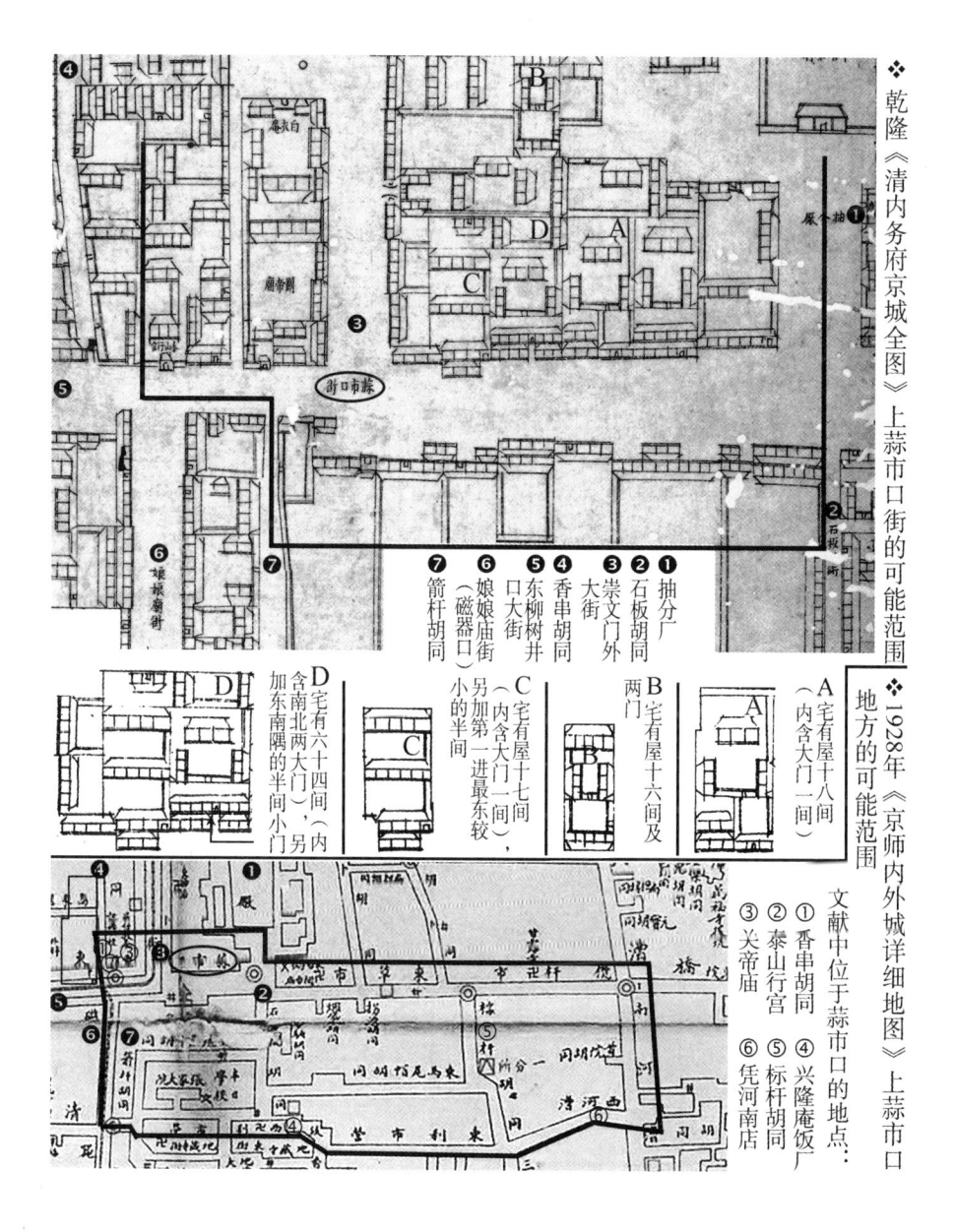

❖ 乾隆《清内务府京城全图》上蒜市口街的可能范围

❶ 抽分厂
❷ 石板胡同
❸ 崇文门外大街
❹ 香串胡同
❺ 东柳树井大街
❻ 娘娘庙街口大街（磁器口）
❼ 箭杆胡同

A 宅有屋十八间（内含大门一间）
B 宅有屋十六间及两门
C 宅有屋十七间（内含大门一间）另加最东较小的半间
D 宅有六十四间（内含南北两大门），另加东南隅的半间小门

❖ 1928年《京师内外城详细地图》上蒜市口地方的可能范围

文献中位于蒜市口的地点：
① 香串胡同
② 泰山行宫
③ 关帝庙
④ 兴隆庵饭厂
⑤ 标杆胡同
⑥ 凭河南店

图表8.2　乾隆《宸垣识略》中的北京外城及其东半部详图

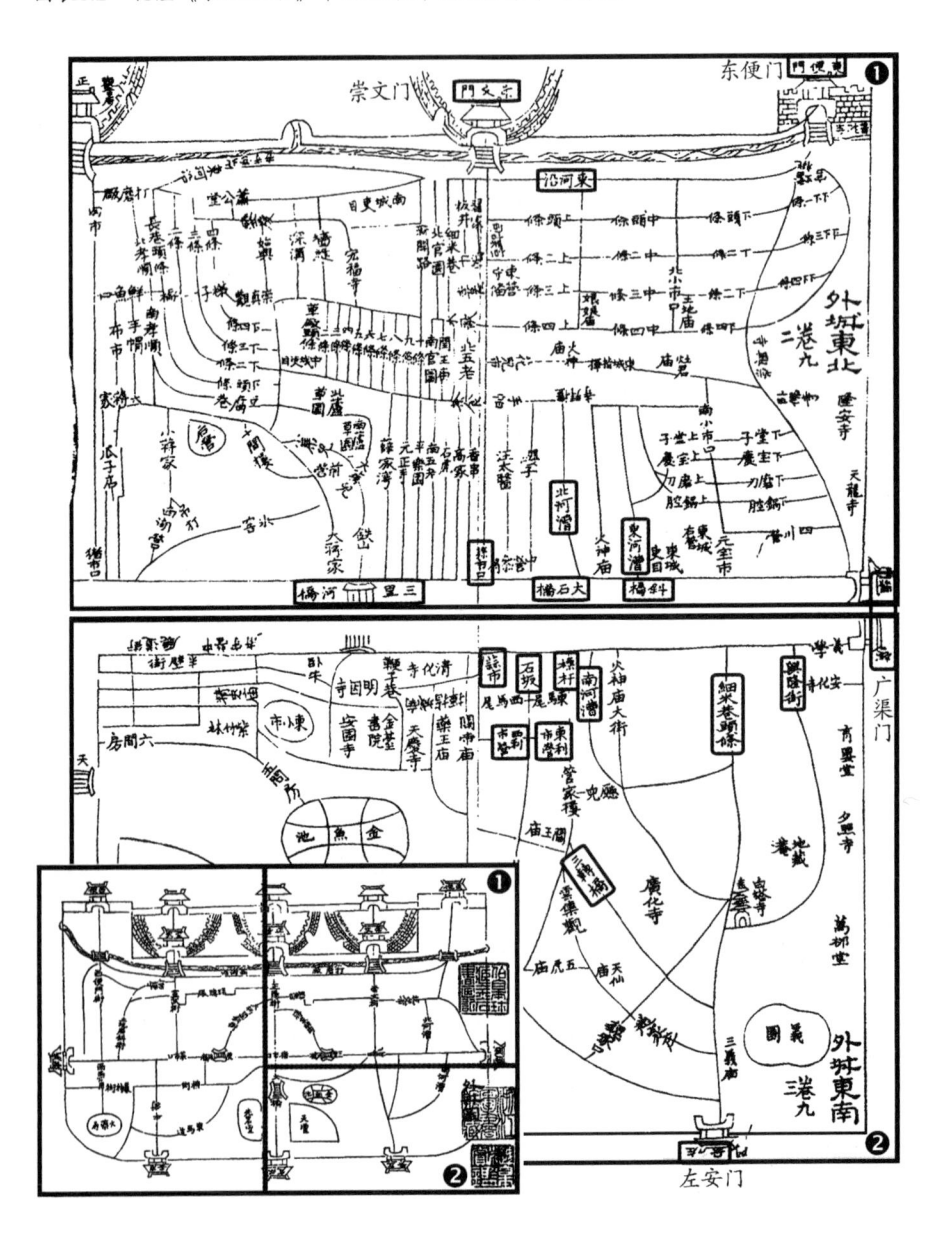

张书才等自1991年起即根据现藏中国第一历史档案馆的《清内务府京城全图》,[7]力主广渠门内大街207号院乃蒜市口地方唯一拥有十七间半房的院落（图表8.1中标明为A宅者）。[8]该北京地图是乾隆十至十五年间在西洋传教士郎世宁（Giuseppe Castiglione, 1688—1766）的技术指导下,由海望主持的大规模测绘产物,共包含51帧长幅,总长14.14米,宽13.50米。因比例尺约为1∶650,且以写真手法简示各宅院的平面图,故房子的格局往往清楚可见,此应是清代制作精密度最高的北京地图。[9]

前述之蒜市口乃位于崇文街（图表8.1;又名崇文门外大街[10]）南口,而蒜市口往东之街道在1965年北京重划路名和门牌号以后,始并入今广渠门内大街（由广渠门大街、大石桥、栏杆市大街、东草市大街、蒜市口等几个地名组成）。[11]张书才将东西走向之蒜市口街,界定为"路北西起崇文门外大街南端东侧,东至抽分厂南口,[12]路南西起磁器口北口,东至石板胡同北口,长约二百米",其中之磁器口原名"娘娘庙街",光绪间改名。

在追索此议题的过程中,我们发现张书才所提曹家被抄没后在京住处的主张,虽成为近年筹建曹雪芹故居纪念馆的重要论述,惟红圈中仍有许多不同声音,争论的焦点主要在对"蒜市口地方"的范围认定。[13]笔者先前于拙文《曹雪芹"蒜市口地方房十七间半"旧宅新探》中,梳理出清代如何以

---

7 中国第一历史档案馆、故宫博物院编,《清乾隆内府绘制京城全图》。
8 此院落临街房是六间（包括大门）,前院西半有北房三间,中院北屋正房三间,东西厢房各三间,总计十八间。张氏为解释此院落何以被称为"十七间半",提出两种说法：一谓院门过道旧时按"半间"计算;一谓旧时迷信以单数为阳宅（活人所居）,双数为阴宅（死人所居）,所以忌言双数而称"半间"。然这两种解释皆无文献根据且与实情不合（附录8.1）。参见张书才,《曹雪芹家世生平探源》,页146—169。
9 杨乃济,《紫禁城行走漫笔》,页14—41。
10 乾隆《宸垣识略》有云："割中城之东单牌楼西至长安街,北沿王府大街至崇文街……隶东城""崇文门外大街迤东,出蒜市口,东南至左安门,转广渠门、东便门,隶东城"。参见吴长元,《宸垣识略》,卷1,页30。
11 《北京文史资料精选·崇文卷》,页35。
12 崇文门外的抽分厂乃绿旗营制下左翼总兵所属,设南营参将一人驻扎,兼辖西珠市口、东珠市口、东河沿、西河沿、花儿市、菜市口六汛。参见托津等,《钦定大清会典事例》,卷470,页2。
13 如见紫军、霍国玲,《曹雪芹蒜市口故居考》;霍国玲等,《红楼解梦（第八集）》,页161—185;兰良永,《红楼梦文史新证》,页179—193;张秉旺,《红苑杂谈》,页180—183;杨泠,《曹家蒜市口旧宅新考》;樊志斌,《曹雪芹文物研究》,页44—65。

"间"或"半间"描述建筑物形制的原则,并在新推断的"蒜市口地方"区域内,根据《清内务府京城全图》的详图逐屋搜索符合"十七间半"之宅第,但所归结的最可能故居,依旧未获红圈重视,且与此领域的许多议题一样,迄今还是沦于各说各话。本章即尝试根据近年关心此议题者的一些新论述以及笔者最近的创获,再重行订正并论证曹氏旧居之可能地址。

二、曹家蒜市口旧居所在地新探

张秉旺于1999年首先对张书才所提曹家故居在广渠门内大街207号院的说法提出异议,他指称《清内务府京城全图》上所绘此宅前院西半边的六间房,乃以双重线勾勒出之围墙与其他房屋隔开(图表8.1中之A宅),[14] 且从屋顶的画法,知临街的东西各三间房并非连属,故应非同一家,而两家的院落皆算不出十七间半房(有关清代如何定义"间"与"半间"的讨论,可参见附录8.1)。他还主张蒜市口街的范围应从崇文门外大街南口的蒜市口起,一直往东延伸至南、北河漕,[15] 共长600米,此与张书才所认为仅东至抽分厂南口的约200米路长相差颇多,其理由为张书才之说根据的是民国前期的地图(在抽分厂南口以东次第绘有东草市、栏杆市、大石桥),而《清内务府京城全图》则东至南、北河漕后,才出现大石桥之地名,故张秉旺以大石桥为蒜市口街的东界。[16] 然因《清内务府京城全图》上所标的地名常零零落落,故张氏之说颇待斟酌(见后文)。

至于张秉旺所提出的广渠门内大街146号院,其基地中心在石板胡同北口朝东约100米处。[17] 然经张书才仔细析究后,发现该院落其实有四排,最南

14　有以此双重线指游廊,然《清内务府京城全图》中尚未被证明有此图例。且一般小户人家的院子,恐不会有此财力或需要建造游廊。参见邓奕、毛其智,《从〈乾隆京城全图〉看北京城街区构成与尺度分析》。
15　至迟乾隆八年的房契即可见"东城崇南坊一牌三铺北河漕路东大石桥"的地址。参见邓亦兵,《清代前期北京房产市场研究》,页222。
16　乾隆七年的房契即可见"东城崇南坊一牌一铺大石桥路"。参见张秉旺,《红苑杂谈》,页173—187;邓亦兵,《清代前期北京房产市场研究》,页222。
17　张秉旺,《红苑杂谈》,页180—183。

的第四排与第三排房之间并无东西向的院墙分隔，但张秉旺却主观地将第四排的五间房划出，以满足其十七间半房的算法。亦即，张书才主张146号院应与曹雪芹故居无关。[18]

此外，陈林（2011）在网上指出"蒜市口地方"应不限于蒜市口街，经从蒜市口向西沿路查找之后，他认为此十七间半房在香串胡同西侧、大慈庵（位于东柳树井口大街路北）东邻。兰良永（2014）则认为在《清内务府京城全图》中，双线可代表院内游廊，单线也可代表独立院墙，遂主张广渠门内大街207号院仍有可能为曹雪芹家故居。[19]

附录8.1

中国古建筑的基本单位"间"

学界先前未见有关"间"的具体讨论，有以其乃中国古建筑的基本单位，是"每两根柱子之间的空间"，[20] 但情理上此计量单位应内含某种具体的尺度定义，否则将沦于定性描述，也就不会有"半间"之数（见后文），且在房产转移时颇易产生法律纠纷。此节即根据文献中的一些零星用例勉力析探。

乾隆间成书的《儒林外史》，在描述牛老替孙子牛浦娶亲时有云：

他家只得一间半房子，半间安着柜台，一间做客座，客座后半间就是新房。当日牛老让出床来，就同牛浦把新做的帐子、被褥铺叠起来……[21]

18　张书才，《曹雪芹家世生平探源》，页161—163。
19　此段参见http://blog.sina.com.cn/s/blog_4a4c11510100qgcj.html；兰良永，《红楼梦文史新证》，页179—193；刘天地，《"蒜市口地方"、右翼宗学沿革考述》。
20　张驭寰，《中国古建筑百问》，页151；贾珺，《北京四合院》，页42—43。
21　吴敬梓，《儒林外史》，第21回，页7。

表明"一间半"的屋子并不大。此故,赵翼(1727—1814)亦尝称"余直军机时,直舍即在军机大臣直庐之西,仅屋一间半,又逼近隆宗门之墙,故窄且暗"。[22] 而在现存大量的清代房契中,除整数间及半间外,尚未见有畸零之数者。[23]

那"一间"或"半间"究竟是体积、面积还是长度的表述,又如何在清代社会有一约定成俗之定义?查康熙十四年八月赐建在三藩之乱中阵前投诚之金进所属官兵的住房时,尝于京城内正白旗校场东边空地,各照其品级及先前定例,[24] 盖给共184间房屋,惟规制有大有小。[25] 其中面阔一丈、进深一丈五尺、柱高七尺八寸者,共130间(姑且称之为"标准房"),绝大多数皆分给前锋、护军、拨什库以下的低阶官兵。至于六品以上官员,其配发正房的平均面阔则与官品成正比,分别从一丈二寸至一丈二尺三寸不等,且进深(一丈八尺至二丈七尺)与柱高(七尺五寸至一丈五尺)亦明显大于"标准房"。

此外,乾隆五十五年和珅等因重盖西华门内遭火灾之果房及银库值房一事上奏,经奉旨拟重盖55间房,规制如下:

> 果房院内:补盖正房二座,各计五间,<u>各面阔一丈</u>、进深一丈六尺、柱高九尺;东面围房一座,计十七间,<u>各面阔一丈</u>、进深一丈四尺、柱高八尺。银库值房:补盖小式正房四座,内头层并后层正房二座,各计五间,<u>各面阔一丈</u>、进深一丈四尺、柱高九尺,中二层正房二座,各计五间,<u>各面阔一丈</u>、进深一丈六尺、柱高九尺;厢房四座,每座计二间,<u>各面阔一丈</u>、进深一丈二尺、柱高八尺。[26]

---

22 赵翼,《檐曝杂记》,卷1,页6。
23 其中逾千件可见于邓亦兵,《清代前期北京房产市场研究》,页211—317。
24 此为顺治十六年之定例,参见《清世祖实录》,卷123,页953。
25 铁保等,《钦定八旗通志》,卷113,页4—7。
26 乾隆五十五年十一月二十一日和珅等奏折,中国第一历史档案馆藏内务府奏销档案微卷,册422,页183—188。

这批样式不一的新盖房，每间的面阔皆同为一丈，进深则从一丈二尺至一丈六尺不等，柱高为八尺或九尺。

再者，乾隆四十六年正月地安门外鼓楼前路东茶铺失火，二月内务府奏拟重盖46间房，其中面阔一丈二尺者3间（进深一丈六尺）、一丈一尺者3间（进深一丈四尺）、一丈者21间（进深一丈三尺或一丈六尺）、九尺五寸者14间（进深一丈三尺或三丈）、八尺八寸者4间（进深一丈二尺），另有1间面阔七尺五寸、进深六尺、柱高九尺五寸的"小正房"。[27] 此外，圆明园银库旁的一处9间房宅院亦有明确的面宽、进深以及柱高尺寸图（图表8.3）。

综合前述四文献中共294间房的规制，我们可发现从45平方米至332.1平方米，皆谓之一间，知"间"应非面积单位，否则后者相对于前者的定义而言，就已超过七间。同样理由，"间"亦不可能是体积单位。

图表8.3 圆明园旁一宅院的平面图。

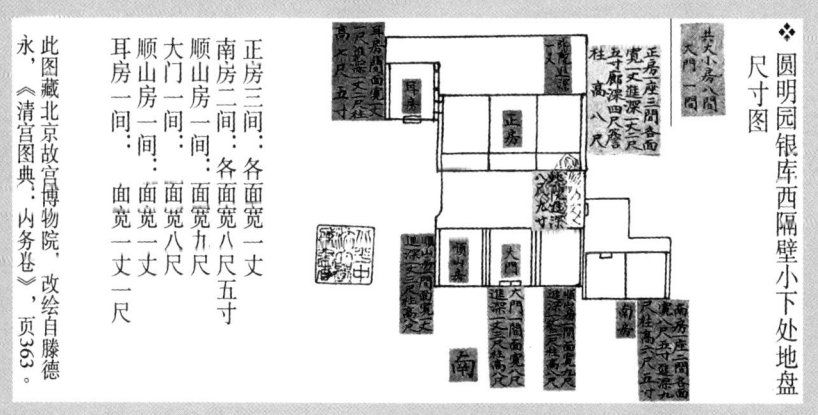

此图藏北京故宫博物院，改绘自滕德永，《清宫图典·内务卷》，页363。

正房三间：各面宽一丈
南房二间：各面宽八尺五寸
顺山房一间：面宽九尺
大门一间：面宽八尺
顺山房一间：面宽一丈
耳房一间：面宽一丈一尺

---

27 邓亦兵，《清代前期北京房产市场研究》，页23。

虽然各种"间"的面阔有不同数值，有宽至一丈二尺三寸者，亦有窄至七尺五寸，但差距并不特别大，其中又以一丈者最多，达210间（71%）。另一方面，在前述诸案例当中，柱高与进深的上下限分别相差达二或五倍，笔者因此认为"间"主要是用来衡量一房屋正面的宽度。若然，我们需要找出"间"或"半间"所代表之面阔的标准值及其容许范围，以便将房屋的实际面阔全都描述成整数间或半间。

为避免被质疑前述揭举的相关用例缺乏足够代表性，笔者遂又利用大数据的新研究环境，从中国方志库和中国基本古籍库等海量数据库中，爬梳出现存其他清代建筑物留有"间"之具体规格者。在综合考虑前揭总共两千余"间"的尺度后，发现有约97%的面阔皆恰为一丈，如雍正五年称潼关营房分给每兵两间兵房，凡2,064间，每间即均进深17尺，间阔10尺（图表8.4）。[28]

至于清代房屋何以采用"间"来表达其正面的面阔，此或因原本木造建筑两立柱之上所驮的檩条（又作檩木，是架在梁头位置的沿建筑面阔方向的水平构件，其作用是横搁在屋架或山墙上以承受屋顶的荷载），通常约一丈长，[29] 需要时亦可用接榫的方式拼接加长。换句话说，"间"的原始定义应源自"两柱一檩"的基本木造结构。古代木建中檩的数量通常可体现院落里的房屋等级，也反映在其进深及柱高之上，而与"间"的定义无关。如康熙初期一品官所配住的房屋当中，七檩正房的进深为二丈七尺、柱高一丈五寸，而五檩门面房的进深就只有一丈四尺、柱高八尺。再者，雍正朝所售官房的价格，亦是以檩数（涉及面积、体积与规格）来定价，如九檩房每间七十两，八檩房每间六十两……三檩房每间十两。[30]

先前学界有称中国古代对"半间"的说法有二：一是将院门过道视为

---

28 黄一农，《曹雪芹"蒜市口地方房十七间半"旧宅新探》。
29 据《馆陶县志》，每根木檩长一丈、周围二尺，光绪三十年约合制钱一千二百文。民国《浮山县志》亦称檩柱为一丈上下。参见丁世恭修，刘清如纂，《馆陶县志》，卷2，页49；任耀先修，张桂书纂，《浮山县志》，卷15，页40。
30 邓亦兵，《清代前期北京房产市场研究》，页20—22、150—151。

半间；一是以奇数为阳宅、偶数为阴宅，遂因忌言偶数而称"半间"。[31] 然我们在清代的房契中却屡屡可见住房为偶数间者，[32] 且从中国第一历史档案馆所藏嘉庆八年遭查封之福长安房屋的附图（图表8.5），可发现其在北京景山东门外的十间半院落中，院门明显算一间，倒是相邻的门房或因面阔（房门朝东）较小，而被标记成半间。至于西帅府胡同宁武礼房以及无量大胡同塞楞额（其宅在乾隆二年六月之前入官，故应只是与疏告曹𫖯之人同名，因后者于十三年才被抄没）房的"半间"，亦明显小于正常之"一间"（图表8.5）。

又，民初为治理近畿五大河曾拆除民房，其发放补偿费的标准为"一房间进足一丈为一间，足一丈四者为间半，一丈以内者按尺方核计"。[33] 另据北京社科院的邓亦兵老师（二十世纪四十年代生于北京）告知，她小时候所看到的半间房屋有三种：一种是隔断间，即福长安景山东门外院落的那种半间；一种是接间，即在原有的房间外面接盖小间，俗称半间；一种是单独建的小房，即比平常一间要小点的房，民间也称小屋，实际也是半间。

综前所论，描述清代建筑的"间"，主要是由屋正面之两根立柱的距离所决定，而与后面另两柱所隔出之有屋顶的进深，似无太大关系（四边不必有封闭隔间或门墙）。对一般居住空间而言，每间面阔之"标准值"为一丈，惟因两柱之上所架檩条的长度往往略有伸缩，故"间"之面阔亦可短至七尺五寸（含），或长至一丈五尺（不含）。[34] 而面阔至少要四尺者，才可被视为"半间"。

至于皇家、官府以及寺庙中的建筑，其所盖一"间"之面阔则往往

31　张书才，《曹雪芹家世生平探源》，页169。
32　邓亦兵，《清代前期北京房产市场研究》，页211—317。
33　于振宗，《直隶河防辑要》，页50。"进足"为超过之意。
34　在前揭用例中，一间的面阔无逾1.4丈者，只有雍正八年新宁县守备衙门的兵房例外，面阔为1.5丈（比头门、仪门、大堂还宽上许多）、进深1.7丈，面积竟达康熙十四年金进下所分配兵房（面阔1丈、进深1.5丈）的1.7倍，因疑前者的面阔乃一丈五寸之误。

尺度较大,且罕见有"半间"之尾数。此因这类建筑通常较巍峨,故所用之立柱皆较粗大,面阔亦相应特别加宽。如圆明园四十景之一的万方安和殿,其卍字轩的基座上建有三十三间东西南北室室曲折相连的殿宇,每间之面阔即均为一丈四尺。同样,在勤政殿的烫样中,记每间之面阔从一丈二尺五寸至一丈四尺二寸不等(图表8.6)。[35] 又,《清内务府京城全图》上所绘之王府大门皆为五间,每间之面阔亦比一般住房之"标准值"大许多。再以北京之地安门为例,其面阔共七间,正中之明间宽二丈一尺九寸(7米),两次间各宽一丈六尺九寸(5.4米),四梢间各宽一丈五尺(4.8米)。[36] 此外,顺治二年所建之乾清宫门凡五间,通长亦达八丈二尺,每间之面阔也远大于"标准值"。[37] 前述有关"间"之定义乃呼应中国传统木造建筑的基本构造,其面阔虽依官民或公私而有不同,但大致以一丈为"标准值"。

图表8.4 数据库中所描述各种建物每一"间"的规格

形式	间数	中高(尺)	柱高(尺)	进深(尺)	间阔(尺)
顺治初年之京城八仓、通州三仓[38]					
仓房		22.5	15.5	53.0	14.0
康熙二十七年江苏毗陵双桂里陈氏新造祠门[39]					
祠门一座	3	14.6	9.0	24.0	12.0
雍正五年潼关营房[40]					
兵房(每兵2间)	2064	—	—	17.0	10.0

35 张淑娴,《扬州匠意:宁寿宫花园内檐装修》,页147—148。
36 户力平,《地安门雁翅楼见证百年风雨》。
37 《清世祖实录》,卷16,页148;杨乃济,《紫禁城行走漫笔》,页14—41。
38 周家楣等修,张之洞等纂,《顺天府志》,卷10,页3。
39 陈懋和等修,《毗陵双桂里陈氏宗谱》,凡例。
40 铁保等,《钦定八旗通志》,卷117,页25—27。

续表

形式	间数	中高（尺）	柱高（尺）	进深（尺）	间阔（尺）
雍正八年新宁县添造之守备衙门[41]					
头门一座	3	15.0	12.0	14.0	12.0
仪门一座	3	15.0	12.0	11.0	12.0
大堂一座	3	17.0	13.0	31.0	12.0
大堂前左右厢房	8	13.0	11.0	17.0	11.9
二堂一座	3	17.0	13.0	22.0	12.0
二堂前左右厢房	10	13.0	11.0	17.0	11.9
住房	5	16.0	13.0	22.5	13.0
兵房	20	10.0	8.0	17.0	15.0（10.5？）
乾隆四年直隶总督兴修改建之营房[42]					
营房		10.0	8.0	10.0	10.0
乾隆十六年宁河县之义仓[43]					
仓房		22.5	9.5	12.0	11.0
更房		—	7.5	11.0	10.0
嘉庆十一年以前洛川县之监狱[44]					
监房	3	12.0	7.5	10.0	9.0
宣统三年以前西安县之县属木工造房[45]					
瓦房		—	10.2	20.0	9.6

---

41 王暠修，陈份纂，《新宁县志》，卷2，页3—4。
42 王者辅等修，吴廷华纂，《宣化府志》，卷8，页32—33。
43 丁符九修，谈松林纂，《宁河县志》，卷3，页16—17。
44 刘毓秀修，贾构纂，《洛川县志》，卷6，页11。
45 雷飞鹏等修，段盛梓等纂，《西安县志略》，卷11，页11。

图表8.5 清代宅院平面图中的"半间"小考[46]

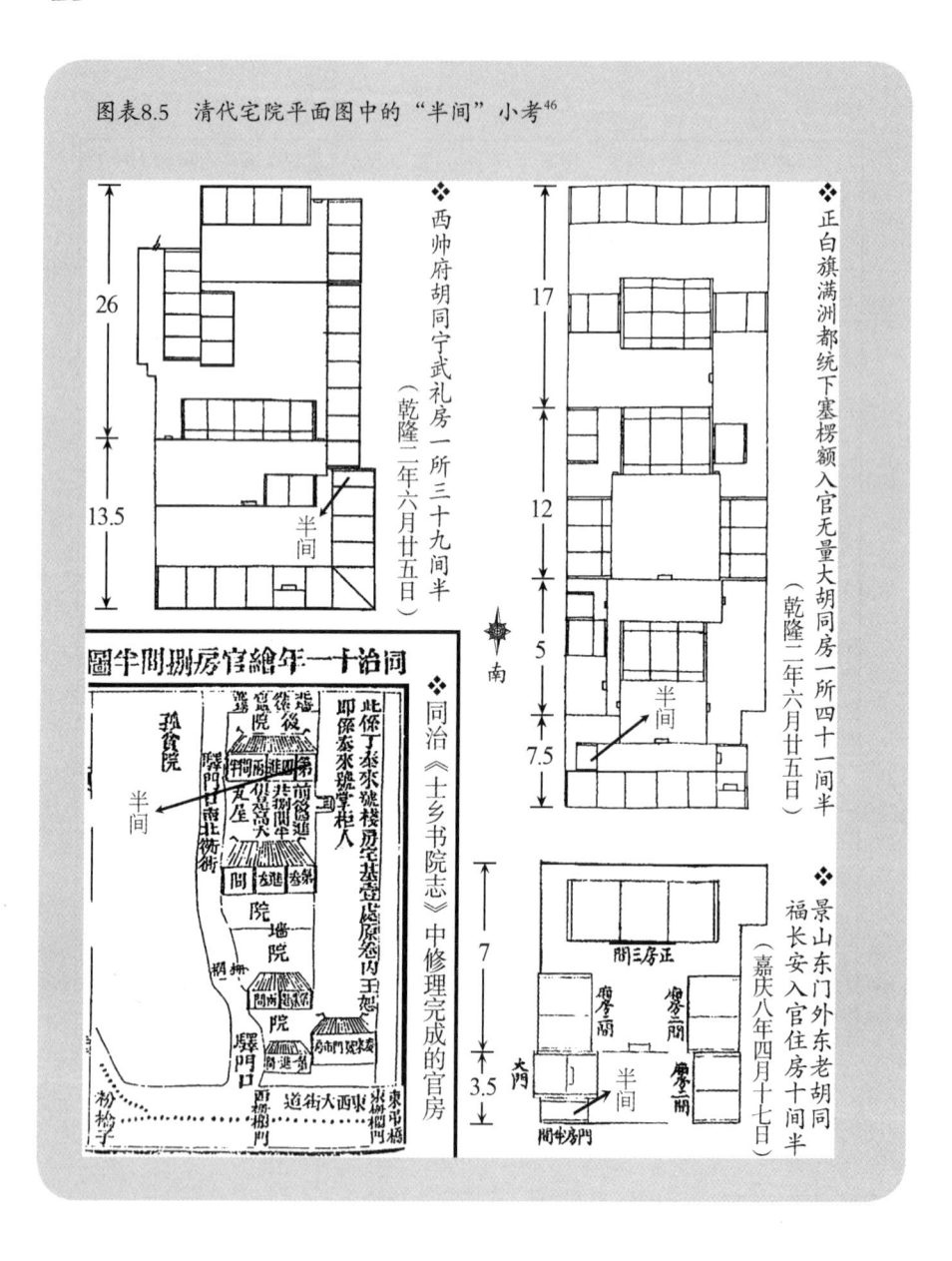

46 三入官宅院的平面图乃藏于中国第一历史档案馆，转引自邓亦兵，《清代前期北京房产市场研究》，页10—15；尹继美，《士乡书院志》，页22。

图表8.6　圆明园中勤政殿及万方安和殿的建筑烫样[47]

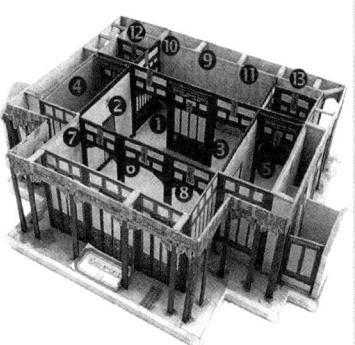

烫样上所贴黄笺之说明：

谨拟勤政殿一座，五间：明间面宽一丈四尺二寸，二次间各面宽一丈三尺三寸，二梢间各面宽一丈二尺五寸，进深二丈四尺。前接抱厦三间：进深一丈五尺五寸。後接抱厦，五间：进深二丈。前後廊各深五尺五寸，台明高二尺四寸，上出二尺二寸，下出二尺八寸。

谨拟勤政殿一座，通台基面宽七丈二寸，通台基进深七丈六寸。

明间：❶
二次间：❷❸
二梢间：❹❺

前接抱厦三间：❻❼❽
后接抱厦五间：❾❿⓫⓬⓭

萬方安和殿一座，共計三十三間，各面寬一丈四尺，進深一丈四尺，簷柱高一尺，遊閣廣各深一尺，台明高一尺，上出一尺八寸五分，下出二尺七寸。

47　林芳吟，《三山五园文化巡展：圆明园卷》，页222。

杨泠（2017）更因《京城内外首善全图》《京城全图》《京师城内首善全图》等清代地图多将"蒜市"或"蒜市口"画在崇文门外大街南口迤西处（民初则绘于迤东处），而宣称蒜市口街原本只能是崇文门外大街南端以西街段，至1927年左右始迁移到以东，并总结称"[蒜市口地方]至少在三里河与广渠门之间。在这个范围内，任何一处类似'十七间半'的宅院，都可以作为曹家旧宅而进行辨析"。他且根据曹寅《楝亭集》诗中有关其北京居所的模糊叙述，判断曹宅乃位于米市口东北方的锅腔胡同。惟因该地已在东城东半边较靠近广渠门的区域，情理上不应以相距达1,300米的蒜市口作为其大致位置的参考点！[48]

然曹寅当时在北京的居所不见得是蒜市口地方的十七间半房，且红学界很少认知到清代北京地图的粗疏程度，对各图的绘制年代亦常因人云亦云而严重错估，甚至有误差达百年者（附录8.2）。亦即，这些清代北京地图多为示意图而非科学测绘的结果（除《清内务府京城全图》外），故精确度常有问题。其上的标示虽屡将蒜市口街延伸至崇文门外大街南口路西（包含今人改绘的《清乾隆北京城图》），甚至远置于路西九百米处（如见《京师城内首善全图》），但此或因袭前误，而无较强的证据力。换句话说，当我们只以古代地图当成判断街道范围的论证时，务须戒慎小心，颇有必要以其他文字叙述或档案材料作为重要支撑。

48　杨泠，《曹家蒜市口旧宅新考》。

附录8.2

清代北京地图的精疏程度小探

清代绘制的北京地图常出现许多疏漏，譬如绘于乾隆十二年至嘉庆十二年间的《京师城内首善全图》，[49] 就将蒜市口、抽分厂、栏杆市（又作"缆竿市"），[50] 大石桥这一连串地名，全错写于崇文门外大街南口以西处，而明天顺间所建崇祀碧霞元君（俗称"泰山娘娘"）的"泰山行宫"，[51] 亦被写成"泰府衙门"，其图示则误置于崇文门外大街东侧的汪太医胡同下方。至于抽分厂的一大片场址更完全被略去，此外，兴隆街、细米巷头条胡同、火神庙大街、南河漕、标杆胡同、石板胡同、麻绳市以及北河漕的位置，也全错位了好几百米（见图表8.7及8.8）！

至于1900年左右八国联军攻占北京期间所刻的《京城各国暂分界址全图》（图表8.7），其内容乃据乾嘉间的《京师城内首善全图》（两者皆只见东江米巷，而非东交民巷）重刻，主要的改变只是在地图上方增添了大段文字，以表明各国军队将北京分成不同占领区（用颜色区别）的现况。图上先前已出现的不正确情形，即使历经了一个世纪，亦未尝被更正或改进。

---

49 该图在地安门外有钟楼（永乐十八年建，后毁于火，乾隆十年奉旨重建，十二年落成），灯市口南且标有天主堂（即今东堂，嘉庆十二年毁于火，光绪十年始重建成），加上图记"广宁门"（绘制时与广渠门东西错置）时，未遵依道光帝旻宁即位后为避帝名而改作广安门之史事，知其应绘于乾隆十二年至嘉庆十二年间，前人误为同治九年。参见于敏中，《钦定日下旧闻考》，卷54，页14—15；谢国兴、陈宗仁，《地舆纵览：法国国家图书馆所藏中文古地图》，页161—162。
50 乾隆三年的内务府档案及《宸垣识略》中，已见"崇文门外栏杆市""延庆寺在栏杆市"的记载。参见张书才，《曹雪芹家世生平探源》，页165。
51 周家楣等修，张之洞等纂，《顺天府志》，卷14，页12。

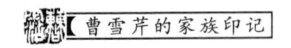

图表8.7 《京师城内首善全图》及《京城各国暂分界址全图》

❖ 此图所绘之①「广宁门」与④「广渠门」的东西位置错置

第八章　曹家归旗北京后的落脚处

图表8.8　北京古地图中从广渠门至三里河桥沿线的地名

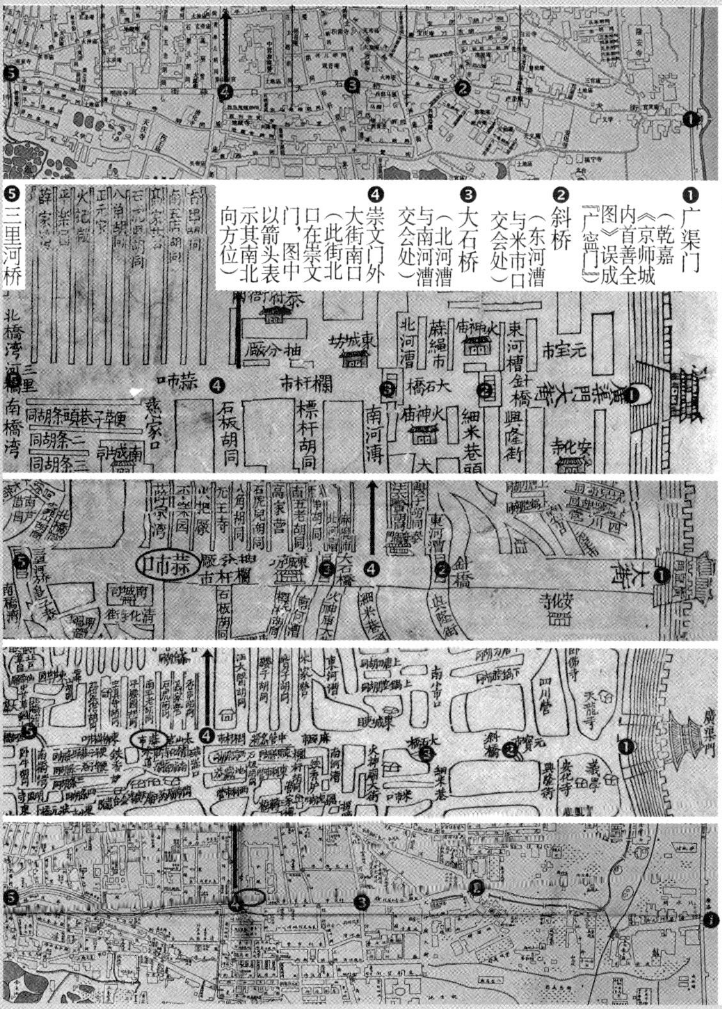

❖《清乾隆北京城图》（徐苹芳复原自《清内务府京城全图》）

❶ 广渠门（乾嘉《京师城内首善全图》误成"广宁门"）
❷ 斜桥（东河漕与米市口交会处）
❸ 大石桥（北河漕与南河漕交会处）
❹ 崇文门外大街南北此街北口，在崇文门以北，图中以箭头表示其南北方位
❺ 三里河桥（北桥湾、三里河桥湾）

❖《京城全图》（乾嘉时期）

❖《京师城内首善全图》（乾嘉）

❖《京城内外首善全图》（约1900-?）

❖《京师内外城详细地图》（1928）

525

又，美国国会图书馆所藏乾、嘉《京城全图》上的石板胡同和标杆胡同，[52] 均较《清乾隆北京城图》（今人徐苹芳根据《清内务府京城全图》所复原[53]）上较正确的方位西偏了约百米；东南—西北向的东河漕，亦被误成了南北向，且将其旁的关帝庙错记作火神庙；东河漕与兴隆街也并不隔着广渠门大街相望；而南五老胡同不仅被写成"南五店胡同"，且被误置于香串胡同与高家营胡同之间；八角胡同与平乐园胡同的相对位置则东西错放；至于图上的文字更不乏讹误者，如"针桥"应为"斜桥"（乾隆《宸垣识略》指其位于东河漕南口；图表8.2），南、东河漕被分别书作"南河溥"和"东河槽"，"慈家口"应为"磁器口"；"正元家"应为"元正寺"，位置在八角胡同南（图表8.8）。

此外，《京城内外首善全图》（约1900—1907年刊[54]）中的汪太医胡同，与其下方"石板胡同"的相对位置也不对，前者应东移五六十米；南河漕应位于东河漕的西南方，而非正南，且图上未绘北河漕；"玄真寺"当时应已名为"元真观"；[55]"泰山行宫"被书为"太山宫"；火神庙大街的北口应在大石桥迤东处（图表8.8）。[56]

再者，由于北京街道相当密集，以致有些地图在标写街名时往往无法与街道范围准确搭配，且街名常仅零星标出，如《清内务府京城全图》上即未见崇文门外大街之名，且在"蒜市口街"四字往西约千米外，才见

---

52 此图在王府井大街西侧可见"弓弦胡同"，在德胜门内大街附近可见"弘善寺"，惟因"弦"及"弘"两字同缺末笔，知应绘于乾隆帝即位后。再因地安门外有钟楼（乾隆十二年奉旨重建落成），且"广宁门"并未避道光帝旻宁之帝名而改作广安门，知应绘于乾隆十二年至嘉庆二十五年间，前人则有误为道光五年（1825）者。
53 徐苹芳，《明清北京城图》。
54 此图在东交民巷（1900年义和团变后才自东江米巷改名）内出现数国使馆，该区虽可见汇丰银行及华俄银行，却未见1907年设立的德华银行北京分行，知此图应刊于1900—1907年间，前人误此图刊于嘉庆五年（1800）。参见杨泠，《曹家蒜市口旧宅新考》。
55 周家楣等修，张之洞等纂，《顺天府志》，卷14，页10。
56 此皆参照《清乾隆北京城图》。

> "三里河街"（图表8.1），而位于其间的东柳树井口大街即未书于图上。[57] 图表8.8列出几种具代表性之北京古地图中从广渠门至三里河桥的区域，为比较其准确性，笔者特别标出沿线之斜桥、大石桥、崇文门外大街南口等可固定之参考点，我们因此发现《清乾隆北京城图》与民国时期地图的正确性皆明显高过其他清代地图，后者在绘制前述几个可固定点的位置时，多未能呈现出正确比例，甚至出现相对位置错乱的情形，如绘于乾嘉间的《京师城内首善全图》，就将大石桥和斜桥错误分置在崇文门外大街南口的东西侧。

很幸运地，民初以来北京编整街道的档案现仍存在。查北洋政府于1914年成立京都市政公所，负责统辖北京的城市建设，并陆续公布各街巷的道路等级与路幅名称。1928年国民政府令改北京为北平特别市之后，该业务则转由北平市工务局负责。现将今北京市档案馆所藏1919—1927年及1930—1936年间此类档案的相关内容整理于图表8.9。配合较精确的《京师内外城详细地图》（1928年由京师警察厅制作，图上街道起讫点会以红色双圈标示；图表8.1及8.8），[58] 我们可以清楚知道当时三里河大街（西起北桥湾南口）迤东的街道依序为平乐园大街（西起东八角胡同南口）[59]→东柳树井大街（西起平乐园胡同南口）→蒜巾口街（西起磁器口街北口）→东草市（西起抽分厂南口）→栏杆市（西起标杆胡同北口）→大石桥（西起北河漕南口）→广渠门大街。此东西向的干道现已以崇

---

[57] 乾隆二十五年北京"永森木厂"的店铺买卖契约中，即可见"崇文门外南大街东柳树井路北"的地址。此应指东柳树井大街位于崇文门外南大街的大范围内，不必然谓东柳树井大街的东端在崇文门外大街南口，类似用例如见"崇文门外北河漕路东""崇文门内大石桥路北""崇文门外平乐园"。参见邓亦兵，《清代前期北京房产市场研究》，页235、249、251、310。
[58] 此图乃由京师警察厅总务处制作，目的是对辖地进行更好的管理，故以1:6000的比例尺绘制，为民初最精确的北京城地图之一，其街道且大致承袭清代规制，尚未深受近代城市建设的影响。
[59] 嘉庆二十三年的北京房契已可见"南城东南坊三铺，平乐园南口内路西"地名，乾隆二十二年的房契亦出现"南城东南坊头铺，三里河桥大街往西路南"地名。参见邓亦兵，《清代前期北京房产市场研究》，页240、303。

文门外大街为界，分别并成广渠门内大街和珠市口东大街。

由于蒜市口街只是一条短街，必要时当然可能整并、改名或增减长度，但当政者应不会"无聊"到把整条东西向的街从崇文门外大街南口之西改移到南口之东，因为改址之举对大街两侧的原住户将产生无必要的重大影响（还牵涉各种法律文件的更改）。再者，前述平乐园、东柳树井、蒜市口、东草市、栏杆市、大石桥等街名多早已存在于清朝中叶以后，并一直沿用至民初，故笔者合理怀疑北京市档案馆现藏1919—1936年间工务档案中所记载这些街道的起讫范围，大致因袭清代规制，且无太大幅度的改变。鉴于《清内务府京城全图》上自右往左书写之"蒜市口街"四字，乃偏置于崇文门外大街南口的西半边，且其末字之"街"止于南口的西缘，故前人合理怀疑蒜市口街的西口不在崇文门外大街南口的路东，而是起于路西，但究竟往西延伸至何处，则无人能提出论据。

查《京师内外城详细地图》上标示街道起讫点的红色双圈，表明蒜市口街西口乃位于香串胡同南口路东，正对磁器口街（乾隆时名娘娘庙街）的北口（图表8.1）。至于蒜市口街的东口则在抽分厂南口，亦接近石板胡同的北口。考虑娘娘庙街北端的路东与平行的箭杆胡同（北京另有几处同名）之间仅一户宅院宽，且从北往南数的前两家大门均临娘娘庙街，故我们或可合理判断蒜市口街的路南乃西起箭杆胡同北口。又，香串胡同最南端路东的四户宅院，大门均开在临香串胡同上，其东界与泰山行宫仅一墙相隔，而泰山行宫东侧则有一条小巷道将白衣庵和关帝庙隔开，后两者可能在清代即遭拆除，让民初的崇文门外大街能呈现出南北向皆宽二三十米的一等道路。知蒜市口街的路北可能包含白衣庵和关帝庙等处（图表8.1）。

图表8.9 民初北京城邻近蒜市口地方的部分街道[60]

街道名	起讫范围	街道等级及路幅
三里河	西自东珠市口,东至平乐园	二等路,16米宽
平乐园	西自三里河,东至东柳树井	二等路,16米宽
东柳树井大街	自平乐园至蒜市口	一等路,16米宽
蒜市口	自东草市至崇文门大街	一等路,16米宽
东草市	自栏杆市至蒜市	二等路,16米宽
抽分厂	自东草市至手帕胡同后身	五等路,4—8米宽
栏杆市	自大石桥至东草市	一等路,16米宽
大石桥	自栏杆市至米市口	一等路,16米宽
米市口细米巷	自细米巷至天和大院	五等路,5米宽
锅腔胡同	自天龙寺至南小市口	五等路,5米宽
崇文门外大街	南自东柳树井,北至崇文门脸	一等路,24—30米宽
瓜市大街	自东茶食胡同至蒜市口	一等路,30米宽
标杆胡同	自栏杆市至三转桥	三等路,8米宽
汪太乙(医)胡同	自手帕胡同至草市(东草市)	五等路,5米宽
三转桥	自标杆胡同至迎门冲	四等路,北段7米宽
西利市营	自箭杆胡同至东利市营	五等路,5米宽
东利市营	自三转桥至石板胡同	五等路,5米宽
石板胡同	自东草市至东铁香炉	五等路,5米宽
香串胡同	自东柳树井至东茶食胡同	五等路,5米宽
北河漕	自大石桥大街至南羊市口	四等路,6米宽
东河漕	自关帝庙街至天和大院	四等路,6米宽
西河漕	自三转桥至南河漕	四等路,6—8米宽
火神庙大街	自延庆寺至大石作	二等路,14米宽
兴隆街	自崇真观至木厂胡同	四等路,7米宽
瓷(磁)器口大街	自东柳树井至红桥	二等路,12—14米宽

综前所论,我们应可推判雍正时期的蒜市口街在崇文门外大街南口一带,[61]而此街的路北乃以香串胡同南口路东(位于崇文门外大街南口路西)为起

---

60 陈乐人主编,《二十世纪北京城市建设史料集》,下册,页387—509。
61 清代中期至民国年间,崇文门外大街上有瓜市和蒜市,其具体地点在茶食胡同东口外往南至东柳树井一带,每天上午郊区农民会在大街两侧摆摊,北段卖瓜,南段卖蒜,民间因此称北段为"瓜市",南段为"蒜市口"。参见王永斌,《北京的商业街和老字号》,页294。

点，迤东至抽分厂南口，路南则西起箭杆胡同北口，东至石板胡同的北口（图表8.1上）。[62] 此结论是在张书才以及笔者先前的说法上，又做了进一步的修正。[63]

据中国第一历史档案馆藏件，管理钦天监事的工部左侍郎何国宗，曾于乾隆六年以分期付款认买汉军正白旗工部尚书黄国才【材】入官的"崇文门外蒜市口六十四间半"宅，总价银1,140两，自六年春至十三年秋，他以其弟钦天监中官正何国宸之俸已扣银960两，尚欠180两，然因何国宗当时正革职留任，未领俸银，故内务府同意展限一年，但一年后何国宗仍未开复，在无俸银可关领的情形下，他先凑办银100两赴库交纳，并承诺于乾隆十五年四月内将其余的80两交完。[64] 黄国材则因家人"开当逐利，买房赁租"，且在广西捐纳案内的赔银一直未完，又迟迟不变产完帑，遂于雍正七年四月遭革任，九年十一月卒。[65]

对照乾隆十五年绘制的《清内务府京城全图》，笔者怀疑何国宗所买之宅院或在崇文门外大街南口路东的街角（关帝庙对街处；图表8.1之D宅），因附近很难再找到间数相合的宅院。此D宅包含最可能为曹家归旗后所居之C宅，后者的"蒜市口地方房十七间半"（值银二三百两银）或随曹寅妻李氏的亡故而被内务府收回，[66] 并与旁边黄国材被没入的房子并成六十四间半，因主体多属黄国材旧产，遂概称是黄国材入官的宅院。

---

62 至迟嘉庆八年的北京房契中，即可见"石板胡同"地名。参见邓亦兵，《清代前期北京房产市场研究》，页288。
63 有以清末曾出现"崇文门外蒜市口三里河邮局"的说法，然笔者尚未发现较正式的文本中有此称谓。又，在雍正十一年河南学政俞鸿图的贿卖秀才一案中，曾提及"京城蒜市口西通顺、魁升、源远等号"，此或指这些店铺乃位于蒜市口街迤西或西段的街上。参见中国第一历史档案馆编，《雍正朝汉文朱批奏折汇编》，册24，页987—988。
64 此在中国第一历史档案馆的网站检索题名包含"蒜市口"三字即可查得，档案号05-13-002-001780-0070。惜研究者得亲赴该馆或请托在京学友才能见到内容，甚盼该馆能引领风潮，以节能减碳的恢宏视野，大气开放档案（亦可收费），让其收藏能成为全人类共同的文化遗产。同样，台湾的"数位典藏计划"花费了公部门大量经费，但对数据分享亦仍持保守心态。相对于两岸，日本的早稻田大学、美国的哈佛燕京图书馆等机构则建立了令人动容的典范。感谢学友张建的协助。
65 黄国材事迹可参见铁保等，《钦定八旗通志》，卷198，页18—25；《清世宗实录》，卷80，页56。
66 屈复于乾隆八年作诗缅怀曹寅时，已慨叹其家"何处飘零有子孙"。参见屈复，《弱水集》，卷14，页42。

至于"蒜市口地方"的范围或比"蒜市口街"要大,应是以蒜市口为参考目标的一块较大区域,惟其具体范围一直未见诸文献,只能从一些零星用例旁敲推断。查乾隆《宸垣识略》中有称"关帝庙在蒜市口""泰山行宫在蒜市口,明天顺年建";[67] 乾隆《钦定大清会典则例》亦谓北京南城的两所粲米官房之一就设在"崇文门外蒜市口香串胡同内";[68] 嘉庆《钦定大清会典事例》记东城的两饭厂之一在"崇文门外蒜市口西利市营兴隆庵"。[69] 又,民初知名古董商俞淮清晚年就住在蒜市口的标杆胡同（位于栏杆市大街南）。[70] 此外,乾隆五十四年十月直隶提督阎正祥侦讯夹带腰刀、火药等违禁品入京之车夫后,发现系由"蒜市口凭河南店店户杨六说合装载",[71] 由于蒜市口附近的河渠只有漕河,而一商店既凭河且可位于河之南（南北河漕皆无此可能),其最近的地点或在南河漕与标杆胡同之间的西河漕,要不然就得到位于西河漕东北五六百米的东河漕处才可能有"凭河南"的店。这些案例中的"蒜市口",显然均谓"蒜市口地方",以致其所指的具体地点分散在数百米内。

情理上,雍、乾、嘉时期文献中所提及的"蒜市口地方"不可能仅为概略性的描述,其四界理应是可以简要且明确描述的,并包含前述之关帝庙、泰山行宫、香串胡同、凭河南店、兴隆庵饭厂、标杆胡同等处。故若以街道为合理的区划界线,可推判除了前述蒜市口街的范围外,其<u>最保守</u>的四至为:南界到西利市营、东利市营、西河漕,西界到香串胡同、娘娘庙街,北界到东草市、栏杆市大街,东界到南河漕。此大致为东城一块长八百米、宽三百米的区域（图表8.1下）。

鉴于《清内务府京城全图》上很难明确分辨"半间"之所在,故笔者尝试在前述之"蒜市口地方"寻找拥有十七间房左右的院落,图表8.1即仅找出另两个可能之处（B、C宅）。在欠缺具体文献描述的情形下,若我们不将大

---

67 吴长元,《宸垣识略》,卷9,页6、14。
68 允祹等,《钦定大清会典则例》,卷149,页22。
69 托津等,《钦定大清会典事例》,卷776,页1。
70 陈重远,《古玩史话与鉴赏》,页173。
71 《清高宗实录》,卷1340,页1173。

门径视为"半间"（从图表8.5中各宅院的平面图，可发现大门皆算一间，而"半间"则为面阔较小者），则A宅应为十七间加一大门，B宅为十六间加两门，故皆有可能是十七间半。至于C宅，共四排房子，其东、西、北界分别以双重线或长直单线与邻居分隔（见图表8.1）。面街第一排的三间较左右邻往南突出，第二排另有四间，最东者为院门。第三排明显较总面阔相同的后排多了一屋，故多出之最东侧小间不知是否算半间？若然，则总数恰为十七间半！

  虽然我们现在对"蒜市口地方"的范围已较先前多了不少了解，但到底尚未明确掌握其四至，加上当时绘制的各宅院平面图尚欠精确（即使有《清内务府京城全图》的帮助），且大家对"半间"的定义亦仍有些模糊，故红圈中对曹家十七间半故居的地址，肯定依然无法获得共识。尤其，蒜市口地方十七间半房会否呈现在《清内务府京城全图》之上也还无足够把握，此因雍正八年北京曾发生近三百年来最大的地震，[72] 当时约有数万间房屋损毁，连太和殿亦颇圮，朝鲜使节即称"今番彼地地震，前古所无，城内人家陷没，几至四万"，"其日以地震死者为二万余人"。雍正帝因此先后赏给每旗各银六万两，以协助垣舍坍塌之八旗兵丁修葺之用；满汉大小官员每人亦俱获赐半年之俸，五城民人房屋倒塌者也得到三万多两的抚恤银。粗略统计，地震发生短短几天之内雍正帝所发放的赈灾款项就已达到五十余万两，知受灾范围应相当广泛且状况亦颇严重。

  乾隆元年五月，谕命修理京城房舍时有称：

> 京城自雍正八年地震之后房屋倾圮，当蒙皇考世宗宪皇帝轸念施恩，赏给银两。数年以来，虽渐次修理，尚未整齐。其在偏僻之处，固不能一时概行补葺，而街市通衢，观瞻所系，不可不亟行修理……如系官房，即动正项钱粮修整。如系旗民房屋，本人力能自修者，令其自行修理。倘本人力不能修，即赏给房价，动用正项修

---

[72] 汪波，《雍正八年京师大地震应急机制初探》；高继宗，《雍正急救京城震灾》；李裕澈、时振梁、曹学锋，《朝鲜史料记载的中国地震》。

理，作为官房，以备赏人之用。

显见在大地震发生后近六年仍有许多房舍未能补葺。即使至乾隆七年七月，京城临街之房屋还曾奉旨修整以恢复市容，当时旗人所居之临街小巷，共有地基一百零一段愿借官银修理房基，合计盖造新房三百九十七间半（每间可借十五两）、修理旧屋四十一间半（每间可借十两）。[73] 若曹家的蒜市口旧宅亦于雍正八年北京大地震时坍塌，则任何欲从《清内务府京城全图》中去指认其位置的努力，将无异缘木求鱼。

三、"树倒猢狲散"的曹家

康熙五十一年七月的曹寅之死让曹家开始走向败落之途，其情形颇类《石头记》第十三回秦可卿死前透过梦境对凤姐所说的话：

> 如今我们家赫赫杨杨【扬扬】已将百载，一日倘或乐极悲生，若应了那句"树倒猢狲散"的俗语，岂不虚称了一世的诗书旧族了！

甲戌本在此有脂批曰："'树倒猢狲散'之语，全【余】犹在耳，曲【屈】指三十五年矣。伤哉，宁不恸杀！"[74] 对"树倒猢狲散"这五字俗语的感慨显然非比寻常。又，甲戌本第五回和庚辰本第二十二回的脂批亦曾出现"树倒猢狲散"句（图表8.10）。

检施瑮（音"栗"）的《随村先生遗集》，我们可发现"树倒猢狲散"乃曹寅的口头禅（见后文）。施瑮，号随村，安徽宣城人，施闰章（1619—1683）孙，雍正六年岁贡。[75] 梅庚记闰章在康熙十七年应鸿博之征时，颇称赏曹寅（1658—1712）"寒山见远人"的诗句，并"吟讽不去口"，施瑮也尝谓曹寅

---

73 此段参见《清高宗实录》，卷19，页478—479；卷170，页162—163。
74 詹健，《脂批二则校考》。
75 安徽通志馆编纂，《安徽通志稿》，艺文考稿，集部，卷18，页6。

"少时曾以诗请贽于先祖"。施闰章后以博学鸿词奉诏纂修明史，据《施愚山先生学余诗集》前序，他病卒时施瑮才十岁。

曹寅在江宁织造任内欲刊刻施闰章的《学余全集》，遂请"秋浦曹恒斋内翰"向施瑮征集遗稿，恒斋是曹寅叙谱之同宗族侄曹曰瑛的别号，其字渭符，秋浦为其籍贯安徽贵池县的古名，因他以文翰供奉内廷，特授翰林院待诏，故谓之"内翰"。四十六年五月施瑮至南京从事《学余全集》的校雠工作，四十七年九月于扬州刻竣此书。[76]

我们在施闰章的《学余全集》即屡见与曹寅联宗者（图表8.11），除列名校阅的曹寅与曹曰瑛，尤以曹继祖、鼎望（字冠五，号澹斋）及钊（字靖远）、釴（字宾及）、鋐（字冲谷）祖孙三代最频繁。施氏早于曹鼎望知徽州时（康熙六至十三年）即与之交往，故常称他为"太守曹公"，不仅为其《曹氏一家言》《新安集》撰序，并替其父母合葬撰墓志铭，他与鼎望次子釴的往还亦多，也与曹寅的亲友顾景星（字赤方，号黄公）、张纯修（号见阳）等相熟，如曹寅就曾极言施闰章《送顾赤方还蕲州》诗中"冠盖看今日，湖山让此人"之妙（图表8.10）。前述这些人应同属一泛交游圈。

施瑮后在雍正元年或二年所作的《病中杂赋》组诗中，[77] 有"楝子花开满院香，幽魂夜夜楝亭旁。廿年树倒西堂闭，不待西州泪万行"句，注曰："曹楝亭公时拈佛语对坐客云'树倒猢狲散'，[78] 今忆斯言，车轮腹转，以瑮受公知最深也。楝亭、西堂皆署中斋名。"施瑮甚至尝称曹寅为"西堂公"。[79] 楝亭与西堂皆位于江宁织造署内，曹寅《楝亭集》中即有十几次提及西堂，该处多作为待月、步月、看菊、集饮时酬唱的场合（图表8.12）。知

76　此段参见施闰章，《施愚山先生学余诗集》，施瑮序；谢锡伯修，汪廷霖纂，《贵池县志续编》，卷5，页6。
77　《病中杂赋》的前一诗《猷川道中杂咏》（秋天所赋）中有"七年前此度芒鞋"句，下注"丁酉春曾由沙城过此"，而康熙五十六年丁酉岁的后七年是雍正元年或二年（由是否头尾皆算判断），此即《病中杂赋》的吟咏时间。参见施瑮，《随村先生遗集》，卷6，页15—17。
78　"树倒猢狲散"典出宋代厉德新的《树倒猢狲散赋》，以刺其附秦桧的戚党曹咏。参见王利器，《〈红楼梦新证〉证误》。
79　施瑮《春日苦雨兼旬，不得出门，杂成志感》的小注中记："蹉使西堂公有春日桃花泉之约，今不克往践。"参见施瑮，《随村先生遗集》，卷6，页4。

第八章 曹家归旗北京后的落脚处

图表8.10 曹寅与《石头记》中的俗语"树倒猢狲散"

❖ 施瑮,《随村先生遗集》

曹通政棟亭 卷一,页6
公名寅字子清號荔軒一號棟亭以世冑襲職官通政使督理江南織造顧嵓徵三十餘年一意嗜書藏弆古本逸書萬卷有棟亭詩鈔菁才瑞士更所尤攻研入妙者之士滿朝莫下公少時念切讀性生知名之士滿朝莫下公之力得以流傳詩讀贊於先輩為遺集猴糖邰齐根心膓公云

四君吟 卷三,页6
庚子季著劉八溥原集兩令弟柱過草堂同人集即步先殿韻公訪曹棟亭韻世情莫慨趋物外汲古常一编稻詩得三咏明德也富貴人寄懷趋物外汲古常一编稻詩得三咏明德

自題小照 卷六,页11—12
劇設棟亭按譜識所重抑不敢忘所自也

病中雜賦 卷六,页16—17
秋來沉痾伏枕生意注然入煙樹栖都付藥裏斷魂庭戶閒如意有所威漫彌成句不待西川涙萬行棟亭鈔廿年樹倒西堂閒

❖ 施闰章,《学余堂诗集》卷32,页二
送頤赤方遊新州
時樣應姿鸰鶿偏儘成塗澤筑眞妍薪傳商剖湖山何才是天然兜率仙(曹銀臺時枯先大父贈黃州顧黃公召試還山詩,冠蓋看今日,湖山讓此人"句,謂極立言之妙,真得唐賢三昧)。
强起排君志京華空復春孋兄虎觀客閉詐鹿門身冕
蓋看今日湖山讓此人狂歌自通隱未老堂長貧

❖ 甲戌本第五回
又照看胡芦庙,與"树倒猢狲散"反照。
❸ 第十四支飞鸟各投林霎时间分離聚合皆前定欲知命短問前生老來富貴也真侥幸看破的遁入空門痴迷的枉送了性命好一似食盡鸟投林落了片白茫茫大地真乾淨

❹ 一日倘或樂極悲生,若應了那句『樹倒猢猻散』的俗语,岂不虚稱了一世的詩書舊族了。

❖ 甲戌本第十三回
❺ 樹倒猢猻散之語,全猶在耳,曲指三十五年矣,不伤哉,宁不恸杀!

❖ 庚辰本第二十二回
弟聚樂的買政也忙陪笑道今日原听見老太太这里说香灯雅谜故也撺了过来同樂你不叫咳子賈政忙上咳這是我們家禮你何必來問打一其
❻ 賈政巳知是荔枝,故意乱猜别的,罰了許多東西,然後方猜著,也得

❶ 棟子花開滿院香,幽魂夜夜棟亭旁。廿年樹倒西堂閒,
❷ 時樣危斐鶿鶿偏,儘成塗澤筑真妍。薪傳商剖湖山句,才是天然兜率仙。冠蓋看今日,湖山讓此人"句,謂極立言之妙,真得唐賢三昧)。
❸ 不待西川涙萬行(曹棟亭公時枯佛語對坐客云"棟亭,道這个自然就是荔枝),
❻ 所謂"樹倒猢猻散"是也。

图表8.11　施闰章诗文集中与曹寅认宗叙谱的友人

❖ 施念曾，《施愚山先生年谱》

康熙十二年癸丑先生年五十六歲
歸里門是年先生受修寧國府志之役六月舉次孫
瑔皆長子淳出也　有署樓對月次韻和徐程叔雨
後獨宿郡閣不獲辭郡志之役聊述媿詩初至龍溪
桂花三發敬亭雲齋閣限齊字冬遊金陵有臘八日
報恩寺遶塔登普德寺後山日月逝洞紫[illegible]賢力
疾送別徐田東見貽石溪偃松圖遣王安節斗酒索
謝得詩尋王元偉孝廉諸詩又有與曹太守言紫陽
書院事

卷3，页4

❖ 施闰章，《施愚山先生学余文集》

校閲姓氏曾經商訂不敢多及及現在校閲諸先生謹刻如左
長白曹寅子清
貴池曹曰瑛渭符

曹氏一家言序
愚山先生文集　卷四　序　九
澹齋先生田守新安之五年自輯其詩歌文辭合其三
子之作爲曹氏一家言移書余曰吾疲於官而寄興於
牧以經術飾吏治竊謂先生不愧斯語其子靖遠賓及
冲谷油油然孝友也每有賦詠三人遞奏塤篪協而金

斗山重九遊宴詩序
愚山先生文集　卷五　序　十
（中略）
斗山厥象斗杓郡之人文於是攸屬崇閣丹亭廢而復
新今太守曹公力也公起家史館歷部曹出守是邦雅
有勝情政舉時平山盜偃息間與客登臨引酌與屬成
詩綴不停手盍已數倒接䍦於茲矣壬子九月予適在
郡林葉收素清飈扇和公偕參僚集賓客始就山巔張

新安集序
愚山先生文集　卷五　序　十五
歙與宣軫相接也士大夫時相往還而黃山界宣歙間
道歙爲稍易余是以有歙州之遊郡使君冠五曹公嘗
接遇於京師矣見則甚歡出其詩二集楚游詩騷激淴
宕纔有楚風新安諸作登高睇遠行役在途勞人感

封中憲大夫曹公暨王恭人合葬墓志銘
愚山先生文集　卷十九　墓志銘　十三
豐潤曹氏有長者曰封公象賢以康熙戊午十一月十
七日卒于家逾二年淑配王太恭人卒于辛酉正月二
十日其冢君廣信太守泣而以書屬銘予謂太守君哀
無盡若兩尊人齊年偕老並受封享祿養於乎亦罕矣
公諱繼祖象賢其字先世出宋武穆公後累遷至豐潤
（中略）
勇略聞臨洮總兵曹變蛟于族次爲從叔父請與俱數
著奇績以國變不究用公遂老田間士固有幸不幸哉
亡何冢君登第入翰林公封矣出知徽州又遇恩受封
（中略）
子七人鼎望順治己亥進士翰林院庶吉士刑部員外
郎出知徽州廣信二府加一級次民望庠生鴻臚寺主
簿次斗望拔貢生早卒次人望監生考定州同知並王
（中略）
恭人出次德望庠生偉望令望俱副室張出孫九人鼎
望出者㵑貢生釗內閣中書舍人鈖監生銘民望出者
增監生鐮次鋹斗望出者庠生鉦鈔次鈁人望出者鎗
女孫十二人皆適名族曾孫男女各四人卜年月日將
合葬于某山之原謹書其大者于石銘曰

題曹賓及小影
愚山先生文集　卷二十五　贊　七
華山仙方盛年姿濯濯才翩翩胡爲置君丘壑間老禪
潑墨隨十指阿堵傳神武林子胸蟠五嶽橫萬里雙童
不動寒秋水

❖ 施闰章，《施愚山先生学余诗集》

愚山先生詩集　卷十三　五言古　十一
練江月夜懷舊太守曹冠五
君行一何早卧轍塡周道別後亂如麻君行一何好曹去郡數月郡爲賊陷
君昔追未雨遣賊請搜討脫今猶在官山城

愚山先生詩集　卷二十一　七言古　十一
紫陽書院歌
九月十五朱夫子生日太守曹公同郡僚邑侯
戾止集諸生講學賜飲餪歌以志盛事

黃山吟贈曹賓及　曹宾及
我家近黃岳夢上天都峰苦遭纓組縛側身難相從與
來蠟展齋宿春青松手策爲青龍曹生示我山遊草飛
愚山先生詩集　卷二十一　七言古　十三

曹子清見過至再余偶往慈仁寺不值
愚山先生詩集　卷三十二　五言律　九
鳳城來不易策騎又空還路問茅堂僻人慚野老閑懷
歸勞遠夢惜別各蒼顏惆悵相逢處長松夕照間

愚山先生詩集　卷三十八　七言律　四
響雪亭黃山谷龍潭上和曹賓及
凭闌獨坐晝冥冥誰向雲根置草亭晴日峽飛千嶂雨

愚山先生詩集　卷四十　七言律　十一
同毛會侯曹賓及梅耦長宿張見陽西山別業
馬首看山日向西藍田莊好一招攜蘿陰別館緣溪靜
竹外繁花拂檻低雨過林深雲不散殘春谷暖鳥初啼
千峰四面青如許醉逐東風信杖藜

送張見陽之任江華
春游同醉憶花亭遠送當筵酒易醒匹馬直臨三楚盡
仙峰深入九嶷青家餘旌節傳開府亂定風檣過洞庭
但使道州遺澤在舂陵山畔好重經

卷40，页12

图表8.12　曹寅及其友人提到西堂之诗作

- 曹寅，《楝亭诗钞·楝亭诗别集·楝亭词钞》
  - 《五月十一夜集西堂限韵》
  - 《西堂饮归》
  - 《南轩种竹》
  - 《西堂南阛市为邻拟种檀乐障午尘腾求寒水玉携钱常避早朝人》
  - 《西堂新种牡丹雨夜置酒限沉香亭三字》
  - 《中秋西堂待月寄怀子猷及诸同人》
  - 《和耦长西堂坐雨》
  - 《集西堂看菊与潜菴黄理进野分韵得豪字兼怀桐初》
  - 《雪晴踏月归西堂二首》
  - 《元夜集西堂用韵》
  - 《西堂集诸同人限萧飕风南来四字四首》
  - 《和同人西堂集饮诗》
  - 《金缕曲 七月既望与梦西堂步月口占述怀》
  - 《换巢鸾凤 西堂早秋》
- 张云章，《朴村诗集》卷4，页5
  - 《曹银台西堂张画竹三幅余为作歌》
- 吴贯勉，《秋屏词钞》卷2，页14
  - 《满庭芳》
  - 雨中怀西堂梅花并订郊游之约
  - 云俺山昏风搓雨细西堂五里魂消方塘潋滟新涨

施瑮在康熙四十六、四十七年校刻《学余全集》时，应尝参与西堂的诗酒聚会，且屡闻曹寅谈到"树倒猢狲散"之忧虑，他因此在十七八年后，以"廿年〔举成数〕树倒西堂闭，不待西州泪万行"句，哭忆对其知遇甚深的曹寅，并慨叹署中楝亭旁的楝树已倒，而西堂的酬唱亦已不再。[80]

前引之"西堂"亦屡见于脂批（图表8.13），庚辰本第二十八回在写宝玉与冯紫英等人一块吃酒时，眉批即有称"大海饮酒，西堂产九台【茎？[81]】灵芝日也。批书至此，宁不悲乎？壬午重阳日"，甲戌本亦谓"谁曾经过？叹叹！西堂故事"。甲戌本第二回写贾雨村曾从宁、荣二府的门前经过，他隔着围墙望见"后一带花园子里，树木山石也都还有蓊蔚洇润之气，那里像个衰败之家？"此处有侧批曰："'后'字何不直用'西'字？恐先生堕泪，故不敢用'西'字。"

80　"西州泪"乃用晋·羊昙之典，意指感旧兴悲，羊昙与谢安是甥舅情深，后因谢生病还京时曾路过西州门，故他在谢死后一年多不举乐，亦不过西州路。
81　现存各数据库中尚查无其他以"台"来描述灵芝之例，但中国方志库却可见到约两百则的"九茎"灵芝。此外，《宋史·五行志》辑录各地呈献灵芝的祥瑞，共约三十次，多是一本多茎，九茎者三次，内含绍兴二十五年太庙所生的"灵芝九茎"（卷63，页1386—1397）。又，明·章珪在住宅之旁得"九茎灵芝"，遂名其堂曰"九瑞"。此误"茎"为"台"之例（"茎"与"台"的草书字形有些相近），颇似《红楼梦》同一回将"茯苓脂"误成"茯苓胆"的情形。参见陈察，《都御史陈虞山先生集》，卷1，页34；黄一农，《红楼梦中最珍贵的药方"暖香丸"新探》。

图表8.13　庚辰本《石头记》第二十八回有关西堂的脂批

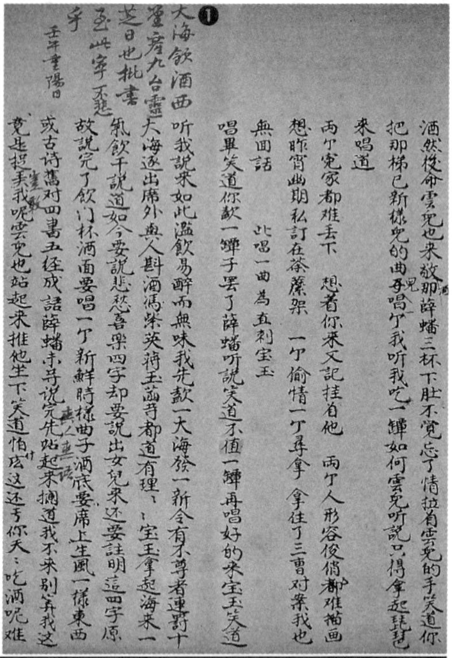

❶ 大海饮酒，西堂产九台灵芝日也。
批书至此，宁不悲乎？壬午重阳日

庚辰本第廿八回

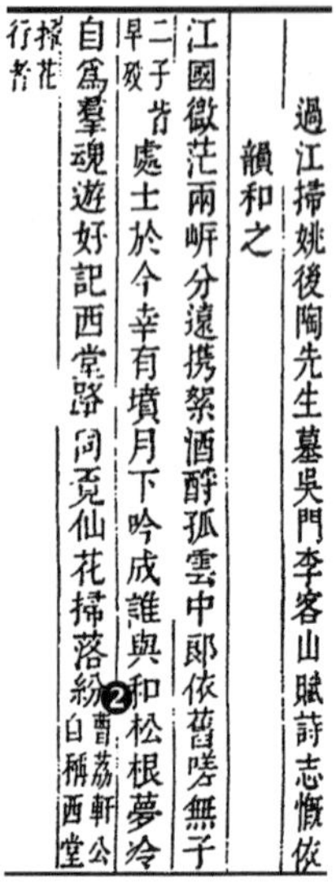

甲戌本第廿八回

❷ 曹荔轩公自称"西堂扫花行者"

陶煊选，张璨辑，《国朝诗的》，卷14，页16
吴贯勉（号秋屏，江宁人）诗
　　过江扫姚後陶先生墓吴门李客山赋诗志慨依
　　韵和之
江国徽茫两峤分邊携絮酒醉孤雲中和松根依舊啼無子
早夜肯處士於今幸有墳月下吟成誰與根冷
自為攀魂遊好記西堂路問覓仙花扫落紛自稱西堂
扫花行者

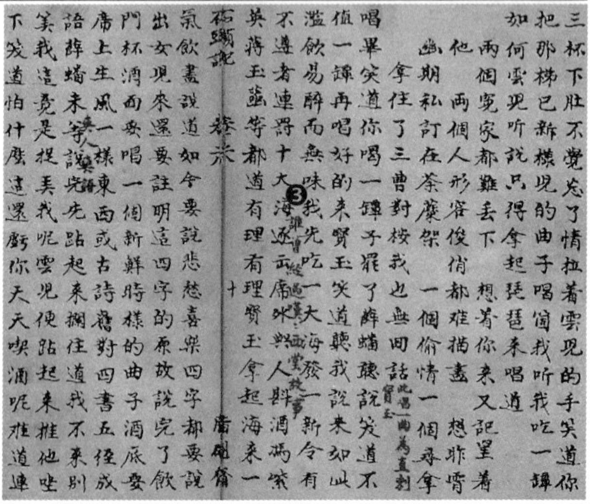

❸ 谁曾经过？嘆嘆！西堂故事

❹ 後一字何不直用"西"字？恐先生堕泪，故不敢用"西"字

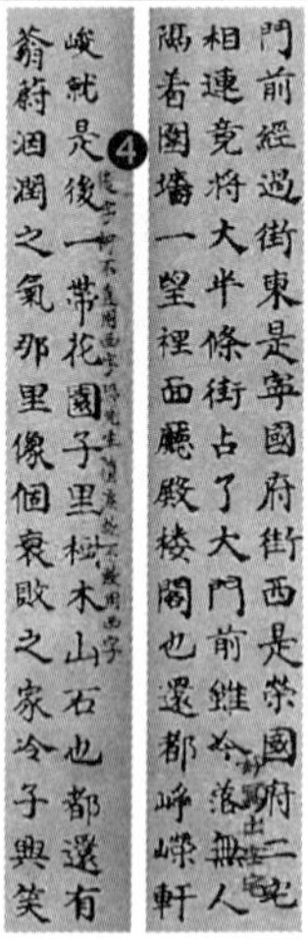

甲戌本第二回

曹寅兄弟交游圈中重要人物之一的吴贯勉（图表7.10），曾赋《过江扫姚后陶[姚潜字]先生墓，吴门李客山[李果号]赋诗志慨，依韵和之》（图表8.13），末有"魂游好记西堂路，同觅仙花扫落纷"句，注曰："曹荔轩公自称西堂扫花行者。"姚潜长年馆于曹寅家，"荔轩外宦，出处与偕，为筑室于红板桥北，计口授食、乘时授衣者二十年"。[82] 至于李果，则曾为李煦撰行状，内亦提及李煦协助寅子颙、頫先后袭职之事。前述诸人应均参加过西堂的诗酒之会。因疑"树倒猢狲散"和"西堂"皆借用了曹寅故事，而小说之批者对比曹家的今昔，才有这番唏嘘之慨。

四、小结

康熙五十四年七月十六日的《江宁织造曹頫覆奏家务家产折》中，记曹家的产业时有云：

> 惟京中住房二所，外城鲜鱼口空房一所，通州典地六百亩，张家湾当铺一所，本银七千两，江南含山县田二百余亩，芜湖县田一百余亩，扬州旧房一所。[83]

而此清单并未见到雍正七年七月二十九日《刑部移会》中所载其家丁外城蒜市口拥有的十七间半宅院。[84] 再者，雍正五年闰三月十七日《内务府奏审拟

---

82 杨钟羲，《雪桥诗话》，三集，卷3，页26。
83 《关于江宁织造曹家档案史料》，页131—132。
84 有称曹家在蒜市口的十七间半宅院即曹頫前折中的"外城鲜鱼口空房一所"，此说应误，因两地隔一两公里远，且爬梳爱如生的中国方志库、历代别集库以及四库系列数据库，共可查到45条有关鲜鱼口的叙述，其中进一步提供其位置者有19条：7条称在"正阳门外"，如京师的上新会馆即位于"正阳门外鲜鱼口内长巷下四条胡同"；12条称"前门"或"前门外"，如指卖凉帽的马聚源号在"前门外鲜鱼口路南"。由于无一称鲜鱼口在"崇文门外"，而正阳门因位于紫禁城的正前方，又有"前门"之谓，知一般所认为正阳门外的鲜鱼口，应与崇文门外的蒜市口并无关连。同样情形亦见于中国第一历史档案馆所藏的档案，在17条题名包括"鲜鱼口"的文件中，有13条称在"正阳门外"，1条称"前门外"，但无一称在"崇文门外"。参见冯兰森等修，陈卿云等纂，《上高县志》，卷3，页42；李虹若，《都门丛载》，卷5，页10；樊志斌，《蒜市口、蒜市口大街、蒜市地方：谈曹雪芹崇外故居研究中的几个概念》。

桑额等设计逮捕曹頫家人吴老汉一案请旨折》，记吴老汉回曹頫家的路线是由外城进正阳门，再经御河桥，知曹家在内城有住宅，此应即"京中住房二所"之一。然据雍正六年抄家时的《细查曹頫房地产及家人情形折》（图表7.24），则记：

> 细查其房屋并家人住房拾叁处，共计肆伯［通"百"］捌拾叁间；地捌处，共拾玖顷零陆拾柒亩；家人大小男女，共壹伯拾肆口；余则桌椅、床机、旧衣零星等件及当票百余张外，并无别项，与总督所查册内仿佛。又家人供出外有所欠曹頫银，连本利共计叁万贰千余两。

共有住房13处483间、地8处19,067亩，显然要比康熙五十四年曹頫自报的数字多出许多（住房4处、地3处900多亩）。

"树倒猢狲散"的曹家于雍正六年归旗北京后，落脚处只剩下皇帝特别赐给曹寅寡妻李氏勉强度命的"崇文门外蒜市口地方房十七间半"。此处原本会是曹雪芹青年时期曾经待过的最确定住所，然在两广路（由广安门内大街、骡马市大街、珠市口西大街、珠市口东大街、广渠门内大街所组成，乃北京市三条最重要的东西向主干道之一）扩建改造的巨浪之下，原蒜市口街一带已全遭拆除，即将落成的曹雪芹故居纪念馆亦因"工程的需要"或"开发商的需求"而一再更改规划方案，最终辗转选在今崇文区磁器口十字路口的东北侧，[85] 但该地应非"十七间半"的原址（无论是依此章中何人的说法），红迷将永远只能通过纸上考古去追索曹雪芹成长过程曾经居住过的宅院。

由于屈复在乾隆八年悼好友曹寅的诗中有"何处飘零有子孙"句，知其孀妇李氏或已卒于前，若内务府因此收回"蒜市口地方房十七间

---

85 https://baike.baidu.com/item/曹雪芹故居纪念馆。

半"，获罪抄家的曹𫖯可能只得与其子雪芹、棠村等流散他方，[86] 正如《红楼梦》第五回中所说的"好一似食尽鸟投林，落了一片白茫茫大地真干净"！

---

86 朱淡文，《红楼梦研究》，页459—461。

第九章 曹雪芹家族史研究的学术意义

前述有关曹雪芹家族的个案研究，涵盖从曹世选于天启元年（1621）沈阳城陷时降顺金国，一直到雍正五年（1727）曹頫遭革职抄没的百年兴衰。此一家族史虽主要聚焦在曹世选一家，但从其所关涉的宽广面向与知识细节，应可被归入研究明亡清兴历史的重要课题之一，此因包含曹家在内的辽人群体，与清朝的统治阶层有着深远互动，且又掌握多元的语言与文化，故在大清的肇建过程中扮演了跨越满汉族群的关键角色。本书也让我们有机会深入了解曹家及其亲友的社会网络、家族文化以及经济生活，而曹雪芹在创作《红楼梦》时因用了其中一些史事作为素材，故小说里也往往有意无意间流露出具有浓厚历史感的醍醐味。

检《红楼梦》一百二十回的篇幅几近八十万字，全书人物共约千人。此一巨著所编织的情节与故事既多且精彩，应非全是由作者凭空虚构的，而小说也绝无可能仅根据其一家之事。情理上，他很自然会从生活中寻找灵感，有些内容也许属于较平常的知识经验，故虽能反映创作的时空背景（如书中提及的演习骑射、放鹰围猎、生食鹿肉、打千请安、生育落草、萨满跳神、清明烧包袱等皆属旗人惯俗），但并不一定可将作者的可能身份限缩至一较小范围。然若作者以其周遭亲友极特殊的生平事迹当成写作的部分素材，这种带有特殊生命经验之DNA的水印，因只有特定人士才较能掌握，其他人通常不太会也想不到以之化入小说，故此类印记将大有助于确认小说的著作权人，且可揣摩作者的创作模式。

笔者在过去十年转治红学的过程，就一再接触到《红楼梦》中所嵌入的这种独特水印。如第十六回赵嬷嬷所称江南甄家"独他家接驾四次"的叙述，经仔细调查后发现所对应的史事只能出自康熙朝的六次南巡（另一位多次南巡的皇帝是乾隆帝，但他在雪芹过世前仅完成了三次），且只有专差久任的内务府织造或来年轮管的巡盐御史，才可能接驾四次，而实际上此种频率仅发生在江宁织造曹寅和苏州织造李煦身上（第四章），知作者理应出自曹、李两家或与其关系密切者。

再者，先前许多学者在否定《红楼梦》是以真事为蓝本时，往往举元妃省亲为例，称后宫归省之事历史上从不曾发生，且谓"清代妃嫔并无姓曹的"，认为小说中的材料大半是从南巡接驾一事拆下来运用的。即使是把《红楼梦》当成作者传记的胡适，也说："贾妃本无其人，省亲也无其事，大观园也不过是雪芹的'秦淮残梦'的一境而已。"但笔者在2012—2014年间发表的几篇相关论述，[1] 或已成功揭开"元妃省亲"的故事原型应出自康熙后期最受宠的密嫔王氏（康熙三十二至四十年间生胤禑、胤禄、胤祄三子，卒后封皇考密妃、顺懿密太妃，其长孙弘庆为雪芹二表哥福秀的连襟）。

该故事原应改编自密太妃所亲历的两件世所罕闻之异事：一是她于康熙三十八年随驾南巡时，在苏州老家寻得音讯已绝多年的父母（苏州织造李煦以及江宁织造曹寅于该次南巡均曾接驾），二是她于乾隆初年成为清代首位被允许出宫归省的先朝嫔妃。密妃乃出身苏州织户的汉人，其长孙弘庆（雍正九年袭多罗愉郡王）与曹寅外孙福秀同为纳兰家的贵婿，他们的另一位连襟永𤩽（嘉庆二十一年被追封为礼亲王）亦是曹雪芹至交敦诚的宗室好友。至于福秀妻的曾祖母（阿济格第五女，配明珠），更与曹家有着密切的主属关系，因曹寅祖父曹振彦曾长期担任阿济格王府的长史。亦即，只有此一泛交游圈中人，才较可能得知前述宫闱秘闻中感人肺腑的催泪情节，并借由第十七、十八回的对话在小说中为禁闭在宫墙之后的女性大声

---

[1] 薛戈、黄一农，《红楼梦中"元妃省亲"原型考》；黄一农，《从纳兰氏四姊妹的婚姻析探红楼梦的本事》；杨勇军、黄一农，《红楼梦与纳兰诸姊妹之生平事迹》；黄一农，《红楼梦中"借省亲事写南巡"新考》；黄一农，《二重奏：红学与清史的对话》，页275—312。

鸣不平。[2]

传世小说《红楼梦》的特点之一，就是在某些细节上具体反映出当时上层社会的生活面相，作者且以此自诩，并于第五十四回借贾母之口批评穷酸小说家写不出像样的场景。故他在写省亲一事时，对其过程、仪仗、服色等的描述尤其细腻，如庚辰本在记元妃抵达大观园时的排场有云：

> 一时有十来个太监都喘吁吁跑来拍手儿。这些太监会意都知道是"来了、来了"，各按方向跕住……方闻得隐隐细乐之声。一对对龙旌凤翣，雉羽夔头，又有金销提炉焚着御香；然后一把曲柄七凤黄金[应据舒序本作"金黄"]伞，过来便是冠袍带履。又有随侍太监捧着香珠、绣帕、漱盂、拂尘等类……

不仅记载乾隆十年才新订贵妃配用"曲柄七凤金黄伞"的规制，并出现太监边跑步边拍手以示意后妃将驾到的写实描述。甲戌本在第十六回的回前批中因此称："大观园用省亲事出题，是大关键【键】处，方见大手笔行文之立意。借省亲事写南巡，出脱心中多少忆惜【昔】感今。"许多研红者也相信此事应有相近的历史原型，惟先前学界一直未能发现相关史实。

此外，在描写省亲的过程时，庚辰本有称："《石头记》得力擅长全是此等地方""非经历过如何写得出！壬午春。"戚序本于回后总评亦盛赞："此回铺排，非身经历、开巨眼、伸大笔，则必有所滞罣牵强，岂能如此触处成趣，立后文之根，足本文之情者？"己卯本也有"追魂摄魄，《石头记》传神摸影全在此等地方，他书中不得有此见识""说完不

---

[2] 元妃在省亲当晚一共哭了六次，小说中称她与贾母及王夫人满心有话，却"只是俱说不出，只管呜咽对泣"。此外，先前欲向母亲行家礼的元妃，在面对父亲时却无法摆脱官样安排。其父贾政得先以国礼向女儿问安，且在泯灭亲情的隔帘（多年别离却无法细窥女儿现今面貌）对话中，只能以"臣"自谓，还须尊称女儿为"贵妃"。当元妃埋怨自己无从"聚天伦之乐"时，贾政却盼其切勿"潇愤金怀"，应好自侍奉皇上以报主隆恩！作者在此就以元妃必须分见父母的历程与强烈对照的言辞，呈现出这本旷世文学作品的动人张力。

可,不先说不可,说之不痛不可,最难说者是此时贾妃口中之语。只如此一说,万〔赘字〕千贴万妥,一字不可更改,一字不可增减,入情入神之至"等夹批,均直指小说中的省亲情节有其真实原型。

有学者批评拙说称:

> 密妃王氏生三子,其中庄亲王允禄长期担任总管内务府大臣,其母丧礼亦得到优渥的礼遇。而元妃并无生育,两者际遇相差太多!要以小说人物比附历史人物恐怕漏洞太多。

然笔者从未认为《红楼梦》是传记体,该小说的作者应只是撷取密妃生命里最精彩且人所未遇的情节(见后文),并将之融入元妃的故事当中。亦即,我们不该期望发生在密妃的所有历史细节均可在元妃身上找到对应,这绝非一流小说家的创作手法。记得拙文《红楼梦中"借省亲事写南巡"新考》在被《"中研院"文哲所集刊》退稿时,也曾遭评审严词切责曰:

> 一个不信自传说,也不信文学创作必须有原型才能落笔,也不采史事取向的研究者,就会觉得此文无聊、毫无意义……从文学理论的角度看,绝不等于作品就必是亲身经历的。本文却要由此去找出曹雪芹乃亲耳听闻而作之证据,岂非思维之跳跃。

该话语流露出浓厚偏见,更暴露其因过度自我所呈现的肤浅识虑。[3]

又,第三十七至四十二回描写探春在其所住的秋爽斋结海棠社之事,以总共三万多字描写了六天之事,此相对于全书一百二十回所涵括的近二十年故事,应属相当特别。作者在这六回中仅头尾各给出一个较明确的系日,

---

[3] 笔者从未认定《红楼梦》中的故事皆是作者亲身经历的,但一个杰出作家往往会从现实中提取精彩内容,并转写编织成动人情节。撰有《老人与海》《战地钟声》与《战地春梦》(多基于其丰富人生阅历)等名著的海明威(Ernest Hemingway, 1899—1961),即称小说家甚至能做到"写的比记得的还要真实(what he made up was truer than what he remembered)"。参见Jeffrey Meyers, *Hemingway: A Biography*, p. 98。

如第三十七回先指出点了学政的贾政于八月二十日出远门,第四十二回则称凤姐因女儿生病遂叫人翻阅《玉匣记》,看究竟撞到哪位邪神(第二十五、三十五、四十二回中所谓之"撞客"),透过所查得的"八月二十五日病者,在东南方得遇花神。用五色纸钱四十张,向东南方四十步送之,大吉",间接点出当天的日期。[4] 在掌握了巧姐儿得病日期并逐日回推后,我们即可明确判断众人是于八月二十四日举行欢乐至极的赏菊、煮蟹诗会(若从贾政出门日期往后推,则无法判断;[5] 图表9.1),此恰为雍正帝驾崩的次日!

鉴于胤禛崩殂之日乃禁饮酒、观剧、举乐、嫁娶、上任等事的国忌日,疑作者极可能欲借此表露其对雍正帝暴卒的欣喜之情,但在日期上则很小心地采用了曲笔。小说中且又蓄意安排在诗会中以螃蟹作为吟咏的主题,宝玉先吟出"横行公子却无肠"句,讽刺横行四方的螃蟹了无肝肠,宝钗接着以"眼前道路无经纬,皮里春秋空黑黄……于今落釜成何益"等句,描写不甩世途规矩法度的螃蟹,外表虽威武,但肚中只空有黑色膜衣和黄色蟹膏,终免不了遭到落入汤锅的下场。由于小说正文称《螃蟹咏》写出来后,众人评点指"这些小题目,原要寓大意才算是大才,只是讽刺世人太毒了些"(图表9.1),显见作者确属借题发挥,不仅将诗会故意隐讳地系于雍正帝忌日的隔天,且以横行无肠的"螃蟹"对其进行人身攻击。也就是说,作者应视胤禛为仇雠。[6]

---

[4] 《玉匣记》记惹病之"撞客"时通常只提日序,而与月份无关,小说作者或担心读者无从判断当天所属之月份,遂特意称该书记"八月二十五日病者……"。
[5] 小说作者显然有意地将胤禛忌日安排在结海棠社的这几天当中,但又以"却说贾政出门去后,外面诸事不能多记。单表宝玉每日在园中任意纵性的旷荡,真把光阴虚度,岁月空添。这日正无聊之际……"的模糊纪日,让人无法直接推算日期。那他为何不在胤禛忌日当天(笔者先前误以为此日)举行盛大欢宴,而是选在次日,则或为避免此企图万一遭人揭穿,还留下一线辩解空间。
[6] 黄一农,《索隐文学与红楼梦中之碍语》。

图表9.1 庚辰本《石头记》中有关结海棠社一事

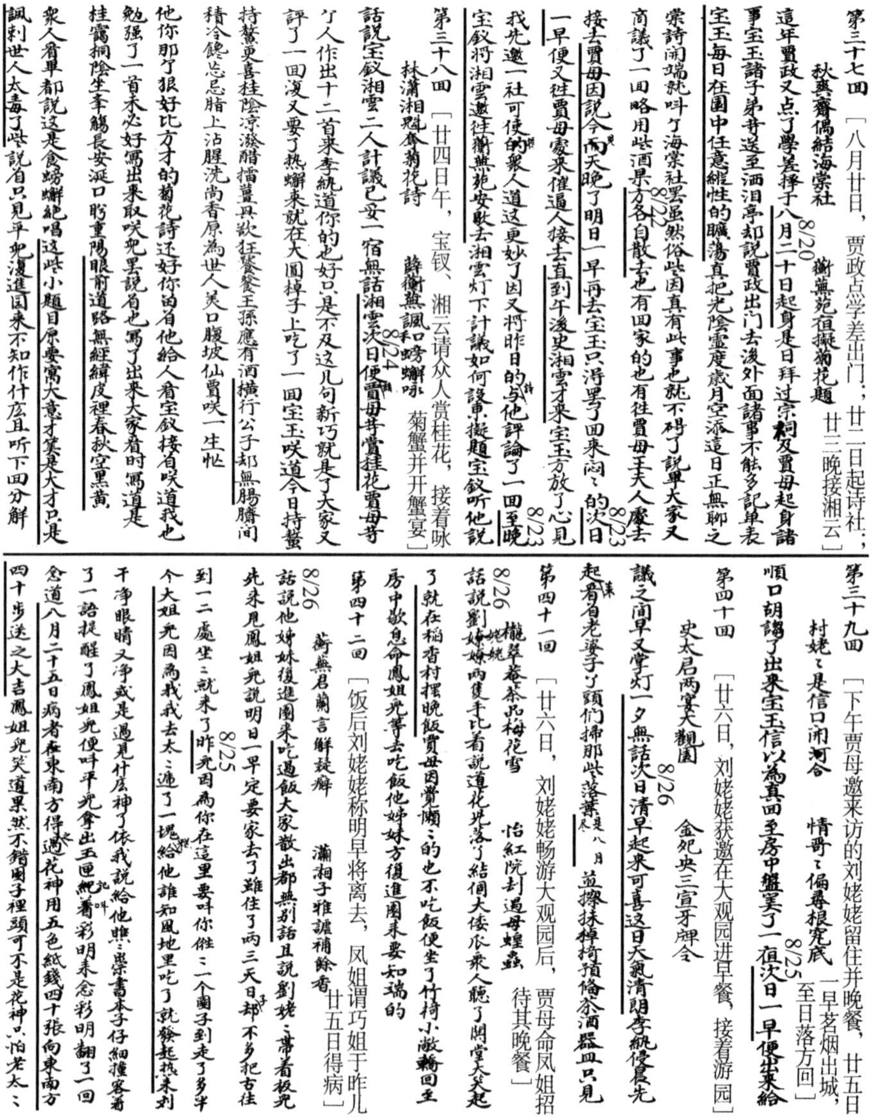

第三十七回 [八月廿日,贾政点学差出门,廿一日起诗社,秋爽斋偶结海棠社,蘅芜苑夜拟菊花题 廿三晚接湘云]

这年贾政又点了学差择于八月二十日起身是日拜过宗祠及贾母起身诸事宝玉诸子弟奇遇至酒泪亭却说贾母送出门去淡外面诸事不能多记单表宝玉每日在园中任意纵性的旷荡真无一些庚庆月空添这日正无聊之际……8/20……接去贾母因说今儿天晚了明日一早便又往贾母豪来催逼入接去直到午後史湘雲來至林潇湘魁夺菊花诗 薛蘅芜讽和螃蟹咏 8/21

話説寶釵湘雲二人計議已定一宿無話湘雲次日便請賈母等賞桂花……菊蟹并开蟹宴] 8/22

第三十八回 [廿四日午,寶釵、湘雲请众人赏桂花,接着咏

第三十九回 [下午贾母邀来访的刘姥姥留住并晚餐,廿五日一早茗烟出城,情哥儿偏寻根究底 8/25 至日落方回

村姥姥是信口闲河合 刘姥姥获邀住大观园进早餐,接着游园

第四十回 [廿六日,刘姥姥畅游大观园后,贾母命凤姐招待其晚餐] 8/26 史太君两宴大观园 金鸳鸯三宣牙牌令

話説劉姥姥兩隻手比著說道花兒落了結個大倭瓜眾人聽了閧堂大笑起來……8/26
櫳翠庵茶品梅花雪 怡紅院劫遇母蝗蟲

第四十一回 [廿六日,清早起來可喜這日天氣清朗李紈侵晨先起者……蠲雅掸摭憷偷茶酒器皿只見 待其晚餐]

饭后刘姥姥称明早要离去,凤姐谓巧姐于昨儿……凤姐……廿五日得病]

第四十二回 [飯後劉姥姥言鲜莨癖
衡蕪君蘭言解疑癖
話說他姊妹復進園來吃過飯賈母說身上有些……8/26
就见凤姐儿先来见凤姐儿定要家去住下两三天且說劉姥姥今日定要家去住下兩三天且說劉姥姥因你們這裏住了兩個園子都逛到了也吃……]

到了二慶生就昊了一個大姐又因我姓劉為這二塊銀子給他誰知風姥里吃了一就驚起熱來劉
干净眼睛又净武的姥姥遇见什麼神不依我說給他送祟也到不妨……菩薩……翻了……
一咭提醒了鳳姐便叫平兒拿出通書找彩明來念了……
念道八月二十五日病者在東南方得遇花神用五色纸钱四十張向東南方
四十步送之大吉風姐兒笑道果然不錯闳子裡頭可不是花神叫怕老太……

此外，第六十三回写探春在夜宴中掣得杏花花签，众人笑道："我们家已有了个王妃，难道你也是王妃不成。"小说中也多次提示探春的出处是远嫁外国为妃，恰与《永宪录》所称曹寅"二女皆为王妃"之说相呼应。康熙帝对曹家的恩遇几无其他包衣能出其右，[7]他不仅为曹寅长女指婚平郡王纳尔苏，并为其次女指配青海亲王的独子罗卜藏丹津（后袭封亲王），若非曹家之人或密近亲友，恐不会想到要将该荣宠化入小说当中（第五章）。

曹家管主阿济格与旗主多尔衮两兄弟于顺治八年先后遭抄家的氛围与语境，以及曹𬘡于雍正六年在江宁被抄没的刻骨铭心之痛，应也提供曹雪芹在写作一百五回"锦衣军查抄宁国府"故事的鲜活原型。其中被低调列入七十几项抄没清单中的"黑狐皮十八张"，原本属御用或特恩御赐的对象，严禁一般官民存留在家或制成被褥、帐幔，而此恰又是多尔衮被削夺庙号、籍没家产的罪状之一（被控私匿黑狐褂等"帝服御用"之物），其他人对黑狐皮恐无此特殊认知或感受（第七章）。

又，因曹寅常与友人在西堂待月、步月、看菊、酬唱，并自称"西堂扫花行者"，且有"树倒猢狲散"的口头禅，故疑小说正文或脂批中屡见的"树倒猢狲散"和"西堂"，皆借用曹寅故事。小说创作期间脂批的书写者显然与曹家关系匪浅，遂得以掌握该属于曹家的独特"水印"（第八章）。类似情形亦可见多处：如作者在第五十四回将曹寅养家班并创作《续琵琶》之家史融入小说（第四章）；第二十二回透过"身自端方，体自坚硬。虽不能言，有言必应"的一谜二底，暗寓曹家祖宗之名（附录3,1）；且在第十四回以"十二支寓"讥刺传闻中发生在雍正帝身上的谋父（称其进药毒杀康熙帝）、夺嫡（禁锢原本有望登基的同母弟允禵）以及淫色（收用兄长的妻妾以及其父的妃嫔）等诸多丑事。[8]

由于只有曹家出现在前述所有"水印"的交集范围，再加上额尔赫宜、永忠、明义、周春、裕瑞等早期红迷皆留下具体证词指称曹雪芹为《红楼

7　因汉姓包衣中仍有官品高过曹家者，故有疑曹寅并非"喧赫一时，不可一世的唯一重要人物"，然康熙帝对其两女婚姻的安排确属极其难得恩遇。参见何锦阶，《曹寅与清代社会》，页89—96。
8　黄一农，《索隐文学与红楼梦中之碍语》。

梦》的作者（笔者在下一本书《曹雪芹的生命足迹》中将就此详论），我们现在应对这本旷世名著的著作权人拥有更明确的掌握。曹雪芹应没想到，研究者在两百多年后还可找出他留在作品中的这些不易为一般读者注意的"水印"，并用以维护他对《红楼梦》的著作权。[9] 然面对现今红圈中的乱象（近年已有数十名人选被次第提出，企图挑战并取代曹雪芹的作者地位），[10] 包含笔者在内的努力恐一时仍无法涤清网络或媒体中所屡屡出现的那些无根妄说（多为举人听闻而创造出的）。

身为历史工作者，专业的执着让笔者很难平心静气地看待"《红楼梦》的真正作者是〇〇〇"或"《红楼梦》作者曹雪芹的真名是〇〇〇"之类的耸动文宣。但对视界与高度可能很不同的曹雪芹而言，当《红楼梦》的创作硬被附会成是出自浙江杭州的洪昇、江苏如皋的冒襄、湖北蕲春的顾景星、安徽桐城的方以智或江苏昆山的吴伟业……曹公很可能会引以为傲，因大家对其作品的评价是如此之高，以致即使欠缺足够证据，许多人仍冀望攫夺他对这本小说的著作权，并企图让洪昇等原本在清初社会之声望远高过他的名人，能取代其在后世文坛所获得的掌声！

这本涉及曹雪芹家族史的专书，恰完稿于胡适揭举"新红学"的一百周年（1921—2021），[11] 笔者因此无可逃避，得对该学术取向有所反思。中国艺术研究院的刘梦溪先生曾精辟分析了二十世纪红学研究的三大主要派别，他指出索隐派的焦点是阐证本事，努力探寻相关的历史事实如何在小说中加以表现，而此派的错误，"不在于过分看重与作品有关的历史事实，主要由于无视和不懂历史真实转化为艺术真实的创作过程"；至于小说批评派，则"视作者的生平事迹为文学创作的经验依据，是尚未发酵的面粉，原始材料的矿藏，与作品所展开的世界，仍隔着创造和转化的津梁"，并主张"批评

---

9 书中的"水印"也有清晰与否或深浅之别。如曹寅在会计司郎中任内所必须处理的皇粮庄头事务，曹家承接过的卖参、买铜、盐引、烧制珐琅彩瓷等差使，以及织造业务所涉及的洋货与倭货，这些虽皆在《红楼梦》的情节中留有痕迹，但因非其家的专属经历，故在指实作者时，就只能当作旁侧的支撑。
10 如见段江丽，《红学研究论辩》，页1—6。
11 参见宋广波的《胡适论红楼梦》，此书收入胡适论红及相关文献凡169篇。

者了解作者的生平事迹,是为了更好地融解作品,而不是要到作品中去搜寻作家生活际遇的碎粒残汁";考证派红学较注重"作者的生平经历在作品中渗透的程度",然此派的极端者"把作品的艺术内容和作家的生平等同起来了,甚至直接肯定"。但刘先生也指出索隐派、小说批评派和考证派的方法其实互有重叠,只不过偏重或偏颇的部分有别。[12]

俞平伯(1900—1990)作为新红学史上第一部专著《红楼梦辨》(1923)的作者,即因未能区辨自叙传与自叙传文学,以致模糊了历史与历史小说间的界线,而在出书两年后强烈自我批判曰:

> 本来说《红楼梦》是自叙传的文学或小说则可,说就是作者的自叙传或小史则不可。我一面虽明知《红楼梦》非信史,而一面偏要当它作信史似的看。这个理由,在今日的我追想,真觉得索解无从。我们说人家猜笨谜;但我们自己做的即非谜,亦类乎谜,不过换个底面罢了。至于谁笨谁不笨,有谁知道呢?

1940年,俞平伯为《红楼梦讨论集》(此书整理出版胡适与顾颉刚有关红学研究的通信)作序时,更申明:

> 索隐而求之过深,惑矣;考证而求之过深,亦未始不惑。《红楼》原非纯粹之写实小说,小说纵写实,终与传记文学有别……吾非谓书中无作者之生平寓焉,然不当处处以此求之,处处以此求之必不通,不通而勉强求其通,则凿矣。

该看法虽为不刊之论,但俞氏并不曾明确点出该有的做法。[13]

此故,普林斯顿大学的余英时院士虽在《红楼梦的两个世界》中指俞平

---

12 此段参见刘梦溪,《红楼梦与百年中国》,页293—321。
13 此段参见沈治钧,《重读〈红楼梦辨〉》;孙玉蓉,《俞平伯年谱(1900—1990)》,页219。

伯是"最有资格发展红学史上新'典范'的人"，然复旦大学的陈维昭教授则认为俞先生的反省"实际上并未对'新红学'的基本构成有一个客观的认识"，因"'自叙传'所引发的种种弊端并不能由'《红楼梦》文献考证'来承担责任。否定'自叙传'并不等于必须告别文献研究，然后只以《红楼梦》文本为对象"。[14] 惟对红学发展历史反省甚深的陈氏，也未就该如何推动此领域的研究提出具体做法。

刘梦溪先生则较清楚地主张红学应纳入对作家及其时代的研究，称："这样结合一定的历史政治背景和作者的身世，指出书中蕴蓄的政治含义，是研究古代作者和作品经常采取的一种知人论世的方法。"[15] 笔者也曾指出"曹雪芹想必是善用自己与亲友们（含其父祖辈）的生平经验和口传笔述，作为部分情节的蓝本及素材，再加以混融消化，始得以创造出书中这许多丰富细腻且充满魅力的角色与叙事"，并呼吁"理性且有节制的索隐，应重新被纳入红学研究的正途"。[16] 而所谓"理性"当然得建立在史学、逻辑、概率等客观基础之上，以避免所采用的政治背景或历史材料流于片面与主观。[17] 兹举一例略论之。

先前学者在批判胡适的"自传说"（指《红楼梦》是曹雪芹的自叙传）时，除以前文提及的元妃省亲为例，另一常被拿来与史事对照的，则是第五十八回有关老太妃的叙述（图表9.2）：

> 谁知上回所表的那位老太妃已薨，凡诰命等皆入朝随班按爵守制。敕谕天下：凡有爵之家，一年内不得筵宴音乐，庶民皆三月不得婚嫁。贾母、邢、王、尤、许婆媳祖孙等皆每日入朝随祭，至

---

14 陈维昭，《红学通史》，页173—174。
15 刘梦溪，《红楼梦新论》，页373。
16 黄一农，《二重奏：红学与清史的对话》，页271—274、480。
17 中国社科院文学所的胡小伟曾中肯批评红学领域的"新索隐说"，称："学术研究需要创见，但任何有价值的创见都须有坚实的基础和科学的态度。单是观点的新异是不能称作创见的。"此外，中科院应用数学所的安鸿志亦从概率学的角度理性探索红学议题。参见胡小伟，《评红楼梦研究中的"新索隐说"：兼论索隐法在古典文学研究中的非科学性》；安鸿志，《数理话红楼》。

未正巳后方回。在大内偏宫二十一日后,方请灵入先陵,地名曰孝
慈县。这陵离都来往得十来日的工夫,如今请灵至此,还要安放数
日,方入地宫,故得一月光景。

俞平伯在其《红楼梦的著作年代》(1953)一文认为这不大像一般小说的写
法,[18] 很可能是时事的记载。他从《清史稿》中查出"通嫔,纳喇氏,事圣
祖为贵人……乾隆九年薨",因时间颇接近他所认为小说作者"批阅十载"
的乾隆八至十七年间,遂称此一史事"可以帮助我们来假想《红楼梦》著作
的年代"。然康熙帝其他后妃亦有卒于此段期间前后者:如乾隆元年薨的宣
妃博尔济吉特氏、二年薨的熙嫔陈氏、四年薨的谨嫔色赫图氏、五年薨的成
妃戴佳氏、八年薨的悫惠皇贵妃佟佳氏、九年薨的顺懿密妃王氏、十一年薨
的襄嫔高氏等,若依照俞氏的论理,那她们皆有可能是曹雪芹用来置入小说
的时事!

此外,俞平伯还声称《红楼梦》中叙及的两个节气均为历史实录。他指
出第十一回有谓"这年正是十一月三十日冬至。到交节的那几日,贾母、王
夫人、凤姐儿日日差人去看秦氏",而他翻查道光本的《万年书》,发现从
雍正元年到乾隆二十八年,唯一较接近的是乾隆十年乙丑岁,当年"十一月
大,二十九日丙申,夜子初二刻八分冬至",然因该岁冬至未入三十日,并
不相合,故他辩称"历家因未交子正,精密地写作二十九日夜子初,若一般
说法,交了子时便要算第二天,故不妨说十一月三十日冬至的"。然无论是
只记朔闰、节气的《万年书》,或供社会大众择日避忌之用的《时宪书》和
《通书》,[19] 皆以子正初刻为一日的起点,并无"交了子时〔指子初初刻,因子
时被分成子初和子正两部分〕便要算第二天"的说法。

至于小说第二十七回称"至次日乃是四月二十六日,原来这日未时交芒
种节。尚古风俗,凡交芒种节的这日,都要设摆各色礼物,祭饯花神,言芒

---

18 俞平伯,《俞平伯全集》,卷5,页525—532。
19 黄一农,《通书:中国传统天文与社会的交融》。

种一过,便是夏日了",俞平伯虽未能在《万年书》中发现相符者,但为呼应其所主张小说中的节气有其现实性以及《红楼梦》写于乾隆八至十七年间两假说,他因此主观认定这记的应是乾隆十二年丁卯岁四月二十九日未初初刻所交的芒种,并硬称:

> [作者]正在著书,把它顺便写上,是很近情的。至于"二十六"与"二十九"日子的不符,或出于作者笔误,或传抄之误,再不然,随便填写,不过求精确也是有的,这些自不免减少了一些这文字的现实性,却不能消灭它。书中既特写未时芒种,而他一生又只经过一回,总归是非常突出的呵。

接着总结:"上举三项:老太妃死在乾隆九年;关于节气的两条,一在十年,一在十二年;每一项都可以证明我的《红楼梦》写作时间的假想。"然其论理却明显是一种逻辑上有误的循环论证(circular reasoning),且在前引三项皆查无确解时,又曲意声辩,类近的做法在红圈中并不罕见。

笔者则发现小说作者将老太妃薨后共一个月的国丧故意拉长安排在第五十八至六十三回间,尤其,第六十三回的芳官剃头之举(一般读者会误此不过是修剪正旦芳官的头发,以扮成清代男子特有的发型),因是在国丧期间所为,故应属违制(图表9.2)。另一方面,清代最严重的违制剃发案,乃见于乾隆十三年孝贤皇后(其弟傅恒乃雪芹二表哥福秀的连襟)的国丧,且此事正好发生在曹雪芹创作《红楼梦》期间,而控告曹頫令其被抄没的塞楞额,恰又是前述国丧违制剃发案最主要的当事人(后遭抄家赐死),让人不能不怀疑此一情节的安排恐大有深意(以帮芳官改名"耶律雄奴"之举讥刺塞楞额)。

接着,作者更于第六十三回末尾,以贾敬服丹药暴卒的几件叙事,影射传说中雍正帝隐晦且荒谬的死因。作为曹家最大仇雠的塞楞额和胤禛,应就是作者在创作这一回时的重要原型,他人绝难且恐也不敢冒险采取此种置入性的讥刺写法,将这段深烙悲苦印记的家史混入其间(第七章)。此一从史实出发的索隐,就紧密呼应作者是如何将家族的经历深入渗透在其作品,而小说中有关老太妃的故事亦不只是作家生活际遇中的"碎粒残汁"![20]

综前,无论是一世纪前的胡适或俞平伯,抑或是现在多数的红圈中人,在讨论红学的研究取径时,往往受限于他们对相关家史或大历史的掌握。譬如本章前所提及的几个特殊"水印",多是笔者在过去数年间才陆续发现的,虽均已发表于重要期刊,更被收入分别以繁体和简体字在两岸出版的专书中,惜相关研究者仍较少关注这些新成果或未能体会其意义。

虽然俞平伯和余英时都企盼新的红学革命可以使"考证工作和文学评论合流",刘梦溪亦主张红学三派的观念和方法在历经长期的冲突之后,应扬长避短加以融合,但现今红圈似乎仍无法摆脱先前的泥沼。我们应重新调校新红学的研究方向:考证对象不应只聚焦在曹雪芹,而需扩展到雪芹亲友的家世生平;且以索隐之态度探查《红楼梦》的思想内涵和政治寓意时,应理性追索如何能对小说批评有建设性的启发;而当沉淀的材料不够完全,但所做的假设合乎历史运作的理性时,应容许新红学所标榜的"考证"可与旧红学所追求的"索隐"进行适度的会通。[21]

近两年来,新冠病毒持续肆虐全球,包含郭豫适、张锦池、李广柏、胡文彬、林正义、朱永奎、孙逊、余英时、史景迁等红学界前辈,也在此期间陆续"付杳冥"(不知他们的离世与厉疫有无关联)。倒是很惭愧,这波疫情对我写书计划的影响竟然十分正面:因自我隔离,故只能心无旁骛地闭关写作,且网络中的大数据环境令许多研究仍可居家进行。

希望《曹雪芹大传》中的这本前传《曹雪芹的家族印记》,不仅能重新定义一个世纪以来红学中有关曹氏家族史的研究基准,还能同时在清朝肇建史以及古典小说史上也提供一定的学术贡献,且让读者对笔者后续之《曹雪芹的生命足迹》有些期待。国学大师章太炎(1869—1936)尝指出健康的学术发展要能做到"前修未密,后出转精",先贤虽因受限于研究环境与视野,而可能产生一些疏漏,但后人治学却有机会以此为跳板迈前超越。本书不乏

---

20 此段参见黄一农,《试论曹雪芹在红楼梦中讥刺仇雠的隐性手法》。
21 参见刘梦溪,《红楼梦与百年中国》,页293—321;陈维昭,《考证与索隐的双向运动:关于两种红学方法的哲学探讨》。

图表9.2 庚辰本《石头记》中有关老太妃国丧一事

第五十八回

杏子阴假凤泣虚凰 茜纱窗真情揆痴理

话说他三人因见探春等进来忙将此话掩住不提探春等问候过大家说笑了一回方散谁知上回所表的那位老太妃已薨凡诰命每日入朝随班按爵守制勒谕天下凡有爵之家一年内不得筵宴音乐庶民皆三日不得婚嫁事母邢王尤许婆媳孙等皆每日入朝随祭至未正已后方回在大内偏宫二十一日后方请灵入先陵地名曰孝慈县随 事 例 送 陵 都 要 往 待 十 来 日 方 能 回 家 如 今 请 灵 至 此 还 要 放 数 日 方 入 地 宫 故 得 一 月 光 景 过 到 细 腻 之 至

第六十三回

寿怡红群芳开夜宴 死金丹独艳理亲丧

话说宝玉回至房中洗手毕回与袭人商议晚间吃酒大家取乐不可拘泥如此庵只撺门缝见投进去便回来了因又见芳官梳了头挽起骛来带了些花只见芳官头顶大顶又说宝玉作窄了因又改扮作大铅鼠卧兔儿脚上穿虎头盘云五彩小战靴或散有福腿只用净丝厚底镶鞋又说芳官之名不好又说芳官名虽多亦难称呼男名亦不犯律例你就说我打叨谁又细想这话可快宝玉便说别人瞧不是佣我家现有几家人小厮就是了宝玉笑道到底人多这倒使得雄奴三二音又每句奴相通却是大氏名性况且这两种人自竟娴国献俘之种图其不畏凇鞍马便捷即今成为中华之患晋唐诸朝深受其害幸得咱们有福生在当今之世大舜之正裔圣虞之功得仁孝赫三格天同天地日月亿兆不朽所以凡愚朝中跳梁撒小丑到今竟浮海舟二十戈宵入使其拱手头颅皆逢为廉敛我们正该作践他们为君父生色方官笑道既这样很好该习学弓马学些武艺挺身出去拿几个反叛来立的自己闹出来取笑作戏摇动的不明白如今四海宾服八方宁静干戈何必借何必惜力何必借不明白如今四海宾服八方宁静干戈何必借功颂德花儿吞玉笑道所以你一战一笑也该称颂方不负吾平生若载不甲武俗浒你们唱一战一笑也该称颂方不负吾平生芳官听了笑忙说既这样又改名唤呼就是芳官听了更喜说既是这名最妙又喚了破纳如今将你比作野驴子使得奴把佩凤偏鸾撒了几个忽听宝玉呼野驴子来了奴把佩凤偏鸾撒了几个先走一厘问是什么语大家乱引的合围中人见无不笑倒了宝玉又说海西福朗思牙闻有金星玻璃宝石他本国番语以金星玻璃名呼里纳如今将你比作他岂不可怜芳官听了更喜说就是这名最妙就是这样罢叫得你们就叫了姨妈就是这原是名奚叉姑娘里就是这样罢叫得你们就叫了姨妈就是这原是名奚叉姑娘里就是这样罢叫得你们就叫了姨妈就是这原是名奚叉姑娘里就是这原来是名唤红灯的佩凤说好姐姐我们别别预顶没的吓唬人学着骂他们别只悯又说笑了怎么忽见东府中几个人慌里慌张跑来说请老爷正顿笑见东府中几个人慌里慌张跑来说请老爷天可听了唬了一大跳那都说好的並無疾病怎么就没了的城之外王真观今日疾殁于寺中其子贾蓉现因国丧随驾在此致乞假归殓天子听了忙下額外恩旨曰贾敬勤息白衣无功于国

补充或匡正先前（包含笔者自己）的研究，但书中的部分论述也肯定存在"后出转精"的空间，深盼有热情、有能力的年轻一代亦能投身此领域，为新红学第二个百年发展（"新红学2.0"）争取更高的学术地位。[22]

图表9.3 曹家重要记事编年

时间	事件
天命六年（天启元年）	曹雪芹高高祖曹世选或于沈阳陷金国时全家被俘或降
天聪四年（崇祯三年）四月	曹世选子曹振彦是《大金喇嘛法师宝记》碑上题名的十八名"教官"之一
九月	曹振彦乃《重建玉皇庙碑记》上二十七位"致政"之一
六年十二月初一日	曹振彦长子曹玺的继妻孙氏生
八年四月初九日	多尔衮属下旗鼓牛录章京曹振彦因功加半个前程
崇德元年（崇祯九年）六月二十四日	镶白旗下长史曹振彦因罪被鞭八十
三年正月初八日	阿济格下长史曹振彦因懈怠失职遭鞭责八十
顺治五、六年前后	曹玺及壮补侍卫，以随清军征山右有功，被拔入内廷任二等侍卫管銮仪司事
七年	曹振彦以八旗贡士身份知山西吉州
九年四月	曹振彦自山西吉州知州升任山西阳和府知府
十二年三月初一日	曹振彦之名出现在山西临汾五龙宫的捐赀题名碑
九月	曹振彦升授两浙都转运盐使司运使
十三年四月	曹振彦之名出现在此月刻石的《重修大同镇城碑记》
十四年六月	汤大临接替曹振彦担任两浙都转运盐使司运使
秋月吉日	曹寅岳父山西平阳府知府李月桂重刊并序《针灸大成》
十五年九月初七日	曹玺的小妾顾氏诞长子曹寅
不迟于十八年	曹玺继娶再醮的康熙帝保母孙氏（不逾三十岁）

---

[22] 中国社科院近代史所的宋广波尝称："如果我们不继承胡适，红学就无法前进；而不超越胡适，红学就没有出路。"参见宋广波，《胡适论红楼梦》，编校引言，页14。

续表

时间	事件
康熙元年二月十五日	曹玺继妻孙氏生次子曹宣（后改名"荃"）
三年	曹玺自江宁的工部织染局官员特简负责督理江宁织造
七年	曹玺的官衔为"钦命内工部督理江宁织造府加一级"
九年	曹玺以恩诏让嫡子曹荃获"官荫生"身份
十年左右	曹寅年仅约十四岁即已入宫当差
十三年	三藩乱起，曹玺曾偕弟曹尔正及长子曹寅协防江南
十五年前后	曹寅在皇太子胤礽身旁值宿当差
十六年左右	曹寅改在皇帝身旁侍候笔墨，并被选为銮仪卫整仪尉
十六、十七年	曹玺获赐蟒服加正一品，御书"敬慎"匾额
十七年	曹荃长子曹顺生，后兼祧曹寅和曹荃两房
十八年	曹寅应已升授三等侍卫
二十三年	六月曹玺卒于署，曹寅遂以内务府慎刑司员外郎"协理江宁织造事务"
二十四年四月十八日	桑格已以内务郎中身份接替协理江宁织造事务的曹寅
二十四年	此年刻的《江宁府志》记曹玺仲子名宣，知其改名在之后
二十五年二月十八日	曹寅自慎刑司员外郎兼佐领升授会计司郎中。此年曹頫诞，曹顺兼祧之举应发生在曹玺过世与曹頫出生间
二十六年	曹颀应生于此年（曹颙又名"连生"，本意或指頫、颀、颜、颙四堂房兄弟乃连年出生）
二十七年	曹寅转任内务府广储司郎中；曹颜生
二十八年	曹颙生
二十九年四月	曹寅于外放苏州织造之际，替弟荃（时任南巡图监画，已自曹宣改名）、子顺与颜、侄頫与颀均捐纳为监生
三十一年	曹寅改江宁织造，李煦接任苏州织造
三十三年七月	曹荃刊刻《四言史征》，前序钤"曹宣今名荃"一印
三十六年正月或之前	原任佐领的曹尔正应已去职（康熙六年已任佐领）
三十七年八月十四日	镇江铁舟海和尚塔冢刻"户部掌部事郎中曹寅篆额"

续表

时间	事件
康熙三十八年	曹荃奉旨在曹寅扈从南巡期间代理江宁织造印务；康熙第三次南巡时，孙氏获御赐"萱瑞堂"三大字
四十年或之前	曹荃自侍卫（康熙三十年已任）改任物林达（司库）
五月	曹寅和曹荃奏称由"我们的孩子赫达色［曹顺之满名］"负责承办龙江等五关铜觔，知曹顺仍兼祧两房
四十一年	曹寅赋《闻二弟从军却寄》诗记曹荃从军一事
四十三年十月十三日	曹寅、李煦奉旨自此各轮做两淮巡盐御史（官署在扬州）一年，期限十年。曹颜或逝于是年冬至翌年春间
四十四年五月初一日	曹寅因在康熙第五次南巡时捐银二万两，故"蒙圣恩荣加祖、父"，曹玺因此特恩追封为工部尚书衔
四十五年	曹玺继妻孙氏于三月左右过世
八月	曹寅妻李氏奉长女至京准备与平郡王纳尔苏的婚事
十一月二十六日	曹寅长女被纳尔苏迎娶过门，她是清朝第一位出身汉姓包衣的嫡福晋，并先后生四子
四十六年年初	梦庵为曹颀赋《曹公子甫十二龄……》，因知颀之生年
四月	补刻御制序后，扬州诗局刊刻《御定全唐诗》一事工竣
四十七年闰三月	曹宜随杭州织造孙文成自杭州起程赴普陀山供佛做道场
六月二十六日	曹寅长女生长子福彭（雍正四年袭封平郡王）
十或十一月	曹寅为倷釰所赋《真州送南洲归里》诗中有"犀钱利市定教闻"句，然曹颙妻妾此次所怀身孕应未育男，但不知是流产、夭折或生女
四十七年	曹荃卒，曹寅或于此年将曹顺（荃本生子）归宗，但为传承血脉，又自二房过继曹颙（其妻或妾将生子）
四十八年二月初八日	曹寅奏称将送次女入京与青海亲王扎什巴图尔之子罗卜藏丹津完婚，并称其子"今年即令上京当差"
四十八、九年之交	曹寅次女与罗卜藏丹津（五十五年袭封青海亲王）成婚
五十年三月二十六日	曹寅赋《辛卯三月二十六日闻珍儿殇……》记曹顺（小名珍儿）卒；曹颀（小名骥儿）或已于此前离世
四月初十日	曹荃子桑额（即曹顺）及曹寅子连生（学名曹颙）获引见，桑额授职宁寿宫茶房，连生则获允回江宁伴父

续表

时间	事件
冬	张云章《闻曹荔轩银台得孙……》诗,记曹寅承继子连生在京甫生一子(至迟五十四年三月即已夭折)
康熙五十一年二月	连生虽于前一年获允伴父,但因生子之故,至此始随返京述职的曹寅南归
四月	曹寅在扬州借题曾丰的诗并刻石,以歌咏文豪欧阳修
七月二十三日	曹寅病卒于扬州
九月初四日	连生奏称"先臣止生['生'乃'育成'之意]奴才一人",且谓"奴才堂兄曹颀来南"
五十二年正月初九日	谕命以连生为主事掌江宁织造,并改用学名"曹頫"
九月	曹寅生前与李煦等奉旨刊刻的《御定佩文韵府》工竣
五十三年冬	赴京述职的曹颙携同曹頫北上
五十四年正月初八日	曹颙病卒于京
正月十二日	谕命曹荃第四子頫给寅妻李氏为嗣,并管理江宁织造。稍后其家族更决定将曹荃的独子曹顺过继至长房
正月十八日	李煦指曹頫袭职可"养赡孤寡"
三月初七日	曹頫奏其嫂马氏已怀孕七月,故未得北上奔丧,若生男,则曹颙即可有嗣(稍后生女、流产或甫生旋夭)
九月朔	曹頫捐银三千两,供采买骆驼之用
五十五年二月初三日	李陈常代补曹寅亏欠不足,李煦上奏求赐矜全
闰三月十七日	谕旨以曹寅之子茶上人曹顺补放茶房总领
五十六年九月	李煦奉旨将十一万两解交曹頫,以补织造衙门亏项
十二月二十九日	内务府将人参一千余斤交与曹頫、李煦、孙文成售卖
五十八年六月	曹頫奏请愿独家承办铜差,谕称"此事断不可行"
六月二十五日	茶房总领曹顺因制茶出错被降三级,且罚俸一年
十二月十一日	抚远大将军胤禵奏称茶上人曹顺带来之克食尚未食竣
六十年	庄亲王博果铎的茶上人曹顺因售参欠曹頫三千多两,关系因此破裂,顺或于康熙六十年至雍正五年间归宗
雍正元年	曹寅外甥昌龄中进士,并选庶吉士;曹寅次婿罗卜藏丹津因叛清遭削夺亲王爵

续表

时间	事件
雍正二年	罗卜藏丹津兵败逃奔准噶尔（至乾隆二十年始归降）
三年五月二十九日	谕命"赏给茶房总领曹顾五、六间房"，后获赐烧酒胡同九间房一所
四年四月初四日	曹顾在京察后被评为三等佐领
七月二十一日	曹寅长婿纳尔苏被控在允禵（胤禎改名）军中贪劣婪赃等罪革爵圈禁，此或因其不愿对允禵落井下石所致，纳尔苏长子福彭旋袭多罗平郡王
五年闰三月十七日	原茶上人桑额（曹顾）因买通番役设计逮捕曹頫的家人吴老汉而遭定罪
十一月二十四日	山东巡抚塞楞额疏告江南三织造运送龙衣差使时，额外多索夫马、程仪、骡价等，以致各驿多有赔累
十二月	十五日曹頫遭革职，二十四日其家中财物被固封看守
十二月二十八日	曹顾获赐御笔"福"字，其因吴老汉案所定之罪似遭免
七年七月二十九日	曹頫仍枷号，先前内务府奉旨将蒜市口十七间半房给"寅之妻孀妇"度命
十月初五日	"尚志舜佐领下护军校曹宜，当差共三十三年"，为补放内府三旗参领缺而获引见，但并未被选用
十一年七月初九日	福彭以二十六岁之龄获授定边大将军，讨伐噶尔丹策零，其母的姑丈傅鼐（曹寅妹婿）尝参赞其军
七月二十四日	旗鼓佐领曹顾卒；正白旗护军参领噶尔明、鄂英辉病故，经带领引见后，鸟枪护军参领曹宜补放其中一缺
十三年七月十二日	护军参领曹宜当时奉派巡察圈禁允禵地方
十月二十一日	内务府奉旨依乾隆帝登极恩诏宽免曹頫骚扰驿站一案之分赔银，曹頫因此免除枷号并获赦，且开始以抄没官员之身在乾隆朝的北京重新生活

后 记

《曹雪芹的家族印记》是我的第三本红学专著,在《二重奏:红学与清史的对话》(2014,2015)之后,去年曾赶写出《红楼梦外:曹雪芹〈画册〉与〈废艺斋集稿〉新证》(2020,2021)。今年冬另一本内容南辕北辙的《红夷大炮与明清战争》亦已交稿准备付梓,先前还出版了《制天命而用:星占、术数与中国古代社会》(2018)。自2020年起,我更邀集三十几位新竹清华文科各领域的老师一起投入"疫起·闭关·写书"计划。[1]

但当我已完全浸淫在撰写专书的学术新生活方式时,有关部门通知我所申请之《曹雪芹的生命足迹》写书计划未获通过,这是我1987年自美返台并转行文科以来,第二次个人的申请案被打回票,题材皆与红学(主流学界或不太认同此领域)相关。上次发生在我刚决定转治红学时,匿名评审以极主观的话语指出:"无论从文学或史学的观点,本计划之执行与否,似乎都没有太大的学术意义。"并称我虽为"中研院"院士,但先前只涉猎科技史、中西文明交流史、术数史、军事史、航海史等,从未发表过红学论文,故无法保证我转换跑道可以成功。此等"暮鼓晨钟,发人深省"式的批评,让人只能摸摸鼻子,无从辩驳。

后我凭借《二重奏:红学与清史的对话》终于在此领域挣得一些话语权,并在十年间积淀出55篇论文以及3本专书的成果,没想到竟然还是逃不过被放暗枪的命运。评审讥刺笔者上一本书《红楼梦外》对《种芹人曹霑画册》与《废艺斋集稿》的讨论,称"此在那几十年当中早经反复论辩,或是争执不下,或是早成定论,<u>申请人打算凭借一己的主张,提出其说法,在学</u>

---

[1] 此社群乃笔者主持之新竹清华大学"人文社会研究中心(http://rchss.site.nthu.edu.tw/)"所发起,除提供一些研究资源外,且不定期举办各种写书工作坊以相互砥砺、切磋,目前已出版5本专书,另有3本出版中。

术的严谨程度上，颇有堪虞之处"，并诬指笔者的e考据之法乃"以资料检索上的匹配作为考证的标准，忽视文本及事主的伴随条件，所得到的考证结果不免指鹿为马"，且谓当通过数据库检索史料加以分析时，即使笔者亲力亲为，也"不易掌握文本脉络"！

这些话语对任何一位学者都是极难堪的批判甚至侮辱，[2] 该获邀担任评审的学者当然有权利（倒是不知他有何相关的学术资格？）做出如此强烈的论断，但他也应有义务（至少在学术伦理上）提出较具体的事证作为后盾，而非以泛泛之片言只语躲在幕后进行似是而非的学术霸凌。[3]

连续几天都因此事而感到情志抑郁，但猛然一想，老天已待我不薄，自己在数十年的学术生命当中，竟能相继跨越理科／文科、史学／文学的藩篱，潇洒走一回，更让某些人嫉妒到连连施以不入流的小动作。我改行进入文史圈已三十多年，虽然获得许多桂冠，终究还是被人绊倒在擂台上，但这远非技术击倒，自己仍将继续从事最喜欢做的学问。

过去厉疫肆虐一年多来，我每天平均花八个小时研究并写书，还协同十几位梦幻导师主动成立了"为公书院"，利用新竹清华大学全校的资源来照顾那些受影响而暂时无法出国深造的青年俊秀，只要他们获得一流大学的入学许可，或先前曾负笈海外，但因疫情无法返校或报到，就可在清华交流学习，甚至申请宿舍，过比较正常的校园生活。如今，这百余名同学多已陆续分抵世界各地的五十多所大学去追求各自的前程。他们不同的人生故事以及

---

[2] 相对地，普林斯顿大学的余英时先生在2018年5月与笔者畅论六小时后，曾跋我带去的高清仿制之《种芹人曹霑画册》曰："一农兄以此册见示，又多方讲解，余非轻信之人，亦从未见过雪芹书画，但不知不觉中已觉此册出于雪芹笔下。"中国艺术研究院的刘梦溪先生曾谬誉拙著《二重奏》是"红学研究的集成之作"，2019年4月并在笔者于该院以公开演讲论证曹雪芹《废艺斋集稿》一书为真后，指称："此一疑案几乎可以定谳矣，依我的观察，提出反证的机会微乎其微，吴恩裕先生有知，当因冤抑得洗而老泪纵横！"此外，中国社科院文学所赵薇女史的近作《数字人文在中国（1980—2020）：一个人文视角的回顾与观察》，评曰："21世纪以来，黄一农基于资料检索而提出的'e—考据'，在海峡两岸引起广泛关注，《两头蛇》为代表的几部史学作品以其丰赡的材料、别出蹊径的笔法，为后世宕出颇可追摹的一径学脉，也预示了一个穷搜网络资源做学问的时代的来临。"参见 https://mp.weixin.qq.com/s/8xhf8O5OmDPWA2GqFiotUg。

[3] 由于该申请案规定不得申覆，笔者也只能将所有红学论文的电子文件及对前述审评意见的回应均上网（https://vocus.cc/user/@ylhuang）。希望在汉学的数字人文发展史或台湾文科的学术史上，此事可为后人留下一个深具讨论意义的案例。

《曹雪芹的家族印记》的成书过程，都是我这段疫期当中重要的生命篇章，接下来我将撰写的《曹雪芹的生命足迹》亦然，绝不会因这起事件而放弃（只是成书时间恐将稽迟），毕竟学问是为自己而做。

倒是既讽刺又惭愧，当我的学术表现达到个人巅峰时，却在掌握权力的有心人士以劣币驱逐良币的运作手法下，成为研究资源尽失的"学术自由人"，或许作为一只老是飞错林子的孤傲猛禽，我早就该主动挣脱学界江湖施在每位学者身上的这个枷锁（"争取研究计划"）！

但如果你是一位认真的红迷，且相信我遁隐的二寄轩有可能是地表最接近雪芹的处所之一，欢迎到山上来谈曹论红，记得带点伴手美食，好酒惟（通"唯"）邻居李家是问，[4] 我也会炒一盘自捉的溪虾或一早挖掘的麻竹笋。要是真找不着陋舍，可试问问狮山脚下的小店，有人就这样找上门来。但若在酣觞之际，听闻"我醉欲眠〔抱歉〕卿且去"，切莫在意，因"明朝有意〔欢迎〕抱琴来"，内子有一把王铁树师傅精心制作的正印度小叶紫檀二胡，松风云影下也可对奏几曲，看可否吸引栖息在附近山坳中的七八只"翠翼朱喙，光彩照人"的长尾台湾蓝鹊伫足枝丫倾听？

2021年7月13日首度施打新冠疫苗前夕

4　好友李家维是全世界收藏热带植物最多的人，藏酒他亦颇为自豪，不喝可惜。

参考文献

一、常用数据库（商业者以"*"表示，需注册获授权者以"#"表示）

爱如生之中国基本古籍库*、历代别集库*、中国方志库*、中国谱牒库*
（http://server.wenzibase.com）
爱新觉罗宗谱网（http://www.axjlzp.com/clan1.html）
雕龙*（http://hunteq.com/ancientc/ancientkm）
读秀*（https://www.duxiu.com/）
汉籍全文资料库#（包含《二十五史》《明实录》《清实录》《十通》等）
（http://hanchi.ihp.sinica.edu.tw）
人名权威人物传记资料库（http://newarchive.ihp.sinica.edu.tw/sncaccgi/sncacFtp）
搜韵网（https://sou-yun.cn）
图书文献数位典藏资料库#（包含清代宫中档奏折及军机处档折件）
（http://rbk-doc.npm.edu.tw/npmtpc/npmtpall）
中国知网*（https://www.cnki.net）

二、传统文献（常用丛书首度出现时以底线标示，并注明出版资料）

河内良弘，『内国史院満文档案訳註：崇徳二‧三年分』（京都：松香堂书店，2010）。
楠木賢道，『内国史院档：天聪八年』（東京：東洋文庫，2009）。

阿桂、刘谨之等撰，《钦定盛京通志》（台北：台湾商务印书馆，《景印文渊阁四库全书》本，乾隆间成书）。
安徽通志馆编纂，《安徽通志稿》（台北：成文出版社，《中国方志丛书》景印1934年铅印本）。
《安亭钱氏家谱》（中国谱牒库收录之民国间钞本）。
安锡祚重修，刘复鼎著，《赵城县志》（中国国家图书馆藏顺治十六年刊本）。
敖文祯，《薛荔山房藏稿》（上海：上海古籍出版社，《续修四库全书》景印万历间刊本）。
白凤文等修，高毓浡等纂，《静海县志》（《中国方志丛书》景印1934年铅印本）。
鲍桂星，《觉生自订年谱》（北京：北京图书馆出版社，《北京图书馆藏珍本年谱丛刊》景印同治四年刊本）。
边大绶等修纂，《太原府志》（《中国方志丛书》景印顺治十一年刊本）。
布兰泰原纂，英廉续纂，《昌瑞山万年统志》（上海：上海交通大学，《中国世界文化和自然遗产历史文献丛书》景印光绪间钞本）。

蔡韶清修、胡绍鼎纂，《黄冈县志》（南京：江苏古籍出版社，《中国地方志集成》景印乾隆二十四年刊本）。

蔡世远，《二希堂文集》（《景印文渊阁四库全书》本）。

蔡受，《鸥迹集》（上海：上海古籍出版社，《清代诗文集汇编》景印光绪三年刊本）。

曹去晶，《姑妄言》（台北：台湾大英百科公司，《思无邪汇宝》校点排印本）。

《曹氏谱系全书》（同治间钞本，冯其庸原藏）。

曹文安等，《南昌武阳曹氏宗谱》（浙江图书馆藏清钞本，康熙三十二年成书）。

曹寅，《北红拂记》（上海图书馆藏康熙间刊本；中国艺术研究院图书馆藏钞本）。

曹寅，《楝亭词钞》（《续修四库全书》景印康熙间刊本；复旦大学图书馆藏清代刊本）。

曹寅，《楝亭书目》（北京：商务印书馆，《中国著名藏书家书目汇刊》藏钞本）。

曹寅，《楝亭文钞·楝亭诗钞·楝亭诗别集·楝亭词钞别集》（《续修四库全书》景印康熙间刊本）。

曹寅，《太平乐事》（上海复旦大学图书馆藏清代刊本）。

曹寅，《西轩集》（日本东北大学图书馆藏康熙五十年刊本）。

曹寅著、胡绍棠笺注，《楝亭集笺注》（北京：北京图书馆出版社，2007）。

曹煜，《绣虎轩尺牍》（北京：北京出版社，《四库禁毁书丛刊》景印康熙间刊本）。

曹允源、李根源纂，《吴县志》（南京：江苏古籍出版社，《中国地方志集成》景印1933年铅印本）。

曹振川等，《浭阳曹氏族谱》（唐山市丰润区文物管理所藏光绪三十四年刊本）。

曾萼纂修，《恩平县志》（海口：海南出版社，《故宫珍本丛刊》景印乾隆三十一年刊本）。

曾丰，《缘督集》（《景印文渊阁四库全书》本）。

曾国藩，《曾文正公家训》（《续修四库全书》景印光绪五年刊本）。

曾国荃、刘坤一等修，刘绎、赵之谦等纂，《江西通志》（《续修四库全书》景印光绪七年刊本）。

《昌邑姜氏族谱》（山东昌邑市博物馆藏清代一、二、三、四及六修本）。

长龄，《懋亭自定年谱》（《北京图书馆藏珍本年谱丛刊》景印道光二十一年刊本）。

陈察，《都御史陈虞山先生集》（北京：国家图书馆出版社，《常熟文库》景印万历四十五年刊本）。

《陈汉军弓通张氏族谱》（张荣波自藏）。

陈宏谋、范咸纂修，《湖南通志》（台南：庄严文化公司，《四库全书存目丛书》景印乾隆廿二年刊本）。

陈辉祖，《可斋府君年谱》（《北京图书馆藏珍本年谱丛刊》景印乾隆十七年刊本）。

陈绛，《金罍子》（《续修四库全书》景印万历三十四年刊本）。

陈骙，《南宋馆阁续录》（《景印文渊阁四库全书》本）。

陈懋和等修，《毗陵双桂里陈氏宗谱》（成都：巴蜀书社，《中华族谱集成》景印光绪六年活字本）。

陈枚辑，《留青新集》（《四库禁毁书丛刊》景印康熙间刊本）。
陈梦雷等编纂，《钦定古今图书集成·历象汇编岁功典》（合肥：安徽美术出版社，《中国清代宫廷版画》景印雍正四年铜活字本）。
陈鹏年，《沧洲近诗·道荣堂文集》（《清代诗文集汇编》景印乾隆二十七年刊本）。
陈鹏年，《陈恪勤集》（《四库全书存目丛书》景印康熙间刊本）。
陈鹏年，《秣陵集》（《清代诗文集汇编》景印乾隆间刊本）。
陈汝咸修，林登虎纂，《漳浦县志》（《中国方志丛书》景印1928年据旧钞本翻印之石印本，康熙三十九年成书）。
陈维崧辑，《箧衍集》（《四库禁毁书丛刊》景印乾隆二十六年刊本）。
陈以刚等辑，《国朝诗品》（《四库禁毁书丛刊》景印雍正十二年刊本）。
陈奕禧，《春蔼堂集》（《清代诗文集汇编》景印康熙四十六年刊本）。
陈元龙，《爱日堂诗》（《清代诗文集汇编》景印乾隆元年刊本）。
陈云标等编纂，《续修陈氏君实公支谱》（《中华族谱集成》景印光绪廿一年铅印本）。
陈祖荫，《桂城陈氏族谱》（《中华族谱集成》景印1929年刊本）。
陈作霖，《可园文存》（《清代诗文集汇编》景印宣统元年刊本）。
承启、英杰等纂，《钦定户部则例》（香港：蝠池书院，《清代各部院则例》景印同治四年刊本）。
程庭鹭，《梦盦居士自编年谱》（《北京图书馆藏珍本年谱丛刊》景印1935年铅印本，咸丰间成书）。
储大文，《存研楼文集》（《清代诗文集汇编》景印乾隆九年刊本）。
储巏，《柴墟文集》（《四库全书存目丛书》景印嘉靖四年刊本）。
储寿平等，《丰义储氏分支谱》（北京：北京燕山出版社，《清代民国名人家谱选刊续编》景印1921年刊本）。
储元升纂修，《东明县志》（《中国方志丛书》景印乾隆二十一年刊本）。
崔维雅，《河防刍议》（《续修四库全书》景印康熙间刊本）。
《大连图书馆藏清代内务府档案》（北京：国家图书馆出版社，2011）。
《大清诏令》（《续修四库全书》景印清钞本）。
戴璐，《吴兴诗话》（《续修四库全书》景印民间刊本）。
戴名世，《南山集》（《续修四库全书》景印光绪二十六年刊本）。
戴士衡、戴翊清修撰，《新安戴氏支谱》（美国盐湖城耶稣基督后期圣徒教会之家谱中心"FamilySearch"藏光绪七年刊本）。
戴震纂，孙和相修，《汾州府志》（南京：凤凰出版社，《中国地方志集成》景印乾隆三十六年刊本）。
单功擢、达尔吉善，《直隶相距程限册》（日本早稻田大学藏乾隆四十年刊本）。
邓汉仪辑，《诗观》（济南：齐鲁书社，《四库全书存目丛书补编》景印康熙间刊本）。
邓名世，《古今姓氏书辩证》（《景印文渊阁四库全书》本，宋绍兴四年成书）。
丁宝桢纂修，《四川盐法志》（《续修四库全书》景印光绪间刊本）。

丁符九修，谈松林纂，《宁河县志》（上海：上海书店出版社，《中国地方志集成》景印光绪六年刊本）。

丁世恭修，刘清如纂，《馆陶县志》（《中国方志丛书》景印1936年铅印本）。

丁廷楗修，赵吉士纂，《徽州府志》（《中国方志丛书》景印康熙三十九年刊本）。

定祥修，刘绎纂，《吉安府志》（南京：江苏古籍出版社，《中国地方志集成》景印光绪二年刊本）。

董诰等，《皇清文颖续编》（《续修四库全书》景印嘉庆间刻本）。

杜岕，《些山集辑》（傅斯年图书馆藏1935年排印本）。

杜濬，《变雅堂遗集》（《续修四库全书》景印光绪二十年刊本）。

杜林修，彭斗山纂，《安义县志》（《中国方志丛书》景印同治十年刊本）。

杜棠修，郭屏纂，《大宁县志》（北京：中国书店，《稀见中国地方志汇刊》景印道光二十四年刊本）。

杜臻，《经纬堂文集》（《清代诗文集汇编》景印康熙间刊本）。

敦敏，《懋斋诗钞》（北京：文学古籍刊行社，景印清代钞本）。

鄂尔泰等，《世宗宪皇帝朱批谕旨》（《景印文渊阁四库全书》本）。

鄂尔泰等监修，靖道谟等编纂，《云南通志》（《景印文渊阁四库全书》本）。

鄂尔泰等修，《八旗通志初集》（哈佛燕京图书馆藏乾隆四年刊本）。

鄂海等修，《六部则例全书》（美国国会图书馆藏康熙五十五年刊本）。

《二十四史》（北京：中华书局，1965—1974年点校本）。

法式善，《存素堂诗初集录存》（《清代诗文集汇编》景印嘉庆十二年刊本）。

范汝廉等，《山西汾州府介休县张原村范氏家谱》（厦门：厦门大学出版社，《中国稀见史料（第一辑）》景印光绪十六年钞本）。

方世举，《江关集》（中国国家图书馆藏乾隆十八年刊本）。

方戊昌修，方渊如纂，《忻州志》（南京：凤凰出版社，《中国地方志集成》景印光绪六年刊本）。

方中发，《白鹿山房诗集》（《四库禁毁书丛刊》景印康熙间刊本）。

费淳、沈树声纂修，《太原府志》（南京：凤凰出版社，《中国地方志集成》景印乾隆四十八年刊本）。

《粉妆楼》（上海：上海古籍出版社，《古本小说集成》景印嘉庆二年刊本）。

封蔚礽修，陈廷扬纂，《蕲州志》（南京：江苏古籍出版社，《中国地方志集成》景印光绪八年刊本）。

冯昌奕等修，《宁远州志》（新北：艺文印书馆，《四部分类丛书集成续编》景印民国重刻本）。

冯景，《解春集文钞》（《清代诗文集汇编》景印乾隆间刊本）。

冯兰森等修，陈卿云等纂，《上高县志》（《中国方志丛书》景印同治九年刊本）。

冯梦龙，《醒世恒言》（日本内阁文库藏天启七年刊本）。

冯梦祯，《快雪堂集》（《四库全书存目丛书》景印万历四十四年刊本）。

冯明珠主编，《满文原档》（台北：沉香亭企业社，2006）。

冯溥著，张秉国笺注，《冯溥集笺注》（北京：人民文学出版社，2019）。
冯煦修，魏家骅等纂，《凤阳府志》（南京：凤凰出版社，《中国地方志集成》景印光绪三十四年刊本）。
符鸿等修，欧阳泉等纂，《来安县志》（南京：凤凰出版社，《中国地方志集成》景印道光十年刊本）。
福格著，汪北平点校，《听雨丛谈》（北京：中华书局，1959，咸、同间成书）。
傅恒等，《平定准噶尔方略》（《景印文渊阁四库全书》本）。
傅山著，尹协理主编，《傅山全书》（太原：山西人民出版社，2016）。
傅振伦等修纂，《新河县志》（《中国方志丛书》景印1929年铅印本）。
甘恪修，《沈阳甘氏宗谱》（日本国会图书馆藏道光二十六年刊本）。
高凤翰，《南阜山人敩文存稿》（《清代诗文集汇编》景印清钞本）。
高士钥修，五格等纂，《江都县志》（《中国方志丛书》景印光绪七年重刻乾隆八年刊本）。
高士鹬等修，钱陆灿等纂，《常熟县志》（南京：凤凰出版社，《中国地方志集成》景印康熙二十六年刊本）。
葛嗣浵，《爱日吟庐书画别录》（《续修四库全书》景印1913年刊本）。
葛振元修，杨钜纂，《沔阳州志》（南京：凤凰出版社，《中国地方志集成》景印光绪二十年刊本）。
葛震撰，曹荃注，《四言史征》（《四库全书存目丛书》景印康熙三十九年序刊本）。
《宫中档康熙朝奏折》（台北：台北故宫博物院，1976—1977）。
台北故宫博物院编，《宫中档雍正朝奏折》（台北：台北故宫博物院，1978）。
故宫博物院明清档案部编，《李煦奏折》（北京：中华书局，1976）。
顾公燮，《丹午笔记》（南京：江苏古籍出版社，1999，《江苏地方文献丛书》据嘉庆二十三年钞本校点，乾隆五十年成书；与《吴城日记》《五石脂》同刊）。
顾景星，《白茅堂集》（《清代诗文集汇编》景印光绪间补刻康熙四十三年初刊本）。
顾廷龙主编，《清代朱卷集成》（台北：成文出版社，1992）。
顾图河，《雄雉斋诗续集》（北京：北京大学出版社，《国家图书馆藏清人诗文集稿本丛书》景印钞本）。
顾图河，《雄雉斋选集》（《清代诗文集汇编》景印康熙三十一年刊本）。
顾炎武，《日知录》（台北：文史哲出版社，1979）。
关嘉禄等，《天聪九年档》（天津：天津古籍出版社，1987）。
《关氏族谱》（北京：北京图书馆出版社，《北京图书馆藏家谱丛刊》景印光绪十五年刊本）。
关孝廉等译，《清初内国史院满文档案译编》（北京：光明日报出版社，1989）。
《关于江宁织造曹家档案史料》（北京：中华书局，1975）。
郭成康、刘景宪译注，《盛京刑部原档：清太宗崇德三年至崇德四年》（北京：群众出版社，1985）。
郭尔尼、胡云客修，冼国幹等纂，《南海县志》（广州：广州出版社，《广州大典》景印康熙三十年刊本）。

郭立志，《桐城吴先生（汝纶）年谱》（台北：文海出版社，《近代中国史料丛刊》景印1943年铅印本）。

郭橐驼，《种树书》（新北：艺文印书馆，《百部丛书集成》景印万历间本）。

韩寰康等纂修，《浙江萧山湘南韩氏家谱》（北京：线装书局，《中国国家图书馆藏早期稀见家谱丛刊》景印乾隆五十六年木活字本）。

韩世琦，《抚吴疏草》（北京：北京出版社，《四库未收书辑刊》景印康熙五年刊本）。

韩菼，《有怀堂文稿》（《四库全书存目丛书》景印康熙四十二年刊本）。

韩锡胙，《滑疑集》（《清代诗文集汇编》景印光绪十六年修补咸丰五年刊本）。

郝懿行，《证俗文》（《续修四库全书》景印光绪间刊本）。

郝增祜等纂修，周晋塑续纂修，《丰润县志》（上海：上海书店出版社，《中国地方志集成》景印光绪十七年刊本）。

何焯，《义门先生集》（《续修四库全书》景印道光三十年刊本）。

何俊良，《何翰林集》（《四库全书存目丛书》景印嘉靖四十四年刊本）。

何崧泰等修，史朴等纂，《遵化通志》（上海：上海书店出版社，《中国地方志集成》景印光绪十二年刊本）。

弘历作，蒋溥等编，《御制诗集》（《景印文渊阁四库全书》本）。

弘旺，《皇清通志纲要》（北平：燕京大学图书馆，1936年景印钞本）。

弘昼等，《（满文）八旗满洲氏族通谱》（台北故宫博物院藏乾隆九年刊本）。

弘昼等，《八旗满洲氏族通谱》（《景印文渊阁四库全书》本，乾隆九年成书）。

洪肇楙修，蔡寅斗纂，《宝坻县志》（《中国方志丛书》景印1917年石印本，乾隆十年初修）。

《后金汗国（皇太极）天聪朝稿簿奏疏》（北京：全国图书馆文献缩微复制中心，2010）。

胡榘、罗濬纂修，《四明志》（《续修四库全书》景印宋刊本）。

胡文铨修，周广业纂，《广德州志》（《中国方志丛书》景印乾隆五十九年刊本）。

胡文烨纂修，《云中郡志》（中国国家图书馆藏顺治九年刊本）。

胡宗虞等修，吴命新等纂，《临县志》（《中国方志丛书》景印1917年铅印本）。

黄居中修，杨淳纂，《灵台志》（北京：学苑出版社，《中国西北文献丛书》景印清钞本）。

黄昆山等修，唐载生等纂，《全县志》（《中国方志丛书》景印1935年铅印本）。

黄彭年，《紫泥日记》（北京：学苑出版社，《历代日记丛钞》景印光绪十五年刊本）。

黄石麟，《半芜园集》（《四库禁毁书丛刊》景印康熙六十一年刊本）。

黄图珌，《看山阁集》（《清代诗文集汇编》景印乾隆间刊本）。

黄休复，《茅亭客话》（《景印文渊阁四库全书》本）。

《辉发萨克达氏家谱》（《北京图书馆藏家谱丛刊》景印光绪二十四年钞本）。

嵇曾筠等监修，沈翼机等编纂，《浙江通志》（《景印文渊阁四库全书》本）。

纪迈宜，《俭重堂诗》（《四库未收书辑刊》景印乾隆间刊本）。

简朝亮，《尚书集注述疏》（《续修四库全书》景印光绪三十三年刊本）。

蒋光煦，《东湖丛记》（《续修四库全书》景印光绪九年刊本）。

蒋景祁辑，《瑶华集》（《续修四库全书》景印康熙二十五年刊本）。

蒋伊、韩作栋纂修，《广东舆图》（《北京图书馆古籍珍本丛刊》景印康熙廿四年刊本）。
蒋兆奎，《河东盐法备览》（《四库未收书辑刊》景印乾隆五十五年刊本）。
焦国理等纂，贾秉机等编，《重修镇原县志》（南京：凤凰出版社，《中国地方志集成》景印1935年铅印本）。
焦竑，《国朝献征录》（《四库全书存目丛书》景印万历四十四年刊本）。
焦竑，《皇明人物考》（台北：明文书局，《明代传记丛刊》景印万历间刊本）。
焦循，《剧说》（《续修四库全书》景印清代稿本）。
焦循，《易章句》（《续修四库全书》景印嘉庆二十二年序刊本）。
觉罗石麟修，《山西通志》（《景印文渊阁四库全书》本，雍正十二年成书）。
金诚，《易经贯》（《四库全书存目丛书》景印乾隆间刊本）。
金光祖纂修，《广东通志》（南京：凤凰出版社，《中国地方志集成》景印康熙三十六年刊本）。
金鉷等监修，钱元昌等编纂，《广西通志》（《景印文渊阁四库全书》本）。
金兆蕃等，《浙江嘉兴金氏如心堂谱》（中国谱牒库所收1934年刊本）。
金埴，《不下带编》（《续修四库全书》景印清代钞本）。
晋昌，《戎旃遣兴草》（《清代诗文集汇编》景印嘉庆二十五年刊本）。
景日昣，《说嵩》（《四库全书存目丛书》景印康熙间刊本）。
《康熙八年缙绅便览》（中国国家图书馆藏，题名原为"康熙缙绅册"）。
《康熙七年搢绅录》（中国国家图书馆藏）。
《康熙五十六年秋揩绅录》（任复兴自藏）。
孔尚任，《桃花扇传奇》（《续修四库全书》景印康熙间刊本）。
旷敏本纂，饶佺修，《衡州府志》（南京：江苏古籍出版社，《中国地方志集成》景印光绪元年补刻乾隆二十八年刊本）。
昆冈等修，刘启端等纂，《钦定大清会典事例》（《续修四库全书》景印光绪二十五年石印本）。
来斯行，《槎庵小乘》（《四库禁毁书丛刊》景印崇祯四年刊本）。
蓝应袭修，何梦篆等纂，《上元县志》（《金陵全书》景印乾隆十六年刊本）。
乐钧，《青芝山馆诗集》（《清代诗文集汇编》景印嘉庆二十二年刊本）。
勒德洪等纂，《平定三逆方略》（《景印文渊阁四库全书》本）。
雷飞鹏等修，段盛梓等纂，《西安县志略》（南京：凤凰出版社，《中国地方志集成》景印宣统三年石印本）。
雷应元纂修，《扬州府志》（《稀见中国地方志汇刊》景印康熙三年刊本）。
李宝嘉，《官场现形记》（《续修四库全书》景印光绪间铅印本）。
李澄中，《白云村文集》（《清代诗文集汇编》景印康熙间刊本）。
李慈铭，《越缦堂日记》（扬州：广陵书社，2004）。
李东阳等撰，申时行等重修，《大明会典》（台北：新文丰出版公司，景印万历十五年刊本）。
李符，《香草居集》（《清代诗文集汇编》景印清代刊本）。
李辅等修，《全辽志》（沈阳：辽沈书社，景印《辽海丛书》本，嘉靖四十五年成书）。
李光地，《御定月令辑要》（《景印文渊阁四库全书》本）。

李光涛编，《明清档案存真选辑（三集）》（台北："中研院"史语所，1975）。
李光昭修，周琰纂，《东安县志》（《故宫珍本丛刊》景印乾隆十四年刊本）。
李果，《在亭丛稿》（《四库全书存目丛书补编》景印乾隆间刊本）。
李虹若，《都市丛载》（光绪十四年刊本）。
李鸿章等修，黄彭年等纂，《畿辅通志》（《续修四库全书》景印光绪十年刊本）。
李桓，《国朝耆献类征初编》（台北：明文书局，《清代传记丛刊》景印光绪九年刊本）。
李经方等编纂，《安徽合肥李氏五修宗谱》（1925年铅印本）。
李锴，《李铁君先生文钞》（《辽海丛书》本，雍、乾间成书）。
李铭皖等修，冯桂芬等纂，《苏州府志》（《中国方志丛书》景印光绪九年刊本）。
李培谦纂，崔允昭修，《直隶霍州志》（南京：凤凰出版社，《中国地方志集成》景印道光六年刊本）。
李清，《诸史异汇》（《四库禁毁书丛刊》景印旧钞本）。
李士桢，《抚粤政略》（《近代中国史料丛刊三编》景印康熙四十二年刊本）。
李树德修，《李氏谱系》（日本东洋文库藏康熙六十一年稿本）。
李苏纂修，《江都县志》（北京：北京图书馆出版社，《稀见方志丛刊》景印康熙五十六年刊本）。
李图等纂，张同声修，《胶州志》（南京：凤凰出版社，《中国地方志集成》景印道光二十五年刊本）。
李文藻，《南涧文集》（《续修四库全书》景印光绪间刊本，乾隆间成书）。
李文藻等纂，宫懋让修，《诸城县志》（南京：凤凰出版社，《中国地方志集成》景印乾隆二十九年刊本）。
李贤，《明一统志》（《景印文渊阁四库全书》本）。
李煦，《虚白斋尺牍》（北京曹雪芹学会藏复印件）。
李煦撰，张书才、樊志斌笺注，《虚白斋尺牍笺注》（北京：中华书局，2013）。
李燕光点校，《清太宗实录稿本》（沈阳：辽宁大学历史系，1978，顺治九年成稿）。
李因笃，《续刻受祺堂文集》（《清代诗文集汇编》景印道光十年刊本）。
李英纂修，《蔚州志》（《稀见方志丛刊》景印顺治十六年刊本）。
李渔，《笠翁一家言全集》（《清代诗文集汇编》景印雍正八年刊本）。
李遇时修，杨柱朝纂，《岳州府志》（《稀见中国地方志汇刊》景印康熙二十四年刊本）。
李振裕，《白石山房文稿》（《清代诗文集汇编》景印康熙间刊本）。
李周望，《国朝历科题名碑录初集》（北京：书目文献出版社，《北京图书馆古籍珍本丛刊》景印雍正间刊本）。
李嶟瑞，《后圃编年稿》（《四库全书存目丛书》景印康熙间刊本）。
李佐贤，《书画鉴影》（《续修四库全书》景印同治十年刊本）。
《历朝八旗杂档》（中国第一历史档案馆藏）。
栗永禄纂，《寿州志》（台北：新文丰出版公司，《天一阁藏明代方志选刊》景印嘉靖间刊本）。
梁国治等，《钦定国子监志》（《景印文渊阁四库全书》本，乾隆四十三年成书）。
林懋勋等纂修，《侯官云程林氏家乘》（《北京图书馆藏家谱丛刊》景印1934年铅印暨石印本）。

刘凤诰,《存悔斋集》(《续修四库全书》景印道光十七年刊本)。
刘棨修,孔尚任等纂,《平阳府志》(《稀见中国地方志汇刊》景印康熙四十七年刊本)。
刘然辑,《诗乘初集》(《四库禁毁书丛刊》景印康熙四十九年刊本)。
刘汝贤等修,刘寿增纂,《江都县续志》(中国社科院图书馆藏光绪九年重刻嘉庆二十四年刊本)。
刘廷玑,《葛庄分体对钞》(《清代诗文集汇编》景印康熙间刊本)。
刘廷玑,《在园杂志》(《续修四库全书》景印康熙五十四年刊本)。
刘统修,刘炳纂,《任邱县志》(《中国方志丛书》景印乾隆二十七年刊本)。
刘效祖,《四镇三关志》(《四库禁毁书丛刊》景印万历四年刊本)。
刘于义等监修,沈青崖等编纂,《陕西通志》(《景印文渊阁四库全书》本)。
刘毓秀修,贾构纂,《洛川县志》(南京:凤凰出版社,《中国地方志集成》景印嘉庆十一年刊本)。
刘正宗,《逋斋诗》(《四库未收书辑刊》景印顺治间刊本)。
刘仲达辑,《刘氏鸿书》(《续修四库全书》景印万历间刊本)。
刘子扬、张莉编,《康熙朝雨雪粮价史料》(北京:线装书局,2007)。
柳瑛纂修,《中都志》(《四库全书存目丛书》景印弘治间刊本)。
鲁铨等修,洪亮吉等纂,《宁国府志》(《中国方志丛书》景印嘉庆间刊本)。
陆佃,《埤雅》(《景印文渊阁四库全书》本)。
罗景泐修,曹鼎望纂,《丰润县志》(上海:上海书店出版社,《中国地方志集成》景印康熙三十一年刊本)。
罗炌修,黄承昊纂,《嘉兴县志》(北京:书目文献出版社,《日本藏中国罕见地方志丛刊》景印崇祯十年刊本)。
罗振玉编,《天聪朝臣工奏议》(新北:艺文印书馆,《史料丛刊初编》景印1924年铅印本)。
吕德芝,《晋起堂遗集》(傅斯年图书馆藏乾隆间刊本)。
吕正音修,欧阳正焕纂,《湘潭县志》(南京:江苏古籍出版社,《中国地方志集成》景印乾隆二十一年刊本)。
马麟、杜琳、李如枚等修,《续纂淮关统志》(《四库全书存目丛书》景印嘉庆、光绪间递修乾隆刊本)。
马如飞,《绘图孝义真迹珠塔缘》(《续修四库全书》景印光绪石印本)。
马如龙等纂修,李铎等增修,《杭州府志》(《稀见方志丛刊》景印康熙间刊本)。
毛际可,《会侯先生文钞》(《四库全书存目丛书》景印康熙间刊本)。
毛奇龄,《西河合集》(北京:北京燕山出版社,《北京市文物局图书资料中心藏古籍珍本丛刊》景印康熙间刊本)。
冒丹书,《枕烟堂诗辑》(台北:新文丰出版公司,《丛书集成三编》景印宣统三年刊本)。
闵麟嗣,《黄山志定本》(《四库全书存目丛书》景印康熙间刊本)。
《名人书画第十集》(上海:商务印书馆,1920)。
明海纂,《黑龙江库雅喇氏宗谱》(《北京图书馆藏家谱丛刊》景印1925年铅印本)。
明亮等纂修,《钦定纂修中枢政考》(《续修四库全书》景印道光五年刊本)。

《明清史料丙编》（上海：商务印书馆，1936）。
《明实录》（京都：中文出版社，1984，景印台北"中研院"傅斯年图书馆藏旧钞本）。
明谊修，张岳崧等纂，《琼州府志》（《中国方志丛书》景印光绪间刊本）。
缪荃孙等，《江苏兰陵缪氏世谱》（中国谱牒库所收宣统三年刊本）。
穆彰阿、潘锡恩等纂修，《大清一统志》（《续修四库全书》景印道光二十二年钞本）。
纳兰性德，《通志堂集》（《续修四库全书》景印康熙三十年刊本）。
年羹尧撰，季永海等译，《年羹尧满汉奏折译编》（天津：天津古籍出版社，1995）。
聂先辑，《名家词钞》（《四库全书存目丛书补编》景印康熙间刊本）。
牛一象等修，苑育蕃等纂，《宝坻县志》（中国国家图书馆藏康熙十二年刊本）。
《钮祜禄氏弘毅公家谱》（《北京图书馆藏家谱丛刊》景印清钞本）。
欧阳修，《欧阳文忠公集》（中国国家图书馆藏宋庆元二年刊本）。
潘克溥纂修，《蕲州志》（《中国方志丛书》景印咸丰二年刊本）。
潘荣陛，《帝京岁时纪胜》（《续修四库全书》景印乾隆间刊本）。
潘衍桐辑，《两浙輶轩续录》（《续修四库全书》景印光绪十七年刊本）。
裴焕星等修，白永贞等纂，《辽阳县志》（《中国方志丛书》景印1928年排印本）。
彭大翼，《山堂肆考》（《景印文渊阁四库全书》本）。
彭定求，《南畇诗稿》（《清代诗文集汇编》景印康熙间刊本）。
彭定求等编，《御定全唐诗》（《景印文渊阁四库全书》本）。
彭廷梅辑，《国朝诗选》（《四库禁毁书丛刊补编》景印乾隆十二年刊本）。
彭作桢等纂修，《完县新志》（《中国方志丛书》景印1934年铅印本）。
皮锡瑞，《今文尚书考证》（《续修四库全书》景印光绪二十三年刊本）。
濮一乘纂修，《武进天宁寺志》（扬州：广陵书社，《中国佛寺志丛刊》景印1947年铅印本）。
浦起龙纂修，《江苏无锡前涧浦氏宗谱》（《清代民国名人家谱选刊续编》景印乾隆十三年刊本）。
齐以治修，王恭先纂，《临晋县志》（《稀见中国地方志汇刊》景印康熙廿五年刊本）。
祁韵士等，《钦定外藩蒙古回部王公表传》（《景印文渊阁四库全书》本，乾隆五十三年成书）。
钱澄之，《田间尺牍》（《续修四库全书》景印光绪三十四年铅印本）。
钱士升，《赐余堂集》（《四库禁毁书丛刊》景印乾隆四年刊本）。
钱仪吉，《碑传集》（台北：大化书局，《清朝碑传全集》本）。
钱载，《萚石斋诗集》（《清代诗文集汇编》景印乾隆间刊本）。
《钦定总管内务府现行则例》（《清代各部院则例》景印清刊本）。
秦国经主编，《中国第一历史档案馆藏清代官员履历档案全编》（上海：华东师范大学出版社，1997）。
秦九韶，《数书九章》（《宜稼堂丛书》道光间刊本）。
秦瀛，《己未词科录》（《续修四库全书》景印嘉庆间刊本）。
《清代文字狱档》（上海：上海书店出版社，2011年增订本）。
《清宫内务府奏销档》（北京：故宫出版社，2014）。
清国史馆原编，《清史列传》（《清代传记丛刊》本）。

《清实录》（北京：中华书局，1986）。

裘琏，《南海普陀山志》（《四库全书存目丛书》景印康熙刻雍正增修本）。

屈复，《弱水集》（《续修四库全书》景印乾隆间刊本）。

瞿中溶，《瞿木夫先生自订年谱》（《北京图书馆藏珍本年谱丛刊》景印民国间刊本）。

任果等修，檀萃等纂，《番禺县志》（《故宫珍本丛刊》景印乾隆三十九年刊本）。

任世铎等译，《满文老档》（北京：中华书局，1990）。

任耀先修，张桂书纂，《浮山县志》（《中国方志丛书》景印1935年刊本）。

任周鼎修，王训纂，《续安邱县志》（傅斯年图书馆藏1914年石印本）。

阮元，《广陵诗事》（中国社会科学院图书馆藏嘉庆四年刊本）。

阮元，《揅经室四集》（《清代诗文集汇编》景印道光间刊本）。

阮元辑，《两浙輶轩录》（《续修四库全书》景印嘉庆八年序刊本）。

阮元修，陈昌齐等纂，《广东通志》（《续修四库全书》景印道光二年刊本）。

瑞元，《少梅诗钞》（《清代诗文集汇编》景印咸丰四年刊本）。

邵长蘅，《青门剩稿》（《四库全书存目丛书》景印康熙间《邵子湘全集》刊本）。

申嘉瑞修，李文、陈国光等纂，《仪真县志》（《天一阁藏明代方志选刊》景印隆庆元年刊本）。

沈葆桢、吴坤修，何绍基、杨沂孙纂，《安徽通志》（《续修四库全书》景印光绪四年刊本）。

沈德潜辑评，《国朝诗别裁集》（《四库禁毁书丛刊》景印乾隆二十五年刊本）。

沈汉宗，《圣驾阅历河工兼巡南浙惠爱录》（台湾藏康熙间刊本）。

沈锐修，章过等纂，《蓟州志》（台北：台湾学生书局，《新修方志丛刊》景印道光十一年刊本）。

沈应文、张元芳纂修，《顺天府志》（《四库全书存目丛书》景印万历间刊本）。

《圣祖五幸江南恭录》（台北：新文丰出版公司，《丛书集成续编》景印宣统二年铅印本）。

盛弘之，《荆州记》（石家庄：河北教育出版社，《历代笔记小说集成·汉魏六朝笔记小说》本）。

盛昱，《雪屐寻碑录》（《辽海丛书》本）。

施璟，《随村先生遗集》（《四库全书存目丛书》景印乾隆四年刊本）。

施念曾，《施愚山先生年谱》（《北京图书馆藏珍本年谱丛刊》景印清末木活字本）。

施闰章，《施愚山先生学余诗集》（《清代诗文集汇编》景印康熙四十七年刊本）。

施闰章，《施愚山先生学余文集》（《清代诗文集汇编》景印康熙四十七年刊本）。

史申义，《芜城集·使滇集·过江集》（《清代诗文集汇编》景印康熙间刊本）。

《世袭谱档》（北京中国第一历史档案馆藏）。

释超格，《同事摄诗集·同事摄绿萝词》（中国国家图书馆藏乾隆间刊本）。

释行海，《金山志略》（台北：明文书局，《中国佛寺史志汇刊（第一辑）》景印康熙二十年序刊本）。

释洪恩，《雪浪集》（《四库全书存目丛书》景印万历间刊本）。

释际禅纂辑，《净慈寺志》（《中国佛寺志丛刊》景印光绪十四年刊本）。

释上思，《雨山和尚语录》（台北：新文丰出版公司，《明版嘉兴大藏经》景印万历间刊本）。

释志盘，《佛祖统纪》（《续修四库全书》景印明代刊本）。

《顺治十八年缙绅册》（中国国家图书馆藏）。

《司道职名册》（台北：广文书局，《笔记五编》景印1933年铅印本）。

司能任修，屠本仁纂，《嘉兴县志》（《故宫珍本丛刊》景印嘉庆六年刊本）。

宋和，《雪晴轩文稿》（北京：国家图书馆出版社，《清代诗文集珍本丛刊》景印清代钞本）。

宋濂，《宋景濂未刻集》（《景印文渊阁四库全书》本）。

宋荦，《沧浪小志》（《四库全书存目丛书》景印康熙间刊本）。

宋荦，《江左十五子诗选》（《四库全书存目丛书》景印康熙四十二年刊本）。

宋荦，《漫堂年谱》（《续修四库全书》景印康熙间稿本）。

宋荦，《西陂类稿》（《景印文渊阁四库全书》本）。

宋如林等修，孙星衍等纂，《松江府志》（《中国方志丛书》景印嘉庆廿二年刊本）。

苏轼，《东坡全集》（《景印文渊阁四库全书》本）。

孙葆田等，《山东通志》（台北：华文书局，《中国省志汇编》景印1915年重印本）。

孙承泽，《春明梦余录》（《景印文渊阁四库全书》本）。

孙铉辑评，《皇清诗选》（《四库全书存目丛书》景印康熙二十九年刊本）。

孙珮，《苏州织造局志》（苏州图书馆藏康熙二十五年刊本）。

孙奇逢，《孙征君日谱录存》（《续修四库全书》景印光绪十一年刊本）。

孙世昌等纂修，《广信郡志》（《中国方志丛书》景印康熙二十二年刊本）。

孙学雷、刘家平主编，《国家图书馆藏清代孤本内阁六部档案》（北京：全国图书馆文献缩微复制中心，2003）。

索宁安，《满洲四礼集》（《续修四库全书》景印嘉庆六年刊本）。

唐开陶纂修，《上元县志》（南京：南京出版社，《金陵全书》景印康熙六十年刊本）。

陶梁辑，《国朝畿辅诗传》（《续修四库全书》景印道光十九年刊本）。

陶煊选，张璨辑，《国朝诗的》（《四库禁毁书丛刊》景印康熙间刊本）。

《梼杌闲评》（《古本小说集成》景印清代刊本）。

田文镜等修，孙灏等纂，《河南通志》（《景印文渊阁四库全书》本）。

田兴奎修，吴恭亨纂，《慈利县志》（《中国方志丛书》景印1923年铅印本）。

铁保等，《钦定八旗通志》（《景印文渊阁四库全书》本）。

佟企圣修，苏毓眉等纂，《曹州志》（《稀见中国地方志汇刊》景印康熙十三年刊本）。

屠寄辑，《国朝常州骈体文录》（《续修四库全书》景印光绪十六年刊本）。

托津等，《钦定大清会典事例》（《近代中国史料丛刊三编》景印嘉庆间刊本）。

汪观选辑，《清诗大雅》（北京大学图书馆藏雍正间刊本）。

汪懋麟，《百尺梧桐阁遗稿》（《清代诗文集汇编》景印康熙五十四年刊本）。

汪前进整理，《清廷三大实测地图集·乾隆十三排图》（北京：外文出版社，2007）。

汪绎，《秋影楼诗集》（《续修四库全书》景印康熙五十二年刊本）。

王鏊撰，《姑苏志》（《景印文渊阁四库全书》本，初刊于正德元年）。

王昶，《国朝词综》（《续修四库全书》景印嘉庆七年刊本）。

王昶纂修，《直隶太仓州志》（《续修四库全书》景印嘉庆七年刊本）。

王多闻、关嘉禄等选译，《清代内阁大库散佚满文档案选编》（天津：天津古籍出版社，1992）。

王尔烈，《瑶峰集》（《清代诗文集汇编》景印民国铅印本）。
王昺修，陈份纂，《新宁县志》（《故宫珍本丛刊》景印嘉庆九年补刻本）。
王焕鑣编，《陶文毅公年谱》（北京：北京图书馆出版社，《晚清名儒年谱》景印1948年油印本）。
王庆云，《石渠余纪》（《续修四库全书》景印光绪十六年刊本）。
王式丹，《楼邨诗集》（《清代诗文集汇编》景印雍正四年刊本）。
王棠，《燕在阁知新录》（《续修四库全书》景印康熙间刊本）。
王锡元修纂，《盱眙县志稿》（《中国方志丛书》景印光绪间刊本）。
王先谦，《东华录》（《续修四库全书》景印光绪十年刊本）。
王衍梅，《绿雪堂遗集》（《清代诗文集汇编》景印道光间刊本）。
王引之，《经传释词》（《续修四库全书》景印嘉庆二十四年刊本）。
王煐，《写忧集·忆雪楼诗·芦中吟》（《清代诗文集汇编》景印清代钞本）。
王煐著，宋健整理，《王南村集》（天津：天津古籍出版社，2015）。
王永光，《冰玉堂诗草》（《四库未收书辑刊》景印明末刊本）。
王豫，《江苏诗征》（哈佛燕京图书馆藏道光元年刊本）。
王赠芳等修，成瓘等纂，《济南府志》（南京：凤凰出版社，《中国地方志集成》景印道光二十年刊本）。
王者辅等修，吴廷华纂，《宣化府志》（《中国方志丛书》景印乾隆廿二年重刊本）。
王振泽等修，《润东苦竹王氏族谱》（《中华族谱集成》景印1913年铅印本）。
王正功，《中书典故汇纪》（《续修四库全书》景印1916年刊本，乾隆三十年成书）。
王钟等修，《王氏三沙统谱》（《中华族谱集成》景印光绪间刊本）。
王祖畲撰，《镇洋县志》（《中国方志丛书》景印1919年刊本）。
卫哲治等修，叶长扬等纂，《淮安府志》（《续修四库全书》景印乾隆十三年刊本）。
魏瀛等修，钟音鸿等纂，《赣州府志》（《中国方志丛书》景印同治十二年刊本）。
文俶，《金石昆虫草木状》（台湾藏万历间彩绘本）。
翁方纲，《复初斋集外文》（《清代诗文集汇编》景印1917年刊本）。
翁方纲，《复初斋诗集》（《续修四库全书》景印清代刊本）。
巫慧修，王居正纂，《蒲县志》（《中国方志丛书》景印乾隆十八年刊本）。
吴蔼，《名家诗选》（《四库禁毁书丛刊》景印康熙四十九年刊本）。
吴翀修，曹涵纂，《武清县志》（傅斯年图书馆藏乾隆七年刊本）。
吴都梁修，潘问奇纂，《昌平州志》（上海：上海书店出版社，《中国地方志集成》景印康熙十二年刊本）。
吴丰培编纂，《抚远大将军允禵奏稿》（北京：全国图书馆文献缩微复制中心，1991）。
吴辅宏修，王飞藻纂，《大同府志》（南京：凤凰出版社，《中国地方志集成》景印乾隆四十七年刊本）。
吴贯勉，《秋屏词钞》（南京：凤凰出版社，《清词珍本丛刊》景印清代刊本）。
吴敬梓，《儒林外史》（《续修四库全书》景印嘉庆八年刊本）。
吴葵之修，裴国苞纂，《吉州全志》（南京：凤凰出版社，《中国地方志集成》景印光绪五年铅印本）。

吴绮，《林蕙堂全集》（《清代诗文集汇编》景印乾隆间刊本）。

吴庆坻，《蕉廊脞录》（《续修四库全书》景印1928年刊本）。

吴慎纂修，《丰润县志》（北京：北京图书馆出版社，《地方志人物传记资料丛刊》景印乾隆二十年刊本）。

吴士进修，胡书源等纂，《严州府志》（《中国方志丛书》景印光绪九年刊本）。

吴世英纂修，《汾阳县志》（中国国家图书馆藏顺治十四年刊本）。

吴书荫主编，《绥中吴氏藏抄本稿本戏曲丛刊》（北京：学苑出版社，2004）。

吴廷锡、刘安国纂，《重修咸阳县志》（南京：凤凰出版社，《中国地方志集成》景印1932年铅印本）。

吴修编，《昭代名人尺牍》（上海：集古斋，光绪三十四年石印本，原刊于道光七年）。

吴秀之等修，曹允源等纂，《吴县志》（南京：江苏古籍出版社，《中国地方志集成》景印1933年铅印本）。

吴长元，《宸垣识略》（《续修四库全书》景印乾隆五十三年刊本）。

吴振棫，《养吉斋丛录》（《续修四库全书》景印光绪间刊本）。

《五庆堂重修曹氏宗谱》（北京：北京燕山出版社，1990，景印同治年间钞本）。

武念祖修，陈栻纂，《上元县志》（南京：江苏古籍出版社，《中国地方志集成》景印道光四年刊本）。

《西藏记》（《百部丛书集成》本）。

西周生，《醒世姻缘传》（《古本小说集成》景印清代刊本）。

席居中辑，《昭代诗存》（《四库禁毁书丛刊》景印康熙十八年刊本）。

夏敬渠，《野叟曝言》（《古本小说集成》景印清代刊本）。

夏燮，《明通鉴》（《续修四库全书》景印同治十二年刊本）。

《镶蓝旗汉军世管佐领原由家谱清册》（中国国家图书馆藏清代钞本）。

萧猛（原误为萧奭）撰，朱南铣点校，《永宪录》（北京：中华书局，1959）。

萧统等编，李善等注，《六臣注文选》（《景印文渊阁四库全书》本）。

谢锡伯修，汪廷霖纂，《贵池县志续编》（《故宫珍本丛刊》景印乾隆十年刊本）。

熊赐履，《些余集·经义斋集》（《清代诗文集汇编》景印康熙二十九年刊本）。

徐宝符等纂，《乐昌县志》（《中国方志丛书》景印同治十年刊本）。

徐成栋纂修，《廉州府志》（《稀见中国地方志汇刊》景印康熙六十年刊本）。

徐乾学，《读礼通考》（《景印文渊阁四库全书》本）。

徐家瀛修，舒孔恂纂，《靖安县志》（《中国方志丛书》景印同治九年活字本）。

徐珂，《清稗类钞》（北京：中华书局，1984，1917年成书）。

徐袍，《宋仁山金先生年谱》（北京：北京图书馆出版社，《宋明理学家年谱续编》景印光绪十三年补刻乾隆间刊本）。

徐尚定标点，《康熙起居注》（北京：东方出版社，2014）。

徐崧等辑，《百城烟水》（《续修四库全书》景印康熙二十九年刊本）。

徐元文，《含经堂集》（《清代诗文集汇编》景印康熙间刊本）。
许应鑅等修，曾作舟等纂，《南昌府志》（《中国方志丛书》景印同治十二年刊本）。
薛福保，《青萍轩文录》（《清代诗文集汇编》景印光绪八年刊本）。
延丰等纂修，《钦定重修两浙盐法志》（《续修四库全书》景印同治间刊本）。
言如泗纂修，《解州全志》（傅斯年图书馆藏乾隆二十九年刊本）。
阎若璩，《潜邱劄记》（《清代诗文集汇编》景印乾隆九年刊本）。
颜希深修，成城等纂，《泰安府志》（哈佛燕京图书馆藏乾隆二十五年刊本）。
杨镳纂修，《辽阳州志》（《四部分类丛书集成续编》景印民国重刻本）。
杨宾，《柳边纪略》（《续修四库全书》景印清钞本）。
杨继洲，《针灸大成》（山西省图书馆藏顺治十四年李月桂刊本）。
杨文峰等修，万廷兰纂，《新昌县志》（《稀见中国地方志汇刊》景印乾隆五十八年增修本）。
杨延亮纂修，《赵城县志》（南京：凤凰出版社，《中国地方志集成》景印道光七年刊本）。
杨中讷，《芜城校理集》（上海图书馆藏抄本）。
杨钟羲，《雪桥诗话》（沈阳：辽沈书社，1991，民国初年成书）。
姚潜，《后陶遗稿》（广州中山大学图书馆藏康熙五十五年刊本）。
姚廷遴，《上浦经历笔记》（《北京图书馆藏珍本年谱丛刊》景印清代钞本，前有康熙二十六年作者自序）。
叶梦珠撰，来新夏点校，《阅世编》（上海：上海古籍出版社，1981）。
叶士宽原修，姚学瑛续修，《沁州志》（南京：凤凰出版社，《中国地方志集成》景印乾隆三十六年增补雍正九年刊本）。
叶燮，《己畦集》（《清代诗文集汇编》景印康熙间刊本）。
叶滋澜修，李临驯纂，《上犹县志》（《中国方志丛书》景印光绪十九年校补刻本）。
伊承熙等修，张震科等纂，《宁晋县志》（《中国方志丛书》景印1929年石印本）。
伊桑阿等，《大清会典》（《近代中国史料丛刊三编》景印康熙二十九年序刊本）。
伊世珍辑，《琅嬛记》（《四库全书存目丛书》景印万历间刊本）。
奕赓，《侍卫琐言》（《续修四库全书》景印1935年铅印本）。
尹会一修，程梦星等纂，《扬州府志》（《中国方志丛书》景印雍正十一年刊本）。
尹继美，《士乡书院志》（南京：江苏教育出版社，《中国历代书院志》景印同治十一年刊本）。
英启修，邓琛纂，《黄州府志》（《中国方志丛书》景印光绪十年刊本）。
《雍正二年冬文升阁缙绅全书》（日本京都大学图书馆藏）。
尤侗著，杨旭辉点校，《尤侗集》（上海：上海古籍出版社，2015）。
于成龙等修，杜果等纂，《江西通志》（《中国方志丛书》景印康熙二十二年刊本）。
于成龙纂修，《江宁府志》（《金陵全书》景印康熙二十四年稿本）。
于敏中，《钦定日下旧闻考》（《景印文渊阁四库全书》本，乾隆四十七年成书）。
于敏中等，《国朝宫史》（《景印文渊阁四库全书》本）。
余之祯纂修，《吉安府志》（日本内阁文库藏万历十三年刊本）。
俞樾，《茶香室丛钞》（《续修四库全书》景印光绪二十五年刊本）。

俞樾，《春在堂诗编》（《清代诗文集汇编》景印光绪间刊本）。
袁行云，《清人诗集叙录》（北京：文化艺术出版社，1994）。
袁枚，《随园诗话》（《续修四库全书》景印乾隆十四年刻本）。
袁枚，《小仓山房文集》（台北：台湾中华书局，景印《四部备要》活字本）。
袁启旭，《中江纪年诗集》（《清代诗文集汇编》景印光绪十七年活字本）。
袁学谟修，秦燮纂，《石楼县志》（南京：凤凰出版社，《中国地方志集成》景印雍正十年刊本）。
允禄等，《大清会典》（《近代中国史料丛刊三编》景印雍正十年序刊本）。
允禄等编，《世宗宪皇帝上谕内阁》（《景印文渊阁四库全书》本）。
允裪等，《钦定大清会典》（《景印文渊阁四库全书》本，乾隆二十九年成书）。
允裪等，《钦定大清会典则例》（《景印文渊阁四库全书》本，乾隆二十九年成书）。
查继佐，《罪惟录》（《续修四库全书》景印稿本）。
翟文选等修，王树枏等纂，《奉天通志》（沈阳：奉天通志馆，1934年铅印本）。
张伯行，《正谊堂文集》（北京大学图书馆藏光绪二年刊本）。
张大复，《梅花草堂集》（《续修四库全书》景印崇祯间刊本）。
张岱，《石匮书》（《续修四库全书》景印稿本）。
张尔岐，《蒿庵闲话》（《四库全书存目丛书》景印康熙间刊本）。
张国常纂修，《重修皋兰县志》（南京：凤凰出版社，《中国地方志集成》景印1917年石印本）。
张国淦等编纂，《河北通志稿》（傅斯年图书馆藏1937年铅印本）。
张楷纂修，《安庆府志》（《中国方志丛书》景印康熙六十年刊本）。
张坤照，《韦庄张氏宗谱》（《中华族谱集成》景印宣统三年刊本）。
张两舆编，《丰邑丰登坞张氏重修家谱》（1924年刊本）。
张穆，《阎潜丘先生年谱》（《续修四库全书》景印道光二十七年刊本）。
张培仁修，李元度纂，《平江县志》（长沙：岳麓书社，《湖湘文库》景印同治十三年刊本）。
张琴编修，《莆田县志》（上海：上海书店出版社，《中国地方志集成》景印钞本，1945年成书）。
张琴修，杜光德纂，《钟祥县志》（南京：江苏古籍出版社，《中国地方志集成》景印乾隆六十年刊本）。
张世浣等修，姚文田等纂，《扬州府志》（《中国方志丛书》景印嘉庆十五年刊本）。
张书才主编，《雍正朝汉文朱批奏折汇编》（南京：江苏古籍出版社，1989—1991）。
张棠，《赋清草堂诗钞》（《四库全书存目丛书》景印乾隆间刊本）。
张廷玉等，《皇朝文献通考》（《景印文渊阁四库全书》本，乾隆五十二年成书）。
张伟仁主编，《明清档案》（台北：联经出版公司，1986—1995）。
张玉书，《张文贞公集》（《清代诗文集汇编》景印康熙五十七年刊本）。
张玉书、陈廷敬等，《御定佩文韵府》（《景印文渊阁四库全书》本及哈佛燕京图书馆藏康熙间内府刊本，康熙五十年成书）。
张玉书等编，《圣祖仁皇帝御制文集》（《景印文渊阁四库全书》本）。
张云章，《朴村诗集・朴村文集》（中国国家图书馆藏康熙间刊本）。

张载，《张子全书》（北京师范大学图书馆藏清初刊本）。

张载著，章锡琛点校，《张载集》（北京：中华书局，1978）。

张在辛，《隐厚堂遗诗》（济南：山东大学出版社，《山东文献集成（第三辑）》景印清钞本）。

张自烈等，《正字通》（《续修四库全书》景印康熙二十四年刊本）。

章家祚，《章午峰先生年谱》（《北京图书馆藏珍本年谱丛刊》景印光绪十八年刊本）。

昭梿撰，何英芳点校，《啸亭杂录》（北京：中华书局，1980，嘉庆、道光间成书）。

赵尔巽等，《清史稿》（北京：中华书局，1976年点校本，1928年成书）。

赵国琳修，张彦士纂，《定陶县志》（《稀见方志丛刊》景印顺治十二年刻本）。

赵弘恩等监修，黄之隽等编纂，《江南通志》（《景印文渊阁四库全书》本）。

赵吉士，《万青阁全集》（《四库全书存目丛书》景印顺治间刊本）。

赵世安修，顾豹文、邵远平纂，《仁和县志》（南京：江苏古籍出版社，《中国地方志集成》景印康熙二十六年刊本）。

赵惟勤纂修，《获鹿县志》（上海：上海书局出版社，《天一阁藏明代方志选刊续编》景印嘉靖间刊本）。

赵惟俞修，石中玉纂，《嘉兴县志》（南京：江苏古籍出版社，《中国地方志集成》景印光绪三十四年刊本）。

赵希璜，《四百三十二峰草堂诗钞》（《续修四库全书》景印乾隆五十八年刊本）。

赵祥星修，钱江等纂，《山东通志》（南京：凤凰出版社，《中国地方志集成》景印康熙四十一年刊本）。

赵诒翼等辑，《江苏昆山赵氏家乘》（天津：天津古籍出版社，《天津图书馆藏家谱丛书》景印1918年刊本）。

赵翼，《瓯北集》（《续修四库全书》景印嘉庆十七年刊本）。

赵翼，《檐曝杂记》（《续修四库全书》景印嘉庆间刊本）。

赵执信，《饴山文集·饴山诗集》（《清代诗文集汇编》景印乾隆间刊本）。

震钧，《国朝书人辑略》（《续修四库全书》景印光绪三十四年刊本）。

震钧，《天咫偶闻》（《续修四库全书》景印光绪三十三年刊本）。

郑廉，《豫变纪略》（《四库禁毁书丛刊》景印乾隆八年序刊本）。

郑珍，《亲属记》（《续修四库全书》景印光绪十二年刊本）。

中国第一历史档案馆、故宫博物院编，《清宫内务府奏案》（北京：故宫出版社，2015）。

中国第一历史档案馆、故宫博物院编，《清乾隆内府绘制京城全图》（北京：紫禁城出版社，2009，乾隆十五年完成）。

中国第一历史档案馆、辽宁省档案馆编，《中国明朝档案汇编》（桂林：广西师范大学出版社，2001）。

中国第一历史档案馆编，《康熙朝满汉文朱批奏折全译》（北京：中国社会科学出版社，1996）。

中国第一历史档案馆编，《清代档案史料丛编（第七辑）》（北京：中华书局，1981）。

中国第一历史档案馆编，《雍正朝汉文朱批奏折汇编》（南京：江苏古籍出版社，1989—1991）。

中国第一历史档案馆编，《雍正朝起居注册》（北京：中华书局，1993）。

中国第一历史档案馆编，《雍正朝朱批满文奏折全译》（合肥：黄山书社，1998）。

中国第一历史档案馆编，《康熙朝汉文朱批奏折汇编》（北京：档案出版社，1985）。

中国文化遗产研究院、上海博物馆、天津市文化遗产保护中心编，《新中国出土墓志：天津》（北京：文物出版社，2009）。

周家楣等修，张之洞等纂，《顺天府志》（《续修四库全书》景印光绪十五年重印本）。

周京，《无悔斋集》（《清代诗文集汇编》景印乾隆十七年刊本）。

周来邰纂修，《昌邑县志》（《中国方志丛书》景印乾隆七年刊本）。

周寿昌，《思益堂日札》（《续修四库全书》景印光绪十四年刊本）。

周殊士，《孝义真迹珍珠塔》（《续修四库全书》景印道光二十九年刊本）。

朱稻孙，《六峰阁诗稿》（《清代诗文集汇编》景印康熙五十四年刊本）。

朱昆田，《笛渔小稿》（《清代诗文集汇编》景印康熙五十三年刊本）。

朱荣纂修，《秀水朱氏家谱》（《清代民国名人家谱选刊续编》景印咸丰三年刊本）。

朱仕琇，《梅崖居士文集》（《清代诗文集汇编》景印乾隆四十七年刊本）。

朱轼、常鼐等纂修，《大清律集解附例》（《四库未收书辑刊》景印雍正三年刊本）。

朱廷梅修，李道成等纂，《霸州志》（《故宫珍本丛刊》景印康熙十三年刊本）。

朱彝尊，《曝书亭集》（《景印文渊阁四库全书》本）。

朱彝尊，《曝书亭集外稿》（《清代诗文集汇编》景印道光二年刊本）。

朱彝尊，《朱竹垞文稿》（上海图书馆藏清代稿本）。

庄清华纂修，《毗陵庄氏族谱》（《清代民国名人家谱选刊续编》景印1936年铅印本）。

庄元臣辑，《三才考畧》（《四库全书存目丛书》景印乾隆五十四年钞本）。

卓尔堪，《近青堂诗》（《四库禁毁书丛刊》景印康熙间刊本）。

宗谱编纂处编，《爱新觉罗宗谱》（北京：学苑出版社，景印1938年铅印本）。

三、近人论著

Востриков, А. И. *Тибетская Историческая Литература*（Москва: Издательство Восточной Литературы, 1962）.

Huang, Yi-Long（黄一农）& Zheng, Bingyu（郑冰瑜）. "New Frontiers of Electronic Textual Research in the Humanities: Investigating Classical Allusions in Chinese Poetry through Digital Methods," *Journal of Chinese Literature and Culture*, 5.2（2018）, pp. 411—437.

Meyers, Jeffrey. *Hemingway: A Biography*（New York: Harper & Row Publishers, 1985）.

Perdue, Peter C. *China Marches West: The Qing Conquest of Central Eurasia*（Cambridge: Harvard University Press, 2005）.

Szcześniak, B. "The Description and Map of Kansu by Giovanni Battista Maoletti de Serravalle," *Monumenta Serica*, 18（1959）, pp. 294—313.

བྱུང་རྒྱལ་བའི་རྗེ་རྗེས།《དཔག་བསམ་རིན་པོ་ཆེའི་སྙེ་མ》（ལྷ་ས: བོད་ལྗོངས་མི་དམངས་དཔེ་སྐྲུན་ཁང, 1990）。

伍跃，『中国の捐納制度と社会』，（京都：京都大学学術出版会，2011）。

河井荃廬監修，『中国墨蹟大成』（東京：興文社，1937—1938）。

鈴木真,「雍正帝と藩邸旧人」,『社会文化史学会』,42号(2001),頁18—41。

藤原楚水監修,『中国南畫大成』(東京:興文社,1936)。

安鸿志,《数理话红楼》(北京:科学出版社,2016)。

白溪,《论王南村与曹寅家族的交往:从新发现的王南村有关曹寅的十八首诗谈起》,《曹雪芹研究》,2012年第1期,页143—164。

白先勇,《白先勇细说红楼梦》(台北:时报文化出版公司,2016)。

白新良,《清史考辨》(北京:中华书局,2021)。

白新良等,《康熙传》(长沙:岳麓书社,2015)。

《北京文史资料精选·崇文卷》(北京:北京出版社,2006)。

《笔墨文章:信札写本专场》,中国嘉德2018年春季拍卖会目录。

曹革成,《曹雪芹关内祖籍的六点考证》,《满族研究》,1999年第3期,页45—54。

曹红军,《曹寅与扬州诗局、扬州书局刻书活动考辨》,《南京师大报(社科版)》,2005年第6期,页151—157。

曹汛,《〈重建玉皇庙碑记〉曹振彦题名考述:曹雪芹家世碑刻史料考证之四》,《红楼梦研究集刊》,第2辑(1980),页355—364。

曹汛,《有关曹雪芹家世的一件碑刻史料:记辽阳喇嘛园〈大金喇嘛法师宝记〉碑》,《文物》,1978年第5期,页36—39。

常建华,《康熙朝的珐琅器礼物与皇权》,《中国史研究》,2020年第3期,页160—176。

辰戈,《曹雪芹祖籍问题论争概观》,《邢台师范高专学报(综合版)》,1997年第3期,页53—68。

陈传坤,《红楼清诂》(北京:中国戏剧出版社,2009)。

陈锋,《清代军费研究》(武汉:武汉大学出版社,2013)。

陈锋,《清代盐政与盐税》(武汉:武汉大学出版社,2013)。

陈锋,《中国财政经济史论》(武汉:武汉大学出版社,2013)。

陈桂英,《北京图书馆藏抄本〈明珠墓志铭〉考述》,《承德民族师专学报》,1996年第4期,页25—32。

陈国栋,《曹荃与桑额:有关其生平的几点小考证》,《食货月刊》,第14卷,第1期(1984),页597—600。

陈国栋,《清代内务府包衣三旗人员的分类及其旗下组织:兼论一些有关包衣的问题》,《食货月刊》,第12卷,第9期(1982),页325—343。

陈国平,《石涛》(南宁:广西美术出版社,2014)。

陈宽强,《清代捐纳制度》(台北:三民书局,2014,为其1969年博士论文)。

陈乐人主编,《二十世纪北京城市建设史料集》(北京:新华出版社,2007)。

陈烈,《清初文字狱的一份记录:小莽苍苍斋收藏纪事之一》,《瞭望》,1996年第36期,页38。

陈汝洁，《曹寅与赵执信关系考辨：兼说"岩廊谁合铸黄金"的用典》，《红楼梦学刊》，2013年第2辑，页101—111。

陈汝洁，《赵执信与王煐交游考》，《淄博师专学报》，2013年第1期，页72—78。

陈维昭，《红学通史》（上海：上海人民出版社，2005）。

陈维昭，《考证与索隐的双向运动：关于两种红学方法的哲学探讨》，《红楼梦学刊》，1998年第4辑，页180—195。

陈熙中，《说"其先人董三服官江宁"》，《红楼梦学刊》，2022年第1辑，页157—161。

陈跃，《罗泽南诗歌纵谈》，《湖南人文科技学院学报》，2011年第4期，页189—191。

陈诏，《红楼梦小考（二）》，《红楼梦研究集刊》，第2辑（1980），页449—464。

陈支平，《福建族谱》（福州：福建人民出版社，2009）。

陈志放主编，《萧山文史资料选辑》，第6辑（1993），页48。

陈重远，《古玩史话与鉴赏》（北京：国际文化出版公司，1990）。

崔川荣，《曹雪芹名和字异说》，《红楼梦研究辑刊》，第7辑（2013），页91—99。

戴不凡，《红学评议·外篇》（北京：文化艺术出版社，1991）。

邓遂夫，《红学论稿》（重庆：重庆出版社，1987）。

邓亦兵，《清代前期北京房产市场研究》（天津：天津古籍出版社，2014）。

邓奕、毛其智，《从〈乾隆京城全图〉看北京城街区构成与尺度分析》，《城市规划》，2003年第10期，页58—65。

邓云乡，《红楼风俗谭》（北京：中华书局，1987）。

丁汝芹，《康熙帝与戏曲》，《紫禁城》，2008年第6期，页184—195。

丁维忠，《红楼梦：历史与美学的沉思》（哈尔滨：黑龙江教育出版社，2002）。

定宜庄，《满族的妇女生活与婚姻制度研究》（北京：北京大学出版社，1999）。

定宜庄、邱源媛，《清初"浑托和"考释》，《燕京学报》，第28期（2010），页73—124。

董宝莹、曹兆荣，《曹鼎望墓志铭和曹鋡墓碑》，收入刘继堂、王长胜主编，《曹雪芹祖籍在丰润》（天津：天津人民出版社，1994），页74—84。

杜家骥，《八旗与清朝政治论稿》（北京：人民出版社，2008）。

杜家骥，《曹雪芹祖上之隶旗与领主的多次变化》，《红楼梦学刊》，2011年第3辑，页17—26。

杜家骥，《努尔哈赤时期满族文化与教育探略》，《满族研究》，1999年第1期，页33—35。

杜家骥，《清朝满蒙联姻研究》（北京：故宫出版社，2013）。

杜家骥，《清朝满蒙联姻中的"备指额驸"续谈》，《烟台大学学报（哲社版）》，2013年第3期，页78—81。

杜家骥，《清初旗人的旗籍及隶旗改变考》，《明清论丛》，第17辑（2017），页108—119。

杜家骥，《清代内务府旗人复杂的旗籍及其多种身份：兼谈曹雪芹家族的旗籍及其身份》，《民族研究》，2011年第3期，页74—82。

杜家骥，《雍正帝继位前的封旗及相关问题考析》，《中国史研究》，1990年第4期，页84—90。

杜泽逊，《四库存目标注》（上海：上海古籍出版社，2007）。

端木蕻良，《端木蕻良文集》（北京：北京出版社，2009）。

段江丽，《红学研究论辩》（沈阳：辽宁人民出版社，2019）。
樊志宾，《〈同事摄诗集〉与曹寅研究》，《曹雪芹研究》，2011年第1期，页11—23。
樊志斌，《曹雪芹传》（北京：北京联合出版公司，2021）。
樊志斌，《曹雪芹家世文化研究：康熙年间文人官员的工作与生活状态》（北京：新华出版社，2018）。
樊志斌，《曹雪芹文物研究》（北京：北京联合出版公司，2020）。
方豪，《从〈红楼梦〉所记西洋物品考故事的背景》，收入氏著，《方豪六十自定稿》（台北：自印，1969），页413—496。
方弘毅，《"东皋草堂主人"曹殷六行迹考》，《明清小说研究》，2020年第2期，页250—261。
方晓伟，《"原不成器"的"曹公子"》，《红楼梦学刊》，2013年第2辑，页136—147。
方晓伟，《〈曹氏荣庆朱卷〉刍议》，《曹雪芹研究》，2015年第3期，页29—36。
方晓伟，《曹宣生平主要活动系年》，《曹雪芹研究》，2013年第1期，页10—40。
方晓伟，《曹寅和王焕》，收入北京曹雪芹学会主编，《曹寅、红楼梦与镇江》（北京：当代中国出版社，2013），页39—56。
方晓伟，《曹寅和歙县盐商》，《曹雪芹研究》，2018年第2期，页30—37。
方晓伟，《曹寅评传·曹寅年谱》（扬州：广陵书社，2010）。
方晓伟，《从新发现的梦庵赠曹楝亭诗看曹寅和曹雪芹的禅宗情结》，《曹雪芹研究》，2014年第3期，页1—9。
方晓伟，《辽东曹氏的家族迁徙及其文化流变：从"安侯姊丈"说起》，《红楼梦研究》，第3辑（2018），页85—92。
房建昌，《从罗卜藏丹津的生年看西方天主教传教士叶崇贤对青海史地的描写和价值》，《青海师范大学学报（哲社版）》，1987年第4期，页108—111。
冯国华，《十八世纪以降清代宗室婚姻研究：以玉牒为中心》（北京大学历史系博士论文，2005）。
冯其庸，《敝帚集：冯其庸论红楼梦》（北京：北京时代华文书局，2016）。
冯其庸，《曹雪芹家世·红楼梦文物图录》（青岛：青岛山版社，2015）。
冯其庸，《曹雪芹家世新考》（青岛：青岛出版社，2014）。
冯其庸，《〈红楼梦〉六十三回与中国西部的平定》，《红楼梦学刊》，2009年第6辑，页1—9。
冯其庸、杨立宪主编，《曹雪芹祖籍在辽阳》（沈阳：辽海出版社，1997）。
奉宽，《兰墅文存与石头记》，《北大学生》，第1卷，第4期（1931），页85—93。
傅克东、陈佳华，《清代前期的佐领》，《社会科学战线》，1982年第1期，页164—173。
高国藩，《〈红楼梦〉中的谜语》，《红楼梦学刊》，1984年第1辑，页244—268。
高继宗，《雍正急救京城震灾》，《城市与减灾》，2011年第1期，页22—24。
高树伟，《〈大金喇嘛法师宝记〉碑"教官"辨伪》，《清史研究》，2017年第4期，页113—120。
高树伟，《曹荃扈从北征及持节南下考辨》，《红楼梦学刊》，2013年第1辑，页121—140。
高树伟，《曹寅"竹磵侄"考》，《曹雪芹研究》，2012年第1期，页165—177。
高树伟，《曹寅赴京当差时间再议：与兰良永先生商榷》，《曹雪芹研究》，2013年第1期，页

216—226。

高树伟，《王南村·风木图·曹寅：两份关于曹寅的新材料》，《红楼梦学刊》，2012年第2辑，页296—325。

高树伟，《中国国家图书馆藏四卷〈楝亭图〉初探》，《红楼梦学刊》，2021年第5辑，页280—301。

顾斌，《曹学文献探考：有关曹学考证方法的检验》（香港：阅文出版社，2019）。

顾斌，《有关曹雪芹研究四个问题的再思考》，《红楼梦研究辑刊》，第8辑（2014），页109—127。

顾平旦，《曹寅〈太平乐事〉杂剧初探》，《红楼梦学刊》，1986年第4辑，页287—292。

顾献梁，《"曹学"创建初议：研究曹霑和〈石头记〉的学问》，《作品》，第4卷，第1期（1963），页5—7。

关嘉禄，《曹寅理财刍议》，《清史研究》，1994年第3期，页89—96。

关嘉禄，《庄亲王允禄内务府理政刍议》，收入中国第一历史档案馆编，《明清档案与历史研究论文集》（北京：新华出版社，2008），页543—554。

关嘉禄、何溥滢，《曹寅与皇庄》，《清史研究通讯》，1986年第4期，页1—9。

郭胜利，《有关康雍朝阿尔布巴一则史料之考证》，《清史研究》，2010年第4期，页95—102。

何锦阶，《曹寅与清代社会》（香港：青文书屋，1989）。

何俊田等，《御河文化史料》（武清：政协武清县文史委员会，1999）。

黑龙，《准噶尔蒙古与清朝关系史研究（1672—1697）》（上海：上海古籍出版社，2014）。

侯会，《红楼梦贵族生活揭秘》（北京：新华出版社，2010）。

胡春丽，《〈清代人物生卒年表〉订补（续）》，《图书馆研究》，2020年第1期，页115—123。

胡绍棠，《红楼梦中的嫡庶亲疏描写与曹雪芹家世研究》，《红楼梦学刊》，2013年第6辑，页152—167。

胡适，《红楼梦考证（改定稿）》，收入氏著，《胡适文存（卷二）》（上海：亚东图书馆，1921），页185—249。

胡铁岩，《曹家八旗或有同宗：曹尔斌、曹尔和、曹尔素资料简识》，《辽东学院学报（社科版）》，2015年第3期，页43—46。

胡铁岩，《曹玺首次赴江宁与任职江宁织造时间及旗籍考辨：以在韩世琦〈抚吴疏草〉新发现的织造资料为基本依据》，《内江师范学院学报》，2021年第11期，页62—69。

胡铁岩，《曹雪芹家世研究资料的又一新发现：〈曹氏荣庆拔贡朱卷履历〉简说》，《曹雪芹研究》，2015年第1期，页76—87。

胡铁岩，《曹寅未曾当康熙伴读：〈恭志追赐御书奏对始末〉简读》，《红楼梦学刊》，2014年第5辑，页80—89。

胡铁岩，《向朱淡文先生求教"伴读说"的三项举证》，《红楼梦研究辑刊》，第11辑（2015），页362—372。

胡文彬，《曹寅、李煦家世生平史料八则》，《洛阳师范学院学报》，2009年第6期，页1—5。

胡文彬，《曹寅撰〈北红拂记〉抄本中的几个问题：新发现抄本〈北红拂记〉考察报告之二〉,《红楼梦学刊》,2005年第2辑,页19—36。

胡文彬、周雷,《红学丛谭》(太原:山西人民出版社,1983)。

胡小伟,《评〈红楼梦〉研究中的"新索隐说":兼论索隐法在古典文学研究中的非科学性》,《文学遗产》,1984年第3期,页78—86。

户力平,《地安门雁翅楼见证百年风雨》,《北京晚报》,2011年12月23日第43版。

黄斌,《清宗室博尔都〈问亭诗集〉校注与研究》(昆明:云南大学出版社,2017)。

黄丽君,《清代内务府的包衣荫生》,《吉林师范大学学报(人社版)》,2017年第1期,页58—63。

黄龙祥主编,《针灸名著集成》(北京:华夏出版社,1996)。

黄炎培,《黄炎培日记》(北京:华文出版社,2008)。

黄一农,《大数据时代避讳学的新机遇:以清初为例》,《数字人文》,2022年第4期,页1—35。

黄一农,《"e考据"厄言:从曹雪芹叔祖曹荃的生辰谈起》,《清华学报》,新50卷,第4期(2020),页555—586。

黄一农,《e-考据时代的新曹学研究:以曹振彦生平为例》,《中国社会科学》,2011年第2期,页189—207。

黄一农,《曹孝庆家族在江西迁徙过程新考》,《清华学报》,新41卷,第4期(2011),页715—758。

黄一农,《曹雪芹"蒜市口地方房十七间半"旧宅新探》,《红楼梦研究辑刊》,第10辑(2015),页42—63。

黄一农,《曹雪芹高祖曹振彦旗籍新考:从新发现的满文材料谈起》,《文史哲》,2012年第1期,页55—63。

黄一农,《曹雪芹卒于"壬午除夕"新考》,《红楼梦学刊》,2016年第1辑,页77—103。

黄一农,《曹雪芹祖籍新探:生命足迹与自我认同》,《中国文化》,第43期(2016),页131—143。

黄一农,《曹寅家族与满洲世族的姻亲关系》,《红楼梦研究辑刊》,第6辑(2013),页119—132。

黄一农,《曹寅乃顾景星之远房从甥考》,《文学遗产》,2012年第6期,页122—131。

黄一农,《曹寅在京宦历新考》,《明清小说研究》,2020年第2期,页232—249。

黄一农,《传曹雪芹家族现存六轴诰命辨伪》,《古文献整理与研究》,第1辑(2015),页12—27。

黄一农,《从e考据看避讳学的新机遇:以己卯本〈石头记〉为例》,《文史》,2019年第2辑,页205—222。

黄一农,《从皇商薛家看〈红楼梦〉中的物质文化》,《中国文化》,第48期(2018),页1—11。

黄一农,《从纳兰氏四姊妹的婚姻析探〈红楼梦〉的本事》,《清史研究》,2012年第4期,页1—14。

黄一农,《二重奏:红学与清史的对话》(新竹:清华大学出版社,2014;简体字版于2015年由北京中华书局刊行)。

黄一农,《丰润曹邦人旗考》,《中华文史论丛》,2011年第4期,页255—279。

黄一农，《红楼梦外：曹雪芹〈画册〉与〈废艺斋集稿〉新证》（新竹：清华大学出版社，2020；简体字版于2021年由四川人民出版社刊行）。

黄一农，《红楼梦中"借省亲事写南巡"新考》，《中国文化研究》，2013年第4期，页20—29。

黄一农，《红楼梦中最珍贵的药方"暖香丸"新探》，《中国科技史杂志》，2018年第1期，页1—10。

黄一农，《红夷大炮与皇太极创立的八旗汉军》，《历史研究》，2004年第4期，页74—105。

黄一农，《红夷大炮与明清战争》（成都：四川人民出版社，2022）。

黄一农，《江南三织造所梭织出的曹家姻亲网络》，《曹雪芹研究》，2014年第3期，页10—25。

黄一农，《康熙朝汉人士大夫对"历狱"的态度及其所衍生的传说》，《汉学研究》，第11卷，第2期（1993），页137—161。

黄一农，《两头蛇：明末清初的第一代天主教徒》（新竹：清华大学出版社，2014年修订第三版；2005年初版，简体字版于2006年由上海古籍出版社刊行）。

黄一农，《刘兴治兄弟与明季东江海上防线的崩溃》，《汉学研究》，第20卷，第1期（2002），页131—161。

黄一农，《史实与传说的分际：福康安与乾隆帝关系揭秘》，《汉学研究》，第31卷，第1期（2013），页123—160。

黄一农，《试论曹雪芹在〈红楼梦〉中讥刺仇雠的隐性手法》，《中国文化》，第52期（2020），页1—19。

黄一农，《索隐文学与〈红楼梦〉中之谜语》，《中国文化》，第48期（2018），页90—103。

黄一农，《通书：中国传统天文与社会的交融》，《汉学研究》，第14卷，第2期（1996），页159—186。

黄一农，《吴明炫与吴明烜：清初与西法相抗争的一对回族天文家兄弟？》，《大陆杂志》，第84卷，第4期（1992），页1—5。

黄一农，《吴桥兵变：明清鼎革的一条重要导火线》，《清华学报》，新42卷，第1期（2012），页79—133。

黄一农，《咸安宫官学、右翼宗学与曹雪芹》，《红楼梦研究辑刊》，第12辑（2016），页1—26。

黄一农，《印象与真相：清朝中英两国觐礼之争》，《"中研院"史语所集刊》，第78本，第1分（2007），页35—106。

黄一农，《袁枚〈随园诗话〉中涉红记事新考》，《清华学报》，新43卷，第3期（2013），页525—553。

黄一农，《官方与民间、史实与传说夹缝中的江阴之变（1645）》，收入陈永发主编，《明清帝国及其近现代转型》（台北：允晨文化公司，2011），页131—202。

黄一农，《重探曹学视野中的丰润曹氏》，《红楼梦学刊》，2011年第3辑，页27—57。

黄一农、王伟波，《李煦幼子李以鼐小考》，《文与哲》，第35期（2019），页1—18。

黄一农、吴国圣，《曹寅次婿即青海亲王罗卜藏丹津考释》，《中国文化》，第54期（2021），页209—228。

霍国玲等，《红楼解梦（第八集）》（北京：东方出版社，2007）。
贾珺，《北京四合院》（北京：清华大学出版社，2009）。
贾穗，《曹颜不可能即曹渊：与王家惠同志兼及周汝昌先生商榷》，《红楼梦学刊》，1995年第1辑，页110—128。
江慰庐，《曹雪芹·红楼梦种种》（合肥：黄山书社，1998）。
蒋金星、肖夫元，《清代举子中式的平均年龄研究》，《北京理工大学学报（社科版）》，2005年第3期，页32—34。
赖惠敏，《乾隆皇帝的荷包》（台北："中研院"近代史所，2014）。
兰良永，《曹宣从军及其他》，《红楼文苑》，2013年第3期，页43—50。
兰良永，《曹寅第六番"佩笔侍从"考：兼与刘上生"佩笔侍从"说商榷》，《辽东学院学报（社科版）》，2012年第2期，页100—104。
兰良永，《曹寅诗中"亚子、珍儿"考辨》，《红楼梦研究辑刊》，第4辑（2012），页236—257。
兰良永，《红楼梦文史新证》（香港：朝夕出版社，2019）。
兰良永，《新发现〈后陶遗稿〉考察报告》，《红楼梦学刊》，2013年第1辑，页62—86。
雷炳炎，《清代八旗世家子弟的选官与家族任官问题初探》，《求是学刊》，2015年第5期，页156—165。
雷炳炎，《清代八旗世爵世职研究》（长沙：中南大学出版社，2006）。
李大伟，《辽阳碑志续编》（沈阳：辽宁民族出版社，2013）。
李奉佐，《曹雪芹祖籍铁岭考》（沈阳：春风文艺出版社，1997）。
李广柏，《曹雪芹评传》（南京：南京大学出版社，1998）。
李广柏，《曹寅"伴读"之说不可信》，《红楼梦学刊》，1997年第4辑，页184—190。
李广柏，《文史丛考：李广柏自选集》（武汉：华中师范大学出版社，2010）。
李军，《曹寅编刻〈全唐诗〉时期交游考略》，《汉学研究》，第28卷，第1期（2010），页325—357。
李军，《曹寅在扬州酬应活动之补考》，《曹雪芹研究》，2014年第1期，页84—89。
李勤璞，《后金时代和清朝初期藏传佛教传播史研究》（北京：中国社会科学出版社，2020）。
李森文，《赵执信年谱》（济南：齐鲁书社，1988）。
李圣华，《查慎行与〈长生殿〉案》，《兰州学刊》，2015年第5期，页47—53。
李世愉，《李盛铎藏清钞本〈永宪录〉读后》，《清史研究通讯》，1986年第1期，页37—40、24。
李文益，《清代"哈哈珠子"考释：兼论满文"haha juse"与"haha jui"的翻译》，《清史研究》，2016年第1期，页48—62。
李学智，《老满文原档论辑》（台北："中研院"史语所，1971）。
李雪菲，《曹雪芹祖籍问题新说》，《九江师专学报》，2001年第1期，页74—78。
李裕澈、时振梁、曹学锋，《朝鲜史料记载的中国地震》，《中国地震》，2013年第2期，页276—283。
李中清等，《清代皇族人口统计初探》，《中国人口科学》，1992年第1期，页14—23。
李中跃，《清代曹寅家族军功史研究》，《清史论丛》，2019年第2期，页68—87。

梁归智，《探春的结局：海外王妃》，《红楼梦研究集刊》，第9辑（1982），页267—278。

林芳吟，《三山五园文化巡展：圆明园卷》（北京：北京大学出版社，2013）。

刘凤云，《雍正朝清理地方钱粮亏空研究：兼论官僚政治中的利益关系》，《历史研究》，2013年第2期，页44—64、190—191。

刘广定，《曹雪芹生年再探讨：纪念曹雪芹诞生三百年（1711—2011）》，《曹雪芹研究》，2011年第1期，页66—79。

刘广定，《台湾藏内阁大库的三件曹寅曹頫档案》，《曹雪芹研究》，2014年第2期，页1—10。

刘广定，《惜春的身份、年龄与住处：成书问题试探》，《红楼梦研究辑刊》，第8辑（2014），页1—14。

刘广定，《有几分证据说几分话：谈〈李陈合册〉中之"辛巳秋日"与相关问题》，《曹雪芹研究》，2021年第1期，页136—147。

刘广定，《再论曹颙无遗腹子及曹天祐之问题》，《红楼梦研究辑刊》，第9辑（2014），页46—62。

刘继堂、王长胜主编，《曹雪芹祖籍在丰润》（天津：天津人民出版社，1994）。

刘家驹，《清朝初期的八旗圈地》（台北：台湾大学文学院，1964）。

刘梦溪，《红楼梦新论》（北京：中国社会科学出版社，1982）。

刘梦溪，《红楼梦与百年中国》（北京：中央编译出版社，2005）。

刘倩倩，《清代内务府三旗秀女若干档案浅析》，《兰台内外》，2021年第34期，页28—30。

刘上生，《"石上犹传锦字诗"：以曹玺与马銮关系考索为窗口》，《曹雪芹研究》，2021年第1期，页9—21。

刘上生，《曹锡远论略》，《曹雪芹研究》，2020年第4期，页44—52。

刘上生，《曹寅的入侍年岁和童奴生涯：对"康熙八年入侍说"的再论证》，《红楼梦研究》，第1辑（2017），页24—31。

刘上生，《曹寅入侍康熙年代考》，《中国文学研究》，2000年第2期，页26—29。

刘上生，《曹寅与曹雪芹》（海口：海南出版社，2001）。

刘上生，《关于曹寅早期生平研究两个问题的讨论和思考》，《曹雪芹研究》，2017年第2期，页49—60。

刘上生，《佩笔侍从：曹寅"为康熙伴读"说辨正》，《湖南师范大学社会科学学报》，2000年第6期，页124—129。

刘世德，《曹雪芹祖籍辨证》（北京：中国大百科全书出版社，1998）。

刘世德，《红楼梦眉本研究》（北京：社会科学文献出版社，2013）。

刘水云，《红楼梦中贾府家班与清雍乾年间的家乐》，《红楼梦学刊》，2011年第2辑，页158—168。

刘天地，《"蒜市口地方"、右翼宗学沿革考述》，《曹雪芹研究》，2020年第2期，页27—45。

刘廷乾，《〈哀宋姬〉与探春远嫁》，《明清小说研究》，2007年第3期，页79—89。

刘相雨，《论红楼梦中的乳母形象：兼谈古代小说中乳母形象的发展与演变》，《红楼梦学刊》，2005年第4辑，页137—146。

刘小萌，《关于清代八旗中"开户人"的身份问题》，《社会科学战线》，1987年第2期，页176—181。

刘小萌，《清朝皇帝与保母》，《北京社会科学》，2004年第3期，页138—145。

刘小萌，《清朝皇帝的保母续考》，《黑龙江民族丛刊》，2018年第4期，页89—98。

刘一之，《破解红楼梦之谜》（北京：世界图书出版公司，2011）。

刘长荣，《玄烨和曹寅关系的探考》，《红楼梦学刊》，1981年第2辑，页301—335。

刘铮云，《按季进呈御览与清代搢绅录的刊行》，《"中研院"史语所集刊》，第87本，第2分（2016），页345—374。

卢正恒，《清代满文避讳：兼论乾隆朝避讳运用实例》，《清华学报》，新48卷，第3期（2018），页489—524。

卢正恒、黄一农，《先清时期国号新考》，《文史哲》，2014年第1期，页66—74。

罗盛吉，《清朝满文避讳漫议》，《满语研究》，2014年第2期，页17—23。

马国权，《关于马桑格的一件新史料》，《红楼梦学刊》，1979年第1辑，页274。

马国权，《论曹𫖯被革职抄家的历史背景和原因》，《红楼梦学刊》，1989年第3辑，页145—165。

马美琴，《关于曹寅"嫡出"身份的考证》，《兰台世界》，2015年第16期，页88—89。

马希桂，《记〈辽东曹氏宗谱〉和〈浭阳曹氏族谱〉的发现》，《红楼梦研究集刊》，第4辑（1980），页335—341。

马镛，《清代封赠制度探析》，《历史档案》，2015年第2期，页78—86。

马正正，《〈红楼梦〉中戏曲研究述评》，《曹雪芹研究》，2021年第2期，页166—174。

孟晗，《周亮工年谱》（广西师范大学中国古典文献学硕士论文，2007）。

欧阳健，《红楼诠辨》（上海：上海三联书店，2014）。

潘承玉，《续〈有关红学的新材料〉》，《明清小说研究》，2002年第3期，页76—89。

潘天祯，《扬州诗局杂考》，《图书馆学通讯》，1983年第1期，页63—76、94。

彭泽益，《清代广东洋行制度的起源》，《历史研究》，1957年第1期，页1—24。

齐光，《大清帝国时期蒙古的政治与社会：以阿拉善和硕特部研究为中心》（上海：复旦大学出版社，2013）。

祁美琴，《清代内务府》（沈阳：辽宁民族出版社，2009）。

钱南扬，《谜史》（广州：中山大学语言历史研究所，1928）。

邱华东，《再论辽阳即古襄平："曹雪芹祖籍铁岭说"商榷》，《河南教育学院学报（哲社版）》，2004年第4期，页18—24。

任舒静，《中国传统器乐艺术瑰宝"十番"的起源与流布》，《大众文艺》，2010年第20期，页17—20。

邵丹，《故土与边疆：满洲民族与国家认同里的东北》，《清史研究》，2011年第1期，页21—38。

邵琳，《"鹡鸰之悲"的千古情结：浅析曹寅、曹宣的兄弟情》，《红楼梦研究辑刊》，第7辑（2013），页286—292。

沈欣，《再论清代皇室之乳保》，《北京社会科学》，2016年第8期，页110—118。

沈雪晨，《事实与书写：雍正乾隆时期清准议和再论》，《新史学》，第32卷，第4期（2021），页181—240。

沈一民，《清初"巴克什"考察：兼论清入关前的满族文人》，收入胡凡、王建中主编，《黑水文明研究（第一辑）》（哈尔滨：黑龙江人民出版社，2007），页61—69。

沈治钧，《重读〈红楼梦辨〉》，收入俞平伯，《红楼梦辨》（北京：商务印书馆，2017），页252—259。

史景迁著，温洽溢译，《曹寅与康熙》（台北：时报文化出版公司，2012）。

宋伯胤，《清末南京丝织业的初步调查》，《近代史资料》，1958年第2期，页1—23。

宋广波，《胡适论红楼梦》（北京：商务印书馆，2021）。

宋和修，《高凤翰年谱》（北京：中国文联出版社，2002）。

宋铁铮、顾平旦，《曹寅的〈续琵琶〉抄本》，《红楼梦研究集刊》，第2辑（1980），页441—448。

宋秀元，《从档案史料看清初的圈地与投充》，《故宫博物院院刊》，1987年第1期，页87—92。

宋泽广，《向胡铁岩先生请教"早入龙楼僇，还观中秘书"之释解》，《红楼梦研究辑刊》，第12辑（2016），页352—359。

孙玉蓉，《俞平伯年谱》（天津：天津人民出版社，2001）。

唐权，《"倭语"之戏：曹寅〈日本灯词〉研究》，收入费春放主编，《文化身份与叙事策略》（天津：南开大学出版社，2019），页147—186。

滕德永，《清宫图典：内务卷》（北京：故宫出版社，2019）。

丛佩远主编，《中国东北史》（长春：吉林文史出版社，2006）。

万绳楠，《晋、宋时期安徽侨郡县考》，《安徽师大学报（哲社版）》，1982年第2期，页60—65。

汪波，《雍正八年京师大地震应急机制初探》，《东南学术》，2009年第5期，页173—176。

汪超宏，《明清浙籍曲家考》（杭州：浙江大学出版社，2009）。

王畅，《"汉拜相、宋封王"与"皇獸黼黻"：曹雪芹祖籍问题考论之一》，《济宁师专学报》，1997年第1期，页68—73。

王畅，《曹雪芹祖籍考论》（石家庄：河北教育出版社，1996）。

王春法，《只立千古：红楼梦文化展》（北京：北京时代华文书局，2021）。

王春瑜，《论曹寅在江南的历史作用》，《红楼梦学刊》，1980年第1辑，页293—310。

王鹤鸣主编，《中国家谱总目》（上海：上海古籍出版社，2008）。

王洪胜，《曹雪芹家世祖籍研究的重大发现：再论〈重修大同镇城碑记〉的史学价值》，《红楼梦学刊》，2007年第1辑，页66—83。

王利器，《李士祯李煦父子年谱：〈红楼梦〉与清初史料钩玄》（北京：北京出版社，1983）。

王利器，《〈红楼梦新证〉证误》，《红楼梦研究集刊》，第2辑（1980），页403—422。

王萌，《康熙朝后期的铜政改革与内务府官商》，《清史研究》，2010年第1期，页61—72。

王人恩，《曹寅撰〈虎口余生〉传奇考辨》，《西北师大学报（社科版）》，1997年第1期，页75—78。

王人恩，《〈红楼梦〉与昭君故事》，《红楼梦学刊》，2003年第2辑，页308—320。

王若，《曹頫被枷号的问题及其获罪原因之管见》，《社会科学辑刊》，1986年第4期，页73—75。

王胜国,《清代捐纳制度及其影响新论》,《松辽学刊(社科版)》,1990年第3期,页16—20、25。

王伟波,《李煦与曹雪芹祖母李氏兄妹关系再探》,《曹雪芹研究》,2014年第3期,页43—56。

王伟波,《苏州织造李煦的昌邑亲族》,《曹雪芹研究》,2013年第2期,页1—16。

王彦章,《清代奖赏制度研究》(合肥:安徽人民出版社,2007)。

王仰东,《姜瓖与山西的反清复明运动》,《沧桑》,2007年第2期,页5—8。

王永斌,《北京的商业街和老字号》(北京:北京燕山出版社,1999)。

王章涛,《阮元年谱》(合肥:黄山书社,2003)。

王振忠,《康熙南巡与两淮盐务》,《盐业史研究》,1995年第4期,页4—18。

王政尧,《清代戏剧文化考辨》(北京:北京燕山出版社,2014)。

王钟翰,《王钟翰清史论集》(北京:中华书局,2004)。

魏峰,《宋代迁徙官僚家族研究》(上海:上海古籍出版社,2009)。

魏鉴勋,《曹頫骚扰驿站获罪始末:从新发现的一份档案看》,《社会科学辑刊》,1986年第3期,页50—55。

吴美渌,《曹宣生卒年考》,《红楼梦研究集刊》,第5辑(1980),页443—444。

吴世昌著,吴令华编,《吴世昌全集》(石家庄:河北教育出版社,2003)。

吴新雷,《〈香林寺庙产碑〉和曹寅的〈尊胜院碑记〉:曹雪芹家世资料考索之一》,《红楼梦研究集刊》,第2辑(1980),页345—354。

吴新雷、黄进德,《曹雪芹江南家世丛考》(哈尔滨:黑龙江教育出版社,2009)。

吴炎亮主编,《辽海记忆:辽宁考古六十年重要发现(1954—2014)》(沈阳:辽宁人民出版社,2014)。

伍跃,《中国的捐纳制度与社会》(南京:江苏人民出版社,2013)。

线天长、吴营洲,《〈石头记〉"辩冤"记:〈石头记〉是如何为曹家、李家"辩冤"的》,《咸阳师范学院学报》,2008年第5期,页80—84。

小横香室主人,《清朝野史大观》(上海:中华书局,1916)。

谢国兴、陈宗仁,《地舆纵览:法国国家图书馆所藏中文古地图》(台北:"中研院"台史所,2018)。

胥惠民,《周汝昌研究〈红楼梦〉的主观唯心论及其走红的原因》,《乌鲁木齐职业大学学报》,2012年第1期,页8—21。

徐扶明,《曹寅与〈虎口余生〉传奇》,收入氏著,《元明清戏曲探索》(杭州:浙江古籍出版社,1986),页229—236。

徐扶明,《红楼梦与戏曲比较研究》(上海:上海古籍出版社,1984)。

徐恭时,《棟花满地西堂闭(上):曹頫史实新探》,《红楼梦研究集刊》,第13辑(1986),页419—452。

徐恭时,《寅宣子系似丝梦:新发现的曹雪芹家世档案史料初析》,《历史档案》,1985年第2期,页78—87。

徐继文,《〈咨户部文〉与曹雪芹家世》,《华中师范大学学报(人社版)》,1984年第6期,页108—114。

徐立艳，《清代内务府世家高佳氏抬旗考》，《历史档案》，2019年第1期，页75—82。

徐苹芳，《明清北京城图》（上海：上海古籍出版社，2012）。

薛刚，《清初文官考满制度论析》，《河南师范大学学报（哲社版）》，2012年第6期，页134—138。

薛戈、黄一农，《红楼梦中"元妃省亲"原型考》，《曹雪芹研究》，2012年第2期，页137—143。

薛龙春，《〈楝亭图咏〉卷的作者、诗画与书法》，《美术研究》，2017年第5期，页23—44。

严中，《红楼丛话》（南京：南京大学出版社，1991）。

阎崇年，《唐英旗分身份考辨》，《历史教学》，2019年第1期，页3—7。

杨海儒，《蒲松龄生平著述考辨》（北京：中国书籍出版社，1994）。

杨惠玲，《曹寅家班考论》，《红楼梦学刊》，2011年第2辑，页42—52。

杨宽，《西周史》（上海：上海人民出版社，2016）。

杨泠，《曹家蒜市口旧宅新考》，《红楼梦研究》，第1辑（2017），页53—75。

杨乃济，《紫禁城行走漫笔》（北京：紫禁城出版社，2005）。

杨启樵，《雍正帝及其密折制度研究》（广州：广东人民出版社，1983）。

杨启樵，《周汝昌红楼梦考证失误》（上海：上海书店出版社，2014年增订新版）。

杨若荷，《清代下行文的标朱制度》，《档案学通讯》，1990年第6期，页48—49。

杨新华主编，《南京历代碑刻集成》（上海：上海书画出版社，2011）。

杨勇军、黄一农，《红楼梦与纳兰诸姊妹之生平事迹》，《中华文史论丛》，2013年第3期，页341—362。

杨珍，《康熙朝宦官新探》，《清史研究》，2018年第1期，页16—26。

杨珍，《康熙二十九年"亲往视师"再析》，《清史研究》，2013年第3期，页151—156。

姚名达，《朱筠年谱》（上海：上海书店出版社，《民国丛书》景印1948年铅印本）。

姚念慈，《康熙盛世与帝王心术：评"自古得天下之正莫如我朝"》（北京：三联书店，2018）。

易管，《江宁织造曹家档案史料补遗》，《红楼梦学刊》，1979年第2辑，页321—346；1980年第1辑，页323—335；1980年第2辑，页305—326。

易苏昊、樊则春主编，《五台山人藏：徐扬画平定西域献俘礼图》（北京：文物出版社，2009）。

尹伊君，《红楼梦的法律世界》（北京：商务印书馆，2014）。

雍薇，《西园寺"血经"述略》，《曹雪芹研究》，2014年第2期，页11—15。

于振宗，《直隶河防辑要》（北京：国家图书馆出版社，《中国大运河历史文献集成》景印1924年刊本）。

余英时，《红楼梦的两个世界》（台北：联经出版公司，1981年增订再版）。

俞平伯，《红楼梦辨》（北京：商务印书馆，2017）。

俞平伯，《红楼梦的著作年代》，《新民晚报》，1953年10月14、15、17、18日。

俞平伯，《俞平伯全集》（石家庄：花山文艺出版社，1997）。

袁建琼，《〈盛京刑部原档〉所载清代早期法制中"规定之罪"略析》，《黑龙江省政法管理干部学院学报》,2021年第4期,页1—6。

云妍,《从数据统计再论清代的抄家》,《清史研究》,2017年第3期,页112—125。

臧寿源,《曹寅与叶藩、叶燮的诗文情谊》,《传统文化研究》,第22辑(2015),页415—430。

詹健,《脂批二则校考》,《曹雪芹研究》,2016年第2期,页170—177。

张秉旺,《红苑杂谈》(北京:军事谊文出版社,2007)。

张成良主编,《辽阳乡土文化论集》(长春:吉林文史出版社,2011)。

张继莹,《政治情境与地方史书写:以清代大同方志为例》,《清华学报》,新50卷,第2期(2020),页275—311。

张继莹,《清初姜瓖之变与山西社会秩序的重建》,《台大历史学报》,第62期(2018),页103—138。

张建,《黑龙江驻防火炮研究(1683—1860)》,《北方文物》,2015年第1期,页102—109。

张建,《再造强权:准噶尔珲台吉策妄阿喇布坦崛起史新探》,《"中研院"史语所集刊》,第86本,第1分(2015),页53—96。

张金杰,《朱筠传状的史源学梳证》,《太原师范学院学报(社科版)》,2020年第3期,页65—73。

张晋藩、郭成康,《清入关前国家法律制度史》(沈阳:辽宁人民出版社,1988)。

张晋藩、郭成康,《由崇德三、四年刑部满文原档看清初的刑法》,《法学研究》,1984年第4期,页75—89。

张清文、崔伉伉,《仪征地方志所见曹寅仪征园林题字研究》,《曹雪芹研究》,2019年第2期,页61—66。

张庆善,《曹雪芹祖籍论争述评》,《红楼梦学刊》,1998年第1辑,页268—294。

张庆善,《探春远嫁蠡测》,《红楼梦学刊》,1984年第2辑,页251—259。

张全海,《"阿咸状元"详考》,《历史档案》,2008年第3期,页127—131。

张全海,《曹寅〈楝亭诗钞〉"渭笴偅"考》,《红楼梦学刊》,2008年第2辑,页324—333。

张书才,《曹雪芹家世生平探源》(沈阳:白山出版社,2009)。

张书才,《明代辽东宁远卫曹氏的关内原籍》,收入中国人民大学国学院主编,《国学的传承与创新:冯其庸先生从事教学与科研六十周年庆贺学术文集》(上海:上海古籍出版社,2013),册上,页223—232。

张书才,《新发现的曹頫获罪档案史料浅析》,《红楼梦研究集刊》,第10辑(1983),页313—320。

张书才、樊志宾、殷鑫,《〈虚白斋尺牍〉笺注(一)》,《曹雪芹研究》,2011年第2期,页28—84。

张书才、高振田,《新发现的曹雪芹家世档案史料初探》,《红楼梦学刊》,1984年第2辑,页308—321。

张书才等,《新发现的有关曹雪芹家世的档案》,《历史档案》,1983年第1期,页35—38。

张淑娴,《扬州匠意:宁寿宫花园内檐装修》,收入《宫廷与地方:十七至十八世纪的技术交流》(北京:紫禁城出版社,2010),页123—168。

张小李，《清宫上元节外藩宴与藩属关系考论》，《中国文化》，第40期（2014），页80—95。

张驭寰，《中国古建筑百问》（北京：中国档案出版社，2000）。

张志，《〈陈鹏年传〉中的"织造幼子"应是曹頫："织造幼子嬉而过于庭"辨析》，《铜仁学院学报》，2013年第5期，页43—48。

张志，《关于张云章贺曹寅"得孙"诗的解读》，《曹雪芹研究》，2017年第3期，页33—46。

章宏伟，《明代观政进士制度》，《吉林大学社会科学学报》，2008年第5期，页49—56。

章宏伟，《扬州诗局刊刻〈全唐诗〉研究》，《辽宁大学学报（哲社版）》，2009年第2期，页85—96。

赵东海，《曹端广：一个任人打扮的"小姑娘"——"铁岭说""驳难"》，《红楼梦学刊》，1998年第3辑，页218—234。

赵冈，《曹氏宗谱与曹雪芹的上世》，《幼狮月刊》，第37卷，第3期（1973），页26—28。

郑小悠，《清代"独子兼祧"研究》，《清史研究》，2014年第2期，页55—64。

中国第一历史档案馆编，《清代文书档案图鉴》（香港：三联书店，2004）。

中国第一历史档案馆编，《御笔诏令说清史：影响清朝历史进程的重要档案文献》（济南：山东教育出版社，2003）。

钟振林，《此王非彼王：胤禛"大将军王"称呼研究》，《哈尔滨学院学报》，2017年第1期，页91—95。

周策纵，《红楼梦案：周策纵论红楼梦》（北京：文化艺术出版社，2005）。

周汝昌，《曹雪芹新传》（济南：山东画报出版社，2007）。

周汝昌，《红楼梦新证》（上海：棠棣出版社，1953；北京：人民文学出版社，1976；北京：华艺出版社，1998；北京：中华书局，2016）。

周汝昌，《胭脂米传奇》（北京：华文出版社，1998）。

周汝昌、严中，《红楼梦里史侯家》（扬州：广陵书社，2009）。

周汝昌、严中，《江宁织造与曹家》（北京：中华书局，2006）。

周绍良，《周绍良蓄墨小言》（北京：紫禁城出版社，2009）。

周文康，《〈诗经〉与曹雪芹家世考辨》，《红楼梦学刊》，1997年第3辑，页115—138。

周兴陆，《试论曹寅的〈北红拂记〉》，《红楼梦学刊》，2007年第1辑，页39—50。

周远廉主编，《清朝兴亡史》（北京：北京燕山出版社，2016）。

朱淡文，《答胡铁岩先生有关"曹寅伴读说"的三项置疑》，《红楼梦研究辑刊》，第12辑（2016），页341—351。

朱淡文，《红楼梦论源》（南京：江苏古籍出版社，1992）。

朱淡文，《红楼梦研究》（台北：贯雅文化公司，1991）。

朱淡文，《胡铁岩先生〈曹寅未曾当康熙伴读〉读后》，《红楼梦研究辑刊》，第10辑（2015），页33—41。

朱南铣，《关于〈辽东曹氏宗谱〉》，《红楼梦研究集刊》，第1辑（1979），页405—422。

朱志远，《"楝亭图咏"与清初江南诗风嬗变》，《文学评论》，2019年第3期，页148—157。

朱志远，《曹寅悼亡诗词本事：曹寅"梨花词"隐喻的原配身份及"康熙八年入侍说"新线索》，《红楼梦学刊》，2022年第1辑，页136—156。

庄吉发，《清代奏折制度》（台北：台北故宫博物院，1979）。

紫军、霍国玲，《曹雪芹蒜市口故居考》，收入霍国玲等，《红楼解梦（第五集下）》（北京：新世界出版社，2003），页366—389。

邹玉义，《〈重修大同镇城碑记〉考辨：曹雪芹祖籍辽阳的又一权威史证》，《红楼梦学刊》，2003年第2辑，页1—13。

邹宗良、王启芳，《王竹村事迹考辨》，《红楼梦学刊》，2010年第2辑，页145—165。

检索与对照：

为避免浪费自然资源且发挥e时代特色，笔者特商请合作方设计了一套系统，让读者可对拙著的内容进行任意字句之检索（http://thup.site.nthu.edu.tw），繁简字版的页码差距不超过一两页。